居安思危

思则有备

有备无患

应急管理概论：
理论与实践
（第二版）

主 编 闪淳昌 薛 澜

高等教育出版社·北京

内容简介

本书系统梳理了应急管理的基本概念并构建起其理论体系，以"一案三制"为主体脉络展开论述。全书共分为六篇十六章。第一篇总论，包括突发事件、应急管理和国外应急管理经验三章，为全书奠定学习基础；第二篇为应急管理体制，包括中国特色应急管理体制及其改革和中国应急救援队伍建设两章；第三篇应急管理机制，依照应急管理的过程，分为预防与应急准备、监测与预警、应急处置与救援和恢复与重建四章；第四篇应急管理法制，包括突发事件应急法制概述和我国应急法制体系两章；第五篇应急管理预案，则分别介绍了应急预案概述、编制和动态管理三章；第六篇应急科技与应急产业，则分别从科技和产业发展的角度进行了论述。

本书理论与实践紧密结合，在帮助读者全面掌握应急管理的基本知识的同时，大量引入了国内外尤其是我国近年来公共部门应急管理实际案例，并通过"思考与探索"板块的设计，学以导思，学以致用，启发并鼓励读者从实践和理论上深入探讨与研究，从而掌握应急管理的核心要义。

本书适合作为高校应急管理、公共安全相关课程的教材使用，也可作为政府、社会组织及企事业单位相关人员的培训参考教材使用。

图书在版编目（CIP）数据

应急管理概论：理论与实践／闪淳昌，薛澜编著. -- 2版. -- 北京：高等教育出版社，2020.10（2024.12重印）
ISBN 978-7-04-053863-2

Ⅰ. ①应… Ⅱ. ①闪… ②薛… Ⅲ. ①突发事件-公共管理-概论 Ⅳ. ①D035

中国版本图书馆CIP数据核字（2020）第041994号

Yingji Guanli Gailun: Lilun yu Shijian

| 策划编辑 | 牛 杰 王 威 | 责任编辑 | 奚 玮 | 封面设计 | 张 志 | 版式设计 | 马 云 |
| 插图绘制 | 于 博 | | | 责任校对 | 刘丽娟 | 责任印制 | 刁 毅 |

出版发行	高等教育出版社	网 址	http://www.hep.edu.cn
社 址	北京市西城区德外大街4号		http://www.hep.com.cn
邮政编码	100120	网上订购	http://www.hepmall.com.cn
印 刷	中农印务有限公司		http://www.hepmall.com
开 本	787mm×1092mm 1/16		http://www.hepmall.cn
印 张	38	版 次	2012年9月第1版
字 数	880千字		2020年10月第2版
购书热线	010-58581118	印 次	2024年12月第9次印刷
咨询电话	400-810-0598	定 价	79.80元

本书如有缺页、倒页、脱页等质量问题，请到所购图书销售部门联系调换
版权所有 侵权必究
物 料 号 53863-00

编委会

主　编：闪淳昌　薛　澜
副主编：彭宗超　丁　辉　张秀兰　童　星　周　玲
　　　　夏保成　李湖生
编　委：钟开斌　张海波　张　欢　马　奔　李　洺
　　　　沈　华　何　晶　林鸿潮　詹承豫　朱　伟
　　　　刘　冰　朱　琴　刘梦婷　方　曼　王　瑜
　　　　张　骥　王郅强　宿　洁　陈　锐　张　强
　　　　秦绪坤　张振东

第二版前言

2019年11月29日，习近平总书记在主持中共中央政治局第十九次集体学习时强调，加强应急管理体系和能力建设，既是一项紧迫任务，又是一项长期任务。要发挥我国应急管理体系的特色和优势，借鉴国外应急管理有益做法，积极推进我国应急管理体系和能力现代化。《应急管理概论——理论与实践》的再版就是在这一大背景下推出的。

回顾中国应急管理体系建设的历史，党的十六大以后，党中央在深刻总结抗击"非典"的经验教训、科学分析公共安全形势的基础上，审时度势，做出了全面加强应急管理工作的重大决策，重点是加强以"一案三制"（制定修订应急预案，建立健全应急体制、机制和法制）为核心内容的应急管理体系建设，基本建立了"统一领导、综合协调、分类管理、分级负责、属地管理为主"的应急管理体制，基本形成了"统一指挥、功能齐全、反应灵敏、运转高效的应急机制"，并于2007年出台了《中华人民共和国突发事件应对法》，标志着我国应急法制建设取得重大进展。各省、自治区、直辖市党委、政府坚决贯彻党中央、国务院关于加强应急管理的指示精神，相继出台了《突发事件应对法》实施办法，并学习借鉴国外应急管理的先进理念、方法和科学技术，认真结合我国国情、省情和市情，积极主动应对各类突发事件，为丰富和发展以"一案三制"为核心内容的应急管理体系建设做出了宝贵贡献。我们于2012年编写的《应急管理概论——理论与实践》基于应急管理的理论研究框架，对这一阶段的工作进行了梳理和总结，努力展示国家应急管理体系所取得的历史性进步。

党的十八大以来，以习近平同志为核心的党中央提出了一系列治国理政的新理念、新思想、新战略，形成了习近平新时代中国特色社会主义思想，为中国全面深化改革，实现中华民族"两个一百年"奋斗目标进而实现伟大复兴指明了方向。在公共安全与应急管理领域，党中央基于我国灾害种类多、分布地域广、发生频率高、造成损失重的基本国情，基于工业化、信息化、城镇化、市场化、国际化快速推进，我国还处在公共安全事件易发、频发、多发期的现实，创新发展新时代应急管理理念，坚持总体国家安全观，以总体国家安全观为统领，把坚持总体国家安全观列为新时代坚持和发展中国特色社会主义的十四条基本方略之一；坚持底线思维，增强忧患意识，以防范化解重大风险为抓手；坚持加强和创新社会治理，以社会治理体系和能力现代化为目标，推进应急管理体系和能力现代化；坚持安全发展，要求各地要"促一方发展、保一方平安"，并落实安全责任制；坚持依靠科技进步，强化应急管理装备技术支撑，优化整合各类资源，推进应急管理科技自主创新，依靠科技提高应急管理的科学化、专业化、智能化、精细化水平；坚持加强优化统筹国家应急能力建设，组建应急管理部和国家综合性消防救援队伍，构建统一领导、权责一致、权威高效的国家应急能力体系；坚持改革开放，加强国际合作，构建人类命运共同体。这些新时代应急管理理念和一系列重大改革举措具有里程碑意义，标志着我国应急管理进入一个新时期。

为了及时反映习近平应急管理思想和中国应急管理体系现代化新的历史征程，我们在第一版的基础上，组织更新了这本教材内容。本次再版仍然由国务院参事、国务院应急管理专家组组长、国家减灾委专家委副主任闪淳昌教授，国务院应急管理专家组成员、清华大学苏世民书院院长薛澜教授主持编写。根据闪淳昌教授和薛澜教授提出的思路和框架结构，北京师范大学的周玲副教授、张欢教授、刘冰副教授，河南理工大学的夏保成教授，中共中央党校（国家行政学院）的钟开斌教授、李洺教授，南京大学的张海波教授，山东大学的马奔教授，中国政法大学的林鸿潮教授，北京航空航天大学的詹承豫教授，中国安全科学生产研究院的李湖生研究员，中国科学院的沈华副研究员，北京市科学技术研究院的朱伟研究员及副研究员刘梦婷、方曼、王瑜，中国青年政治学院的何晶教授，新兴际华集团技术中心（研究总院）副主任研究员秦绪坤等同志参加了相关章节的编写工作。周玲副教授在整个编写工作中做了大量的工作，包括协助主编设计结构与思路以及参与本书部分章节的文字修改工作。

应急管理是一门实践性非常强的学科，我们在编写过程中努力运用理论与实践相结合的方法，尽可能汲取国内外公共部门在应急管理的理论研究与实际工作中所积累的管理思想、理论与实践的精华。本书的特点在于：第一，系统、科学地梳理应急管理的基本概念并构建相关理论体系，促使这一新兴理论能在构建过程中走向成熟。第二，通过应急预案，应急体制、机制、法制，科技支撑体系等重要专题的设置，帮助读者全面掌握应急管理的核心知识。第三，大量引入国内外，尤其是我国近年来公共部门应急管理实际案例，在管理主体上覆盖了从中央到地方的各级政府，以及企事业单位、媒体、NGO与社会公众等；在管理范畴上包含诸多社会热点话题，辅之以与西方发达国家政府应急管理工作的对比，从而提炼、总结出可供借鉴的方法与技术，具有较强的针对性和适用性。第四，编写者都是国内应急管理研究领域十分活跃的学者或专家，对该领域的国际发展趋势、国内相关方针政策、理论研究前沿等方面都能进行全面、系统与科学的把握与解读。我们希望，本书不仅适用于大学本、专科段的教学，而且可以为从事公共部门应急管理的实践者和理论研究者提供一定参考。

各章编写具体分工如下：

张海波、周玲、夏保成：导论部分；第一篇总论，含第一章突发事件、第二章应急管理、第三章国外应急管理经验。

李洺、钟开斌、周玲：第二篇应急管理体制，含第四章中国特色应急管理体制及其改革、第五章中国应急救援队伍建设。

钟开斌、沈华、张欢、马奔、何晶、周玲：第三篇应急管理机制，含第六章预防与应急准备、第七章监测与预警、第八章应急处置与救援、第九章恢复与重建。

林鸿潮、詹承豫、刘冰：第四篇应急管理法制，含第十章突发事件应急法制概述、

第十一章我国应急法制体系。

李湖生、夏保成：第五篇应急管理预案，含第十二章应急预案概述、第十三章应急预案的编制、第十四章应急预案的动态管理。

朱伟、刘梦婷、方曼、王瑜、周玲：第六篇应急科技与应急产业，含第十五章应急科技、第十六章应急产业。

我们愿与广大读者一起为深化我国应急管理体制机制改革，推进我国应急管理体系和能力现代化继续贡献力量。

闪淳昌　薛澜
2020年8月1日于北京

第一版前言

我国正致力于建设民主法治、公平正义、诚信友爱、充满活力、安定有序、人与自然和谐相处的社会主义和谐社会,城镇化和现代化的步伐在加快,并在社会主义经济建设、政治建设、文化建设、社会建设和生态文明建设等方面取得了重大进展。但是,我国公共安全形势依然严峻:我国是世界上自然灾害最为严重的国家之一,灾害种类多、分布地域广、发生频率高、造成损失重;事故灾难处在易发期、多发期;经济体制深刻变革,社会结构深刻变动,利益格局深刻调整,人们思想观念深刻变化,再加上民族宗教等问题的影响,不稳定、不确定、不安全因素增加。而且人民群众不断增长的物质文化需求和法律意识、权利意识明显增强,舆论监督、社会监督力度空前加大,对公共安全的要求越来越高。我国应急管理工作面临着许多新风险、新情况、新问题、新挑战。

2003年抗击"非典"斗争给了我国两点深刻启示:一是必须牢固确立和认真落实科学发展观,必须始终坚持统筹兼顾,更加注重经济社会可持续协调发展;二是一定要更加注重政府的社会管理和公共服务职能,不仅要健全公共卫生应急机制,还要在全社会的各个方面加快应急机制建设。党中央、国务院在认真总结抗击"非典"经验和教训的基础上,大力加强以"一案三制"为核心内容(即制定修订应急预案,建立健全应急体制、机制和法制)的应急管理体系建设,建立了"统一领导、综合协调、分类管理、分级负责、属地管理为主"的应急管理体制,基本形成了"统一指挥、功能齐全、反应灵敏、运转高效的应急机制",提高了保障公共安全和处置突发事件的能力。北京、上海、广东、陕西等许多省市,在学习借鉴国外应急管理的先进理念、方法和科学技术的基础上,结合我国国情、省情或市情,为探索和建立中国特色的应急管理体系,积极、主动、有效地应对各类突发事件作出了宝贵贡献。

党的十六大以来,党中央、国务院以制定修订应急预案为抓手,以建立健全应急体制为基础,以建立健全应急机制为关键,以建立健全应急法制为保障,把中国应急管理体系建设提升到了一个新的阶段。

在我国应急管理实践取得重大进展的同时,应急管理也成为国内政府管理和学术研究的一大热点。学者们与实践者们从不同的学科和角度出发,观察、分析和研究应急管理面临的热点、难点和焦点问题,做出了许多理论上的分析和解释,形成了多学科交叉研究的可喜态势,而且也出版了多部相关的学术与教学著作。但是,总体来看,由于我国应急管理工作起步较晚，国内应急管理研究仍处于构建探索阶段，定位不很明晰，学科独立性、成熟度不够，从而导致许多著作在很大程度上仍停留在概念辨析、意义原则分析、工作体系探索等层面。另外，一些相关的文献比较专注于应急管理实务技术、方法和操作途径，也不同程度存在着对如何紧密结合我国国情和发展需求的构建和阐释不足等弱点。

    为及时总结经验与教训，进一步加强我国的应急管理能力建设，我们组织编写了这本主要面向教学与培训的教材。本书由国务院参事、国务院应急管理专家组组长、国家减灾委专家委副主任闪淳昌教授，国务院应急管理专家组成员、清华大学公共管理学院院长薛澜教授主持编写。根据闪淳昌教授和薛澜教授提出的思路和框架结构，北京师范大学的周玲副教授、张欢副教授，河南理工大学的夏保成教授，国家行政学院的钟开斌副教授、李洺副教授，南京大学的张海波副教授，山东大学的马奔副教授，中国政法大学的詹承豫副教授，中国科学院助理研究员沈华，北京市科学技术研究院的朱伟副研究员及助理研究员方曼、王瑜，清华大学博士后刘冰，中国青年政治学院的何晶副教授等同志参加了相关章节的编写工作。周玲副教授在整个编写工作中做了大量的工作，包括协助主编设计结构与思路以及参与本书部分章节初稿的文字修改工作。清华大学公共管理学院副院长彭宗超教授、北京市科学技术研究院院长丁辉研究员、北京师范大学社会发展与公共政策学院院长张秀兰教授、南京大学政府管理学院童星教授对本书编写提供了重要指导。此外，吉林大学副教授王郅强、中央财经大学副教授宿洁、中国科学院研究员陈锐、北京师范大学副教授张强、国家安监总局张振东处长和秦绪坤等同志以及上海交通大学硕士生张碧涛等也对本书的资料汇总和文字撰写付出了大量心血。

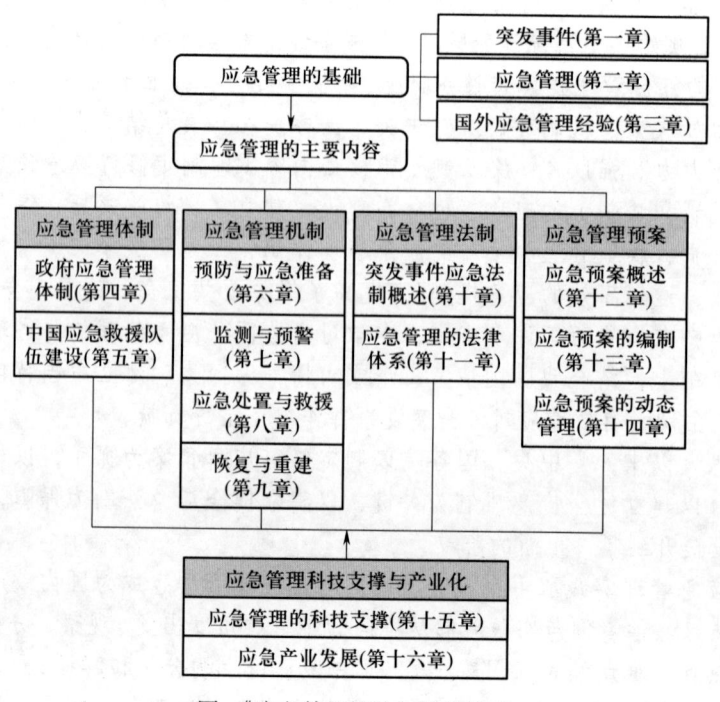

图 《应急管理概论》结构模型

应急管理是一门实践性非常强的学科，我们在编写过程中努力运用理论与实践相结合的方法，尽可能汲取国内外公共部门在应急管理的理论研究与实际工作中所积累的管理思想、理论与实践的精华。本书的特点在于：第一，力求系统、科学地梳理应急管理的基本概念并构建相关理论体系，促使这一新兴理论能在构建过程中走向成熟。第二，通过应急管理预案、体制、机制、法制、科技支撑体系等重要专题的设置，帮助读者全面掌握应急管理的核心知识。第三，大量引入国内外，尤其是我国近年来应急管理实际案例，在管理主体上覆盖了从中央到地方的各级政府，以及企事业单位、媒体、非政府组织与社会公众等；在管理范畴上包含了气象、交通、医疗卫生等社会热点话题，并辅之以与西方发达国家政府应急管理工作的对比，从而提炼、总结出可供借鉴的方法与技术，具有较强的针对性和适用性。第四，本书作者都是国内应急管理研究领域十分活跃的学者，对该领域的国际发展趋势、国内相关方针政策、理论研究前沿等方面都能进行较全面、系统与科学的把握与解读。我们希望，本书不仅适用于大学本科高年级学生、研究生或MPA的教学，而且可以对从事公共部门应急管理的实践者和理论研究者提供一定参考。

各章编写具体分工如下：

张海波、周玲、夏保成：第一篇总论，含第一章突发事件、第二章应急管理、第三章国外应急管理经验。

李洺、周玲：第二篇应急管理体制，含第四章政府应急管理体制、第五章中国应急救援队伍建设。

钟开斌、张欢、马奔、沈华、何晶、周玲：第三篇应急管理机制，含第六章预防与应急准备、第七章监测与预警、第八章应急处置与救援、第九章恢复与重建。

詹承豫、周玲、刘冰：第四篇应急管理法制，含第十章突发事件应急法制概述、第十一章应急管理的法律体系。

夏保成：第五篇应急管理预案，含第十二章应急预案概述、第十三章应急预案的编制、第十四章应急预案的动态管理。

朱伟、方曼、王瑜：第六篇应急管理科技支撑与产业化，含第十五章应急管理的科技支撑、第十六章应急产业发展。

闪淳昌　薛澜
2011/10/31 于北京

目　录

导论　国内外应急管理的形势 … 1

第一节　全球突发事件态势 ……… 1
第二节　中国应急管理工作面临的
　　　　形势 ……………………… 13
第三节　国内外应急管理的发展
　　　　趋势 ……………………… 21
第四节　新中国应急管理体系的
　　　　历史演变与特点 ………… 26
第五节　新时代总体国家安全管理
　　　　理念 ……………………… 50

第一篇　总　　论

第一章　突发事件 ………………… 57

第一节　突发事件的基本定义 …… 59
第二节　突发事件的分类 ………… 64
第三节　突发事件的分级 ………… 67
第四节　突发事件的分期 ………… 70

第二章　应急管理 ………………… 77

第一节　应急管理的发展阶段 …… 78
第二节　应急管理的内涵与外延 … 85
第三节　应急管理与风险管理、
　　　　危机管理 ………………… 91
第四节　应急管理与总体国家
　　　　安全观 …………………… 96

第三章　国外应急管理经验 … 107

第一节　国外应急管理中的政府
　　　　组织 …………………… 107
第二节　国外应急管理中的社会
　　　　组织网络 ……………… 120
第三节　应急管理的国际组织 … 127

第二篇　应急管理体制

第四章　中国特色应急管理体制
　　　　及其改革 …………… 141

第一节　应急管理体制概述 …… 142
第二节　我国改革前的突发事件

　　　　第三节　管理体制规定 …… 152
　　第三节　新时代应急管理体制及
　　　　改革 …………………… 167

第五章　中国应急救援队伍
　　　　建设 …………………… 181
　　第一节　武装力量的应急管理
　　　　职责 …………………… 183
　　第二节　综合性消防应急救援
　　　　队伍 …………………… 194
　　第三节　专业应急救援队伍 …… 199
　　第四节　非专业应急救援队伍 … 213

第三篇　应急管理机制

第六章　预防与应急准备 …… 225
　　第一节　社会管理机制 ………… 226
　　第二节　风险防范机制 ………… 235
　　第三节　应急准备机制 ………… 247
　　第四节　宣传教育培训机制 …… 256
　　第五节　社会动员机制 ………… 267

第七章　监测与预警 …………… 277
　　第一节　监测机制 ……………… 278
　　第二节　研判机制 ……………… 283
　　第三节　信息报告机制 ………… 288
　　第四节　预警机制 ……………… 302
　　第五节　国际合作机制 ………… 310

第八章　应急处置与救援 …… 319
　　第一节　先期处置机制 ………… 320
　　第二节　快速评估机制 ………… 327
　　第三节　决策指挥机制 ………… 334
　　第四节　协调联动机制 ………… 342
　　第五节　信息发布机制 ………… 354

第九章　恢复与重建 …………… 373
　　第一节　恢复重建机制 ………… 374
　　第二节　救助补偿机制 ………… 381
　　第三节　心理抚慰机制 ………… 388
　　第四节　调查评估机制 ………… 397
　　第五节　责任追究机制 ………… 407

第四篇　应急管理法制

第十章　突发事件应急法制
　　　　概述 …………………… 415
　　第一节　应急法制的基本范畴 … 416
　　第二节　应急法制的功能 ……… 422
　　第三节　应急法制的基本原则 … 425

第十一章　我国应急法制
　　　　体系 …………………… 433
　　第一节　我国应急法制体系
　　　　概述 …………………… 434
　　第二节　《突发事件应对法》的
　　　　制定和实施 …………… 438
　　第三节　我国应急法制的发展和
　　　　完善 …………………… 446

第五篇　应急管理预案

第十二章　应急预案概述 … 453

第一节　应急预案的概念 … 454
第二节　应急预案体系 … 459
第三节　应急预案的编制方法 … 476
第四节　应急预案的编制过程 … 478
第五节　应急预案的审定与发布 … 496

第十三章　应急预案的编制 … 469

第一节　应急预案的编制目标、主体与原则 … 470
第二节　应急预案编制的构成要素与注意事项 … 473

第十四章　应急预案的动态管理 … 501

第一节　应急预案的实施 … 502
第二节　应急预案的演练 … 507
第三节　应急预案的修订 … 515

第六篇　应急科技与应急产业

第十五章　应急科技 … 521

第一节　应急科技概述 … 522
第二节　风险评估技术 … 530
第三节　监测预警技术 … 536
第四节　应急决策技术 … 543
第五节　信息与通信技术 … 549

第十六章　应急产业 … 563

第一节　应急产业的基本概念与主要内容 … 564
第二节　中国发展应急产业的概况与意义 … 570
第三节　应急产业化 … 576

导论
国内外应急管理的形势

第一节 全球突发事件态势

一、全球重大突发事件的主要表现形态

当今世界，正处在大发展、大变革、大调整时期。随着世界多极化、经济全球化、社会信息化的深入发展和生态环境的变化，各领域的相互影响和依赖性逐渐加强，各类突发事件的背景也日趋复杂，全球重大突发事件呈多发、频发态势，且危害程度显著增加。综合世界各国对各种自然和人为突发事件的总结与分析，目前全球所面临的重大威胁和挑战主要存在于自然灾害、技术灾难、公共卫生事件、恐怖袭击、粮食安全和经济危机等领域。这些重大突发事件对世界各国产生了重大影响：一方面，对公众的生命健康、财产安全、基础设施和生态环境等造成重大损失和严重威胁；另一方面，危及各个国家和地区经济社会的稳定，甚至导致一些国家政权垮台、社会动荡。

（一）重大自然灾害多发、频发，经济损失巨大

自20世纪60年代以来，全球自然灾害的发生率呈急剧上升趋势，进入21世纪以后尽管总体呈下降趋势，但总体数量和造成的损失始终维持在一个较高水平（见图1）。在过去20年内，全球发生的自然灾害数量几乎占到了20世纪自然灾害总数的一半，温室气体排放量持续增加、全球气候变暖是导致洪水、干旱和强风暴雨等极端天气及其引发的次生衍生灾害增多的主要原因。由此，世界范围内的重大自然灾害呈现出多发、频发的态势。

从全球性灾害影响范围与程度来看，因灾致死人数在逐渐降低（见图2）。从导致死亡的灾害类型来看，在20世纪主要是旱灾、水灾和瘟疫，进入21世纪以来，地震灾害则占据了绝大比例。这主要是因为：20世纪90年代以前，由于灾害预防能力和救灾能力较差，使得干旱、洪水、瘟疫很容易导致大量的人员死亡。进入21世纪以来，随着全球灾害预报和救援能力的提高，大部分灾害导致的死亡人数都在下降。但是由

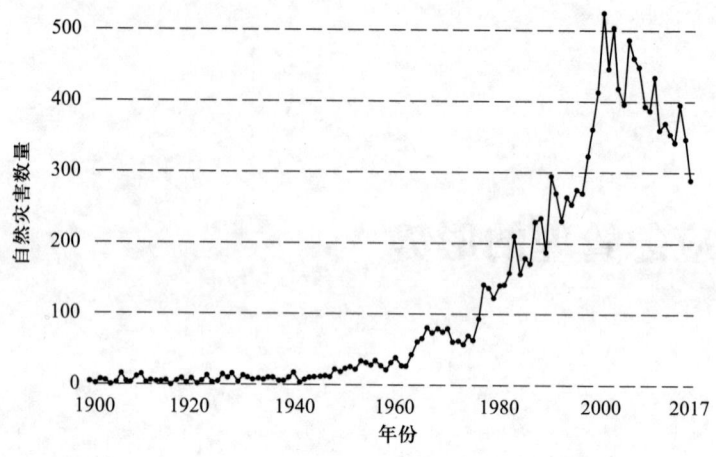

图 1　全球自然灾害发展趋势（1900—2017 年）

资料来源：Max Roser, Hannah Ritchie. Natural Catastrophes, Our World in Data. Accessed on Sept. 19, 2018.

说明：此分析数据来源于紧急灾难数据库 EMDAT，这是国际上最为重要的免费灾害数据资源之一，在国际灾害管理与研究界得到广泛应用。EMDAT 整体将自然灾害划分为地球物理性、气象的、水文的、气候的、生物的灾害五大类。关于全球灾害的数据统计，还可以访问联合国国际减灾战略（UNISDR）的相关数据统计网站。

于城市的老旧建筑加固或者更新速度很慢，加上地震预报水平亟待提高，因此地震灾害带来的人员死亡水平居高不下。值得注意的是，随着全球气候的变化，在全球范围内，强暴雪冻害、强暴雨洪水、高温干旱、极端低温冻害、龙卷风等极端天气灾害频繁发生，带来的人员伤亡也较其他灾害更加突出。

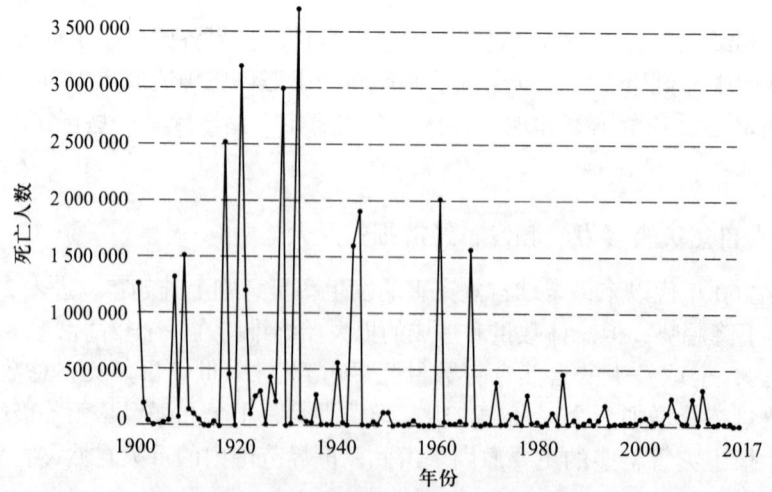

图 2　全球每年因自然灾害导致的死亡人数（1900—2017 年）

尽管因灾死亡人数大幅度降低，但灾害造成的经济损失以及影响范围则日益扩大且将长期维持在一个较高水平（见图 3、图 4）。同时，根据各国不同的经济社会发展水平，主要受冲击的对象和影响程度也不一样。与发达国家相比，发展中国家和欠发达、不发达国家因自然灾害死亡的人数和受冲击人数占了全球总数的大部分，而发达国家的损失更多地体现在经济方面,但伤亡情况也需高度重视。

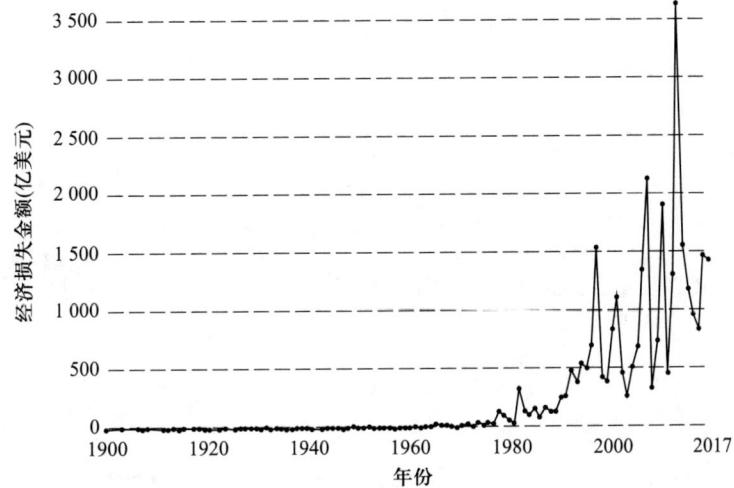

图3　全球每年因自然灾害导致的经济损失（1900—2017年）

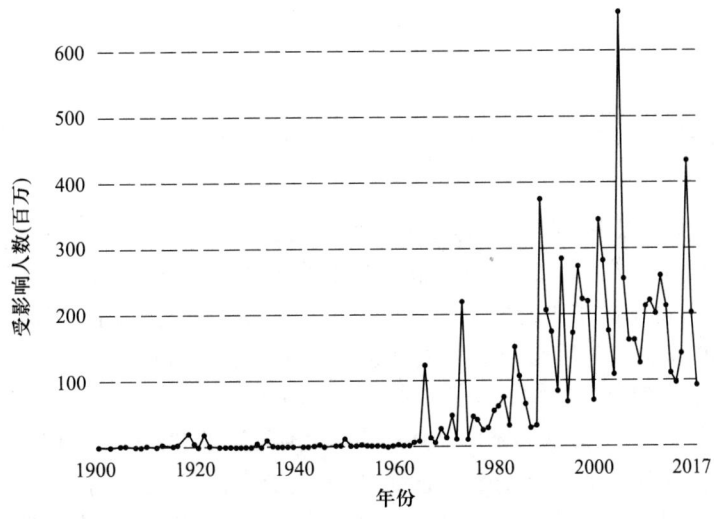

图4　全球每年受到自然灾害影响的总人数（1900—2017年）

注：此处"受到自然灾害影响的总人数"是指因灾受伤、需及时救助以及无家可归的受灾对象的总数。

（二）工业化、现代化和城市化快速发展，技术灾难日益突出

伴随着现代科学技术的进步与发展，包括爆炸、火灾和交通事故一类的技术灾难的发生率也呈快速的增长趋势（见图5）。与自然灾害相比，技术灾难发生的时空范围通常较小，但不排除偶然发生重大事故的可能，比如1987年菲律宾渡船碰撞事件造成4 375人死亡；1984年印度博帕尔化工厂事故造成3 000人死亡；1986年切尔诺贝利核反应堆融毁造成31人当场死亡，135 000人遭受损伤，经济损失达28亿美元；1988年英国阿尔法钻井平台爆炸事件造成167人死亡，经济损失达30亿美元，等等。在20

世纪90年代，这些事故平均每年造成67 000人受到灾难冲击，经济损失巨大，而且很难把握其内在的规律。①

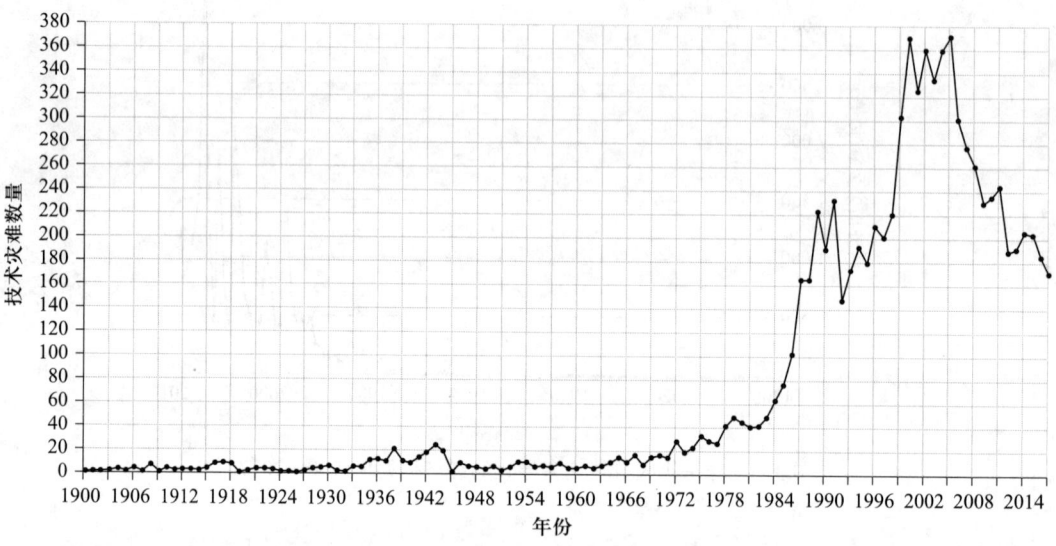

图5　全球技术灾难发展趋势（1900—2017年）

资料来源：EMDAT。

说明：EMDAT整体将技术性灾难划分为工业事故、交通类意外事故和运输事故。

进入21世纪以来，技术灾难导致的死亡人数也维持在一个高位（见图6），世界范围内诸如空难、火灾、交通事故、危化品事故等技术灾难依旧屡见不鲜。2003年1月25日，英国首都伦敦市中心发生地铁出轨事故，32名乘客受伤。2009年6月，一架法航空客A330起飞不久后与地面失去联系，飞机残骸最后在巴西东北部海面上被发现，机上228人全部遇难。2014年4月16日，韩国"世越（SEWOL）号"客轮沉没，296人遇难，8人失踪，172人受伤。2015年，我国天津港"8·12"瑞海公司危险品仓库特别重大火灾爆炸事故中有165人遇难，798人受伤，直接经济损失68.66亿元人民币。

总体上，技术灾难中化学事故的比重日益增加，同时，城市中发生的技术灾难呈攀升趋势。据统计，20世纪损失最大的100起技术灾难中，包括18起化学事故、34起城市火灾以及48起其他事故。20世纪伤亡最多的100起技术性灾难中，包括20起化学事故、21起城市火灾以及59起其他事故。②

（三）突发公共卫生事件日益增多，并呈跨地域传播扩散的特点

据统计，全球每年大约有1 300万人死于传染性疾病，主要是麻疹、肺炎、霍乱、

---

① OECD. Emerging Risks in the 21st Century: An Agenda for Action. 2003.
② IDNDR International Programme Forum. The Geneva Mandate on Disaster Reduction, International Decade For Natural Disaster Reduction Secretariat, United Nations, 1999.

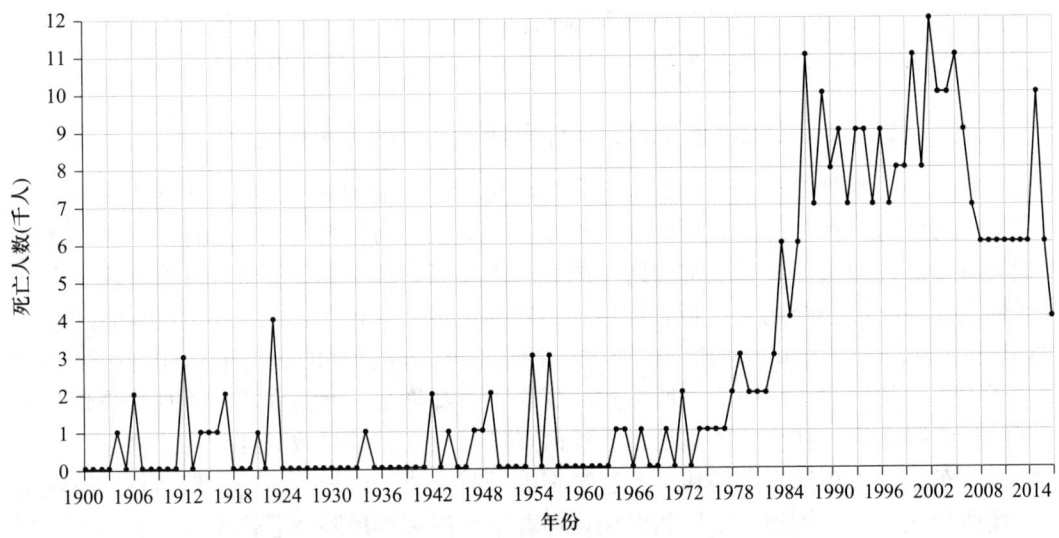

图6 全球每年因技术灾难导致的死亡人数（1900—2017年）

艾滋病、肺结核以及疟疾等。此外，传染性疾病还可能引发癌症等其他疾病。[1] 据统计，世界人口的6%处于慢性传染性乙肝和丙肝导致的癌症风险之中。[2] 绝大多数传染性疾病的受害者都来自发展中国家，在这些国家，慢性健康危机已经成为了发展的主要障碍。发达国家也面临着全国性流行疾病以及食源性疾病的威胁，比如主要在欧洲国家流行的肺结核和白喉等疾病近年来又出现反弹的趋势，在美国，每年有10 000～40 000人死于流行性感冒。

除了这些常见的传染病以外，引起公众健康危机的另一个重要来源是"生物危机"（Biological Emergency）。生物危机在某种程度上比传统的危机更为复杂，典型的类型包括：各种环境下的病虫害侵袭、人类或动植物中爆发的疾病以及食品中毒事件。它具有如下特征：① 在整个生物系统内部很少发生，经常由某种生物引发；② 具有快速从最初感染区域扩散的可能性，从而使其影响远远大于最初发现的区域；③ 有的生物危机的疾病因子能在瞬间或短短几天致人死亡，而类似疯牛病的疾病因子则能在动物身上潜伏几年，在人的身上则是数十年；④ 公众经常对该生物媒介并不知悉，因此发现与处置的难度加大；⑤ 危机的扩散不仅可能具有地域性，而且可能具有时间上的连续性。一个严重的生物事件不仅会直接对环境产生影响，而且还会在社会、社区、商业和国际关系领域造成影响，这些影响可能超出真正的物理事件范畴。

生物危机常常为"长期性"（Slow-on-set）事件，并且经常需要长期不断的资源供给；拥有生物风险源的处所或管理者可能并不是最终的生物危机管理者；生物危机中的管理人员需要高级的追踪技术识别危机。[3] 2003年爆发的"非典"疫情就是一个

---

[1] OECD. Emerging Risks in the 21st Century: An Agenda for Action. 2003.
[2] The World Health Report 1999. Geneva: WHO.
[3] Grant Rawlin, Roger Jones. Managing Biological Emergencies: A New Approach. The Australian Journal of Emergency Management, Aug, 2001: 45.

典型案例，而2020年全球爆发的新冠肺炎疫情再次将同样的问题摆在了各国政府面前：2020年1月，新冠肺炎疫情在中国爆发，全球疫情防控形势严峻。

（四）传统与非传统因素交织，全球恐怖主义威胁不断加剧

"9·11"事件之后，全球恐怖主义活动达到了空前的规模，构成了对当今社会的主要威胁。这些新型的、大规模和灾难性的恐怖主义与传统形式的恐怖主义不同，它们具有全球性力量，并且经常对诸多国家产生相当大的生命、经济和社会冲击。现代恐怖主义在一般公众场合进行恐怖活动，容易造成大规模平民伤亡。自20世纪80年代以来，恐怖分子就将目标指向了平民。跨国恐怖分子活动的数量在1980—1990年减少了60%，但同时，此类行为所导致的死伤人数却增加了将近20%。[1] 现代恐怖主义活动经常瞄准现代社会的关键设施和致命点进行攻击，并导致其处于瘫痪状态。加油站、汽车站和火车站、商场和大型建筑物等场所都成了恐怖分子的天然目标，一些危险场所如化工厂、核动力工厂和堤坝存在着重大的灾难风险。恐怖主义者力图利用现代社会对关键设施如能源、水源、运输、金融机构和信息系统的依赖，针对这些系统的关键部位进行攻击以破坏其功能，或者使其处于失控状态，这会导致严重的生命和经济损失。

现代恐怖分子的袭击手段也更加多样化。除了爆炸、枪击、瓶装毒气、刀刃等传统的手段外，生物恐怖主义、化学武器及核攻击三类武器被频繁使用，危害很大，比如1995年的东京沙林毒气事件和2001年的美国炭疽事件。同时，恐怖分子还利用高新技术开展活动，比如雇用网络专家，在网上组织恐怖袭击，利用较少且分散的终端集中攻击特定目标；一次成功的攻击造成的实质性损失会十分严重。

恐怖组织的理念、意识形态、袭击目标呈多样化。长期以来，对于恐怖主义活动成员的主观要素，主要依据极端分子的极左观念以及相对应的国家主义和种族主义的二分法。但是现在，已经包括宗教原教旨主义、千禧年信徒以及其他形式的宗教狂热分子。奥姆真理教于1995年在东京地铁制造的沙林毒气事件就是一个典型的例子，事件造成11人死亡，3 769人受伤。2002年10月23日，40多名车臣恐怖分子在莫斯科市一家剧院劫持了近千名人质，要挟俄罗斯联邦政府从车臣撤军，否则就炸毁大楼、枪杀人质。26日凌晨，俄罗斯特种部队发动营救人质行动，39名武装分子被当场击毙，但128名人质在这一事件中不幸遇难。2005年7月7日，4名受"基地"组织指使的英国人在伦敦地铁和一辆巴士上引爆自杀式炸弹，造成52名乘客遇难，700多人受伤。

现代恐怖分子的身份很难确定，国外和国内恐怖主义很难区别。传统的恐怖主义活动是一些极端主义武装分子所为，并得到一些地方或国家政治力量的辅助。但是，现代恐怖分子有所不同。由于他们可以轻易获得制造武器的材料与知识，并不需要依赖强大的经济、技术和后勤支持；小规模群体，甚至"独狼行动"就能够组织大规模的攻击并且导致大规模的伤害。同时，人、物、信息流动性的增加使得一些恐怖分子

---

[1] Sandler T. Fighting Terrorism: What Economics Can Tell Us. Challenge, 2002 (45).

通过网络进行联络，使得国外和国内恐怖主义之间的区别已经不再明显。[①]

传统恐怖主义和现代恐怖主义并存。传统恐怖主义组织长期受益于一些国家的支持，在过去的几十年间，特别是苏联解体后，虽然很少有国家明确支持恐怖主义，但仍有许多国家与恐怖主义组织保持着秘密的联系。一些国家将鼓励、使用和组织恐怖主义作为赢得外交优势地位的战略手段，或作为战争的低成本、低风险的替代品。总之，恐怖活动持续高发、范围扩大、内外勾连、手法多样、意识形态化趋势越来越明显。

（五）全球粮食不安全状态加剧，粮食安全问题愈发突出

粮食不安全或者粮食缺乏安全是一种状态，出现这种状态就意味着因粮食的效用、获取和利用导致了饥饿或在未来可能会出现饥荒。全球气候变化、石油供应不稳定、地缘政治紧张、城市化等环境的变化进一步加剧了全球粮食的不安全状态，突出表现为：贫困人群的优质食品获取量降低，低收入食品净进口国的经济形势进一步恶化，粮食的采购和供应紧张，弱势群体和饥饿人群的粮食不安全因素增加，粮食援助的有效性降低等。饥饿与健康状况不佳之间的关系已成为摆在那些缺少粮食生产手段、丧失就业机会、无法获得优质医疗服务的人们面前的现实问题。粮食的不安全状态，加上卫生条件差、营养不良、居住环境拥挤、医疗服务设施缺乏等的共同作用，使得这些人群受到死亡、疾病、饥饿威胁的概率大幅度增加。

（六）全球经济危机常发，后果持续扩大化并具连锁效应

随着全球化进程的加快，世界各国之间的联系日渐紧密，这种联系在经济领域表现得最为突出。各国之间的经济往来可以促进各国的贸易合作和经济繁荣，但也导致诸多难以预见或不利的后果。一方面，国家之间的依赖性过大，这种联系如果被一方恶意中断或扭曲，必将导致另一方受到严重的冲击；另一方面，一旦某个国家发生了重大经济危机，会对相关的国家造成连带影响，形成连锁反应，导致危机的扩大化。

比如1997年爆发的亚洲金融风暴，就导致东南亚诸多国家发生了严重的金融危机。货币贬值，股市狂跌，很快波及所有经济部门，引发全面的经济危机：企业破产、工人失业、物价上涨、外债增加、人民生活水平急剧下降。经济危机的加剧又导致了社会动乱，许多地方抢劫、骚乱频频发生，种族宗教冲突不断，分裂、独立运动持续高涨。

又如2007年8月全面爆发的美国次贷危机，这是一场发生在美国，因次级抵押贷款机构破产、投资基金被迫关闭、股市剧烈震荡引起的金融风暴，它致使全球主要金融市场出现流动性不足危机。这次危机从2006年春季开始逐步显现，2007年8月开始席卷美国、欧盟和日本等世界主要金融市场。次贷危机对国际金融秩序造成了极大的冲击和破坏，使金融市场产生了强烈的信贷紧缩效应，造成的危害已经向实体经济蔓延。它是美国20世纪30年代"大萧条"以来最为严重的一次金融危机，中央银行、

---

① Gilmore Commission. Assessing the Threat, First Annual Report to The President and The Congress of the Advisory Panel to Assess Domestic Response Capabilities for Terrorism Involving Weapons of Mass Destruction, 1999.

政府机构和金融机构等各主要经济体对危机做出的反应前所未有。2011年以来，世界经济增长放缓，国际贸易增速回落，国际金融市场剧烈动荡，各类风险明显增多，世界经济形势总体上仍十分严峻复杂，世界经济复苏的不确定性上升。当今，世界霸权主义和强权政治依然存在，各种传统和非传统安全威胁不断涌现，单边主义、贸易保护主义、逆全球化思潮不断有新的表现。

总之，世界并不太平，各种矛盾交织，错综复杂。恐怖袭击、局部战争、金融危机，对水资源、石油资源的争夺，以及跨国性的重大疫情不时出现，再加上民族宗教等问题，特别是网络媒体的影响，各类突发事件频繁发生，后果严重。前方的道路不会平坦，需要正确认识和把握世界大势和时代潮流，破解时代难题，化解风险挑战。

二、全球突发事件的变化及其特点

从全球范围来看，传统安全事件与非传统安全事件并发，常规性突发事件与非常规突发事件并存；同时，突发事件发生的背景条件也在发生变化，这表现为灾难的传播与应对方式的改变，以及社会与经济关键系统脆弱性的凸显等，这些变化都为政府管理公共事务和社会事务的能力带来了极大挑战。

（一）多种致灾因素复合叠加，增加了突发事件的复杂性和多变性

从形成与演变的规律来看，突发事件本身具有更多的复合、多变和衍生性，带来的结果具有更强的严重性和放大效应，成为一个复杂的巨系统，从而导致应急管理工作较以前具有更强的复杂性与艰巨性。这具体表现为：多种致灾因素与不同承灾体的相互作用、相互影响，多种因素、多个条件的复合叠加，导致复杂多变、综合性强的突发事件的产生。这就对应急管理工作提出了更高要求，既需要兼顾效率与公平、效益与安全、稳定与发展等各种多元化的矛盾冲突，又要在道德规范、利益博弈、资源分配等制约因素的影响下，建立多部门、多领域、多地区甚至国际合作的会商联动机制。①2011年3月11日的东日本大地震就是一个复合型链式巨灾，震级高，波及面广，引发了海啸、核泄漏事故等多重灾难，地震及其次生、衍生灾害对日本的综合实力以沉重打击并影响全球，也使得日本民众不得不面对核事故的长期影响，使全人类不得不重新审视现代灾难及核安全问题。

（二）孕灾环境的变化，增加了突发事件的密集性与叠加性

2007年，全球见证了一场具有历史意义的变迁：生活在城市的人口数量首次超过了生活在农村地区的人口数量，超过30多亿的人口生活在城市中。作为人口、建筑、基础设施和经济活动的大型综合体，北京在两个世纪以前就作为全球仅有的两个百万人口城市之一与伦敦一起被列入了大型城市的行列中。1950年，世界上百万人口的城市只有75个，而到了2008年则激增到431个。21世纪初，全球开始出现了拥有千万

---

① 闪淳昌，周玲. 从 SARS 到大雪灾：中国应急管理体系建设的发展脉络及经验反思. 甘肃社会科学，2008（5）.

人口的"超级城市"（Mega-cities），2000年这个数字就达到了17个，现在甚至出现了许多人口超过2 000万的特大城市。这些新增城市多数分布在亚洲、拉丁美洲和非洲。这种发展趋势表明，未来20年，95%的城市扩张将发生在发展中国家的大中型城市，而到2030年，这些城市人口将占世界城市人口的80%。[1][2]

城市规模的大幅度增长及其带来的一系列影响，特别是城市灾难的突发性、多样性、复杂性、连锁性，受灾对象的集中性、后果的严重性、放大性给现有的应急管理体系带来了严峻的挑战。作为国际金融中心、决策控制中心、国际活动聚集地、信息发布中心和高端人才聚集中心，城市的超规模发展使得它所面临的突发事件呈现出密集性、聚集性、叠加性等特征，导致各类突发事件以更快的速度、更多样的渠道、在更大的时间和空间范围内进行非线性、连锁性、跨时空传播，并通过突发事件的耦合、叠加和传递，对城市综合体造成更严重危害（见表1）。

表1　全球城市大型灾害典型事件（2000—2011年）

灾害名称	受影响国家	发生日期	灾害类型	主要受影响城市	死亡人数	影响人数	经济损失（美元）
东日本大地震	日本	2011年3月11日	地震海啸	岩手县宫城县福岛县	19 846	368 820	21亿
海地地震	海地	2010年1月12日	地震	太子港	222 570	3 400 000	没有报道
娜格丽斯飓风	缅甸	2008年5月2日	热带飓风	仰光	138 366	2 420 000	40亿
爪哇地震	印度尼西亚	2006年5月27日	地震	日惹	5 778	3 177 923	31亿
克什米尔地震	巴基斯坦	2005年10月8日	地震	穆扎法拉巴德	73 338	5 128 000	52亿
卡特里娜飓风	美国	2005年8月29日	热带气旋	新奥尔良	1 833	500 000	1 250亿
孟买洪灾	印度	2005年7月26日	洪灾	孟买	1 200	20 000 055	33亿
南印度洋海啸	印度尼西亚、斯里兰卡、印度、泰国、马来西亚、马尔代夫、缅甸	2004年12月26日	地震海啸	班达亚齐、钦奈（遭受一些损失）	226 408	2 321 700	92亿

---

[1] Societies, I. F. O. R., World Disasters Report 2010: Focus on Urban Risk, 2010.
[2] 联合国世界粮食计划署. 世界饥饿丛书——饥饿与健康，2007.

续表

灾害名称	受影响国家	发生日期	灾害类型	主要受影响城市	死亡人数	影响人数	经济损失（美元）
巴姆地震	伊朗	2003年12月26日	地震	巴姆	26 796	267 628	5亿
欧洲热浪	西班牙、德国、葡萄牙、瑞士	2003年夏季	酷热天气	不同城市	72 210	没有报道	没有报道
德累斯顿洪灾	德国	2002年8月11日	洪灾	德累斯顿	27	330 108	116亿
古吉拉特地震	印度	2001年1月26日	地震	普杰、艾哈迈达巴德	20 005	6 321 812	26亿

资料来源：Societies, I. F. O. R., World Disasters Report 2010: Focus on Urban Risk. 2010.

在我国，目前已经进入城市化的加速期、关键期和"城市病"的多发期。① 城市的承载能力越来越不适应急剧增长的人群需求；城市群的不断涌现和扩展延伸，导致地质、环境容量过载；人为不合理的工程活动和各类事故诱发各种灾难，或成为各种灾难的耦合。发达国家上百年工业化进程中分阶段出现的问题，在我国改革开放40多年来集中凸显，呈现出结构型、复合型、压缩型的特点，城市重大灾害多发，而且伤亡大、损失大、影响大、复杂性加剧，城市脆弱性凸显。高风险的城市与低设防的农村将是我国公共安全面临的新挑战。

（三）国家间依存度的迅速提高，增加了突发事件的关联性与互动性

从影响速度以及冲击的范围与规模来看，突发事件的一个重要变化就是能在短时间内在不同的时空领域产生深远影响，"蝴蝶效应"明显。当今，随着网络化时代的到来以及各个领域之间依存度的迅速提高，即使一个小事件也能通过技术或者信息网络、商业运转、移民、公共卫生或者环境等渠道对其他地区、其他群众甚至是相隔甚远的地区和群众造成实质性的连带影响。"世界上任何一个大城市或工业中心发生灾难性的自然灾难所带来的损害，可能会造成整个国家经济体系的崩溃，从而可能对全球的金融市场产生巨大影响。"②

从冲击规模来看，重大突发事件对现代社会的影响，尤其是社会关键资源和公共行政能力的影响与冲击呈上升趋势，而且这种趋势还会持续存在，2011年北非和中东地区的社会动荡、政权更迭就是例证。基于1995年神户地震的经验，有保险公司认为，如果东京发生大地震，所导致的经济损失将会相当于日本GDP的25%~75%。在1999年联合国国际减灾十年活动论坛的闭幕式上，日内瓦托管委员会（Geneva

---

① 闪淳昌. 提高城市应对危机风险能力. 劳动保护，2010（2）.
② Munich Re. Topics 2000: Natural Catastrophes—The Current Position. Munich Re Group, 2000.

Mandate)指出:"世界正逐渐面临由各种危害因素引发的大规模灾难的威胁之中,这将给我们的社会、经济和环境产生长期的负面影响,并且妨碍可持续发展的能力。"[①] 同时,重大突发事件对社会关键资源与公共行政能力的巨大的潜在影响与冲击表现得尤其突出,在关键领域重点表现为:公共卫生、运输、能源、食品和水源供应、通信、安全保卫系统等。正像习近平总书记2018年6月10日在青岛举办的上海合作组织成员国元首理事会第十八次会议上讲话中所强调的:"面对世界大发展大变革大调整的新形势,为更好推进人类文明进步事业,我们必须登高望远,正确认识和把握世界大势和时代潮流。""我们要坚持共商共建共享的全球治理观,不断改革完善全球治理体系,推动各国携手建设人类命运共同体。"

三、影响全球突发事件变化的主要因素

影响突发事件产生变化的因素很多,这些变化可能受到某个单一因素的直接影响,也可能受到多个因素相互作用的综合影响,而且这些因素本身也处在变化之中。

(一)全球人口的持续增长

根据联合国人口署的预测,在21世纪30年代末,世界人口将在20世纪90年代的基础上增长30亿,达到84亿。这些增长主要体现在城市人口的增加上,以中等和低等收入国家,尤其是亚洲和非洲居多(见表2)。

表2 全球城市与农村人口的分布情况

单位:亿人

项目	年份				
	1950	1970	1990	2010	2030(预计)
世界城市人口	7.37	13.32	22.75	34.95	49.65
世界农村人口	17.98	23.67	30.20	34.12	34.26

资料来源:International Federation of Red Cross and Red Crescent Socieities, World Disaster Report 2010: Focus on Urban Risk.

人口增长以及人均收入的增加,将增加对食品、水源、能源和土地的需求(包括居住和耕地)。这种规模效应很可能加剧各种环境压力,从而导致诸多问题,比如新的传染病的出现与扩散。总体来看,全球人口正经历三种变化。[②] 第一,人口老龄化,这会导致整个人类系统的脆弱性增强。比如,应对各种传染性疾病的脆弱性很可能日益

---

① IDNDR International Programme Forum.The Geneva Mandate on Disaster Reduction, International Decade For Natural Disaster Reduction Secretariat, United Nations, 1999.

② United Nations. World Population Prospects: The 2000 Revision, United Nations, Department of Economic and Social Affairs, Population Division, 2001.

加剧,而被流行病学家视为具有中长期影响的全球性流感的潜在影响,很可能随着老龄化的加剧而更具灾难性。第二,大规模移民,这会引发传染性疾病和面临未知的新型传染性疾病的风险。除了经济和政治因素之外,其他因素,如环境问题,包括海平面的升高、沿海陆地的下沉、干旱和水资源稀缺等都可能导致大规模的人口迁移。第三,城市化人口增加。随着全球化的发展,"区域城市"正在成为全球经济的主导力量。此类中心城市的发展都将超过城市规划的地方承受能力、基础设施的投入力度以及基本健康和卫生设施的供应能力。同时,大城市群落中人口、活动和资产的集中增加了其遭受诸如自然和技术性危害以及传染性疾病事件的风险。

(二)全球环境的重大变化

全球气候变化及其不利影响是人类共同关心的问题。工业革命以来的人类活动,尤其是发达国家在工业化过程中大量消耗能源资源,导致大气中温室气体浓度增加,引起全球气候近50年来以变暖为主要特征的显著变化,对全球自然生态系统产生了明显影响,对人类社会的生存和发展带来严重挑战。最新科学研究成果表明:全球地表平均温度近百年来(1906—2005年)升高了0.74 ℃,预计到21世纪末仍将上升1.1~6.4 ℃。根据世界经济论坛发布的《2020全球风险报告》,未来10年按照发生概率排序前五位风险分别是极端天气,气候变化缓和与调整措施失效,地震、海啸、火山爆发等自然灾害,重大生物多样性损失及生态系统崩溃,人为环境损害及灾难。20世纪中叶以来全球平均温度的升高,主要是由化石燃料燃烧和土地利用变化等人类活动排放的温室气体(主要包括二氧化碳、甲烷和氧化亚氮等)导致大气中温室气体浓度增加所引起的。[1]随着未来气候变暖趋势的进一步加剧,海平面上升趋势会进一步加剧,全球范围内极端天气气候事件发生频率可能增加;降水分布不均现象更加明显,强降水事件发生频率增加;干旱区范围可能扩大,土壤沙化和水资源短缺的局面也可能进一步加剧,同时,分配能力平均水平的边际改变也将导致灾难性事件发生的可能性增加。

同时,过度开发、污染和环境退化以及外来物种的引进也会使得生态系统发生显著变化,导致某些生物种类的灭绝。[2]20世纪90年代中期,全球约5 200种动物和34 000种植物面临威胁。长远看来,生物多样性的破坏显著改变了自然灾难的性质。多样性扩展了系统内的潜在相互作用,由此提供了高度的稳定性和恢复力。生物多样性能够决定生态系统对灾难的抵抗力和适应力。生物多样性的减少将导致疾病发病率的增加以及侵略性物种的繁衍,这已经在当今的沿海生态系统得到了印证。

(三)科学技术的发展与创新

受益于科学知识和装备日新月异的飞速发展,技术革新的速度也加快,技术的发展正以前所未有的速度推动着人类生存环境的相互作用,带来了生活方式的巨大变革,而且这种改变具有很强的自我复制能力,易于快速传播。技术的革新在带给人类便捷

---

[1] 中国应对气候变化的政策与行动(2008)白皮书. 中华人民共和国国务院新闻办公室,2008.
[2] OECD. Emerging Risks in the 21st Century: An Agenda for Action. 2003.

与效率的同时，也会带来诸多的利益问题和风险。技术变革带来的未知变化难以预测，有些变化可能导致不可逆转的结果，而且可能很难控制。

现代社会的许多关键系统和关键基础设施都依赖于这些新技术，如果组织、法规和管理不能持续适应这些不断改变的技术框架，那么，新技术也可能带来许多新问题，甚至给社会带来深远的影响。① 同时，以信息、通信、空间和运输为代表的新技术的发展以不可思议的速度提高了人与人之间沟通的可能性，使得个体和组织的沟通更加便捷、依存度更高，而且这种作用通常具有全球化的规模。但其影响也是多方面的：从有利的角度来看，信息收集和加工能力得到显著提高，监控和预警系统的功能增强，灾难的组织与应对能力得到有效加强；从不利的角度来看，会使得事故、疾病和恶意行为等得以扩散的途径增多，传播速度加快、范围扩大。总之，随着互联网特别是移动互联网的发展，社会治理模式正在从单向管理转向双向互动，从线下转向线上线下融合，从单纯的政府监管向更加注重社会协同治理转变。

（四）社会结构的剧烈变化

世界各国在经济开放、社会分化、国民教育和政府角色转型方面正发生着剧烈的变化。全球化与竞争压力带来了高度规模化和高度集中化，这包括生产整合、市场集中和地理集中，集中化会导致系统对重大突发事件的高度脆弱性。同时，全球化还会导致产生经济、社会、政治、文化等方面的掠夺、干涉和侵略，致使持续的大范围贫穷以及国家间、地区间和人均收入的不平衡，进而产生特定区域的社会和政治紧张局势和社会动荡。伴随着知识经济和信息化时代的到来，发达国家和发展中国家之间的收入和财富差距呈不断扩大的趋势，这些问题可能以大规模无法控制的移民流、犯罪活动甚至是恐怖活动等形式呈现在国际舞台上。

第二节 中国应急管理工作面临的形势

经济持续、快速、健康发展，政治安定、社会稳定，是我国公共安全形势的主流，但也要充分认识我国公共安全形势面临的新挑战。当前，我国的经济、社会和自然环境都进入了一个各类突发事件发生概率高、破坏力大、影响力强的阶段。随着工业化、信息化、城镇化、市场化、国际化快速推进，各种变革调整速度之快、范围之广、影响之深前所未有，公共安全也面临着一些突出矛盾和问题。各种传统的和非传统的、自然的和社会的风险、矛盾交织并存，我国正处在公共安全事件易发、频发、多发期，公共安全和应急管理工作面临的形势更加严峻。②

---

① OECD. 21st Century Technologies: Promises and Perils of A Dynamic Future. Paris: 1998.
② 马凯. 落实科学发展观 推进应急管理工作. 中国新闻网，2009-2-1.

一、我国突发事件的主要类型及其特点

对突发事件的分类方式与角度很多，本书按照《中华人民共和国突发事件应对法》和《国家突发公共事件总体应急预案》的规定，将我国突发事件的主要类型划分为自然灾害、事故灾难、公共卫生事件和社会安全事件（见表3）。

表3　我国突发事件的主要类型

类型	例示
自然灾害	水旱灾害，气象灾害，地震灾害，地质灾害，海洋灾害，生物灾害和森林草原火灾等
事故灾难	工矿商贸等企业的各类安全事故，交通运输事故，公共设施和设备事故，环境污染和生态破坏事件等
公共卫生事件	传染病疫情，群体性不明原因疾病，食品安全和职业危害，动物疫情，以及其他严重影响公众健康和生命安全的事件
社会安全事件	群体性事件，恐怖袭击事件，经济安全事件和涉外突发事件等

（一）自然灾害多发频发

由于特有的地质构造条件和自然地理环境，我国是世界上自然灾害最严重的国家之一。自然灾害种类多、频度高，分布广、损失大，巨灾风险防范面临严峻挑战，这是一个基本国情。一是中国地震频度高、强度大、分布广、震源浅，灾害严重；二是热带气旋、台风平均每年登陆中国8~10次，给中国东南沿海省份造成重大损失；三是中国有2/3的国土面积不同程度地受到洪涝威胁，特别是长江、黄河、淮河等七大江河的中下游的一些地区的地面处在洪水水位以下，洪涝灾害威胁严重；四是干旱、冻害等气象灾害严重，冰雹、龙卷风、雷击等局地强对流天气时有发生；五是中国是受沙尘暴天气影响较为严重的国家之一，沙尘暴不仅掩埋农田、草场，还严重污染环境、影响人体健康、阻断交通等，而且已经成为一个大的区域灾害；六是崩塌、滑坡、泥石流等地质灾害频发，最典型的是2011年甘肃舟曲特大泥石流造成的重大伤亡，而且随着人类活动的加剧和气候变化等因素的影响，中国地质灾害的发生频率和强度呈增长趋势；七是森林草原火灾频发。总之，中国自然灾害的基本特征和基本国情是灾害种类多、频度高、区域性、季节性强、灾害损失严重。

在我国，70%以上的城市、50%以上的人口分布在气象、地震、地质、海洋等类型灾害的高风险区；58%的国土面积、82%的省会城市、60%的地级市、54%的县城处于7度及以上地震高烈度区；69%的国土面积存在较高滑坡、泥石流、崩塌等地质灾害风险。美国《国家科学院学报》2019年年初发表研究报告，显示南极冰川融化速度是20世纪80年代的6倍，假如气候变暖趋势不缓解，预测部分地区到2100年将出现海平面上升1.8米的极端情况，将有不少沿海城市被淹没。《第三次气候变化国家评估报告》（中华人民共和国科学技术部，2016）指出，近百年（1909—2011年）我国地

表平均温度上升0.9~1.5摄氏度，沿海海平面1980—2012年以年均2.9毫米的速率上升，高于全球平均水平。美国宇航局研究发现，作为"亚洲水塔"的青藏高原冰川显著变薄，可能成为极其危险的定时炸弹。总之，难以预料的全球性气候反常和难以控制的自然灾害时有发生，特别是破坏性地震和洪涝灾害将是未来二三十年对我们中华民族构成威胁的重大灾害风险。

尽管近年来我国因灾死亡和受灾的人数有减缓的趋势，但我国自然灾害及其次生、衍生灾害的突发性和危害性一直维持在较高水平（见表4）。2001—2016年，我国平均每年因自然灾害死亡的人数超过1 500人（不含2008年汶川特大地震，此次灾难遇难人数达69 227人，失踪17 923人，需要紧急转移安置受灾群众1 510万人，直接经济损失8 451多亿元），平均每年受灾人口至少在2亿人以上。由于自然灾害链会导致一系列次生、衍生事件，影响面大，所以自然灾害还有着很强的社会性和政治性。

表4 全国因自然灾害死亡人数与经济损失统计（2001—2016年）

年份	直接经济损失（亿元）	受灾人次（亿人次）	因灾死亡（人）
2001	1 942.2	3.7	2 538
2002	1 717.4	3.7	2 384
2003	1 884.2	4.9	2 259
2004	1 602.3	3.4	2 250
2005	2 042	4	2 475
2006	2 528	4.345 33	3 186
2007	2 363	3.977 79	2 325
2008	11 752	4.779 5	88 928
2009	2 524	4.793 35	1 528
2010	5 339.9	4.3	7 844
2011	3 096.4	4.3	1 126
2012	4 185.5	2.9	1 530
2013	5 808.4	3.9	2 284
2014	3 373.8	2.4	1 818
2015	2 704.1	1.9	967
2016	5 032.9	1.9	1 432

资料来源：(1) 中华人民共和国统计局官方网站；(2) 中华人民共和国民政部官方网站。

此外，自然资源缺乏也是我国经济社会发展面临的一个重要问题。虽然我国地域广袤，物产丰富，但相当一部分地区生存环境恶劣，不适宜人类居住，较多的人口聚集在少部分地区，人口密度过大，导致该地区资源迅速消耗，遭到难以恢复的破坏，甚至导致资源枯竭。经济社会的健康发展、人民的生产生活需要大量的资源作保障，一旦资源链条断裂，将对整个社会造成不可估量的损失。

（二）事故灾难严重

近年来，我国安全生产保持了总体稳定、趋向好转的发展态势，呈现四个明显下降：一是事故总量明显下降；二是事故造成的死亡人数明显下降；三是重特大事故明显下降；四是重点行业领域事故明显下降，特别是煤炭、交通等领域事故下降幅度较大。但是，中国安全生产形势的严峻状况还没有根本改观，粗放型的经济增长方式与安全生产的矛盾依然突出，一些企业安全管理水平和技术落后，非法违法生产，违章指挥、违规操作等原因造成的事故不断：一是事故总量大、伤亡大。近十年以来，平均每年死亡 6 万多人（见图 7），受伤几十万人。二是重特大事故较多。一次死亡 10 人以上的重特大事故每年 25 起以上（见图 8）。三是环境安全形势严峻，发达国家上百年工业化过程中分阶段出现的环境问题，在中国近 30 多年来集中凸显，呈现出结构型、复合型、压缩型的特点。而且，随着社会经济活动的活跃，区域性、流域性环境问题和环境事件呈增加趋势。近年来，环境污染引发的群体性事件以年均 29% 的速度递增，其对抗程度总体上明显高于其他群体性事件。

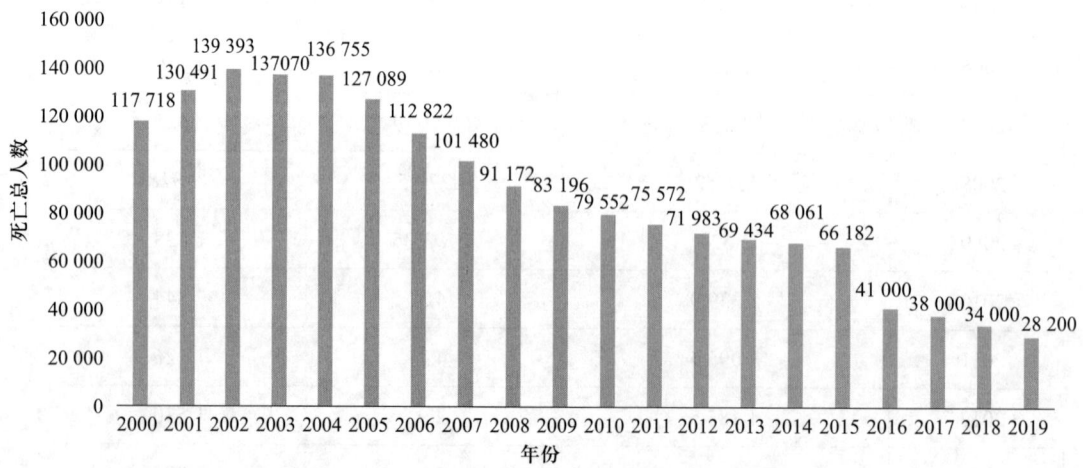

图 7　中国历年各类安全生产事故总死亡人数统计（2000—2019 年）

资料来源：中华人民共和国应急管理部。

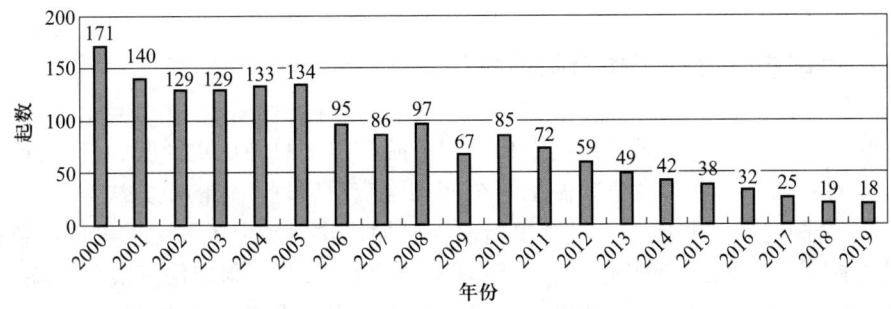

图 8　中国历年各类安全生产事故一次死亡 10 人以上重特大事故统计（2000—2019 年）

（三）公共卫生事件防控难度增大

公共卫生事件威胁着人民群众的生命和健康，重大疫情的不时出现和公共卫生事件的不确定性及严重性已经成为一个新的重大问题。我们战胜了"非典"疫情，有效防控了高致病性禽流感疫情的发生和蔓延，积极稳妥地应对甲型流感，2020年稳步应对新冠疫情。但是，多种传染病尚未得到有效的遏制。全球新发现的 30 余种传染病已有半数在中国发现，有些还造成了严重后果。重大传染病和慢性病流行仍比较严重。特别是农村卫生发展仍然滞后，艾滋病、结核病、肝炎、血吸虫病和地方病患者，大部分在农村，农村公共卫生面临传染病、慢性病和意外伤害并存的局面。全国职业病危害呈上升趋势，特别是矿工的尘肺病和化工厂的职业病尤为严重。制售假冒伪劣药品、医疗器械等违法犯罪活动尚未得到有效遏制，重大食物中毒事件及其引发的群体性事件时有发生。

（四）社会安全面临新的挑战

我国经济社会发展进入了一个关键时期，各种利益关系错综复杂；同时，影响国家稳定和社会安全的因素依然存在，社会稳定领域面临的形势更加复杂严峻。一是人民内部矛盾凸显；二是刑事犯罪高发，违法犯罪活动日趋动态化、组织化、职业化、智能化和低龄化；三是对敌斗争复杂，国内外极端势力制造的各种恐怖事件危及国家安宁，如西藏、新疆的打砸抢烧等暴力犯罪事件和东突恐怖活动等，特别是天安门金水桥的恐怖袭击案和昆明火车站的暴恐事件，警示我们反恐形势依然严峻；四是改革开放以来，境外涉我和境内涉外的突发事件也明显增多，如索马里海域中国商船被海盗劫持事件和从利比亚撤侨事件等。与此同时，地缘政治关系复杂变化，传统安全威胁和非传统安全威胁交织，全球化冲击带来的经济和金融风险也日益突出，我国的对外依存度越来越高，全球化进程是与经济社会转型同步进行的，这就使这类危机更加复杂多变。国际经济和金融领域的不稳定性对我国的经济社会带来的影响也越来越大，我国经济安全面临严峻的挑战。

二、中国应急管理工作面临的挑战

党的十六届三中全会以来,党中央、国务院在深刻总结历史经验、科学分析公共安全形势的基础上,审时度势,做出了全面加强应急管理工作的重大决策。2003年7月28日,全国防治"非典"工作会议指出,要加快建立健全各种突发事件应急机制,大力增强应对危机与风险能力。重点是加强"一案三制"(制定修订应急预案,建立健全应急体制、机制和法制)建设。之后,党和国家多次召开会议专题研究、部署做好应对危机和风险的有关工作;对全面加强应急管理工作、提高保障公共安全和处置突发事件的能力,做出部署、提出要求。中央领导同志对重特大突发事件都及时做出重要批示,召开专题会议研究、部署应对工作,确立了预防为主,预防与应急相结合的方针和统一领导、综合协调、分类管理、分级负责、属地管理为主的应急管理体制等。2015年5月29日,中共中央政治局就健全公共安全体系进行第23次集体学习。中共中央总书记习近平在主持学习时强调,公共安全连着千家万户,确保公共安全事关人民群众生命财产安全,事关改革发展稳定大局。要牢固树立安全发展理念,自觉把维护公共安全放在维护最广大人民根本利益中来认识,扎实做好公共安全工作,努力为人民安居乐业、社会安定有序、国家长治久安编织全方位、立体化的公共安全网。2016年年底,《中共中央国务院关于推进防灾减灾救灾体制机制改革的意见》和《中共中央国务院关于推进安全生产领域改革发展的意见》等对防灾减灾救灾和安全生产工作提出了明确要求。2017年10月,习近平在十九大报告中进一步指出,树立安全发展理念,弘扬生命至上、安全第一的思想,健全公共安全体系,完善安全生产责任制,坚决遏制重特大安全事故,提升防灾减灾救灾能力。各地各部门认真贯彻落实中央的部署和要求,各司其职、认真负责、密切配合、协调联动,大力加强防灾减灾救灾能力建设和安全生产工作,制定修订、完善和落实有关法律法规和标准,加强应急管理体制机制法制建设,加大风险隐患排查力度,及时、有效、依法应对各类突发事件,取得了显著成效,国家综合防灾减灾救灾能力明显提升。我国社会治理体系更加完善,社会大局保持稳定,国家安全全面加强。

但影响经济社会科学发展、安全发展、和谐发展的因素也大量存在,各种传统的和非传统的、自然的和社会的、国内的和国际的安全风险交织并存。我国的应急管理工作与有效应对复杂多变的公共安全形势还不适应,与经济社会快速发展的形势还不适应,与最大限度地保障人民群众生命财产安全的要求还有差距,公共安全面临的挑战前所未有。[①]

(一)突发事件仍处于易发多发期

这主要表现在:地震、地质灾害、洪涝、干旱、极端天气事件、海洋灾害、森林草原火灾等重特大自然灾害频率高、分布广、损失重、救灾难度大;生产安全事故总量仍然偏大,道路交通、煤矿等矿产开采、危化品等重点行业领域重大事故频发,部

[①] 马凯. 落实科学发展观 推进应急管理工作. 中国政府网,2009-2-1.

分城市建筑、生命线工程、地下管网等基础设施随着使用年限增长，事故隐患逐步显现，由于生产安全事故、污染物排放或者自然灾害等因素导致的突发环境污染事件多发，危及公众生命、健康和财产安全，威胁生态环境，造成重大社会影响；鼠疫、霍乱等法定报告传染病时有发生，突发急性传染病在全球不断出现，境外输入传染病以及生物技术误用谬用风险不断增大，食品药品安全基础依然薄弱，公共卫生事件防控难度增大；社会利益关系错综复杂，诱发群体性事件因素较多，非法集资、借贷等涉众型因素增多，网络聚集效应明显，网络安全事件频发，反恐怖斗争形势十分严峻，因社会矛盾引发的个人极端犯罪、重大恶性敏感案件屡有发生，涉外安全风险日益增加，社会安全面临新的挑战。

（二）公共安全与防灾减灾基础比较薄弱

我国公共安全与防灾减灾基础工作还比较薄弱，政府的社会管理和公共服务职能还没有完全到位。一些地方和部门不同程度地存在着"八重八轻"的状况，即：重速度，轻质量；重处置，轻预防；重效益，轻安全；重地上，轻地下；重表面，轻基础；重眼前，轻长远；重产出，轻投入；重硬件，轻软件。公众的忧患意识和自救互救能力还比较差。我国每年因"三违"（违章指挥、违章作业、违反劳动纪律）造成的生产安全事故是惊人的；每年因无知在事故和灾害中造成不应有的人员伤亡数量也是惊人的。

（三）城镇化和城市现代化带来新挑战，高风险的城市和不设防的农村并存

截至2017年年底，我国城市化率达到58.5%。伴随着城镇化的快速推进，城市群、经济区、都市圈等新兴城市空间结构不断涌现，为城市多元发展和城市转型创造了机会。目前，我国已形成长江三角洲城市群、珠江三角洲城市群、京津冀城市群、中原城市群、长江中游城市群、成渝城市群、哈长城市群、辽中南城市群、山东半岛城市群、海峡西岸城市群、北部湾城市群、关中平原城市群、呼包鄂榆城市群13个国家级城市群。其中，以北京、上海和广州为首的特大型城市所构建的京津冀城市群、长江三角洲城市群和珠江三角洲城市群经济规模占全国的比重越来越高，成为我国经济发展的引擎。城市化和城镇现代化是历史发展的必然趋势，但是也带来了新的风险。目前，城市灾害呈现如下明显特点：即城市灾害的突发性、多样性、复杂性、连锁性（次生、衍生和耦合），城市受灾对象的集中性，城市灾害后果的严重性和城市灾害的放大性，使城市应急管理工作任务繁重。同时，由于我国城乡差别大，形成高风险的城市和不设防的农村并存的局面，农村在抵御自然灾害和公共卫生事件方面的能力尤为薄弱。[1]

（四）人口老龄化提升放大了整个社会系统应对风险的脆弱性

我国将很快进入并将长期处于老龄社会和高龄社会。同时，庞大的人口基数、3%以上的年均老化速度、区域发展不平衡和"未富先老，未备先老"的特殊国情，使老龄化问题的不确定性越来越突出，其蕴含的社会风险越来越高。适老化公共设施和服

---

[1] 闪淳昌．构建中国特色的应急管理体系．中国浦东干部学院学报，2008（5）．

务短缺、社会保障体系的不完善、经济发展的相对滞后，各种因素相互影响和交织，放大提升系统的脆弱性，必将会带来一系列新的公共安全问题。同时，老年人的安全水平和抵御能力总体较低，脆弱性很高，容易成为各类公共安全问题与突发事件的被伤害对象和承灾载体，对突发事件的风险治理水平和应急管理能力也提出了更高的要求。人口老龄化的宏观现实与老龄人群的微观事实，都对当前公共安全形成了新的挑战。人口老龄化进程的加速，使得经济社会发展过程中的公共安全问题由"初显"逐渐发展为"凸显"。一个社会能不能为老年人创造一个老有所养、老有所乐、老有所为的氛围并切实加强管理，已经成为衡量这个社会文明进步的重要标志，成为衡量这个社会和谐稳定的重要标志。加强公共安全体系建设，积极应对人口老龄化对公共安全带来的挑战，迫在眉睫。

（五）工业化与信息化引发各种新风险、新问题

现代工业、高新技术和信息产业的高速发展，在为国家和个人提供全新的发展机遇和生活空间的同时，也带来了新的安全风险。互联网已成为国内外敌对势力进行渗透破坏、放大破坏能量的重要手段。水、电、油、气、通信等生命线工程和信息网络一旦被破坏，轻则导致经济损失和生活不便，重则会使整个国家的政治、经济或军事陷入局部或暂时瘫痪，社会秩序失控。

（六）市场化带来利益格局的新调整

我国经济社会发展进入了一个关键时期，经济体制深刻变革，社会结构深刻变动，利益格局深刻调整，人们思想观念深刻变化，再加上民族宗教等问题的影响，不稳定、不确定、不安全因素增加。人们受各种思想观念影响的渠道明显增多，程度明显加深，思想活动的独立性、选择性、多变性、差异性明显增强。我国社会主要矛盾已经转化为人民日益增长的美好生活需要和不平衡不充分的发展之间的矛盾。

（七）各类突发事件的关联性越来越强，互相影响、互相转化

和平与发展是时代的主题，但世界并不太平，并不安宁。而且，自然灾害、事故灾难、公共卫生事件和社会安全事件等各类突发事件的关联性越来越强，互相影响、互相转化，经常导致次生、衍生事件发生或成为各种事件的耦合。而且，越是经济社会向前发展，越是现代化程度不断提高，越是不能忽视可能发生的风险，越是不能忽视各类致灾因素的相互联系、相互作用、相互交织和相互影响。

（八）公众对公共安全的要求越来越高增加了工作的紧迫性

我国经济增长方式与公共安全的矛盾依然突出，彻底改变这种状况还需要时间。人民群众不断增长的物质文化需求和法律意识、权利意识明显增强，舆论监督、社会监督力度空前加大，对公共安全的要求越来越高。平安已经成为老百姓解决温饱后的第一需求，是极重要的民生，也是第一位的发展环境。所以，安全成为公众的生命线，成为社会稳定的重要条件，成为国民经济持续、快速、健康发展的保证，成为构建社会主义和谐社会的重要内容，成为全面建设小康社会宏伟目标的重要内涵，对于中华

民族的伟大复兴具有非常现实和深远的意义。

总之，城镇化、老龄化、工业化、信息化、市场化、国际化和公共安全的复杂性、开放性、系统性，使中国应急管理面临着诸多新课题、新挑战，我们必须居安思危，思则有备，有备无患。

第三节　国内外应急管理的发展趋势

随着国内外减灾与应急管理战略的不断调整与发展，世界各国尤其是发达国家和地区普遍高度重视应急管理工作，并取得了明显的成效，也形成了各自的特点。当前，从全球应急管理和减灾工作的发展趋势来看，主要体现在：

一、综合性、预防性、协调性的减灾与应急管理战略

应急管理过程是针对各类突发事件，从预防准备、监测预警、处置救援到恢复重建的全灾种、全流程、全社会、全方位的管理，无论是联邦制国家还是单一制国家，综合的应急管理理念都在不断得到强化。从全球发展趋势来看，应急管理促进了各部门全方位的联合：第一，应急管理的对象经历了由单灾种向多灾种的转变，由单一事件处置向多种事件综合管理转变，由单项减灾向综合减灾转变，自然灾害、事故灾难、公共卫生和社会安全等突发事件的综合应急处置工作正日趋完善。第二，应急管理模式实现了从"重响应、轻预防"向"全流程管理"的逐步完善，从重在处置向"预防为主"转变，向减轻灾害风险、加强风险管理转变。应急体系建设的主要内容由以应急响应为重点向以应急准备为重点转变，把应急准备提升为涵盖"预防、保护、响应、恢复"并融会贯通的基础性、全过程的行动。第三，应急管理的主体呈现出从单一的政府向多元化主体转变的特点。第四，由单纯减灾向减灾与可持续发展相结合转变。第五，从一个区域或部门向加强区域合作、协调联动，直至加强国际合作转变。第六，从传统安全向传统安全与非传统安全并重转变，并更加强调运用先进的科技手段与方法。

二、强调加强源头治理、减少灾害风险的发展理念

2015年3月14日，在日本仙台举行的第三次联合国世界减灾大会开幕式上，时任联合国秘书长潘基文再次强调："防灾是实现可持续发展的世界性的重要里程碑，世界各国人民拥有防灾意识是非常重要的。因此，虽然大规模的自然灾害给世界各国人民带来了巨大的损失，但是，通过加强早期预警预报系统建设等减灾措施和对策，可以挽救更多的生命，减少更多的经济损失。因此，在这个领域中进行长期投资是非常重要的。"

3月18日，参与大会的187个国家的代表通过了《2015—2030年仙台减灾框架》，

框架制定了"十五年"减灾领域的七大目标和四大优先行动事项,并指出需要聚焦的五个重点领域:风险意识与预警机制、风险导向的治理模式、防灾、抗逆力建设以及地方/城市减灾。该《框架》提出,全球减灾的当务之急,就是要尽最大努力去预测、规划和减少灾害风险,以便更有效地保护人类和国家以及民生、文化遗产、社会经济资源和生态系统,增强抵御灾害、降低损失的能力。聚焦领域的制定,基本指明了阶段性防灾减灾工作的重点之一:加强城市灾害风险管理。

三、积极夯实灾备基础,全面提高城市韧性

近年来,韧性城市的建设受到了发达国家和国际组织的高度重视。韧性城市和一般城市相比,具备多功能性、冗余性、多样性、连通性、适应性等特点。韧性城市具有较强的抵御灾害的能力,并且在遭受灾害之后能够迅速恢复其功能,并具备适应性以应对下一次灾害的到来。目前,在应对气候变化、保护资源环境、抵御重大灾害、改善经济社会等方面,国际上已兴起很多韧性城市建设项目,一批城市或地区制定了有针对性的韧性提升计划,一些国际组织也发起了国际行动为韧性城市建设提供支持。美国纽约的《一个更强大,更具韧性的纽约》(A Stronger, More Resilient New York)计划旨在提高纽约应对气候变化的韧性。该计划重点关注飓风以及由其带来的洪灾给纽约市造成的影响,从海岸线、建筑、重要基础设施等几个方面入手加以分析和规划,基础设施部分关注了保险、公共设施、能源、医疗、通信、交通、公园、水资源等方面的内容。该计划也注重城市管理层面的建设,如成立"长期规划与可持续发展市长办公室"(OLTPS),统筹调度各个部门,按照计划的内容对城市韧性进行监管和建设。洛克菲勒基金会提出了"100韧性城市·世纪挑战"项目。该项目旨在通过为城市制定和实施韧性计划以及提供技术支持与资源,帮助城市打造韧性,提升城市抵御外来冲击、灾害的能力。目前,我国也有4座城市入选,分别是湖北黄石、四川德阳、浙江海盐、浙江义乌。特别是近年来,我国政府在批复北京、上海和雄安新区的城市规划中,都强调提高城市韧性,增强抵御灾害事故、处置突发事件和危机管理能力。

四、强调政府的主导作用,并强化综合应急管理机构在决策指挥中的权威、核心地位

如何有效应对与管理各种突发事件,在尽可能短的时间内控制事态、降低损失、维护政府公信力,是世界各国政府都会面临的严峻挑战。对于一个国家来说,应对突发事件的水平在相当程度上体现着政府的管理水平和能力的高低,突发事件处置的好坏关系到政权的稳定与否。世界上许多国家都非常重视对突发事件的管理,建立了具有本国特色的应急管理制度与计划,相应地形成了具有本国特色的应急工作体系。这表现为:强化领导权威,构成强有力的指挥协调中枢;设置直接领导的综合性应急管理机构,辅助领导进行全面应急管理;形成由各方代表共同组成的委员会,就应急管理问题进行决策和沟通协调;以现有政府组织机构为依托,通过重新界定现有政府组

织职能，重塑现有政府组织职能结构，增加应急管理职能，构建全政府的应急管理体系；加强政府间的相互援助和国际合作，形成政府间应急管理联动系统。①

五、推动社会参与，建立全政府—全社会的应急管理体系

一方面，强调政府在应急管理中的重要作用；另一方面，努力实现政府和社会、公共部门和私人部门之间的良好合作，实现公民、社会组织、企事业单位在应急管理中的高度参与。

比如在德国，"应急管理"中的救援主体是志愿者。德国的志愿者体系是非常独特的，建立了一整套保证志愿者服务体系有效运作和可持续发展的激励和约束制度。志愿者遍及各个公共服务领域，利用业余时间参加所注册领域的专业培训，在需要时提供专业性的志愿服务。在"应急管理"领域，德国有五大私立志愿救援组织以及若干个国家管理下的专业志愿者群体。比如，消防领域有130万名志愿者，而专职人员只有不到3万名；卫生防疫领域有50万名志愿者，亦远远超过专职人员数；旗下拥有8万名专业志愿者的联邦技术救援署只有800名专职人员。

另外，美国、日本政府还重视对全民的防灾减灾知识普及、危机心理辅导和日常的情景训练，日本民众自救互救的意识和能力非常突出，美国政府还特别重视运用统计资料、数学模型和计算机模拟等诸多社会变量对社会问题进行分析预测，为政府实施调整社会政策和采取有针对性的社会控制手段，起到了重要作用。

国外还注重在"应急管理"中充分发挥市场作用。比如，在德国的灾难救援体系中，全覆盖的国家强制保险以及各种社会保险作为一种具有代表性的市场化手段，发挥了重要的作用。以2009年科隆档案馆倒塌事件为例：档案馆在附近地铁开挖过程中突然倒塌，与档案馆两侧相连的民居同时损毁并且需要进行拆除，由此产生了需要进行临时安置以及房屋重建的居民。在这一事件的处置中，受灾居民的临时安置由科隆市财政局出资，房屋重建则由承保公司按照合同出资；其后保险公司通过法律途径起诉引发档案馆倒塌事故的责任主体，比如说有可能是地铁建筑公司，而地铁建筑公司在开工之前也购买了相应的工程事故保险，承保方也会通过再保险的方式将风险进一步转移出去。通过这种全覆盖的连环保险，发挥了三个方面的功能：一是灾难发生前风险的社会分摊；二是灾难发生后损失赔偿的多元主体，而不是国家独力支撑；三是通过费率杠杆撬动安全意识，即安全生产是有经济杠杆激励的，因为承保企业对于投保企业的保险费率是随着安全生产水平的升高而降低的。

六、完善应急管理程序，建立层次分明的预案体系，推进突发事件应对的制度化、规范化建设

这主要表现为：对突发事件发生、发展的演化规律进行研究，对突发事件的类别、等级及其应对阶段进行划分与确定，针对突发事件应对过程中的关键要素进行分析并

---

① 赵成根. 国外大城市危机管理模式研究. 北京：北京大学出版社，2006.

制定相应的规划与方案等。

应急预案是政府组织管理、指挥协调应急资源和应急行动的整体计划和程序规范。由于突发事件具有较强的不确定性,因此需要根据突发事件的不同特点制定多层次的预案体系。从各国经验来看:一是构建了层次分明的预案体系。美国的预案体系从1992年的《联邦响应计划》(Federal Response Plan, FRP)发展到2004年的《国家响应计划》(National Response Plan, NRP),进一步发展成为2008年的《国家应对框架》(National Response Framework, NRF),这一转变体现了美国应急预案体系日趋完备、走向成熟的过程。日本的应急预案习惯称为"防灾计划"或"防灾规划",涉及灾害预防对策、灾害应急对策和灾后重建等各个方面,构成了日本灾害对策的工作重点之一。德国从联邦到州以及各级机构和企业都编制了应急预案,形成了覆盖广、数量多的预案体系。二是为保证应急预案的针对性和实用性,各国逐步意识到在预案的编制过程中必须以风险评估为基础,采用科学的方法和技术分析特定的突发事件情景,在辨识和评估潜在的重大危险、事件类型、发生的可能性、发生过程、事故后果及影响严重程度的基础上,对应急管理机构与职责、人员、技术、装备、设施(备)、物资、救援行动和指挥与协调等预先做出具体安排,用以明确事前、事发、事中、事后各个环节,谁来做、怎样做、何时做以及相应的资源和策略等。三是注重应急预案的实操演练和动态更新。开展应急预案演练是检验应急预案实用性、应急管理机制科学性、应急管理体制合理性、应急管理法制适用性的必要途径,是提高政府应对突发事件能力、保障人员群众生命财产安全的重要手段。

七、通过法制体系保障和授权,保证应急管理工作顺利进行

现代国家都普遍确立了法律在应急管理中的主导地位,这包括制定与执行紧急状态法、行业安全法律法规、突发事件应对预案等一系列常态与非常态下启用的法律与法规。当然,因各国国情不同,法律的表现形式和体系也有所不同。但是,应急管理的方向就是依法行政、依法决策、依法管理,努力使突发事件的应对走向规范化、制度化和法制化轨道,并通过对实践的不断总结,促进法律、法规和规章制度的不断完善。事实上,世界各国健全法规提升标准的推动力往往来自应对突发事件的经验和教训。

八、重视意识理念,建设安全应急文化

安全应急文化是公共安全在意识形态领域和人们思想观念上的综合反映,是人类在社会发展过程中所创造的安全生产、安全生活的精神、观念、行为与物态的总和,是保护人的身心健康、尊重人的生命、实现人的价值的文化,往往内化为人的一种较为稳定的属性。它以安全价值观为核心,包括风险防范意识、安全行为方式、自救互救意识和技能等。安全文化的核心是实现人的价值,其本质在于追求整个社会对安全价值的认同,所以安全文化是以人为本的文化。应急文化是应急管理软实力的综合体现。世界各国逐步认识到,提高防灾减灾意识,加强防灾减灾安全文化建设是应对各

种灾害及突发事件、减少生命和财产损失的重要措施，将公共安全意识提高到社会文化的层次，通过各种教育、培训、应急演练和应急活动来促使安全应急文化在广大公民中的孕育和积淀。这主要表现在：一是要求普通公众树立对自身安全负责的意识和自救互救为主的应急理念；二是通过形式多样的宣传教育普及安全应急知识；三是通过实践和实战情景的培训演练提升公众的自救互救能力应急技能。

九、加大科技投入，提升发展应急产业的战略高度

这主要包括：一是将发展应急管理基础理论和关键技术上升到战略高度，通过科技政策引导应急管理科技的发展方向，并通过强有力的财政投入为应急管理的科技研究提供保障。二是建立由高校和科研机构建设的应急技术创新体系，将发展应急科技研究的工作落实到全国知名高校和科研机构之中，构建具有强大创新能力的应急管理科研体系。三是推动军民融合，加快形成全要素、多领域、高效益的军民融合深度发展格局。四是积极推动应急管理中的新技术和新设备的开发和应用。尤其是随着信息全球化的快速发展，各国应急管理的信息化都有显著增强的趋势，都在强化信息化发展战略在应急管理中的关键作用与重要地位。其突出表现为以下三个方面：其一，应急管理信息的网络化；其二，应急管理信息的电子化；其三，应急管理信息的媒介化。

经过长期探索和实践，我国基本建立了以"一案三制"为核心内容的中国特色的应急管理体系，初步构建了全方位、立体化的公共安全网，制定了应急管理的基本法律法规，基本形成了"党委领导、政府负责、社会协同、公众参与、法制保障"的社会治理格局，基本建立了"统一领导、综合协调、分类管理、分级负责、属地管理为主"的应急体制和"统一指挥、功能齐全、反应灵敏、运转高效"的应急机制。十九大以来，我国按照"统一指挥、专常兼备、反应灵敏、上下联动、平战结合"的要求，推动我国应急管理体制的改革，将我国应急管理事业的发展推向另一个新的台阶。在应对突发事件中我们形成了中国特色的"拳头模式"，这就是在党中央统一领导下全国人民万众一心，社会各界同舟共济，将多种力量进行整合的一种应急管理模式，如同将五个手指紧握成拳，表现出决策迅速、出手快、出拳重、措施准、工作实、应对有力的鲜明特色。中国特色的"拳头模式"，集中反映了中国应急管理体制的本质特点，是中国应急管理体系建设成就的综合体现，是探索中国社会治理模式方面的重要发展和进步。实践证明，中国的社会主义制度为"拳头模式"的形成提供了制度基础，中国的改革开放和经济发展为其提供了经济基础，中华民族的民族精神和社会主义文化为其提供了思想基础。但是，正像习近平在2017年"7·26"讲话中指出的："分析国际国内形势，既要看到成绩和机遇，更要看到短板和不足、困难和挑战，看到形势发展变化给我们带来的风险，从最坏处着眼，做最充分的准备，朝好的方向努力，争取最好的结果。"中国的公共安全形势依然严峻，而且，我国全面加强应急管理工作的时间并不长，我们这个国家太大，问题太多、太复杂，我们面对着诸多可以预见和难以预见的风险挑战，中国的应急管理工作任重道远。

第四节　新中国应急管理体系的历史演变与特点

我国是一个有着五千年悠久历史的国家，在漫长的社会发展进程中，不断经历着各种各样的灾害和灾难，自古以来就积累了比较丰富的应急管理经验。例如："居安思危，思则有备，有备无患。""安不忘危，预防为主。""凡事预则立，不预则废。""亡羊而补牢，未为迟也。"……这些安全观念和方略，无疑对当今的应急管理工作有着极有价值的借鉴。

党的十九大报告指出："统筹发展和安全，增强忧患意识，做到居安思危，是我们党治国理政的一个重大原则。"我国是灾害多发频发的国家，党和国家长期高度重视应急管理工作。在新中国成立以来的不同发展阶段，我国逐步形成了各有特点的应急管理体制。新中国成立以来，我国逐步建立了以部门为主的应急管理模式，取得了重大成绩，为应急管理工作奠定了良好的基础。但随着形势的发展，这种模式已不能适应新的风险挑战，存在职责不够清晰、条块分割、信息沟通不畅、资源难以整合、协调力度不够等问题。随着2003年"非典"疫情的爆发，之前所建立起来的以部门为主的单灾种灾害管理体系也经历了一次严峻的挑战，并显示出其局限性。在认真总结2003年"非典"疫情的应对经验和教训的基础上，我国开始实行统一的领导体制，整合各种力量，确保提高突发事件的处置效率。因此，作为一个完整巨大的社会系统工程，我国应急管理体系建设的时间并不长。

总体来看，我国应急管理体系是一个由政府和其他各类社会组织构成的一个应对突发事件的整合网络，它包括法律法规、体制机构（包括公共和私人的部门）、机制与规则、能力与技术、环境与文化，所有这些组成一个系统。可以说，应急管理体系的活动和演变决定了一个国家应对突发事件的能力和效率①。从我国应急管理体系的演变过程来看，自新中国成立以来，我国应急管理体系的发展大体经历了三个阶段：单灾种应对为主的应急管理体系（1949—2003年）、以"一案三制"为核心的应急管理体系（2003—2012年）、以总体国家安全观为统领的应急管理体系（2012年至今），如表5所示。其中，单灾种应对为主的应急管理体系的主要特征是针对单一类型灾害或突发事件，成立相应类型的应对机构，并逐步完善相关法律法规，以防汛抗旱指挥部、中国地震局等成立为主要标志，颁布并实施《中华人民共和国防洪法》《中华人民共和国防震减灾法》等。以"一案三制"为核心的应急管理体系的主要特征是在政府办公厅设立综合应急管理机构，将零散的单灾种应对提升为在政府层面的全类型突发事件综合应急，以国务院应急管理办公室的设立为标志，颁布并实施《中华人民共和国突发事件应对法》等。以总体国家安全观为统领的应急管理体系以保障国家安全为特征，统筹应对国内外全种类、全领域突发事件，确保国家和人民安全，以国家安全委员会成立为标志，颁布并实施《中华人民共和国国家安全法》，随后国家成立应急管理部，

---

① 薛澜. 中国应急管理系统的演变. 行政管理改革，2010（8）.

开启应急管理体制改革的新篇章。

表5 新中国成立以来我国应急管理体系发展阶段及特点

主要特点	阶段划分			
	单灾种应对为主的应急管理体系（1949—2003年）		以"一案三制"为核心的应急管理体系（2003—2012年）	以总体国家安全观为统领的应急管理体系（2012年至今）
	改革开放前	改革开放后		
管理理念	单一灾害管理		全类型突发事件综合应急	总体国家安全观
法律依据	专项法律法规政策——《防洪法》《防震减灾法》等		法定体系建设：基本法《突发事件应对法》各专项法规政策配套	完善法制体系：《国家安全法》等、基本法与配套法律
管理模式	专门的部门或机构	专门机构+部门间议事协调机构 专门机构+党委协调机制+部门间议事协调机构（社会安全领域）	权威枢纽机构抓总体（政府应急管理机构）+部门间议事协调机构	国安委+党政同责+部门间议事协调机构+统筹协调部门
管理主体	中央救灾委员会（1950）相继建立地震、水利和气象等（兼）专业性部门	各专项管理部门+： 国家减灾委员会、国家防汛抗旱总指挥部、国务院抗震救灾指挥部等（自然灾害） 国务院安全生产委员会（生产安全） 中央社会治安综合治理委员会、中央维护稳定工作领导小组办公室（社会安全） 临时部门间议事协调机构	在之前的单一灾害管理体系基础上，在政府办公厅下设置应急管理办公室	成立应急管理部（整合自然灾害、事故灾难类应对） 卫生健康委（公共卫生类） 公安部（社会安全类）
管理内容及特点	自然灾害、生产安全、公共卫生、社会安全分类管理		四大类突发事件综合管理 强调准备体系的平战结合	强调国家安全 涵盖各类突发事件的管理体系
管理手段	应急处置为主，被动应对		全流程应急管理与制度	建立综合性、系统性国家反应计划

一、第一代应急管理体系（1949年新中国成立后—2003年"非典"事件）：单灾种应对为主的应急管理体系

（一）第一代应急管理体系的阶段划分

第一代应急管理体系总体可以划分为两个大的发展阶段：

1. 第一阶段：新中国成立之初到改革开放之前（1949—1978年）

国家管理体制的特点：新中国成立初期，由于战时体制及其他因素的影响，传统的计划经济运行，而与该经济体制要求相适应的政治体制的基本特征是以党代政、党政不分、权力集中，形成"一元化"领导体制，主要表现为地方政府间的横向联系完全受制于中央与地方关系状况，以高度集权为点、以层级的行政区划为构架；中央越是集权，各地方政府间的联系越少。这种政治体制下形成机构重叠、人浮于事、办事效率低等诸多弊病。这种状况一直延续到改革开放初期。

这一时期，灾害种类相对比较单一，主要是洪涝、地震等自然灾害，以及肺结核、鼠疫、血吸虫等公共卫生事件。

应急管理体制特点：① 由于整个社会生产服从于中央计划安排，因此中央政府是救灾的唯一责任主体，形成了"全国找中央"的防灾救灾局面。② 与当时高度集中的计划经济体制相适应，这种部门化的应急管理体制以单灾种分类管理为基本特征，表现为部门式分割管理，各类灾害应对建立在各个专业部门之下，而且这些部门的职能与权限划分不明确，形成以"条条管理"为主的单一灾害管理模式。在横向上，相关职责分属多个职能部门，各部门各司其职、各负其责；在纵向上，各职能部门上下高度一致，单个部门的专业化程度较高，独立执行任务的能力较强。为了有效应对水旱、洪涝、地震等自然灾害，工矿企业生产安全事故，血吸虫病等传染病疫情，各级政府组建了民政、水利、地震、劳动保护、卫生等专职部门，负责职能管辖范围内的灾害预防和抢险救灾。③ 为了加强跨部门、跨区域协调，当时也成立了中央防疫委员会、中央救灾委员会、中央防汛总指挥部等长期性协调机构以及针对唐山大地震等重特大灾害的临时性应急领导小组。④ 应对突发事件时，政府实行党政双重领导，多采取"人治"方式，以部门、区域、学科相分离的封闭性、单一性的"统治"手段进行。⑤ 应急响应过程往往是自上而下传递计划指令进行信息沟通，地方政府的主观能动性不能充分发挥，往往被动应对突发事件，很难针对突发事件进行科学决策与有效管理。⑥ 政府强调人民群众的力量，提倡生产领域中的灾害要自救互救。

2. 第二阶段：改革开放之初到2003年"非典"事件（1978—2003年）

国家管理体制的特点：改革开放推动了具有中国特色的市场经济体制的建设与发展，随之而进行的行政体制改革则主要表现为党政分开、政企分开、权利重心的下移等，虽然相对于先前的集权体制有了很大的改善，使得政府的行政效率有了很大提高，但由于政府部门之间职能划分不够清晰，许多事项管理的权力、责任存在着条块分割、部门封锁现象，这种分散管理体制容易导致机构沟通不畅，很难协调统一、步调一致，许多事项往往要由中央政府统一下令才相互配合。

改革开放以后，除了传统的自然灾害以外，伴随工业化和城市化进程，工业、交

通等领域的事故和社会群体性事件开始大量出现，包括公路、民航和铁路领域的交通事故数量直线上升，以国有企业改革和土地拆迁为诱因的社会群体性事件成为影响社会安定团结的主要因素，突发事件的破坏力增大。

应急管理体制特点：①"分散化"的管理体制，突发事件管理机构分属不同的管理部门，导致政府应急管理力量分散，处置各类突发事件的部门多，但大都各自为政。② 应对突发事件时，"单灾种"应急多，综合性的少。因此，对突发事件的管理，尤其是应对复合型突发事件需要多个部门协同运作的时候，就更显效率低下。③ 面对大灾巨灾、重特大突发事件，建立由议事协调机构和临时机构牵头协调的应急管理体制，即设置用以综合、统一应对的协调性机构，或者宣布紧急成立一个临时性协调机构，选派得力干部应对危机，待事件过后就撤销解散，人员各自回归原单位，如此反复。这种主要依赖于政府现有行政机构，临时成立指挥部或领导小组开展应急管理的方法，在进行跨部门协调时工作量很大，效果也不明显。④ 由于平时各自为政，缺乏综合协调职能部门进行统筹，我国传统的以部门为主、分类管理的应急管理体制，逐渐暴露出协同性较差、综合应对能力不足等问题。为此，我国开始在常设的分类管理机构之外设立了许多非常设机构（如国务院安全生产委员会、国家森林防火总指挥部、国家减灾委员会），承担重特大突发事件跨部门组织协调和临时性应急处置任务。应急管理体制中的安全管理体系与部门间议事协调机构对口专业部门进行制度安排，成为这个时期的一个明显特点。第一，在自然灾害领域，中央层面由国家减灾委员会、国家防汛抗旱总指挥部、国务院抗震救灾指挥部等部门议事协调机构负责全国灾害管理的协调组织工作，分别对应承担日常具体工作的民政部、水利部和国家地震局的行政职能。第二，在安全生产领域，2003年国务院机构改革中，安全生产监管局从国家经贸委中独立出来，成为国务院直属机构。同时成立国务院安全生产委员会，对口原安全监管局。第三，在社会安全领域，面对新兴领域风险加剧的现实，1992年国家成立了中央社会治安综合治理委员会，1998年成立了中央维护稳定工作领导小组办公室，对口公安部的职责。据统计，截至2003年年底，与应急管理相关的国务院议事协调机构共有16个（其中指挥部7个、领导小组5个、委员会4个），联席会议制度有9个。

整体上看，当时这种临时响应、分散协调的模式最直接的后果，就是导致政府忽视了突发事件的预防与综合治理。情况在20世纪末出现了转机，产生了整合资源应对突发事件的管理思想的萌芽。1994年朱镕基访美，提出政府建立一个统一的社会应急联动中心，将公安、交警、消防、急救、防洪、护林防火、防震、人民防空、公共事业等政府部门纳入一个统一的指挥调度系统。2002年5月，南宁市社会应急联动系统正式建立，提高了接警、出警和处理特殊、突发、应急、重大事件的快速反应能力。因此，我国的应急管理工作并不是在一张白纸上开展起来的。

（二）第一代应急管理体系的总体特点

第一代的应急管理体系经历了逐渐积累的过程，其特点可以总结为：① 从体制与机构来说，它是一个高度集中的治理体系，其中关键是政治动员，而且在部门之间有很细的分工。② 从机制与规则来说，应急管理与日常管理并不是一个绝对的对立，前者是后者在危机状态下的延伸，比如，在突发事件发生后，经常会在日常管理体系的基础上成立一个临时的应急管理指挥部。③ 从能力和技术看，与当时时代发展的水平相适应。④ 从环境与文化看，有很鲜明的时代特色，主要是简朴稳定，纪律性强，公共利益压倒一切。

在这个阶段，中国经历了一些非常重大的突发事件，都是通过这种体系的运作模式来解决的。比如洪水，在中国，60%的GDP、40%的人口、35%的耕地和600多座城市，以及主要的基础设施，都受到洪水灾害的威胁，1998年长江流域的洪灾处理，就是一次典型的自然灾害应对的例子。比如公共卫生事件，《为了61个阶级弟兄》这篇文章写的就是20世纪60年代的一次公共卫生事件，描写了整个社会如何团结起来统一行动来提供一种特殊的药物帮助救活中毒的工人，也具有很强的典型性。

随着20世纪80年代中国进入改革和开放的时代，社会整体出现了巨大的变化。第一是经济系统的转变，中国从计划经济体制转向市场经济体制，结果就是经济的持续增长。第二是工业结构的转变，产业结构从以农业为主到制造业大国，同时也是服务业大国。第三是社会转变。中国社会越来越城镇化，从农业社会转向城镇社会。与此同时，中国社会从一个相对封闭的社会转变为一个开放的社会。第四是治理体系发生了转变，依靠个人权威和魅力的传统治理转变为主要依靠依法治国的方式。任何一个社会经历这样的转变，都会面临各种各样的挑战，其中一个重要的挑战就是应急管理。

随着各种自然灾害、公共卫生事件、生产和安全方面的事故不断增加，这一阶段应对突发事件的体制与方法已经开始失效，甚至失灵。2003年的"非典"事件就明显反映出第一代应急管理体系的薄弱环节：第一，风险意识不强，应急反应迟钝；第二，虽然政治动员能力很强，但自下而上的社会组织能力相对不足；第三，应急管理组织指挥不统一，各地区、各部门缺乏协调，综合协调能力不够；第四，信息渠道不畅通，沟通交流方面，信息公开的步伐迈得不够。"非典"事件给当时的应急管理体系带来了巨大的冲击，也让政府意识到改革应急管理体系的重要性与迫切性。

二、第二代应急管理体系的发展（2003年"非典"事件—2012年党的十八大）：以"一案三制"为核心的应急管理体系

党的十六大以来，党中央、国务院在深刻总结抗击"非典"经验教训，科学分析我国公共安全形势的基础上，审时度势，做出了全面加强应急管理工作的重大决策，以制定修订应急预案，建立健全应急体制、机制和法制为核心内容的应急管理体系建设（简称"一案三制"）取得了重大成效。一是"横向到边、纵向到底"的应急预案体系基本形成，并开展了培训和演练。二是基本建立了统一领导、综合协调、分类管理、分级负责、属地为主、全社会参与的应急管理体制。三是"统一指挥、功能齐全、反应灵敏、协调有序、运转高效"的应急机制逐步形成。四是应急管理法制建设得到加强，颁布实施了《中华人民共和国突发事件应对法》等法律法规。五是应急管理"六进"（进社区、进企业、进农村、进学校、进机关、进家庭）、"五有"（有预案、有机构、有队伍、有物资储备、有科普宣传）取得初步成效，基层应急管理能力不断提高。

各地各部门按照党中央、国务院总体部署，按照科学发展观、构建和谐社会的要求，从各地自身的功能定位出发，做出了全面加强应急管理工作的战略决策。自此，

我国综合性应急管理体系从无到有，从小到大，迈入系统化和规范化发展的新阶段。以"一案三制"为核心的应急体系建设取得明显突破，中国应急管理体系实现了历史性的跨越：提高了各级领导和全社会对应急管理工作的认识；构建了国家应急管理体系的整体框架；提高了整个国家应对各种突发事件的能力；降低了各种灾害给人民生命财产带来的损失。全国的应急管理工作正在发生可喜转变：由单项向综合转变；由处置向预防与处置并重，加强风险管理转变；由单纯减灾向减灾与可持续发展相结合转变；由政府统揽向政府主导、社会协同、公众参与转变；由单一地区应对向加强区域联动和加强国际合作转变。

各地、各部门在应急管理工作上积极探索、开拓创新，积累了宝贵经验：一是党中央、国务院的英明决策和坚强领导。二是各级党委、政府认真负责，靠前指挥，广大党员、干部发挥先锋模范作用。三是军民合作，充分发挥人民解放军、武警、公安部队、预备役民兵，各个专业应急处置队伍，企事业单位职工和城乡民众等三支队伍的作用。四是社会主义制度和我们的政治优势、组织优势。五是实行预防为主、预防与应急相结合的方针。六是坚持以人为本，依靠法制，依靠科学，依靠群众和社会力量。七是全国人民万众一心和社会各界同舟共济。八是坚持改革开放，加强国际合作。

但影响科学发展、安全发展、和谐发展的因素大量存在。我国面临的发展机遇前所未有，在信息化快速发展的挑战下，各种传统的和非传统的、自然的和社会的、国内的和国际的安全风险、常规与非常规突发事件交织并存，社会群体安全事件高发、四类突发事件互相转换，不稳定、不确定、不安全因素增加，这都让我国公共安全形势呈现出前所未有的严峻性，也为转型期中国的应急管理工作带来了诸多的挑战。近年来，通过一系列重大突发事件的洗礼，暴露了"一案三制"为核心的应急管理体系的缺陷与不足。

（一）安全发展的重要性大幅提升，但战略高度与顶层设计有待加强

经过近年来的实践和不懈努力，安全发展已成为我国政治、经济和社会建设和发展的首要前提，安全发展的理念得以自觉贯彻执行，全国上下应急管理的意识不断深化，从领导干部到普通市民对应急管理的重视程度日益提升。总体来看，应急管理的重要性主要体现在：是社会管理工作的重中之重，是政府责任的重要体现，是民意要求的重要期盼，是经济社会发展的重要支撑；应急管理工作如果没做好，会直接影响我国小康社会建设，影响社会形象，影响国家利益，影响改革发展成果。按照党中央、国务院的决策部署和要求，各级党委和政府将应急管理工作作为落实科学发展观、提高执政能力的重要内容摆到了突出位置。

然而，我国应急体系战略布局与顶层设计还面临着一系列的挑战，主要表现在：① 我国应急管理和防灾减灾基础工作还比较薄弱，政府的社会管理和公共服务职能还不到位，应急管理工作仍然存在着不符合科学发展、可持续发展要求的现象。一些地方和部门不同程度地存在着重速度，轻质量；重处置，轻预防；重效益，轻安全；重地上，轻地下；重表面，轻基础；重眼前，轻长远；重产出，轻投入；重硬件，轻软件的状况。② 政府危机意识淡薄，忧患意识和科学决策能力有待进一步提高。目前，有些领导同志对风险防范和危机管理的思想认识不足，责任制不落实；依法预防、依法处置的

意识、素质和科学决策能力不强。③国内外应急管理发展战略调整与转变带来的挑战。在战略上，如何从举国救灾向举国减灾转变；从不惜一切代价应急处置向千方百计做好应急准备，并与科学处置救援相结合转变。如何从国家角度，立足应对大灾、巨灾和危机，都是我国目前所面临的并需要调整的战略性、方向性问题。④应急管理体系亟待进行顶层设计和模式重构。我国目前的应急管理体系的形成过程具有渐进性、短期性和累积性的特征，由于新时期突发事件增多、复合性增强、破坏程度增大，应急管理体系开始暴露出机构定位不清、协调机制不畅、资源和技术不足等问题，其深层次的问题是固化、分割的应急管理组织模式与突发事件的高度不确定性之间的矛盾，急需对应急管理体系进行前瞻性、战略性和整体化的顶层设计和模式重构。⑤如何在顶层设计中妥善处理一系列相关关系，也是困扰我国应急体系战略规划的难题。这包括：第一，发展与应急、减灾的关系。坚持发展是第一要务，安全稳定是第一责任。第二，政府与市场及社会的关系。第三，党政军的关系。党委领导，政府负责，军地合作。结合大部制改革，职能相近的部门要合并，机构综合设置；政府机构与党委职责相近或相同的部门要综合设置、合署办公。第四，中央与地方的关系。国务院主要处置超出省级政府处置能力的重特大突发事件，地方政府确保国家法律、法规、中央方针政策的有效落实和突发事件的快速、有效、妥善处理。重点抓好城市的应急处置工作。第五，综合与部门的关系。部门要做强，做到招之即来、来之能战、战之能胜。综合机构要做实，对相关应急资源要找得着，调得动，用得好。第六，政治决策与专业指挥的关系。

（二）全国尝试建立综合协调管理体系，但高规格、权威性亟待加强

2007年我国颁布并正式实施的《中华人民共和国突发事件应对法》确定了全国综合应急管理体制建设基本原则：国家建立"统一领导、综合协调、分类管理、分级负责、属地管理为主"的应急管理体制。以上五个部分统一不可分割，共同组成了具有中国特色的应急管理体制的核心内容。2006年4月10日，国务院办公厅发出《关于设置国务院应急管理办公室（国务院总值班室）的通知》，指出"……为进一步加强应急管理工作，全面履行政府职能，国务院办公厅设置国务院应急管理办公室（国务院总值班室），承担国务院应急管理的日常工作和国务院总值班工作，履行值守应急、信息汇总和综合协调职能，发挥运转枢纽作用"。此后，各省（区、市、县）相继成立应急管理领导机构及其办事机构，国务院各有关部门陆续成立或加强了应急管理机构。

由于综合性应急管理组织建设的探索在我国尚属首例，因此，各地的发展模式也不尽相同。整体而言，各地政府普遍成立了应急管理的三大组织机构，包括突发事件应急委员会、应急管理办公室以及各类专项突发事件管理机构。其中，以应急委员会的地位最重要。这一组织结构的主要特点在于：在明确并夯实既有专项应急管理部门的组织机构和职责分工的基础上，重点加强政府统一协调和相互协同的应急管理功能。经过多年的探索，各地方政府结合自身特色都已探索出在当地较为行之有效的综合性应急管理组织管理模式。其中典型代表包括：

1. "合二为一（党政共管），相对独立"模式

此类模式以北京市、陕西省为典型代表。比如在北京市，市应急委主任由市长担任，副主任由市委副书记和常务副市长担任，委员由市委、市政府和武警及卫戍区领

导组成；又如在陕西省，省应急委员会主任由省长担任，副主任由省委副书记和常务副省长担任，相关省委常委、所有副省长、省军区、武警陕西总队以及省级相关部门的主要负责同志为委员。这种模式的主要特点在于：第一，在领导方式上，将党委与政府的应急管理权力统一起来，组成"应急管理委员会"领导小组[①]。第二，在组织管理原则上是"一个系统，两个任务"，即实行领导小组组长制，市长亲自挂帅，将发展与安全都统一到市长身上。第三，在具体操作层面，在政府体系内部建立应急管理机构体系，包括市级应急管理机构、专项应急指挥机构（条）和区县应急管理机构（块）。就北京而言，这种应急管理的组织管理体系在2008年北京奥运会城市安全运行管理工作中，得到了很高的评价。

2. "合二为一（党政共管），依托公安"模式

此类模式以上海市为典型代表，其主要特点在于：第一，在领导方式上，在市委、市政府领导下成立"减灾领导小组"作为减灾工作的非常设领导机构（由上海市政府及民防、公安、消防、信息等各职能部门组成），统一领导全市减灾工作。其主要职责是：研究确定全市减灾工作重大决策和指导意见，部署和总结年度全市性工作；指导全市性减灾重要项目建设，并检查落实情况；在发生全市性特大、特殊灾害事故和必要时，决定启动市灾害事故紧急处置指挥部，并实施组织指挥。第二，在组织架构上，领导小组下设办公室、救灾应急指挥中心（灾害事故紧急处置指挥部）、减灾专家委员会，以及归并进来的灾种协调管理机构（将原有的抗震救灾、核化救援、防汛、防火、道路交通五个市级抗灾救灾工作非常设领导机构归入进来）。第三，在具体操作层面，办公室是负责日常事务的办事机构；救灾应急指挥中心负责突发事件的先期应急处置，具体操作部门是市应急联动中心，该中心设在市公安局。

3. 技术整合，非行政整合

此类模式以广西壮族自治区南宁市为典型代表，其主要特点在于：第一，依托应急平台创建和完善应急联动机制体制。其核心就是建立社会应急联动系统，简而言之就是通过一个通信系统与信息系统集成的平台，统一协调公安、消防、急救、交警、公共事业民防等政府部门，为市民提供快速、及时的各种救助和相应的服务。统一报警、统一指挥、快速反应、联合行动是社会应急联动系统的几大显著特色。第二，尽管建立了比较完善的指挥系统，但该系统没有行政功能，在突发事件发生时，级别较低的灾害仍由部门各自管辖，而大灾爆发时，仍然沿袭成立临时指挥部的方法，最终由谁统一指挥并不明确。

4. 大部制模式

此类模式以2009年推动新一轮应急体制改革的深圳市为典型代表，其主要特点在于：第一，在国家推动政府职能转变、大部门体制构建和行政运行机制创新的大背景条件下，广东省也大胆探索应急管理体制改革，以深圳市为试点，借鉴美国等先进发

[①] 比如在北京，2004年10月13日，市委常委会审议并通过《北京市突发公共事件总体应急预案》。同时，决定成立北京市突发公共事件应急委员会办公室（简称应急办），机构设在市政府办公厅，加挂北京市应急指挥中心的牌子。北京市应急办具体职能：根据市应急委的决定，负责规划、组织、协调、指导、检查本市突发公共事件的预防和应对工作。

达国家成功做法，整合原深圳市应急指挥中心、安全生产监管局、民防办（地震局），组建了深圳市应急管理办公室，由深圳市政府一位副秘书长兼任应急办主任，探索并促进国防动员和应急指挥的有机融合，构建了"大应急"管理格局。第二，安全生产监督形成了应急办综合协调，各区、各行业主管部门按照安全生产"一岗双责"要求，各司其职、各负其责，职责更加明晰、任务更加明确的安全生产管理新格局。

综合来看，在所有的模式当中，"党政共管"被公认为既能充分体现党委统一领导下的行政领导负责制的原则，又符合应急管理工作的实际需求与特点。无论各地如何建立符合自身特点的应急管理体制模式，这一探索中的组织体系与抗击"非典"前我国主要采取"以部门为主，综合协调不足"的模式相比，呈现出常设性、综合性和专业性的特点，较之先前有了很大进步，也为推动应急管理工作奠定了组织基础。

我国的行政管理体制，基本上是部门管理的体制，一项事情的职能被人为地割裂开来了，这成为建立统一高效的管理体制的阻碍。我国政府应急管理体制与行政管理体制一样，不同程度地存在着部门分割、条块分治、综合不够、信息不畅、责任不明和主体单一等问题，这与公共安全面临的新形势不适应，并制约着应急管理水平和能力的提高。我国综合性应急管理组织体系建设面临的挑战主要表现在：① 亟待建设党政军相互协调与合作的综合性应急管理体制，为实现国防力量的平战结合提供制度保证。② 从中央到地方的公共安全应急管理委员会体系建设尚待加强。③ 专项应急指挥部应从临时性行为转为常规化建设。在多次的抗灾救灾中，临时成立的专项应急指挥部都发挥了非常重要的作用，但这种"临时"行为使得对突发事件的发生判断迟钝，对事件的应对显得滞后、低效。今后在应对突发事件中如何做到应急与预防、常态与非常态有机结合，还值得进一步研究，尤其是针对处置巨灾，就需要在今后的应急组织体系建设中健全应急指挥机构，需要将"临时"行为转化为"常规化"规定动作，真正实现"平战结合"，提高应对突发事件的效率。④ 传统行政体制中"条条""块块""条块"矛盾，成为应急管理力量从分散化转向整合式管理的屏障，主要表现为部门分割和条块分治。在实践中，应急管理原则上是小灾靠自救、中灾靠地方、大灾靠国家，但由于条块应急管理职责划分并不清晰，经常出现条块衔接配合不够、管理脱节、协调困难等问题，往往容易导致事故影响扩散，由"小灾"酿成"大祸"，由"单灾"变为"多难"。⑤ "属地管理为主"原则在实践中存在一系列问题。这包括：第一，上级领导有时的反应过度。第二，一些地方不同程度存在着"坐、等、靠、要"的现象，往往错失应急处置的最佳时机。第三，需要进一步明确市（地）级政府是应急处置的主体，县（区）级政府是预防准备的主体，并确定各级领导赶赴事故现场的具体办法，同时应改变以往根据"伤亡数字"来判别事件等级的方式，以"是否超出属地政府应急管理能力"为标准来确定是否由上级机关介入应急处置。

（三）应急准备体系响应主体被扩大，但能力与制度建设尚待推进

广泛的社会参与，全国人民万众一心、同舟共济的道德与精神力量是我国成功抗击各类重特大突发事件的重要因素，鼓励军民合作应对突发事件已经成为我国应对各类突发事件的一条宝贵的成功经验。总体而言，就是充分发挥"三支队伍"的作用，充分发挥公安消防以及武警、解放军、预备役民兵的骨干作用，各专业应急救援队伍

各负其责、互为补充，企业专兼职救援队伍和社会志愿者共同参与的应急救援体系，是提高应急管理能力的重要保证。在此基础上，作为监督和评估应急管理工作的另一支力量，人大和政协也被一些地方政府纳入了准备体系当中。只有充分融合了这些队伍，才能在应对重大突发事件中，真正体现我们伟大的民族精神——万众一心、众志成城，团结互助、和衷共济，迎难而上、敢于胜利。

在应急管理过程中，重视政府、军队、企业、社团组织、公众等多元主体的参与，已经成为国外应急管理中较为成熟的理念。在我国，政府正在由管制型、管理型政府转向服务型政府，由政府单一主导转向由政府与社会公众联动的模式。但在整个准备体系的整合过程中，还存在着一系列的问题。① 专业应急队伍建设与整合工作有待进一步加强。从近些年多次巨灾的应急过程来看，灾害袭击的地区普遍缺乏应对巨灾的思想准备和经验，特别是相应的基础设施和救援装备与应对灾害的需求极不适应，而且没有专业的处置队伍，或者处置队伍的应急救援工作与经济社会快速发展的形势、与保障人民群众生命财产安全需求还有一定的差距。② 缺乏明确授予"第一响应人"，尤其是公用企事业单位必要的应急处置权，"属地管理为主"的原则在实际操作中没有被完全贯彻。③ 缺乏从法律层面上规范、指导全社会力量参与应急管理。这就需要构建与慈善基金会、NGO等社会团体的合作制度，充分发挥市场机制，制定鼓励和引导社会力量参与救援的保险、税收、资助等方面的制度和措施等。④ 政府无限责任。受传统行政体制的影响，我国政府在某种程度上还是会过分依赖政府所属部门的力量，忽略了社会在应急管理中的能动性和积极性，造成应急管理的主体单一，社会参与度较低，并由此导致应急管理中的一些低效率的现象。⑤ 缺乏制定和实施国家财政支持的巨灾保险制度。这就需要构建"以救助为底线、以保险为核心、以捐赠为补充"的混合型灾害保障机制。

（四）应急机制总体架构基本形成，但标准化、细节性有待推进

整体而言，应急管理机制建设是我国应急管理体系建设的关键，其关键性主要表现在它是实现科学决策的重要手段，是促进应急管理体制建设并弥补其中不足的关键要素，更是提高政府应急管理能力的根本途径。近年来，各地各部门在总结并分析我国应急管理现状与特点的基础上，大力推进应急管理机制建设，并取得了一定成效。《中华人民共和国突发事件应对法》《国家突发公共事件总体应急预案》等相应法律、法规和文件的出台为在全国范围内规划并统一建设应急管理机制的整体框架奠定了基础。各地各部门在这些法规、文件所设定的整体框架下，陆续开始设计应急管理机制的顶层架构，完善并进一步细化和规范贯穿在应急管理全流程中的各个机制。通过对应急管理流程和工作内容的统一，从而实现在统一全国应对突发事件方法和手段的基础上，全方位调集与整合各方资源，实现应急管理行动的协调统一。

有一种普遍的观点是：中国的应急体系虽然在"预见"灾难这一问题上稍显滞后，但是一旦有了"集体决策""领导批示"之后，强大的号召力和动员力迅速显现，"应急能力"的效果与强度是其他国家很难相比的。尽管这是事实，但是在面对科学处置危机，应对突发事件必须兼顾成本与效率等相关指标的检验时，这种应急能力也受到了巨大考验。总体来看，我国科学化、规范化应急机制建设面临的挑战主要包括：

①应对机构的不稳定导致缺乏制度化、系统化的应对机制。②缺乏机制制定标准,一些需要在国家层面总体协调的关键机制建设较为薄弱。应急机制建设普遍存在着标准不统一、内容不完善等问题,尤其是包括了风险评估、重要基础设施与关键资源的保护机制、协调联动机制、决策指挥机制、第三方评估机制、重特大突发事件的调查评估机制、巨灾保险制度、问责机制等一些需要在国家层面总体协调的重要机制建设还非常薄弱。③应急管理关键环节的操作性不强,不能根据当地实际情况随时调整应对方案。④机制的联动与衔接问题。

(五)应急法制框架基本建立,但内容尚需补充、深化、完善

2007年11月1日,作为基本法的《中华人民共和国突发事件应对法》正式施行,这是中国第一部应对各类突发事件的综合性法律,确立了应急管理工作的法制化方向,集中体现了对应急管理工作规律性的认识,是全面推动应急管理体系建设、规范突发事件应对活动的重要法律保障。《突发事件应对法》正式施行后,各地高度重视该法的贯彻落实工作,在严格遵循相关原则和基本制度的前提下,紧密结合实际,深入总结、分析应急管理工作的实践经验及面临的主要问题,并在研究借鉴国内外有关法律制度的基础上,进一步补充、完善和细化了应对突发事件的各项措施,同时,还注重把握与国家相关专项法律、行政法规和有关地方性法规的关系,与《国家突发公共事件总体应急预案》等重要文件做好衔接。

我国综合性应急管理法制体系建设面临的挑战包括:①《突发事件应对法》非常原则化、操作性不强。这表现在:第一,定位不清。从内容上看,它不是约束性强的法律条文,更像是比较理想的愿景。就目前来看,还没有任何个人或组织机构因为违反《突发事件应对法》而承担法律责任。第二,缺乏权威性的应急管理常设机构作为执法主体。第三,相关内容缺失。比如,缺乏紧急状态的宣布程序、主体、撤销程序,使得很多应急状态下的政府行为缺乏法律依据。第四,法律缺乏"实用性"。缺乏具有可操作性的配套法规、政策、标准和措施,这样就无法对应对突发事件的指挥程序、预警级别、联动机制、信息报送和发布、医疗救治、救灾防病、人财物的保障等进一步加以规范。第五,存在与整个法律体系的整合,与其他相关法律之间的协调、衔接问题。②应急法制体系中针对单一类型突发事件的单行法不够全面,缺乏有关领域的专门立法。我国目前主要采取部门划分的应急管理模式,也就是在突发事件爆发后,按照事件的类别规定相应的部门来处理事件。然而,面对多样化、复合化的突发事件,按照部门划分的应急处理模式很难适应应急管理的需求。在分散化的应急处理模式下,各部门处理超出自己控制范围的突发事件时,容易出现自由权过大,侵犯公民合法权利的问题。这时,如果公民无法根据相关领域统一有效的法律来对抗行使行政紧急权的行为,不利于保护公民的权利。这尤其体现在综合防灾减灾、社会安全事件等领域,而譬如国防动员法、恐怖性突发法和骚乱性突发事件法等在我国仍是空白;对于应急管理动员机制、防灾减灾与应急准备、灾后恢复重建、巨灾保险机制、群体性事件预防与应对、社会稳定风险评估等重要问题还未做出制度化规范。③应急法制体系缺乏具体的配套制度和实施细则,许多突发事件应急处理立法的可操作性不强,这主要表现为在内容上较为原则、抽象,缺乏具体的实施细则。

（六）全国应急预案体系初步形成，但凸显预见性、操作性不强等问题

应急预案是应急管理的基础，也是我国应急管理体系建设的首要工作，在整个应急管理体系建设中起到龙头的作用，因此，在我国应急管理体系设计之初，应急预案不单是为有效应对各类突发事件提供一切迅速、有效、有序的行动方案，更重要的是，应急预案成为不断发展和完善应急管理体制、机制、法制的重要抓手。在我国应急管理体系建设的推进过程中，"一案"促"三制"的作用得到明显体现，应急预案建设为应急管理体制、机制、法制建设提供了源源不断的基础性支撑、保障作用。我国的应急预案体系建设的重大转折是2003年"非典"事件，在这之后国务院用了很大力量组织制定《国家突发公共事件总体应急预案》以及专项应急预案和部门应急预案，我国应急预案体系建设进入了快速发展时期。总体来看，我国各级应急预案的编制工作取得了重大的进展，总体表现为"横向到边、纵向到底、上下呼应、门类齐全"的特点，全国应急预案体系向多层次、全方位、宽领域、广覆盖方向不断发展，许多基层单位及企业通过应急预案规范化、简约化、牌板化不断提高预案的实用性。

应急预案体系建设所面临的挑战包括：① 预案体系的定位问题。整个预案体系究竟应该是应急工作中的行政程序还是指导原则，目前针对这一定位问题各个预案制定与执行方还都不够明确。② 制定过程中，模仿抄袭影响了可操作性。③ 预案内容"重处置、轻准备"的思想较为明显，大多数预案在全流程应急管理的各环节上还是聚焦在监测与预警之后的应急处置工作，对于预防与应急准备这个环节并没有引起足够重视，导致预案缺乏完备性、预见性与有效性。④ 预案体系衔接上，需要实现无缝衔接的战略转移。无缝衔接的问题主要体现在两个方面：第一，在整个预案体系中，在某些关键层级或节点上还存在着预案缺失的问题，从而导致预案体系衔接的断点。第二，不同层级政府、不同部门的预案之间关系不明确，甚至有些国家专项和部门预案之间本身就互有矛盾，这就影响了预案之间的高效衔接，也导致各部门、各地以及条块之间缺乏有效、及时的沟通。⑤ 对于大灾、巨灾和危机，缺乏预案准备。具有破坏性和高度复杂性特点的重大突发事件，由于风险极大、后果严重，所以许多国家或地区都将其作为安全的最主要威胁加以研究和应对。近年来，最重要的措施之一就是通过构建以"愿景－情景－任务－能力"为核心的国家应急准备体系，亦即，通过构建国家重大突发事件情景，研究重大突发事件情景可能出现的一般性过程、后果和基本应对策略与具体任务，开展统一的应急准备工作，进一步完善应急管理规划，从而为应急预案制定和应急培训演练提供具有高度一致性和良好可行性的指导。

（七）科技与信息化提供了有效支撑，但尚需提高创新能力夯实基础

我国越来越重视加强应急管理科技研究和应用，并正在构建应急管理科技创新体系，为应急管理工作提供强有力的科技保障。然而，在应急管理科技支撑体系建设与信息化发展上还存在以下挑战：① 公共安全和应急管理的科技支撑体系刚刚建立，基础研究有待进一步夯实。这主要包括：第一，缺乏总体上对公共安全问题相关领域的共性和关键性科技问题进行研究。第二，对应急管理的内涵、外延、专业术语、理论基础等基础理论研究还不够扎实。第三，四大类突发事件的分类、分级及其关联系问题等还较为混

乱。第四，对事件、事故、灾害的发生机理、识别理论与技术、评价指标体系，危险源的在线监测（探测）监控理论及技术、风险分析技术，灾害防治理论与技术，预测、预报与预警技术，应急处理技术和决策支持技术及安全标准、法规等方面缺乏系统研究。第五，公共安全和应急管理实验条件差，设备落后。与先进国家比较，我国的实验条件还普遍较差，设备或装备普遍落后，不能有效支撑公共安全技术及装备的自主开发。② 公共安全科技意识淡薄、专门人才严重不足、公众安全教育缺乏。③ 缺乏相关的政策、法律、法规等支撑条件。④ 应急产业的建设与发展相对滞后。

（八）全民公共安全要求显著提升，但安全文化建设亟待加强

文化具有四个特征：一是可以传承，二是渗透各方，三是共同认可，四是现实需要。整体来看，我国安全文化建设正朝着健康、广泛、深入、务实的方向发展，特别在宣传、教育的观念和方法上，出现了某些创新：在落实"安全第一，预防为主"的方针上，预防事故方面，坚持两手抓；通过弘扬和倡导安全文化的途径，提高全民的安全意识、科学思维、规范行为；拓展了安全领域，从安全生产、安全生活、安全生存领域，但凡有人生存和活动的地方都要抓好安全，预防事故发生；把安全文化看成珍惜生命、关爱人民、尊重人权的大众安全文化；全民安全文化素质的极大提高，才能真正实现安全生产、国民经济持续发展、社会稳定、人民安居乐业等。这些创新观点和理念已成为当代中国安全文化建设的新动力、新源泉。但在安全文化建设的过程中，还存在着以下问题亟待解决：① 政府与社会的风险与危机意识普遍淡薄，认识不到社会转型时期各类潜在危机爆发的普遍性和危险性，这是目前我国安全文化建设的一个深层和根本性的问题。② 公民的安全素质是灾害应对的重要基础，目前我国全民防灾意识、知识与能力的教育与培训比较薄弱，全民应急文化素质教育迫在眉睫。我国每年因"三违"（违章指挥、违章作业、违反劳动纪律）造成的事故灾难惊人；每年因遇险人员无知在灾害和事故中造成不应有的伤亡数量也很惊人。广大群众的个人生活、行为习惯和自救互救能力与防灾减灾的要求相距甚远，普及灾害自救与互救常识方面亟待加强。③ 应急管理人员的专业能力较为缺乏，应急管理素质与本领有待加强。这几年干部队伍中新老交替的速度加快，一大批中青年干部走上了中高层领导岗位，他们缺乏对突发事件的阅历和经历。发生突发事件时，事态研判决策功力、现场处置的方法方式、事后协调处置能力显得尤为重要。既要从严管理干部，治"庸、懒、散"官，又要在党校和干部行政学院加强应急管理的培养和实训。同时，各级纪委、行政监察部门要加强责任追究。④ 缺乏对安全文化的基础理论研究与整体建设的规划。

三、第三代应急管理体系的发展（2012年党的十八大至今）：以总体国家安全观为统领的应急管理体系

2012年11月，党的十八大以来，以习近平同志为核心的党中央提出了一系列治国理政的新理念、新思想、新战略，形成了新时代中国特色社会主义思想，为中国全面深化改革指明了方向。2013年11月12日，党的十八届三中全会审议通过了《中共中央关于全面深化改革若干重大问题的决定》，确定设立国家安全委员会，完善国家安全

体制和国家安全战略,确保国家安全。特别是2014年,习近平总书记提出了"总体国家安全观",提出以健全集中统一、高效权威的国家安全体制,建设全方位、立体化的公共安全网为目标,构建集11种安全于一体的国家安全体系,并强调以整体的、全面的、联系的、系统的观点来思考和把握国家安全问题。这表明,我国开始把公共安全上升到国家战略的高度来决策部署,应急管理工作进入一个新的发展时期。随后,一系列相关措施的推出,都进一步帮助深化了各界对应急管理的认识,使我国应急管理事业得到长足发展,同时,也为后续进一步开展应急管理体制改革奠定了坚实的基础,为建立应急管理部做了体制和思想上的准备。

2018年2月,党的十九届三中全会审议通过《中共中央关于深化党和国家机构改革的决定》和《深化党和国家机构改革方案》,做出构建系统完备、科学规范、运行高效的党和国家机构职能体系的决策部署,明确提出组建应急管理部。同年3月17日,第十三届全国人民代表大会第一次会议批准通过国务院机构改革方案,成立中华人民共和国应急管理部。3月21日,中共中央印发的《深化党和国家机构改革方案》提出,"以推进党和国家机构职能优化协同高效为着力点,改革机构设置,优化职能配置,深化转职能、转方式、转作风,提高效率效能,积极构建系统完备、科学规范、运行高效的党和国家机构职能体系",并明确提出"组建应急管理部"是此次党和国家机构改革的重要内容。作为国家治理体系和公共安全治理体系的创新举措,应急管理部的正式组建,在我国应急管理发展史上具有里程碑意义,标志着中国应急管理体制重大变革的开始,是适应总体国家安全观发展需要的重大改革,将对政治发展、行政创新、社会治理体系优化发挥重要作用。

专栏

十八大以来国家应急管理体制改革大事记(见表6)。

表6 十八大以来国家应急管理体制改革大事记

阶段/时间	会议/事件	法律法规政策文件	具体内容
改革酝酿期 2012年11月8日—14日	中国共产党第十八次全国代表大会	《坚定不移沿着中国特色社会主义道路前进 为全面建成小康社会而奋斗》	深化行政体制改革。稳步推进大部门制改革,健全部门职责体系 加强和创新社会管理。建立健全重大决策社会稳定风险评估机制。强化公共安全体系和企业安全生产基础建设,遏制重特大安全事故 加大自然生态系统和环境保护力度。加强防灾减灾体系建设,提高气象、地质、地震灾害防御能力

续表

阶段/时间		会议/事件	法律法规政策文件	具体内容
改革酝酿期	2013年11月12日	党的十八届三中全会审议通过	《中共中央关于全面深化改革若干重大问题的决定》	设立国家安全委员会，完善国家安全体制和国家安全战略等方面，确保国家安全
	2014年4月15日	中央国家安全委员会第一次会议		习近平主持召开会议，强调坚持总体国家安全观，走中国特色国家安全道路
	2015年7月1日	第十二届全国人民代表大会常务委员会第十五次会议通过	《中华人民共和国国家安全法》	明确了政治安全、国土安全、军事安全、文化安全、科技安全等11个领域的国家安全任务
	2016年10月	中央全面深化改革领导小组第二十八次会议审议通过	《关于推进防灾减灾救灾体制机制改革的意见》	坚持以防为主、防抗救结合，坚持常态减灾与非常态救灾统一，实现从强调灾后救助向注重灾前预防转变、从应对单一灾种向综合减灾转变、从减少灾害损失向减轻灾害风险转变
	2016年12月	10月11日，习近平主持中央深改领导小组第28次会议审议；12月底颁布	《中共中央国务院关于推进防灾减灾救灾体制机制改革的意见》《推进安全生产领域改革发展的意见》	强调"统筹灾害管理和综合减灾"改革导向 同一次中央会议讨论两个类型突发事件的改革意见，开始有意识地将自然灾害和事故灾难进行融合
	2018年1月	中共中央办公厅、国务院办公厅印发	《关于推进城市安全发展的意见》	健全公共安全体系，打造共建共治共享的城市安全社会治理格局，促进建立以安全生产为基础的综合性、全方位、系统化的城市安全发展体系
改革行进期	2018年2月	党的十九届三中全会审议通过	《中共中央关于深化党和国家机构改革的决定》《深化党和国家机构改革方案》	做出构建系统完备、科学规范、运行高效的党和国家机构职能体系的决策部署 明确提出组建应急管理部
	2018年3月17日	第十三届全国人民代表大会第一次会议	《国务院机构改革方案》	成立中华人民共和国应急管理部
	2018年3月19日	全国人民代表大会决定		王玉普为应急管理部部长
	2018年3月21日	中共中央印发	《深化党和国家机构改革方案》	"深化国务院机构改革"中明确提出"组建应急管理部"

续表

阶段/时间		会议/事件	法律法规政策文件	具体内容
改革行进期	2018年3月22日	中共中央组织部	中央关于应急管理部领导班子任命的决定	应急管理部实行双首长制，该部党组书记和行政首长由两人分别担任，应急管理部党组书记由黄明担任
	2018年4月16日	应急管理部挂牌仪式		中共中央政治局常委、国务院副总理韩正出席
	2018年4月18日	应急管理部职责和定位、组建背景、近期工作重点和改革方向的政策解答		新任应急管理部党组书记黄明向社会做解答

资料来源：(1) 十八大政府报告（全文）．中国网（访问时间：2019年12月18日）；(2) 中共中央关于全面深化改革若干重大问题的决定．中国政府网（访问时间：2019年10月5日）；(3) 中央国家安全委员会第一次会议召开 习近平发表重要讲话．中国政府网（访问时间：2019年10月5日）；(4)《中华人民共和国国家安全法》．人民网（访问时间：2019年10月5日）；(5) 应急管理部领导班子任命王玉普任部长．人民网（访问时间：2019年10月5日）；(6) 韩正出席应急管理部挂牌仪式．新华网（访问时间：2019年10月5日）；(7) 人民日报专访应急管理部党组书记黄明：当好守夜人筑牢安全线．中华人民共和国应急管理部（访问时间：2019年10月5日）。

（一）中华人民共和国国家安全委员会的成立与总体国家安全观

1. 中国共产党中央国家安全委员会的成立

中国共产党中央国家安全委员会，即中央国家安全委员会，俗称"国安委""中央国安委"，是中国共产党中央委员会下属机构，经由中国共产党第十八届中央委员会第三次全体会议后，于2013年11月12日决定成立。根据中国共产党十八届三中全会公报：设立国家安全委员会，完善国家安全体制和国家安全战略等方面，确保国家安全。

国安委由中共中央总书记习近平任主席，中央政治局常委李克强、张德江任副主席，下设常务委员和委员若干名。作为中共中央关于国家安全工作的决策和议事协调机构，国安委向中央政治局、中央政治局常务委员会负责，统筹协调涉及国家安全的重大事项和重要工作。国安委是国家层面的国家安全和危机处理常设机构，外交部、公安部、安全、总参、对外经贸等职级部委首长是国家安全委员会成员。国安委要遵循集中统一、科学谋划、统分结合、协调行动、精干高效的原则，聚焦重点，抓纲带目，紧紧围绕国家安全工作的统一部署狠抓落实。

国安委的设立是推进国家治理体系和治理能力现代化、实现国家长治久安的迫切要求，是全面建成小康社会、实现中华民族伟大复兴中国梦的重要保障，目的就是更好适应我国国家安全面临的新形势新任务，建立集中统一、高效权威的国家安全体制，加强对国家安全工作的领导。国安委有利于提高国家在面临各种安全危机和挑战时的应变能力,也代表着我国在捍卫国家安全和国家利益方面的决心和意志。设立国安委是维护外部安全的重要内容。国家安全委员会既有对内职能,也有对外职能,与国家的外部安全休戚相关。具有统筹国内和国际两个大局、整合对内对外事务的内外兼顾特点。

2. 总体国家安全观

当前我国国家安全内涵和外延比历史上任何时候都要丰富,时空领域比历史上任何时候都要宽广,内外因素比历史上任何时候都要复杂,必须坚持总体国家安全观,以人民安全为宗旨,以政治安全为根本,以经济安全为基础,以军事、文化、社会安全为保障,以促进国际安全为依托,走出一条中国特色国家安全道路。贯彻落实总体国家安全观,必须既重视外部安全,又重视内部安全,对内求发展、求变革、求稳定、建设平安中国,对外求和平、求合作、求共赢、建设和谐世界;既重视国土安全,又重视国民安全,坚持以民为本、以人为本,坚持国家安全一切为了人民、一切依靠人民,真正夯实国家安全的群众基础;既重视传统安全,又重视非传统安全,构建集政治安全、国土安全、军事安全、经济安全、文化安全、社会安全、科技安全、信息安全、生态安全、资源安全、核安全等于一体的国家安全体系;既重视发展问题,又重视安全问题,发展是安全的基础,安全是发展的条件,富国才能强兵,强兵才能卫国;既重视自身安全,又重视共同安全,打造命运共同体,推动各方朝着互利互惠、共同安全的目标相向而行。

(二)应急管理部的组建及其难点、重点

1. 应急管理部的职能定位

根据中共中央印发的《深化党和国家机构改革方案》中关于"深化国务院机构改革"第(三十)条:

"组建应急管理部。提高国家应急管理能力和水平,提高防灾减灾救灾能力,确保人民群众生命财产安全和社会稳定,是我们党治国理政的一项重大任务。为防范化解重特大安全风险,健全公共安全体系,整合优化应急力量和资源,推动形成统一指挥、专常兼备、反应灵敏、上下联动、平战结合的中国特色应急管理体制,将国家安全生产监督管理总局的职责,国务院办公厅的应急管理职责,公安部的消防管理职责,民政部的救灾职责,国土资源部的地质灾害防治、水利部的水旱灾害防治、农业部的草原防火、国家林业局的森林防火相关职责,中国地震局的震灾应急救援职责以及国家防汛抗旱总指挥部、国家减灾委员会、国务院抗震救灾指挥部、国家森林防火指挥部的职责整合,组建应急管理部,作为国务院组成部门。"

"主要职责是,组织编制国家应急总体预案和规划,指导各地区各部门应对突发事件工作,推动应急预案体系建设和预案演练。建立灾情报告系统并统一发布灾情,统筹应急力量建设和物资储备并在救灾时统一调度,组织灾害救助体系建设,指导安全生产类、自然灾害类应急救援,承担国家应对特别重大灾害指挥部工作。指导火灾、水旱灾害、地质灾害等防治。负责安全生产综合监督管理和工矿商贸行业安全生产监督管理等。公安消防部队、武警森林部队转制后,与安全生产等应急救援队伍一并作为综合性常备应急骨干力量,由应急管理部管理,实行专门管理和政策保障,采取符合其自身特点的职务职级序列和管理办法,提高职业荣誉感,保持有生力量和战斗力。应急管理部要处理好防灾和救灾的关系,明确与相关部门和地方各自职责分工,建立协调配合机制。"

"中国地震局、国家煤矿安全监察局由应急管理部管理。"

"不再保留国家安全生产监督管理总局。"

《方案》从三个方面对应急管理部的职责定位进行规定:① 明确规定了具体职责:组织编制国家应急总体预案和规划,指导各地区各部门应对突发事件工作,推动应急预案体系建设和预案演练;建立灾情报告系统并统一发布灾情,统筹应急力量建设和物资储备并在救灾时统一调度,组织灾害救助体系建设,指导安全生产类、自然灾害类应急救援,承担国家应对特别重大灾害指挥部工作;指导火灾、水旱灾害、地质灾害等防治;负责安全生产综合监督管理和工矿商贸行业安全生产监督管理等。② 明确规定公安消防部队、武警森林部队转制后,与安全生产等应急救援队伍一并作为综合性常备应急骨干力量,由应急管理部管理,实行专门管理和政策保障,制定符合其自身特点的职务职级序列和管理办法,提高职业荣誉感,保持有生力量和战斗力。③ 按照分级负责的原则,一般性灾害由地方各级政府负责,应急管理部代表中央统一响应支援;发生特别重大灾害时,应急管理部作为指挥部,协助中央指定的负责同志组织应急处置工作,保证政令畅通、指挥有效。应急管理部要处理好防灾和救灾的关系,明确与相关部门和地方各自职责分工,建立协调配合机制。

2. 应急管理部"三定"方案

根据中共中央办公厅、国务院办公厅 2018 年 7 月 30 日发布的《应急管理部职能配置、内设机构和人员编制规定》,应急管理部相应职责如表 7 所示。

表 7　应急管理部"三定"方案主要内容

应急管理部主要职责
(一)负责应急管理工作,指导各地区各部门应对安全生产类、自然灾害类等突发事件和综合防灾减灾救灾工作。负责安全生产综合监督管理和工矿商贸行业安全生产监督管理工作
(二)拟订应急管理、安全生产等方针政策,组织编制国家应急体系建设、安全生产和综合防灾减灾规划,起草相关法律法规草案,组织制定部门规章、规程和标准并监督实施
(三)指导应急预案体系建设,建立完善事故灾难和自然灾害分级应对制度,组织编制国家总体应急预案和安全生产类、自然灾害类专项预案,综合协调应急预案衔接工作,组织开展预案演练,推动应急避难设施建设
(四)牵头建立统一的应急管理信息系统,负责信息传输渠道的规划和布局,建立监测预警和灾情报告制度,健全自然灾害信息资源获取和共享机制,依法统一发布灾情
(五)组织指导协调安全生产类、自然灾害类等突发事件应急救援,承担国家应对特别重大灾害指挥部工作,综合研判突发事件发展态势并提出应对建议,协助党中央、国务院指定的负责同志组织特别重大灾害应急处置工作
(六)统一协调指挥各类应急专业队伍,建立应急协调联动机制,推进指挥平台对接,衔接解放军和武警部队参与应急救援工作

续表

应急管理部主要职责
（七）统筹应急救援力量建设，负责消防、森林和草原火灾扑救、抗洪抢险、地震和地质灾害救援、生产安全事故救援等专业应急救援力量建设，管理国家综合性应急救援队伍，指导地方及社会应急救援力量建设
（八）负责消防工作，指导地方消防监督、火灾预防、火灾扑救等工作
（九）指导协调森林和草原火灾、水旱灾害、地震和地质灾害等防治工作，负责自然灾害综合监测预警工作，指导开展自然灾害综合风险评估工作
（十）组织协调灾害救助工作，组织指导灾情核查、损失评估、救灾捐赠工作，管理、分配中央救灾款物并监督使用
（十一）依法行使国家安全生产综合监督管理职权，指导协调、监督检查国务院有关部门和各省（自治区、直辖市）政府安全生产工作，组织开展安全生产巡查、考核工作
（十二）按照分级、属地原则，依法监督检查工矿商贸生产经营单位贯彻执行安全生产法律法规情况及其安全生产条件和有关设备（特种设备除外）、材料、劳动防护用品的安全生产管理工作。负责监督管理工矿商贸行业中央企业安全生产工作。依法组织并指导监督实施安全生产准入制度。负责危险化学品安全监督管理综合工作和烟花爆竹安全生产监督管理工作
（十三）依法组织指导生产安全事故调查处理，监督事故查处和责任追究落实情况。组织开展自然灾害类突发事件的调查评估工作
（十四）开展应急管理方面的国际交流与合作，组织参与安全生产类、自然灾害类等突发事件的国际救援工作
（十五）制定应急物资储备和应急救援装备规划并组织实施，会同国家粮食和物资储备局等部门建立健全应急物资信息平台和调拨制度，在救灾时统一调度
（十六）负责应急管理、安全生产宣传教育和培训工作，组织指导应急管理、安全生产的科学技术研究、推广应用和信息化建设工作
（十七）管理中国地震局、国家煤矿安全监察局
（十八）完成党中央、国务院交办的其他任务
（十九）职能转变。应急管理部应加强、优化、统筹国家应急能力建设，构建统一领导、权责一致、权威高效的国家应急能力体系，推动形成统一指挥、专常兼备、反应灵敏、上下联动、平战结合的中国特色应急管理体制。一是坚持以防为主、防抗救结合，坚持常态减灾和非常态救灾相统一，努力实现从注重灾后救助向注重灾前预防转变，从应对单一灾种向综合减灾转变，从减少灾害损失向减轻灾害风险转变，提高国家应急管理水平和防灾减灾救灾能力，防范化解重特大安全风险。二是坚持以人为本，把确保人民群众生命安全放在首位，确保受灾群众基本生活，加强应急预案演练，增强全民防灾减灾意识，提升公众知识普及和自救互救技能，切实减少人员伤亡和财产损失。三是树立安全发展理念，坚持生命至上、安全第一，完善安全生产责任，坚决遏制重特大安全事故

3. 应急管理部职能整合的具体内容及难点重点

2018年3月，国家组建了新的应急管理部。按照统一安排，到2019年3月，各级应急管理部门均已组建。在组建过程中,应急管理部门陆续整合分散在各部门的职责,按照"边组建、边应急"的工作要求,发挥了较好作用。应急管理部整合了11个部门的13项职能,包括5个国家指挥协调机构职能,涉及两支部队近20万武警官兵转制,是党和国家机构改革中整合职能最多、情况最为复杂的部门(见表8)。

表8 应急管理部职能整合的具体内容

机构性质	序号	名称	职责	序号	名称	职责
部门	1	(原)国家安全生产监督管理总局		2	国务院办公厅	应急管理
				3	公安部	消防管理
	4	民政部	救灾	5	(原)国土资源部	地质灾害防治
	6	水利部	水旱灾害防治	7	(原)农业部	草原防火
	8	(原)国家林业局	森林防火	9	中国地震局	震灾应急救援
国家指挥协调机构	1	国家防汛抗旱总指挥部		2	国家减灾委员会	
	3	国务院抗震救灾指挥部		4	(原)国家森林防火指挥部	
	5	国务院安全生产委员会				
部队	1	公安消防部队		2	武警森林部队	
部署单位	1	中国地震局		2	国家煤矿安全监察局	
	3	消防救援局		4	森林消防局	
	5	国家安全生产应急救援中心		6	中国消防救援学院招生就业网	
派驻机构	1	中央纪委国家监委驻应急管理部纪检监察组				

资料来源:(1)中共中央印发《深化党和国家机构改革方案》(全文). 新华网(访问时间:2019年10月5日);(2)中华人民共和国应急管理部组织机构. 应急管理部网站(访问时间:2019年10月5日)。

从应急管理部的组建情况来看,其难点与重点包括:科学界定职责、合理设置机构、妥善确定人员编制。[①]

(1)在职能配置上,重点处理好"统"与"分"、"防"与"救"的关系。《深化党和国家机构改革方案》赋予应急管理部的职能定位和应急管理部"三定"规定的主要职责,包括国家应急管理工作相关综合性职责,安全生产类、自然灾害类等突发事件应急救援相关职责,安全生产综合监督管理和工矿商贸行业安全生产监督管理职责,应急管理基础保障相关职责等,重点理顺与相关部门在自然灾害防救、中央救灾物资储备方面的职责分工,处理好"统"与"分"的关系,界定好"防"与"救"的

---

① 应急管理部政治部. 扎实推进应急管理机构改革 努力形成中国特色应急管理体制. 中国机构改革与管理,2019(8).

职责。按照分级负责和"测防报""抗救援"适度分开的要求，应急管理部负责指导各地区各部门应对安全生产类、自然灾害类等突发事件和综合防灾减灾救灾工作，指导协调森林和草原火灾、水旱灾害、地震和地质灾害等防治工作，主要承担组织编制国家总体应急预案和专项预案、组织指导自然灾害应急救援、组织协调灾害救助等"救"的职责，通过组织编制综合防灾减灾救灾规划、指导开展综合风险监测预警、组织开展灾害调查评估等措施做好综合防范工作，发挥好国务院安委会、国家减灾委员会和抗震救灾、防汛抗旱、森林草原防灭火等指挥协调机构办事机构的作用。相关部门负责本行业领域相关灾种的预防和治理，继续承担专业性较强、与日常管理关系密切的具体防治工作，防止事态扩大，做到灭早灭小，并承担应急救援技术支撑等工作。这种职能划分，既可以发挥应急管理部门的综合优势、力量优势和综合协调职能作用，又可以发挥相关行业领域主管部门的专业优势、行业优势和日常防治工作职能，形成自然灾害防救工作合力。同时，结合工作实践推动健全森林草原防灭火、防汛抗旱等方面体制机制，进一步完善相关指挥协调机制、细化落实部门职责、加强工作衔接配合。

（2）在机构设置上，重点处理好"搬家"与"融合"的关系。充分考虑应急管理履职需要，体现加强党的全面领导，不搞简单的"搬家"，着力加强机构整合重塑。按照突出应急管理、加强安全监管、提升综合保障能力的思路，根据优化协同高效的要求和功能、阶段、行业相结合的原则，统筹设置20个内设机构和政治部、机关党委、离退休干部局。这样的机构设置，构建了防灾、减灾、救灾、指挥、救援、监管、执法、保障等分工清晰、互为衔接的内设机构职能体系，提高了机构设置的科学性和有效性。

（3）在处室设置和人员编制分配上，重点处理好"精简"和"效能"的关系。为确保"三定"规定落到实处，按照细化落实部门"三定"规定有关要求，应急管理部统筹做好处室设置和人员编制配置工作，组织研究制定内设机构"三定"规定。坚持编制管理刚性约束的原则，在应急管理部人员编制、领导职数限额内，根据履职需要，合理确定内设机构人员编制、司局级职数，每个司局领导职数原则上按1正2副配置。按照精简统一效能的原则，依据内设机构主要职责和工作需要，合理设置处室，推行大处室制，每个司局一般设置4~6个处室，合并设置职责相近的处室，合理确定处室规模，每个处室一般配备3~6名行政编制，确保既有工作分工又有协调配合。同时，组织机关各司局进一步细化落实各处室工作职责和人员编制、处级干部职数。

同时，认真贯彻落实习近平总书记关于国家综合性消防救援队伍建设的重要指示精神，按照深化党和国家机构改革关于跨军地改革工作部署，积极稳妥推进近20万人的公安消防部队和武警森林部队转制，组建国家综合性消防救援队伍，立足我国实际、创新思路、创新制度、创新举措，积极推动出台组建国家综合性消防救援队伍框架方案和配套政策文件，在消防救援人员招录、使用、退出和日常管理、教育训练、职业保障、提高职业荣誉感等方面实行了一整套全新的专门管理和政策保障措施，走出了一条符合中国国情、具有消防救援职业特点的新路子。

（三）国家安全战略应急管理体系改革的重点与难点①②③

应急管理部的组建是顺应现代应急管理客观发展需要的崭新实践，它的成立是我国应急管理体制、资源、力量整合的第一步，下一步还有一系列的重点工作需要推进和研究。

应急管理部在相当程度上克服了以往应急管理体制机制建设的不足和缺陷，对促进我国应急管理事业的发展必将具有深远的历史意义。但是，为了适应我国新时代所面临的新形势、新环境、新科学技术发展要求，还需要深入研究和分析应急管理部高效运转所面临的新问题与新挑战。

1. 从管理理念来看：被动应急理念占主流，"大应急、大安全、大联动"的理念亟待加强

按照统一安排，到2019年3月，各级应急管理部门均已组建，应急管理局大框架已经确立。新一代应急管理体系适应国家治理体系和治理能力现代化变革要求，强调"大应急、大安全、大联动"，主张"综合、协调、融合"，实现对灾害事故的全流程和全方位管理。但因为各项工作刚起步，短时期内构建"大应急"体系比较困难，具体表现为：

（1）应急管理系统内对应急管理是什么、做什么、怎么做存在分歧，如何推进应急管理改革尚处于研究和讨论期。

（2）一些领导干部领会党中央国务院的决策部署还不深刻，仍按原来经验、惯例办事，存在用"老思想"考虑"新问题"、用"老办法"处理"新情况"等现象。

（3）一些新近被融合的领导干部，对既有的应急管理方式、方法不了解，又急于引入一些新办法开展工作，导致原有工作不能继续，新办法也"水土不服"。

（4）应急管理系统人员尚在到位磨合阶段，改革还停留在机构的简单归类与合并上，各个业务板块处于物理叠加阶段，只是简单实现了物理整合，还没有起化学反应。相当一部分人员还是传统的自然灾害与安全生产管理理念，把主要工作放在应急处置上；在与其他部门联动、实现信息共享上存在畏难情绪。此次机构改革的目的是实现应急管理系统的流程再造和整体能力提升，由于这是一项基础工作，所需整合的资源多、时间长、难度大，因此要做好长期准备。

2. 从应急体制来看：顶层设计与整体规划亟待加强完善

应急管理部成立后，在国家层面已着手对灾害事故管理的工作体制、机制、法制等进行重新整合，但体制如何"有机整合"、机制如何"紧密衔接"，尚未形成自上而下的顶层设计与整体规划，或者在某些领域已经有了突破（比如跟水利部的工作衔接），但并没有形成经验总结，供地方学习和借鉴。

（1）"统和分""防和救""行政管理与专业指挥"等关系有待进一步磨合理顺。① 在"统和分"的关系、"防和救"的职责界定上，存在模糊认识，缺乏明确的界定

---

① 高小平，刘一弘. 应急管理部成立：背景、特点与导向. 行政法学研究，2018（5）.
② 袁振龙. 应急管理体制改革——我国应急管理体制改革的路径与重点. 社会治理，2018（5）.
③ 蔡立辉，董慧明. 论机构改革与我国应急管理事业的发展. 行政论坛，2018（3）.

标准和制度体系，导致应急管理责任体系不健全，部门间沟通协调不畅、应急管理体系横向和纵向存在诸多问题。应急管理部门的职责边界如何划分，是目前反映最集中、最强烈，感受最深、最迫切的问题。要正确处理"统和分""防与救"的关系，做到既发挥专业部门的专业优势，又充分体现应急管理部门的综合优势和力量优势。② "行政领导与专业指挥"在现场处置指挥权方面存在过度包揽、重心上移的问题。现场处置与应急救援时，涉及救援时间、救援方式等专业问题应由专业人员考虑，行政领导不应该包揽专业处置工作，而应把重点放在为专业人员提供资源保障和各方协调等方面，现场"指挥官"到底是谁、到底在哪，需要确定。③ 地方应急管理部门与消防救援队伍的协调联动有待加强。④ 应急管理综合协调体制仍需完善，地区间、部门间协调需进一步加强。

（2）应急管理部门的权威性、统筹性、使能性有待加强，领导机构、议事协调机构、指挥机构等组织架构还需明确。① 四大类突发事件统筹协调职能不明确，导致应急管理部门定位不清。根据《突发事件应对法》，四大类突发事件（自然灾害、事故灾难、公共卫生事件、社会安全事件）应急管理工作的最高行政领导机构是国务院，办事机构是国务院办公厅，下设国务院应急管理办公室。此次机构改革将国务院办公厅的应急管理职责划转应急管理部，今后是由国务院办公厅还是由应急管理部作为办事机构统筹协调四类突发事件，或者由应急管理部、卫生健康委、公安部等部委分类统筹突发事件，尚不明确。② 缺乏高效权威应急指挥体系的顶层设计，各级应急管理委员会需统筹建设。此次机构改革，应急管理部门要牵头整合优化应急指挥体系，规范各类议事协调机构的建设，系统梳理整合应急委、安委会、消防委、防汛抗旱指挥部、减灾委、抗震减灾指挥部、森林防火指挥部等机构。但目前，各地做法不一，影响上下工作对接协调。③ 伴随着应急管理体制的改革、应急部门的组建，各级、各部门、各单位对如何落实应急管理相关责任，还存在任务不清、责任不清、边界不清等问题，纵向到底、横向到边的应急管理责任体系尚未建立。

（3）消防转制工作还需加强总体设计与整体规划，进一步明晰定位、稳定力量、培养人才、提高保障、统一标准、保障资源。组建国家综合性消防救援队伍，按照纪律部队标准建设管理，实行专门管理和政策保障，走出一条符合我国国情的消防救援新路子。但由于改革时间紧、任务重，国家综合性消防救援队伍的定位、架构、职能还需进一步理顺、明晰。① 上和下的关系，即受国家和地方政府领导的关系。目前国家综合性消防救援队伍是一垂到底的管理体系，没有与地方资源进行衔接，因此在应急处置现场的指挥权与兵力调度方面存在国家和地方政府之间的冲突，地方应急管理部门与消防救援队伍的协调联动有待加强。② 左和右的关系，即国家综合性消防救援队伍和各类专业应急救援队伍、社会应急力量的关系。国家综合性消防救援队伍应该是应急处置工作的后盾、最后防线，不能什么救援都得依靠他们。他们应当与专业应急队伍、社会应急力量处理好三种边界关系，包括警情与非警情业务之间的关系、专业处置与综合保障之间的关系、一般突发事件与重大突发事件之间的关系。同时，还应加强地方专业救援队伍和社会救援力量的统一规划与管理。③ 国家综合性消防救援队伍的管理和运行机制还存在一些问题，包括力量不足、人员编制过少；人员招募与留存机制不健全；人才培养体系与机制有待完善；应急指挥中心应急处置规范有待标准化；装备保障不足，缺乏统一规范和标准；保险、奖惩机制等都有待完善。

（4）基层应急管理倒金字塔现象明显，基层应急管理力量薄弱、分散、不稳定等问题突出。应急管理整合的职责多，涉及面广，而且多为牵头协调的职责，形成"头在应急管理部门，身体在各个行业部门"的局面，在国家宏观管理层面构建协调机制尚且不易，越到基层则更加为难。① 应急管理部门机构设置自下而上"一对多"的现象客观存在，应急力量与承担任务相比仍比较薄弱，人员编制较少、人少事多的矛盾比较突出。② 应急工作专业化程度增强、任务加重，原安监系统人员力量被摊薄、专业人才缺乏、专业不对口、人员不稳定问题突出，导致原有工作无法落实、新职能履职不到位。③ 应急人员的年龄结构、学历结构、知识结构、编制结构等都有差距，专业人才较为缺乏，不适应全灾种、大应急的需要。④ 基层工作人员精神压力大、工作任务重、混编混岗、待遇低等问题突出。

3. 从应急机制来看：过度留痕等形式主义问题比较突出，亟须健全"统一指挥、反应灵敏、协调有序、运转高效"的应急机制

我国应急管理机制建设总体上仍处于初创阶段，离建设"统一指挥、反应灵敏、协调有序、运转高效"应急机制的要求存在一定差距。制度的不健全，导致运动式监管和被动式应急成为常态，让应急管理领域有无限的追责压力。

（1）缺乏对包括了预防与应急准备、监测与预警、应急处置与救援、恢复与重建等环节在内的全流程应急管理机制进行整体架构与顶层设计。

（2）应急管理机制的内涵、主要内容、基本原则等有待全面设计，许多具体机制的内容尚处于开发与完善阶段，有些甚至还是空白。需进一步明确并细化应急机构在运行机制方面的工作原则、工作内容、工作标准与规范。

（3）工作流程有待进一步规范，各项机制具体内容需要进一步细化。

（4）应急管理基础较为薄弱，应急管理信息化建设和综合保障体系与需求差距较大。主要表现为：人、财、物等应急保障能力不足；应急管理信息化亟待加强，指挥中心和信息平台建设有待提速等。

4. 从应急管理法制建设角度来看：法规制度体系亟须完善，标准建设工作亟待加强

应急管理部整合的职能分散在 10 多个部门，法律法规、政策标准也分散，研究同一类事往往要从不同行业的多个法规中去找条款，政策法规体系建设相对滞后。

（1）从长远建设来看，缺乏应急法律体系的立法总体设计和规划，法规体系亟待完善，相关法律法规存在不配套、不完善等问题。机构改革之后，大量的应急法律法规与新的体制框架、工作机制要求存在一定出入，应急法制体系建设任务艰巨、需求紧迫。

（2）从《突发事件应对法》的编修情况来看，需要加入党的职能、体现党的领导；进一步落实执法主体；将一些业已成熟的现场处置救援、"现场指挥官"制度等优秀做法，以法律的形式确定下来。

（3）从配套立法来看，存在配套不全，法律内容存在职权边界不清晰等问题。比如自然灾害领域需要有一个综合性法律；安全生产法、消防法从内容来看，存在职权边界不清晰、相互不配套的问题；一些领域的单行法还保持着部门为主、"条"重于"块"的色彩；相关法规的执法主体身份改变造成执法主体与法律规定不相符的问题等。

（4）应急预案编制和演练的有效性、针对性需进一步加强。全国应急预案体系框架虽已基本建立，但存在着编制模板化、结构僵硬化、内容同质化等问题。一是部门预案衔接不够顺畅，虽然各行业部门制定修订了应急预案，但预案在应急响应、部门协同、联合处置等方面缺乏联系性、规范性、高效性。二是企业应急预案质量不高、实效不足，部分企业未能正确认识应急预案的重要性，还停留在"纸上谈兵"。三是预案演练的针对性、协同性、实用性不强，各领域的预案对具体的事故灾害种类均没有细分，对危害辨识和风险评价涉及少，缺少应急演练优化机制。

第五节　新时代总体国家安全管理理念

习近平新时代中国特色社会主义思想是确保国家安全、公共安全，加强应急体系建设的指导思想。全党同志必须全面贯彻党的基本理论、基本路线、基本方略，更好引领党和人民事业发展。新时代的国家安全管理理念，总体国家安全观是统领，是习近平新时代中国特色社会主义思想的重要组成部分。十九大报告指出："坚持总体国家安全观。必须坚持国家利益至上，以人民安全为宗旨，以政治安全为根本，统筹外部安全和内部安全、国土安全和国民安全、传统安全和非传统安全、自身安全和共同安全，完善国家安全制度体系，加强国家安全能力建设，坚决维护国家主权、安全、发展利益。"十九大报告中，"安全"共出现55次（十五大报告是6次，十六大是14次，十七大是23次，十八大是36次），可见"安全"对于我们党、国家和人民的重要性，需要我们认真学习、深刻领会、坚决贯彻。

一、新时代关于国家安全管理的核心理念

（一）人民中心论

坚持以人民为中心。……把人民对美好生活的向往作为奋斗目标，依靠人民创造历史伟业。

牢固树立和落实新发展理念，坚持以人民为中心的发展思想……

把人民利益摆在至高无上的地位。

全党必须牢记，为什么人的问题，是检验一个政党、一个政权性质的试金石。带领人民创造美好生活，是我们党始终不渝的奋斗目标。必须始终把人民利益摆在至高无上的地位，让改革发展成果更多更公平惠及全体人民，朝着实现全体人民共同富裕不断迈进。

（二）民生为本论

民生是人民幸福之基，社会和谐之本。

民生连着民心，民心关系国运。

公共安全是最基本的民生。

坚持在发展中保障和改善民生。增进民生福祉是发展的根本目的。必须多谋民生之利、多解民生之忧，……。

（三）安全发展论

人命关天，发展决不能以牺牲人的生命为代价。这必须作为一条不可逾越的红线。树立安全发展理念，弘扬生命至上、安全第一的思想，健全公共安全体系，……。使人民获得感、幸福感、安全感更加充实、更有保障、更可持续。

（四）科技强国论

科技兴则民族兴，科技强则国家强。

创新是引领发展的第一动力，是建设现代化经济体系的战略支撑。……建立以企业为主体、市场为导向、产学研深度融合的技术创新体系，加强对中小企业创新的支持，促进科技成果转化。

（五）底线思维论

要善于运用底线思维的方法，凡事从坏处准备，努力争取最好的结果，做到有备无患、遇事不慌，牢牢把握主动权。

分析国际国内形势，既要看到成绩和机遇，更要看到短板和不足、困难和挑战，看到形势发展变化给我们带来的风险，从最坏处着眼，做最充分的准备，朝好的方向努力，争取最好的结果。

（六）总体国家安全观

必须坚持总体国家安全观，以人民安全为宗旨，以政治安全为根本，以经济安全为基础，以军事、文化、社会安全为保障，以促进国际安全为依托，走出一条中国特色国家安全道路。

二、习近平同志关于国家安全与公共安全的管理理念

（一）总体国家安全观是统领，公共安全是国家安全的重要组成部分，与其密切相关又相互作用

1. 必须坚持国家利益至上，以人民安全为宗旨，以政治安全为根本

坚持党对一切工作的领导。没有共产党就没有新中国，没有共产党就没有社会主义现代化强国。党的领导是中国特色社会主义最本质的特征，是社会主义法治最根本的保证。必须增强政治意识、大局意识、核心意识、看齐意识。

"伟大的事业必须有坚强的党来领导。""只要紧紧依靠中国共产党的坚强领导、充分发挥我国社会主义制度的优势，我们就能不断把中国特色社会主义伟大事业推向前进。我们要不断巩固和完善中国特色社会主义制度，使其优越性得到更好发挥。"

2. 公共安全是国家安全的重要组成部分，与其密切相关又相互作用

公共安全和以"一案三制"为核心内容的应急体系建设是针对自然灾害、事故灾

难、公共卫生事件和社会安全事件等各类突发事件，从预防与应急准备、监测与预警、应急处置与救援、恢复与重建等全方位、全过程的管理。健全公共安全体系，加强应急体系建设主要是指通过预防和减少突发事件的发生，控制、减轻和消除突发事件引起的严重社会危害，保护人民生命健康和财产安全，维护国家安全、公共安全、环境安全和社会秩序，促进经济社会持续健康发展。

国家安全是维系国家主权、独立、生存和发展的各种基本条件不受侵害，发挥国家正常功能的状态。

国家安全是安邦定国的重要基石，维护国家安全是全国各族人民根本利益所在。要完善国家安全战略和国家安全政策，坚决维护国家政治安全，统筹推进各项安全工作。健全国家安全体系，加强国家安全法治保障，提高防范和抵御安全风险能力。严密防范和坚决打击各种渗透颠覆破坏活动、暴力恐怖活动、民族分裂活动、宗教极端活动。加强国家安全教育，增强全党全国人民国家安全意识，推动全社会形成维护国家安全的强大合力。

3. 公共安全与国家安全

同一风险在不同的时空和人物条件下，可能实现公共安全风险与国家安全风险的演化。国家安全体系的各构成部分之间互相关联，其中政治、经济、社会具有较强的关联度。国家安全体系可分解为国权、国土、国格、国力、国民等子体系。没有国家主权、独立、生存和发展，人民的生命财产安全无从谈起。公共安全是最基本的民生。民生连着民心，民心关系国运。以人民安全为宗旨实质上是以公共安全为宗旨。老百姓有安全感，社会才有安定感，国家才能长治久安。

"我国社会主要矛盾已经转化为人民日益增长的美好生活需要和不平衡不充分的发展之间的矛盾。""平安是老百姓解决温饱后的第一需求，是极重要的民生，也是最基本的发展环境。"

"过去的哪一年没有一些突发事件？自然的、社会的、政治的、经济的，所以公共安全建设对于构建和谐社会，推动全面小康建设，乃至于中华民族的伟大复兴都具有非常现实和深远的意义。"

总之，应急管理与防灾减灾救灾事关人民生命财产安全，事关社会和谐稳定，是衡量执政党领导力、检验政府执行力、评判国家动员力、体现民族凝聚力的一个重要方面。

(二) 维护国家安全和公共安全任重道远

当前，我国面临对外维护国家主权、安全、发展利益，对内维护政治安全和社会稳定的双重压力，各种可以预见和难以预见的风险因素明显增多。随着工业化、信息化、城镇化、市场化、国际化快速推进，各种变革调整速度之快、范围之广、影响之深前所未有，公共安全也面临着一些突出矛盾和问题。可以说，我国正处在公共安全事件易发、频发、多发期，维护公共安全任务重要而艰巨。

1. 增强"四个意识"，坚定"四个自信"

牢固树立政治意识、大局意识、核心意识、看齐意识，在政治立场、政治方向、政治原则、政治道路上同以习近平同志为核心的党中央保持高度一致，自觉维护以习近平同志为核心的党中央权威和集中统一领导。增强中国特色社会主义道路自信、理论自信、制度自信、文化自信。

2. 树立新时代公共安全的新理念

——坚持总体国家安全观。

——坚持以人民为中心和安全发展。使人民获得感、幸福感、安全感更加充实、更有保障、更可持续。

——"两个坚持"和"三个转变"。(即《中共中央 国务院关于推进防灾减灾救灾体制机制改革的意见》中提出的:"推进防灾减灾救灾体制机制改革,必须牢固树立灾害风险管理和综合减灾理念,坚持以防为主、防抗救相结合,坚持常态减灾和非常态救灾相统一,努力实现从注重灾后救助向注重灾前预防转变,从减少灾害损失向减轻灾害风险转变,从应对单一灾种向综合减灾转变。要强化灾害风险防范措施,加强灾害风险隐患排查和治理,健全统筹协调体制,落实责任、完善体系、整合资源、统筹力量,全面提高国家综合防灾减灾救灾能力。")

——把军民融合发展上升为国家战略,加快形成全要素、多领域、高效益的军民融合深度发展格局。军队立足打赢现代化战争;应急管理立足有效应对大灾、巨灾和危机。

3. 落实规划,编织全方位、立体化的公共安全网

坚持目标和问题导向。补短板、织底网、强核心、促协同。推进应急管理工作法治化、规范化、精细化、信息化。

加强基层基础工作"六进"(进企业、进农村、进社区、进学校、进机关、进家庭)、"六有"(有班子、有机制、有预案、有队伍、有物资、有培训演练)。打造共建共治共享的社会治理格局。

十九大报告提出,要加强社会治理制度建设,完善党委领导、政府负责、社会协同、公众参与、法治保障的社会治理体制,提高社会治理社会化、法治化、智能化、专业化水平。加强预防和化解社会矛盾机制建设,正确处理人民内部矛盾。树立安全发展理念,弘扬生命至上、安全第一的思想,健全公共安全体系,完善安全生产责任制,坚决遏制重特大安全事故,提升防灾减灾救灾能力。加快社会治安防控体系建设,依法打击和惩治黄赌毒黑拐骗等违法犯罪活动,保护人民人身权、财产权、人格权。加强社会心理服务体系建设,培育自尊自信、理性平和、积极向上的社会心态。加强社区治理体系建设,推动社会治理重心向基层下移,发挥社会组织作用,实现政府治理和社会调节、居民自治良性互动。

4. 坚持底线思维,着力防范化解重大风险。推动应急管理关口前移,推进防灾减灾救灾体制机制改革

预防风险,着力增强风险防控意识和能力。接下来的这些年,可能是我国发展面临的各方面风险不断积累甚至集中显露的时期。我们面临的重大风险,既包括国内的经济、政治、意识形态、社会风险以及来自自然界的风险,也包括国际经济、政治、军事风险等。如果发生重大风险又扛不住,国家安全就可能面临重大威胁,全面建成小康社会进程就可能被迫中断。我们必须把防风险摆在突出位置,"图之于未萌,虑之于未有",力争不出现重大风险或在出现重大风险时扛得住、过得去。

世界大变局加速深刻演变，全球动荡源和风险点增多，我国外部环境复杂严峻。我们要统筹国内国际两个大局、发展安全两件大事，既聚焦重点、又统揽全局，有效防范各类风险连锁联动。既要高度警惕"黑天鹅"事件，也要防范"灰犀牛"事件；既要有防范风险的先手，也要有应对和化解风险挑战的高招；既要打好防范和抵御风险的有准备之战，也要打好化险为夷、转危为机的战略主动战。

各种风险往往不是孤立出现的，很可能是相互交织并形成一个风险综合体。对可能发生的各种风险，各级党委和政府要增强责任感和自觉性，把自己职责范围内的风险防控好，不能把防风险的责任都推给上面，也不能把防风险的责任都留给后面，更不能在工作中不负责任地制造风险。要加强对各种风险源的调查研判，提高动态监测、实时预警能力，推进风险防控工作科学化、精细化，对各种可能的风险及其原因都要心中有数、对症下药、综合施策，出手及时有力，力争把风险化解在源头，不让小风险演化为大风险，不让个别风险演化为综合风险，不让局部风险演化为区域性或系统性风险，不让经济风险演化为社会政治风险，不让国际风险演化为国内风险。

推进防灾减灾救灾体制机制改革，必须牢固树立灾害风险管理和综合减灾理念，坚持以防为主、防抗救相结合，坚持常态减灾和非常态救灾相统一，努力实现从注重灾后救助向注重灾前预防转变，从减少灾害损失向减轻灾害风险转变，从应对单一灾种向综合减灾转变。要强化灾害风险防范措施，加强灾害风险隐患排查和治理，健全统筹协调体制，落实责任、完善体系、整合资源、统筹力量，全面提高国家综合防灾减灾救灾能力。

5. 坚持全面依法治国

建设中国特色社会主义法治体系，建设社会主义法治国家，发展中国特色社会主义法治理论，坚持依法治国、依法执政、依法行政共同推进，坚持法治国家、法治政府、法治社会一体建设，坚持依法治国和以德治国相结合，依法治国和依规治党有机统一，深化司法体制改革，提高全民族法治素养和道德素质。

认真贯彻实施《中华人民共和国国家安全法》《中华人民共和国突发事件应对法》等法律法规，完善国家安全、公共安全与应急管理制度建设。坚持党委领导，政府负责，社会协同，公众参与，法治保障。

6. 依靠科技进步，建设社会主义现代化强国是确保国家安全和公共安全的基础

发展是解决我国一切问题的基础和关键，发展必须是科学发展，必须坚定不移贯彻创新、协调、绿色、开放、共享的发展理念。科技兴则民族兴，科技强则国家强。富国和强军是实现中华民族伟大复兴的两大基石。大力发展应急产业，统筹好经济建设和国防建设。统筹兼顾是军民融合式发展的根本方法。

第一篇

总　论

近年来，突发事件应急管理成为全世界共同关注的焦点问题。包括自然灾害、事故灾难、公共卫生事件和社会安全事件在内的风险事件，存在于人们生产、生活、生存范围的各个方面，以及衣、食、住、行、休闲娱乐等各个领域及环节。当今社会，突发事件的突然性、诱因多、影响大的特点决定了应急管理体系建设的艰巨性。随着国际减灾与应急管理战略的不断调整与发展，世界各国尤其是发达国家和地区普遍高度重视应急管理工作，并取得了明显的成效，也形成了各自的特点。总体上看，当前国际应急管理和减灾工作的发展趋势主要体现在：第一，由单一事件处置向多种事件综合管理转变，从单纯的自然灾害处置向各类突发事件管理延伸，事故灾害、公共卫生、社会安全等突发事件的应急处置工作正日趋完善。第二，从重在处置向"预防为主"转变。第三，由单项减灾向综合减灾转变，由减轻灾害向减轻灾害风险、加强风险管理转变，并由单纯减灾向减灾与可持续发展相结合转变。第四，从单纯应对一个方面、一个区域的突发事件向更多领域、更大区域发展，由一个国家减灾向全球减灾和区域减灾转变，更加强调合作、协调、联动和高效，更加强调运用先进的科技手段与方法。但是，由于时间短暂，目前世界各国的应急管理机制建设都仍处于探索时期，距离科学、完备的要求尚有一定的差距。

第一章
突发事件

学习目标

1. 理解突发事件的内涵、外延及特征。
2. 理解突发事件与风险、危机、紧急状态、灾害等相关概念的联系与区别。

学习重点

掌握突发事件的分类、分级与分期理论。

案例

各种类型的突发事件

一、自然灾害

2008年5月12日14时28分04秒,中国四川省汶川县发生里氏8.0级特大地震,约50万平方公里①的土地遭受重创,除黑龙江、吉林、新疆外,全国各省市均有不同程度的震感,其中以四川、陕西、甘肃三省震情最为严重。② 这次地震,是新中国成立以来破坏性最强、波及范围最广、救灾难度最大的一次地震。一是强度烈度高。震级达里氏8级,最大烈度达11度,均超过唐山大地震。二是影响范围广。波及四川、甘肃、陕西、重庆等16个省区市,417个县、4 624个乡(镇)、46 574个村庄受灾,灾区总面积44万平方公里,受灾人口4 561万人。其中四川省灾区面积达28万平方公里,重灾区达12.5万平方公里,极重灾区达1.1万平方公里,受灾人口2 961万人。

---

① 1公里=1千米;1平方公里=1平方千米。
② 以下关于汶川地震资料来源:国务院抗震救灾总指挥部. 关于当前抗震救灾进展情况和下一阶段的工作任务. 中国政府网,2008-5-30.

> 一个聪明的民族，她会从灾难中学到比平时多得多的东西。
>
> 没有哪一次巨大的历史灾难，不是以历史的进步为补偿的。
>
> ——恩格斯

三是余震频次多。截至5月27日12时，发生余震8 668次，其中4级以上182次，5级以上28次，6级以上5次。四是救灾难度大。重灾区多为交通不便的高山峡谷地带，加上地震造成交通、通信中断，河道阻塞，天气恶劣，救援人员、物资、车辆和大型救援设备无法及时进入现场。

此次地震还造成了极大的破坏。一是人员伤亡惨重。因灾遇难69 227人，失踪17 923人。二是房屋大面积倒塌。倒塌房屋652.5万间，损坏房屋2 314.3万间。北川县城、汶川县映秀镇等部分城镇被夷为平地。三是基础设施严重损毁。震中地区周围的15条国道、省道、干线公路和宝成线等五条铁路中断，电力、通信、供水等系统大面积瘫痪。四是次生灾害多发。滑坡、崩塌、泥石流频发，江河阻塞形成堰塞湖35处，2 385座水库一度出现不同程度险情。五是正常生产生活秩序受到严重影响。工矿商贸企业停产面较大，机关、学校、医院等严重受损。部分农田和农业设施被毁。四川省因灾损失畜禽4 433.56万头（只）。

二、事故灾难

1986年4月26日当地时间1点24分，苏联切尔诺贝利核能发电厂第四发电机组爆炸，核反应堆全部炸毁，大量放射性物质泄漏，成为核电时代以来最大的事故。核辐射危害严重，导致事故后的3个月内有31人死亡，13.4万人遭受不同程度的核辐射疾病折磨，方圆30公里地区的11.5万多民众被迫疏散。外泄的辐射尘埃随着大气飘散到苏联的西部地区、东欧地区和北欧的斯堪的纳维亚半岛。乌克兰、白俄罗斯、俄罗斯受污染最为严重，由于风向的关系，据估计约有60%的放射性物质落在白俄罗斯的土地上。此事故引起大众对于苏联的核电厂安全性的关注和不满。苏联解体后的国家包括俄罗斯、白俄罗斯和乌克兰等国每年仍要投入大量经费、人力用于灾难的善后以及居民健康保健。因事故而直接或间接死亡的人数难以统计，且报废的核反应堆的重大隐患和事故的长期影响到目前为止仍是个未知数。

三、公共卫生事件

2009年3—4月，甲型H1N1流感首先在墨西哥爆发，而后迅速传遍全球。世界卫生组织（WHO）2009年4月24日的报道显示，美国疾病预防控制中心（CDC）和墨西哥政府相继报告了人感染甲型H1N1型流感病毒的病例，这是以前在猪和人体中未曾发现过的甲型H1N1新亚型病毒，而且美国CDC很快证实了流感病毒人际传播的病例。[1]4月25日，WHO召开紧急事务委员会第一次会议，宣布墨西哥和美国发生的流感疫情已构成"具有国际影响的公共卫生紧急事态"，并建议所有国家都应加强对非正常爆发的流感样疾病和严重肺炎的监控预警。6月11日，WHO正式对外宣布，将流感大流行警戒级别提升到第六级，即最高级别。这意味着病毒的持续人际传播范围超出北美，已在其他许多国家和地区发生疫情，"甲流感"已然进入全球大流行阶段，这是WHO 40余年来第一次宣告流感全球大流行。从全球及各国的疫情情况看，均经历了2009年春季和2009年秋冬季两个高峰期，中国亦受到牵连。截至2010年8月6日[2]，

---

[1] 资料来源：世界卫生组织官方网站。

[2] 2010年8月10日，WHO基于对疫情的评估，宣布取消六级警戒级别，全球甲型H1N1流感进入流行后期（post-pandemic period），死亡人数统计截至当日结束。

根据世界卫生组织的统计显示,全球有 18 449 人因感染甲型 H1N1 流感病逝。

四、社会安全事件

美国东部时间 2001 年 9 月 11 日早晨 8:40,四架美国国内民航航班几乎被同时劫持,其中两架撞击位于纽约曼哈顿的世界贸易中心,一架袭击了首都华盛顿美国国防部的所在地五角大楼,而第四架被劫持飞机在宾夕法尼亚州坠毁。纽约世界贸易中心的两幢 110 层摩天大楼在遭到攻击后相继倒塌,除此之外,世贸中心附近五幢建筑物也受震而坍塌损毁;五角大楼遭到局部破坏,部分结构坍塌;袭击事件令曼哈顿岛上空布满尘烟。在"9·11"事件中共有 2 998 人罹难(包括失踪者,不包括 19 名劫机者);其中 2 974 人被官方证实死亡,另外还有 24 人下落不明。罹难人员名单中包括:四架飞机上的全部乘客共 246 人,世贸中心 2 603 人,五角大楼 125 人,其中共有 411 名救援人员在此事件中殉职。这次事件是继第二次世界大战期间的"珍珠港"事件后,第二次对美国造成重大伤亡的袭击。这次事件是人类历史上迄今为止最严重的恐怖袭击事件。美国政府对此次事件的谴责和立场也受到大多数国家同情与支持,全球各地在事件后都有各种悼念活动,事发现场的清理工作持续到次年年中。该事件也导致了此后国际范围内的多国合作进行反恐怖行动。

以上提到的这些包括了自然灾害、事故灾难、公共卫生事件和社会安全事件在内的"重大突发事件"尽管表现形式各有不同,但它们却有本质上的相似之处:突然发生,并造成了重大伤亡和严重社会危害,带有强烈的社会性与公共性,并给传统的应急管理工作和应对机构带来巨大的挑战和压力。世界上任何一个政府,能不能有效地处置突发事件,能不能维护正常的社会秩序,能不能保障人民群众的生命财产安全,已经成为检验政府能否取信于民的重要标志,已经成为检验政府是否对人民群众负责的试金石。

第一节 突发事件的基本定义

一、突发事件的定义及特征

突发事件是指"突然发生,造成或者可能造成严重社会危害,需要采取应急处置措施予以应对的自然灾害、事故灾难、公共卫生事件和社会安全事件"[①]。具体而言,突发事件具有以下特征:

(1)突发性和紧急性。突发事件必定是突然发生的,要求管理者迅速做出决策,

[①] 作为一个在公共管理实践中兴起的概念,"突发事件"尚未有明确的理论界定。此处引用目前我国政府对"突发事件"的权威定义,即《中华人民共和国突发事件应对法》(简称《突发事件应对法》)第三条的界定,该法于 2007 年 11 月 1 日正式颁布实施。

调动和配置一切可得的资源进行应对,尽快控制事态,消除不利后果。例如,2011年"3·11"东日本大地震造成福岛核泄漏后,中国一些城市居民听信谣言,抢购食盐,国务院有关部门和地方政府及时正确引导,并调配资源进行应对,迅速果断地平息了抢购风波。当然,突发事件的突发性也是相对的,它往往是风险积累到一定程度、突破临界点后的突然爆发。因此,突发事件的应急管理特别强调预防为主。

（2）严重性。突发事件造成的损害有直接损害和间接损害。这种损害不仅体现在人员的伤亡、组织的消失、财产的损失和环境的破坏等方面,而且还体现在突发事件对社会心理和个人心理所造成的破坏性冲击,进而渗透到社会生活的各个层面上。

（3）不确定性。从纵向上看,突发事件的发展态势和后果很难确定,可能会不断升级或延伸扩展,从人员伤亡、财产损失到对社会系统的基本价值和行为准则产生严重威胁等。从横向上看,由于风险的系统性和突发事件的"涟漪效应"(Dimple Effect),一种类型的突发事件可能相继引发多种类型的次生、衍生突发事件,或成为各类突发事件的耦合,造成复合性灾难。如果处置不及时或不当,会产生严重后果。例如,2008年的"南方雪灾"就是一场复合式巨灾,低温雨雪冰冻引发停电和运输中断,造成大量旅客滞留,对正常的社会秩序造成威胁,党中央、国务院果断地提出"保交通、保供电、保民生"的要求,全国人民众志成城抗冰灾,终于把损失降到最小。2011年"3·11"东日本大地震及其引发的海啸、核泄漏等更是典型的复合式巨灾。

（4）社会性。由于突发事件在时间、地点、危害程度、危害对象的不确定性,并受到人的社会性及其与经济、文化、宗教、科技等方面联系的影响,再加上新兴媒体的作用,因此突发事件所威胁和影响的不单单是特定的人群的生命、财产安全和地域的社会生活与秩序,而且必将产生广泛的社会影响。

（5）同时涉及程序化与非程序化决策。在突发事件发展的不同阶段,决策行为也表现为不同。常规性的突发事件一般采用程序化决策就能够解决;对于非常规突发事件或当突发事件上升到紧急状态时,往往需要在信息、资源、时间非常有限的条件下采用非程序化决策来寻求"比较满意"的解决方案。例如,在2008年冰雪灾害导致交通严重受阻的紧急情况下,湖北省对常规应当封闭的高速公路采取了"高速公路,低速运行"的非常规策略,为了安全,警车还在前面带路。2010年6月11日,马鞍山市花山区旅游局局长与行人发生口角纠纷,引发大规模群体性事件。马鞍山市委领导赶到现场后采取非程序化决策,对肇事者就地免职,及时平息了这起群体性事件。

需要说明的是,在《突发事件应对法》颁布实施之前,《国家突发公共事件总体应急预案》和有关文件中,提到的都是"突发公共事件",当时主要是为了区分个人或家庭的突发事件。《突发事件应对法》颁布实施后,已经对"突发事件"予以明确界定,所以"突发公共事件"就逐步淡出了。

二、突发事件与相关概念的联系与区别

在国外,与"突发事件"相匹配的表述包括 Incident、Accident、Crisis、Conjuncture、Emergency、Catastrophe、Contingency、Disaster 等(见表1-1)。在中国,早期对突发事件的研究主要涉及专业部门的特定灾难,发展到现阶段,突发事件已经具有了紧急

性、严重性、不确定性等特点，涉及各个领域和方方面面。从内涵上看，与"突发事件"相近或相关的重要概念还包括"紧急状态/紧急事件""风险""危险""危机""公共安全""灾害"和"灾难"等。在管理实践中，这些概念经常与"突发事件"共同出现，频率较高，与突发事件应急管理形成了无法割裂的联系。因此，明确突发事件的确切含义还需要把握突发事件与上述概念之间的关系。

表1-1 突发事件相关术语的名词释义

英文	中文	释义	评注
Crisis	危机	* An unstable condition, as in political, social, or economic affairs, involving an impending abrupt or decisive change ** A turning point of anything; uncertain time or state of affairs; moment of great danger or difficulty *** Turning-point in illness, life, history, etc; time of difficulty, danger or anxiety about the future **** 指产生危险的祸根；指严重困难的关头	该词从宏观角度入手，强调的是一种不稳定的客观状态，未涉及"危机管理"的理念，从整个危机的生命周期角度看，应该是指从潜伏期到危机结束的危机全过程
Conjuncture	危机紧急关头；危机	* A critical set of circumstances; a crisis ** A combination of events or a particular state of affairs, usually producing serious difficulties *** A combination of events or circumstances	该词与Crisis意思相近，也是从宏观角度，强调的是危机的复合性
Emergency	紧急状态	* A serious situation or occurrence that happens unexpectedly and demands immediate action ** An unexpected and dangerous happening which must be dealt with at once *** Serious happening or situation needing prompt action	该词从微观角度，强调了两个方面的特点：一是突发性；二是急需处理和救助。从整个突发事件的生命周期来看，主要指事件爆发的阶段
Contingency	紧急情况	* An event that may occur but that is not likely or intended; a possibility ** A possibility, event that might happen, but which is unlikely *** Uncertain event; event that happens by chance; something that may happen if something else happens	该词也是微观层面的词，但其更强调事件的偶发性、突发性，从生命周期看也是指突发事件爆发的阶段
Disaster	灾难	* An occurrence causing widespread destruction and distress; a catastrophe ** Sudden great misfortune *** Great of sudden misfortune; terrible accident **** 自然的或人为的严重损害	该词意在强调突发的灾难，多数释义中都用到了Misfortune/Distress等词，因而情感上的成分多一些

备注：* 为《美国传统字典》释义；** 为《朗文现代英汉双解词典》；*** 为《牛津现代高级英汉双解词典》；**** 为《辞海》。

(一)"突发事件"与"紧急状态"

中国的"突发事件"即对应于英文中的 Emergency。美国 2000 年的《减灾法案》(Disaster Mitigation Act)将"Emergency"界定为两类:第一类指正常可以在地方层次上得到处理的危险事件;第二类是指需要总统决定、联邦政府提供帮助,增强州和地方政府的应急管理能力,以拯救生命、保护财产、维护公共卫生与安全、减少或防止在美国任何地方发生大灾难威胁的任何关头和场合。[1] 由此可见,英文中对 Emergency 的界定与《突发事件应对法》《国家突发公共事件总体应急预案》对"突发事件"的界定基本一致。

不同的是,Emergency 也可翻译为"紧急状态",这与"突发事件"的含义有本质不同。《突发事件应对法》第六十九条规定:"发生特别重大突发事件,对人民生命财产安全、国家安全、公共安全、环境安全或者社会秩序构成重大威胁,采取本法和其他有关法律、法规、规章规定的应急处置措施不能消除或者有效控制、减轻其严重社会危害,需要进入紧急状态的,由全国人民代表大会常务委员会或者国务院依照宪法和其他有关法律规定的权限和程序决定。紧急状态期间采取的非常措施,依照有关法律规定执行或者由全国人民代表大会常务委员会另行规定。"[2] 因此,紧急状态可视为特别重大突发事件所造成的一种极端状态。

(二)突发事件与"风险""危险"

"风险"(Risk)最初是保险业的一个术语,指"损失的可能性"。进入政策领域后,风险的含义有所改变。澳大利亚与新西兰关于风险管理的国家标准 AS/NZS4360:1990 认为,"风险"是"对目标产生影响的某些事情发生的机会,它以因果关系和可能性来衡量"。国际风险分析协会将"风险"界定为"对人类生命、健康、财产或者环境安全产生的不利后果的可能"。英国内阁办公室在报告中指出:"风险"是"不确定性和后果的结合"。联合国的有关报告将"风险"定义为"由自然或人为因素相互作用而导致的有害后果的可能性或预期损失"。

就此而言,"风险"与"突发事件"既有联系,又有区别。风险是一种尚未发生的可能性,一旦发生,就有可能形成突发事件;突发事件则是一种已经发生的事实,它的发生通常与风险有关。因此,突发事件应急管理与风险管理本身就有着密切的联系。

"危险(源)"(Hazards)是一个日常词汇,也与"突发事件"密切相关。《中华人民共和国安全生产法》对重大危险源定义为:长期地或者临时地生产、搬运、使用或者储存危险物品,且危险物品的数量等于或者超过临界量的单元(包括场所和设施)。美国联邦应急管理局将其定义为:"具有潜在的引起不幸、伤害、财产损失、基础设施

---

[1] Emergency Management Institute. Independent Study IS230. Principles of Emergency Management, March, 2003. 转引自:夏保成.西方公共安全管理.北京:化学工业出版社,2006.
[2] 中华人民共和国突发事件应对法.2007 年 11 月 1 日正式颁布实施.

损坏、农业损失、环境破坏、经营中断或其他类型损害或损失的事件或客观条件。"[1] 在这种意义上,危险(源)是造成突发事件的条件之一。"风险"与"危险"也有关系,一个广为认可与接受的公式为:"风险(Risk)= 危险(源)(Hazards)× 脆弱性(Vulnerability)"。因此,风险、危险与突发事件的关系可表述为:危险是风险的构成要素之一,而风险则是突发事件的潜在状态。

(三)"突发事件"与"危机"

"危机"在中文中具有双重含义,即"危险+机遇"。在英文中,"Crisis"最初来源于古希腊"Crimein",其基本含义是"鉴别、审察、决定"(To separate, To sift, To decide),现在的含义则与中文的"危机"类似。

在管理实践中,"危机"概念有两大来源:一是国际政治领域,"冷战"格局中美苏对抗经常造成国际政治的紧张,格雷厄姆·艾理森(G.Allison)基于1962年"古巴导弹危机"写出的《决策的本质》一书被认为是这一领域的代表作品;二是企业管理领域,"三里岛泄漏""挑战者号爆炸"等事件的发生推动了企业危机管理成为一个重要领域。因此,公共领域中的"危机"在概念上容易与"突发事件"混淆,国内在管理实践中也经常不加区分地使用这两个概念。多数研究观点认为,危机与突发事件没有本质的差别,但有两点区别:一是危机的严重程度高于一般突发事件,往往是极端或特别重大的突发事件。按照具有较大影响的乌里尔·罗森塔尔(Uriel Rosenthal)的观点,危机是一种对社会系统的基本结构和核心价值规范所造成的严重威胁。[2] 二是危机是相对特定的主体而言的,如组织,而突发事件则并无特指的主体(见图1-1)。

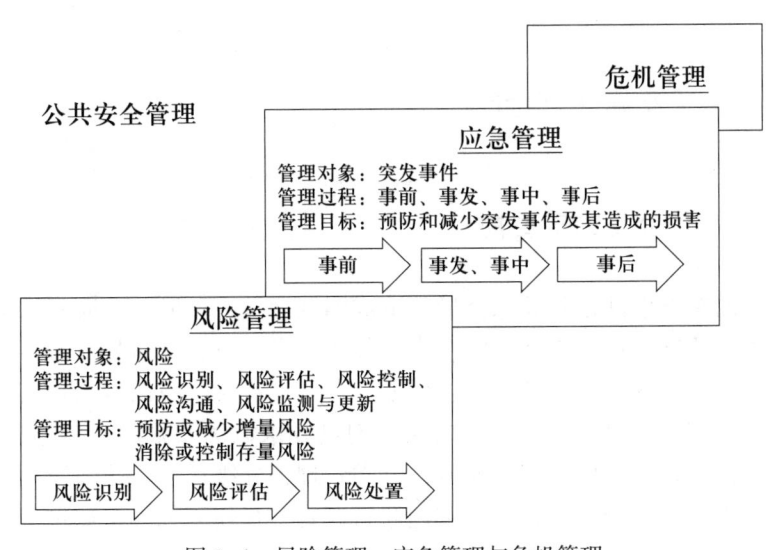

图1-1　风险管理、应急管理与危机管理

---

[1] FEMA. Multi-hazard Identification and Assessment, 1997. 转引自:夏保成. 西方公共安全管理. 北京:化学工业出版社,2006.

[2] Uriel Rosenthal, Charles M T, Paul't Hart, eds. Coping with Crises: The Management of Disasters, Riots, and Terrorism. Springfield, Charles C. Thomas, 1989.

（四）"突发事件"与"公共安全"

"公共安全"也是在国内的管理实践中使用频率非常高的概念，近些年作为一门学科被提出，是中国自己采用的学科名称。2004年5—6月份，科技部受国务院委托，在讨论制定中国中长期科技发展规划会议上，将所有学科分为20个门类，"公共安全"列第九类，研究内容包括六个方面：自然灾害、事故灾难、防恐反恐、基础设施保护、公共卫生和社会安全。在2006年2月发布的《国家中长期科学和技术发展规划纲要》（2006—2020）中，公共安全被列为重点领域与优先主题。因此，就管理的内涵而言，突发事件应急管理与公共安全管理在中国的含义非常相近。

（五）"突发事件"与"灾害""灾难"

从使用习惯上，"灾害"在中国通常是指自然灾害，如水灾、旱灾、蝗灾和地震等；"灾难"通常指人为事故，如矿难、空难等。但是"灾害"与"灾难"没有本质差别，都是指给国家或社会造成人员伤亡或财产损失的各种自然、社会现象，都是相对于人类社会发展进程中的异常现象。"突发事件"与"灾害""灾难"有着密切联系，灾害、灾难往往就是人类需要有效应对的突发事件。

综上所述，突发事件涵盖了自然灾害、事故灾难、公共卫生事件和社会安全事件，或者是几类的复合，最为严重的突发事件往往成为危机。有效应对突发事件，维护公共安全，确保人民生命财产安全和社会的安全稳定是一个复杂、开放、巨大的系统工程，是人类永恒的主题。

> 公共安全是指公众的生命、健康的安全，公私财产的安全和社会的安定。公共安全关系到社会的和谐稳定与健康发展。

第二节 突发事件的分类

一、突发事件分类的重要性

不同类型的突发事件，其危急情形和造成的社会危害不同，政府和社会所采取的应对措施也不尽相同，特别是社会安全事件往往与自然灾害、事故灾难、公共卫生事件相比在具体应对过程中有其特殊性。例如，自然灾害应急应以国家救助性和保护性措施为主，辅之以限制性措施；社会冲突应对则要求以国家限制性措施为主。因此，分类管理是中国"统一领导，综合协调，分类管理，分级负责，属地管理为主"原则的重要内容，也是对政府及其有关部门履行职责、行使职权的重要依据，所以，突发事件分类是国家应急管理体制的基础。

二、中国突发事件的分类

（一）中国突发事件分类的基本情况

结合国内外应急管理的经验和中国的实际情况，根据突发事件的发生过程、性质和机理，中国将其划分为自然灾害、事故灾难、公共卫生事件和社会安全事件四大类（见表1-2）。

表1-2　转型期中国突发事件的主要类型

类型	示例
自然灾害	气象水文灾害、地震地质灾害、海洋灾害、生物灾害、生态环境灾害
事故灾难	工矿商贸等企业的各类安全事故、交通运输事故、公共设施和设备事故、环境污染和生态破坏事件等
公共卫生事件	传染病疫情、群体性不明原因疾病、食品安全和职业危害、动物疫情以及其他严重影响公众健康和生命安全的事件
社会安全事件	恐怖袭击事件、经济安全事件和涉外突发事件等

资料来源：(1)《中华人民共和国突发事件应对法》，2007年11月1日正式颁布实施；(2)《国家突发公共事件总体应急预案》，2006年1月8日正式向社会公布；(3)自然灾害分类与代码（GB/T 28921—2012）。

这种分类方法本质上主要是基于事件发生的诱因进行分类的，这样做的意义在于：一方面，为预防突发事件提供客观依据和线索；另一方面，也为政府及其有关部门采取应急措施提供依法行政的依据，因而符合应急管理的基本原则。对于四大类突发事件的划分，目前学术界和实务部门的观点比较一致，争论的焦点集中在是将经济安全事件单独列为一种特定类型，还是将它纳入社会安全事件中加以管理。[①] 有关专家之所以将经济安全事件与社会安全事件并列，主要是出于三个因素的考虑（见表1-3）。在制定国家应急管理总体预案和各分项预案时，应当将经济安全事件作为独立的一大类单列出来，在此基础上建立相应的国家经济安全事件应急管理机构；如果把经济安全事件并在突发社会安全事件中，会导致很多弊病。

表1-3　经济安全事件与突发社会安全事件区分

指标	经济安全事件	社会安全事件
产生原因	由金融信用危机、资源、能源、生活必需品短缺等自然或人为因素引起	主要是由人为因素引起
表现形式	主要表现为货币危机、金融危机、债务危机以及宏观经济的周期波动等	主要表现为重大刑事案件、涉外突发事件、恐怖袭击事件以及规模较大的群体性突发事件
应对措施	国家需要对银行业、保险业和证券业采取特别应急管制措施，或者对某一行业实行国家接管、国家专营，其措施具有明显的专业性	强调敌对双方的妥协与协调

资料来源：薛澜，钟开斌. 突发公共事件分类、分级与分期：应急体制的管理基础. 中国行政管理，2005（2）.

---

① 薛澜，钟开斌. 突发公共事件分类、分级与分期：应急体制的管理基础. 中国行政管理，2005（2）.

（二）突发事件分类需要注意的问题

突发事件的分类还需要注意以下问题：

第一，各类突发事件彼此并不是截然割裂的，而是相互联系、相互影响，相互之间往往呈现多元和共时的特征，在特定的情景下可能还相互转化，即产生次生、衍生事件及其耦合事件，形成灾害链或复合式灾难，带来所谓的"涟漪效应"。比如，"3·11"东日本大地震及其引发的海啸、核泄漏、火灾及菅直人内阁的信任危机等。另外，有些事件很难说是由于自然原因、人为原因或者其他原因造成的；一些技术灾害（如有毒物质的泄漏），也可能导致生态破坏。

第二，突发事件类型的具体规定，必须为各种新情况、新变化预留空间，并适时调整和更新。现代社会在一定意义上说是高风险的社会[1]，随着形势的不断发展变化，突发事件的不确定因素将会不断凸显。[2] 例如，中国于1989年制定的《传染病防治法》，由于当时相关规定的不完备，使2003年"非典"疫情初期的疾病预防和控制缺乏法律依据。[3]

第三，政府应急管理体系应当以有效应对突发事件为中心，在科学总结、归纳各类突发事件的特点、发展规律和应对机理的基础上，加强各类突发事件的应急管理机制建设以及相互之间的协调、配合和衔接。

第四，从深化和发展应急管理的需求出发，中国国家自然科学基金委员会开展了重大研究计划——《非常规突发事件应急管理研究》，该重大研究计划中的非常规突发事件主要是指"前兆不充分，具有明显的复杂性特征和潜在的次生衍生危害，而且破坏性严重，采用常规管理方式难以有效应对的突发事件"。需要注意的是，非常规突发事件与常规突发事件是一组相对的概念，也是一个动态的过程，而且在实践中不断调整和互相转化。

---

[1] 经济合作与发展组织（OECD）2003年发表了一份题为《21世纪面临的新风险——行动议程》（*Emerging Risks in the 21st Century: An Agenda for Action*）的报告，分析了21世纪人类将不断面临的各种新旧风险的考验。这是OECD国际未来计划的组成部分，以重大系统风险管理面临的挑战为内容。见OECD. Emerging Risks in the 21st Century: An Agenda for Action. 2003.

[2] 以突发公共卫生事件为例，兰德公司2003年3月发表的一份报告认为：全球化、现代医疗实践和农业活动导致的不良后果、人类行为方式的变化以及环境因素等的影响，都是导致跨地域和跨国蔓延的传染病不断发生的重要因素。见Jennifer Brower, Peter Chalk. The Global Threat of New and Reemerging Infectious Diseases: Reconciling U.S.*National Security and Public Health Policy*, 2003.

[3] 我国1989年制定的《传染病防治法》没有为新发传染病的预防和处理提供适当的法律余地，这一点在2003年的"非典"疫情中得到体现。此次在广东出现的非典型性肺炎，不是我国《传染病防治法》法定35种危害较大的传染病之一，而是一种冬春季易发疾病，也没有强制就医的法令规定，这给初期的疾病预防和控制造成很多麻烦。见：钟开斌，朱琴. 突发公共卫生事件的应急管理：美国与中国的案例. 世界知识，2003（10）.

第三节 突发事件的分级

一、突发事件分级的重要性

将突发事件划分为不同的级别,从而采取不同强度的应急措施,这是各国应急管理的共同经验。突发事件分级的重要性在于,事件的级别水平将直接决定了预警信息的发布水平、预案的启动级别、响应级别、处置规模与手段的抉择等诸多问题。因此,突发事件的分级是应急处置的基础,也是我国"统一领导、综合协调、分类管理、分级负责、属地管理为主"原则的重要内容。

二、突发事件分级的影响要素

影响突发事件等级水平的要素主要有三个方面(见表1-4):突发事件的客观属性、突发事件作用对象的承受能力(脆弱性)和社会整体对突发事件的控制能力。对突发事件进行等级水平的评估,需要综合考虑这些要素来进行确认。

表1-4 影响突发事件等级水平的要素

突发事件级别影响要素	示例	内容
突发事件的客观属性	自然灾害、事故灾难、公共卫生事件、社会安全事件	事件性质、产生原因、损失后果、影响范围等
突发事件作用对象的承受能力	人群、设施、系统、环境等	物理属性、心理属性、能力属性;影响程度、严重程度等
社会整体对突发事件的控制能力	政府、社会、公共部门、私人部门等	组织体系、应急预案、应急机制(预警预测、应急处置、恢复重建等)、政策保障等

三、中国对突发事件的分级

根据不同类型突发事件的性质、严重程度、可控性和影响范围等因素,《突发事件应对法》将自然灾害、事故灾难、公共卫生事件分为特别重大、重大、较大和一般四级。同时,根据突发事件可能造成的危害程度、紧急程度和发展趋势,将可以预警的自然灾害、事故灾难和公共卫生事件的预警级别也划分为四个等级,并依次用不同颜色标明(见表1-5)。

> 重大突发事件往往对一个社会系统的基本价值和行为准则产生威胁，因此在时间压力极大和不确定性极高的情况下，必须对其做出关键决策。

表 1-5　中国突发事件四级预警

突发事件等级	威胁程度	预警颜色
Ⅰ级（特别重大）	Ⅰ级（特别严重）	红
Ⅱ级（重大）	Ⅱ级（严重）	橙
Ⅲ级（较大）	Ⅲ级（较重）	黄
Ⅳ级（一般）	Ⅳ级（一般）	蓝

资料来源：《突发事件应对法》，2007年11月1日正式颁布实施。

说明：（1）各类突发事件等级和预警级别的具体划分标准由国务院或者国务院确定的部门制定，而且需要在实践中不断完善，并注意地域、民族和经济文化的差异，加强各地、各部门的协同配合。特别是社会安全事件由于其自身的性质和复杂性，更需要不断研究和深化。（2）并不是所有的突发事件都可以预警，表1-5中的预警颜色主要针对可以预警的自然灾害、事故灾难和公共卫生事件。

四、突发事件的分级处置

突发事件的应急处置要遵循"统一领导、综合协调、分类管理、分级负责、属地管理为主"的原则。大部分的突发事件都应当主要依靠本地和本级政府的力量加以解决，只有当突发事件的规模和破坏程度超出了地方政府的处置能力的时候，才由上一级政府介入。即便是这样，任何重大的突发事件发生后，事发地人民政府都应当针对其性质、特点和危害程度，立即组织有关部门，调动应急救援队伍和社会力量进行先期处置。但突发事件的分级，直接影响着各级政府的应急处置权限，每一级政府的职责也需要明确界定（见表1-6）。

表 1-6　国家级专项预案的启动条件（示例）

专项预案	启动条件
国家自然灾害救助应急预案	（1）某一省（区、市）行政区域内，发生水旱灾害，台风、冰雹、雪、沙尘暴等气象灾害，山体崩塌、滑坡、泥石流等地质灾害，风暴潮、海啸等海洋灾害，森林草原火灾和重大生物灾害等自然灾害，一次灾害过程出现下列情况之一的：因灾死亡30人以上；因灾紧急转移安置群众10万人以上；因灾倒塌房屋1万间以上 （2）发生5级以上破坏性地震，造成人员死亡20人以上或紧急转移安置群众10万人以上或房屋倒塌和严重损坏1万间以上 （3）事故灾难、公共卫生事件、社会安全事件等其他突发事件造成大量人员伤亡、需要紧急转移安置或生活救助，视情况启动本预案 （4）对救助能力特别薄弱的地区等特殊情况，上述标准可酌情降低 （5）国务院决定的其他事项
国家安全生产事故灾难应急预案	（1）造成30人以上死亡（含失踪），或危及30人以上生命安全，或者100人以上中毒（重伤），或者需要紧急转移安置10万人以上，或者直接经济损失1亿元以上的特别重大安全生产事故灾难

续表

专项预案	启动条件
国家安全生产事故灾难应急预案	（2）超出省（区、市）人民政府应急处置能力，或者跨省级行政区、跨多个领域（行业和部门）的安全生产事故灾难 （3）需要国务院安全生产委员会（以下简称国务院安委会）处置的安全生产事故灾难
国家突发公共卫生事件应急预案	（1）肺鼠疫、肺炭疽在大、中城市发生并有扩散趋势，或肺鼠疫、肺炭疽疫情波及2个以上的省份，并有进一步扩散趋势 （2）发生传染性非典型肺炎、人感染高致病性禽流感病例，并有扩散趋势 （3）涉及多个省份的群体性不明原因疾病，并有扩散趋势 （4）发生新传染病或中国尚未发现的传染病发生或传入，并有扩散趋势，或发现中国已消灭的传染病重新流行 （5）发生烈性病菌株、毒株、致病因子等丢失事件 （6）周边以及与中国通航的国家和地区发生特大传染病疫情，并出现输入性病例，严重危及中国公共卫生安全的事件 （7）国务院卫生行政部门认定的其他特别重大突发公共卫生事件

设计突发事件的分级制度时，在确认主体、指标构成、级别认定、发布主体等各个方面都需要根据实际情况及时做出调整和更新。[①]

（1）在分级标准的确认方面，由国家相关的应急管理部门根据事件的性质、严重程度、可控性和影响范围确定，并加以细化。不同类型的突发事件、不同地域都应当根据实际情况确立不同的分级标准。尽管预警信号在全国统一使用，但由于中国地域辽阔，各地所面临的突发事件都有着明显的差异，同样的突发事件对各地造成的危害可能不一样，突发事件等级的区分也就不同，所以各地应当根据自身的情况使用这些预警信号。

（2）在级别的指标体系方面，要以政府的应急管理能力为核心，综合其他相关因素。突发事件的级别是由各种因素综合构成的，除了事件的性质、严重程度等"硬"指标外（基本上以人员伤亡和财产损失作为衡量指标），还应当包括事件的影响范围、潜在危害性以及可能带来的连锁反应等"软"指标。在所有指标中，政府的应急管理能力是关键。

（3）在发布主体级别方面，应当明确信息发布机构（如相关卫生部门或指挥部），各种发布渠道，最大限度让民众知情。政府以及其他应急管理主体应当通过电视、广播、手机短信、滚动新闻、网络等多元化、立体性的信息网络方式，以最快的速度向公众发布预警信号，确保公众能及时、准确、全面地获悉相关信息。

（4）在级别的调整程序上，应当根据事件的发展态势不断更新级别，并对中央的特殊权力做出特别规定。突发事件的发生、发展都是一个不断变化的过程，因此事件的级别和政府应急管理措施都必须根据不断发展变化的形势适时进行调整。同时，为

[①] 薛澜，钟开斌. 突发公共事件分类、分级与分期：应急体制的管理基础. 中国行政管理，2005（2）.

了弥补上述分级可能存在的缺陷,对有必要做出规定的事件可赋予中央政府直接处理权和责成处理权。

(5)特别需要强调的是,不论哪一级的突发事件,事发单位、人员和事发地政府都应当针对其性质、特点和危害程度,立即进行先期处置。第一时间、第一反应者能否自救互救,能否有效控制事态,往往就决定了伤亡的大小和处置成本的高低。

第四节 突发事件的分期

一、突发事件分期的重要性

突发事件的应对是一个动态发展的过程。任何一个突发事件都有一个酝酿、爆发、发展、减缓的过程,而只有对每一个阶段进行区别与划分,才能制定与执行符合各个阶段特点的应急处置策略。因此,对突发事件进行阶段性分期,是政府有效执行应急措施的基础,也是不断深化应急管理工作的基础。

二、中国突发事件的分期

综合国际经验并结合中国自身的特点,《突发事件应对法》和《国家突发公共事件总体应急预案》将突发事件的发展过程划分为预防与应急准备、监测与预警、应急处置与救援、事后恢复与重建四个阶段(见表1-7)。

表1-7 突发事件的阶段划分

分期	发生阶段	主要任务	机制设置	内容
酝酿期	事前	预防与应急准备	防范事件的发生	应急预案体系 城乡规划符合预防与应急管理的需要 预防并防范潜在隐患 完善应急培训、演练、教育体系 确保应急的人员、物资、经费保障 建立巨灾风险保险体系 人才培养与科学开发等
爆发期	事发	监测与预警	及时控制事件并防止其蔓延	突发事件信息系统 突发事件信息收集、报告、评估制度 监测制度 预警制度 社会安全事件信息报告制度等

续表

分期	发生阶段	主要任务	机制设置	内容
缓解期	事中	应急处置与救援	最大限度地降低事件带来的损失	应急处置机制 各类事件应急处置措施 应急协作机制 信息发布 禁止编造、传播虚假信息 群众性基层自治组织应急职责 有关单位的应急职责 公民应当履行的义务等
善后期	事后	事后恢复与重建	尽快恢复正常秩序并从灾难中学习	损失评估和组织恢复重建 支援恢复重建 善后工作 调查、应急处置工作总结等

资料来源：(1)《突发事件应对法》，2007年11月1日颁布实施；(2)《国家突发公共事件总体应急预案》，2006年1月8日向社会发布。

通过对突发事件的分期，可以将政府及其有关部门的任务分解到不同的阶段中，科学地设置各个阶段的应急管理机制及其具体内容。[①]

（1）酝酿期：预防与应急准备。预防事件的发生，是突发事件管理的内在要求。预防与应急准备工作是应对突发事件的基础性工作，做好这一工作，一方面可以避免事件的发生；另一方面，即使事件发生，也可以有效减少人员伤亡和财产损失。

（2）爆发期：监测与预警。许多突发事件的发生都是有苗头和征兆的。通过监测与预警工作，第一，经由科学的分析和判断之后，可以做到早发现、早报告、早预警、早处置，大量的突发事件就可能被消除或者控制在萌芽状态，一般突发事件不至于演变成重大突发事件；第二，健全的预警制度是做好突发事件应急响应的依据；第三，面对不可预测的事件演变过程，政府相应做出行为调整并让公众知晓，这不仅是应对突发事件的需要，也是降低管理成本、保护行政相对人权益的措施之一。

（3）缓解期：应急处置与救援。突发事件发生后，首要的任务是进行有效处置，最大限度地减少损害，防止事态扩大和次生、衍生事件的滋生，这就包括采取各类控制性、救助性、保护性、恢复性的应急措施，建立社会各方面的应急协作机制，明确公民的应急责任与义务等。

（4）善后期：事后恢复与重建。在处置工作结束后，争取尽快恢复生产、生活、工作秩序，制定恢复重建计划并修复公共设施；同时，还要进行整体的、系统的评估，便于将来从灾难中学习，避免类似事件的发生或者是降低同类事件带来的损失。

需要强调的是，应急管理的周期，即"预防与应急准备—监测与预警—应急处置与救援—恢复与重建"是一个循环的、无始无终的过程。科学的恢复重建，就是最好

[①] 以下部分参考：汪永清.《中华人民共和国突发事件应对法》解读. 北京：中国法制出版社, 2007.

的预防和准备；实事求是的总结评估，就会提高今后的监测预警和应急处置水平。所以，加强应急管理可以从突发事件的任何一个阶段切入，而不要过分教条地按部就班、循规蹈矩。

专栏

危机的分类

在本书的正文部分，对于"突发事件"的分类是严格按照目前政府使用的方法进行阐述的。但在学界，学者们最初研究相关问题时所使用的术语主要是"危机"，而目前也还有大量文献在沿用该术语。因此，在本专栏部分，为了尊重学界的研究现状，也针对"危机"这一概念进行分类和叙述。需要注意的是，本书其他章节主要采用"突发事件"这一术语，不再对两者进行严格区分。

危机从理论上可以根据不同标准划分成不同的类别。

（一）自然的或人为的突发性事件与社会冲突危机

从基本动因的角度，危机可分为两大类：① 由自然灾害和人为因素（或技术因素）引起的危机，前者如水灾、地震、台风、干旱，后者如核泄漏、火灾、生产安全和质量事故等。② 由社会中对抗的统一体引发社会冲突行为而导致的社会失衡和混乱，由一定的社会问题诱发，诸如战争、暴力对抗、恐怖主义事件。虽然两者有所侧重，但在实际研究中交叉甚多，而且在现实生活中，在一定的外界条件下，突发事件往往会进一步发展成为危机。

对于后一类直接影响到国家政治稳定的社会危机事件，危机管理系统的重要性不言而喻。对于前一类的危机，如果政府对其预防、应对、事后处理等方面都有比较充分的准备和考虑，就可以在短时间内有效地处置，最大限度地减少损失。但是，如果准备不足，处置不力，就会让公众直接感受到政府效能的低下，使政府丧失公信力，形成社会失衡的潜在隐患。例如：2011年"3·11"大地震核泄漏后，由于日本管直人内阁在处置核危机等方面的优柔寡断，就导致日本公众的不信任和"逼宫"。

（二）一致性危机与冲突性危机

从危机情境中主体的态度这一角度，将危机划分成一致性和冲突性两类：① 一致性是指在危机中的利益主体具有相同的要求，如全民救灾。② 冲突性，则是指危机中存在着两个或两个以上的不同利益主体，如战争、革命等。①

（三）结构良好的危机与结构不良的危机

按照危机状态的复杂程度、性质以及控制的可能性等综合标准，可将危机划分为两种基本类型：① 结构良好的危机。所谓结构良好，就是说危机并非是历史

---

[1] R. A. Stallings, C. B. Schepart. Contrasting Local Government Responses to A Tornado Disaster in Two Communities. Safetylit, 1987, 5(3). R. T. Sylves, W. L Waugh (ed.). Cities and Disaster: North America Studies in Emergency Management, 1990.

久远长期积累的问题,而且牵涉核心价值与根本原则的程度较轻;未及时在现实问题中发生的,所寻求的目标是现实的,可以达到的;涉及的问题呈现出较强的单一性,且利害关系群体相对较少;危机涉及的范围有限,解决危机的决策方案虽有限但易于寻找且可行、并能被双方接受;此类危机决策虽有风险性,但有确定性的因素;对立双方的社会动员程度较低,故参与者较少,规模较小等。② 结构不良的危机。所谓结构不良,其特征也就是结构良好危机形态的反面,在现实生活中,往往发生危机的大都是结构不良的危机。①

(四)有形损失危机与无形损失危机

按照危机带来的损失,危机的表现形态可划分为有形损失危机和无形损失危机。②

有形损失危机是指直接带来人员伤亡或财产重大损失的危机,诸如企业厂房的倒塌、火灾、爆炸等,其特点为:① 危机的发生与损失的造成是同步的。② 危机造成的损失明显易于评估。③ 危机造成的损失难于挽回,只能采取其他措施补救。④ 有形损失危机的发生往往也易造成一些无形损失。

无形损失危机是指严重地损害了组织的形象,如不采取紧急有效措施,随着时间的推移,其形象会越来越坏,最终蒙受更大的有形损失。其特点为:① 危机始发阶段,损失不明显,易被忽视。② 危机发生后如任其持续和发展,损失将是巨大的。③ 这种危机造成的损失是慢性的,可采取相应措施挽救。④ 处理这类危机通常要同新闻媒体多打交道。

(五)直接危机与间接危机

按形成过程划分,可分为直接危机与间接危机:① 直接危机是指由于组织本身行为不当而导致的危机,如调查不深入、策划不得当、计划不周密、传播不真实、实施不得力等都可能引发危机。② 间接危机是指由组织的经营管理活动的行为不当或其他各种危机而导致的危机,如经营危机、人才危机、素质危机、政策性危机、事故危机、灾变危机等。

(六)显在危机与潜在危机

按显露程度划分,可分为显在危机与潜在危机:① 显在危机是指已经爆发或爆发的势头已成必然的危机。② 潜在危机是指尚未表露的仍处于隐藏和潜伏状态的危机,因其隐秘较深、一般难以知晓、不好把握,与显在危机相比,它更能迷惑人、麻痹人,因而也最具有危害性。

(七)一般危机与严重危机

按严重程度划分,可分为一般危机与严重危机:① 一般危机仅对组织产生局部或轻度伤害,因其危害程度小,往往容易被人忽视。其实,一般危机也不容忽视,俗话说"千里之堤,溃于蚁穴",弄不好危机就会加剧,危害程度就会加大,最后可能会到一发不可收拾的地步。② 严重危机则对组织或公众产生全面影响,使形象和利益受到严重损害,是一种可能对受害体造成致命打击的危机,它一般

---

① 胡宁生. 中国政府形象战略. 北京:中共中央党校出版社,1998.
② 张玉波. 危机管理智囊. 北京:机械工业出版社,2003.

应该也容易引起组织的特别重视。

（八）内部危机与外部危机

按范围划分，可分为内部危机和外部危机：① 内部危机一般指组织内部的领导、部门和员工之间因决策、人际关系、利益分配、环境条件等方面的不良因素而引发的危机。其表现往往是组织内部员工关系紧张、凝聚力消失、员工对组织丧失信心。② 外部危机是指组织与外部的群体，比如企业与顾客、供应商、经销商、政府部门、新闻媒体、社区公众及竞争对手等因发生某种摩擦、纠纷、矛盾等而引发的危机。这种危机影响广泛、危害严重，往往会极大损害形象，需要引起重视。

（九）蔓延性危机、周期性危机与突发性危机

从危机发展的速度，可将危机分为三大类[1]：① 蔓延性危机：从表面看起来似乎一切正常，但实际上这种危机是慢慢地渗透发展，唯有部分接触的相关人员才知道。因此在这个阶段，如果缺乏良好的沟通渠道，组织的负责人和主管可能都无法确认危机的存在。② 周期性危机：这种危机属于周期性，表面上只有少数人被牵涉在内，所以其他的人基本上是持消极态度，但实质上这对整体的士气、民心都会有所打击。③ 突发性危机：以当时的能力完全无法预期，而且还有可能会伤害组织乃至社会的危机，此类危机最常被视为危机，如"非典"。

（十）按主要成因及其涉及范围划分

按照危机的主要成因及其涉及范围的划分[2]，可将其划分为：① 政治危机：政治危机包含政治不稳定性及当局政策不稳定性两大类。政治不稳定性与政权交替有关。其主要来源有革命、政变、战争或其他对外军事冲突，造成组织无法在当地运转，因而产生投资设备浪费或被破坏的危机。② 法制危机：法律是行为的准则，当法律环境不断变化时，组织就必须根据法律环境作修正，这样才能确保组织不因触犯法律而付出惨痛的代价。③ 经济危机：主要是指价格管制、贸易限制、外汇管制、购买力、财政和货币政策改变等所带来的危机。尤其当今社会各国体系高度互相依赖，某国的金融危机、经济崩溃、通货膨胀、外汇汇率改变、利率改变、贸易条件改变所产生的诸种危机，会像传染病般迅速扩散而影响到其他国家。④ 社会危机：社会因宗教、民族、意识形态等因素而产生对立冲突，都被列入社会危机。⑤ 天然危机：全球各地降雨量、台风、地震及其他天然危机，可能会直接冲击到组织的营运。没有掌握到这种趋势的组织（比如保险公司），就可能在危机发生后亏损。

---

[1] Simon A. Booth. Crisis Management Strategy: Competition and Change in Modern Enterprises. London: T. J. Press Ltd., 1993.

[2] 吴思华. 策略九说. 台北：麦田出版公司，1996.

延伸阅读

[1] 中华人民共和国突发事件应对法，2007年11月1日颁布实施.

[2] 国家突发公共事件总体应急预案，2006年1月8日发布.

[3] 薛澜，钟开斌. 突发公共事件分类、分级与分期：应急体制的管理基础. 中国行政管理，2005（2）.

[4] 彭宗超. 未雨绸缪：中国大流感危机准备的战略分析与政策建议. 公共管理评论，2007（6）.

[5] Zongchao Peng. Preparing for the Real Storm During the Calm: A Comparison of the Crisis Preparation Strategies for Pandemic Influenza in China and the U. S.. Journal of Homeland Security and Emergency Management, 2008: Volume 5, Issue 1.

第二章
应急管理

学习目标

1. 了解国际应急管理的发展阶段及其特点。
2. 了解民防在应急管理发展进程中的作用。
3. 了解应急管理、风险管理、危机管理的基本内容。

学习重点

理解应急管理的内涵与特点,辨析其与风险管理、危机管理的联系与区别。

案例

"非典"的启示

2002年11月16日在中国广东发现首例"非典"(SARS)病例,在短短数月内,SARS先后在中国20多个省份扩散,造成数千人感染,数以百计的人被夺去生命,尤其是北京和广东,更是深受其害。随着疫情肆虐,防治工作已成为"当前的一项重大任务""社会经济生活中的一个突出问题""一场突如其来的重大灾害"[①]。与此同时,在经济全球化进程急剧加速的背景下,SARS在短短几个月的时间内迅速扩散和蔓延至全球30余个国家(地区),给人类的健康和生命安全带来巨大威胁,引起全球震撼。值得关注的是,在经济全球化的时代背景下,中国无意之中成为21世纪第一次全球公共卫生事件的主角。作为2001年美国"9·11"恐怖袭击事件后一次典型的非传统安全冲击,SARS事件在极其短暂的时间里让人们感同身受地体会到了重大突发事件所带来的巨大冲击。是否能够走出SARS阴影,不仅关乎众多生命安危,也直接关系中国

---

① 转引自2003年4月22日《人民日报》头条报道。

未来走向。此次 SARS 事件的性质已经远远超出了单纯的疾病流行的范畴，而具有了"社会安全事件"的性质。

第一节　应急管理的发展阶段

安全是人类最重要的社会需求，自从人类社会出现以来，各种自然的和人为的灾难就始终伴随着人类历史，人们不得不动用个人的和社会的力量同它们作斗争。因此，国家从形成时起就具备组织人民、抵御灾难的职责，应急管理就很自然地成为历史上各国、各时期政府的一个重要任务，无非是叫法有别。中华民族的发展史就是不断与各种灾难作斗争并取得胜利的历史。中国远古的大禹治水，以及在 2 200 多年前，李冰父子在成都修建的伟大的水利工程——都江堰等就是例证。但是，由于生产力的相对落后和政府性质的原因，历史上的应急管理，主要是应对各种灾难，以及部分准备和预防工作，比如修建排洪工程、储备灾害与战争所需的物资等。而全方位的应急管理，即成立专门的政府机构、完善立法、形成整套的工作程序和制度，以及建立有指导性的理论体系，从全球范围来看，还是近几十年的事情。

应急管理是以政府设立专门的管理机构、或明确原有相关机构的应急管理责任为开端的。以此为标准，可将应急管理的历史划分为三个阶段（见表 2-1）。

表 2-1　全球应急管理发展阶段及特点

要素	阶段划分		
	前应急管理时期 （20 世纪 50 年代前）	应急管理规范期 （20 世纪 50—90 年代）	应急管理拓展期 （21 世纪以来）
应急管理理念	单项灾害管理	综合应急管理	国家应急管理体系
管理主体	临时性机构 政府临时参与	专门的应急管理综合协调机构	政府主导，全民参与
管理内容及特点	一事一管，一事一议 专案处理	强调准备体系的平战结合 提出全流程应急管理模式	涵盖各类突发事件的管理体系 强调国土安全
管理手段	单行法律 临时的行政行为	制定基本法 完备的管理流程与制度	完善整个法律体系 建立综合性国家事故反应计划
理论基础	—	命令—控制	可持续发展模式 适应性团队

一、前应急管理时期（20世纪50年代以前）

（一）前应急管理时期的主要特点

前应急管理时期，也就是在正式设立或明确应急管理机构之前，政府在处置灾害时采取一系列相对孤立、临时性行为的时期。在这一时期，对于人为的侵权性责任事故，司法部门的介入是理所当然的；然而，人们面对的更多的是自然的、非侵权性的天灾人祸，政府究竟是否有责任介入这些灾害的管理，在法律责任上还是空白或者只是零星地通过了一些法律做了相应规定。具体的做法是：政府或立法机关对某一具体灾难通过行政手段或立法行为进行管理，但没有形成对灾难的持久性、普遍性管理责任和义务。简言之，就是一事一管、一事一议。尽管这些行政与立法行为并没有形成一种制度，但政府反复应对灾害的行为逐步让人们形成了政府具有应急管理责任的观念，这为后来的应急管理奠定了广泛的社会认识基础，也为政府日后干预自然灾害和其他灾难奠定了立法和行政基础。

（二）前应急管理时期的部分国家示例

1. 美国

在美国，最早的应急管理行为出现在1803年。当时，新罕布什尔城发生火灾，损失惨重，烧掉了半个城镇。这较之前一个家庭失火依靠亲戚朋友、街坊邻居救助的情况而言，此次火灾造成大批灾民，人们之间很难开展互救行动，同时，巨大的损失也超过当地城镇的承受能力。于是，问题被推向了美国政府，如果联邦政府无动于衷，就会动摇人们对政府的信任；如果政府采取救助行动，就要开创行政先例，需要立法许可。于是，美国国会通过法案，由联邦政府对遭受火灾的新罕布什尔城提供财政援助，这是美国建国以后首次通过的灾难立法。其意义在于：第一，明确了政府有责任帮助遭受大规模灾难的个人与社区；第二，明确了联邦政府可以对地方灾难实施援助；第三，明确了联邦的援助只是个案，而不是制度，且是通过法案授权的形式实施的，而不是通常的行政行为实现的。在随后的一个多世纪里，美国国会又遇到为遭受飓风、地震、洪水和其他自然灾害的地区提供援助的问题，先后通过了128个法案，这些法案都是循1803年法案的先例，具有相同的特点。一直到1950年的《灾难救济法》（Disaster Relief Act）出台。

2. 新西兰

新西兰虽然地域狭小，也同样遭受着各种自然灾害的侵袭，尤其是飓风、地震和洪水。在独立之前，自治领政府就采取过应急管理行动。1931年，霍克湾发生强烈地震并引发火灾，纳皮尔（Napier）和哈斯丁斯（Hastings）两个城市遭到毁灭性破坏，260人死亡，绝大多数居民失去了家园。当时，应对灾难主要是家庭与社区、至多是地方政府的责任。但是，对于此次重大灾难，他们显然能力不够，虽然人们组织了公民委员会，负责协调救援和安抚行动，但他们缺乏权威和支持，援救行动举步维艰。于是，自治领政府在没有法律授权的情况下，毅然介入，很快提供了各种形式的帮助。针对霍克湾地震的救援情况，加上当时全球性经济危机在奥克兰引起的社会动乱，自治领议会于 1932 年通过了《公共安全保持法》（Public Safety Conservation Act），授权政府在任何时候、在所辖国土的任何地方，当"公共安全或公共秩序正在或者可能受到危害"时，立即实施紧急状态，在恢复秩序之前，事件现场的高级警官应该发布必要的指令，以"维护生命，保护财产，维持秩序"。从内容上看来，虽然法案将事件现场的管理责任明确授予了警察，但它更注重社会治安性灾难，没有对自治领域或地方的抗灾组织做任何规定。由于法案对自然灾害的救助行动没有授权，因此，它还不能成为新西兰应急管理的制度性立法。再遇到类似霍克湾同类的事件，还是只能由地方机构采取自觉行动来进行应对。

3. 日本

日本是个自然灾害频发的国家，由于可耕地面积小、人口众多，在明治维新之前，经常发生灾荒，即使在丰收年景，每年也要饿死数万人。因此，日本历史上的农民起义，一般都采取"米骚动"的形式，德川幕府的将军经常发布敕令号召人民备荒。明治维新以后，抗灾荒仍然是政府关注的目标，1880 年，政府颁布了《备荒储备法》，是日本最早的防灾法律。该法的目的是储备粮食和物资，以备遇到灾害和饥荒时所需。到发动第二次世界大战时，日本先后颁布了《河流法》（1896 年）、《砂防法》（1897 年）、《森林法》（1897 年）、《灾害准备金特别会计法》（1899 年）、《水灾预防组合法》（1908 年）、《治水费资金特别会计法》（1911 年）等法律，开始对不同类型的灾害实施一定程度的管理，但没有形成专门的应急管理体系。

二、应急管理规范期（20 世纪 50—90 年代）

（一）应急管理规范期的主要特点

面对 20 世纪 30 年代的经济萧条，西方国家政府不同程度地加强了对经济和社会事务的干预，以弥补市场的不足，纠正市场的失灵，促进经济复苏。而正是在这个大背景下，作为政府重要职能的应急管理工作，也开始步入了规范期，即各个国家的政府开始在制度上介入灾害管理，并通过设立专门的应急管理机构、确立应急管理原则、完善应急管理法律与工作制度来规范应急管理工作的过程。由于这一阶段受冷战时期的特点影响，对苏联发动核战争的威胁被夸大，西方国家纷纷加强或重建民防组织，因此，许多国家的应急管理体系都是从民防体系中萌芽而来的，随着古巴导弹危机的解决，核战争的威胁逐渐消退，以军事意义为主的民防机构向通用的民防机构转变，应急管理逐渐从政府的军事职能中剥离、独立出来，作为单独的体系予以建设与发展。

在应急管理规范期，一个典型的特征是综合应急管理（CEM）体系的建设，其基础是"命令与控制"理论，即通过整合式应急管理系统（IEMS）的发展实现运转。"命令与控制"手段的前提是：首先，假设应急管理者的集权式控制是应对灾害最好的方式；其次，假设公众处于恐慌状态，或是出于自身最大的利益而开展行动。以此为前提，基于合理性的经典管理理论发展出来的模式则是用以"管理"灾害的最佳手段。然而，研究发现，"命令与控制"范式与现实的应急管理有着不匹配的现象，因为在应对灾害时，公众可能并不慌乱，反而会形成临时团队应对突发事件。随着时代的发展，综合应急管理这一旧范式对于全面解释应急管理开始显得不足；但在当时，这一理论对于整个应急管理体系系统化、规范化的发展则发挥了重要作用。

(二) 应急管理规范期的部分国家示例

1. 新西兰

1953 年，新西兰通过了《地方政府紧急事态授权法案》(Local Authorities Emergency Powers Act)，规定了遭受核打击时地方政府的权力和责任，各州民防组织体系重新在更大的规模、更完善的组织、更多的投入和更多人员参与的情况下建立。该法案存在一些问题：第一，没有要求地方政府建立民防组织，导致只能在需要时仓促设立临时机构应对，缺乏效率；第二，该法案与《公共安全保持法》的精神相悖，后者已经将权力授予警察部门。为了弥补瑕疵，中央政府制定了自己的行动方案——《重大紧急事态中政府的行动》(Government Action in a Major Emergency，GAME)，规定了中央政府的各部门在紧急事态中的责任，同时规定了中央政府处理重大紧急事态的工作流程。中央政府的行动方案一定程度上解决了新西兰的民防组织"虚"的问题，然而，常设机构的缺位仍然存在。此后数年内，《地方政府紧急事态授权法案》与政府行动方案 (GAME) 一直是新西兰民防的基础。

随着全球性核战争的威胁骤然增加，1959 年 4 月，新西兰成立了民防部 (Ministry of Civil Defense)，设在内政部，由内政部长出任民防部主任。这一体系并不十分顺畅：民防部设在内政部，却要对国防部部长负责，因为其军事需要远大于其他灾难的需要。尽管如此，民防部的成立对新西兰的应急管理来说，具有划时代的意义。不仅民防机构的缺位问题彻底解决了，并且为以军事意义为主的民防机构向通用的民防机构转变奠定了组织基础。民防部在全国公开招聘了三个地区专员，分别负责全国的三个地区。他们既监管自己辖区的民防事务，同时还在民防部内发挥核心班子的作用。中央一级的民防制度基本成型了。但是，民防的费用问题，军事打击和自然灾害在民防中的优先权问题，中央政府和地方政府的民防责任划分问题，还没有明确的答案。

最后一揽子解决这些问题的是 1962 年的《民防法》。这是一个全面的、大规模的法案，共分五个部分 59 个条款，分别对行政管理、民防区域、全国紧急状态或重大灾难的宣布、地方政府的职责和权力，以及其他事项做出了详细的规定。法案把紧急事态分为军事打击和自然灾害两类，并没有明确优先权。1966 年通过新的《重大灾难中的政府行动》，更确立了应对各种灾害的政府工作重心。至于费用问题，确定了以地方为主、中央财政补贴的原则。新西兰的公共安全的管理体制，至此已经基本完备，进入了完善的应急管理时代，并且一直沿用"民防"的称谓。

2. 美国

最先建立世界上最完善、最有成效的应急管理制度的国家是美国。1950 年，美国国会通过了《灾难救济法》(Disaster Relief Act)，首次授权总统可以宣布灾难状态，授权联邦政府对受灾的州和地方政府提供直接援助，这是美国应急管理的制度性立法，具有里程碑式的意义。这一时期，核战争并没有到来，重大的自然灾害却年年光顾，美国于 1949 年开始建立的民防体系没有发挥实质性作用。1953 年 5 月 2 日，艾森豪威尔总统因为佐治亚州四个县遭受龙卷风袭击第一次宣布了灾难状态，开创了总统宣布灾难状态和紧急事态的时代。进入 20 世纪 60 年代，美国自然灾害频频发生。1960 年、

1961年、1962年、1965年和1969年发生了五次飓风灾害，1960年蒙大拿和1964年阿拉斯加发生的强烈地震，都造成了巨大损失。肯尼迪政府上台之后，在1961年把紧急事态准备的功能从国防动员办公室分离，设立了专门应对自然灾害的紧急事态准备办公室（可以说是美国应急管理的雏形组织），民防的职责仍留给隶属于国防部的民防办公室。自此，美国的应急管理机构开始从民防体系中萌芽。

虽然有了一些相关法律和具有救助职能的机构，但美国没有建立明确的应急管理体制和机制。在几次重大灾难的救助过程中，各个机构之间的权限不明，相互争权扯皮，造成了救灾工作的诸多不便。据统计，总共有100多个联邦部门在灾难、危险和紧急事态的某些方面承担责任，各行其是、实施相互矛盾的平行政策，让州政府和地方政府深受其害，叫苦连天。为了改变这种局面，若干州的民防主任联合起来，通过全国州长联合会（National Governor's Association），要求联邦政府整合应急管理的机构。时任佐治亚州州长的卡特对这一混乱局面深有感触，他当选美国总统后，决心从组织上统一联邦的应急管理职责，1979年，卡特发布12127号行政命令，合并诸多分散的紧急事务管理机构，组成统一的联邦应急管理局（Federal Emergency Management Agency，FEMA），局长直接对总统负责。至此，美国的应急管理机构正式建立，FEMA的成立，标志着美国应急管理体系开始走上更加主动、系统化的轨道。然而FEMA也有一定的局限：其一，组织结构决定了它需要向20个不同的议会委员会进行汇报，面临多头管理的问题。其二，里根总统的上台、冷战结束前民防系统的复苏（以Giuffrida主任1981年被任命为标志），都意味着相对于自然灾害，FEMA会更加倾向于民防或国防事务。在此期间，综合应急管理模式还是取得了一定的发展，典型事件就是在1988年通过的《斯塔福减灾与紧急援助法》（Robert T.Stafford Disaster Relief and Emergency Assistance Act）。该法赋予了FEMA在更多领域的权限，包括灾害应对、准备和减灾等；并对灾害准备、恢复、减灾等问题有了新的诠释；它还提供了一个强有力的财政手段，专门划拨预算来鼓励减灾。

尽管《斯塔福减灾与紧急援助法》赋予FEMA更多的权限，但在FEMA处理后续的一些巨灾时——比如1989年雨果（Hugo）飓风和1992年安德鲁斯（Andrews）飓风——还是存在诸多困难。其中一个主要原因是法案自身的缺陷，由于它没有将一些问题的细节描述清楚（比如灾害的分类、援助的层级与标准等），导致FEMA在应对巨灾时反应缓慢，甚至有时对小灾害不做反应。尤其在1992年安德鲁斯飓风的应对过程中，作为领导者的FEMA竟然置身事外。议会的不满与调查直接导致1993年《纳帕（NAPA）报告》的产生，这几乎给FEMA判了一个死刑。局面在1992年克林顿当选总统后发生了扭转。当年，维特（Jame Lee Witt）被指定为FEMA的主任，他将FEMA重新定位成一个高效和快速反应的部门并实施改革。这包括：第一，将FEMA重组。通过重组，以往妨碍了FEMA应对灾害的不利因素（譬如多头管理）被消除。第二，将FEMA的工作重点向减灾方向转移。这包括成立减灾司（Mitigation Directorate），并在1997年实施《冲击性项目》（Project Impact），将注意力转移到"抗灾社区"（Disaster Resistant Communities）这一新概念上，并推广关于持续性发展（Sustainability）的新理念。这些措施的效果非常显著，在应对1993年中西部洪灾（Mid-west Flooding Disaster）时，FEMA采取了更加迅速、有效的措施；同时也带来了显著的政治成果,在1997年,FEMA主任的级别被晋升为总统内阁成员。

20世纪结束的时候,维特已经把美国的应急管理制度发展成世界上最完善、最有成效的制度,既为美国国民所满意,也被西方国家广为模仿。但是,另一类新出现的公共安全事件——恐怖主义,开始向美国袭来,对美国应急管理体制的发展产生了重大的挑战。

三、应急管理拓展期(21世纪以来)

(一)应急管理拓展期的特点

2001年美国"9·11"事件发生后,全球安全形势发生了重大变化,国际应急管理和减灾工作也随之呈现出新的发展趋势。这主要体现在:第一,由单项减灾向综合减灾转变,由单一事件处置向多种事件综合管理转变,从单纯的自然灾害处置向各类突发事件管理延伸,事故灾害、公共卫生、社会安全等突发事件的应急处置工作正日趋完善。第二,由减轻灾害向减轻灾害风险、加强风险管理转变,从重在处置向"预防为主"转变。第三,由单纯减灾向减灾与可持续发展相结合转变,更加强调科学发展,强调运用先进的科技手段与方法。第四,从单纯应对一个方面、一个区域的突发事件向更多领域、更大区域扩展,由一个国家减灾向全球或区域联合减灾转变,更加强调合作、协调、联动和高效。随着国际减灾与应急管理战略的不断调整与发展,世界各国尤其是发达国家和地区更加高度重视应急管理工作,更加强调政府、企业、社会组织和公民都要履行自己的职责,而且在许多方面都进行了积极的探索,并取得了明显的成效,形成了各自的特点。

(二)突发事件应对主体的变化

从全球范围来看,各国政府突发事件应对主体的变化主要体现在:

(1)把国家响应扩大到上自联邦层级下至地方各级政府在内的所有政府机构,将州、地方政府之间的应急管理合作全部纳入国家应急体系;并按照一些新的法律条款与总统令将联邦机构的协调角色集为一体,填补了以往应急相关计划中的管理缝隙。

(2)将突发事件应对主体的覆盖范围从联邦政府各部门、各级地方政府扩大到了非政府组织、民营企业、普通公众等社会各个层级,并明确他们的作用与责任。此阶段,基于系统理论、环境约束和组织文化理论基础之上的"适应性团体理论"(Adaptive Corporation Theory)开始被认为是用以解释应急管理的新理论(比如:除却依赖于一个静态的应急预案,取而代之的应该是对现有预案的整合,而且新组合或许是应对灾害的最佳手段)。抗灾社区、持续性、脆弱性等概念的持续引入,使得应急管理呈现出主体多元化和学科交叉性的特征,使其在持续性发展方面拥有了更深的内涵。

比如"9·11"事件后,2002年11月25日,布什在白宫签署成立国土安全部(Department of Homeland Security,DHS)的法案——《国土安全法》,正式启动了美国50年来最大规模的政府改组计划,在FEMA的基础上成立了国土安全部,形成涵盖各类突发事件的应急管理体系。国土安全部于2003年3月1日正式成为美国联邦政府的第15个部,是美国政府统一领导应急治理工作的核心部门,它由联邦紧急事务管理局、海岸警卫队、移民与规划局、海关总署等 22 个联邦政府机构合并而成，2008 财年预算额高达 464 亿美元，工作人员达 20.8 万人之多。国土安全部在全美设有 10 个地区代表处，主要负责与地方应急机构的联络，在紧急状态下，负责评估突发事件造成的损失，制定救援计划，协同地方组织实施应急救助。联邦和地方应急管理的性质也发生改变，应急管理者也迅速地从无名的官僚行政人员转变为美国抵制恐怖主义国家防御体系中的关键角色。

（三）应急管理工作制度的变化

从全球范围来看，各国政府应急管理工作制度的变化主要体现在：

（1）在法律授权的前提下开展应急管理机制的建设工作。比如美国 1988 年的《斯塔福减灾与紧急援助法》是美国以 FEMA 为核心的应急管理体系建设工作的前提与核心，从整个机制体系发展的过程来看，其建设内容的制定与实施都是围绕着该项法案授权的内容展开的。而近年来陆续颁布的《国土安全法》《"9·11"法案》《后卡特里娜应急管理改革法案》等相关法律都为应急管理机制建设提供了相应的工作依据。

（2）应急机制建设的主要内容由以应急响应为重点向以应急准备为重点转变。明确应急准备的定义以及应急准备的组成内容，把应急准备提升为涵盖了"预防、保护、响应、恢复"并融会贯通的基础性、全过程的行动。

（3）引入并强调风险理念，将风险管理作为贯穿于应急管理全过程尤其是充实应急准备阶段工作内容的重要机制予以研究。对这一机制的应用主要体现在基础设施与关键资源保护领域，比如近几年陆续出台的美国《国家基础设施保护计划》（NIPP）、欧盟《开展基础设施风险识别与风险评估的相关法令》以及德国《关键基础设施保护——企业和政府部门风险和危机管理指南》等，都将风险管理作为核心概念引入并予以发展建设。

（4）在全国范围内按照分层分类的原则，有重点、有步骤地开展应急管理机制建设，注重机制的顶层设计。在国家层面，更加注重机制建设的顶层设计，同时还要选择一些需要国家统一协调才能展开工作的领域进行机制设计，比如巨灾的管理、关键基础设施的保护等；而在其他不同层级的政府及其相关部门，则根据各自的工作需求与核心业务开展相应的机制建设工作。这一特点突出地表现在美国的应急管理机制建设过程中，其联邦政府经历了机制建设由"薄"到"厚"再到"薄"，即从《联邦响应计划》（FRP）到《国家响应计划》（NRP）再到《国家应对框架》（NRF）的过程，在制定与修改 NRP 的过程中，他们试图将所有的机制内容综合起来，但最终发现会导致应急效率的降低，因此，在重新制定 NRF 这一替代文件的过程中，选择了在联邦层级应该重点建设的机制、重点关注的领域进行相关内容的设计。

（5）更加强调规范应急管理工作流程，完善相关工作制度，推动应急决策的制度化、规范化与程序化，最终实现"主动反应"和"制度化反应"。当前，突发事件越来越表现出连锁性、叠加性、衍生性的特点，这就对快速反应、协调联动、信息沟通等方面提出了更高的要求。这些国家普遍发现，实现及时反应和适度反应的前提是正确的应急决策，这也是提高政府应急管理能力的关键所在。提高领导者个人素质和能力、建立专家咨询制度等措施固然有助于决策能力的提高，但解决问题的关键在于健全应急管理机制、完善应急管理流程，只有在这种条件下，相关部门可以自行判断是否符合工作流程启动条件而主动采取行动，从而提高应急反应能力，做到快速反应、及时处置。

（6）应急管理机制的主要内容一般包括应急机制标准体系与多方主体应急协调计划两个关键部分。第一，应急机制标准体系是用来规定全国范围内的利益相关方应急管理的统一标准和规范，其目的在于为各级政府、私营部门和公共组织提供一套全国统一的方法，使各级政府与相关部门都能协调一致和快速高效地应对各种类型的事件。第二，多方主体应急协调计划是在应急机制标准体系所提供的框架的基础上，为应对国家层面的重大事件提供一套完整的国家应急行动计划，以期能在重大事故的事前、事发、事中和事后，全方位调集和整合联邦政府资源、知识和能力，实现各种力量的整合与行动的协调统一。

（四）应急管理法律依据的变化

在建设并完善应急管理法制体系的基础上，随着重大突发事件的频发、突发和复杂化，各国也加快了紧急状态立法的过程，比如，美国1976年的《紧急状态法》，加拿大1988年的《紧急状态法》，澳大利亚首府地区1999年的《紧急事件管理法》，俄罗斯2001年的《联邦紧急状态法》，英国政府2004年的《国内紧急状态法案》等。

第二节　应急管理的内涵与外延

一、应急管理的内涵

在实践中，中国更倾向于使用"应急管理"这一概念。从研究对象和范围上看，应急管理是一门专门以"突发事件"为对象，探询事件发生、发展规律并系统防范和应对的科学。之所以会选用应急管理这一术语，一方面是因为"应急"本来就是管理部门应对突发或紧急事件的一个专门词汇；另一方面，应急管理的对象不仅包括常规性的突发事件，也囊括了重大的、影响生死存亡的事件或状态。虽然"应急管理"也注重理论的建构，也强调预防、缓解、响应和恢复等管理过程的每一个环节，但是它更多的是在实务或操作层面上使用这一概念的。

由此可见，应急管理是为应对突发事件而开展的管理活动，旨在保障公共安全，避免或减少因突发事件所造成的生命、财产损失和社会失序。2003年"非典"之后，中国开始建立以"一案三制"为核心的应急管理体系，将应急管理上升为法定行为。因此，应急管理是中国各级政府加强社会管理、搞好公共服务的一项基本职能和基本维度。

从管理主体上看，中国强调"党委领导、政府负责、社会协同、公众参与"。应急管理是社会管理的重要内容，强调"政府主导、社会参与"。中国《突发事件应对法》第七条规定：县级人民政府对本行政区域内突发事件的应对工作负责；涉及两个以上

> 应急管理是个复杂的、开放的系统工程，它是针对自然灾害、事故灾难、公共卫生事件和社会安全事件等各类突发事件，从预防与应急准备、监测与预警、应急处置与救援到事后恢复与重建等实施全方位、全过程的管理。

行政区域的，由有关行政区域共同的上一级人民政府负责，或者由各有关行政区域的上一级人民政府共同负责。同时，《突发事件应对法》第十一条也规定：公民、法人和其他组织有义务参与突发事件应对工作。例如，在2008年的"5·12"汶川大地震中，中国政府组织了高效的应急救援和"对口支援"，大量的非政府组织（NGO）和志愿者也积极配合政府参与应急救援与灾后重建，创造了抗震救灾的伟大胜利。

从管理客体上看，应急管理强调对突发事件的综合管理。按照《突发事件应对法》第二条规定，应急管理的客体包括自然灾害、事故灾难、公共卫生事件和社会安全事件，应急管理是对上述四类突发事件的综合管理。

从管理过程上看，应急管理强调对突发事件全过程的管理。按照《突发事件应对法》的规定，应急管理包括突发事件的预防与应急准备、监测与预警、应急处置与救援、事后恢复与重建四个过程，使突发事件应急管理工作贯穿于各个过程，并充分体现"预防为主、常备不懈"的应急管理理念。

综上所述，应急管理是针对各类突发事件（包括自然灾害、事故灾难、公共卫生事件和社会安全事件），从预防与应急准备、监测与预警、应急处置与救援到事后恢复与重建等全方位、全过程的管理。应急管理是个复杂的、开放的系统工程。

应急管理是政府的基本职责，它是公共服务的组成部分，而且是需求程度较高的重要组成部分。从这个意义上讲，对突发事件的管理能力是判断各级政府行政能力的重要标准之一。[①] 在日本，应急管理已成为国家和地方政府提供公共服务和判断政绩的一项重要内容。中国于2003年正式提出，今后对政府的政绩考核不光看GDP的优劣，而且还要看包括突发事件管理能力在内的综合能力。2004年3月，第十届全国人民代表大会第二次会议审议通过的《政府工作报告》明确提出："各级政府要全面履行政府职能，在继续搞好经济调节、加强市场监管的同时，更加注重履行社会管理和公共服务职能。特别要加快建立健全各种突发事件应急机制，提高政府应对公共危机的能力。"

政府作为社会公众和公共利益的代表，应急管理应当成为其基本职责。"从政府职能的角度分析，政府职能可以简单概括为两个方面，即政府职能和公共管理职能。而政府的公共管理职能又可分解为经济管理职能、社会管理职能和公共服务职能。"[②] 政府作为公共服务的提供者、公共政策的制定者、公共事务的管理者和公共权力的执行者，在突发事件的管理中处于更加重要的特殊地位。"从某种意义上来说，政府的生命力来自于它的社会服务作用。"[③] 所以政府为公众提供突发事件服务是其基本职责，也是其存在的必要基础条件。2008年3月21日国务院第一次全体会议通过的《国务院工作规则》明确提出："国务院要全面履行经济调节、市场监管、社会管理和公共服务职能。""加强社会管理，强化政府促进就业和调节收入分配职能，完善社会保障体系，健全基层社会管理体制，妥善处理社会矛盾，维护社会公平正义和社会稳定，健全突发事件应急管理机制。"

[①] 薛克勋. 中国大中城市政府紧急事件响应机制研究. 北京：中国社会科学出版社，2005.
[②] 汪玉凯. 公共管理. 北京：中共中央党校出版社，2003.
[③] 王乐夫. 论公共管理的社会性内涵及其他. 政治学研究，2001（3）.

案例

三鹿婴幼儿奶粉事件

2008年6月28日，位于兰州市的解放军第一医院收治了首例患"肾结石"病症的婴幼儿。据家长反映，孩子从出生起就一直食用河北省石家庄市三鹿集团所产的三鹿牌婴幼儿配方奶粉。7月中旬，甘肃省卫生厅接到医院婴儿泌尿结石病例报告后，随即展开了调查，并报告卫生部（现卫健委）。此后，全国陆续报道了因食用三鹿牌乳制品而发生副作用的病例一度达几百例，事态之严重，令人震撼。2008年9月13日，党中央、国务院对严肃处理三鹿牌婴幼儿配方奶粉事件进行部署，立即启动国家重大食品安全事故一级响应，并成立应急处置领导小组。2008年9月15日，甘肃省政府新闻办召开了新闻发布会称，甘谷、临洮两名婴幼儿死亡，确认与三鹿牌奶粉有关。卫生部（现卫健委）2008年9月21日通报三鹿牌婴幼儿配方奶粉事件医疗救治情况时指出，截至2008年9月21日8时，各地报告因食用三鹿牌婴幼儿配方奶粉正在住院接受治疗的婴幼儿共有12 892人，其中症状较重的婴幼儿有104人；此前已治愈出院1 579人。随着问题奶粉事件的调查不断深入，奶源作为添加三聚氰胺最主要的环节越来越被各界所关注。2009年2月28日，十一届全国人大常委会第七次会议审议通过了《中华人民共和国食品安全法》，加强了对食品安全风险的监管。

资料来源：作者根据公开新闻报道汇编。

二、应急管理的外延

（一）应急管理重在思想而不单是手段

应急管理活动既要按照突发事件自身发展过程（又称生命周期），采取防范、识别、处理、善后等管理活动和手段，又要按照一般管理职能过程要求，从危机分析、计划、组织、指挥、领导、决策、沟通、控制与监督等管理职能方面进行应急管理的职能体系构建。应急管理是管理者要高度关注的一个管理要素，手段只是管理工具，管理思想和理论基础则要遵循一般管理学的理论与逻辑。否则在实际应急管理过程中，就会产生本末倒置的情况，即手段代替思想、重视部分忽略主体的"管理近视症"，难以建立长效的应急管理运作体制和反应机制。

（二）预防为主，预防与应急相结合

预防为主、预防与应急相结合是中国应对突发事件的基本方针。

突发事件对组织内部的平衡产生着巨大的威胁或损害，所以对于突发事件应力争将其控制在萌芽与苗头之中，即以预防为主，这是最主动、积极的应急管理态度。对于已经发生的突发事件，则要抓住机会和条件，尽快、科学地处理，扭转突发事件发展态势，力争使突发事件持续时间最短、损害最小。

在实施应急管理时，作为最高决策者还应当特别注意除了正规的信息渠道以外，一

定还要有自己的非正规信息渠道,甚至包括私人渠道,这是应急管理的一条重要经验和基本技巧。每逢突发事件发生时,迫于形势需要,管理者通常会从善如流,广纳谏言,言听计从。一旦恢复常态,管理者们就很快重新陷入繁忙的日常事务之中,这时应注意避免远离基层、远离风险、忽视风险隐患。而应急管理的最后一道工序就是及时总结经验教训,修改完善风险评估机制,强化风险防范措施和隐患排查治理,增强组织对危机的免疫能力,从而构成下一轮应急管理的前一道工序——预防与应急准备。

前联合国秘书长潘基文在联合国发布的第一份确认灾害风险要素的全球报告发布仪式上说:"灾害事件发生后的反应机制无论多么有效,都永远是不够的。"前任联合国秘书长安南也曾说过:"灾前预防比灾后救援更经济、也更人道。"

三、应急管理的研究视角

应急管理研究在初期受时代背景的影响,主要局限于国际关系领域。后来,随着国际、国内形势的变化,它的范围不断得到拓展,涉及的学科领域也越来越多,形成了多学科相互交叉的研究态势。有学者指出:"研究应急管理并没有一门专门的领域,而是夹杂在许多不同的领域中,如国际关系、战争、企业管理、组织行为、社会科学、心理学、生理学、决策理论等。"[①] 这种观点不无道理,事实上,从应急管理研究的整个发展历程来看,它并不完全从属于某一个学科领域,而是学者从不同的学科视角出发对其进行研究的。每个领域的研究也并不是绝对独立的,而是相互交叉和融合的;而且所使用的研究手段也是多元化的,包括诸如公共治理理论、生命周期理论、组织理论、行为分析、案例研究等。总之,应急管理是一门交叉学科,需要从多角度、多方面开展研究。

(一)国际关系与国际政治学的视角

国际关系与国际政治是应急管理研究的传统领域。它以国家间的政治、军事、外交关系为研究对象,研究国家间的利益冲突,导致国家间对峙或战争状态的原因,决定国际体系危机程度的条件和因素,解决或化解国际冲突的途径与方法。

国际关系关注国际结构、国际体系的变迁对国家行为产生的影响,以及这种影响对国际危机的作用,国与国之间如何处理突发事件,如何避免国与国之间的突发事件等,尤其是两次世界大战的爆发,使人们意识到如何处理国与国之间的突发事件,如何协调国家之间的关系,对于整个人类社会是非常必要的,对于降低世界的损失、维护人民的正常生活、维护人民生命财产安全都是非常必要的。这方面的研究比较多,还包括从国际结构的变化、国家行为的影响以及每个国家的行为对整个国际社会体系的影响等角度来进行研究。

(二)公共关系与传播学的视角

严格地讲,突发事件传播应当从属于公共关系的研究领域,它以组织与公众的关

---

① 陈劲甫.危机决策模式之探讨.转引自吴宜蓁.危机传播:公共关系与语义观点的理论与实证.台北:五南图书出版股份有限公司,2002.

系为研究对象，研究紧急状态下组织与公众之间的沟通过程，以及组织形象维护的途径与方法。我国台湾学者吴宜蓁在介绍西方突发事件管理和传播两个不同的研究取向时指出：从研究脉络的发展过程来看，突发事件管理研究发展在先，突发事件传播研究从公共关系研究中分枝而出，发展在后，加上语义批评取向加入研究阵营，在突发事件研究中别树一帜。应急管理重视应急管理策略规划的过程，其目的是对突发事件损害的控制；突发事件传播则着眼于突发事件之前到之后，组织与公众之间的沟通过程，目的在组织形象的维护。[①]

（三）心理学的视角

心理学主要从危机干预的角度对突发事件进行研究的。早期主要研究如何对自杀倾向的人和受重大心理伤害的人进行心理救治。近几十年来，国外危机干预的理论与实践的范围不断扩展，特别是美国"9·11"事件后，重大灾难的心理干预越来越受到重视，这方面的研究也不断得到加强，它以突发事件与个人或群体的心理关系为研究对象，研究突发事件对人的心理的影响及其救治方法。

相关研究包括个体民众的心理，包括整个社会渐渐趋同的社会心理等，特别是当今市场化、信息化和国际化，人们在价值观念多元化的条件下，心理健康已经成为需要高度重视的问题。进行紧急状态下的公众心理的研究，在突发事件管理过程中难度很大，要考虑到民众的配合，要了解到公众心理的需求，要对社会公众心理有个比较确切的认识，要采取相应的措施，宣传、劝解、鼓舞或鼓励，使人们在心理上达到一种认同，并采取一致的行动配合政府进行应急管理等。政府主导、社会协同、公众参与的工作会很有效率，取得的效果也会比较好。所以，心理学家研究在紧急状态下公众的心理状态和心理特点，可以引导人们的心理朝着有利于有效处置突发事件和方向去运作。

（四）社会学的视角

社会学对突发事件的研究主要表现在它对灾害的研究上。古典社会学将灾害界定为一种基本的社会现象，研究灾害的成因、范围、后果等。这个领域的研究通常被称作灾害社会学。灾害社会学是宏观与微观社会学的一个边缘学科，它以灾害与社会的关系为研究对象。

社会学对灾害的研究是从自然灾害开始的，从对灾害及其损失信息的统计、分析，到灾害的检测、成因分析、预防，再到区域灾害综合研究，自然灾害研究目前已相对比较发达。随着社会的发展，灾害研究也逐渐从自然灾害扩展到了人为灾害，研究范围也扩展到救灾中的社会关系、社区在灾害中的功能、灾害中信息沟通、疏散等许多方面。

（五）政治学的视角

政治学对突发事件的研究也比较兴盛，主要表现在政治学对冲突的研究上。以格尔、亨廷顿为代表的政治学家，从政治学的视角出发，以政治稳定，特别是以发展中

[①] 吴宜蓁. 危机传播：公共关系与语义观点的理论与实证. 台北：五南图书出版股份有限公司，2002.

国家的政治稳定为研究对象，研究政治领域的突发事件的产生、发展和治理。

（六）信息管理学的视角

信息的融合、传播、特别分析处理和知识发现对于应急决策是至关重要的，随着研究的深入，在跨学科的研究中，信息问题越来越成为危机管理研究的一个重要领域。早在1993年I. I. Mitroff和C. M. Pearson在《危机管理》一书中就提出，收集、分析和传播信息是危机管理的直接任务。1997年O. Lerbinger在《危机管理者：直面风险和不确定性》一书中从信息角度分析了管理者的职能和素质。[1]1999年W. T. Coombs在《持续性危机沟通：规划、管理和响应》一书中，详细论述了管理过程中的信息需求，提出了持续性突发事件管理的方法，探讨了寻求信号、预防、准备、识别、阻止、恢复等相关信息搜集、处理和利用以及媒体管理等问题。[2]

（七）法律视角

法律视角的研究主要是以紧急状态下的权力、责任为主要研究对象，研究应急管理中的相关法律问题，如应急管理的权力与责任、信息公开、知情权保护、紧急状态下的权利保护与救济等。

（八）自然科学视角

自然灾害、事故灾难、公共卫生事件等各类突发事件的原因、机理和处置需要大量的自然科学知识，比如地震、煤矿瓦斯爆炸、传染病等需要相关的自然科学理论、方法和工程技术等。总之，突发事件的应急管理的科学问题呈现明显的多学科交叉的特点。其中，在自然灾害领域，研究较多、也较为深入的是地震机制及其风险评估，即通过对地球岩石圈的力学机制的宏观与微观尺度的系统研究，以及对大量地震灾害案例的整理与分析，以达到对地震进行预警和将地震风险评估应用于建筑设计。在这方面，日本地震科学研究、建筑物抗震结构设计、地震工程防御研究等均处于世界领先水平。其次是洪水灾害机制及其风险评估，通过对洪水动力学机制以及洪水预报模型的研究，提高对洪水过程的监测能力。在这方面，欧美走在世界的前列。

近年来，脆弱性和恢复力的研究成为自然科学研究应急管理及其相关问题的重要概念和工具。肯尼斯·休伊特（Kenneth Hewitt）指出："灾害是社会脆弱性的实现。"皮尔斯·布莱凯（Piers Blaikie）等在《风险》（At Risk）一书中进一步提出灾害的压力与释放模型"$D = H + V$"（灾害 = 致灾因子 + 脆弱性），指出"脆弱性"是灾害形成的根源，致灾因子是灾害形成的必要条件，在同等致灾强度下，灾情随脆弱性的增强而扩大。[3]恢复力较早出现在生态学领域，现在也被广泛地应用于灾害研究之中。国际减

---

[1] O. Lerbinger. The Crisis Manager Facing Risk and Responsibility. Mahwah, NJ. Laurence Erlbaum, 1997.

[2] W. T. Coombs. Ongoing Crisis Communication Planning Managing An Responding. Lond Sage Pbulications Inc., 1999.

[3] Kenneth Hewitt. Regions of Risk. Longman Singapore Publisher Ltd., 1997; Piers Blaikie. At Risk: Natural Hazards, People's Vulnerability, and Disasters. London: Routledge, 1994. 转引自商彦蕊. 自然灾害综合研究的新进展——脆弱性研究，2000（2）.

灾战略（UN/ISDR）采用了这一术语。2005年在日本神户召开的世界减灾大会通过的《2005—2015年兵库行动框架》的主题便是"建立国家和社区的灾害恢复力"。

第三节 应急管理与风险管理、危机管理

从广义上看，应急管理还涉及风险管理与危机管理。简而言之，从突发事件的分期，也就是从管理流程上来看，应急管理往前可以延伸至风险管理；从突发事件的分级，也就是从管理的紧迫度、强度和不确定性来看，应急管理在纵深上可扩展至危机管理。

从狭义的角度来理解，应急管理工作的起点是预测预警阶段，虽然目前应急管理工作范畴已经向"预防"环节全面延伸，但管理对象的侧重点仍是突发事件。此处将从狭义的角度来分析应急管理与风险管理、危机管理的联系与区别（见图2-1）。但值得注意的是，具体实践中的应急管理工作应当将后两者全面纳入管理范围。

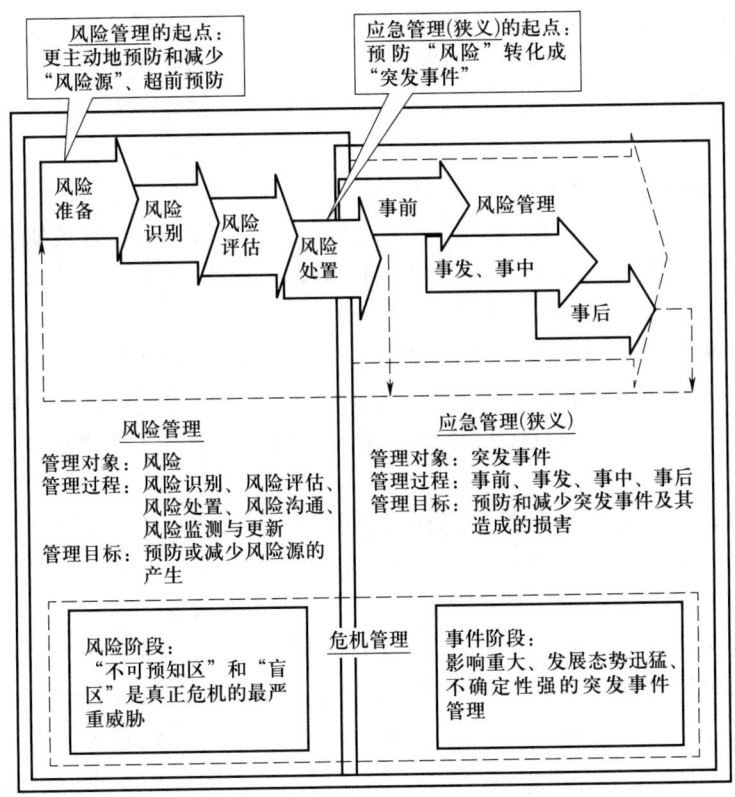

图2-1 应急管理与风险管理、危机管理

资料来源：薛澜，周玲，朱琴. 风险治理：完善与提升国家公共安全管理的基石. 江苏社会科学，2008（6）.

一、应急管理：事前、事发、事中、事后的全过程管理

应急管理的对象是"突发事件"；应急管理的主要目标是"预防和减少突发事件及其所造成的损害"。全过程的应急管理工作则应当囊括事前、事发、事中、事后所有的应急管理环节，这就包括监测预警、信息报告、应急响应、应急处置、恢复重建及调查评估等多个部分。监测预警是应急管理工作的起点，是"预防为主、关口前移"的重要内容，其主要目的在于防止已经存在的"潜在的危害"转化为"突发事件"。虽然目前应急管理的工作范畴已经向"预防"延伸，要推动应急管理从"被动应对型"向"主动保障型"转变，就应当从更基础、更根本的层面开展，也就是加强"风险管理"，在预防上下工夫。

二、风险管理：应急管理工作的"关口再前移"

《突发事件应对法》第一次从法律的高度对风险评估提出要求，第五条明确规定"国家建立重大突发事件风险评估体系，对可能发生的突发事件进行综合性评估，减少重大突发事件的发生，最大限度地减轻重大突发事件的影响"。第二十条规定"县级人民政府应当对本行政区域内容易引发自然灾害、事故灾难和公共卫生事件的危险源、危险区域进行调查、登记、风险评估，定期进行检查、监控，并责令有关单位采取安全防范措施"。

"风险"包括两个基本要素：不利后果与可能性。其中，"不利后果"包括主观和客观两个方面，即可能产生的客观损失（人员伤亡、经济损失、环境影响等）和可能造成的主观影响（人群心理影响、社会影响、政治影响等）。当今社会，风险往往具有不利性、不确定性和复杂性的三维特征。

风险管理的对象是"风险"，其主要特性是对风险的不确定性和可能性进行管理，因此要实现应急管理活动的向前延伸，就需要实现从更基础的层面对"能带来损失的不确定性"（风险）进行超前预防与处置，从而实现应急管理工作真正意义上的"关口前移""防患于未然"。

第一，从功效上来讲，风险管理比应急管理更能从根本层面（基础规划、制度、城市软硬件建设）避免损失的产生。风险管理的最佳功效是"超前预防"，即尽量避免和减少人类活动与"灾害性"环境之间的互动，也就是尽量降低"致灾因子"产生的可能性，由此从最根本的层面上防止突发事件及其损失的产生；而一旦出现了"风险源"，风险管理的主要任务则变为评估和分析风险产生的可能性以及造成损失的概率，进而通过相应手段减少、降低、消灭这些可能性和概率，达到减少损失的目的。但是"风险"一旦转化为"突发事件"，损失便难以避免，此时就需要采取有效的应急管理措施力争将损失减少到最低程度。

第二，从管理层级上来看，风险管理的本质是战略管理，而应急管理则更多地倾向于一种行动策略。因此，风险管理能够在更基础层面实现管理的优化。风险管理通过对环境和"风险源"的仔细分析与评估，制定出处理"潜在损失"的系统性规划

（其中包括了最基础的规划），从根本上杜绝和防止危害的产生，由此实现整体管理的优化。而应急管理是在"突发事件"发生后，按照既定预案或方案重新组合资源来进行应对，这通常导致在非常有限的时间、信息和资源压力之下做出决策，因此很难保证资源配置的科学性和最优。

风险管理工作的终点包括两个部分：其一，如果风险源被成功消除或控制，则重新进入常态管理和风险管理的起点（也就是风险管理准备阶段）；其二，如果风险处置失败，"潜在的危害"转化为"突发事件"，则立刻进入应急管理过程。因此，风险管理工作的终点就是应急管理工作的起点（监测预警）。

由此可见，要实现应急管理工作"关口前移"的目标，不应当仅做好"监测预警"（也就是防止"风险"转化为"突发事件"这一阶段）的工作，而应当将关口"再前移"，实现从根本上防止和减少风险源、致灾因子的产生，也就是满足风险管理工作"超前预防"的目的。所以，风险管理是针对风险发生的可能性及其后果，综合考虑法律、政治、社会、经济等因素，从风险管理准备、风险识别、风险评估到风险处置，并在各环节中进行风险沟通、风险监测与更新的动态管理。在管理工作中有必要建立相应的机制与规则，确保应急管理与风险管理的有效衔接。

三、危机管理："做最坏的打算"，强调决策的非常规性和"艺术性"

危机管理通常是对"危机型"突发事件的管理，即针对影响范围特别大、影响时间特别长、伤亡或损失特别严重，对经济社会造成极端恶劣影响的特别重大突发事件，而且往往是在时间非常紧迫和不确定性极高的情况下，需要采取果断措施、做出关键决策的管理。但同时危机又具有一定的"机遇性"，即"危机＝危险＋机遇"。危机管理贯穿在风险管理和应急管理的整个过程中，危机兼顾了"风险"与"突发事件"的特性。

在风险阶段，根据信息论里的"约哈里窗口理论"，风险信息可以被分为四个区域（见图2-2），其中盲区和不可预知区是危机管理需要重点监测和防控的对象。

公众＼政府	知道	不知道
知道	Ⅰ 开放区	Ⅲ 盲区
不知道	Ⅱ 隐藏区	Ⅳ 不可预知区

图2-2 风险信息分区矩阵

通常，按照事件的性质可以分为常规性的突发事件（即可以马上找到诱因的事件），以及非常规性突发事件（原因不明，情况复杂、不确定性大）。对于常规性的突发事件，应急处置工作可以根据以往的经验，利用常规化管理和程序性决策将突发事件有效地解决。而对于非常规性突发事件而言，不确定性大、影响大，情况更为复杂，时间又非常紧迫，这就需要非常规决策，这正是危机管理的重点。

危机管理的独特之处在于它特别重视"做最坏的打算"，并强调决策的非常规性和"艺术性"，把握机遇，转危为机。危机管理的目标定位可以按照危机事前与事发后两个阶段分别应该追求的最高与最低境界，具体分为表 2-2 中的四层 U 形境界。

表 2-2 危机管理的四层 U 形境界

境界	危机阶段	
	事前	事发后
高	1. 完全避免危机	4. 善于利用危机
低	2. 充分准备危机	3. 有效应对危机

资料来源：(1) 彭宗超. 未雨绸缪：中国大流感危机准备的战略分析与政策建议. 公共管理评论, 2007 (6)；(2) 刘涛雄, 彭宗超. 大流感爆发对中国经济的影响预测. 清华大学学报：哲学社会科学版, 2007 (4).

专栏

民防与应急管理

战争是每个国家政府最重视的事情。应对战争的各项工作毫无疑问是政府的职责。正是借助战争，西方国家建立了民防组织，成为应急管理的雏形组织，为后来建立正式的应急管理体制打下了基础。

一、民防的应急管理职能

《日内瓦公约》1977 年附加议定书中规定："民防"的意思是履行下述人道主义任务的一些或全部，旨在保护平民对抗危险，帮助其从敌对行动或者灾难的即时影响中恢复，并提供必要的生存条件。这些任务是：① 警告；② 疏散；③ 临时收容所的管理；④ 灯火管制措施的管理；⑤ 救援；⑥ 医疗服务，包括急救和宗教援助；⑦ 消防；⑧ 危险地区的检测和标示；⑨ 消除放射性污染及采取类似保护性措施；⑩ 紧急膳食的提供；⑪ 对混乱地区秩序的恢复和保持的紧急援助；⑫ 必不可少的公共设施的紧急修理；⑬ 死亡的紧急处置；⑭ 帮助保存生存必不可少的物品；⑮ 完成以上提到的任何任务所必需的补充行动，包括但不限于计划和组织。

根据这个定义，民防的功能可以总结为：① 保护平民应对敌对行动或者灾害的影响；② 援助平民从敌对行动或者灾难的即时影响中恢复；③ 为平民提供必要的生存条件。从这一定义看，"民防"的内涵比较宽泛，既包括应对战争或武装冲突，也包括应对"灾难"（disaster）。灾难包括哪些种类？如果包含战争之外的诸如自然的、人为的和技术的灾难乃至恐怖主义，那么，民防组织实际上就成了现在的政府应急管理组织。除了新西兰使用这一含义上的民防制度外，其他国家显然没有采纳。澳大利亚虽然采用了上述议定书的概念，承认它在国际法的目的上适用于澳大利亚，但对它做了特别的限定："民防是由那些用来在武装冲突中保护平民免遭敌对行动和灾难危险的措施构成的。"这里，将"灾难危险"局限在"武装冲突"中，排除了其他非武装冲突引起的灾难。所以，澳大利亚有自己的完整的应急管理机构，即隶属于司法部的紧急事务管理局（EMA）。

不过，如果考虑到这是1977年新增的内容，就不难理解在此之前各国的民防仅仅是针对战争的唯一目标了。当然，鉴于战争是危及公共安全的极端状态，所以民防至今仍是几乎所有国家应急管理的重要组成部分；只是由于战争发生的频率远没有其他灾难高，民防才未能成为应急管理的主要部分。

二、民防对应急管理的推动作用

民防作为应急管理的一种特殊类型，它针对的是危及公共安全的一种极端状态，即战争状态。虽然它只是我们今天所理解的公共安全的一个组成部分，但它的出现和发展，对应急管理体制的进步起过重要的作用。

（1）民防使政府公权开始制度化地用于人民群众的安全方面。公共安全关心的目标是人民的福祉，在民防制度出现之前，西方国家在几百年的资本主义时代，没有出于公共安全目标的管理体制。每个国家都有警察及法律制度，英国在原始积累和工业革命前期，曾颁布了若干旨在维护社会秩序、针对流民犯罪的法律，但都是出于统治稳定的需要。因为在当时的社会意识中，公共安全所涉及的是个人的事、群体的事，而不是政府的事。资本主义社会的自由放任不仅是经济思想，也是社会价值观念。由于战争手段的发展，更直接地说，由于空军的出现，使交战国本土更容易遭受空中打击，轰炸造成大量平民伤亡和设施毁坏，不仅是对人民生命安全的打击，也是对国家的经济和国民士气的打击，最终将影响到国家的战争能力。人民的安全与国家的利益有了交叉点，这样的战争不再是个人的事了，政府必须承担起民防的责任。所以，政府公权开始用于民防。随着远程打击力量的快速发展和国际紧张局势的加剧，民防需要长期化、固定化，因而通过了相关立法，成立了专门的组织机构，于是民防制度化了，民防体制诞生了。

（2）民防体制为应急管理奠定了组织、干部和物质基础。各个国家在建立民防体制的时候，通过了相关的立法；并且依法建立了一套组织机构；确定了各级政府和社会组织的职责、权限与义务；制定了预案或行动方案；采购和储存了基本装备和物资；培训了许多懂得撤离、疏散、救援、急救、消防等专业知识的人员。这些工作为后来的应急管理做了全面的准备。

（3）民防唤醒了全社会的公共安全意识。民防首次把广大平民为了自己的生命安全组织、动员起来，不仅培训了他们自救、自保、互救、互保的技能和技巧，而且培养了他们的公共安全意识。这种意识，反过来成为他们手中的政治力量，通过舆论、选举等渠道造成对政府政策的影响力。新西兰民防目标的优先权问题的争议，美国紧急事态准备办公室从民防组织国防动员办公室的分离，都显示了民防在培养国民的公共安全意识方面的重要作用。

三、民防与应急管理的差别

民防体系同应急管理体系有重大的差别，主要表现在以下方面：

（1）管理的范畴不同。应急管理是对公共安全的全方位的管理，民防只是或主要是对战争状态造成的危及公共安全的事件的管理。因而，应急管理是长期的、永久的；民防是与战争状态相联系的。

（2）管理的目的不同。应急管理的实质是将政府公权用于对公共安全的保持、保护和恢复，它追求的目标是人民的福祉，所有危及人民生命财产安全和社会安全稳定的重大紧急状态和突发事件都是管理的对象。而民防原始的追求目标是保护国民的士气和国家的战争能力，保障政权的稳定和政府的统治，后来才逐渐具有其他含义。

（3）管理的深度不同。民防注重的是平民的生命安全；应急管理既注重人民的生命安全，也对其财产、生活和生产秩序、生存环境给予相当的关注，不仅重视灾难应对，而且重视减灾、恢复重建和人的精神康复。

资料来源：夏保成. 西方公共安全管理. 北京：化学工业出版社，2006.

第四节　应急管理与总体国家安全观

　　党的十八届三中全会决定成立国家安全委员会，这是推进国家治理体系和治理能力现代化、实现国家长治久安的迫切要求，是全面建成小康社会、实现中华民族伟大复兴的中国梦的重要保障，目的就是更好适应我国国家安全面临的新形势新任务，建立集中统一、高效权威的国家安全体制，加强对国家安全工作的领导。

　　2014年4月15日，习近平同志主持召开中央国家安全委员会第一次会议并发表重要讲话："我们党要巩固执政地位，要团结带领人民坚持和发展中国特色社会主义，保证国家安全是头等大事。""当前我国国家安全内涵和外延比历史上任何时候都要丰富，时空领域比历史上任何时候都要宽广，内外因素比历史上任何时候都要复杂，必须坚持总体国家安全观，以人民安全为宗旨，以政治安全为根本，以经济安全为基础，以军事、文化、社会安全为保障，以促进国际安全为依托，走出一条中国特色国家安全道路。贯彻落实总体国家安全观，必须既重视外部安全，又重视内部安全，对内求发展、求变革、求稳定、建设平安中国，对外求和平、求合作、求共赢、建设和谐世界；既重视国土安全，又重视国民安全，坚持以民为本、以人为本，坚持国家安全一切为了人民、一切依靠人民，真正夯实国家安全的群众基础；既重视传统安全，又重视非传统安全，构建集政治安全、国土安全、军事安全、经济安全、文化安全、社会安全、科技安全、信息安全、生态安全、资源安全、核安全等于一体的国家安全体系；既重视发展问题，又重视安全问题，发展是安全的基础，安全是发展的条件，富国才能强兵，强兵才能卫国；既重视自身安全，又重视共同安全，打造命运共同体，推动各方朝着互利互惠、共同安全的目标相向而行。"

　　2017年10月18日，习近平同志在十九大报告中指出："坚持总体国家安全观。统筹发展和安全，增强忧患意识，做到居安思危，是我们党治国理政的一个重大原则。必须坚持国家利益至上，以人民安全为宗旨，以政治安全为根本，统筹外部安全和内部安全、国土安全和国民安全、传统安全和非传统安全、自身安全和共同安全，完善国家安全制度体系，加强国家安全能力建设，坚决维护国家主权、安全、发展利益。"

一、中国国家安全战略管理体系建设的背景

"国家安全战略"的概念是英国军事理论家利德尔·哈特首次提出的,他在1929年出版了《历史上的决定性战争》一书,认为军事战略是国家安全战略在较低一级的运用。1947年,美国通过《国家安全法》,根据该法设立了国家安全委员会,1949年改革成为直属总统领导的白宫独立办事机构,是美国国家安全问题的最高决策机构。作为总统顾问机构,国家安全委员会统一考虑并负责向总统提出有关国家安全的内政、外交和军事政策的意见,事实上就是美国"国家安全战略"。1986年美国国会通过《戈德华特-尼科尔斯国防部改组法》,其中第603款委托总统每年向国会提交一份正式的《国家安全战略报告》,这是国家安全战略作为一个概念正式出现在美国的官方文件中,这也是美国国家安全战略的制定与颁布的源头。1997年美国《军语及相关术语》正式对国家安全战略进行了界定。

作为一份重要的反映美国安全战略的文件,《国家安全战略报告》分为机要件(针对国会)以及公开件(针对民众)两种形式,相关法律还建议《报告》应包括如下内容:界定(世界范围内对)美国国家安全至关重要的利益与目标;全面描述阻止侵略和实践美国国家安全战略所必需的外交政策、国际承诺以及国防能力;提出利用美国政治、经济、军事以及国家力量保护和推动这些利益与目标的短期与长期规划;提供对美国国家能力各组成部分平衡能力的评估,用以保证国家安全战略的执行。该法案颁布以来,美国总统并未严格执行该法案,报告经常是不定期地提交与发布,其内容和性质也逐步发生变化。截止到2015年2月,美国一共发布了15份战略报告(见表2-3)。

表2-3 美国《国家安全战略报告》历年颁布的情况

政府时期	报告份数	报告年份
里根政府	2	1988、1989
老布什政府	2	1990、1991
克林顿政府	7	《参与和扩展战略》(1994)、1995、1996、《面向新世纪战略》(1997)、1998、1999、《全球时代战略》(2000)
小布什政府	2	2002、2006
奥巴马政府	2	2010、2015

资料来源:(1)郑毅,孙敬鑫.论奥巴马政府国家安全战略调整与中美关系.重庆社会主义学院学报,2011(1);(2)The President of The United States. National Security Strategy. February 2015.

新中国成立以来的很长时间里,中国政府的政策话语中并没有国家安全战略这个概念,学术界用这个词进行学术研究的时间也不长。但没有使用这个概念(词)并不等于不存在它所包含的内容,中国政府使用的是国防政策,国防部发表的政策白皮书也称国防白皮书。1992年,党的十四大在谈到"加强军队建设,增强国防实力"时,首次使用"国家安全"一词,开启了我国以公开文本讨论"国家安全"的先河。1993

年,《中华人民共和国国家安全法》颁布实施,对危害国家安全的行为、国家安全机关在国家安全工作中的职权、公民和组织维护国家安全的义务和权利等方面进行了界定。相关规定表明,中国的国家安全关注的核心是国内安全。2004年,党的十六届四中全会做的《中共中央关于加强党的执政能力建设的决定》提出,要"始终把国家主权和安全放在第一位,坚决维护国家安全。针对传统安全威胁和非传统安全威胁的因素相互交织的新情况,增强国家安全意识,完善国家安全战略,抓紧构建维护国家安全的科学、协调、高效的工作机制"。"国家安全战略"第一次明确出现在党的文件中。同年,国防部发表《2004年中国的国防》白皮书,明确阐述了维护国家安全的基本目标与任务等相关战略。2007年,党的十七大报告在明确军队建设对于国家安全的重要性的同时,强调"完善社会管理,维护社会安定团结",要做到"完善国家安全战略,健全国家安全体制……",这不仅是"国家安全战略"概念首次出现在党的全国代表大会报告中,而且还提出了建立国家安全体制这一新的理念。2012年,在党的十八大报告中,"国家安全"这一概念进一步被延伸到经济领域,同时还提出了要"完善国家安全战略和工作机制"。2013年11月12日,党的十八届三中全会提出:"设立国家安全委员会,完善国家安全体制和国家安全战略,确保国家安全。"至此,"国家安全战略"概念逐渐成为官方常用术语,围绕国家安全展开相应的体制、机制建设也被作为重要事项提到议事日程上来。

2014年4月15日,中共中央总书记、国家主席、中央军委主席、中央国家安全委员会主席习近平在主持召开中央国家安全委员会第一次会议时提出,要准确把握国家安全形势变化新特点新趋势,坚持总体国家安全观,走出一条中国特色国家安全道路。中央国家安全委员会的首次会议提出了坚持总体国家安全观,并首次系统提出包括了"政治安全、国土安全、军事安全、经济安全、文化安全、社会安全、科技安全、信息安全、生态安全、资源安全、核安全"11种安全在内的"国家安全体系",强调国家安全的内外平衡,重视传统安全与非传统安全并举,以人为本,实现国土安全与国民安全的共同发展,使国家安全委员会的使命和定位日渐精确,对中央进一步锻造集中统一、高效权威的国安新体制有着重大的指导意义。

二、国家安全相关概念及范畴界定

国家安全是国家生存与发展的基础。然而,我国国内外安全形势的巨大变化、传统与非传统安全的互相交织、信息社会带来的时空概念的巨大突破,特别是中国实力的大幅度提高、国际环境的深刻变革,使得我国建立在传统现实主义国际政治理论基础上的传统国家安全观已经显得不合时宜[①]。因此,需要对传统安全观到现代安全观过渡和转变的特点、内容、趋势进行全面分析。

---

① 传统安全观具有以下特征:第一,安全是"可分离"的,是一种单边行为,即安全完全是一个国家自己的事,国家只能通过自己的努力获得安全。第二,安全是具有竞争性的,存在一个明显的对手,双方之间处于竞争、敌对状态。安全是通过竞争、斗争得到的,是一种"零和游戏"。第三,安全范畴是狭窄的,主要局限于军事领域。第四,安全感是建立在相对的基础上的,只有使对手屈服或彻底击败对手,才有真正的安全感。
摘自:蔡文之. 论国家安全战略的调试. 中国特色社会主义研究,2010(2).

（一）国家安全的定义及相关概念

目前，对于"国家安全"并没有一个统一的界定，引用较为权威的说法，"国家安全就是一个国家处于没有危险的客观状态，也就是国家既没有外部的威胁和侵害又没有内部的混乱和疾患的客观状态"。这是国家安全的基本含义。国家安全是随着国家产生而出现的一种社会存在和社会现象。从古到今，国家安全一直处于变化发展中，尤其在现代社会，国家安全的发展变化速度进一步加快，呈现出边界扩大化、内容与形式丰富化、问题复杂化的发展趋势。

关于国家安全的研究有许多概念需要从逻辑上进行批判性清理，按照理论研究的逻辑，可以把这些概念划分为三个层次（见表2-4）：国家安全基本理论、国家安全分支理论、国家安全研究相关的新概念。

表2-4 国家安全理论研究相关的概念层次及其内容

概念层次	特点	概念内容
国家安全基本理论	国家安全研究走向科学的基本要求和条件	"国家""利益""安全""安全度""安全感""安全化""国家利益""国家安全""国家秘密""国家安全感""国家安全观""国家安全战略""国家安全保障""国家安全保障机制""国家安全保障体系"等
国家安全分支理论	国家安全研究相关的分支学科或专业领域，除运用基本理论外，还有自身特点理论或专业概念	"国家经济安全学""国家军事安全学""国家文化安全学""国家科技安全学""国家信息安全学""国家安全法学""国家安全保卫学""国际安全学""国内安全学""国家安全情报学""国家安全反间谍学"等 例如，在"国家军事安全学"中，必然涉及"军事""国防""军事安全""国防安全""军事情报""军事工作""军事安全保障"等具有专业特色的概念
国家安全研究相关的新概念	复杂多变的安全现实和不断深入的安全研究，促生的新概念	作为学科建设必须解决的"国家安全学""国家安全学科""国家安全情报学"等，以及涉及具体理论的"安全度""国家安全度""国家安全构成要素""国家安全原生要素""国家安全史前要素""国家安全伴生要素""国家安全派生要素"等

资料来源：（1）刘跃进."安全"及其相关概念.江南社会学院学报，2000（3）；（2）刘跃进. 国内关于安全是否具有主观性的分歧与争论.江南社会学院学报，2006（2）.

（二）国家安全战略的定义及其要素分析

当前，各国都有自己的国家安全战略，虽然提法各不相同，但内涵大体相同。综合目前的相关定义，可以将国家安全战略定义为：一个国家在特定历史条件下综合运用和发展政治、经济、军事、外交、文化、科技等各方面的资源与力量，应对核心挑战与威胁、维护国家安全利益与价值观、实现国家安全目标的全局性筹划与总体构想。由此可见，一般而言，国家安全战略必须解决三个方面的问题：国家生死攸关的安全利益何在？对这些安全利益的威胁与挑战是什么？如何才能运用国家的各种战略资源消除威胁、维护国家安全?

结合全球发展趋势与中国现状来看,这些要素的内涵与外延、所覆盖的领域都更加丰富与复杂(见图2-3)。

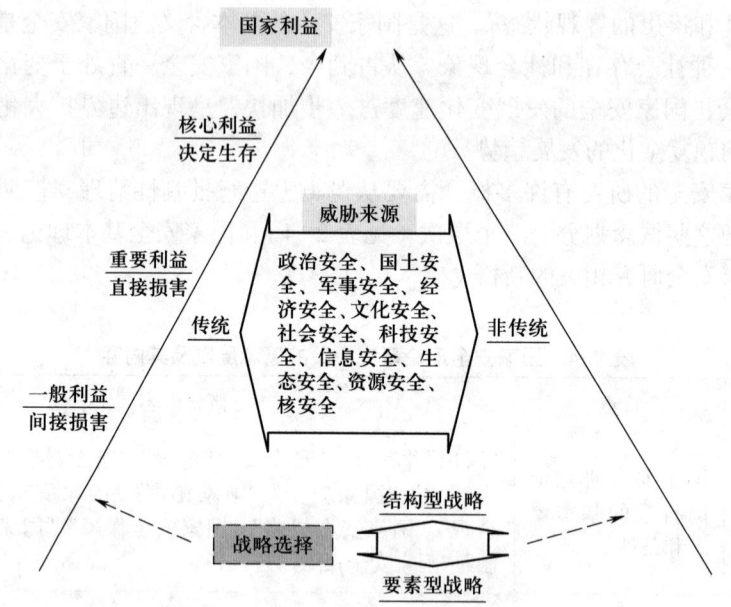

图 2-3　国家安全战略要素的组成

资料来源:(1) Sam C. Sarkesian, John Allen Williams, Sephen J. Cimbala. US National Security: Policy Makers, Processes & Politics. 4th ed. Lynne Rienner Publishers, 2008;(2)潘忠岐. 利益与价值观的权衡——冷战后美国国家安全战略的延续与调整. 社会科学, 2005(4);(3)唐永胜, 佟明翔. 结构型战略能力与中国国家安全. 国际观察, 2007(1).

1. 从国家安全利益的角度来看

主要表现为:

(1)我国国家安全利益所源于的"先天性""给定条件"和"外在的""内生变量"与"外生变量"都发生了重要的改变,导致国家安全利益呈现出范围不断扩大、类别多元化发展的趋势。除了领土、人口、资源与政治主权等根本要素外,经济的发展、信息技术革命、文化、社会环境等客观条件,以及公众的思维方式、文化传统、价值观念、意识形态等主体性特质都开始渗透、影响着国家安全利益的发展与变化。

(2)无论我国国家安全利益如何变化,政治的安全始终是第一位的,政治利益始终是最重要的国家利益,是对内治理与对外关系的决定因素与坐标,是政策制定者制定政策必须考虑和不容忽视的核心要素。谋划国家长治久安之策,需要在维护政治稳定和深化政治改革的矛盾中思谋良方。

（3）以往决定国家发展战略的公共利益与决定国家安全战略的国家利益[①]的界限开始变得模糊，由公共利益产生的矛盾与冲突（也就是中国社会整体发展过程中所产生的问题）也开始有了影响国家安全的倾向。因此，我们既不能以发展问题取代安全问题，更不能在国家安全利益中忽视公共安全利益。

（4）国家利益的排序不是一成不变的，而是一个动态的客观发展过程，而且利益的轻重与缓急不再完全对应，即重要利益不一定会优先解决。因为越是核心利益，受到的威胁往往越是长期的、战略性的；而越是一般的利益，受到的威胁则越是现实性的、紧迫性的，而且两者可能会互相演化。在实际工作中，一般利益的处理反而可能会占据决策者的主要议事日程，当一般利益的处理在有利于或者不会影响核心利益时，才会在国家安全利益的排序中占先。

（5）国家安全利益涉及的主体对象多元化，新的国家安全观突破了传统意义上的国家这一局限，以国家为中心向上扩大到全球安全和人类安全，向下延展到个人。因此，国家安全利益涉及的主体包括个体、人民、集体、地区、世界、全球、人类、共同安全。这说明，在信息化时代，只有把各个层次的安全利益结合起来，国家才能获得真正的安全。

2. 从国家安全战略重点领域来看

或者称为从国家安全威胁来源、国家安全战略范畴、国家安全问题的具体目标等来看，主要表现为：

（1）现在和今后对我国国家安全的威胁主要还是来自国内。中国与外部的矛盾和冲突，甚至可能的战争的根源等，都有可能是国内的某些问题，如"三股势力"、经济问题、环境问题等。

（2）确定国家安全战略重点领域的基本出发点，亦即国家主权独立和领土完整、政治经济秩序正常化运转等国家传统安全的核心地位在相当长的时间内依然稳固。

（3）非传统安全威胁因素无论是在严峻性还是在处理方式上都提出了新的要求与挑战，这就包括军事、政治和外交等传统问题以外的经济安全、金融安全、生态环境安全、信息安全、资源安全、恐怖主义、武器扩散、疾病蔓延、跨国犯罪、走私贩毒、非法移民、海盗、洗钱等。[②]

（4）以信息网络为基础的新型政治动员和社会动员以及网络恐怖主义渐行渐近，网络空间与现实社会的互动具有"共振"效应，并开始威胁社会安定和国家安全。

（5）不同安全威胁因素类型之间的模糊性、综合化趋势增强，且相互作用、相互转化，这就要求对错综复杂的安全威胁因素进行冷静清晰的综合判断，认清安全问题的综合化趋势。

（6）安全威胁因素影响的不确定性提高。国际间交流和国家内部、组织、团体、

[①] "就一个国家的基本利益而言，由公共利益和国家利益两个部分组成。由社会整体利益所决定的是公共利益（public interests），它决定国家的公共政策。一个国家在对外发生关系时所涉及的利益，是国家利益，也就是国家的安全利益。公共利益和国家利益是决定国家大战略的两个不同的基础。公共利益决定国家的发展战略，国家利益决定国家的安全战略。"摘自：周建明，王海良. 国家大战略、国家安全战略与国家利益. 世界经济与政治，2002（4）.

[②] 参见十六大报告相关名词解释。

个人的联系越发紧密，任何一点小的冲突摩擦都有可能促发"蝴蝶效应"，引起大规模的动荡。

3. 从国家安全战略的选择来看

主要表现为：

（1）确立积极预防的国家安全战略方针，强调预先准备与防范，做到有备无患、趋利避害、防患于未然。

（2）突破以往单纯的以军事手段作为维护国家安全的途径，将建立和参与各种国际制度体系和改变国际舆论环境等作为维护国家安全的重要方式，在国家安全战略的层次上无疑是重要的观念革新。传统的安全观中，维护安全的军事手段一直处于首要地位。然而，随着国家间的相互依赖性提高，相互影响、互动和渗透越来越复杂，以及冲突所可能产生的复杂后果和利益得失等因素，都导致了军事手段再也不是唯一的维护国家安全的途径。

（3）从国家综合安全观念出发，在全面深化要素型战略能力的基础上，构建国家结构型战略能力，从而适应目前复杂、多变的安全环境。[①]

（4）国家安全战略准备实现从"基于威胁"到"基于能力"的转变。"基于威胁"是一般程式，指首先界定威胁，然后确定对手，最后决定如何发挥和运用资源与力量。而"基于能力"并不把威胁是什么、对手是谁放在第一位，强调首先要具备战胜所有可能的对手的超强资源与能力。这种战略思维并不是要忽视威胁，而是不把目标确定为具体威胁，其目标是所有可能的威胁。

（三）国家安全战略管理体系

国家安全战略管理体系是为保障国家安全战略的决策、实施与调整的实现，而建立起的国家安全战略领导体制和科学运行机制，以及为其提供的法制、科技、资源等相关保障。

1. 国家安全战略领导体制

国家安全战略领导体制是国家为了维护安全利益，消除各种安全威胁，实现国家安全战略目标而建构的领导组织体系及相应制度，它是国家领导体制的核心部分，也是国家安全战略顺利实施并达成既定目标的重要保障。目前，各国国家安全机构的性质与功能都不尽相同（见表2-5），但总体来看具有一定的相似性：

（1）建立国家安全领导体制的目的主要在于加强集中统一领导、协调统筹各类资源、提高决策效率。

（2）领导人通常由国家元首或最高领导人兼任，呈现出首长制为主的决策主体机制。

（3）成员通常由国防、军队、外交、财政、情报、内卫等相关部门负责人组成，

[①] 要素型战略能力，是指国家运用自身所拥有的、体现在具体领域的战略实力（如经济实力、政治实力、军事实力等）实现国家安全利益的能力。结构型战略能力则是指国家整合并运用国际体系和国内的资源与力量，应对各种安全问题，实现安全利益的能力。要素型战略能力与结构型战略能力关系密切。一方面，要素型战略能力是基础，自身的禀赋决定了国家在国际体系结构中的基本位置。结构型战略能力最终要依赖要素型战略能力的发挥而起作用。另一方面，结构型战略能力又相对独立地存在，并反作用到要素型战略能力。摘自：唐永胜，佟明翔. 结构型战略能力与中国国家安全. 复旦国际关系评论，2007（1）.

具有相对代表性和稳定性。

（4）在委员会框架内设置分类或分级的分支委员会，并将委员会下设的办事机构作为总统（首相）办公室的独立机构，直接向总统（首相）负责。

（5）决策、咨询和协调是国家安全委员会的三大核心职能。

（6）在使命定位方面，呈现出传统国家安全观的"国防安全"模式，以及大综合国家安全观的"综合安全"模式这两类价值理念倾向。

（7）国家安全机构通常攘外安内兼顾，但不同国家、不同时期，对内对外会有所偏重。

（8）国家安全内涵通常以传统为主，但近年有向非传统安全拓展的趋势。

表 2-5　世界主要国家安全战略管理领导体制的组成

国家	机构名称	机构性质	机构组成	机构职能
美国	美国国家安全委员会	高级智囊平台，外交政策决策和执行机构	法定成员：总统、副总统、国务卿、国防部长、能源部长 非法定成员：总统国家安全事务助理、财政部长、司法部长、国土安全部长、常驻联合国代表和总统办公厅主任 法定顾问：参谋长联席会议主席、国家情报总监 其他机构负责人根据情况受邀参加会议 常设机构是办公厅，纳入总统行政办公室	就国家安全和外交政策向总统提出建议，并协调各相关部门工作
俄罗斯	俄罗斯联邦安全会议	宪法规定的咨询机关，直接受总统领导	会议主席：联邦总统 会议成员：俄罗斯总理、上下议会议长（即联邦委员会和国家杜马主席）、内务部、联邦安全局、对外情报局等一系列强力部门的首脑	跨部门的决策、监督、执行机构，出台乃至监督执行相关战略性文件
英国	英国国家安全委员会	内阁办公室下属的由首相负责的常设内阁委员会	组成成员：首相、副首相、财政大臣、首席大臣兼外交大臣、国防大臣、内政大臣、能源大臣、气候变化大臣、政府政策大臣等 根据议题不同，其他"决策相关"内阁大臣、情报机构负责人、国防参谋长等也定期参加 下设 3 个附属委员会	协调政府各高层部门在国家安全领域内的合作，应对国内外的不同威胁
德国	联邦安全委员会	德国安全政策的最高监督和协调机构	主席：联邦总理 副主席：联邦副总理 执行主席：国防部长 成员：内政、外交、财政、司法、经济部长和总理府特别任务部部长 联邦国防军总监察长和其他内阁部长必要时可列席	维护国家安全，制定安全防务政策；确保西方同盟体中的安全职责；国防和武装领域的咨询和协调；严格审核军售情况

续表

国家	机构名称	机构性质	机构组成	机构职能
法国	国防与国家安全委员会	国家安全与国防的最高决策机构,在总统领导下制定国家安全方针与政策	主持:总统 成员:总理、国防部长、内政部长、经济部长、预算部长、外交部长 其他部门负责人根据需要由总统制定参加 下设小范围的国防会议(部际协调机构),总统主持,直接负责处理军事危机 下设总秘书处,归属总理府,在内阁总理领导下工作	就军事纲领、核威慑、情报工作、涉及国家安全和反恐问题提出指导原则和具体部署,对国内稳定和刑事形势做出判断
日本	国家安全保障会议	决定外交与安全保障的基本方针,推进由首相官邸主导的外交和安保政策	议长:首相 常设首相、内阁官房长官、外务大臣、防卫大臣组成的"四人会议",根据需要扩大为有财务大臣、国土交通大臣、国家公安委员长等参加的"九人会议" 增设国家安全保障局作为执行机构,目前由来自外务省、防卫省和日本警察厅的68人组成	"四人会议"定期会晤,研讨中长期战略性问题;"九人会议"就国防、外交重要事项进行审议;保障局负责落实决定,协调部门,进行情报工作

资料来源:(1)彭光谦. 世界主要国家安全机制内幕. 南京:江苏人民出版社,2014;(2)薛澜,彭龙,陶鹏. 国家安全委员会制度的国际比较及其对我国的启示. 中国行政管理,2015(1).

2. 国家安全战略管理运行机制

国家安全战略管理运行机制是为实现国家安全目标的工作流程与步骤以及相关手段与方法,对国家安全战略实现具有决定意义。具体流程包括根据国家定位,提出国家的安全利益需求,分析国内外环境中的利弊因素,制定国家安全战略方针与战略规划,运用科学策略推进国家安全战略实施,最终实现国家安全战略目标。具体可划分为八个步骤:明确功能、分析环境、制定方针、统筹规划、确定目标、战略调整、明确策略和评估反馈。

3. 国家安全战略实现过程的保障

除了传统意义上的法律、政策、科技、人才等"硬实力"保障外,还应当在网络迅速发展的全球化大背景下,重视信息化安全和对新媒体的利用,提升对全球舆论传播等"软实力"。

> **专栏**
>
> **我国国家安全战略体系建设的相关建议**
>
> 一、推进国家安全战略理念的转变,将研究国家的大战略、安全战略和国家利益作为一个重要事项列入重要议事日程
>
> 总体来看,我国综合战略谋划不足,尚未完成对新国际形势和中国发展前景

进行总体性的战略调整，面向 21 世纪中叶世界大国前景的安全战略构想、战略文化、安全战略框架尚未形成。当前，各国之间的竞争也拓展到制定和实施国家大战略领域，都在重新界定国家利益、确定国家安全战略，中国要确保自身的稳定与优势必须在战略能力上胜人一筹。同时，中国的安全战略设计必须实现跨越、脱出常规、有所创新。工业化和信息化带来的双重压力，引起发展困境、社会矛盾和利益关系的调整同时出现，使潜在的和暴露出来的安全问题更为错综复杂。因此，必须在稳步发展的同时有所跨越、有所创新，既要超前谋划、实现跨越式发展，又要在安全谋划和战略布局上坚持实事求是，不搞一刀切。

二、加强理论研究，推动完善国家安全战略学科理论体系建设

国家科技管理部门应当加大支持力度，依托有关科研单位、高等院校加强国家安全理论研究。国家安全研究是在冷战后越来越受到人们重视的，许多概念与相关理论也逐渐开始出现，在我国，虽然对国家安全理论探讨才刚刚开始，却意义重大，而且必须不断深入下去。尤其要加强基础理论的研究，对国家安全研究领域会涉及的相关概念进行严格定义和论述。如果做不到这一点，国家安全研究就只能永远停留在"经验"的层次上，而不可能成为科学。

三、不断加强国家安全战略领导机构，提高应对危机的能力

这包括：① 在中央国安委的基础上，加强中国国家安全委员会建设。在借鉴国外现有经验的基础上，结合中国国情和时代特点，进一步加强对委员会的性质、组成和职能等方面的研究。② 坚持底线思维，立足应对危机。③ 按年度发布《中国国家安全战略》报告。可以借鉴国际经验，并结合我国国情，将报告分为机要件和公开件，公开件对提高我国国民的国家意识和忧患意识具有重要意义。报告至少应当包括国家安全利益、安全环境、目标与任务、指导方针、战略原则、战略能力、战略途径等内容。

四、系统梳理涉及国家安全战略的重要领域，将之进行归类整理并评估，根据其重要性配置国家战略资源

首先，将涉及国家安全的各领域安全要素统统纳入国家安全战略的考虑范围，保证在战略的制定和实践过程中不出现偏颇和失衡的问题；其次，将所有安全要素统一评估、统筹排序，对资源进行科学、合理匹配，解决安全问题的"泛化"与战略资源稀缺之间的矛盾，真正做到"以人民安全为宗旨，以政治安全为根本，以经济安全为基础，以军事、文化、社会安全为保障，以促进国际安全为依托"。

五、依赖制度化和法治的力量，保障国家安全战略能力的持续性

中国本身并不缺乏对国家利益和国家安全战略的理解和实践，但问题是没有形成系统的理论和有效的制度。新中国成立以来，毛泽东、邓小平等国家领导人在国家安全问题上的战略意识和能力可谓运筹帷幄、炉火纯青，面对国家安危之际，总能做出正确决策，转危为安、化危为机。但这都主要体现在领导人的个人能力上。要提升我国制定和实践国家安全战略的能力，既要有最高领导者的雄才大略，还需要形成规范的理论和有效的机制，将国家利益和国家安全战略的理解与实践以一种制度化的和法治的方式转化成为国家能力。

> 六、加强文化安全建设，积极深入利用包括舆论宣传在内的多种方式手段来维护国家安全利益
>
> 在全球化时代，维护国家文化安全，就是保障和捍卫国家文化主权的独立性和自主性。国家安全利益的实现需要硬性的经济实力、军事保障等内容，同时还需要以社会动员、政治动员和舆论宣传为代表的软实力贯彻执行，夯实国家安全的群众基础。媒体宣传作为公共空间的重要成员和社会的重要公器，实时参与各类涉及国家安全事件的过程，在此过程中作为一个重要角色渗透到社会的各个领域和世界的各个角落具有相当的发展潜力与提升空间。
>
> 资料来源：闪淳昌，周玲，沈华. 我国国家安全战略管理体系建设的几点思考. 中国行政管理，2015（9）：37-43.

延伸阅读

［1］薛澜，张强，钟开斌. 危机管理：转型期中国面临的挑战. 北京：清华大学出版社，2003.

［2］薛澜. 从更基础的层面推动应急管理——将应急管理体系融入和谐的公共治理框架. 中国应急管理，2007（1）.

［3］薛澜，周玲，朱琴. 风险治理：完善与提升国家公共安全管理的基石. 江苏社会科学，2008（6）.

［4］薛澜，周玲. 风险管理："关口再前移"的有力保障. 中国应急管理，2007（11）.

［5］周玲，马奔. 政府公共事务风险管理国际经验对中国的借鉴. 山东社会科学，2009（2）.

［6］张欢. 应急管理与危机管理的概念辨析. 中国应急管理，2010（6）.

［7］夏保成. 西方公共安全管理. 北京：化学工业出版社，2006.

［8］罗伯特·希斯. 危机管理. 王成，宋炳辉，金瑛，译. 北京：中信出版社，2001.

［9］童星，张海波. 基于中国问题的灾害管理分析框架. 中国社会科学，2010（1）.

［10］詹承豫. 风险治理的阶段划分及关键要素——基于综合应急、食品安全和学校安全的分析. 中国行政管理，2016（6）.

［11］闪淳昌，周玲，沈华. 我国国家安全战略管理体系建设的几点思考. 中国行政管理，2015（9）.

第三章
国外应急管理经验

学习目标

1. 掌握国外政府应急管理的主要经验和方法。
2. 了解国外社会组织在应急管理发展进程中的作用。
3. 了解国际组织在应急管理中的功能。

学习重点

学习国外应急管理的主要经验与方法。

第一节 国外应急管理中的政府组织

一、国外应急管理政府组织的建设情况

在现代国家制度中,应急管理主要是政府的责任,也是政府的主要职能之一。政府组织是应急管理的权力发出机构和主要行动的组织实施者,主要包括专职从事应急管理和兼有部分应急管理责任的各级、各有关部门与机构。

(一) 政府组织的基本情况

应急管理政府组织包括参与应急管理的各级政府及其部门和机构,是应急管理的权力部门,也是主要的管理实施部门。从全国自下而上的应急管理体制的建立和完善、各级应急预案的制定,到对所有突发事件的全过程管理,都主要是政府的职责。政府专门的应急管理组织和机构是否健全,参与应急管理的部门的职责是否明确和到位,是决定对各类突发事件管理的效率与效果的关键所在。西方国家在长期的应急管理实践中,分别建立了专门的、综合的、协调性的应急管理组织机构,并在组织建设上逐

渐达到了机构健全、职责到位、效率较高、效果较好的标准。

在联邦制国家中，联邦政府是国家的最高行政机关。联邦政府的应急管理组织，包括内阁（总统或总理）、专职的应急管理机构和参与应急管理的部门。在联邦一级的应急管理组织下面，是州（领地）和地方应急管理组织。根据联邦制国家的宪法精神，保护人民安全的责任主要在州和地方政府，联邦政府的应急管理组织只是在灾难的规模和严重性超出了州和地方政府应对能力的情况下，才会为其提供物质和财政援助，这是西方国家应急管理的一个特色。此外，在州和地方政府之下，社区作为西方社会基本的组织单元，被赋予了重要的公共安全自我管理的责任。这样，从社区开始，通过地方政府到州政府、直到联邦政府，构成了西方国家应急管理的完整的组织体系。

（二）应急管理"使能性"机构的建设情况

目前，各国政府在建立和完善应急管理机构时，面临的问题就是如何定位应急管理机构的工作职能，综合其经验，推动应急管理机构"使能性"（Enabling）角色的发展[①]（见表3-1）。一般政府机构多为"功能性"的，即具有某一专业领域的具体职能，例如规划、建设、商务、工商管理，等等。而应急管理机构的本质与这些"功能性"的机构不同，它是"使能性"的，其设立不是要替代现有政府机构，也不是要把现有政府部门与应急相关的工作职能抽出来进行统一的具体管理。相反，它是要从总体统筹规划的角度考虑应急管理体系，在保持现有功能性部门机构职能基本不变的情况下，通过统筹、协调、监督等各种方式，来推动和促进现有政府机构在应急管理工作中发挥其应有的作用，提高其应急管理能力。同时，这种"使能性"还应表现在推动和促进政府机构与企业、社会各个方面建立有机联系，构成一个坚实有力的全社会应急管理联动网。按照"使能性"定位建设的应急管理机构，其主要作用就是在平常时期规划、建设、提升应急管理体系的整体能力；在各种突发事件发生后，发挥其协调指挥作用，主要依靠相关"功能性"部门进行专业处置。

表3-1　一些国家最高层级的应急管理综合协调组织的建设情况

国家	组织名称	部门组成及职责
美国	国土安全部	将原来分散在各个部和联邦直属部门的22个机构组合起来，下设一个部长办公厅和四个司，主要负责：① 预防美国境内的恐怖袭击；② 减少美国面对恐怖主义的脆弱性；③ 一旦在美国境内发生恐怖袭击，将损害减小到最小，并帮助国家从袭击中恢复；④ 履行包括承担处理自然与人为危机和紧急事态预案编制等在内的所有责任；⑤ 确保所属部门的非国土保护功能不被削弱或忽略，通过国会特别法令许可的除外；⑥ 保证美国的经济安全不因为国土安全的工作、行动和计划而被削弱；⑦ 监控非法毒品交易与恐怖主义的联系，协调各方面工作去切断这种联系，同时致力于阻断非法毒品交易

[①] 薛澜. 从更基础的层面推动应急管理——将应急管理体系融入和谐的公共治理框架. 中国应急管理，2007（1）.

续表

国家	组织名称	部门组成及职责
澳大利亚	司法部	司法部分为四个司，分别是：民事审判与法律服务司、国家安全与刑事审判司、信息与知识服务司、法人服务司。其中，专职负责联邦应急管理的是国家安全与刑事审判司，它下设四个部门：① 安全与重要基础设施处，承担反恐和保护重要基础设施的职责；② 刑事审判处，负责犯罪预防、全国法律执行政策、联邦反欺诈政策、刑法的法律和政策咨询，以及联邦刑法体制、国际刑法与跨国犯罪的法律问题；③ 保护安全协调中心，负责协调联邦各部门、州与地方政府之间的关系；④ 紧急事务管理局，实现对各种紧急状态的管理
俄罗斯	紧急情况部	① 属于联邦执行权力机构，是与国防部、内务部、联邦安全局和对外情报局齐名的五大强力部门之一，是俄罗斯处理突发事件的核心组织，其主要任务是制定和落实国家在民防和应对突发事件方面的政策，实施一系列预防和消除灾害措施、对国内外受灾地区提供人道主义援助等活动；② 紧急情况部下设居民与领土保护局、灾难预防局、防灾部队局、国际合作局、消除放射性及其他灾难后果局、科学技术局及管理局等；③ 该部同时下设几个专门委员会用以协调和实施某些行动，包括俄罗斯联邦打击森林火灾跨机构委员会、俄联邦水灾跨机构委员会、海上和水域突发事件跨机构海事协调委员会、俄罗斯救援人员证明跨机构委员会；④ 该部通过总理办公室可以请求获得私人、国防部或内务部队的支持，也就是说，该部拥有国际协调权及在必要时调用本地资源的权限
德国	联邦民众保护和灾难救助局	① 隶属于内政部的联邦政府机构，是德国民众保护和灾难救助的最高机构，是所有管理层行政机构以及参与居民保护的各种组织和机构的联邦服务中心，人员编制为 300 人，2004 年经费为 9 600 万欧元（包括行政经费和技术装备与物资储备经费）；② 内设七个职能中心，分别为：危机管理和灾害救援中心、危机准备和国际事务规划中心、重大基础设施保护中心、医疗灾害中心、民事保护研究中心、培训中心（AKNZ）、技术和设备中心；③ 民众保护和灾难救援工作涉及专业甚多，其关键作用就在于把各专业结合成一个统一高效的民事保护体系
新加坡	民防部队	① 1982 年，新加坡启动国家民防计划，作为警察的重要部分，民防部队成为执行国家紧急预案的先头部队，1986 年，民防部队作为新加坡国内事务部下属的一个独立的组织，1989 年 4 月 15 日，合并了新加坡消防局；② 民防部队属于负责和平与紧急时期提供应急管理服务的国内事务部，承担一系列重要作用和功能，包括提供消防、救护、营救服务，强制执行消防安全法规等；③ 新加坡民防部队 24 小时轮班处理各种威胁生命安全的紧急事务，其应急预案和灾害管理行动服从于三个主要法令：1986 年的《民防法》、1993 年的《消防法》、1997 年的《民防避难法》；④ 新加坡民防部队通过挑选和招募及强化培训，已建立了一支可靠、专业、受过良好训练的官员队伍，共有人员 1.5 万人左右

续表

国家	组织名称	部门组成及职责
日本	内阁官房	1996年,日本开始建立国家危机管理体系,以内阁首相为最高指挥官,形成了由内阁官房(负责各省厅间的协调,相当于办公厅)来负责总体协调、联络,通过安全保障会议、阁僚会议、内阁会议、中央防灾会议等决策机构制定危机对策,由警察厅、防卫厅、海上保安厅、消防厅等各省厅、部门根据具体情况予以配合的组织体系,开始了由灾害管理向综合危机管理的转变

资料来源:作者依据相关资料整理而成。

二、美国政府应急管理组织体系

在美国的行政体制中,县(市)级地方政府承担应急管理的直接责任;州政府和联邦政府,只是在发生地方(县、市)所不能应对的重大灾难,并由地方政府依据法定程序,向州和联邦政府请求援助时才承担责任。在应急管理体制比较完善、经济实力相对强大的州,如加利福尼亚、佛罗里达,州政府在应急管理方面的作用更大一些;而在其他州,应急管理的职责则集中在地方(遭受一般突发事件)和联邦政府(遭遇重大灾难)两级,形成"哑铃现象"。

美国联邦一级的应急管理组织体系是以总统为核心,以国土安全委员会和国家安全委员会为决策中枢,由国土安全部的FEMA全权负责,多部委协同合作的应急管理组织结构,并在纵向上建立起一个由联邦、州、郡、市四级政府及社区等基层单位共同构成的职责分工明确、协调配合有力的应急管理组织体系,比较全面地覆盖了美国本土和各领域的突发事件。

(一)总统

总统是美国的最高行政长官和三军总司令,在应急管理方面享有最高的和最终的权力。

1. 总统应急管理权力的来源和法律基础

总统的应急管理权力主要来源于美国宪法。根据宪法,在发生突发事件的时候,总统可以行使那些通常由立法机关和司法机关才能行使的权力,将分立的三权融合为一体,成为国家权力的唯一来源。林肯总统在美国内战爆发时首次使用了这一权力,在没有召开国会的情况下宣布了紧急状态。

此外,两个重要的法案为总统实施应急管理提供了具体的法律依据。

第一,1988年的《斯塔福减灾与紧急援助法》(Stafford Disaster Relief and Emergency Assistance Act),简称《斯塔福法》。它规定联邦政府对遭受灾害的州、地方和部落政府、符合条件的非营利组织以及公民个人提供援助,并规定了受灾者获得联邦援助的程序,而总统则是最终决策者。

第二,2002年的《国土安全法》。根据该法规定,国土安全部成立,将所有应急管理的专职机构合并到一起,在实施全面应急管理的同时,强化了对恐怖主义的打击。

除此之外,总统对政府部门主要官员的任命权、对行政预算的制定权、对行政机关的重组权、对行政部门提交给国会的情报的筛选和控制权以及对国会决议的否决权,等等,也是总统应急管理权力的直接来源。

2. 总统应急管理权力的行使

总统应急管理权力的行使包括对联邦应急管理机构的设置与重组、应急管理部门主要官员的任命、应急管理政策的制定、宣布紧急状态以及实施与此相关的配套措施。

美国最有影响的联邦应急管理组织设置与重组有两次:1979年卡特总统成立联邦应急管理局(FEMA)和2003年乔治·W.布什总统创立国土安全部,每一次都在美国的应急管理史上具有划时代的意义。

宣布在全国或特定区域内的紧急状态或重大灾难,是总统通常的应急管理工作。紧急状态在量级和规模上要小于重大灾难,多数在州一级的层次即可应对,少数需要联邦政府援助,而且援助额不超过500万美元;重大灾难一般都需要联邦政府出面援助,援助额视灾情而定,没有上限,如2005年8月发生的卡特里娜飓风,联邦政府提供的援助额就高达290亿美元。如果总统宣布了一个地区的紧急状态或重大灾难状态,就意味着该地区将得到联邦政府的援助。所以,发生了公共安全事件的州,往往全力争取总统宣布本州的受灾地区进入紧急状态或重大灾难状态。

(二)国家层面的组织体系

1. 国家安全委员会和国土安全委员会

按照美国宪法规定,总统是应对大规模灾害的综合协调和决策指挥的最高领导。美国国家安全委员会(National Security Council,NSC)和国土安全委员会(Homeland Security Council,HSC)负责为总统提供各种国家安全、国土安全战略和政策建议,确保联邦政府的不同部门和机构联合行动。

国家安全委员会是根据1947年《国家安全法》而设立,并于1949年改革成为直属总统领导的白宫独立办事机构,是美国国家安全问题的最高决策机构。作为总统顾问机构,国家安全委员会统一考虑涉及美国国家安全的内政、外交和军事政策。该委员会由总统亲自挂帅,通常成员(法定成员和非法定成员)包括副总统、国务卿、财政部部长、国防部部长以及总统国家安全事务助理。参谋长联席会议主席是法定军事顾问,国家情报总监是法定情报顾问。[①] 日常事务由总统国家安全事务助理(也称总统国家安全事务顾问)主管。白宫幕僚长(或称白宫办公厅主任)、总统法律顾问、总统经济政策顾问应邀参加国家安全委员会的所有会议;司法部部长、管理与预算办公室

---

① 美国国家情报总监(Director of National Intelligence,DNI)是美国联邦政府官方职位,直接受到美国总统的指挥、管理与控制。这是根据2004年《情报改革和防恐法案》(Intelligence Reform and Terrorism Prevention Act of 2004)而设立的,是为美国总统、美国国家安全会议与美国国土安全会议在关系到国家安全的情报事务上的主要咨询对象,统领包括16个组织的美国情报体系,统筹指导美国国家情报计划。

主任应邀参加与其职责相关的会议；其他相关联邦机构的负责人和高级官员必要时也应邀参会。国家安全委员会包括高级研究小组、危机处理小组、核查小组、副部长委员会、防务计划审议委员会、情报委员会等决策咨询机构。

国土安全委员会由小布什政府新设，就国土安全和反恐政策向总统提供建议。2001年"9·11"事件后，小布什总统为应对恐怖袭击，将国土安全从国家安全中单列开来，设立平行于国家安全系统的国土安全系统。国土安全系统包括国防部、国务院、农业部、卫生与公众服务部、内政部以及其他一些部门等众多机构。2001年10月8日，小布什总统发布13228号行政命令，成立国土安全办公室和国家安全委员会，负责统筹协调国家安全系统。[①]10月29日发布的国土安全总统1号指令，进一步明确了国土安全委员会的组织架构和运作程序。2002年颁布的《国土安全法》对国土安全委员会进行了立法规范。国土安全委员会直接对总统负责，成员除总统外还包括副总统、国土安全部部长、财政部部长、国防部部长、司法部部长、卫生与公众健康部部长、交通部部长、国家情报总监、联邦调查局局长、总统国土安全与反恐顾问。白宫办公厅主任、副总统幕僚长、总统国家安全事务助理、总统法律顾问、管理与预算办公室主任、参谋长联席会议主席应邀参加国土安全委员会所有会议。其他高级官员在与其职责相关或必要时应邀参会。2009年奥巴马上任之后，着力对国家安全体制进行改革。作为国家安全至为重要的一环，国土安全被置于改革的最前沿。

为开展常规性的各种跨部门政策协调工作，美国国土安全委员会和国家安全委员会建立了两个助理部长级的政策协调委员会，以便两个机构的高层能经常召开联席会议。国内准备小组（Domestic Readiness Group，DRG）是一个负责有关应急准备、响应和实践处置政策的跨部门协调机构。该小组通过评估应急管理过程中（包括突发事件发生后）各种跨部门的政策问题，及时为决策者提供政策建议。反恐安全小组（Counterterrorism Security Group，CSG）是一个负责制定预防恐怖主义政策、进行反恐方面综合协调的跨部门机构。

2. 国土安全部

在应对各种非军事的国内安全事件和防止恐怖活动方面，美国主要由国土安全部（Department of Homeland Security，DHS）牵头实施。2002年11月25日，小布什总统在白宫签署《国土安全法》，宣布成立国土安全部，这是美国自1947年成立国防部以来最大规模的一次政府机构调整。国土安全部是由海岸警卫队、移民和归化局及海关总署等22个联邦机构合并而成，工作人员17万多名，年预算额接近400亿美元（见图3-1）。主要职责是保卫国土安全及相关事务，使美国能够更加协调和有效地对付恐怖袭击威胁。该部主要负责四方面的工作：第一，加强空中和陆路交通的安全，防止恐怖分子进入美国境内；第二，提高美国应对和处理紧急情况的能力；第三，预防美国遭受生化和核恐怖袭击；第四，保卫美国关键的基础设施，汇总和分析来自联邦调查局、中央情报局等部门的情报。

---

① 马骏，李景伟. 美国国土安全委员会及其改革概览. 国际资料信息，2010（5）.

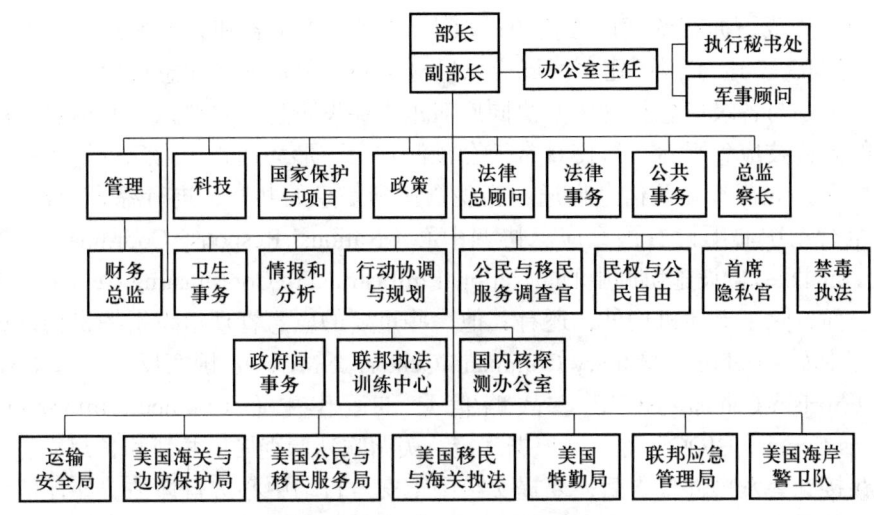

图 3-1 美国国土安全部组织架构

资料来源：美国国土安全部网站。

注：本图截止时间为 2010 年 11 月 5 日。

2004年3月重组后，美国国土安全部逐渐建立和完善了国家事故管理系统（National Incident Management System，NIMS），目的是向美国联邦、州、地方三个层次的行政区划提供全国性一致框架的应对程序和操作模式。① 根据 NIMS 的模板，美国于2004年编制了《国家响应计划》（National Response Plan，NRP）（2008年1月修定为《国家应对框架》），目的是调校联邦政府部门的原有协调架构，建立统一式、全天候的标准化全国突发事件管理系统。美国通过《国家响应计划》（NRP）和《国家应对框架》（NRF），明确了27个不同联邦部门和机构在各种不同灾难情况下所承担的责任，为指挥体系运行机制科学化、处置过程程序化打下了良好的基础。在应对突发事件和各种灾难的过程中，美国基本能按照属地为主、分级响应的原则，有条不紊地进行应急处置和增援，突发事件处置和升级的程序科学合理、及时有效，避免了临时动议、随机指挥、越级指挥的现象。在恢复和重建阶段，美国能充分借助政府和各个层面的力量，积极参与抢险救援工作。例如，发生灾害事故后，FEMA 经常会根据灾情的变化，及时调用一些地方志愿者和有关机构，大大降低了灾难的破坏程度。②

联邦层面的应急指挥由国土安全行动中心（Homeland Security Operation Center，HSOC）建设和使用。国土安全行动中心是在原有联邦政府应急救灾指挥中心等基础上成立的，主要负责国内突发事件预测预警、综合协调、形势通告、应急处置等工作，是美国国家级的应急管理枢纽和"神经中枢"。该中心是一个集执法、情报收集、智能分析、紧急应对和私人机构汇报于一体的常设性、全天候的跨部门组织，由跨部门

---

① 根据时任美国国土安全部部长汤姆·里奇（Tom Ridge）的说法，NIMS "提供了一个全国统一的范本，使联邦、州、地方和部族政府，以及私人企业和非政府组织一起工作，对国内发生的无论何种原因、规模或复杂性的突发事件（包括灾难性的恐怖主义活动），实施快速高效的准备、预防、响应和恢复"。

② 闪淳昌，周玲，方曼. 美国应急管理机制建设的发展过程及对我国的启示. 中国行政管理，2010（8）.

的专业力量构成,拥有调度广泛资源的权力,"保证将反恐和灾害关键信息提供给决策者"(见图3-2)。美国还建立区域应急反应中心,负责地区应急反应协调等。国土安全行动中心与各级应急行动中心协同应对重大突发事件,主要依靠其值班场所内综合集成的高科技应急平台,行使日常综合预测预警、形势通告、紧急处置等职能,保障统一协调、规范管理及信息畅通,实现资源和信息的共享,进行综合分析与决策。国土安全行动中心下设有国家应急协调中心(National Response Coordination Center,NRCC)和国家基础设施协调中心(National Infrastructure Coordinating Center,NICC)。在联邦层面,除了上述机构外,还有其他一些重要的应急管理组织指挥机构,如国家军事指挥中心(National Military Command Center,NMCC)、国家反恐中心(National Counterterrorism Center,NCTC)、战略信息和运作中心(Strategic Information and Operations Center,SIOC)等。[①] 根据规定,美国联邦调查局、联邦和各州应急管理相关机构在接到突发事件报告后,要提交给国土安全行动中心进行评估。如评估认为所报事件构成了现实或潜在的国家级灾难,国土安全部必须据此做出反应,包括统一发布预警、与其他部门分享信息、启动国家应急系统内的有关预案等。

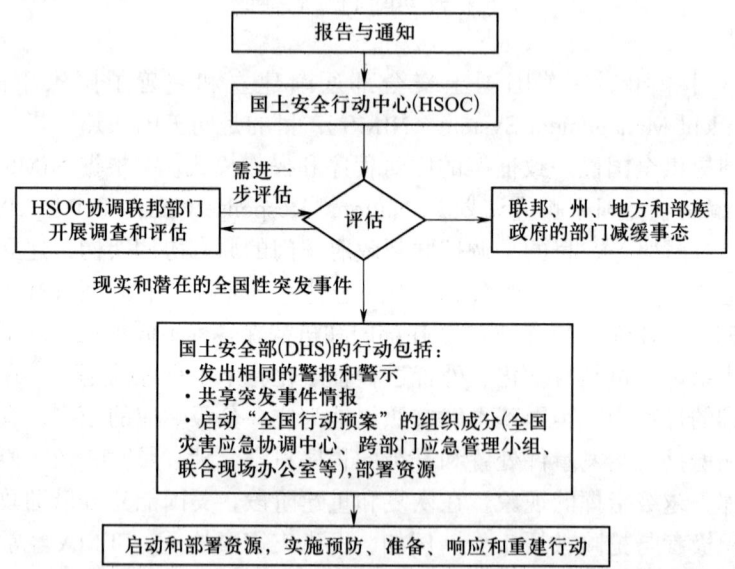

图3-2 美国国土安全行动中心(HSOC)情报接收、评估和处理程序

资料来源:夏保成,张平吾. 公共安全管理概论. 北京:当代中国出版社,2011:195-198.

3. 其他合作伙伴

跨部门协作是美国应急管理的一个基本要素,也是美国处理自然灾害、技术事故和恐怖袭击的重要基础。[②] 除了联邦、州和地方政府外,美国的应急管理组织体系还整合了其他重要的资源。一是军事单位,如陆军国民警卫队、陆军工程兵团等。对于重

[①] 陈涛. 美国应急指挥体系简介. 中国应急管理,2009(7).

[②] William L. Waugh Jr., Gregory Streib. Collaboration and Leadership for Effective Emergency Management. Public Administration Review, November 2006 Vol, 66, No. s1.

大的紧急事件，在不影响其自身任务和需要并在其他救援无法获得时，国防部会动用军方资源，提供相应支援。根据灾难的程度、类型及所需资源的投入量，国防部决定是否成立联合工作组或应急响应工作组来协调和管理军方行动。二是非营利组织，如美国红十字会、加利福尼亚州救难犬协会、技术协助自愿者组织、基督徒灾难响应组织、全国应急响应小组、业余广播俱乐部、民用航空巡逻队、教育协会、资深老人协会、心理与牧师团体等。据统计，全美有30多个得到承认、可在灾难中进行救助活动的全国自愿者组织（National Voluntary Organizations Active in Disaster，NVOAD），它们对灾难管理和各级政府的应急管理工作提供重要帮助。比如，在某种外国动物疾病大规模爆发时，全美动物卫生紧急应对协会（NAHERC）会通过启用州和私人的动物卫生技术员及兽医预备人员，与威胁美国牲畜和家禽的疾病展开斗争，以保护公众的健康。三是私人与准私人部门，如水利、电力、大众传媒、医院等。

（三）纵向组织体系

在纵向关系上，经过多年的改进和加强，美国目前已基本建立起一个由联邦、州、郡、市四级政府以及社区等基层单位共同构成的职责分工明确、协调配合有力的应急管理组织体系，比较全面地覆盖了美国本土和各个领域的突发事件。

作为联邦制国家，美国实施属地管理、分级响应的原则，各个层级的政府和基层单位建立相应的组织机构。在以州为主、属地管理的原则下，根据突发事件的危害和损失大小，美国启动相应的应急响应程序，上级政府为下一级政府提供必要的支援和指导。2008年12月，美国进一步修订和完善了国家突发事件管理系统（NIMS），根据事件的影响范围、严重程度、复杂性等，NIMS将突发事件分为五级，第五级为最轻微的事件，第一级为最严重的事件。第五级和第四级突发事件影响范围为市县，由当地政府（市和县等）负责；第三级突发事件影响范围为州一级或者大城市，由州政府指挥协调处置；第二级和第一级突发事件影响范围为州一级或者国家层面，由州和/或联邦政府协同处置。由于美国实行联邦制，当突发事件发生后，应急行动的指挥权通常属于当地政府，仅在地方政府提出援助请求时，上级政府才调用相应资源予以增援，并不接替当地政府对这些资源的处置和指挥权限，但上一级政府有权在事后对这些资源所涉及的资金使用情况进行审计。

美国各州具有独立的立法权与相应的行政权，一般都设有专门机构负责本州的应急管理事务，具体做法不尽相同。例如，加利福尼亚州通过实施标准应急管理系统，在全州构建出5个级别的应急组织层次，分别为州、地区、郡、地方和现场。其中，州一级负责应急管理的机构为州应急服务办公室，主任及副主任由州长任命。州应急服务办公室又将全加州58个郡划分为3个行政地区。同时，为了通过互助系统共享资源，又将全加州划分出6个互助区，将员工分派到不同行政区办公，以便协调全州6个互助区的应急管理工作。郡一级机构主要是作为该郡所有地方政府应急信息的节点单位和互助提供单位；地方一级主要是指由市政府负责管理和协调该辖区内的所有应急响应和灾后恢复活动；现场一级主要是指由一些应急响应组织对本辖区事发现场应急资源和响应活动的指挥控制。事实上，该州地区一级的应急管理工作仍是由州政府机构来负责，而郡一级的应急管理工作则需要依托该辖区内实力较强的地方政府（如旧金山县依托旧金山市，洛杉矶县依托洛杉矶市）。①

（四）应急指挥中心

美国各级政府应急救援队伍的中坚力量是消防、警察和医疗部门。在联邦应急管理体系中，参与救援的部门主要包括交通、通信、技术工程、森林、FEMA、红十字会、卫生、环境、农业、国防等部门。为便于做好灾难发生后的协同配合工作，美国联邦、地区、州、郡、市都建有综合性的应急管理机构。这些机构一般都有相应的配套设施，并设有综合性的应急指挥中心，如 FEMA 的国家应急行动协调中心、FEMA10 个地区办事处的地区应急行动协调中心、加州政府应急服务办公室的应急指挥中心和洛杉矶市应急准备局的应急指挥中心。一旦发生灾难时，美国联邦、州和地方的应急指挥中心便会紧急启动，作为应急决策指挥过程中地方政府官员协商、协调应急救援活动的场所。

各州、郡和较大的市政府也分别设立专门负责各类突发事件的应急管理机构，这些应急管理部门大多建有应急指挥中心及备用中心，以便发生灾难时相应部门的人员进行指挥和协调。中心一般配有语音通信系统、网络信息系统、指挥调度系统、移动指挥装备、综合信息显示系统、视频会商系统、地理信息系统、安全管理系统等，并考虑安全认证、容积备份和技术支持等问题。指挥中心主要作为应急管理的基础设施存在，由政府一级的应急管理部门负责维护和保养，经费主要来自上级政府和本级政府。应急指挥中心既是突发事件发生后的应急决策指挥场所，也是日常进行应急管理演习和训练的场所。例如，加州应急服务办公室的应急指挥中心建成后，共指挥过 6 次重大事故应急救援，每年举行 1 次重大应急救援演习和若干次小应急救援演习，并为应急指挥人员提供训练和培训。同时，应急指挥中心的建筑一般都相当坚固，并采取各种措施来保证中心及内部应急人员的安全。例如，加州应急服务办公室的应急指挥中心建设过程中，就在固有防震级别的基础上，加设了加固框架。而洛杉矶市应急准备局的应急指挥中心则设在地下 3 层，备有多路通风系统及氧气供应系统。②

（五）综合协调机构：联邦应急管理局（FEMA）

1. 机构概况

FEMA 成立于 1979 年，卡特总统根据全国州长协会（NGA）的提议，发布 12127 号行政命令，合并诸多分散的应急管理机构，组成统一的联邦应急管理局（FEMA）。FEMA 是一个内阁级应急管理部门，局长直接对总统负责。2003 年 3 月 1 日，FEMA 划归新成立的美国国土安全部（DHS），成为其中一个组成部分。FEMA 每年的预算约 25 亿美元。一旦发生重特大灾害，绝大部分联邦救援经费来自 FEMA 负责管理的"总统灾害救助基金"。成立 40 多年来，FEMA 一直是美国防灾、减灾、备灾、抗灾及灾后重建方面的综合协调机构，在美国历史上最大的几次灾害应对过程中起到了重要

---

① 中国安全生产科学研究院赴美考察团. 美国的应急管理体系（上）. 劳动保护，2006（5）.
② 中国安全生产科学研究院赴美考察团. 美国的应急管理体系（下）. 劳动保护，2006（6）.

作用。在 2005 年卡特里娜飓风应对中，美国暴露出应急管理重反恐、轻防灾的弊端。2006 年美国国会卡特里娜飓风调查报告对 FEMA 进行改革和强化，规定其在紧急状态下可以提升为内阁部门，直接对总统负责，并强化其作为全国性应急管理机构的职能，以更好地领导和支持全国不断健全一个基于风险，包含准备、防范、响应、恢复和减灾等职能的整合式应急管理系统。

FEMA 的任务是发挥该机构在美国应急管理中的领导作用，为应急管理提供必要的支持，减少生命和财产损失，保护国家免受各种自然灾害和人为事故的威胁。FEMA 的宗旨明确指出："为民众和第一响应者提供支持，确保全国上下团结一致，不断提高对各种危险的准备、防范、处置、恢复和预防能力。"根据 1974 年制定、1988 年 11 月 23 日修订的《斯塔福减灾与紧急援助法》的规定，FEMA 负责处理的对象包括飓风和地震等天灾以及危险品泄漏、炸弹爆炸和战争等人为灾难在内的所有可能的灾难。

2. 机构职责

根据《斯塔福减灾与紧急援助法》等相关法律的规定，FEMA 的职责涵盖了对各类突发事件进行全过程管理，减少民众的生命和财产损失。这些职责主要包括：评估损失；提供灾害援助；将有关灾害损失信息告知公众；促进建筑设计和施工质量；尽量减少灾害损失；通过开展培训，提高防灾能力和减少损失；帮助社区制定防灾减灾计划；采取措施减少未来的灾害。其中，FEMA 最重要的职责，是代表总统整合联邦政府机构的资源，强化州和地方的防灾减灾和应急处置能力。灾害救助及预防和应急准备是其中的两项重点。

灾害发生后，FEMA 将提供救灾援助，以减少灾害所造成的人员伤亡和财产损失。FEMA 的灾害救助工作通常是联合其他应急管理组织（如美国红十字会及其他志愿者组织）配合进行的。灾害救助首要的是建立救助中心，满足受灾者食物、水、住所以及医疗救护等基本生存需求。救助中心的位置信息会在当地电视台和广播电台播出。满足灾民的基本需求之后，FEMA 还能帮助人们树立信心，找到住所，并着手恢复和重建工作。如果总统宣布该地区发生的是重大灾难，则会开始执行一些特殊的救助方案，受灾者可以通过网络或电话提出申请。FEMA 提供的救助包括住所、医疗和财产三种不同类型。① 住所——提供租住临时住所的资金，或在无可租住所时，提供政府房产以供临时居住；提供保险不予赔付部分的受损房屋维修资金；为完全损毁的未投保房屋提供重建资金。② 医疗——无论受灾者的病情是否与灾难有关，都要为这些患病的受灾者提供医学治疗和处方；牙科费用；丧葬费用。③ 财产——个人财产的存储和运输，在某些情况下还提供替代品；提供运输费用补助；重建或修复公用基础设施，包括道路和桥梁、下水管道和公共建筑；清理残骸。

除了在灾害发生后及时提供各种救助外，FEMA 也非常重视减灾、防灾和备灾工作，采取了包括建造可抵抗飓风的民房、帮助城市改建建筑物使其在地震发生时更安全等各项灾害预防和应急准备措施。特别是，FEMA 还经常为家庭和企业主提供信息，帮助其采取措施以防备灾难。例如，完整的 FEMA 备灾建议清单包括冬季驾驶提示、如何升级与改良家庭房屋以将风暴和地震造成的破坏降至最低，以及帮助居民支付改造费用的资助计划。

3. 组织架构

FEMA总部设在华盛顿特区，设局长、常务副局长、消防局局长各1人，4名副局长分管保护和全国准备、任务支持、联邦保险与减灾、响应和恢复四个方面的业务。截至2011年10月8日，FEMA在全国共有7 474名人员，其中全职员工2 600人（其中华盛顿总部约900人），灾害援助后备人员4 000人，志愿医护人员1万余人，还有1 600多家应急支持的定点医院。[①] 这些后备人员在灾害发生前处于待命状态，在灾害发生后可以随时提供援助。由于美国幅员辽阔，FEMA除设在华盛顿特区的总部外，还将全国划分为10个区域办事处。这些区域办事处直接与责任区内的各州合作，协助制定防灾和减灾计划，并在重特大灾害发生时向各州提供必要的支持。此外，FEMA还建有山地气候应急中心，并在马里兰州设有一个紧急援助中心和一个培训中心。

专栏

从FRP到NRF：美国应急管理机制建设的发展过程

标志着美国从真正意义上走向应急管理轨道的事件是1979年FEMA的成立，它推动了美国从以核战与民防为管理核心向覆盖各类突发事件和各类应急管理职能的综合型应急管理模式的转变。而1988年的《斯塔福减灾与紧急援助法》则将这种转变以法律的形式固定下来，进一步推动了美国应急管理体系的发展。自此，伴随着应急管理机构的改革以及一系列重大灾难事件的发生，美国国家应急管理机制的操作性文件也经历了几次重大的调整与完善：从FRP到NRP再到NRF，这些文件的出台过程记录了美国应急管理理论与实践在摸索中前进的历程，也代表着美国应急管理机制设计的思路演变，对我国应急管理机制设计具有重要的借鉴意义。

（一）FRP：联邦层级应急管理机制的产生

1992年出台的《联邦响应计划》（Federal Response Plan，FRP）是联邦政府最早出台的应对灾害的操作性文件，主要阐述了应急管理中联邦层级的政府及其部门应发挥的作用及相应的责任，该《计划》于1999年发布了第二版，为的是确保与当时政策保持一致性。《联邦响应计划》旨在协助州与地方政府应对超出其能力范围的重大灾难与突发事件，实现有效地拯救生命，保护公众健康、安全与财产，并重建社区。为了达到这一目标，《计划》对联邦政府应该如何实施《斯塔福减灾与紧急援助法》进行了规定，这包括对27个联邦部门与机构（包括美国红十字会）的政策、计划、运行、响应及重建、责任等内容进行界定，从而指导它们的应急管理工作。

（二）NRP：从联邦到地方全覆盖的应急管理机制的建立

2001年"9·11"事件以后，应对突发事件的范围已扩展到遍及美国本土，

---

① 资料来源：FEMA官方网站。

保卫国土安全成为政府的头等大事。2003年2月28日，美国总统发布国土安全第5号总统令（HSPD-5），要求新成立的国土安全部建立国家事故管理系统（NIMS）并制定《国家响应计划》（NRP），以促进联邦、州、地方和部落各级政府全面提升应对各种威胁和挑战的能力。

（三）NRF：国家应急管理机制体系的完善

《国家响应计划》在实施过程中暴露了问题与缺陷：第一，具体内容并不符合国家层面应对突发事件的需求；第二，《计划》本身官僚主义严重、内容相互重复；第三，《计划》并没有明确突出国家层级应对突发事件需要重点关注的内容，并且需要对各参与方的角色与责任更加明确；第四，《计划》及其支持性文件没能建构出一个能够为应急管理人员读懂的操作性计划。

为了解决这些问题，美国引入了"框架"这一概念，希望：第一，从结构性与实用性两方面完善应急机制；第二，突出应急管理是社会各个层面共同分担的责任，并对各方面的角色与责任进一步明确；第三，按照《国家准备指南》（National Preparedness Guideline）中列出的灾害情景进一步提出策略性与操作性方案。为达到以上目标，2008年1月22日，美国国土安全部在改进《国家响应计划》的基础上发布了《国家应对框架》（National Response Framework）。

（四）美国应急机制建设的特点

通过梳理美国应急机制建设的发展过程，可以发现其特点在于：

第一，在法律授权的前提下开展相应工作。1988年的《斯塔福减灾与紧急援助法》和2002年的《国土安全法》是美国以国土安全部（FEMA为主要机构）为核心的应急管理体系建设工作的前提与核心，从整个机制建设发展的过程来看，都是围绕着相关法案授权的内容而展开的。

第二，机制的建设一般包括应急机制标准与多方主体应急协调计划（或框架）两份文件，从FRP（配套ICS），到NRP（配套NIMS），再到NRF（配套NIMS修改版本）都是如此。

第三，应急机制标准是用来规定全国范围内的各应急管理主体的统一标准和规范，其目的在于为各级政府、私营部门和公共组织提供一套全国统一的方法，使各级政府与相关部门都能协调一致和快速高效地应对各种类型的突发事件，开展预防、准备、应急和恢复工作。

第四，多方主体应急协调计划是在应急机制标准所提供的框架的基础上，为应对国家层面的重大事故提供一套完整的国家应急行动计划，以期能在重大事故的事前、事发、事中和事后，全方位调集和整合联邦政府资源、知识和能力，实现各种力量的整合与行动的协调统一。

资料来源：闪淳昌，周玲，方曼. 美国应急管理机制建设的发展过程及对我国的启示. 中国行政管理，2010（8）.

第二节　国外应急管理中的社会组织网络

一、社会组织网络在应急管理中的作用

当突发事件发生时，除了对公共安全和财产负有责任的政府及其有关部门机构、应急管理人员参与救援活动外，其他社会团体也同样加入到减灾救灾的活动中，成为政府应急管理系统的有力补充，这包括志愿者团队、媒体、私人机构，等等。其中，有些非政府组织，虽然不是公共权力机关，但也参与应急管理事务，久而久之，形成了自己在应急管理事务中固定的服务范畴，各国政府也给予它们在这些范畴中一定的管理责任，从而使它们具有了某些公共权力部门的特征，因此，也应将它们列入应急管理组织的范畴。

总体来看，社会组织可以分为以下五类，它们在应急管理中各有所长。

（一）慈善组织

红十字会、慈善总会等一类的慈善组织，它们专业性强，行动迅速，服务细致，既可以在灾前开展防灾宣传教育，又能够在灾时协助政府开展专业应急救援，还可以通过慈善募款服务于灾后重建。例如，在 2005 年 7 月 7 日的英国伦敦地铁爆炸事件中，英国红十字会立即在全市派出急救志愿者和救护车，开设国际追踪和信息服务，受过训练的红十字会志愿者和大量青年志愿者火速赶到各个受灾地点，协助政府提供专业服务。在美国，红十字会作为 FEMA 的合作伙伴，700 多个红十字会站点在灾害发生后两小时内都会迅速行动，提供援助服务。例如，2001 年"9·11"事件中，美国红十字会参与了一系列的救援活动。在纽约、阿灵顿、新泽西等地建立了许多庇护所和家庭援助中心，开设咨询电话，帮助公众寻找家属下落；提供大量的救灾物资；组织精神医生给救援人员和公众提供咨询和帮助；社区血源中心全国协会也与军方联系，向纽约市各大医院紧急输送了大量的血源。

（二）志愿者团队

志愿者团队在灾害发生后第一时间内开展自救互救，能够在最大限度上降低灾害所造成的人员伤亡。在日本，各地社区都成立了"灾害管理志愿者"团队，如"消防团""水防团""妇女防火俱乐部""少年防火俱乐部""儿童防火俱乐部"等，它们经常进行抢险救灾演练、普及防灾知识、检查安全隐患、保管与维修应急器材等。美国也是如此，例如，洛杉矶市于 1985 年建立了"社区紧急应变队"（CERT），当发生重大灾害时，当地的"社区紧急应变队"可于正规救援力量抵达之前对受灾民众进行简易救助，如灭火、救护伤员、排除救灾道路障碍等工作，以期提高救灾效率、减轻伤亡，并减轻正规救灾队伍负担。

（三）社区

社区作为自治组织，利用社区资源在应急管理中发挥着不可替代的基础性作用，如保障社区居民知情权，建立应急管理合作的框架与程序，组成防灾减灾和应急管理的基本单元。1999年7月于瑞士日内瓦召开的联合国国际减灾十年论坛上总结的16条"日内瓦基本结论"中，就包括"以社区为基本单元，加强灾害风险的评估工作，以提高社区的减灾意识"。2005年1月，在日本兵库县神户召开的第二次世界减灾大会上，联合国通过了《兵库宣言》和《2010—2015兵库行动框架：加强国家和社区的抗灾能力》，明确提出"尤其需要加强社区在地方一级减少灾害风险的能力"。美国国会于1986年通过了《应急预案与社区知情权法》（Emergency Plan and Community Right-to-Know Act）便是保障社区居民知情权的典型例证，在澳大利亚，政府推行"有准备的社区（The Prepared Community）"，在日本，基于社区的"城镇守望"（Town Watching）活动要求当地百姓、地方官员和减灾专家共同在城镇周围进行实地考察，辨认危险，加强对当地灾害的认识和信息的共享能力。

（四）媒体、保险公司和私人机构

在日本，日本广播协会（NHK）是政府指定的灾害管理公共机关，具有传递地震、海啸等自然灾害预警信息的法定义务。NHK在节目播放期间，一旦发生地震或海啸警报，NHK可以停止正常节目播放，以提供地震或海啸的相关信息。在2011年的"3·11"东日本地震中，NHK的连续滚动播放为政府组织应急救援、民众了解灾情发挥了不可替代的作用。此外，保险公司和私人机构在应急管理中也可以发挥重要的参与作用，2005年卡特里娜飓风之后，美国政府发布的《国家应对框架》（National Response Framework），就是要求企业等私人机构在应急管理中更加主动地承担责任，以增强基础设施的恢复力。

（五）学术团队和行业协会

比如灾害防御学会、应急管理学会、医学救援学会、地理学会等。它们可以利用自己的专家网络和专业知识储备，开展应急管理培训，为政府应急决策提供意见参与，或为应急救援提供技术指导。

二、德国的应急管理志愿者组织：专业化与社会化相结合的应急网络

德国应急管理很重要的一个特点是广泛利用各种社会资源，建立一套专业化与社会化相结合的应急网络、一专多能的专业队伍和灵活服务的志愿者队伍相互协调、优势互补，并通过日常的教育培训工作不断提高全社会的应急管理水平。

德国应急管理体系中的救援主体是社会化、组织化、专业化的志愿者队伍。德国的志愿者体系是非常独特的，它有一整套保证志愿者服务体系有效运作和可持续发展的激励和约束制度。志愿者遍及各个公共服务领域，利用业余时间参加所注册领域的专业培训，在需要时提供专业性的志愿服务。在应急管理领域，德国有数量庞大的志愿者从事

医疗、通信、消防、辅助和管理等不同类型的应急救援工作。例如，消防领域有 130 万名志愿者，而专职消防人员不到 3 万人；卫生防疫领域有 50 万名志愿者，远远超过专职人员数；旗下拥有 8 万名专业志愿者的联邦技术救援署只有 800 名专职人员。

（一）德国应急志愿者的组成

应急志愿者是德国应急救援力量的生力军。这些应急志愿者主要分布在联邦圣马丁救援协会、德国红十字会、德国消防队等七个志愿服务组织中，其基本情况如表 3-2 所示。以消防队为例，从 20 世纪 50 年代起，消防队在原有灭火功能的基础上，已经逐渐发展成为应急救援的核心力量。其中志愿消防队员是德国应急救援力量的主体，他们承担了 70% 以上的应急任务，尤其是在"第一反应"方面作用十分突出。消防队员的能力建设十分全面，良好的职业保障体制和培训体系使得个体的专业化素质很高，而且在精良的装备基础上实现了应急处置的标准化。这种标准化不仅体现在各单位的职责划分上，而且细致到具体车辆上的人员设置。在明确的预案框架和细致的标准化操作下，联邦、州、市及各消防队和救援组织进行密切、有效的合作，来确保应急状态下的资源整合、高速响应。

表 3-2　德国主要的志愿者组织

名称	活动内容
联邦圣马丁救援协会（ASB）	ASB 最初的志愿者主要由医生组成，它是由柏林工厂的几名工人于 1945 年发起的，建立的目的是对工厂工人进行安全培训，在发生紧急事件时进行自救和互救；目前这个组织除了开展各种急救、急救培训以外还负责帮助老人、妇女、儿童以及残疾人，对他们进行医疗护理以及提供对外援助
德国红十字会（DRK）	DRK 于 1864 年成立，并于 1921 年把德国清洁与妇女协会并入了德国红十字会；现在这个组织的大量志愿者长期为应急救援中的医疗、护理等志愿活动而努力
水上救援组织（DLRG）	该组织于 1913 年成立，主要参与水上灾害救援，目的是救助落水、溺水人员；DLRG 成立至今已经参与了大量水上救援活动，目前已经成为了世界上最大的水上志愿者应急救援组织，取得了巨大的成就
约翰尼特事故救援团（JUH）	约翰尼特事故救援团成立于 1952 年，其前身是英国的国际性慈善救援组织；该组织于 1963 年被联邦德国政府认证为志愿者救援组织，在 2006 年德国举办的足球世界杯上发挥了重要作用
马耳他骑士战地服务中心（MHD）	该组织最初是一个照顾病人的宗教协会，1953 年德国马耳他骑士战地服务中心成立，该组织由德国马耳他骑士团与德国慈善联合会组成；目前发展了 500 多个分支机构，他们的主要活动是护理伤员，给难民提供急救物资以及医疗急救和医疗康复方面的帮助
德国消防队（DFV）	德国的消防队分为官方与非官方两类，官方消防队主要由职业消防队、志愿消防队、青年志愿消防队、义务消防队组成；非官方消防队是各企业自己的消防队。青年志愿消防队成员都是作为志愿消防队后备力量的年龄在 10 到 18 岁的青少年，他们定期参加各种灭火、急救的训练与演习；德国为了避免志愿者的角色冲突，保证消防志愿者出勤的及时性，不允许志愿消防队的成员再参加其他志愿者组织

续表

名称	活动内容
联邦直属技术救援署（THW）	德国技术急救组织是 THW 的前身，1953 年德国内政部依据法律正式组建了该组织，主要从事爆炸、排水、起重、紧急照明、管理切割等专业性较强的救援工作。前身为 1919 年成立的德国技术急救组织，主要从事排水、爆炸、发电、起重、紧急照明、高空救援、硬物切割、管理救援等专业性较强的救援工作，目前该组织除了专职人员外，所有作为救援人员的志愿者都是经过专业培训的

资料来源：范海华. 我国应急管理志愿者研究. 秦皇岛：燕山大学，2010.

1. 消防队伍的职责范围
（1）按照有关法规采取必要措施对危及生命、健康及财产的火灾、爆炸事故及其他的紧急情况进行抢险救灾。
（2）进行防火工作。
（3）在（1）、（2）未涉及的紧急情况下提供援助。
（4）消防队伍不受军队和警察当局的调遣，也不接受他们的领导。消防队伍无义务参与平息政治骚乱和罢工运动的责任。

2. 消防队伍的种类
德国的消防队伍主要包括职业消防队、志愿消防队、青年志愿消防队和义务消防队，以及企业消防队。
（1）职业消防队。直接从事灭火和特殊技术救援的职业消防队员为公务员，内务部长专门制定了一项关于特殊技术救援的规定。其他的职业消防员为职员或工人，只允许接受不影响灭火戒备任务的非消防任务。职业消防队为队长负责制。
（2）志愿消防队。志愿消防队队员都是兼职的，他们完全自愿地、无偿地在城镇消防队或者消防联合会从事消防救援工作。志愿消防队的成员必须在智力和体力上符合消防战斗的需要，年龄应在 17~60 岁。已是德国红十字会或其他类似组织的成员不允许加入志愿消防队，以警察为职业的也不可以入队。在无职业消防队的城镇设置地方消防长官，由志愿消防员选举产生。地方消防长官的工作是无偿的，除负责志愿消防员的灭火值班和业务训练以外，他还有义务建立和维护符合规定要求的灭火设施和设备。在无职业消防队的城市，地方消防长官被称为城市消防指挥官，他有权享受职务津贴。
（3）青年志愿消防队和义务消防队。青年志愿消防队的成员是年满 10 岁以上的青少年。他们作为志愿消防队的后备力量，在业余时间经常参加灭火演习和灭火训练。城镇消防部门非常关心和支持他们的活动。组建义务消防队是对志愿消防队的补充，是按照各城镇有关条例实施的。这类条例还规定了义务消防队员的数量和义务，义务消防队员必须服从城镇消防部门的领导。年龄在 17~60 岁的公民除特殊情况外均有义务参加义务消防队，并在其中积极地从事抢险救险工作。
（4）企业消防队。企业消防队是由私人组建的保护工商业及其他企业及管理部门的消防组织，它可以是职业消防组织，也可以是义务消防组织。经过认证的企业消队——驻厂消防队负责承担企业内部的灭火任务,只有在需要时官方消防队才出动。

3. 消防队的组建

一般情况下,每一城镇都应当建立一支职业消防队;人口在10万以上的城镇(其他城镇也可以)必须建立一支职业消防队。职业消防队的建立与解散必须及时通报上级监督部门。在特殊情况下,上级监督部门可以提出组建职业消防队的要求。无职业消防队的城镇应建立志愿消防队。对于拥有职业消防队的城镇,为了保证足够的消防力量也应组建志愿消防队,但对于大的、划分为若干区域的城镇,则应在每一个区内组建一支。企业可以建立非官方消防队,特别是有火灾、爆炸危险的企业应按照政府部门的要求组建、装备和维持一支企业消防队。在特殊情况下,城镇消防组织和上级监督部门可以通过协议将官方消防队的任务移交给企业消防队。

(二)德国应急志愿者队伍的管理

1. 完备的法律基础

德国相关法律规定:"公共和私人组织参与应急管理工作是由所在州的相关灾难救助法律条文决定的。这些共同参与工作的组织包括,德国工人—志愿者联合会、德国搜救协会、德国红十字会、德国约翰内特事故救援组织以及马耳他救援服务组织等。"而且,法律对公民的参与也有所规定,为志愿者参与应急管理工作制定了法律基础。由此,灾难救助当局就能够在出现重大威胁,并且现有力量不足的情况下,要求从17到60周岁的公民义务参与灾难救助。那些根据要求提供救助或者是由自愿提供救助的人员在提供救援期间享受救援者的法律权益。当这些人员认为分配的任务不符合专业任务或者由于其他理由不同意在此组织中的行动,他们可以拒绝。同时,这种义务工作在一季度中时间上不可以超过十天。

2. 成熟的社会救援组织

众多的社会救援组织在德国应急管理中发挥着重要作用,与联邦民众保护和灾难救助局(BBK)合作的五家救援组织是其中的主要力量。这五家组织是德国红十字会(TRK)、德国工人救援协会(ASB)、约翰尼特事故救助组织(JUH)、马耳他急救中心(MHD)、德国水上救生协会(DLRG)。这些组织的作用就是在BBK的协调下,结合各自特点,参与灾难救援工作。

3. 应急志愿者的激励措施

德国志愿者有如此高的参与率一方面是由于德国经济发达,民众的国民素质和文明化程度比较高,另一方面是因为国家对志愿者的支持和鼓励。德国先后制定了《奖励志愿社会年法》和《奖励志愿生态年法》,鼓励17到27岁的青年暂时离开校园,投身志愿服务的行列。德国公民保护与灾难救助局(BBK)在国际志愿者日(每年12月5日)颁发由内政部设置的最佳表现奖和青年工作奖,奖金高达7 500欧元。多个单行法律对公众参与应急救援做了明确的法律规定:如果志愿者在工作期间参加应急救援工作或者应急培训,那么政府为其支付工资损失;如果在参与应急救援过程中提供了超出普通救援的服务或者有法律义务之外的活动,或遭受了特殊损失,政府可以从其他方面给予赔偿弥补;各类志愿者队伍所需要的绝大部分资金以政府支付为主,慈善捐赠为辅;志愿者在房租、交通、社会保险、升学、就业等方面都具有优惠奖励和额外加分，这样很多青年人受到了鼓励自愿加入了志愿者的行列。

（三）德国应急志愿者的教育培训体系

从2002年易北河水灾中德国人得出一个结论，人们应该学习专业化的应急管理技能，并进行经常性的操练。德国的应急管理工作中，日常工作是以专业队伍为主，志愿者队伍为辅；而在大的灾难情况下则以志愿队伍为主要力量，而专业队伍更多指导、攻坚。为此，德国的培训演练是针对专业、志愿者和普通民众等多个层面的。

1. 系统有序的专业培训

德国设有多个应急管理培训机构，以下仅举两例。

危机管理、应急计划及民事保护研究、培训学院（AKNZ）是居民保护和灾难援助联邦局内部的中央培训进修机构，专门对应急管理人员进行指挥、协调等方面的培训。该学院始建于1953年，原先隶属于联邦技术援助局，2004年并入联邦民众保护和灾难救助局（BBK）。学院的重要任务是加强联邦和各州共同管理突发事件的职能，加强各救灾组织机构的协同能力以及指挥领导者、管理人员和专业技术人员的能力，并增进国内外相互交流。

该学院针对人员类型分设五个专业：① 主要针对各地区的应急指挥领导小组成员。具体课程涉及国家安全方面的法律法规，没有警察介入情况下如何协调行动，国与国之间的合作关系（主要针对邻国奥地利和瑞士），欧盟、北约的有关规定以及外国人在德的安全检查和救助等。② 针对消防队、警察局等部门以及救援组织的执行领导。主要课程涉及现场指挥各专业人员的内容。③ 针对行政管理人员。2002年的易北河洪灾应对经验教训中，很重要的一条就是必须提高当地指挥抢险救灾人员的能力。为提高政府各部门人员以及州县负责人的协调工作能力，特别增加该类课程，主要讲授政府的政策法规、灾难救助下的联邦和州的职责。同时也负责对联邦军队人员和救援组织人员的培训，相关课程也向欧盟国家提供。④ 针对专业人员。具体课程包括预防生化、核泄漏、心理学以及相关卫生医疗知识，并强化民间救助组织与卫生部门以及联邦军队的合作关系。⑤ 针对城市管理方面。具体涉及如何保护一个城市的基本设施，研究平民救助的方案和进行风险分析。学院以这五个领域为基础，向外扩展，具体的教学大纲由学院和各用人单位商讨形成方案报BBK审核。授课形式上不仅有理论教学，特别重要的是进行实际演习。目前这些培训都还是针对内部人员的，人员都由各部门选派，消防队的领导必须接受培训（这是其晋职的前提），部队派出援外之前也必须接受培训。每年有8 000至10 000人接受短期培训，此外还设置有2年的函授课程，每隔8周利用周末集中上课。联邦政府和波恩大学合作，还面向高级公务员开设危机管理专业。学院的经费由联邦财政一次性拨款。当然，除此之外，消防队还有自己的培训学校，针对消防队员开展专业化培训。

联邦直属技术救援署（THW）是对参与应急救援的现场一线人员进行专业技术培训的机构，主要负责为全国志愿者进行覆盖各灾种的全方位、规范化的培训。该组织的总部在波恩，除了6支联邦政府救援队和33支水处理队，还有8个后勤基地，66个通信、电力、后勤队，16个桥梁建筑和油污处理队，265个基础建设建筑队，800多个技术分队，培训基地和后期基地各2个，以及分布在全国各个社区的665个志愿者组织站点。

应急志愿者的培训主要包括基础培训和业务培训两部分。基础培训一般在周六、周日由当地的志愿者组织站的人员负责实施,主要采用学徒制的形式由有经验的志愿者对新人传授应急救援的常识和技巧,培训时间一般为120个小时,最长不能超过半年。业务培训是在政府专门设立的救援培训基地进行的。培训内容包括:跨国沟通的技巧,安全保障;通信、电力交通、爆破、救援仪器的操作与维护等专业技术培训;指挥协调能力培训(HL);国际救援后勤保障知识和欧盟内部联动互助知识的培训(CMI);运行机制的培训(OPM);如果是新闻工作者的话还有特殊的救灾常识和新闻报道等的培训。专业技术培训的时间一般是7天左右,针对学生的假期培训一般为7到20天。

THW的培训都以情景模拟和角色扮演为主。演练的内容大都以德国经常发生的冰雪、洪水自然灾害为背景,演练过程中的机构设置和实际情况完全相同,并完全按照应急事件的实际发生过程进行,这就提高了学员的实际动手能力。通过以上培训的志愿者就可以成为当地的联邦直属技术救援署的成员,参加国内的应急救援活动。如果有了国际救援的资格也可以参加国外的救援活动。志愿者们平时都有自己的工作,一旦接到险情通知,他们在两个小时内就可以赶到集合地点。德国政府为每个志愿者组织的站点配置应急救援的车辆、设备、仓库、办公用房和办公设备。由这个社区的志愿者负责这些物资的管理、维护、调配和使用。这些志愿者在德国以及印度尼西亚、苏丹、阿富汗、巴基斯坦等国家的应急救援行动中取得了巨大的成绩。

2. 细致的志愿者培训

对于志愿者的能力培训,是德国应急体系中十分重要的基础环节。各种志愿者组织都会针对自身的特点进行系统的培训。其共同的特点,首先就是从小抓起。在德国工人救援协会、约翰尼特救援组织中,很多志愿人员都是从小就开始参加这项志愿工作的,荣誉感、责任感和技术能力都逐步增强。其次,培训的系统性很强。例如对于红十字会的成员,分成了急救医生、卫生员、急救卫生员、急救助理等多种工作岗位的培训,而且有从课堂到实地再到实战的学习过程。这些确保了志愿者自身的救援素质。

3. 广泛的公民培训

德国十分重视公民个人在发生突发事件时对本人、家人及邻居的救护能力。在明确政府职责的基础上,强调公民自身的能力培养,政府部门与救援组织合作,对公众开展自我保护的"急救"知识的专门培训,不仅在中小学普遍开设了这方面的教学内容,培养出更多的救援人员后备力量,而且也向公民发放《突发事件预防手册》,让公众明白面对各种可能的突发事件,必须形成政府、非政府组织(非营利性组织)、企业、个体等全体应对的格局,才可能真正实现安全无患。在社会各层面都形成了灾难救援第一、以人为本的思想,以各类救援组织的志愿者制度建设为主要载体,大力推动了社会各界的责任感和参与程度。

第三节 应急管理的国际组织

一、国际组织在应急管理中的功能

国际组织虽然不是公共权力机关,但也参与应急管理事务,一般更注重于各种灾难的救助活动,它们与各个国家的应急管理部门密切配合,成为应急管理工作的重要参加者。此外,还有一些机构和协会,比如亚洲灾难减除中心(Asian Disaster Reduction Centre,ADRC)、世界气象信息服务中心(World Weather Information Service)、国际紧急事务管理协会(International Emergence Management Society)等,也涉及应急管理的某些方面,也可以被纳入应急管理体系中来。

目前,国际组织在自然灾害、事故灾难、公共卫生事件、社会安全事件、经济安全事件的应对与处置中均发挥着重要作用,它们在推动信息交流、技术合作、培训教育、协同应对等方面的功能不可被低估和替代。

(一)自然灾害领域

由于全球政治、经济、社会、文化交往日益密切,人口流动性的日益加强,自然灾害越来越有可能造成全球性影响。例如,2010 年的智利火山喷发就导致了欧洲航空业一片混乱,2011 年"3·11"东日本地震及其引发的核泄漏,也致使多个国家的食品和能源行业都受到波及。据不完全统计,全球范围内有 157 个自然灾害相关国际组织。其中联合国与国际组织 47 个,区域政府间组织 37 个,学术研究组织 29 个,非政府组织 26 个,其他类型组织 18 个。影响较大的机构主要有:联合国"国际减灾十年计划""国际减灾战略"的执行部门、联合国教科文组织及其主导下的国际海啸协会、联合国开发计划署、世界气象组织。[①] 联合国在自然灾害减灾的全球统一行动上发挥了重要作用,"国际减灾十年计划"和"国际减灾大会"都是为推动此项任务的成功尝试。一些地区合作组织则在防灾减灾、灾后恢复的区域合作中发挥了重要作用。例如,在加勒比海地区,相关各国组织了灾害研究与防御工程,与世界卫生组织、全美卫生组织、红十字会以及伊斯兰教会合作进行,可以为 29 个成员国提供人员培训、技术援助和调查研究等服务;2004 年印度洋海啸后,20 多个国家和国际组织领导人所进行的磋商会议,就印度洋海啸受灾地区的恢复重建等问题快速达成了一致,这些都为应急管理的区域性合作提供了启示和借鉴。

(二)事故灾难领域

国际组织在事故灾难应急管理中也扮演着积极的角色。在"3·11"东日本地震中,国际原子能机构就对日本公布核事故的相关信息起到了重要的推动作用。国际组

---

① 张茉楠. 建立全球统一灾害应急管理体系. 中国经济新闻网.

织参与事故灾难应急管理的另一个典型表现就是国际海事组织（International Marine Organization，IMO）所开展的大规模海上搜救行动。国际海事组织原成立于1958年3月，原为政府间海事咨询组织，1959年成为联合国下的一个专门机构，总部设在英国伦敦。它是一个专门负责改善船只在海上安全和防止海洋污染的组织。国际海事组织的宗旨是促进各国的航运技术合作，鼓励各国在促进海上安全、提高船舶航行效率、防止和控制船舶对海洋污染方面采取统一的标准，处理有关的法律问题。由于海上运输风险高，民航运输、海洋石油、海洋养殖捕捞都可能造成重大事故，需要开展大规模海上救援。为此，国际海事组织专门对海上的大规模搜救行动进行定义：需要立即向大量遇险人员提供救援，已有搜救机构在正常情况下所能提供的营救能力不足以完成救助任务，需要协调其他可用资源才能完成的搜救行动。

（三）公共卫生事件领域

世界卫生组织（WHO）在传染病的全球防治中扮演着不可或缺的角色。例如，1967年1月1日，世界卫生组织发动了"消除天花计划"。最开始的计划是通过对各国的全体国民进行免疫，后来发现目标过于宏大，而且在有的地方因宗教信仰等原因而受到抵触。后来，世界卫生组织改进了做法，改为对发生疫情的地区迅速隔离并进行免疫。世界卫生组织在消灭天花项目中较好地将统一领导和保持项目灵活性相结合，整个项目有统一的标准、由国际医疗队进行独立的评审和鉴定，但是具体负责执行项目的行政管理体系则根据各国的具体情况而有所不同。到1977年，世界卫生组织宣布，天花已经被消灭。受此鼓舞，世界卫生组织先后又开展了消灭小儿麻痹症、疟疾等疾病的计划。[①] 近年来，世界卫生组织在抗击"非典""甲流感"和新冠肺炎疫情等传染病过程中，也发挥了重要作用。此外，世界贸易组织（WTO）、国际民用航空组织（International Civil Aviation Organization，ICAO）等政府间组织也通过与世界卫生组织的合作，有效地限制了传染病在食品和航空领域的传播。

（四）社会安全领域

在社会安全方面，恐怖主义已经成为全球性问题，因此国际组织在应对恐怖主义方面的作用尤为突出。2001年"9·11"事件之后，联合国成立了反恐怖主义委员会，2004年又成立了反恐怖主义执行局，2006年9月8日，联合国大会通过全球反恐战略，标志着全体会员国首次商定采取共同的战略和行动办法，打击恐怖主义。此外，一些地区性组织在加强打击恐怖主义上的合作上发挥了重要作用。

（五）经济安全事件领域

2008年国际金融危机发生后，国际组织在应对经济安全事件中的作用日益凸显。20国集团峰会、联合国、世界银行、国际货币基金组织以及金融稳定论坛等国际组织在协调各国保持市场开放、避免贸易保护主义、合力应对金融危机上发挥了不可替代

[①] 刘莹. 中国应对SARS危机中的国际合作 // 胡鞍钢. 透视SARS：健康和发展. 北京：清华大学出版社，2003.

的作用。事实上，20国集团峰会本身就是金融危机的产物，1997年亚洲金融危机爆发并逐步蔓延、最终酿成1998年全球金融风暴。之后，以美国为首的西方七国的财长们于1999年6月在德国科隆提出了成立20国集团的建议，目的是让有关国家就国际经济、货币政策举行非正式对话，以利于国际金融和货币体系的稳定。

二、联合国

（一）联合国的应急管理情况简介

从全球范围来看，世界各地产生的各种突发事件，在不同程度上威胁着人类的生产和生活，给人类共同的生存和发展带来了无尽的灾难，无论是发达国家还是发展中国家都难以独善其身。这就需要经常开展国际合作或援助，如预警信息通报和共享、紧急物资供应、派遣紧急救援队和医疗队、相关技术支持等，以便有效应对危机，化解危机，降低损失。但是，这些工作往往无法由单个或几个国家来完成，需要开展世界范围的合作，因此，如何与各国协调应对各种紧急突发事件，如何构建应急管理的合作和救援机制就成为联合国的重任。

从联合国的自身发展来看，其产生的主要原因就是在汲取两次世界大战的惨痛教训后，利用预防性管理的特点和手段，整合和协调全世界的和平资源，化解世界大战的危机。不难看出，联合国诞生的本身就是世界范围内开展应急管理的产物，因而，国际应急管理无疑将是联合国的最重要任务之一。随着时间的推移，联合国管理的范围更加宽泛，内容不断增多，应急干预的手段趋向多样化。结合突发事件形成所经历的潜伏期、爆发期和恢复期三个阶段的特点分析，目前，联合国组织应急管理工作可以从以下几个阶段去了解。

1. 预防和准备阶段

联合国及其相关组织特别重视通过事前预警、评估分析进行预防性管理的重要性。并且，联合国在工作中特别强调"通过可持续的经济和社会发展仍然是免受灾难（不论是自然还是人为灾难）的最佳保障"。目前，联合国在开展国际活动中，十分注意把发展、人道主义和环境工作努力结合起来，把减少灾害工作纳入援助国或成员国的国家发展规划当中，如开展扶贫工作、制定妥当的立法、预算中给予充裕的拨款，规定负责和受益国家的政府或管理部门下放权责，让国家以下各级和地方社区能够参加决策等措施，通过自身的发展来增强突发事件的应对能力。

近年来，恐怖主义造成的人为突发事件日益突出，联合国先后通过1540、1566、1267号决议设立反恐特设委员会和工作组，2001年9月28日，安全理事会根据《联合国宪章》第七章采取行动，通过了第1373号决议，再次谴责"9·11"恐怖袭击，表示决心防止一切此种行为；并专门设立反恐怖主义委员会，负责监测各国执行第1373号决议的情况，并努力提高各国打击恐怖主义的能力。

在减少自然灾害方面，以联合国为主所推动的"国际减灾十年"活动，其行动目的是通过一致的国际行动，特别是在发展中国家，减轻由地震、风灾、海啸、水灾、火山爆发、森林大火、蚱蜢和蝗虫、旱灾和沙漠化以及其他自然灾害所造成的人民生命财产损失和社会经济的失调。随后在超过140个国家内部委员会的积极支持下，联

> 2009年5月17日，联合国发布了第一份确认灾害风险要素的全球报告。前联合国秘书长潘基文在报告的发布仪式上说："尽管我们无法阻止自然现象如地震和热带风暴的发生，但我们可以尽量限制它们所造成的负面影响。先发制人的减灾措施正是其关键。灾害事件发生后的反应机制无论多么有效，都永远是不够的。"

合国在 1994 年的"国际减灾十年"大会上，提倡各国在具灾害脆弱性的地区设置专门收集与提供灾害信息的地区中心（横滨战略）。2001 年联大决定每年 10 月的第二个星期三为国际减灾日，并借此在全球倡导减少自然灾害的文化，包括灾害防止、减轻和备战。

2. 应急处理阶段

为协调各国做出一致、迅速的反应，并能够有效避免重叠、重复和资源浪费以及资源短缺情况，联合国十分重视应急阶段的协调机制。目前，联合国人道主义事务处是联合国内负责应急管理的中枢协调部门，同联合国业务机构、各国政府、区域组织、非政府组织、政府间人道主义组织等密切合作。人道主义协调机构间常设委员会成立了一个自然灾害工作队，由人道主义事务处、国际红十字会与红新月会联合会领导，工作队主要是进行改善防灾的协调，选定一些易受害国家开办试点项目。

在许多发展中国家，还建立了由驻地协调员领导的联合国各机构国家一级代表组成的联合国灾害管理队。这些管理队做好安排，一旦遇到紧急情势就协调救济活动。人道部为及时回应并分发灾难信息，实行 24 小时值班制。为了能应对紧急情况，尤其是对自然灾害迅速做出反应，人道部在捐助国政府参与下，建立了联合国灾害评估和协调常备工作队，该队可以立即部署到受灾国去帮助地方和全国主管当局确定需要什么救济并进行协调。人道部还可能使用民事和军事紧急队和专门知识对灾害做出反应。

> 前任联合国秘书长安南曾说过："灾前预防比灾后救援更经济、也更人道。"

在联合国的应急救援方面，1991 年还成立了国际搜救咨询小组（INSARAG）作为自然灾害工作队的重要伙伴，小组由联合国及许多参与国际搜救国家（SAR）共同努力合作而组成。如果灾难发生，当地灾害管理主管机关（LEMA）会首先对灾区采取应变与支持措施，如果额外的支持要求超过当地层级的范围，则应由受灾地所在国家政府提供支持，除非受灾国的资源已经耗尽或是需求无法达成，然后受灾国才寻求国际援助。

3. 恢复阶段

在恢复阶段，联合国各机构部门之间会进行协作以便实现缓解灾害和灾区恢复正常生活的目标。例如，联合国粮食和农业组织（粮农组织）往往被要求来帮助农民在水灾、畜疫和类似紧急情势后恢复生产；联合国难民事务高级专员办事处将对危机过后产生的难民问题进行处理，为确保难民和内部流离失所者返回家园后能重建生活。为使重返社会获得成功，难民专员办事处需要给予受影响者紧急援助，并由受破坏地区对发展方案加以支持，保证返回者有创收机会；联合国儿童基金会为遭受创伤的儿童提供保健、营养、供水以及卫生、基础教育和社会心理康复，等等。联合国这些人道主义行动的目的是保证紧急救济以促进今后的发展，因而其工作范围不限于救济，还包括长期复兴和发展。

此外，通过对突发事件前因后果的审视，联合国及有关国家和地区也不断从中汲取经验教训，对现有的管理机制也在逐步更新，以符合时代发展的新需要。突发事件既是危险，也是机遇。联合国成立至今已七十余年，面对未来更加复杂的局势，"如何化解危险，抓住机遇"仍将是其今后工作的主题。

（二）联合国防灾减灾的发展过程

1987年，第44届联合国大会把20世纪最后10年定为"国际减灾10年"（International Decade for Natural Disaster Reduction，IDNDR），主要目的是通过国际协调和合作，减轻因自然灾害造成的人员伤亡、物质的损失以及社会经济的混乱。1992年联合国在巴西召开的世界环境与发展大会上，提出了可持续发展的战略，并把防灾减灾与扶贫、环保一起作为实现可持续发展的重要领域。

1994年联合国在横滨召开首届世界减灾大会，发表了"面向更安全的世界的横滨战略"。该战略的基本共识有两条。第一条是如果没有通过构建抗御灾害的社会和事前准备来减轻灾害损失的话，可持续的经济发展很难实现。第二条是为了保护人的生命财产和减轻自然灾害的损失，必须着手建立全球规模的防灾机制。为此，联合国提出了防灾减灾的行动计划，主要内容有六项：① 从政治高层到一般群众基层，彻底普及防灾工作的重要性。为此，需要促进在国际、地区、国家层次上的合作努力。② 为了防止社会脆弱性的扩大，需要开发风险评估手段，把防灾与开发规划、经济发展计划等相衔接。③ 促进与防灾减灾有关的媒体、科学技术、企业、非政府组织等多领域和部门之间的合作。④ 加强对灾害的监视和早期预警以及防灾信息的共享。⑤ 促进世界各地的防灾合作，建立地区防灾中心。⑥ 推动欠发达国家和小岛屿国家的重点防灾工作。

1999年，"国际减灾10年"活动顺利完成。在这10年中，世界各国在加强防灾体制建设、完善防灾规划等方面取得了很大的成就，联合国建立了国际灾害紧急救援制度。虽然在过去几十年中，自然灾害的死亡人数减少，但是，灾害的发生次数、受灾人员和经济损失在增加，社会对灾害的脆弱性越发明显。在结束"国际减灾10年"的同时，联合国为了继续推进国际减灾活动，提出了"国际防灾战略"（ISDR），即"在21世纪建设更安全的世界"。该战略的工作方针中有三大战略改变，即：把防灾的重心从灾后的应对转向灾前的预防；从重视防灾硬件设施的建设转向强化对灾害的管理；从强调政府的作用到推进建设灾害应对能力强的社区。联合国经济社会理事会也发出了E/1999/L.44号决议，呼吁全世界"通过把减轻灾害风险工作综合到可持续发展中这一方法，继续进行防灾减灾和风险管理"。

2001年为了把防灾减灾作为世界共同的文化进行推广和普及，联合国把每年10月的第二个周三定为"国际减灾日"。

2002年在日本政府的协作下，《世界防灾白皮书》首次出版。白皮书特别强调减轻灾害风险与可持续发展和环境保护的关系，从制度、规划和计划以及信息管理等方面分析了减轻风险的各种手法。2002年9月2—11日，联合国在南非首都约翰内斯堡召开"可持续发展世界大会"（World Summit for Sustainable Development，WSSD）。在可持续发展实施计划中，为了建设21世纪更安全的世界，强化国际合作，促进发达国家为发展中国家在建立灾害早期预警系统等方面加强合作。

2005年1月18日至22日第二届联合国减灾大会在日本兵库县神户召开。大会的主要目的是完成10年前的横滨战略总结和制定21世纪的国际减灾方针；明确"可持续发展世界大会"的实施计划指出的脆弱性、风险评估和灾害对策的具体活动，强化

《兵库宣言》指出：灾害的影响仍然是可持续发展的最大课题。防灾、可持续发展和消除贫困具有密切的关系，让政府、国家机构、金融机构、包括非政府组织和自愿者在内的市民社会、民间部门以及科学家在内所有有关者参与和关心是非常重要的；不仅是个人，而且在国际层面上也必须加强灾害预防文化和灾前的投资。只有减少社会的脆弱性，才能减少自然灾害带来的痛苦。

与实现可持续发展有关的防灾领域的工作,并使全世界共享将防灾与可持续发展相结合的成功案例、教训和问题;提高对防灾措施的重要性的认识并促进有关措施的实施;提高面向一般市民和防灾相关机构的防灾信息的可信性和有效性。

2015年3月14日至18日,第三届联合国减灾大会在日本仙台召开,187个国家的代表通过了《2015—2030年仙台减少灾害风险框架》,确立了全球减灾七大目标和四个优先行动领域。

七大减灾目标包括:① 到2030年大幅减少灾害死亡人数,使2020—2030年全球年平均每十万人灾害死亡率低于2005—2015年;② 到2030年大幅减少受灾人数,使2020—2030年全球年平均每十万人受灾人数低于2005—2015年;③ 到2030年,减少灾害直接经济损失占全球国内生产总值(GDP)的比例;④ 到2030年,大幅减少重要基础设施的损坏和基本公共服务的中断,特别是通过提高抗灾能力降低卫生和教育设施的灾害损失程度;⑤ 到2020年,大幅增加已制定国家和地方减轻灾害风险战略的国家数量;⑥ 到2030年,提高对发展中国家的国际合作水平,为发展中国家实施仙台减灾框架提供充足和可持续的支持;⑦ 到2030年,大幅增加民众可获得和利用多灾种预警系统以及灾害风险信息和评估结果的机会。

四个优先行动领域包括:① 理解灾害风险。关于灾害风险管理的政策与实践应当基于对灾害风险所有层面全面理解的基础上,包括脆弱性、风险防范能力、人员与财产的暴露、致灾因子和孕灾环境的特点。了解这些知识有助于开展灾前风险评估、防灾减灾、制定执行有效的备灾措施、高效应对灾害等。② 加强灾害风险防范,提升灾害风险管理能力。加强灾害风险防范,需要加强包括防灾、减灾、备灾、救灾、恢复和重建在内的系统性灾害风险防范工作;需要在部门内部和各部门之间制定明确的构想、计划,划定职权范围,制定指南和协调办法;需要利益相关方参与,促进各机构之间的协作,推动有关政策文件的执行。③ 投资减轻灾害风险,提高抗灾能力。公共和私营部门在预防和减轻灾害风险方面的投资,是提高个人、社区、国家抗灾能力的必要措施。相关投资是促进创新、增长和创造就业强有力的驱动因素。这些投资是必要的成本,有助于挽救生命,防止和减少损失,并确保有效恢复重建。④ 加强备灾以有效应对,并在恢复、安置和重建中"让灾区建设得更美好"。灾害风险不断增加,人口和资产的暴露程度越来越高,结合以往灾害应对的经验教训,必须进一步加强备灾响应,将减轻灾害风险纳入应急准备,确保各级有能力开展有效的应对和恢复工作,特别要注意确保妇女和残疾人的平等权利。同时,灾害事件也表明,恢复、安置和重建需要在灾前就统筹考虑,这是"让灾区建设得更美好"的重要契机,通过将减轻灾害风险纳入各项发展措施,使国家和社区具备较高的抗灾和恢复能力。

三、红十字会

活跃在全球应急管理领域的人道主义组织主要是红十字国际委员会(以下简称红十字会)。它在各个国家,特别是西方国家都有对应的分支机构,在国际社会的应急管理工作中发挥了重要的作用。

红十字会（International Committee of the Red Cross）成立于 1863 年。① 目的是在不断爆发的武装冲突中，在绝对中立和公正的基础上，为平民、伤员和俘虏提供必要的人道主义帮助。其指导原则是：即便是在战争期间，也存在着关于战争应该如何进行和军事人员应该如何作战的界限。根据这一原则制定的得到全世界所有国家认可的规则，就是以《日内瓦公约》为基石的《国际人道法》。

瑞士的慈善组织和政府对红十字会的发展做出了重要贡献。1864 年，瑞士政府邀请 12 个国家政府的代表在日内瓦召开外交会议，以取得国际社会对红十字会及其理想的承认。会议通过了第一个人道法的条约——《日内瓦关于改善陆上武装部队伤者境遇公约》。以后又举行多次会议，将基本的法律规定延伸到其他受难者，如战俘等。第二次世界大战以后，通过外交会议制定了 1949 年《日内瓦公约》，以加强战时对平民的保护。1977 年的两份附加议定书，又进一步补充了 1949 年公约里面的内容。

《日内瓦公约》是有拘束力的国际法条约，它在世界范围内都具有适用力。《红十字国际委员会章程》是在国际红十字与红新月大会上通过的。该大会每四年召开一次，《日内瓦公约》的所有缔约国都将参加会议，因此，它赋予了《红十字国际委员会章程》一种准法律或"软法律"的地位。红十字国际委员会在职权和法律地位方面，不同于其他非政府组织，如联合国管辖下的机构和非政府组织。在它开展工作的大部分国家里，红十字国际委员会都与所在国政府制定有总部协议。通过这些具有国际法意义的协定，红十字国际委员会得以享有一般只有政府间组织才有的特权和豁免，如驻地、档案和其他文件不可侵犯等。

今天，红十字国际委员会在全世界 60 个国家设有办事处，在 80 多个国家和地区内开展工作，雇用 12 000 名员工，其中大部分来自当地国家。在日内瓦总部，有 800 名工作人员。而且，它还是联合国的观察员，与联合国人道事务专员公署开展合作，同时它还以常任代表的身份出席跨机构常设委员会②举行的会议。红十字国际委员会还与其他有关机构如联合国难民专员公署、联合国儿童基金会、世界粮农组织和世界卫生组织协调工作。可以说，红十字国际委员会已经成为当今世界最大的、最有影响的非政府组织。

---

① 关于红十字国际委员会的资料来自红十字国际委员会网站。红十字国际委员会的诞生，归功于瑞士人亨利·杜南（Henry Dunant）。1859 年 6 月 24 日，杜南因公务而在当晚路经意大利北部的一个小镇索尔弗利诺。那天奥地利和法国军队在此激战 16 个小时，地上遍布四万名死伤者。他亲眼目睹了双方成千上万的伤兵得不到任何医疗救助，其景象惨不忍睹。他呼吁当地居民协助他照料伤者，并坚持交战双方的士兵都应受到照顾。回国后，杜南发表了《索尔弗利诺回忆录》，并提出了两项郑重的呼吁：（1）所有国家在和平时期都应建立包括护士在内的救援机构，以便在战争时可随时照料伤者；（2）参与军队医务部门服务的志愿人员，应该受到一项国际条约的确认和保护。1863 年，慈善团体日内瓦公共福利协会成立了一个由五名成员组成的委员会，研究杜南所提建议的可行性。这个由古斯塔·莫瓦尼埃（Gustave Moynier）、吉勒姆－亨利·杜福尔（Guillaume-Henri Dufour）、路易斯·阿皮亚（Louis Appia）、西奥多·莫诺瓦（Théodore Maunoir）及亨利·杜南所组成的委员会，成立了救援伤者国际委员会，即红十字国际委员会的前身。五名创始人决定举行国际慈善组织会议，以实现杜南的建议。共有 16 个欧洲国家和 4 个慈善机构，派代表出席了于 1863 年 10 月 26 日在日内瓦召开的国际会议。在这个会议上，采纳了白底红十字的识别标志。红十字会由此而诞生。

② 该跨机构常设委员会是联合国的一个协调机构，其成员包括联合国的主要人道机构、红十字会与红新月会国际联合会和其他非政府组织。

1. 红十字会的工作内容

红十字会的工作内容包括以下各项：

（1）探视战俘和被拘留的平民。

（2）寻找失踪人员。

（3）为被冲突分隔的家庭成员传递信息。

（4）协助离散的家庭团聚。

（5）为没有食物、饮用水和医疗援助的平民，提供这类基本生活所需。

（6）传播国际人道法的知识。

（7）监督国际人道法的遵守情况。

（8）提请对违反国际人道法情况的注意、并推动人道法的发展。

2. 红十字会运动的基本原则

红十字会在推行工作的过程中，与各个国家的红十字会和红新月会①一道，不断宣传自己的主张和宗旨，动员吸收越来越多的热心人士加入这一事业，形成了风靡全球的红十字会和红新月会运动。据红十字国际委员会的网站公布的数据，现在全世界的红十字会和红新月会成员和志愿者人数超过一亿人。1965年，在维也纳举行的第二十届红十字与红新月国际大会上，宣布了红十字运动的七项基本原则，对理解红十字会工作的本质具有重大帮助。它们是：

（1）人道（Humanity）：国际红十字与红新月运动，其本意是不加歧视地救护战地伤员。在国际上和国内，在任何场合都努力为制止和减轻人类的疾苦而努力。该运动的宗旨是保护人的生命和健康；保障人类尊严；促进人与人之间的互相了解、友谊、合作与持久和平。

（2）公正（Impartiality）：红十字会工作不因国籍、种族、宗教信仰、阶级和政治见解而有所歧视，仅根据需要，努力减轻人们的疾苦，优先救济最需要得到帮助的人。

（3）中立（Neutrality）：为了继续得到所有人的信任，红十字会工作在冲突各方之间不采取倾向任何一方的立场，任何时候也不参与涉及政治、种族、宗教或意识形态的争论。

（4）独立（Independence）：红十字会工作是独立的。虽然各国红十字会要协助本国政府开展人道工作，并受本国法律的制约，但他们必须永远保持独立，以便任何时候都能按本运动的原则行事。

（5）志愿服务（Voluntary service）：本运动为志愿救济运动，绝不期望以任何方式得到好处。

（6）统一（Unity）：任何一个国家只能有一个红十字会或红新月会。它必须向所有的人开放，必须在全国范围内开展人道工作。

（7）普遍（Universality）：国际红十字与红新月运动是世界性的。在本运动中，所

---

① 红新月会（Red Crescent）的起源过程是：红十字国际委员会在成立时就觉得需要一个简单而易识别的世界性标志。1863年举行的国际会议，通过采用白底红十字为替伤者提供救援服务机构（未来的国家红十字会或红新月会）的特有标志。1864年通过的日内瓦公约，对滥用该标志订立了处罚规定。然而，奥斯曼帝国在1876年决定使用红新月代替红十字，一些国家也随后效仿；1929年，红新月标志与当时伊朗使用的红狮子和太阳标志（现在已不再使用）同时得到正式承认。

有红十字会享有同等的地位，并负有相互支持的责任和义务。

3. 红十字会的决策及代表机构

与其他国际性组织不同的是，红十字国际委员会的决策机构完全由一个国家——瑞士的公民组成。15 至 25 名瑞士公民以私人名义出任成员。委员通过选举产生，而且由现任委员推选新的继任委员。委员会定期举行会议，负责制定红十字国际委员会的原则和总政策，并且监督红十字国际委员会的活动。

全部由瑞士公民出任其委员，是红十字国际委员会的独特之处。因为这一组织是由一个传统上中立的国家的公民在日内瓦所成立的。通常认为，红十字国际委员会的这一独特之处确保了其在开展国际工作时，始终坚持人道、独立、公正和中立的原则。

国际委员会的职责主要是：

（1）维护并宣传红十字会运动的基本原则，即人道、公正、中立、独立、志愿、统一和普遍。

（2）承认会约第四条所规定的承认条件的任何新成立或改组的国家红十字会，并通告其他国家红十字会。

（3）承担《日内瓦公约》所赋予的任务，为忠实执行适用于武装冲突的国际人道主义法而努力，并受理有关违反该法的诉讼。

（4）作为特别在国际和其他武装冲突以及内乱时进行人道主义工作的中立团体，应始终致力于保护和救助受此类冲突与其直接结果影响的军人和平民中的受难人员。

（5）确保《日内瓦公约》规定的工作运转正常。

（6）考虑到战争不可避免，应与各国红十字会、军民医疗单位以及其他有关当局合作，致力于训练医务人员和准备医疗器械。

（7）为了解和传播适用于武装冲突的国际人道主义法知识而努力工作，并为发展该法做好准备。

（8）执行国际大会委托的工作。

红十字国际的领导和决策机构分为大会（Assembly）、大会理事会（Assembly Council）和指导委员会（Directorate）。

（1）大会。大会是红十字国际委员会的最高权力机构，它对红十字国际委员会的所有活动进行监督。大会决定红十字国际委员会的政策、整体目标和组织战略，并批准预算案和通过决算案。大会将它的某些职责委派给大会委员会来承担。大会由红十字国际委员会的成员组成，具有社团性质。大会的主席和副主席也就是红十字国际委员会的主席和副主席。

（2）大会理事会。大会理事会是大会的辅助机构，大会授权大会理事会行使某些大会的权力。大会理事会为大会的活动做准备，并在其职权范围内对某些事项做出决定，特别对有关筹措资金、人事安排和对外交流的一般政策进行战略性决策。它是联系大会和理事会的纽带，向大会定期做报告。大会理事会由大会选举产生的五个成员组成，红十字国际委员会的主席任理事会主席。

（3）指导委员会。指导委员会是红十字国际委员会的行政机构，负责实施和保证实施由大会或大会理事会制定的整体目标和组织战略。理事会还负责确保红十字国际委员会的正常运转和提高其员工的工作效率。

此外，红十字国际委员会在60个国家设置代表处，主要职责是保护和帮助武装冲突和暴力的受难者。并且在许多地区设置代表处，目的是在和平时期向政府、武装部队和平民推广和传播国际人道法；在可能发生内部紧张状态或暴力事件时，担任预报警告的角色，使红十字国际委员会能做好准备，以便在紧急情况发生时迅速开展人道救援工作。

4. 红十字国际委员会的紧急事态救援工作

红十字会在成立时是为了关心受武装冲突影响的伤者和平民，但到了1919年，红十字会与红新月会成立联合会，负责指导和协调红十字和红新月运动向受到自然、技术灾害冲击的灾民、难民提供国际救援，并负责紧急情况下的医疗服务。现在，它越来越关心遭受各种灾难的人们，尤其是自然灾害的受害者。在成员国中，红十字国际委员会和当地的红十字会和红新月会，在发生重大灾难的时候，一方面协助所在国政府机构，另一方面自己也提供一系列服务，包括赈灾、救援、医疗卫生、灾民安置等工作。在战争期间，向受影响的平民提供帮助，并且在适当的情况下，协助军队的医务部门救援伤者。

红十字国际委员会对各国红十字会和红新月会的工作起着指导和协助作用。主要工作内容包括：向它们提供专门技术、物资和财政支持，协助其发展技能、组织建设和工作关系，帮助它们能更有效地开展工作和履行职责；帮助它们修改并通过红十字会章程及其他法律事务，特别是在履行人道法的事务方面提供咨询和帮助；促进工作信息的交流，协调各成员间的活动，以便更有效地利用现有资源，向武装冲突或内乱的受难者和其他需要得到帮助的人提供共同的帮助。

今天，红新月会国际联合会发起的国际红十字会与红新月运动，已经将其使命确定为"防止和减轻人类在任何地方遭受的痛苦，保护生命和健康，确保对人类的尊重，尤其是在武装冲突和其他紧急情况下对人类的尊重，预防疾病，提高健康水平和社会福利水平，鼓励国际红十字与红新月运动成员提供长期的志愿服务和帮助，以及鼓励运动成员对需要它的保护和帮助的人形成一种普遍的团结精神"[1]。红十字国际委员会使命的扩大，使它已经成为国际紧急事态管理方面的一支重要力量。

专栏

中国红十字会

中国红十字会是中华人民共和国统一的红十字会组织，是从事人道主义工作的社会救助团体，是国际红十字运动的重要成员。中国红十字会以发扬人道、博爱、奉献的红十字精神，保护人的生命和健康，促进人类和平进步事业为宗旨。中国红十字会于1904年在上海创立，起初叫"万国红十字会上海支会"，建会后一直从事救护伤兵、救助难民和赈济灾民活动，并积极参加人道主义救援活动。1952年7月，第18届国际红十字大会承认中国红十字会是中国唯一合法的全国

---

[1] 资料来源：红十字国际委员会网站。

性红十字会，中国红十字会因而成为新中国在国际组织中第一个恢复合法席位的团体。

改革开放以来，中国红十字事业进入了持续、快速发展时期。各级、各地红十字会迅速恢复和建立。在人道领域里的工作不断开展，并得到了政府及社会各界的支持。备灾救灾网络已初具规模，中国红十字会在开展自然灾害的救助工作中，为保障受灾群众的健康、保护受灾群众的生命做出了贡献。1982年以来，中国红十字会协助政府倡导和推进公民无偿献血事业。中国红十字会与红十字国际委员会、红十字会与红新月会国际联合会和许多国家红十字会有着良好关系与合作，也积极援助姊妹国家红十字会。1993年，中华人民共和国第八届全国人民代表大会常务委员会第四次会议通过了《中华人民共和国红十字会法》，使中国红十字会的工作有了法律保障。

在新的时代，中国红十字会突出抓好备灾救灾、卫生救护知识培训、社会服务、传播国际人道法及红十字运动基础知识、推动无偿献血和红十字青少年道德教育、中国造血干细胞捐献者资料库、预防艾滋病等主要工作；加强人才培养、向社会宣传和多渠道筹集资金等工作，配合社会主义精神文明建设和社会保障制度的建立。中国红十字会将遵循红十字运动人道、公正、中立、独立、志愿服务、统一、普遍的七项基本原则，继续努力，为中国人民的幸福，为全人类的和平进步事业做出更大贡献，努力建设中国特色的红十字事业。

延伸阅读

[1] R. Steven Daniels, Carolyn L. Clark-Daniels. Transforming Government: The Renewal and Revitalization of The Federal Emergency Management Agency. 2000 Presidential Transition Series, Birmingham, Alabama, April 2000.

[2] Federal Emergency Management Agency. Multi Hazard Identification and Assessment. FEMA., Washington, D. C., 1997.

[3] Richard Sylves, Ph. D. William R.Cumming, J. D. FEMA's Path to Homeland Security: 1979-2003. Journal of Homeland Security and Emergency Management, Volume 1, Issue 2 2004, Article 11, Produced by The Berkeley Electronic Press, 2004.

[4] Emergency Management Institute. Independent Study IS230. Principles of Emergency Management, March, 2003.

[5] Emergency Management Australia. Australia Emergency Management Glossary. Better Printing Service, Commonwealth of Australia, 1998.

[6] Standards Australia（1999）AS/NZS 4360: 1999: Risk management; Risk Management Standard AS/NZS4360: 2004.

[7] Ministry of Civil Defense and Emergency Management Glossary. Wellington, New

Zealand.

［8］Ministry of Civil Defense. National Civil Defense Plan. Wellington, New Zealand, 2002.

［9］腾五晓，加藤孝明，小出治．日本灾害对策体制．北京：中国建筑工业出版社，2003．

［10］闪淳昌，周玲，方曼．美国应急管理机制建设的发展过程及对我国的启示．中国行政管理，2010（8）．

［11］薛澜，朱琴．危机管理的国际借鉴：以美国突发公共卫生事件应对体系为例．中国行政管理，2003（8）．

［12］薛澜，钟开斌，张强．美国危机管理体系的结构．世界经济与政治论坛，2003（5）．

［13］钟开斌．中外政府应急管理比较．北京：国家行政学院出版社，2012．

第二篇

应急管理体制

应急管理体系的活动和演变决定了一个国家应对突发事件的能力和效率。从我国应急管理体系的演变和发展过程来看，自新中国成立以来，大体经历了三个阶段且各有特点：单灾种应对为主的应急管理体系（1949—2003年）、以"一案三制"为核心的应急管理体系（2003—2012年）、以总体国家安全观为统领的应急管理体系（2012年至今）。

第一代应急管理体系的主要特征是针对单一类型的突发事件，成立相应类型的应对机构，这些机构分属不同的管理部门，管理体制呈现"分散化"的特点；对突发事件，尤其是复合型突发事件的管理，在多部门协同运作方面显得效率低下；面对巨灾、重特大突发事件时，则依赖既有行政机构临时成立指挥部或领导小组（或启动议事协调机构），选派得力干部应对危机，待事件过后各自回归原单位，如此反复。这种"临时响应、分散协调"的模式逐渐暴露出协同性较差、综合应对能力不足等问题。

第二代应急管理体系的主要特征是由单一突发事件应对向综合应急治理转变，建设核心是"一案三制"，即制定修订应急预案，建立健全应急体制、机制和法制。在认真总结2003年抗击"非典"经验教训的基础上，基本建立了"统一领导、综合协调、分类管理、分级负责、属地管理为主"的应急管理体制；政府应急管理机构（应急办）的综合协调职能得以明确，以政府办公厅（应急办）为运转枢纽、协调若干议事协调机构和联席会议、覆盖各类突发事件的应急管理体制逐渐形成。

第三代应急管理体系的主要特征是以总体国家安全观为统领，统筹应对国内外全灾种、全领域的突发事件，编织全方位、立体化的公共安全网，加强、优化、统筹国家应急能力建设。以2012年党的十八大为开端，以2013年中央国家安全委员会成立为标志，以2018年成立应急管理部为重要事件，开启了应急管理体系改革的新篇章，标志着我国开始建立由强有力的核心部门进行总牵头、各方协调配合的应急管理体制。

第四章
中国特色应急管理体制及其改革

学习目标

1. 了解新时代中国特色政府管理体制的重要性。
2. 了解党委、政府间，横向部门和纵向层级间关系。
3. 了解中国政府应急管理职能和应急管理主要组织体系。
4. 了解党委、政府应急管理指挥部主要组织体系、议事协调机构和部际联席会议的应急职能。
5. 了解新时代自然灾害、安全生产及应急管理体制机制改革内容。

学习重点

1. 重点掌握主要党委机构、政府组成部门中的应急管理职能。
2. 重点掌握新时代应急管理体制的主要含义。
3. 掌握应急管理部、厅、局的主要职责。

案例

汶川地震之后的相关主体的紧急响应

2008年5月12日14时28分四川省汶川县发生里氏8.0级特大地震之后，从中央到地方的各级党委、政府及有关部门立即采取了相关措施应对此次巨灾：

地震发生后1小时27分钟，胡锦涛做出重要指示，要求尽快抢救伤员，保证灾区人民生命安全。

当日16：40，温家宝乘专机飞往四川成都。21：40，抵达都江堰市指挥抗震救灾工作。国务院成立了抗震救灾总指挥部，温家宝任总指挥，李克强、回良玉任副总指挥。

中国地震局：在地震后2小时21分钟召开新闻发布会，通报已启动一级预案，一支180人的中国国际救援队集结出发。

公安部：地震当日下午成立抗震救灾指挥部，时任公安部部长孟建柱任指挥长。

国家减灾委员会（办公室设在民政部）、民政部：于15：40紧急启动国家应急救灾二级响应，并于当天22：15提升为一级响应。

国家电力监管委员会：地震当晚发出紧急通知，全系统进入一级应急状态。

环境保护部：地震当晚，立即启动核辐射及水污染防治应急预案，组成21人环境专家组赶赴灾区。

国家安全生产监督管理总局：地震当晚，立即组织、调动各地矿山救援队奔赴汶川地震灾区。

事发地四川、甘肃、陕西等省及重庆市从省一级到受灾市、县党委政府，也都分别成立了抗震救灾指挥部和前线指挥部。面对特大地震灾害，灾区各级党委和政府、广大干部群众紧急动员、迅速行动，充分发挥了中流砥柱作用。在山崩地裂的危急关头，灾区各级党委和政府处变不惊、指挥若定，带领群众化悲痛为力量，从废墟上勇敢站立起来，沉着冷静地开展抗震救灾工作。各级干部挺身而出、身先士卒，组织群众争分夺秒抢救被困人员，想方设法安置受灾群众，带领群众抓紧恢复生产、重建家园。广大共产党员舍生忘死、勇往直前，做到了关键时刻、危难关头豁得出来、冲得上去，展现了新时期共产党人的光辉形象。灾区人民临危不乱、守望相助，全力开展自救互救。

中国人民解放军、武警部队，以及矿山救援队、消防救援队、医疗救援队、武警部队、地震灾害紧急救援队、中国人民解放军等救援队伍纷纷赶赴灾区实施应急救援工作。人民解放军指战员、武警部队官兵、民兵预备役人员和公安民警冲锋在前、勇挑重担，发挥了主力军和突击队作用。14.6万名人民子弟兵，心系灾区人民安危，肩负党和人民期望，从高级将领到普通士兵，发扬英勇顽强、不怕牺牲、连续作战的战斗作风，承担起抗震救灾最紧急、最艰难、最危险的任务。英雄的人民子弟兵勇于突进震中地带，敢于跨越生死界线，克服千难万险，进入千村万户，为灾区人民带去生命的希望和生活的勇气。7.5万名民兵预备役人员自觉行动，成为解救受灾群众、医疗救护、卫生防疫、公路运输、油料保障、电力抢修、恢复生产等方面的重要突击力量。广大消防特勤、特警、边防等公安救援队伍和公安民警恪尽职守，全力救助群众，全力维护社会稳定。

……

第一节　应急管理体制概述

各级党委、政府在突发事件应急管理过程中，承担着领导指挥、组织协调的职能。

同一层级党委、政府内部也由承担各种不同职能的政府部门构成，为有效履行应急管理职责，需要对各类型组织进行职责及其履行方式的划分，这就构成了政府应急管理体制的主要内容。

一、应急管理体制的概念和基础

（一）应急管理体制的定义

《辞海》中体制的定义是：① 国家机关、企事业单位在机构设置、领导隶属关系和管理权限划分等方面的体系、制度、方法、形式等的总称。如政治体制、经济体制等。② 诗文的体裁，格局。[①] 本书中，体制对应第一种解释，即是国家机关、企业和事业单位机构设置和管理权限划分的制度。由此可见：体制是有关组织形式的制度，限于上下之间有层级关系的国家、国家机关、企事业单位等。

根据以上对体制的界定，"应急管理体制"可以被定义为：在应对突发事件过程中，各级党组织、国家机关、军队、企事业单位、社会团体、公众等各利益相关方，在机构设置、领导隶属关系和管理权限划分等方面的体系、制度、方法、形式等的总称。由此可见：首先，中国的应急管理体制的具体内涵主要是由中国特色社会主义制度决定的。其次，组成中国应急管理组织体系的主要方面不仅包括各级党组织、国家行政机构，还包括军队、企事业单位、社会性组织和公众等所有的利益相关者。

（二）应急管理体制与机制的关系辨析

应急管理体制与机制的关系体现在：一方面，体制内含机制，应急组织是应急管理机制的"载体"。应急管理体制决定了机制建设的具体内容与特点。机制建设是应急管理体制的一个重要方面，要通过体制和法制的建设与发展来保障其实施。另一方面，应急管理机制的建设对于体制建设具有反作用。应急管理体制的建设往往具有滞后性，尤其当体制还处于完善与发展的情况下，机制的建设能帮助完善相关工作制度，从而有利于弥补体制中的不足并促进体制的发展与完善。应急管理机制不同于体制的特点在于，机制是应急管理组成要素间的结构关系和运行方式，是一种内在的功能，是组织体系在遇到突发事件后有效运转的机理性制度。它要使应急管理中的各个利益相关体有机地结合起来，并且协调地发挥作用，这就需要机制贯穿其中。总之，应急管理机制是为积极发挥体制作用服务的，同时又与体制有着相辅相成的关系，推动应急管理机制建设，既可以促进应急管理体制的健全和有效运转，也可以弥补体制存在的不足。

总而言之，中国的应急管理体制和机制首先是由社会主义制度决定的，也就是说，中国的应急管理体制与机制的建设要与现阶段国家的相关制度相适应和匹配，同时其内涵与外延还应根据国家的发展得以进一步调整。

> 我国应急管理体制是"统一领导、综合协调、分类管理、分级负责、属地管理为主"。这是结合中国国情并在实践中形成的具有中国特色的应急管理体制，在应对各种突发事件中显示了我国社会主义制度能够集中力量办大事的政治优势；证明了人民是推动中国社会发展的真正动力；证明了人民军队是保卫人民的钢铁长城；证明了中国共产党是能够应对各种风险、驾驭各种复杂局面、具有强大战斗力的马克思主义政党。

[①] 辞海（1999年缩印版）. 上海：上海辞书出版社，2000.

(三)中国政府应急管理体制的基础

1. 政治基础

《中华人民共和国宪法》规定：中华人民共和国是工人阶级领导的、以工农联盟为基础的人民民主专政的社会主义国家。与这种国体相适应的政权组织形式是人民代表大会制度，与这种国体相适应的政党制度是中国共产党领导的多党合作和政治协商制度。人民代表大会制度、中国共产党领导的多党合作和政治协商制度、民族区域自治制度以及基层群众自治制度，构成了中国政治制度的核心内容和基本框架，是社会主义民主政治的集中体现。这些基本制度为中国实行中央统一领导、地方分级负责的管理体制提供了政治基础和法律保障。

按照《宪法》《中华人民共和国国务院组织法》和《中华人民共和国地方各级人民代表大会和地方各级人民政府组织法》的有关规定，中国实行五级政府管理体制，分别是：国务院；省、自治区、直辖市人民政府；设区的市、自治州人民政府；县、自治县、不设区的市、市辖区人民政府；乡、民族乡、镇人民政府。①《宪法》规定，国务院即中央人民政府，是全国人民代表大会的执行机关，是最高国家行政机关；地方各级人民政府是地方各级人民代表大会的执行机关，是地方各级国家行政机关。地方各级人民政府都是国务院统一领导下的国家行政机关，都服从于国务院的统一领导。

中央领导地方，地方自主管理本辖区的行政事务，对少数民族地区建立民族自治制度，对特别行政区实行高度自治，但民族自治地区和特别行政区都必须接受中央的领导。中央统一领导、地方分级负责的管理体制是中国中央与地方政府关系的基本行政体制。

中国的政治制度和政府管理体制是中国社会历史发展的必然选择，也是中国国情的具体体现。

2. 行政管理体制基础

政府应急管理体制是建立在整个政府行政管理体制基础上的，除受突发事件应急管理自身规律的影响外，也受到整个政府行政体制的影响。

政府行政体制是政府组织的机构设置和权限配置两个基本要素的统一，外在表现为政府机构的各类组织形式。在多层级政府组织中，各级行政领导机构形成一个金字塔形体系，人们可以从机构设置、权限配置中观察到政府行政管理体制情况。例如，省市政府，政府某局、委员会、办公室等外在的机构设置，就说明了其体制概况。

不过，相对于设置明确的政府机构，这些政府机构及其领导人的权限配置虽然根源于宪法和法律，但也更多地依赖于传统、习惯和领导人间政治互动的结果，而不仅仅是源于书面规定。如果仅从宪法和法律中，就只能了解公共组织领导权限配置的概貌，而不能观察到公共权力、权限配置的细节。任何行政领导体制都必须符合统一领导、统一指挥的原则。具体是指不可分割的同一行政事务或行政计划应由一个领导来

---

① 有些地方的政府名称有所不同，如内蒙古地区的与设区的市相同行政层次的称为"盟"，县级的"旗"，乡镇级的"苏木"，有少数地方在乡级与县级之间，存在着县政府派出机构"区"或"管理区"，省、市之间存在省政府派出机构"地区行署"等形式。

负责执行，一个下级只接受一个直接上级的命令，并对之负责。

通常，各级政府行政管理体制可以从四个角度进行划分：

一是就决策人数而言，可分为一人单独决策的首长负责制（简称首长制）、若干人共同决策的委员会负责制（简称委员会制）两类。首长制与委员会制各有其相应的适用范围，凡是执行性、技术性与紧迫性一类的事务，适宜采用首长制；凡立法性、长远决策性、价值倾向性、非紧急性事务，适宜采用委员会制。

二是就行政权的集散程度而言，可分为最高领导机关自行负责处理的集权制、各具独立法律地位的上下机关各自全权负责的分权制两类。集权制与分权制各有利弊，要分析其各自的使用范围，对其评价不能一概而论，只有做到既相互结合，又合理运用，才能在保证政令统一的前提下，充分发挥下级机关的主动性与积极性。应急管理机构和组织中更适合集权制。

三是就行政权纵向和横向统属而言，可分为事权由完整的一个层级负责的层级制，如功能相近的和事权不相统属的平行的、各具功能的横向机构负责的功能制两类。各国的行政机关都是将层级制与职能制相互结合起来运用的，一般是以层级制作为基础，在每一层次上又设立若干的职能部门，职能部门内部又由分管各种事务的若干单位组成。这种模式既便于合理分工、相互配合，又便于统一指挥，统一行动。应急管理的机构和组织也多采取这种形式的结合。

四是就同一层级行政权的统属而言，可分为上级直接指挥与控制权集中于一个行政首长手中的完整制，分属两个以上平行首长的分离制两类。但是，多头领导、多头指挥并不属于分离制。

按照以上模式衡量，中国政府行政领导体制的决策形式属首长制，中央和地方政府间的权力配置属集权制，各级政府间的节制关系属层级制，政府部门及其内设机构设置属功能制，行政机关内的权力统属是完整制。中国的各类应急管理组织体系，同样呈现了这样一些特征。

二、充分发挥应急管理体制中各级党委的作用

应急管理体制中，党的作用是首要的，也是最为重要的。党的十九大高度重视国家安全工作，把坚持总体国家安全观列为新时代坚持和发展中国特色社会主义的基本方略并写入党章。坚持总体国家安全观就必须以政治安全为根本。党的领导是中国特色社会主义最本质的特征，必须坚持党的领导。党的十九大报告中还写道："打造共建共治共享的社会治理格局。加强社会治理制度建设，完善党委领导、政府负责、社会协同、公众参与、法治保障的社会治理体制，提高社会治理社会化、法治化、智能化、专业化水平。"《中共中央 国务院关于推进防灾减灾救灾体制机制改革的意见》明确规定："坚持党委领导、政府主导、社会力量和市场机制广泛参与。充分发挥我国的政治优势和社会主义制度优势，坚持各级党委和政府在防灾减灾救灾工作中的领导和主导地位，发挥组织领导、统筹协调、提供保障等重要作用。更加注重组织动员社会力量广泛参与，建立完善灾害保险制度，加强政府与社会力量、市场机制的协同配合，形成工作合力。"习近平总书记对切实做好安全生产工作高度重视，多次做出重要指示，

并强调"党政同责、一岗双责、齐抓共管、失职追责"等，这些都体现了新的历史时期党中央及各级党委在应急管理中的领导作用。

（一）由党的性质和宗旨决定的

中国共产党是中国特色社会主义事业的领导核心，同时党的领导也是中国的最大特色。中国共产党有着光荣的历史传统，在革命战争和社会主义建设时期，都有着丰富的社会组织、社会动员、社会改造的经验。党的根本宗旨是全心全意为人民服务，不断实现好、维护好、发展好最广大人民的根本利益，坚持贯彻党的群众路线与应急管理的目的和任务是一致的。党的十九大报告中"以人民为中心"，是习近平新时代中国特色社会主义思想强调的核心概念。报告中的总体国家安全观则是强调必须以人民安全为宗旨。国家安全工作归根结底是保障人民利益，要坚持国家安全一切为了人民、一切依靠人民，为群众安居乐业提供坚强保障。

（二）有利于统一指挥、快速反应，高效联动

例如，在面对"5·12"汶川特大地震灾害时，从中央到地方各级党委和政府坚强领导、科学指挥，始终与灾区人民心连心、同呼吸、共命运。中央总揽全局、审时度势，在震后第一时间就把抗震救灾确定为全党、全国最重要、最紧迫的任务，成立国务院抗震救灾总指挥部，周密组织、科学调度，建立上下贯通、军地协调、全民动员、区域协作的工作机制，迅速组织各方救援力量赶赴灾区，紧急调集大批救灾物资运往灾区，精心部署受灾群众安置工作，及时推动灾后恢复重建，举全国之力抗震救灾。在山崩地裂的危急关头，灾区各级党委和政府处变不惊、指挥若定，沉着冷静地开展抗震救灾工作，带领群众抓紧恢复生产、重建家园，书写了中华民族发展史上新的壮丽诗篇。

（三）有利于体现中国集中力量办大事的制度优势

2008年抗击低温雨雪冰冻灾害取得重大阶段胜利之后，中国共产党第十七届中央委员会第二次全体会议公报指出："在严峻考验面前，受灾地区各级党委和政府坚决按照中央的部署带领广大党员、干部和人民群众奋起抗灾救灾，各级干部以身作则、靠前指挥，各有关部门和单位迅速行动、全力以赴，人民解放军、武警部队和公安民警勇挑重担、顽强拼搏，全国各地积极支援、众志成城，千方百计保交通、保供电、保民生，抗灾救灾斗争取得了重大阶段性胜利。事实再一次说明，只要紧紧依靠广大人民群众，充分发挥社会主义制度能够集中力量办大事的政治优势，我们就一定能够战胜前进道路上的各种挑战和风险，不断把中国特色社会主义伟大事业推向前进。"再以中央政府财政支持地震灾区为例，2008年5月21日，中央财政决定当年安排700亿元，建立灾后恢复重建基金，后两年继续做相应安排。8月14日，提出在3年左右的时间内将通过多种渠道筹集10 000亿元资金，用于汶川特大地震灾后恢复重建工作。承担对口支援任务的19个省市积极落实中央部署，义不容辞地支援灾区恢复重建。短短一年半的时间，在灾区满目疮痍的土地上统筹规划、分类指导、突出重点、尊重科学、尊重自然、以人为本、因地制宜、保护特色和文化遗产，创造了感人业绩，充分体现

了中国应急管理体制的优越性。

（四）有利于发挥中央、地方两个积极性

中央政府的统一领导和事发地政府属地管理的原则，以及紧急状态下必要的越级直报制度，使中央和各级地方政府及其有关部门基本明确了职责和权限，有利于发挥中央和地方政府两方面的积极性。如抗击"非典"之后，中国建立了全国传染病网络直报系统，截至2008年年底，全国100%的疫病预防控制机构、96.9%的县级以上医疗机构、82.2%的乡镇就都实现了网络直报，对有效应对公共卫生事件发挥了重要作用。

总之，中国应急管理体制表现出应急管理决策迅速、出手快、出拳重、措施准、工作实、应对有力的鲜明特色，反映出中国政府在探索社会管理模式方面的发展和进步。

三、新时期中国应急管理体制改革

（一）改革前的中国应急管理机构设置

2003年"非典"事件以后，至2018年新的应急管理体制形成之前，根据《中华人民共和国突发事件应对法》（简称《突发事件应对法》）、《国家突发公共事件总体应急预案》和相关法律法规规定，中国的应急管理机构分为五个层次：

（1）领导机构。国务院是突发事件应急管理工作的最高行政领导机构。在国务院总理领导下，由国务院常务会议和国家相关突发事件应急指挥机构（以下简称相关应急指挥机构）负责突发事件的应急管理工作；必要时，派出国务院工作组指导有关工作。

（2）办事机构。国务院办公厅设国务院应急管理办公室，履行值守应急、信息汇总和综合协调职责，发挥运转枢纽作用。

（3）工作机构。国务院有关部门依据有关法律、行政法规和各自的职责，负责相关类别突发事件的应急管理工作。具体负责相关类别的突发事件专项和部门应急预案的起草与实施，贯彻落实国务院有关决定事项。例如，民政部、安监总局（现应急管理部）、卫生部（现卫健委）、公安部等。

（4）地方机构。依据属地管理原则，地方各级人民政府是本行政区域突发事件应急管理工作的行政领导机构，负责本行政区域各类突发事件的处置应对工作。各个地方政府的应急管理工作体系，是一个由应急管理机构、组织、设施、技术和装备等应急管理要素组成并具有内在联系的系统。政府应急管理体系各组成要素之间既相互独立，又相互配合，所处置的应急事项往往是跨部门、跨地区的。例如，各级政府的突发事件应急管理委员会及其办公室（简称××政府应急办，以及本级政府的民政、安监、卫生、公安等）。

（5）专家组。国务院和地方各级政府及其应急管理机构，建立各类专业人才库，通过聘请应急管理各领域的有关专家组成专家组，为应急管理工作的正常有序开展提供决策建议，必要时参加突发事件的应急处置工作。专家组一般按照《突发事件应对

法》规定的自然灾害、事故灾难、公共卫生、社会安全四类突发事件,加上综合类共五方面的专家组成。

(二)中国政府应急管理体制的改革

与根本制度相适应,《突发事件应对法》明确规定"国家建立统一领导、综合协调、分类管理、分级负责、属地管理为主的应急管理体制"。这一体制在长达15年的时间内,充分调动了各级政府、各部门和社会各界的力量,对中国应急管理工作起到了巨大的推动作用。在新的历史时期,面对应急管理新形势、新问题,在2018年党和国家机构改革过程中,从中央到地方积极推进了应急管理体制改革。《中共中央关于深化党和国家机构改革的决定》强调要"加强、优化、统筹国家应急能力建设,构建统一领导、权责一致、权威高效的国家应急能力体系,推动形成统一指挥、专常兼备、反应灵敏、上下联动、平战结合的中国特色应急管理体制"。

根据2018年3月中共中央印发的《深化党和国家机构改革方案》的规定,首先从国务院层面上组建了应急管理部。通过应急管理部的组建,提高国家应急管理能力和水平,提高保障生产安全、维护公共安全、防灾减灾救灾能力,确保人民群众生命财产安全和社会稳定。应急管理部及各级应急管理机构的成立,为防范化解重特大安全风险,健全公共安全体系,整合优化应急力量和资源,推动形成统一指挥、专常兼备、反应灵敏、上下联动、平战结合的中国特色应急管理体制发挥了重要作用。

(三)新组建的应急管理部门职责

2018年进行的应急管理体制改革过程中,对国务院、各级政府组成部门的应急管理职能进行了调整。以国务院为例:将国家安全生产监督管理总局的职责,国务院办公厅的应急管理职责,公安部的消防管理职责,民政部的救灾职责,国土资源部的地质灾害防治、水利部的水旱灾害防治、农业部的草原防火、国家林业局的森林防火相关职责,中国地震局的震灾应急救援职责,以及国家防汛抗旱总指挥部、国家减灾委员会、国务院抗震救灾指挥部、国家森林防火指挥部的职责整合,组建应急管理部,作为国务院组成部门。从突发事件类型的角度,应急管理部门主要是整合了自然灾害、事故灾难两大类突发事件的应急管理职能,但这两大类中的交通运输(陆海空)、核事故等职能,并未完全进行整合。从突发事件处置流程角度,自然灾害的前端预防与应急准备、风险防控、监测预警,后端的物资保障、灾后重建等部分职能,仍然要充分依靠和发挥各有关部门的作用。事实上,任何国家的机构都不可能将所有的职能都整合进一个应急管理部门,任何综合都是相对的。各级政府必须对应急管理工作负总责,必须在党中央、国务院的统一领导下,不断加强部门配合、条块结合、区域联合、军民融合、资源整合。

以国务院新成立的应急管理部为例,其主要职能分为以下几个方面:

(1)组织编制国家应急总体预案和规划,指导各地区各部门应对突发事件工作,推动应急预案体系建设和预案演练。

(2)建立灾情报告系统并统一发布灾情,统筹应急力量建设和物资储备并在救灾时统一调度,组织灾害救助体系建设,指导安全生产类、自然灾害类应急救援,承担国家应对特别重大灾害指挥部工作。

（3）指导火灾、水旱灾害、地质灾害等防治。负责安全生产综合监督管理和工矿商贸行业安全生产监督管理等。

（4）公安消防部队、武警森林部队转制后，与安全生产等应急救援队伍一并作为综合性常备应急骨干力量，由应急管理部管理，实行专门管理和政策保障，采取符合其自身特点的职务职级序列和管理办法，提高职业荣誉感，保持有生力量和战斗力。

（5）应急管理部要处理好防灾和救灾的关系，明确与相关部门和地方各自的职责分工，建立协调配合机制。

（6）中国地震局、国家煤矿安全监察局由应急管理部管理。

应急管理部门的组建是科学的制度设计，可以实现应急工作的综合管理、全过程管理和应急力量资源的优化管理，增强了应急管理工作的系统性、整体性、协同性，推进了国家治理体系和治理能力现代化。

地方层面以北京市应急管理局为例，其主要职能和机构设置如下：

（1）负责本市应急管理工作，指导各区各部门各单位应对安全生产类、自然灾害类等突发事件和综合防灾减灾救灾工作。负责安全生产综合监督管理和工矿商贸行业安全生产监督管理工作。

（2）拟订本市应急管理、安全生产等政策，组织编制应急体系建设、安全生产和综合防灾减灾规划，起草相关地方性法规和政府规章草案，组织制定相关规程和标准并监督实施。

（3）指导本市应急预案体系建设，建立完善事故灾难和自然灾害分级应对制度，组织编制本市总体应急预案和安全生产类、自然灾害类专项预案，综合协调应急预案衔接工作，组织开展预案演练，推动应急避难设施建设。

（4）牵头建立本市统一的应急管理信息系统，负责信息传输渠道的规划和布局，建立监测预警和灾情报告制度，健全自然灾害信息资源获取和共享机制，依法统一发布灾情。

（5）组织指导协调本市安全生产类、自然灾害类等突发事件应急救援，综合研判突发事件发展态势并提出应对建议，协助市委、市政府指定的负责同志组织重大灾害应急处置工作。

（6）统一协调指挥本市各类应急专业队伍，建立应急协调联动机制，推进指挥平台对接，衔接解放军和武警部队参与应急救援工作，指导本市综合性消防救援队伍开展有关应急救援工作。

（7）统筹本市应急救援力量建设，负责组织消防、森林火灾扑救、抗洪抢险、地震和地质灾害救援、生产安全事故救援等专业应急救援力量建设，指导综合性应急救援队伍建设和各区及社会应急救援力量建设。

（8）负责本市消防管理工作，指导消防监督、火灾预防、火灾扑救等工作。

（9）指导协调本市森林火灾、水旱灾害、地震和地质灾害等防治工作，负责自然灾害综合监测预警工作，指导开展自然灾害综合风险评估工作。

（10）组织协调本市灾害救助工作，组织指导灾情核查、损失评估、救灾捐赠工作，管理、分配市级救灾款物并监督使用。

（11）依法行使本市安全生产综合监督管理职权，指导协调、监督检查市政府有关部门和各区政府安全生产工作，组织开展安全生产督查、考核工作。

（12）按照分级、属地原则，依法监督检查本市工矿商贸生产经营单位贯彻执行安全生产法律法规和标准情况及其安全生产条件和有关设备（特种设备除外）、材料、劳动防护用品的安全生产管理工作。依法组织并指导监督实施安全生产准入制度。负责危险化学品安全监督管理综合工作和烟花爆竹经营单位安全监督管理工作。负责煤矿、非煤矿山安全生产监督管理工作。

（13）依法组织指导本市生产安全事故调查处理，监督事故查处和责任追究落实情况。组织开展自然灾害类突发事件的调查评估工作。

（14）开展应急管理方面的对外交流与合作，组织参与安全生产类、自然灾害类等突发事件的对外救援工作。

（15）制定本市应急物资储备和应急救援装备规划并组织实施，会同市粮食和储备局等部门建立健全应急物资信息平台和调拨制度，在救灾时统一调度。

（16）负责本市应急管理、安全生产宣传教育和培训工作，组织指导应急管理、安全生产的科学技术研究、推广应用和信息化建设工作。

（17）承担市突发事件应急委员会的具体工作，负责规划、组织、协调、指导、检查本市突发事件应对工作及应急管理的预案、体制、机制和法制建设。承担市安全生产委员会、市防火安全委员会（市森林防火指挥部）、市人民政府防汛抗旱指挥部的具体工作。

（18）完成市委、市政府交办的其他任务。

（四）其他部门的应急管理职能

突发事件涵盖面很宽，包括自然、生态环境、经济社会、科教文化、心理等各个方面，如果不加以分类，就很难准确认识其每一类突发事件的特殊本质，不便于进行有效管理。中国参照国际上通行的方法，结合实际，按照突发事件的性质和机理，将其分为自然灾害、事故灾害、公共卫生事件和社会安全事件四大类。据此建立合理、精干的应急管理体制和机构，将多个部门管理的某一类突发事件整合到一个部门管理，或以一个部门为主、有关部门配合的体制，对于提高应急管理能力极为重要。综合管理、专业管理都是相对的，世界各国也没有绝对的标准，综合性的应急管理部门一般也不会将所有的应急管理职能都包含在内。例如，美国国土安全部主要包括自然灾害、部分公共卫生类事件、网络安全、恐怖袭击事件等类事件的应急管理工作；俄罗斯紧急情况部的职能主要包括自然灾害、部分事故灾难救援等。我国应急管理部门的组建，从体制上对突发事件实施了一定程度上的综合管理。按照《突发事件应对法》所列的四大类突发事件，应急管理部门的职能中包含了自然灾害、事故灾难两大类事件的绝大部分应急管理职能。但是公共卫生、社会安全类事件应急管理职能的全部职能，自然灾害、事故灾难类事件应急管理的部分职能，尤其是两类事件的"防"的职能，依然由各个有关专业部门处置和管理。例如，防汛抗旱的水旱灾害防治规划、防护标准，地质灾害的防止标准、灾害预警，等等。如果从政府常态管理、非常态管理的角度，几乎所有的政府部门都有常态管理、非常态管理职能，非常态管理也就是广义上的应急管理职能。这些专业部门、机构又可被视为依据不同突发事件类型而设置的分类管理专业机构，都应当坚持以防为主、防抗救相结合，坚持常态减灾和非常态救灾相统一。在现代化的专业分工条件下，工作分类有助于建立科学研究独立的方法和体系，但需要在此基础上加强对各部门职能的综合协调。

应急管理部门，是由若干部门经过职能调整、组合后形成的，与自然资源、水利等其他部门之间的关系存在相互联系。逐步理清关系，明确界限、分工是完善应急管理体制，加强综合协调的前提。以北京市为例，该市就自然灾害、救灾物资储备方面，着重进行了职责分工。

1. 与市规划自然资源委、市水务局、市园林绿化局等部门在自然灾害防救方面的职责分工

（1）市应急局负责组织编制全市总体应急预案和安全生产类、自然灾害类专项预案，综合协调应急预案衔接工作，组织开展预案演练。按照分级负责的原则，指导自然灾害类应急救援；组织协调重大灾害应急救援工作，并按权限做出决定；协助市委、市政府指定的负责同志组织重大灾害应急处置工作。组织编制综合防灾减灾规划，指导协调相关部门森林火灾、水旱灾害、地震和地质灾害等防治工作；会同市规划自然资源委、市水务局、市园林绿化局和市气象局、市地震局等有关部门建立统一的应急管理信息平台，建立监测预警和灾情报告制度，健全自然灾害信息资源获取和共享机制，依法统一发布灾情。开展多灾种和灾害链综合监测预警，指导开展自然灾害综合风险评估。负责森林火情监测预警工作，发布森林火险、火灾信息。

（2）市规划自然资源委负责落实综合防灾减灾规划相关要求，组织编制地质灾害防治规划和防护标准并指导实施；组织指导协调和监督地质灾害调查评价及隐患的普查、详查、排查；指导开展群测群防、专业监测和预报预警等工作，指导开展地质灾害工程治理工作；承担地质灾害应急救援的技术支撑工作。

（3）市水务局负责落实综合防灾减灾规划相关要求，组织编制洪水干旱灾害和城市内涝防治规划及防护标准并指导实施；承担水情旱情监测预警工作；组织编制防御洪水抗御旱灾调度和应急水量调度方案，按程序报批并组织实施；承担防御洪水和城市内涝应急抢险的技术支撑工作。

（4）市园林绿化局负责落实综合防灾减灾规划相关要求，组织编制森林火灾防治规划和防护标准并指导实施；指导开展防火巡护、火源管理、防火设施建设、防火宣传教育等工作；组织指导国有林场开展监测预警、督促检查等工作。

（5）必要时，市规划自然资源委、市水务局、市园林绿化局等部门可以提请市应急局，以本市相关应急指挥机构名义部署相关防治工作。

2. 与市粮食和储备局在市级救灾物资储备方面的职责分工

（1）市应急局负责提出市级救灾物资的储备需求和动用决策，组织编制市级救灾物资储备规划、品种目录和标准，会同市粮食和储备局等部门确定年度购置计划，根据需要下达动用指令。

（2）市粮食和储备局根据市级救灾物资储备规划、品种目录和标准、年度购置计划，负责市级救灾物资的收储、轮换和日常管理，根据市应急局的动用指令按程序组织调出。

第二节　我国改革前的突发事件管理体制规定

一、统一领导、综合协调

（一）统一领导、综合协调的内涵

"统一领导"既包含了党中央、国务院对地方党委政府、对部委的领导，也包含了地方党委政府对下级党委政府、地方部门的领导，体现了应急指挥决策核心对所属相关地区、部门和单位的领导。这种纵向关系要求特别注意把握好上下级之间的集权与分权程度，层层落实职责，健全运行机制。统一领导是应急管理的首要原则，也是其不同于其他政府管理过程的主要特点。党委政府应急管理与常态事务管理的不同之处在于，突发事件应急管理往往需要在短期内做出统一的决策，因此要求管理权相对集中，实行统一集中的决策，这也是世界各国应急管理机构的主要特点之一。统一领导的内涵是指在各级党委的统一领导下，国务院是全国层面上的突发事件应急管理工作的最高行政领导机关，统一负责全国范围内的应急管理工作；地方各级党委政府是本行政区域范围内应急管理工作的领导机关与责任主体，统一负责本区域各类突发事件应急管理工作。在突发事件应对中，各级党委、政府的统一领导权主要表现为以相应责任为前提的决策指挥权、部门协调权。

综合协调与统一领导实际上是同一个问题的不同表述方式，也可以理解为综合协调是统一领导的手段。参与应急管理工作的政府机构众多、职能各异，在突发事件应急管理条件下，日常工作中可能缺乏联系的一些部门，需要在短期内按照共同目标，开展有效的合作，综合协调工作变得比日常工作更为重要。"综合协调"既包含了应急管理中负有责任的地区、部门、单位之间的协调联动，也包含军地之间的协调联动，包含了党委政府与社会组织、企事业单位和公众之间的协调联动，还包含了跨地区、跨国的合作等，这种横向关系要求特别注意发挥好各方面的积极性，实现信息互通、资源共享、协调配合、高效联动。

应急管理的综合协调包括三层含义：一是各级党委政府对所属各有关部门、上级党委政府对下级各有关党委政府的综合协调，也包括共同的上级机关对互相没有隶属关系或业务指导关系的不同层级党委政府和不同部门之间的协调。二是对政府之外的各类主体进行的综合协调，包括对武装力量、国内外企业、社会团体、社会组织、国内外公众之间的综合协调。三是各级党委政府突发事件应急管理工作的办事机构，根据职责所进行的日常协调工作。综合协调的本质和取向是在分工负责的基础上，强化统一指挥、协同联动，以减少运行环节、降低行政成本，提高效率和快速反应能力。

从政府组织体系认识应急管理机构，通常有三个维度，即纵向、横向和内部，其中最基本的是纵向党委政府间关系。各国政府为履行公共职能，通常在纵向上划分为中央（联邦）、省（州）、地方等不同层级的政府。在中国应急管理体制中，各级党委政府通常对应不同规模程度的突发事件，这使得这种纵向划分具有特殊的重要意义。

为做好统一领导和综合协调工作，2018年3月党和国家机构改革调整后，成立应急管理部，同时依然保留了国务院安委会、防汛抗旱指挥部、抗震救灾指挥部等指挥协调机构。除了应急管理部的应急管理职能外，国务院有关部门也依据有关法律、行政法规和各自的职责，负责相关类别突发事件的应急管理工作，包括相关类别的突发事件专项和部门应急预案的起草与实施，贯彻落实国务院有关决定事项，并在各自职责范围内，指导、协助下级人民政府及其相应部门做好有关突发事件的应对工作。

突发事件产生的原因往往是多方面的，发生过程也不是孤立的，其处置需要多个部门的密切协作配合，以协调有序地应对各类突发事件，特别是跨行业、跨领域、跨地域的重特大突发事件。因此，建立统一高效的应急协调联动的指挥机构，实施统一领导、综合协调的职能是应急管理工作的关键环节。

（二）突发事件应急管理指挥部

在各国应急管理行政领导体制中，应急指挥部是各级政府领导、处置突发事件的基本组织形式，在各类突发事件处置中处于核心地位。在突发事件发生期间，需要集中调动人力、物力、财力等各类资源，并迅速决策。而日常管理模式下的分散决策模式很难适应突发事件应对、处置工作的需要。因此，成立相对集中的领导决策机构和现场处置指挥部，是应对各类突发事件的统一模式。

我国各级党委政府组成中，很多议事协调机构、部门联席会议，甚至一些领导小组，就是以指挥部的形式出现的。例如境外中国公民和机构安全保护工作部际联席会议。按照《中国公民出境旅游突发事件应急预案》规定："在中国公民出境旅游重大和较大突发事件发生后，根据需要启动境外中国公民和机构安全保护工作部际联席会议，统一组织、协调、指挥应急处置工作。"在2018年的机构改革以后，各级政府全面建立了应急管理部门（部、厅、局），其中大多保留了应急指挥部门的设置，统一协调各类应急指挥部的事宜。

突发事件发生时，各部门高度重视、积极配合议事协调机构的工作，充分发挥议事协调机构、联席会议的协调能力。但在具体应急处置中，一般会组成专门的指挥部，承担突发事件的应急指挥工作。各类指挥部除了总指挥、副总指挥之外，在内部职能机构划分上一般会包括综合组、抢险救援组、医疗救治组、善后工作组、新闻宣传组、灾后重建组、交通保障组、治安维稳组等。根据不同的灾害种类与地方需要，也可以设立不同内部组织结构。

（三）应急指挥机构的设置原则与模式

1. 应急指挥机构的设置原则

应急指挥机构是党政机关中具体行使紧急权力的机构，其设置应符合以下原则：

（1）实权化。应急指挥机构必须由一级政府的最高行政首长直接领导或直接隶属于最高行政首长，从而拥有协调政府各部门、调动应急力量、调集应急资源的实际权力，具有做出应急决策的权力和执行决策的能力。

（2）综合化。应急指挥机构应当是一个权威的、具有独立地位的、位于各职能部门之上的综合协调机构，它在整个突发事件应对中应当处于核心领导地位，以保证各职能部门之间的高效协调运作,避免相互扯皮、推诿延误。

(3)常态化。应急指挥机构应当是一个常设机构,其日常工作是负责落实突发事件预防、应急准备、预警分析、情报会商等各项工作,在危机状态下则转为负责突发事件应对的决策和指挥,调动和分配各种应急资源,在恢复重建中仍然扮演协调有关部门的核心角色。

2. 应急指挥组织机构的主要设置模式

应急指挥组织机构的设置大致包括三种情况:

(1)在最高行政机关的基础上组建应急指挥机构。这种应急指挥机构由最高行政首长、承担应急职能的政府部门首长、武装部队相关首长组成,如英国的国家安全委员会、法国的最高国防委员会。这种模式的应急指挥机构可以保证其权威性和综合协调能力,其运行也可以做到常态化,但其毕竟不是一个实体机构,一般只在危机处置阶段发挥作用,常态下的应急管理事务仍需由某一部门负责或多个部门分别负责。

(2)以某一政府部门作为应急指挥机构并直接实施应急处置。这种应急指挥机构实际上是政府的一个强力执行部门,它集中了应对突发事件的各种核心资源,甚至直接拥有武装力量或救援处置力量,是一个军政一体化的特殊部门。这种模式的应急指挥机构集决策、执行于一体,其应急管理主要依赖于自身拥有的庞大资源和能力。

(3)以某一政府部门作为应急指挥机构,起到综合协调作用。这一模式的典型就是美国的联邦应急管理局(FEMA),FEMA既领导常态下的全国综合性应急管理工作,在突发事件处置中又可以协调政府各部门的运作,并与州和地方合作建立全国性的应急管理体系,但其自身并不拥有实施应急处置的主要力量。2003年,FEMA并入新设立的国土安全部,根据2006年的《后卡特里娜时期应急管理改革法》,FEMA在紧急状态下可以提升为内阁级部门,直接对总统负责。

专栏

德、日、英等国政府突发事件应急指挥部

虽然各国的政体不同,政府管理模式也差异较大,但是由于突发事件处置工作通常需要在时间有限、资源有限、危机压力下做出决策,所以无一例外地需要实行相对集权的模式。

1. 德国突发事件应急指挥部

德国的突发事件应急指挥部可以分为行政指挥部与战术指挥部两类,前者的决策主要是协调人力、物力、财力资源,提供信息支持等行政层面的工作。后者负担一线救援、现场处置等工作,两者的合理分工保障了政治和技术层面互不干扰、协调配合地开展指挥工作。

此外,德国突发事件应急指挥实行了标准化规定,即"应急操作指挥与控制系统的领导与指挥"规则(DV100)。这一指挥标准沿袭了北约军事组织的指挥体系,并用于警察、军队和非政府卫生组织。德国突发事件应急指挥部从功能分工的角度由总指挥、人力资源管理、灾情及计划、救援和应急物流4个通用部门组成，可额外增设新闻媒体和通信联络部门。

2. 日本突发事件应急指挥部

日本的突发事件应急指挥部被称为灾害对策本部，在都道府县或市镇村的地区内发生了灾害或是有发生灾害的可能时，为展开防灾工作，都道府县知事或市镇村长，根据都道府县地区防灾计划或市镇村地区防灾计划规定的权限，可设置灾害对策本部。

灾害对策本部的首长可以由灾害对策本部部长、都道府县知事或市镇村长担任，灾害对策本部设有灾害对策副本部长、灾害对策本部员及职员，上述人员由该都道府县知事或该市镇村长从该都道府县或市镇村的职员中任命。

内阁总理大臣可临时在内阁府设置非常灾害对策本部。

当发生了极为异常且严重的非常灾害时，为了推行与该灾害相关的灾害应急对策，内阁总理大臣可提交内阁会议，临时在内阁府设置紧急灾害对策本部。

3. 英国突发事件应急指挥部

英国的"金、银、铜"三级处置方式很有特点，三个层级的组成人员和职责分工各不相同，通过逐级下达命令的方式共同构成一个高效的应急处置工作系统。

事件发生后，"铜级"处置人员首先到达现场，具体负责一线处置工作。现场指挥官须立即对情况进行评估，如果事件超出本部门处置能力，需要其他部门的协调时，他须立即向上级报告，按照预案立即启动"银级"处置机制；如果事件影响范围较大，需要启动"金级"处置机制。"金、银、铜"三级处置机制可以有效保证处置命令在战略、战术及操作层面都能得到有效贯彻实施，形成分工明确、协调有序的工作局面。

3. 中国应急指挥组织机构及其职责

《突发事件应对法》第八条规定：国务院在总理领导下研究、决定和部署特别重大突发事件的应对工作；根据实际需要，设立国家突发事件应急指挥机构，负责突发事件应对工作；必要时，国务院可以派出工作组指导有关工作。县级以上地方各级人民政府设立由本级人民政府主要负责人、相关部门负责人、驻当地中国人民解放军和中国人民武装警察部队有关负责人组成的突发事件应急指挥机构，统一领导、协调本级人民政府各有关部门和下级人民政府开展突发事件应对工作；根据实际需要，设立相关类别突发事件应急指挥机构，组织、协调、指挥突发事件应对工作。上级人民政府主管部门应当在各自职责范围内，指导、协助下级人民政府及其相应部门做好有关突发事件的应对工作。

《突发事件应对法》第九条规定：国务院和县级以上地方各级人民政府是突发事件应对工作的行政领导机关，其办事机构及具体职责由国务院规定。

《国家突发公共事件总体应急预案》指出国务院有关部门依据有关法律、行政法规和各自职责，负责相关类别突发事件的应急管理工作。具体负责相关类别的突发事件专项和部门应急预案的起草与实施，贯彻落实国务院有关决定事项；地方各级人民政府是本行政区域突发事件应急管理工作的行政领导机构,负责本行政区域各类突发事件的应对工作。

《突发事件应对法》第十六条规定:县级以上人民政府做出应对突发事件的决定、命令,应当报本级人民代表大会常务委员会备案;突发事件应急处置工作结束后,应当向本级人民代表大会常务委员会做出专项工作报告。

二、分类管理、分级负责

《突发事件应对法》中将突发事件分为自然灾害、事故灾难、公共卫生事件和社会安全事件四大类,并将各类突发事件按照其性质、严重程度、可控性和影响范围等因素,分为四级:Ⅰ级(特别重大)、Ⅱ级(重大)、Ⅲ级(较大)和Ⅳ级(一般)。关于应急管理体制的"分类管理、分级负责",主要是指:按照自然灾害、事故灾难、公共卫生事件和社会安全事件四类突发事件的不同特性,划分各部门之间的职责,实施相应的应急管理工作,通过细化分工提高应急处置的有效性。同时,针对不同层级的政府及其部门,在各级党委的统一领导下,各级政府对各部门实行统一领导和综合协调。

(一)分类管理、分级负责的内涵

分类管理是对于不同种类的突发事件,各级政府都有相应的指挥机构及应急管理部门进行统一管理。虽然在2018年应急管理机构改革调整后成立了应急管理部门,但是并不表示所有的应急事务全部由一个部门能够包揽。应急管理部门主要是自然灾害、事故灾难类的主管部门和国家综合性消防救援队伍的主管部门。其他有关部门依然承担着大量的应急管理职能。具体包括:根据不同类型的突发事件特性,确定相应的管理规则,明确分类分级标准,开展预防和应急准备、监测与预警、应急处置与救援、事后恢复与重建等应对活动。一类突发事件往往由一个或者几个相关部门牵头负责,如防汛抗旱、反恐、公共卫生等应急指挥机构及其办公室分别由应急、公安部门、卫生等部门牵头,相关部门参加,协同应对。

分级负责是指中央政府主要负责涉及跨省级行政区划的,或超出事发地省级人民政府处置能力的特别重大突发事件的应急响应和应对处置工作。分级负责中较高层级的政府负责较大规模或较大范围的突发事件处置工作,主要是职责所在,而且较高层级的政府具有更多的权限、更广泛的资源协调能力,能够开展跨区域、跨部门的应对工作。由于各级政府所管理的区域不同、掌握资源的差异,应对的能力和侧重点不同。一般而言,越是高层级政府,应对能力越强。根据突发事件的影响范围和突发事件的级别不同,确定突发事件应对工作由不同层级的政府负责。2018年机构改革中明确规定,按照分级负责的原则,一般性灾害由地方各级政府负责,应急管理部代表中央统一响应支援;发生特别重大灾害时,应急管理部作为指挥部,协助中央指定的负责同志组织应急处置工作,保证政令畅通、指挥有效。

一般来说,一般和较大的自然灾害、事故灾难、公共卫生事件的应急处置工作分别由发生地县级和设区的市级人民政府统一领导;重大和特别重大的,由省级人民政府统一领导,其中影响全国、跨省级行政区域或者超出省级人民政府处置能力的特别重大的突发事件应对工作，或国务院认为应当由国务院处置的重大突发事件，由国务院或国务院应急管理部门统一领导。社会安全事件由于其特殊性，原则上也是由发生地的县级人民政府组织处置，但必要时上级人民政府可以直接处置。

履行统一领导职责的地方人民政府不能消除或者有效控制突发事件引起的严重社会危害的，应当及时向上一级人民政府报告，请求支持。接到下级人民政府的报告后，上级人民政府应当根据实际情况对下级人民政府提供人力、财力支持和技术指导，必要时可以启用储备的应急救援物资、生活必需品和应急处置装备；有关突发事件升级的，应当由相应的上级人民政府统一领导应急处置工作。

（二）同层级政府分类管理

同一层级政府通常按照工作需要和职能，被划分为不同的政府部门，如办公厅（室）、财政部（厅、局、所、办等）等。从行使职能及其与同级政府关系的角度，这些机构通常可以分为政府组成部门、部门管理的行政机构、政府直属机构、政府办事机构、议事协调机构，以及后来机构改革中所形成的特设机构等。

1. 中央政府组成部门和所属机构

国务院是中国中央政府，由总理、副总理、国务委员、各部部长、各委员会主任、审计长、秘书长组成。国务院实行总理负责制，副总理、国务委员协助总理工作。国务院会议分为全体会议和常务会议，由总理召集和主持，讨论决定重大问题。全体会议由国务院全体成员组成，常务会议由总理、副总理、国务委员、秘书长组成。各部（委员会）设部长（主任）1人，副部长（副主任）2~4人，委员会还可设委员5~10人。各部（委员会）实行部长（主任）负责制，领导本部门工作，召集和主持部务会议或者委员会会议、委务会议。国务院可设若干直属机构主管各专门业务，设立若干办事机构协助总理办理专门事项（见图4-1）。

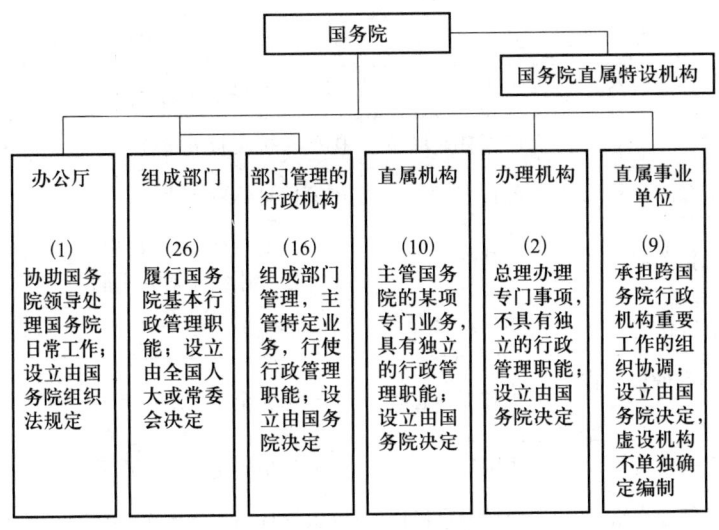

图4-1 中央政府的组成示意图

2. 地方政府组成部门和所属机构

中国地方政府的组成机构、权力运行方式、决策形式，与中央政府类似，由于承担公共事务范围的差异，中央和上级政府在历次机构改革中，都并不要求地方政府、下级政府在机构组成上与中央、上级政府一一对应。如广东省政府组成中，包括政府直属特设机构1个、直属机构8个、部门管理机构10个、其他机构4个、省政府直属事业单位10个、部门管理的副厅级以上事业单位16个、省级政府应急指挥机构75个，并没有与中央政府的有关机构进行一一对应。

3. 政府其他类型单位

除了上述机构外，从应急管理的角度来看，还有三类政府机构需要特别予以说明，即事业单位、派出机构、议事协调机构。

事业单位主要包括教育、科研、规划和勘探、卫生、农业、市政公用、社会中介、机关后勤等机构。

派出机构主要是各级政府及其部门派出的机构。如以前比较普遍的行政公署，城市中比较多的街道办事处、管委会等；政府部门派出的如公安派出所、财政监察专员办事处、派驻相关地区的国税局等。

议事协调机构承担跨行政机构的重要业务工作的组织协调任务。议事协调机构议定事项，经同级政府同意，由有关的行政机构按照各自职责负责办理。在特殊或者紧急情况下，经同级政府同意，国务院议事协调机构可以规定临时性的行政管理措施（见表4-1）。

表4-1 中央政府议事协调机构一览表（部分）

名称	工作机构	名称	工作机构
国家国防动员委员会	国家发改委、解放军三总部	国家禁毒委员会	公安部
国务院中央军委空管委	总参	国务院西部地区开发领导小组	国家发改委
全国爱国卫生运动委员会	卫生部	国务院振兴东北领导小组	国家发改委
全国绿化委员会	国家林业局	国务院抗震救灾指挥部	中国地震局
国务院学位委员会	教育部	国家信息化领导小组	工信部
国家防汛抗旱总指挥部	水利部	国家应对气候变化及节能减排工作领导小组（对外不同）	国家发改委
国务院妇女儿童工作委员会	全国妇联	国家能源委员会	国家能源局
全国拥军优属拥政爱民工作领导小组	民政部、总政	国务院安全生产委员会	国家安全生产监督管理总局
国务院残疾人工作委员会	中国残联	国务院防治艾滋病工作委员会	卫生部
国务院扶贫开发领导小组	单设办事机构	国家森林防火指挥部	国家林业局
国务院关税税则委员会	财政部	国务院三峡工程建设委员会	完后撤销

续表

名称	工作机构	名称	工作机构
国家减灾委员会	民政部	国务院南水北调工程建设委员会	完后撤销
国家科技教育领导小组	国务院办公厅	国务院纠风办公室（保留名义）	监察部
国务院军队转业干部安置工作小组	人力资源和社会保障部		

资料来源：《国务院关于议事协调机构设置的通知》（国发〔2008〕13号）。

4. 政府部门的应急管理机构

国务院、地方政府及其各级政府所属的应急管理部门，依据有关法律、法规和各自职责的有关规定，负责相关类别突发事件的应急管理工作，具体负责相关类别的突发事件专项和部门应急预案的起草与实施，贯彻落实同级政府应急管理有关决定事项。

经过2018年的改革后，中国各级政府部门设置中，按照相关突发事件的类别，分工负责相关突发事件的应对工作。例如，按照突发事件应对法的规定，划分为自然灾害、事故灾难、公共卫生事件、社会安全事件类四大类，除了应急管理部之外，承担应急管理职能的部门包括水利、环保、卫生、农业、公安、信访、国家粮食和物资储备局等相关部门。这种设置的好处就在于能够使得这种应对更加专业化、精细化，通过相互间的协调配合，适应当今社会突发事件发展的综合性、衍生性、次生性的特征。

在这些专业化的政府工作部门中，一般都建立有专门的应急管理办公室，或在办公厅、业务相近的职能司局加挂应急办牌子，负责本部门值守应急、信息报送、综合协调等相关应急管理工作，如表4-2所示。

表4-2 中央政府部分工作部门应急管理机构示例

部委	机构性质	内设应急机构名称	职能
卫健委	国务院组成部门	卫健委应急办，加挂突发公共卫生事件应急指挥中心牌子	拟订卫生应急和紧急医学救援规划、制度、预案等；指导突发公共卫生事件的预防准备、监测预警、处置救援、分析评估等；指导地方实施预防控制和紧急医学救援；组织实施对突发急性传染病防控和应急；对相关突发事件组织实施紧急医学救援；发布突发公共卫生事件应急处置信息
应急管理部	国务院组成部门	安全生产应急救援指挥中心	履行全国安全生产应急救援综合监督管理的行政职能；按照国务院安全生产突发事件应急预案的规定，协调、指挥安全生产事故灾难应急救援工作
自然资源部	国务院组成部门	地质勘查管理司	负责落实综合防灾减灾规划相关要求，组织编制地质灾害防治规划和防护标准并指导实施。组织指导协调和监督地质灾害调查评价及隐患的普查、详查、排查。指导开展群测群防、专业监测和预报预警等工作，指导开展地质灾害工程治理工作。承担地质灾害应急救援的技术支撑工作

续表

部委	机构性质	内设应急机构名称	职能
生态环境部	国务院组成部门	环境应急与事故调查中心对外加挂部环境应急办公室牌子	负责重、特大突发环境事件应急、信息通报及应急预警；受理12369电话投诉和网上投诉；承担重大环境污染与生态破坏及重大建设项目环境违法案件与事故调查；协助科技标准司组织重、特大突发环境事件损失评估；参与环监局组织的环境执法检查工作
国家海洋局	部委管理的国家局	海洋预报减灾司	拟订海洋防灾减灾的政策、规划和规范；指导地方海洋防灾减灾工作；组织编制实施海洋灾害应急预案；组织开展海洋灾害风险评估，拟订灾害区划；承担海洋灾害信息发布，编制海洋灾害公报和海平面变化公报；组织开展重大自然海洋灾害调查和评估

为更好地履行应急管理职责，政府机构内部通常被划分为不同的内设机构，如办公厅（室）、人事司（处、科、股）、法制司（处、科、股）等。有些设立了垂直管理的部门，如煤矿安全机构包括国家煤矿安全监察局以及省、市煤矿安全监察局、监察分局等。很多政府部门的应急职能由负责全面工作的办公室承担。

政府部门设置中所贯彻的基本原则包括：职能优先、完整统一、权责一致、精简与效能、依法设置等。各部门设置及其职能、内设机构的基本依据是其"三定"方案，即由各级编制委员会依据各级政府组织的法律、法规规定，确定其职能配置及其调整、内部机构设置、人员编制三个方面内容的法定文件。

（三）不同层级政府分级负责的应急体制

20世纪80年代以来，伴随着全球性的市场经济的成熟和地方分权趋势的发展，政府间关系已成为世界各国政府改革普遍关注的重点领域。如何理顺国内政府间关系，使之适应经济社会发展的需要，成为当代政府治理所面临的主要挑战。[1]

1. 政府间层级关系

由于历史传统、国情等因素，世界各国中央（联邦）政府与地方政府关系主要有单一制和联邦制两类。单一制国家最高权力属于中央政府，单一制国家强调国家权力向中央政府集中，并对重大事件实行集中决策。地方政府权力由中央政府授予，并在中央政府的统一领导下，在宪法和法律规定的权限范围内行使其职权，提供相应的公共服务。目前，世界上单一制国家占绝大多数，如中国、英国、法国、日本、意大利、韩国、朝鲜等。

在联邦制国家，联邦政府与州（省）、地方政府的权限划分，由联邦宪法规定，具体权限范围由各自宪法规定，在各自范围内负责不同的公共职能。通常其公共职能并不交叉，如联邦政府通常负责军事、外交、国家安全、跨区域等公共事务，其余权力

---

[1] 张紧跟. 当代中国政府间关系导论. 北京：社会科学文献出版社，2009.

归于联邦政府以外的州（省）与地方政府。联邦制国家整体与组成部分之间是一种联盟关系，联邦政府代表整个联邦行使国家主权，是对外交往的主体。联邦制国家设有国家最高立法机关和行政机关，行使国家最高权力，领导其联邦成员。联邦制国家一般最高司法局机关具有最终裁决权。联邦成员有自己的立法和行政机关、自己的宪法、法律，管理本邦内的财政、税收、文化、教育等公共行政事务。联邦制国家都认同统一的联邦宪法，遵从代表国家利益的统一法律，如果联邦宪法与成员国的宪法发生冲突，以联邦宪法和法律为准。很多国家还设有专门的宪法法院，履行释法权。美国是世界上第一个建立现代联邦制的国家，另外还有德国、印度、巴西、墨西哥等国也实行联邦制，现在实行联邦制的国家有二十多个。当然，也有另一种联邦制类型，即作为松散国家联合体的邦联制，类似于欧盟的组织结构，不过从中央与地方政府关系的角度，这种划分实际意义不大。随着全球化的发展进程，单一制、联邦制等国家体制也面临着融合趋势，界限开始逐步模糊。严格而言，目前中央和地方关系上并不存在着纯粹的单一制与联邦制国家。单一制国家的政府也纷纷开始采用分税制、地方自治等典型的联邦制做法，联邦制国家联邦成员的公众也不再享有双重国籍、国名等。

2. 中国中央政府与地方政府的关系

按照我国《宪法》《国务院组织法》和《地方各级人民代表大会和地方各级人民政府组织法》的规定，中国实行五级政府管理体制，分别是：国务院；省、自治区、直辖市人民政府；设区的市、自治州人民政府；县、自治县、不设区的市、市辖区人民政府；乡、民族乡、镇人民政府（见图 4-2）。《宪法》规定，国务院即中央人民政府，是全国人民代表大会的执行机关，是最高国家行政机关；地方各级人民政府是地方各级人民代表大会的执行机关，是地方各级国家行政机关。地方各级人民政府都是国务院统一领导下的国家行政机关，都服从于国务院。

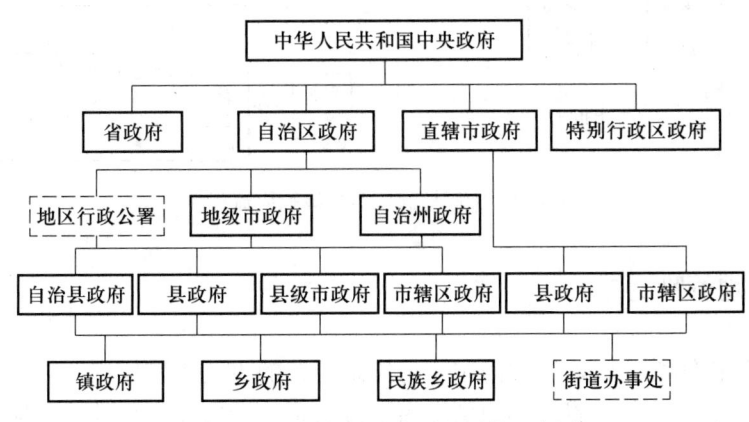

图 4-2 中国各级政府层级划分示意图

中央领导地方，地方自主管理本辖区的行政事务，对少数民族地区建立民族自治制度，对特别行政区实行高度自治，但民族自治地区和特别行政区都必须接受中央的领导。这是中国中央与地方关系的基本行政体制，即中央统一领导、地方分级负责的管理体制。

3. 中国分级负责的应急管理体制

我国《突发事件应对法》中，对应急管理体制中所规定的分级负责原则，主要是根据各类突发事件的影响范围和突发事件的级别不同，确定突发事件应对工作由不同层级的政府负责。对此，大多数应急预案中都依据这一原则规定了负责的政府层次，通常对应分为四个层级。以《国家地震应急预案》为例（见图4-3），地震应急响应分为四个等级，响应等级是与地震灾害导致的受灾程度相对应的。预案中将地震灾害事件分为一般、较大、重大、特别重大四个级别，应急处置工作分别由发生地县级、设区的市级人民政府、省级人民政府、国务院统一领导。同时，由于地震灾害的特殊性，中国地震局在各级别的地震灾害中承担一定的组织协调工作。在其他类型的各类灾害中，政府专业部门所起的作用可能会有所不同，有的甚至由相应的企业负责，如核事故应急中的厂内应急就主要是由核电厂等企业负责。

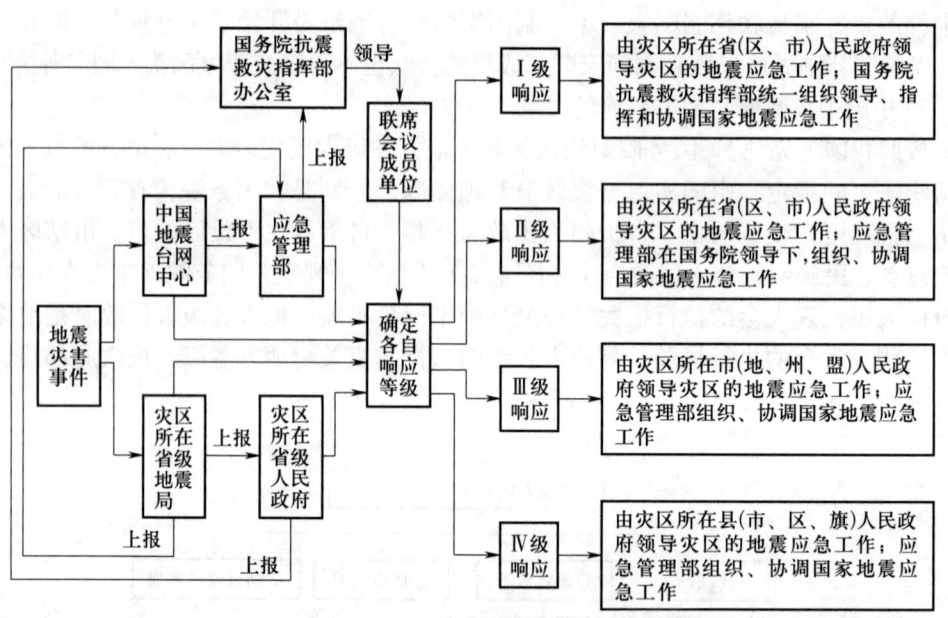

图4-3 中国地震应急分级响应流程①

三、属地管理为主

应急管理体制的"属地管理为主"是应急处置的重要工作原则，它主要有两层含义：一是突发事件应急处置工作原则上由地方负责，即由突发事件发生地的县级以上地方人民政府负责；二是法律、行政法规规定由国务院有关部门对特定突发事件的应对工作负责的，就应当由国务院有关部门管理为主，但仍然要依靠事发地党委和政府。属地管理为主的核心是建立以事发地党委和政府为主、有关部门和相关地区协调配合的领导责任制。地方政府和事发地部门远比更高层级的政府了解突发事件信息，更能

---

① 刘在涛，李洋. 通过玉树地震解析中国地震应急响应机制. 中国应急救援，2010（5）.

够及时、准确地做出决策、实施救援。这是大多数国家进行应急处置的基本做法。

(一)属地管理为主的内涵

《突发事件应对法》规定:"地方各级人民政府是本行政区域突发事件应急管理工作的行政领导机构。""县级以上地方各级人民政府设立由本级人民政府主要负责人、相关部门负责人、驻当地中国人民解放军和中国人民武装警察部队有关负责人组成的突发事件应急指挥机构,统一领导、协调本级人民政府各有关部门和下级人民政府开展突发事件应对工作;根据实际需要,设立相关类别突发事件应急指挥机构,组织、协调、指挥突发事件应对工作。""突发事件发生后,发生地县级人民政府应当立即采取措施控制事态发展,组织开展应急救援和处置工作,并立即向上一级人民政府报告,必要时可以越级上报。突发事件发生地县级人民政府不能消除或者不能有效控制突发事件引起的严重社会危害的,应当及时向上级人民政府报告。上级人民政府应当及时采取措施,统一领导应急处置工作。"

"属地管理为主"是应急处置的重要工作原则。其核心是建立以事发地党委和政府为主,有关部门和相关地区协调配合的领导责任制。例如,2003年重庆开县"11·23"特大井喷事故发生后,时任国务委员、国务院秘书长华建敏受中央政府委派到重庆指导事故处置,他宣布的第一件事情,就是开县事故的处置要由重庆市委、市政府统一指挥。因为地方党委、政府在突发事件的处置过程中起核心领导作用,上级领导最主要的任务是帮助事发地政府解决其解决不了的问题,协调事发地政府协调不了的力量。在汶川特大地震的处置过程中也是这样,国务院抗震救灾指挥部依靠四川省委、省政府及时成立了抗震救灾前线指挥部,在协调各地和军队的救援力量、救援物资中发挥了重要作用。

属地管理的主要含义是突发事件应急处置工作原则上由地方政府负责,即由突发事件发生地的县级以上地方人民政府负责。但是,法律、行政法规规定由国务院有关部门对特定突发事件的应对工作负责的,就应当以国务院有关部门管理为主。比如,《中国人民银行法》规定,商业银行已经或者可能发生信用危机,严重影响存款人的利益时,由中国人民银行对该银行实行接管,采取必要措施,以保护存款人利益,恢复商业银行正常经营能力。再比如,《核电厂核事故应急管理条例》规定,全国的核事故应急管理工作由国务院指定的部门负责,核电厂负责场内应急管理。在上述原则指导下,县级人民政府对本行政区域内突发事件的应对工作负责。涉及两个以上行政区域的,由有关行政区域共同的上一级人民政府负责,或者由各有关行政区域的上一级人民政府共同负责。

突发事件发生地县级人民政府不能消除或者不能有效控制突发事件引起的严重社会危害的,应当及时向上级人民政府报告。上级人民政府应当及时采取措施,统一领导应急处置工作。法律、行政法规规定由国务院有关部门对突发事件的应对工作负责的,从其规定,地方人民政府应当积极配合并提供必要的支持。

(二)属地管理为主的意义

属地为主的原则实际上是我国长期以来所存在的"条块关系"的一种表现形式。

"条块"是我国纵向与横向行政管理关系的一种概括。"条块关系"是指垂直管理部门与地方政府之间的关系,本质上是中央与地方之间权力划分问题。"条"主要是指行政管理上的主管部门,如上级公安机关、应急管理部门、财政部门等;"块"主要是指各级地方政府,表现为行政辖区。所以,"条块关系"主要是指上级管理部门与地方政府之间的关系。

1. 政府行政管理体制改革的要求

十九大报告提出了"赋予省级及以下政府更多自主权。在省市县对职能相近的党政机关探索合并设立或合署办公"。新中国成立以来,中国政府围绕着"条块关系"进行过多次行政体制上的变革,但是始终没有寻求到处理"条条"与"块块"关系的平衡点,常常陷入了条条"一收就死——一放就乱——乱就收"的恶性循环。随着中国行政管理体制改革推进,上级政府不断向地方政府放权,在土地管理、社会保障、社会治安综合治理中,纷纷实行属地管理原则,就是将一些职能逐步地由传统的"条条"管理,转向"块块"管理,以调动地方的积极性。1978年十一届三中全会过后,尤其是在真正实行市场经济以后,这一问题并未得到应有的解决。如何在纵向间政府层级中对政府职责做合理划分与权力分配,理顺"条块关系",是中国政府管理体系创新中的一个难点问题。①

2. 提高应急管理效率,降低行政成本的有效机制

"条条"都有各自的系统和上级主管部门,但其组织坐落、行政权力的范围、场所,都在一定的"块块"所管辖范围之内,需要本地政府的配合。"条""块"之间在应急管理的协调配合上需要有明确的法律规定,减少矛盾和扯皮现象。同时,由于应急管理具有事发突然、不确定性和决策紧迫等特点,使得当地政府具有天然的快速行动的优势。一些灾害的自救互救率达到80%以上,事发单位和事发地政府的救援队伍作为"第一响应者"的救助率也远远高于外来救助人员的救助率。

3. 属地政府具有应急信息充分的优势

应急管理体制中实行"属地管理为主"也是因为地方政府远比上级政府了解灾民需求,了解地方自然地理条件,因此在制定一些决策上具有比上级政府更为充分的信息优势。

4. 属地管理为主可以有效地明确责任

应急管理中职责不清、责任不明和"等靠要"的问题,是应急管理体制有效运行的一个重大障碍。确立属地管理为主的原则,以法律的形式明确属地政府对于处置突发事件中的责任,可以非常有效地解决这些问题,对于迅速、有效地处理突发事件发挥着重要作用。

(三)属地管理为主的实现路径

在目前的现实条件下,实施"属地管理为主"符合行政管理体制改革方向,有利于发挥地方政府的积极性,强化属地政府应急管理职责,提高应急处置效率,降低行政管理成本。但是也存在一些疑难问题,如下级政府在编制、人员配置、资源等方面

---

① 周振超. 当代中国政府"条块关系"研究. 天津:天津人民出版社,2009.

往往有局限性,力量比较薄弱,不同层级政府之间事权划分不尽合理。此外,属地管理容易形成各自为政的局面。应急管理体制中的"属地管理为主"原则应从以下几个方面予以落实。

1. 理顺应急管理关系,明确应急管理职责

应急管理中的"属地管理为主",要按照"垂直管理与属地管理相结合"的原则,进一步理顺省、市、县区各级政府的应急管理职责,建立"条块结合、以块为主"的监管模式,实现监督关口前移、监管重心下移。首先要理顺上、下级政府业务部门的关系,明确国家和省级政府主要抓好宏观管理、市县级政府主要承担各自辖区内日常监管工作的职责划分。

2. 创新应急管理制度,做好应急处置工作

强化应急管理人员的"属地管理为主"意识,应建立健全应急管理的责任机制和长效机制,增强应急管理人员的责任感和紧迫感,切实履行职责。一是建立应急管理责任人制度,确保责任分解到人,坚持早发现、早研判、早报告、早处置、早解决,搞好先期处置,以发现早、化解快、处置妥当、防止蔓延为目标,让小事不拖大,大事不拖炸。二是要强化信息报告制度,当地政府要掌握充分的信息,灾害来临时能够为决策提供有效的支撑,并及时、如实、准确地向上级政府报告信息。三是应进一步健全配套制度,实行全方位的动态应急管理,确保应急管理工作规范运行。四是要鼓励各级领导敢于负责、敢于决策、善于用改革的办法和创新的办法应对突发事件,并在强化问责制的同时,实事求是地对应急决策中的一些行为予以"宽恕"。

3. 强化对应急管理的监督,规范应急管理行为

强化"属地管理为主",确保达到预期效果,应通过强化监督检查、考核等多种形式,制定属地管理工作监督考核的一系列办法,对考核指标进行细化、量化,确保属地管理为主原则的顺利实施。

四、社会协同、公众参与

各级政府是应急管理的主要责任主体,通过突发事件应急管理,在保证公众生命财产安全中发挥着核心的作用。由于突发事件应急管理的特点,加强公众对应急管理的有效参与是世界各国应急管理的普遍做法,也是应急管理体制有效运行的基础。在各级政府的支持下,各个部门、企业和公众在应急管理领域的合作与参与,将形成一个共同治理的局面,这是应急管理体制建设所必需的。

在党的十九大报告中明确提出:"打造共建共治共享的社会治理格局。加强社会治理制度建设,完善党委领导、政府负责、社会协同、公众参与、法治保障的社会治理体制,提高社会治理社会化、法治化、智能化、专业化水平。加强预防和化解社会矛盾机制建设,正确处理人民内部矛盾。树立安全发展理念,弘扬生命至上、安全第一的思想,健全公共安全体系,完善安全生产责任制,坚决遏制重特大安全事故,提升防灾减灾救灾能力。加快社会治安防控体系建设,依法打击和惩治黄赌毒黑拐骗等违法犯罪活动,保护人民人身权、财产权、人格权。加强社会心理服务体系建设,培育自尊自信、理性平和、积极向上的社会心态。加强社区治理体系建设,推动社会治

理重心向基层下移,发挥社会组织作用,实现政府治理和社会调节、居民自治良性互动。"

(一)社会协同、公众参与的内涵

20世纪80年代以来,传统的公共行政思想逐渐让位于新公共管理理论。其主要观点和政策主张是:公共部门和私人部门的组织管理没有本质上的差别;但私营部门管理效率和管理水平往往要高于公共部门;借用私人部门管理模式、方法和技术是提高政府效率和管理水平的根本途径。他们主张用企业家精神改造政府,强调政府和非政府组织、私人部门的合作;认为政府的作用是掌舵而不是划桨,实现公共服务职能的方式是掌舵者购买划桨者的劳动或产品;政府作用在于通过民主程序设定社会所需要的目标,利用非政府力量来组织生产,进行公共服务。

新公共管理理论对部分西方国家在20世纪80年代以来的政府改革发挥了巨大的作用,也取得了很大的成效。尤其是在地方政府公共产品和公共服务提供中,用企业家精神改造政府所进行的许多实验,被认为是卓有成效的。例如,美国地方政府公共管理改革的实践虽然各地有所不同,但它有两个基本做法,即管理主导思想上的自由化与措施方法上的市场化。

在新公共管理理论指导下,国际上有关突发事件应急管理体制的发展呈现了综合性的特点。这种"综合性"表现在:各国从管理理念上强调"共同治理"的理念,使得突发事件应急管理成为一种社会各界共同参与的,通过分权、分层次、分目标而实现多元化系统管理的一个过程。突发事件应急管理从实践上不仅仅是政府的事情,企业、非政府组织和个人都要有意识地参与应急管理的各个环节,与政府形成良性互动,形成应急管理中的公私合作伙伴关系(PPP)。再以美国应急管理体制为例,美国的突发事件应急体制上是由美国联邦应急管理局(FEMA)、州政府、地方郡市、志愿者组织、民间团体、私人企业等共同组成的,综合运用政府、市场和社会等多种机制,从而实现这一体制的有效运行。

(二)社会协同、公众参与的实现路径

1. 管理主体的转变

社会管理主体从国家这个唯一主体转向政府、企业、非政府组织、公众等多元主体共同管理。这种情况下,政府之外的个人、非政府组织将越来越多地发挥作用。

2. 管理方式与管理手段的变革

社会管理方式从命令-服从的单向统治行为转向各个主体之间的协商决策、合作管理、透明化管理、法治化管理的治理活动;社会管理手段从行政手段为主转向综合运用行政手段、法律手段、市场机制以及社会自助和互助等多种手段。

3. 管理资源

社会管理资源投入和服务产出主体由政府这一单一主体转向政府、企业、非政府组织、社区等多元主体共同承担;社会管理方式从以行政管制为主转向以提供社会性公共服务为主;社会秩序从强制性秩序为主转向强制性秩序与自治自律所形成的自发性秩序并重;社会管理中权力配置格局从政府集中管理转向给社会放权和为公民增权;

社会管理重心从单位转向社区；社会政策制定从封闭方式转向公众参与、多方协商和透明化决策。

第三节　新时代应急管理体制及改革

一、自然灾害管理体制及改革

2016年12月，中共中央、国务院下发并实施了《关于推进防灾减灾救灾体制机制改革的意见》，确立了新的历史时期防灾减灾救灾体制机制改革的基本框架。体制改革是其中最主要的内容，主要有加强、优化、统筹国家应急能力建设、健全和完善属地管理的两大方面的内容，也为下一步进行深化应急管理体制改革奠定了基础，主要包括以下几个方面。

（一）灾害管理的统筹协调

改革前，主要由民政部牵头（国家减灾委办公室），水利部、国土资源部（现自然资源部）、中国地震局、中国气象局等部门共同参与，负责自然灾害应急处置工作，存在职能、资源、力量分散的弊端。改革后，各级政府建立了专司应急管理部门，加强了各类自然灾害管理全过程的综合管理，也强化了资源统筹和工作协调。

一方面，加强了全过程管理的统筹。一是完善统筹协调、分工负责的自然灾害管理体制，充分发挥国家减灾委员会对防灾减灾救灾工作的统筹指导和综合协调作用，强化国家减灾委员会办公室在灾情信息管理、综合风险防范、群众生活救助、科普宣传教育、国际交流合作等方面的工作职能和能力建设。二是充分发挥主要灾种防灾减灾救灾指挥机构的防范部署和应急指挥作用，充分发挥中央有关部门和军队、武警部队在监测预警、能力建设、应急保障、抢险救援、医疗防疫、恢复重建、社会动员等方面的职能作用。三是建立各级应急管理委员会、减灾委员会与防汛抗旱指挥部、抗震救灾指挥部、森林防火指挥部等机构之间，以及与军队、武警部队之间的工作协同制度，健全工作规程。

另一方面，加强不同区域范围内的资源统筹。借鉴大国应急管理协作区域划分的经验，逐步探索建立京津冀、长江经济带、珠江三角洲等区域和自然灾害高风险地区在灾情信息、救灾物资、救援力量等方面的区域协同联动制度。同时，在城镇化日益发展的情况下，统筹谋划城市和农村防灾减灾救灾工作，消除城乡应急管理方面的差别。

（二）综合减灾的统筹协调

综合减灾的统筹协调主要体现在软件的理念方面和硬件的工程设施建设方面。通过牢固树立灾害风险管理理念，转变重救灾轻减灾思想；要将防灾减灾救灾纳入各级国民经济和社会发展总体规划，在基础设施建设等方面，纳入国家公共安全体系建设的重要内容。

一方面,要完善防灾减灾救灾工程建设标准体系,提升灾害高风险区域内学校、医院、居民住房、基础设施及文物保护单位的设防水平和承灾能力。尤其是要加强部门协调,制定应急避难场所建设、管理、维护相关技术标准和规范。充分利用公园、广场、学校等公共服务设施,因地制宜建设、改造和提升成应急避难场所,增加避难场所数量,为受灾群众提供就近方便的安置服务。加快推进海绵城市建设,修复城市水生态,涵养水资源。加快补齐城市排水防涝设施建设的短板,增强城市防涝能力。加强农业防灾减灾基础设施建设,提升农业抗灾能力。

另一方面,将防灾减灾纳入国民教育计划,加强科普宣传教育基地建设,推进防灾减灾知识和技能进学校、进机关、进企事业单位、进社区、进农村、进家庭。加强社区层面减灾资源和力量统筹,深入创建综合减灾示范社区,开展全国综合减灾示范县(市、区、旗)创建试点。定期开展社区防灾减灾宣传教育活动,组织居民开展应急救护技能培训和逃生避险演练,增强风险防范意识,提升公众应急避险和自救互救技能。

(三)地方应急救灾主体责任

《突发事件应对法》中确立了突发事件的属地管理原则,新的自然灾害体制改革中,要坚持分级负责、属地管理为主的原则,进一步明确中央和地方应对自然灾害的事权划分。

1. 应急救灾中的中央和地方关系

按照处理应急救灾央地关系中的分级负责、属地为主的总原则,对达到国家启动响应等级的自然灾害,中央主要发挥统筹指导和支持作用,地方党委和政府在灾害应对中要发挥主体作用,承担主体责任。尤其是省、市、县级政府,要建立健全统一的防灾减灾救灾领导机构,统筹防灾减灾救灾管理、救援等各项工作。

2. 应急救灾中地方党委、政府的地方的具体事权范围

按照《关于推进防灾减灾救灾体制改革的意见》确定的改革原则,地方党委和政府根据自然灾害应急预案,统一指挥人员搜救、伤员救治、卫生防疫、基础设施抢修、房屋安全应急评估、群众转移安置等应急处置工作。

3. 应急救灾中地方党委政府的属地管理方式

通过规范灾害现场各类应急救援力量的组织领导指挥体系,强化各类应急救援力量的统筹使用和调配,发挥公安消防以及各类专业应急救援队伍在抢险救援中的骨干作用。同时,在灾害救助过程中,统一做好应急处置的信息发布工作。

(四)灾后恢复重建体制改革

特别重大的灾害恢复重建职能,是属地管理中最难厘清的。特别重大自然灾害灾后恢复重建,要坚持中央统筹指导、地方作为主体、灾区群众广泛参与的新机制。中央与地方通过各负其责,协同推进灾后恢复重建工作。

一是特别重大自然灾害恢复重建的规划编制和中央补助资金的确定。灾害发生后,国务院有关部门和受灾省份按照工作流程共同开展灾害损失评估、次生衍生灾害隐患

排查及危险性评估、住房及建筑物受损鉴定和资源环境承载能力评价。中央根据灾害损失情况，结合地方经济和社会发展总体规划，制定相关的支持政策措施，确定灾后恢复重建中央补助资金规模；在此基础上，结合地方实际组织编制或指导地方编制灾后恢复重建总体规划。

二是特别重大自然灾害恢复重建中，地方政府的主体责任职能。地方政府作为灾后恢复重建的责任主体和实施主体，应加强对重建工作的组织领导，形成统一协调的组织体系、科学系统的规划体系、全面细致的政策体系、务实高效的实施体系、完备严密的监管体系。充分调动受灾群众积极性，发扬自力更生、艰苦奋斗的优良传统，自己动手重建家园。有效对接社会资源，引导志愿者、社会组织等社会力量依法有序参与灾后恢复重建。

三是特别重大以外的自然灾害恢复重建工作，属于完全的地方事权范围，应当由地方根据实际组织开展。

四是要强化灾后重建项目的跟踪问效，确保项目资金的落实，保证灾后重建项目的经济和社会效益。

（五）军地协调联动制度

完善军队和武警部队参与抢险救灾的应急协调机制，明确需求对接、兵力使用的程序方法。

一是要完善军地协调联动的制度。建立地方党委和政府请求军队和武警部队参与抢险救灾的工作制度，明确工作程序，细化军队和武警部队参与抢险救灾的工作任务。完善军地间灾害预报预警、灾情动态、救灾需求、救援进展等信息通报制度。

二是要加强救灾应急专业力量建设。通过充实队伍，配置装备，强化培训，组织军地联合演练，完善以军队、武警部队为突击力量，以公安消防等专业救援队伍为骨干力量，以地方和基层应急救援队伍、社会应急救援队伍为辅助力量的灾害应急救援力量体系。

三是完善军地联合保障机制，加快形成全要素、多领域、高效益的军民融合深度发展格局。

二、安全生产管理体制及改革

2016年12月，中共中央、国务院颁布并实施了《关于推进安全生产领域改革发展的意见》，明确了安全生产中的领导责任和监管体制，勾勒了安全生产的新体制基础框架。在新机构开始建立的2018年4月，两办又印发《地方党政领导干部安全生产规定》，对县级以上地方各级党委政府领导班子成员的安全生产责任进行了具体规定。综合起来，安全生产的新体制主要包括以下方面。

（一）党委政府和相关主体职责关系

第一，确定了地方各级党委政府领导的安全生产责任原则。主要是确立了"党政同责、一岗双责、齐抓共管、失职追责"的安全生产责任职责制度。党政主要负责人是本地区安全生产第一责任人,班子其他成员对分管范围内的安全生产工作负领导责任。地方各级安全生产委员会主任由政府主要负责人担任,成员由同级党委和政府及相关部门负责人组成。

第二,确立了安全生产相关主体的职责关系。地方各级党委政府要认真贯彻执行党的安全生产方针,在统揽本地区经济社会发展全局中同步推进安全生产工作,定期研究决定安全生产重大问题。加强安全生产监管机构领导班子、干部队伍建设。严格安全生产履职绩效考核和失职责任追究。强化安全生产宣传教育和舆论引导。发挥人大对安全生产工作的监督促进作用、政协对安全生产工作的民主监督作用。推动组织、宣传、政法、机构编制等单位支持保障安全生产工作。动员社会各界积极参与、支持、监督安全生产工作。

第三,地方各级政府完善安全生产制度。要把安全生产纳入经济社会发展总体规划,制定实施安全生产专项规划,健全安全投入保障制度。及时研究部署安全生产工作,严格落实属地监管责任。充分发挥安全生产委员会作用,实施安全生产责任目标管理。建立安全生产巡查制度,督促各部门和下级政府履职尽责。

第四,加强监管和执法。加强安全生产监管执法能力建设,推进安全科技创新,提升信息化管理水平。严格安全准入标准,指导管控安全风险,督促整治重大隐患,强化源头治理。加强应急管理,完善安全生产应急救援体系。依法依规开展事故调查处理,督促落实问题整改。

(二)实行一岗双责,做到齐抓共管

1. 严格对领导班子安全生产职责考核

中办、国办的《地方党政领导干部安全生产规定》是安全领域出台的第一部党内法规,是习近平关于安全生产重要思想的具体化、制度化。其中尤其是对县级以上地方各级党委和政府领导班子成员的安全生产职责、考核考察、表彰奖励、责任追究进行了明确具体规定。严格党政领导干部责任及考核。

将安全生产纳入地方各级党委和政府领导班子及其成员的年度考核、目标责任考核、绩效考核以及其他考核中,列入班子及成员的述职、考察内容。

2. 各类监管部门也要实行一岗双责

按照管行业必须管安全、管业务必须管安全、管生产经营必须管安全,以及谁主管谁负责的原则,厘清安全生产综合监管与行业监管的关系,明确各有关部门安全生产和职业健康工作职责,并落实到部门工作职责规定中。

安全生产监督管理部门负责安全生产法规标准和政策规划制定修订、执法监督、事故调查处理、应急救援管理、统计分析、宣传教育培训等综合性工作,承担职责范围内行业领域安全生产和职业健康监管执法职责。

负有安全生产监督管理职责的有关部门依法依规履行相关行业领域安全生产和职业健康监管职责,强化监管执法,严厉查处违法违规行为。

其他行业领域主管部门负有安全生产管理责任,要将安全生产工作作为行业领域管理的重要内容,从行业规划、产业政策、法规标准、行政许可等方面加强行业安全生产工作,指导督促企事业单位加强安全管理。

党委和政府其他有关部门要在职责范围内为安全生产工作提供支持保障，共同推进安全发展。

3. 企业对安全生产负有主体责任

企业对本单位安全生产和职业健康工作负全面责任，要严格履行安全生产法定责任，建立健全自我约束、持续改进的内生机制。

企业实行全员安全生产责任制度，法定代表人和实际控制人同为安全生产第一责任人，主要技术负责人负有安全生产技术决策和指挥权，强化部门安全生产职责，落实一岗双责。

完善落实混合所有制企业以及跨地区、多层级和境外中资企业投资主体的安全生产责任。

建立企业全过程安全生产和职业健康管理制度，做到安全责任、管理、投入、培训和应急救援"五到位"。

国有企业要发挥安全生产工作示范带头作用，自觉接受属地监管。

（三）严格考核评价，实行责任追究

在中共中央、国务院颁布《关于推进安全生产领域改革发展的意见》的基础上，两办又印发了《地方党政领导干部安全生产规定》，落实"党政同责、一岗双责、齐抓共管、失职追责"要求。尤其是进一步对县级以上地方各级党委和政府领导班子成员的安全生产职责、考核考察、表彰奖励、责任追究进行了明确具体规定。两个重要文件中的责任考核和追究制度，又成为落实责任的关键。

一是要建立与全面建成小康社会相适应，并体现安全发展水平的考核评价体系。完善考核制度，统筹整合、科学设定安全生产考核指标，加大安全生产在社会治安综合治理、精神文明建设等考核中的权重。各级政府要对同级安全生产委员会成员单位和下级政府实施严格的安全生产工作责任考核，实行过程考核与结果考核相结合。各地区各单位要建立安全生产绩效与履职评定、职务晋升、奖励惩处挂钩制度，严格落实安全生产"一票否决"制度。

二是要全面落实安全生产责任追究制度。实行党政领导干部任期安全生产责任制，日常工作依责尽职、发生事故依责追究。依法依规制定各有关部门安全生产权力和责任清单，尽职照单免责、失职照单问责。建立企业生产经营全过程安全责任追溯制度。严肃查处安全生产领域项目审批、行政许可、监管执法中的失职渎职和权钱交易等腐败行为。严格事故直报制度，对瞒报、谎报、漏报、迟报事故的单位和个人依法依规追责。对被追究刑事责任的生产经营者依法实施相应的职业禁入，对事故发生负有重大责任的社会服务机构和人员依法严肃追究法律责任，并依法实施相应的行业禁入。

特别需要强调的是，事故灾难造成的伤亡和损失在四大类突发事件中是最严重的，机构改革后，安全生产工作只能加强，不能有丝毫减弱。

三、新时代应急管理体制及改革

正如习近平总书记在十九大报告中指出的，"军队是要准备打仗的，一切工作都必须坚持战斗力标准,向能打仗、打胜仗聚焦"。应急管理工作也是如此。按照应急管理体制改革的新要求,在新的历史时期进一步加强优化统筹应急力量和资源,一切工作应当坚持突发事件处置能力标准,聚焦突发事件的应急处置与救援,确保人民生命安全。通过改革推动形成"统一指挥、专常兼备、反应灵敏、上下联动、平战结合"的新时代中国特色的应急管理体制。

(一)应急指挥权的集中统一

从领导学理论角度看,应急管理的统一指挥主要是指在实施突发事件应急处置时,作为下属人员或单位,最优化的处置结构,是接受一位领导人或上级单位的最终命令。对于力求达到同一安全目标的应急管理部门,其全部应急管理工作,也只能由一个领导机构和领导人员集中统一指挥。在机构改革整合前,由于缺乏统一的应急指挥体系,可能会出现"多头决策""指挥紊乱""力量分散""信息孤岛"等特定现象,各类应急力量协调会出现一定的问题。

应急指挥权的集中统一原则,并不意味着各类规模突发事件全部由应急管理部门进行统一指挥,也不意味着指挥权全部由上级应急管理机构统一行使。按照分级负责的原则,一般性灾害由地方各级政府负责,应急管理部代表中央统一响应支援,统一提供支持。发生特别重大灾害时,应急管理部作为指挥部,协助中央指定的负责同志组织应急处置工作,保证政令畅通、指挥有效。同时,应急管理部也要处理好防灾和救灾的关系,明确与相关部门和地方各自职责分工,建立起有效的协调配合机制。

案例

统一指挥调度的山东寿光抗洪救灾

山东寿光抗洪救灾是应急管理部成立以后,首次进行的大规模统一指挥调度的救援行动,也为新体制建立后如何实施统一指挥奠定了基础。

2018年8月,受台风"温比亚"影响,18、19日山东寿光多地连降暴雨,降雨量之大,造成弥河流域上游冶源水库、淌水崖水库、黑虎山水库接近或超过汛末蓄水位,入库流量远超出库流量。20日上午,随着泄洪流量的增加,弥河沿岸的村庄开始被河水倒灌,多村相继被淹。

山东寿光大面积洪涝灾害发生后,党中央、国务院高度重视。8月20日,应急管理部迅速启动国家Ⅳ级救灾应急响应机制,先后派出2个工作组赶赴灾区协助当地抗洪救灾。26日,应山东省委、省政府请求,应急管理部一次性从山东、天津、河北、江苏紧急调集消防官兵5 570余人,从山东及周边5省调集16支安全生产应急救援队352人紧急驰援。消防官兵、专业救援队与当地专职消防队员,共同开展排涝救灾工作。

应急管理部在救灾一线成立应急抢险救灾前方指挥部,应急管理部主要负责人每日一调度，了解前方救灾情况和工作进度，共同研究对策、做出部署，指导前方各项救援工作。在当地党委、政府的统一领导下，消防部队、安全生产应急救援队与广大人民群众一起并肩作战，全力配合县市、村镇采取应急排涝、机械排水、工程排涝等多种措施，夜以继日、昼夜奋战，有效确保了各项救灾工作落实见效，极大提高了救援效率，缩短了整体救援时间，减少了受灾群众损失。

广大消防官兵利用60套远程供水系统、100余台工程机械以及2万余件（套）的潜水泵、浮艇泵、机动泵、冲锋舟艇等应急救援器材，在58个积水较为严重的村庄全力排涝救灾。截至9月6日，消防部队和安全生产应急救援队累计完成114个作业点的排涝任务，累计排涝1 167万立方米。9月6日凌晨3时，受灾地区应急排涝任务基本完成，各地消防部队增援力量开始陆续撤离。

（二）专业救援和常规救援兼备

在突发事件应急管理过程中，既需要应对各类火灾、洪涝等常见突发事件的常规救援力量，也需要处置非常规突发事件，以及处置常规突发事件中的部分特殊环节的专业救援队伍力量。常规救援力量主要由具备一般性的救援知识和技能的救援人员组成，是主要配备常用的救援装备、设备、技术手段和解决方案的队伍。例如，解放军、武警部队中的非专业队伍，大部分的民兵预备役人员，大部分救援志愿者等。专业性救援队伍主要是具备特殊技能和训练的人员，并装备有特殊的设备、装备、技术手段和解决方案的队伍。例如，地震灾害紧急救援队、核生化应急救援队、应急机动通信保障队、医疗防疫救援队等。

在应急管理部成立后，原有隶属13个部门或单位的应急管理机构名称虽然消失了，但这些机构相应的专业化职能并未消失。各类应急救援职能统一到新的应急管理体系内，不同的专业职能对应不同类型的突发事件。通过建立专司应急管理职能的政府部门，各类专业化的应急管理、救援处置职能可以更加专业化。一般性、通用性的应急救援能力，又能通过救援力量、资源的集中统筹运用，达到资源共享、效率提高的目的。最终实现专业化的救援和常规化的救援职能兼备、相互配合、共同提高的目的。

案例

专常兼备的雅鲁藏布江堰塞湖救援

2018年10月17日凌晨，西藏自治区林芝市米林县派镇加拉村附近雅鲁藏布江峡谷发生山体滑坡、堵塞河道，形成堰塞湖，当日15时的滞蓄水量约1.5亿立方米。17日，自治区人民政府按照《西藏自治区突发地质灾害应急预案》，启动林芝加拉村雅鲁藏布江地质灾害Ⅰ级应急响应。截至20日9时，堰塞湖坝前水位已下降56米，堰塞湖蓄水量约为1亿立方米。截至21日，堰塞湖河段基本恢复至正常过流状态，下游墨脱河段基本恢复常态，未接到人员伤亡和重大灾情报告。29日10时11分许，加拉村附近水位又有所上涨，涨幅约1小时80厘米，已抢通的便道被淹没，下游175千米墨脱县水位有所下降。

在灾害发生以后，应急管理部按照有关领导的指示精神在18日牵头召集自然资源部、水利部、气象局、中国安能建设总公司等部门和单位的领导、专家会商研判，分析险情灾情，调度专业人员和救援力量，实施救援救灾等应急处置工作。

西藏军区成立抢险救灾一线指挥部，随时听从专业指挥部命令，进行抢险救灾任务各项准备工作。林芝军分区部署上千名官兵作为救援力量，提供常用机械和救灾物资器材，并储备常规救灾用的主副食、被装、帐篷等。墨脱县当地党委政府迅速成立"10·17"应急抢险救灾指挥部，将沿江7个乡（镇）划分为3个区域，15名县级领导带领7个应急处置小组赶往一线，组织广大党员干部和民兵预备役人员等常规救援力量，第一时间在沿江乡村安排水文观察哨、通知沿江各乡（镇），做好排查险情、紧急转移受灾群众，协调救援物资。

在处置堰塞湖这一专业性较强的自然灾害事件中，在地质险情判断、导流渠开挖、坝体处置方案等方面，充分发挥了各方专业救援力量的作用；在群众疏散转移、险情监测等方面，充分发挥了常规性救援力量的作用，共同处置好突发事件。

（三）事件响应的反应灵敏

突发事件，是指突然发生，造成或者可能造成严重社会危害，需要采取应急处置措施予以应对的自然灾害、事故灾难、公共卫生事件和社会安全事件。突然性、复杂性、紧迫性是突发事件的最明显的特征，这就要求应急处置要做到反应灵敏。所谓的反应灵敏，就是指在保持应急管理、应急处置质量的前提下，尽可能缩短从事件发生到响应、处置的时间。

反应灵敏包括了应急管理质量、时间两方面的要素，应急管理的一些原则、环节、要求等，都与反应灵敏的要求密切相关。要做到应急处置的反应灵敏，一是监测预警，对事件的发生要事前预测，事发时能够有所准备。二是预防准备，包括思想准备、预案准备、应急物资储备、装备准备等资源储备，专业训练、人员素质等人力准备。三是应急指挥能力，包括统一指挥、决策迅速等，都是各国应急指挥的基本要求。四是统一应急管理职能，目标之一也是减少政府协调部门之间协调的成本，提高应急处置效率。

新体制下的反应灵敏，主要是指应急管理机构、应急救援队伍对于突发事件的高效、迅速的反应体系的建立。

1. 高效的应急管理机构

第二次世界大战以后，适应突发事件的衍生、次生的发展趋势呈现综合性灾害链的特点，组建综合性的应急管理部门，以提高应急管理响应速度和效率，成为世界各国政府应急管理发展的趋势。在这一趋势下，美国先是应急管理署、后是国土安全部，俄罗斯紧急情况部等综合性应急管理机构的建立，就是对这一大趋势的反映。与改革前的专业性应急管理部门处置、政府协调机构进行协调的模式相比,这种以综合性应急管理部门直接处置为主的模式,降低了各类不同机构的协调成本,具有较高的响应效率。这种体制下的综合救援队伍,保持了应急处置的专业性,逐步实现正规化、专业化、职业化,并能够与时俱进地综合处置多类型的突发事件,提高处置与救援效率。

2. 高效的应急救援队伍

世界各国消防队伍大多由全职消防员与志愿消防员相结合组成,少数国家有现役消防队伍。现役消防的优点是人员体力充沛、反应速度快,但由于受服役年限所限,专业人才流失严重。我国公安部于1955年成立了消防局,1982年起归属于武警部队,同时也是公安机关的警种之一,2018年正式移交应急管理部,不再列武警序列。新体制下组建的国家综合性消防救援队伍,需要通过三年的改革调整,保持原有现役制优点,真正建设成为一支政治过硬、本领高强、作风优良、纪律严明的中国特色综合性消防救援队伍,全面提高防灾减灾救灾和保障安全生产等方面能力,有效维护人民群众生命财产安全和社会稳定。

案例

反应灵敏的四川长宁地震后的紧急响应

2019年6月17日22时55分,四川宜宾市长宁县发生了6.0级地震,震源深度16千米,四川、重庆、云南、贵州多地有震感。从中央到地方各级党委、政府及有关部门立即采取了措施应对此次地震。

2019年6月18日,习近平对四川长宁6.0级地震做出重要指示:要求全力组织抗震救灾,切实保障人民群众生命财产安全。解放军、武警部队要支持配合地方开展抢险救灾工作。注意科学施救,加强震情监测,防范发生次生灾害,尽快恢复水电供应、交通运输、通信联络,妥善做好受灾群众避险安置等工作。当前正值汛期,全国部分地区出现强降雨,引发洪涝、滑坡等灾害,造成人员伤亡和财产损失,相关地区党委和政府要牢固树立以人民为中心的思想,积极组织开展防汛抢险救灾工作,切实保障人民群众生命财产安全。

中共中央政治局常委、国务院总理李克强做出批示,要求抓紧核实地震灾情,全力组织抢险救援和救治伤员,尽快抢修受损的交通、通信等基础设施。及时发布灾情和救灾工作信息,维护灾区社会秩序。水利部、应急管理部、自然资源部要指导协助相关地方切实做好汛期强降雨引发各类灾害的防范和应对。

根据习近平指示和李克强要求,应急管理部、国家卫生健康委等部门已派出工作组赶赴灾区指导救援救灾。地震发生后,应急管理部领导在部指挥大厅持续调度现场情况,部署抗震救灾工作,并派出救灾工作组赶赴震区,指导救援救灾和灾情调查评估工作。四川省消防救援总队调集10个支队、116辆消防车、526人赶赴震区,四川森林消防队伍派出17车、154人携各类装备703件（套）赶赴震区，震区附近的12支国家矿山应急救援队派出172人赶赴震区开展人员搜救和救灾工作。中国地震局派出80人赶赴灾区开展震情监视、烈度调查、损失评估等工作。应急管理部协调自然资源部、水利部等有关方面对震区周边风险隐患点做了初步排查，严防发生次生事故。

6月17日，四川省、宜宾市立即组织桥梁、地质专家以及救援队等力量开展救灾工作，并紧急调拨帐篷、棉被、折叠床等救灾物资运抵灾区，先期保障人民群众基本生活需要。

6月17日，四川省地震局迅速启动应急响应，派出地震现场工作队35人、9台车辆于23时50分赶赴震区，开展现场震情分析、流动地震台架设与监测、烈度调查、应急通信、震区科学考察等工作，并积极协助当地政府开展抗震救灾工作。

6月17日，四川省应急管理厅立即启动二级响应，派出前期工作组赶赴震区，后方通过视频调度，了解震情灾情情况，分析研判灾情，并及时向应急管理部和省委省政府汇报。

6月17日，四川省财政厅立即成立了应急保障领导小组，并启动财政应急预案，开通资金拨付"绿色通道"，首笔资金已于18日上午11：30拨付到长宁、珙县两县。

6月18日00：40，四川省地震局召开新闻发布会，通报震情和初步灾情。

6月18日，应急管理部会同国家粮食和物资储备局紧急调拨的帐篷、折叠床、棉被等救灾物资全部运抵灾区，并开始有序发放到受灾群众手中。

地震发生后，森林救援、消防救援、武警部队、矿山救护队、应急民兵及社会救援力量共3 100余人全力开展人员搜救。

建设好高效的应急救援队伍，着重要做好以下六个方面工作：

（1）建立统一高效的领导指挥体系。省、市、县级分别设消防救援总队、支队、大队，城市和乡镇根据需要按标准设立消防救援站；森林消防总队以下单位保持原建制。根据需要，组建承担跨区域应急救援任务的专业机动力量。国家综合性消防救援队伍由应急管理部管理，实行统一领导、分级指挥。

（2）建立专门的衔级职级序列。国家综合性消防救援队伍人员，分为管理指挥干部、专业技术干部、消防员三类进行管理；制定消防救援衔条例，实行衔级和职级合并设置。

（3）建立规范顺畅的人员招录、使用和退出管理机制。根据消防救援职业特点，实行专门的人员招录、使用和退出管理办法，保持消防救援人员相对年轻和流动顺畅，并坚持在实战中培养指挥员，确保队伍活力和战斗力。

（4）建立严格的队伍管理办法。坚持把支部建在队站上，继续实行党委统一的集体领导下的首长分工负责制和政治委员、政治机关制，坚持从严管理，严格规范执勤、训练、工作、生活秩序，保持队伍严明的纪律作风。

（5）建立尊崇消防救援职业的荣誉体系。设置专门的"中国消防救援队"队旗、队徽、队训、队服，建立符合职业特点的表彰奖励制度，消防救援人员继续享受国家和社会给予的各项优待，以政治上的特殊关怀激励广大消防救援人员许党报国、献身使命。

（6）建立符合消防救援职业特点的保障机制。按照消防救援工作中央与地方财政事权和支出责任划分意见，调整完善财政保障机制；保持转制后消防救援人员现有待遇水平，实行与其职务职级序列相衔接、符合其职业特点的工资待遇政策；整合消防、安全生产等科研资源，研发消防救援新战法新技术新装备；组建专门的消防救援学院。

（四）应急行动的上下联动

突发事件的应急管理既需要快速反应，也需要有强大信息、资源支持。属地的政府机构、企业、社会组织和公众，具有信息和距离优势，能够迅速及时地对突发事件进行反应，开展自救互救；上级政府机构和应急救援组织，掌握更广泛范围内的专业力量、信息、资源等优势，能够提供强有力的应急管理方面的支持和指导。

应急管理中的上下联动，主要是指由上级党委政府或应急管理部门牵头，自上而下，动员社会上多层次的应急管理主体，广泛参与突发事件的应急管理。上下联动工作方法中，各级党委、政府主要发挥领导作用，做好组织、指挥协调功能；从国家应急管理部、省级应急管理厅（局）、地市级应急管理局、县（市、区）应急管理局四级应急管理部门联动，充分发挥应急管理主体作用；综合应急救援队、专业应急救援队、常规应急救援队互相配合，发挥应急救援主力军的作用；企业、社会组织、第一响应人和志愿者广泛参与，发挥了基础性的支撑作用。通过各类应急管理主体的相互配合、有机整合，形成上下联动的应急网络系统和全方位、立体化的公共安全网。

案例

上下联动的墨江地震救援

2018年应急管理体制改革以后，应急管理部逐步形成了上下联动的突发事件处置模式。这一模式在"9·8"墨江地震救援中发挥了巨大的作用。

2018年9月8日，云南省普洱市墨江县发生了5.9级地震，国务委员、国务院党组成员、国家减灾委员会主任王勇迅速做出重要批示。应急管理部党组书记、副部长黄明也做出指示，副部长、中国地震局局长郑国光提出具体要求，指令国家、省、市、县地震部门做好震情趋势研判、灾情调查、舆情引导，积极配合地方政府做好社会稳定工作。

9月8日16时，云南省地震局按指令要求派出现场工作队到达震中，成立地震现场前方指挥部和临时党支部，紧急开展灾害调查，震情监视等工作。

9月9日00时，中国地震局工作组抵达墨江，传达国务院领导、应急管理部和中国地震局应急处置工作要求，并与云南省地震局现场指挥部沟通了解情况，部署应急处置工作。在震中地区架设流动地震监测台，并完成震中区通关镇灾区所辖牛库、毕库、丙蚌、回龙、民兴、清平、景坝、公馆8个村委会18个居民调查点的灾情调查，开展震情监视跟踪与分析。

地震发生后，云南省委、省政府和地震灾区市县党委政府组织领导有力，应急处置有序，军地协同高效，责任落实和应对措施到位。地震灾区的伤病员迅速得到救治，受灾群众得到基本安置，水、电和部分受阻县乡道路迅速抢通，灾区群众情绪稳定，生产生活秩序基本正常。

（五）应急管理全过程的"平战结合"

新的应急管理体制要做到"平战结合"，所谓"平"主要是指平时，指常态，即在一定区域范围内，突发事件尚未发生时；"战"主要是指战时，指非常态，即突发事件已经发生或正在发生，需要进行处置时。平战结合主要是指在尚未发生突发事件时，要积极做好监测预警、应急准备工作，保证突发事件发生时，应急力量、装备设备、基础设施、物资资源等，能够满足应急管理工作需要。同时，积极适应并服务于经济发展、社会发展和人民生活服务的需求，实现应急效益、社会效益、经济效益的统一。真正做到以防为主、防抗救相结合，坚持常态减灾和非常态救灾相统一，努力实现从注重灾后救助向注重灾前预防转变，从减少灾害损失向减轻灾害风险转变，从应对单一灾种向综合减灾转变。要强化灾害风险防范措施，加强灾害风险隐患排查和治理，健全统筹协调体制，落实责任、完善体系、整合资源、统筹力量，全面提高国家综合防灾减灾救灾能力。

（1）应急救援队伍、避难设施、应急装备要与政府常态管理、公共事业、设施建设及装备配备等相互结合，起到相互促进的作用。应急设施、场地建设要纳入城市建设总体规划，并做到地上、地下统一安排。

（2）应急队伍和设施、装备工程和设备、设施的维护管理，要与平时演练、使用相结合，以使用促配备，以配备促使用，在日常使用中提高装备配备质量。

（3）应急队伍和设施、装备的应急效益与社会效益、经济效益相结合。应急效益作为前提，经济效益作为基础，社会效益体现发展。

应急管理"平战结合"的主要思路是立足经济和社会的常态运行、社会服务日常管理开展应急管理工作，推进平战协调统一、平战紧密结合、平战迅速转换、平战融合发展的应急管理工作需要。真正做到了按照加强部门协调，制定应急避难场所建设、管理、维护相关技术标准和规范。充分利用公园、广场、学校等公共服务设施，因地制宜建设、改造和提升成应急避难场所，增加避难场所数量，为受灾群众提供就近方便的安置服务。

以北京市为例（见表4-3），其地震应急避难场所多与城市绿地相结合，能够真正做到平常的休闲使用与地震来临时的应急救援相结合，也能够通过平常的使用使得周边居民熟悉这些场所，有利于突发事件发生时快速疏散作用的发挥。

表 4-3 北京部分地震应急避难场所概况

区县名称	避难场所名称	面积/万平方米	容纳人数/万人
东城区（崇文区）	地坛公园园外园	5.4	2.7
	皇城根遗址公园	9	4.5
	明城墙遗址公园	15.5	6
	玉蜓公园	3.7	1.5
	南中轴路绿地	3.7	1.5
西城区（宣武区）	西便门绿地	4.7	1.25
	长椿苑公园	1.4	0.6
	翠芳园绿地	0.69	0.46
	丰宣公园	3.3	1.5
	万寿公园	3.3	1.5
	先农坛神仓外绿地	0.62	0.28
	南中轴绿地	10.43	4.7
朝阳区	元大都城垣遗址公园	67	19
	奥林匹克森林公园（南园）	4	2
	太阳宫公园	37	11
	安贞涌溪公园	1.4	0.6
	朝阳公园北部区	120	11.5
	将台坝河绿地	16	6.4
海淀区	海淀公园	40	20
	马甸公园	8.6	4.3
	东北旺中心小学	0.8	0.4
	曙光防灾公园	27	13.5
	阳光星期八公园	5.2	2.6
	长春健身园	10	5
	东升文体公园	8	4
	温泉公园	4	2
石景山区	国际雕塑园	40	11
门头沟区	滨河世纪广场	35	10
	黑山公园	3	1.2
	体育活动中心	8.3	3
昌平区	亢山广场	4.08	1.8
	永安公园	6.9	2.8
	北方企业集团马池口村应急避难场所	2.22	1.01

延伸阅读

[1] 闪淳昌, 周玲. 从 SARS 到大雪灾: 中国应急管理体系建设的发展脉络及经验反思. 甘肃社会科学, 2008 (5).

[2] 薛澜, 张强, 钟开斌. 防范与重构: 从 SARS 事件看转型期中国的危机管理. 改革, 2003 (3).

[3] 薛澜, 张强. SARS 事件与中国危机管理体系建设. 清华大学学报: 哲学社会科学版, 2003 (4).

[4] 闪淳昌. 构建中国特色的应急管理体系. 中国浦东干部学院学报, 2008 (5).

[5] 薛澜. 中国应急管理系统的演变. 行政管理改革, 2010 (8).

[6] 中共中央 国务院关于推进防灾减灾救灾体制机制改革的意见. 2016 年 12 月 19 日.

[7] 中共中央 国务院关于推进安全生产领域改革发展的意见. 2016 年 12 月 9 日.

[8] 张海波. 新时代国家应急管理体制机制的创新发展. 人民论坛·学术前沿, 2019 (5).

[9] 童星. 中国应急管理的演化历程与当前趋势. 公共管理与政策评论, 2018, 7 (6).

[10] 闪淳昌. 树立并践行新时期防灾减灾与应急管理的新理念. 中国减灾, 2019 (1).

[11] 钟开斌. 中国应急管理机构的演进与发展: 基于协调视角的观察. 公共管理与政策评论, 2018 (6).

第五章
中国应急救援队伍建设

学习目标

1. 了解应急管理工作中，武装力量参与的重要性、国内外军队参与灾害救助的情况、武装力量中专业救援队伍状况。
2. 了解应急管理工作中，综合性消防救援队伍和专业救援力量的重要性和有关规定。
3. 了解应急管理工作中，社会组织的重要性及运作规则。

学习重点

1. 掌握提高军地配合救灾效率的方法。
2. 掌握中国综合性消防应急救援队伍的组建过程与改革方向。
3. 掌握中国专业应急救援队伍的基本构成、存在的问题和改进方向。
4. 掌握志愿者参与应急管理工作存在的问题和改进方向。
5. 掌握公众公共安全教育的重要性。

案例

芦山地震应急救援指挥

2013年4月20日8时2分，四川省雅安市芦山县发生7.0级强烈地震，震源深度13千米。芦山地震是继2008年5月12日汶川特大地震后，发生在龙门山断裂南段的又一次重大破坏性地震。截至4月25日12时，共造成196人死亡，11 470人受伤。

芦山地震发生后，习近平总书记、李克强总理第一时间做出指示批示。10时30分（震后148分钟），抗震救灾工作会议组织召开，决定启动国务院抗震救灾Ⅰ级响应。同时，习近平对军队和武警部队做好抗震救灾工作做出重要指示，强调灾情就是命令，要部署部队迅速投入抗震救灾第一线。当晚，李克强赶赴芦山县灾区，主持召开抗震救灾工作会议，研究救灾形势，部署下一步救灾工作，要求四川省首要工作是抗震救灾，救人最重要，保持救援物资运输通畅，确保救灾物资和资金供应，防止次生灾害造成新的伤亡，增派专业力量实施科学救援，建立统一高效的抗震救灾指挥机制。

8时40分，四川省启动I级地震应急响应，消防、安监、卫生和省军区应急救援队伍迅速赶赴现场，并迅即成立省抗震救灾指挥部（见图5-1），设立在地震灾区一线的芦山县龙门乡，指挥部下设省总值班室、医疗保障、交通保障、通信保障、救灾物资、宣传报道六个分组，全面指挥和领导抗震救灾工作。

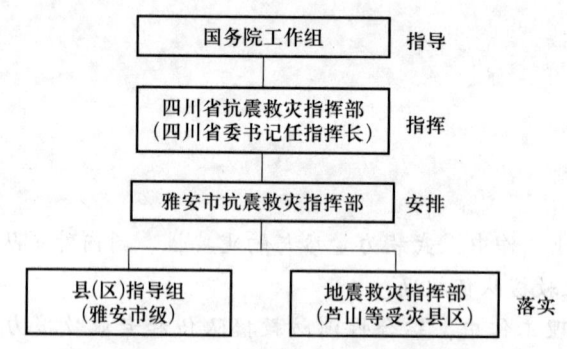

图5-1 芦山地震救灾组织指挥架构

受灾市、县（区）和乡镇也成立了抗震救灾指挥机构，指挥本行政区域内的抗震救灾工作。震后25分钟，雅安市委、市政府宣布启动雅安市地震应急I级响应，成立雅安市抗震救灾指挥部，下设15个工作组。同时，雅安还成立8个县（区）指导组，帮助、指导县（区）建立指挥体系，指导、督促、检查县（区）抗震救灾工作。芦山县委、县政府紧急行动，启动特大地震应急响应，迅速建立起地震救灾指挥部，下设13个工作组，领导指挥全县抗震救灾工作。4月21日上午，指挥部副指挥长魏宏在芦山县主持召开专题会议，会议决定抗震救灾指挥实行省、市、县三合一，系统对接，统一调度，省指挥、市安排、县落实，按不同职能处理不同层次的问题。

芦山地震发生后，实施的是"地方作为主体"的救灾体制，抗震救灾的"指挥棒"交给四川，整个抗震救灾工作由四川直接进行组织指挥；国务院成立工作组，赶赴灾区进行指导、协调、督促。习近平强调："要实行中央统筹、分级负责的体制机制。探索出一条中央统筹指导、地方作为主体、灾区群众广泛参与的恢复重建新路子。"李克强强调："救灾要科学有序，由四川省为主指挥抗震救灾，国务院派一个工作组在那儿，由四川省作为需方，我们是供方，他提单子，我们给条件，保证抗震救灾有序进行，使死亡人数降到了最低程度。"①

---

① 钟开斌，林炜炜. 中国救灾体制的调整与变化：基于典型案例的比较研究. 理论与改革，2018（3）.

第一节 武装力量的应急管理职责

武装力量参与应急管理工作,是各国的普遍做法。中国参与应急抢险救援的主要武装力量包括中国人民解放军、中国人民武装警察部队和民兵预备役。

一、中国人民解放军的应急管理职责

新世纪新阶段,军队确立了"三个提供、一个发挥"[①]的历史使命,在强调军队必须提高信息化条件下局部战争能力的同时,按照"战时能应战,平时能应急"的要求,立足履行多种任务,具备多种能力,增强应对危机意识,完善应急指挥机制,随时准备执行应急任务,为维护国家经济社会发展,为构建社会主义和谐社会提供可靠保障。

中共中央总书记、国家主席、中央军委主席习近平强调,我们的人民军队不愧是听党指挥的英雄军队,不愧是忠心报国的英雄军队,不愧是为中华民族伟大复兴英勇奋斗的英雄军队。……今天,我们比历史上任何时期都更接近中华民族伟大复兴的目标,比历史上任何时期都更需要建设一支强大的人民军队。我们要深入贯彻党的强军思想,坚定不移走中国特色强军之路,努力实现党在新形势下的强军目标,把我们这支英雄的人民军队建设成为世界一流军队。要坚定不移坚持全心全意为人民服务的根本宗旨,始终同人民站在一起,时刻把人民放在心头,永远做人民子弟兵。

军队是国家政权的机器,是维护国家安全的支柱,也一向是保卫国家安全和人民生命财产的中流砥柱。党领导下的人民军队,是国家利益的忠实捍卫者和保卫者,是国家应急管理的重要组成部分,是处置各类突发事件的重要力量。军队参与国家应急管理,有效处置各类突发事件是军队职责所系,是和平时期军队职能拓展的客观要求。实践证明,军队不仅能够满足国家处置重大突发事件的力量需求,而且往往是国家处置重大突发事件最有效和决定性的手段,有时也是最后的手段,具有不可替代的作用。

(一)中国人民解放军的组织构成

1. 军队组成

中国人民解放军的最高军事机关为中央军事委员会,现役部队由陆军、海军、空军、火箭军、战略支援部队组织而成。

陆军包括步兵(摩托化、机械化步兵)、炮兵(地面、高射炮兵)、装甲兵、工程兵、通信兵、防化兵和侦察、电子对抗、汽车、测绘、气象等专业部队组成。陆军的编制序列为军种总部,集团军、师、旅、团、营、连、排、班。

[①] "三个提供、一个发挥"即"军队要为党巩固执政地位提供重要的力量保证,为维护国家发展的重要战略机遇期提供坚强的安全保障,为维护国家利益提供有力的战略支撑,为维护世界和平与促进共同发展发挥重要作用"。

海军于 1949 年 4 月 23 日成立，是中国人民解放军的战略军种，是海上作战行动的主体力量，担负着保卫中国海上方向安全、领海主权和维护海洋权益等任务。海军为一个独立军种，级别为大军区级，其指挥机构由海军司令部、政治部、后勤部和装备部组成。海军以舰艇部队和航空兵为主体，是担负海上作战任务的现代化合成军种。其主要任务是独立或协同陆军、空军防御敌人从海上的入侵，保卫领海主权，维护海洋权益。其作战部队除海军总部直辖外，分布于北海、东海、南海三支舰队。

空军于 1949 年 11 月 11 日正式成立，由航空兵、地空导弹兵、高射炮兵、雷达兵、空降兵、电子对抗、气象等多兵种合成，由歼击机、强击机、轰炸机、运输机等多机种组成的现代化的高技术军种。主要任务是担负国土防空，支援陆、海军作战，对敌后方实施空袭，进行空运和航空侦察。

火箭军由第二炮兵更名而来，于 2015 年 12 月 31 日正式成立，是中国战略威慑的核心力量，是中国大国地位的战略支撑，是维护国家安全的重要基石。火箭军全体官兵要把握火箭军的职能定位和使命任务，按照核常兼备、全域慑战的战略要求，增强可信可靠的核威慑和核反击能力，加强中远程精确打击力量建设，增强战略制衡能力，努力建设一支强大的现代化火箭军。

战略支援部队于 2015 年 12 月 31 日成立，是维护国家安全的新型作战力量，是中国军队新质作战能力的重要增长点，主要是将战略性、基础性、支撑性都很强的各类保障力量进行功能整合后组建而成的。战略支援部队的任务包括：对目标的探测、侦察和目标信息的回传；承担日常的导航行动，以及北斗卫星和太空侦察手段的管理工作；承担电磁空间和网络空间的防御任务。

2. 军队改革

2016 年 1 月 1 日，中央军委印发了《关于深化国防和军队改革的意见》。《意见》明确提出"牢牢把握'军委管总、战区主战、军种主建'的原则"。以原第二炮兵为主、其他军种分属的战略核打击力量合并组建成一支新的军种：中国人民解放军火箭军。新建中国人民解放军战略支援部队，主要承担电子对抗、网络攻防、卫星管理等电磁空间和网络空间的攻防任务。

原中国人民解放军总参谋部改为中央军委联合参谋部，原中国人民解放军总政治部改为中央军委政治工作部，原中国人民解放军总后勤部改为中央军委后勤保障部，原中国人民解放军总装备部改为中央军委装备发展部。四总部改革后突出隶属中央军委，这是总部制改为军委多部门制的结果。此外，中国人民解放军总参谋部改为中央军委联合参谋部，这也是联合作战指挥体制改革的体现。

2016 年 2 月 1 日，原沈阳、北京、兰州、济南、南京、广州、成都七个军区调整为东部、南部、西部、北部、中部五个战区，改变指挥体系，组建战区联合作战指挥机构，海军、空军和火箭军整合在一起，战时战区领导辖区内的武警部队，实现跨区兵种的在战区内的垂直和多相的指挥和联合协同的作战，增加机动力和联合指挥作战的能力。

（二）军队参与应急管理的法律规定及主要任务

1. 军队参与应急管理的法律规定

《宪法》规定，中国武装力量的任务之一，就是"保卫人民和平劳动，参加国家建设事业，努力为人民服务"。《中华人民共和国国防法》规定："现役军人应发扬人民军队的优良传统，热爱人民，保护人民，积极参加社会主义物质文明、精神文明建设，完成抢险救灾等任务。"

《中华人民共和国突发事件应对法》《中华人民共和国防震减灾法》《中华人民共和国消防法》《中华人民共和国戒严法》《突发公共卫生事件应急条例》和《核电厂核事故应急条例和处理规定》等 70 余件有关应急工作的法律、法规，对军队参与应对自然灾害、事故灾害、公共卫生和社会安全等突发事件都作了具体明确的规定，赋予了军队参与处置各类突发事件的职责和任务。例如，《中华人民共和国突发事件应对法》第十四条规定："中国人民解放军、中国人民武装警察部队和民兵组织依照本法和其他有关法律、行政法规、军事法规的规定以及国务院、中央军事委员会的命令，参加突发事件的应急救援和处置工作。"

2005 年 6 月，国务院、中央军委颁布的《军队参加抢险救灾条例》，全面、系统地规定了人民军队参加抢险救灾的原则、任务、指挥和保障。该条例对军队参加抢险救灾的主要任务、与地方人民政府的工作协调关系、动用军队的权限和程序、军地联合指挥、平时救灾准备和经费物资保障等作了明确规定。这标志着军队参加抢险救灾步入了法制化轨道。

2. 军队参与应急管理的主要任务

《中华人民共和国突发事件应对法》《军队参加抢险救灾条例》以及国务院及其部门制定并实施的《国家突发公共事件总体应急预案》、专项预案、部门预案以及各地方人民政府制定的应急预案，大多明确了军队参加应急管理的任务。例如，《军队参加抢险救灾条例》第三条规定："军队参加抢险救灾主要担负下列任务：（一）解救、转移或者疏散受困人员；（二）保护重要目标安全；（三）抢救、运送重要物资；（四）参加道路（桥梁、隧道）抢修、海上搜救、核生化救援、疫情控制、医疗救护等专业抢险；（五）排除或者控制其他危重险情、灾情。必要时，军队可以协助地方人民政府开展灾后重建等工作。"根据国家总体应急预案，军队也制定了《军队处置突发事件总体应急预案》及若干专项预案，对军队参与国家应急管理、协助处置突发事件进行了细化和规范。

总体来看，军队参与应急管理的主要任务包括：

（1）参与应急指挥。军队总部机关有关部门的领导，直接参加相应突发事件国家总指挥部的指挥工作；有关部队领导相应参与地方人民政府的应急指挥工作。

（2）情报信息支援。利用军队的情报信息资源，发挥军用观测、侦察、监视等装备器材的作用，在国家处置不同突发事件中，提供监测预警等情报信息。

（3）处置军事突发事件。及时果断、有理有节有力地处置因军事活动引发的海空边防军事摩擦和冲突事件，确保海空边防安全，防止把一般的突发情况演变为严重的外交事件，防止把偶然的军事摩擦升级为军事对抗，避免给国家战略全局带来不利影响。

（4）参加应急救援处置与抢险救灾。参与处置地震、森林火灾、洪涝以及台风等重大自然灾害以及像"非典"、禽流感等特大传染病疫情，保护国家和人民生命财产的安全。主要内容包括：解救、转移或者疏散受困人员；保护重要目标安全；参加道路

（桥梁、隧道）抢修、海上搜救、核生化救援、疫情控制、医疗救护等专业抢险；排除或者控制其他危重险情、灾情。必要时，军队可以协助地方人民政府开展灾后重建等工作。包括应香港、澳门特区政府的请求，经中央军委批准，可以协助香港、澳门特区参加抢险救灾。

（5）专业技术支援。利用军队在核化生、防爆、工程、医学等方面的专业部队、特种装备和技术优势，有重点地建设专业救援队伍，参加专业应急救援行动。

（6）特种军事打击。这主要是指参与处置重大恐怖破坏事件。在国家和地方政府的统一领导下，协助地方打击恐怖袭击、爆炸和劫持等各种形式的恐怖活动，以及特种打击、空中管制、空中拦截和海上搜救等特种行动。

（7）交通运输保障。在紧急状况下，利用军队的空中、水路、陆路运输力量，快速运送抢险救灾队伍和救灾物资，转移灾区群众和重要物资。

专栏

军队应急救援处置历史与现状

1998年全国抗洪36.24万将士，保住了数以百万计人民群众的生命。2008年年初抗击冰灾51.9万人次，民兵161.3万人次，转移、救助群众上百万。2008年5月汶川地震14.6万将士，民兵7.5万，救出3 338人、转移140万群众。

2009年1月，中国组建以军队力量为主体的抗洪抢险应急部队、地震灾害紧急救援队、核生化应急救援队、空中紧急运输服务队、交通应急抢险队、海上应急搜救队、应急机动通信保障队、医疗防疫救援队八支国家级应急专业力量，兵力规模达5万人。2009年7月，武警水电、交通部队3.1万人被纳入国家应急救援力量体系。各军区会同有关省（自治区、直辖市）组建省级应急专业力量。

仅2009—2010年两年，军队和武警部队共计出动兵力184.5万人次，各型车辆（机械）79万台次、飞机和直升机181架次，组织民兵预备役人员643万人次，多次参加抗洪、抗震、抗旱、抗台风和森林扑火等抢险救灾行动，共抢救转移群众174.2万人次，抢运物资30.3万吨，疏通河道3 742千米，打井4 443眼，加固堤坝728千米，运送生活用水50.4万吨。2010年4月玉树地震12 798将士，救出1 564人，救治伤员20 047人。

2017年8月23日"天鸽"台风给澳门特区造成重大灾害，应澳门特区政府请求，习近平主席批准，中国人民解放军驻澳门部队参加了抢险救灾，为保障澳门人民生命财产安全做出了重要贡献。

参加政府组织的国际灾难救援行动，履行国际人道主义义务，是中国武装力量义不容辞的责任。近年来，中国武装力量积极协助中国政府有关部门向受灾国提供救援物资，派出专业力量参加国际灾难救援行动。

自2002年向阿富汗提供救援物资以来，人民解放军已28次执行国际紧急人道主义援助任务，共向22个受灾国提供总价值超过9.5亿元人民币的帐篷、毛毯、药品、医疗器械、食品、发电机等救援物资。2001年起，由北京军区工兵团官兵、武警总医院医护人员和中国地震局专家组成的中国国际救援队，开始参与国际灾难紧急救援行动，迄今已八次赴受灾国执行救援任务。2010年1月，中国国际救援队和人民解放军医疗防疫救护队赴海地参与地震救援，执行人员搜救、紧急救护、卫生防疫等任务，累计救治当地伤病员6 500人次。2010年9月，中国国际救援队和人民解放军医疗救援队、直升机救援队赴巴基斯坦执行人道主义救援任务，累计救治当地伤病员3.4万人次，直升机投送物资60吨。

中国武装力量积极参与国际救灾交流合作，密切与有关国家和相关国际组织的沟通协调，推动地区救灾机制建设和人员培训。与美国、澳大利亚、新西兰军队举行人道主义救援与减灾研讨作业，举办东盟地区论坛武装部队参与国际救灾法律规程建设研讨会，举行东盟与中日韩武装部队国际救灾研讨会。①

（三）军队参与应急管理的途径与保障

1. 军队参与应急管理的途径

根据相关法律法规和应急预案的规定，国务院有关主管部门、县级以上地方人民政府提出需要军队参加抢险救灾的，应当说明险情或者灾情发生的种类、时间、地域、危害程度、已经采取的措施，以及需要使用的兵力、装备等情况。

县级以上地方人民政府组建的抢险救灾指挥机构，应当有当地同级军事机关的负责人参加；当地有驻军的，还应当有驻军部队的负责人参加。

军队参加抢险救灾应当在人民政府的统一领导下进行，具体任务由抢险救灾指挥机构赋予，部队的抢险救灾行动由军队负责指挥。

县级以上地方人民政府应当向当地军事机关及时通报有关险情、灾情的信息。

在经常发生险情、灾情的地方，县级以上地方人民政府应当组织军地双方进行实地勘察和抢险救灾演习、训练。

省军区（卫戍区、警备区）、军分区（警备区）、县（市、市辖区）人民武装部应当及时掌握当地有关险情、灾情信息，办理当地人民政府提出的军队参加抢险救灾事宜，做好人民政府与执行抢险救灾任务的部队之间的协调工作。有关军事机关应当制定参加抢险救灾预案，组织部队开展必要的抢险救灾训练。

2. 军队参与应急管理的保障

军队参加抢险救灾时，当地人民政府应当提供必要的装备、物资、器材等保障，派出专业技术人员指导部队的抢险救灾行动；铁路、交通、民航、公安、电信、邮政、金融等部门和机构，应当为执行抢险救灾任务的部队提供优先、便捷的服务。

军队执行抢险救灾任务所需要的燃油，由执行抢险救灾任务的部队和当地人民政府共同组织保障。

军队参加抢险救灾需要动用作战储备物资和装备器材的，必须按照规定报经批准。

---

① 中华人民共和国国务院新闻办公室. 2010年中国的国防. 北京：人民出版社，2011.

对消耗的部队携行装备器材和作战储备物资、装备器材，应当及时补充。

灾害发生地人民政府应当协助执行抢险救灾任务的部队做好饮食、住宿、供水、供电、供暖、医疗和卫生防病等必需的保障工作。

地方人民政府与执行抢险救灾任务的部队应当互相通报疫情，共同做好卫生防疫工作。

军队参加国务院组织的抢险救灾所耗费用由中央财政负担。军队参加地方人民政府组织的抢险救灾所耗费用由地方财政负担。这些费用包括：购置专用物资和器材费用，指挥通信、装备维修、燃油、交通运输等费用，补充消耗的携行装备器材和作战储备物资费用，以及人员生活、医疗的补助费用。

抢险救灾任务完成后，军队有关部门应当及时统计军队执行抢险救灾任务所耗费用，报抢险救灾指挥机构审核。

国务院有关主管部门和县级以上地方人民政府应当在险情、灾情频繁发生或者列为灾害重点监视防御的地区储备抢险救灾专用装备、物资和器材，保障抢险救灾需要。

军队参加重大抢险救灾行动的宣传报道，由国家和军队有关主管部门统一组织实施。新闻单位采访、报道军队参加抢险救灾行动，应当遵守国家和军队的有关规定。

对在执行抢险救灾任务中有突出贡献的军队单位和个人，按照国家和军队的有关规定给予奖励；对死亡或者致残的人员，按照国家有关规定给予抚恤优待。

（四）军队在应急管理中的作用

《军队参加抢险救灾条例》第二条明确规定："军队是抢险救灾的突击力量，执行国家赋予的抢险救灾任务是军队的重要使命。"军队具有高度集中、反应迅速、组织性强、纪律严明的特点，应对各类突发事件，在政治、组织、力量、行动等方面，不仅有武装集团的优势，也有专业突击优势，既能发挥稳定局势的政治作用，也能发挥化解重大突发事件的突击作用。军队常年战备、高度集中的体制，具备快速反应能力和强大的武装手段，能够最大限度地消除危害、控制局势，满足处置突发事件时限性强、节奏快的需要。军队在和平时期参加抢险救援，最好地体现了人民军队为人民服务的宗旨，也是对军队战斗力的最好的检验和锻炼。其参与应急管理的作用，主要体现在以下四个方面：

1. 维护稳定

重大突发事件常常会引发社会和群众的恐慌，甚至影响局部地区的稳定与安宁。而军队的投入不仅有利于协助党和政府有效处置突发事件，而且能够迅速控制事态、稳定民心、恢复秩序、减少损失。例如，1976年唐山大地震发生后，军队动用14万余人参加这一空前的抗震救灾行动。部队到达后不仅参与抢险救灾，更重要的还在于给灾区人民树立了一个信念：党和政府派军队救灾来了。这对灾区人民是巨大的精神鼓舞，极大地安定了人心。2003年在抗击"非典"的斗争中，军队19所定点医院（包括小汤山医院）共收治军地"非典"病人1 102人，对控制全国疫情扩散、稳定国内的严峻形势、增强国外对中国政府战胜"非典"的信心起到了关键作用。在2008年拉萨"3·14"暴力事件和2009年乌鲁木齐"7·5"暴力事件中，人民解放军和武警公安部队为维护民族团结、国家统一和社会稳定做出了贡献。

2. 突击救援

军队在参与国家应急管理中，大量的、经常的是执行抢险救灾任务，并发挥着突击作用。新中国成立以来，军队几乎参加了所有重大灾害的救援行动。特别是在1957年大兴安岭灭火、1965年华北特大洪水、1976年唐山大地震、1998年抗洪、2008年南方雨雪冰冻灾害和汶川特大地震等重大抢险救灾行动中，用鲜血和生命确保了抢险救灾的全面胜利，在拯救灾民生命、保护灾民安全、减轻灾害损失方面做出了重大贡献。在自然灾害越来越频繁的今天，应对灾害威胁正在成为各国军队新的使命。军队的远程投送能力、应急反应速度和专业救援能力，决定着救灾的成效。

3. 技术支撑

随着国际、国内安全形势的变化，新时期、新阶段国家安全要素呈现多元化的特点。军队除参加抢险救灾外，还在处置边（海、空）防突发事件、平息骚（动）乱、反恐怖袭击以及参加国际人道主义救援等方面发挥着特殊作用。特别是在核、化学、生物事故应急救援等一些专业领域更有着不可替代的作用。例如，2015年天津港"8·12"瑞海公司危险品特别重大火灾爆炸事故发生后，共动员现场救援处置人员1.6万多人，动用装备、车辆2 000多台，其中解放军2 207人，装备339台；武警部队2 368人，装备181台。应急管理特别是处置突发事件中，情报信息十分重要，从一定意义上讲，没有可靠的情报信息，就难以有效实施应急管理，就不能及时、正确地处置各类突发事件。党中央多次强调，"把提升情报获取能力作为反恐怖斗争核心能力，创新情报工作体制机制，提升预警发现能力"，体现了情报信息的极端重要性。军队具有强大和较为先进的情报体系和技术系统，能够为国家应急管理和处置突发事件，提供及时而可靠的预警性、内幕性情报支持。

4. 威慑后盾

国内外恐怖组织始终没有放弃针对中国的恐怖破坏活动，此外，中国正处于社会"转型期"，也是突发事件的多发期，可以预见随着改革发展的不断深入，一些深层次的矛盾和问题可能会导致社会不稳定因素的发生，如果处置不当，措施不力，有可能被敌对势力所利用，甚至引发严重社会问题。处置类似突发事件军队往往是公安武警的坚强后盾，起着重要的威慑作用。

二、中国人民武装警察部队的应急管理职责

中国人民武装警察部队成立于1982年6月，前身是中国人民公安中央纵队，始建于1949年8月。中国人民武装警察部队是担负国家赋予的国家内部安全保卫任务的部队，是国家武装力量的组成部分。根据《中华人民共和国人民武装警察法》的规定，"人民武装警察部队担负国家赋予的安全保卫任务以及防卫作战、抢险救灾、参加国家经济建设等任务"[①]。

---

① 2009年8月27日第十一届全国人民代表大会常务委员会第十次会议通过。

（一）武警部队管理体制

1. 体制改革

2018年1月1日零时起，武警部队由党中央、中央军委集中统一领导，实行"中央军委－武警部队－部队领导"的指挥体制。1月10日，中央军委向武警部队授旗仪式在北京八一大楼举行。中共中央总书记、国家主席、中央军委主席习近平向武警部队授旗并致训词。习近平致训词时指出，调整武警部队领导指挥体制，实行"中央军委—武警部队—部队领导"指挥体制，是党中央从全面落实党对全国武装力量的绝对领导、坚持和发展中国特色社会主义军事制度出发做出的重大政治决定，对实现党在新时代的强军目标、推进国家治理体系和治理能力现代化、实现党和国家长治久安具有重大而深远的意义。习近平强调，武警部队是党领导的人民武装力量的重要组成部分，在维护国家安全和社会稳定、保卫人民美好生活中肩负着重大职责，在维护政治安全特别是政权安全、制度安全中具有重要作用。要坚决听党指挥，全面贯彻新时代党的强军思想，坚持党的绝对领导，坚决听从党的号令，强化政治意识、大局意识、核心意识、看齐意识，永远做党和人民的忠诚卫士。要加快建设发展，全面贯彻总体国家安全观，按照多能一体、有效维稳的战略要求，加快融入全军联合作战体系，加快构建军地协调联动新格局，加大改革创新，提高质量效益，努力建设一支强大的现代化武装警察部队。要聚力练兵备战，全面贯彻新形势下军事战略方针，始终保持高度戒备，大抓实战化军事训练，扎实做好执勤处突、反恐维稳等各项工作，坚决完成党和人民赋予的新时代使命任务。要坚持依法从严，全面贯彻依法治军、从严治军要求，弘扬光荣传统和优良作风，狠抓正风肃纪、反腐惩恶，纯洁政治生态，凝聚强大正能量，努力在武警部队光荣历史上谱写新的时代篇章。

2. 组织机构

武警部队由党中央、中央军委集中统一领导，实行统一领导管理与分级指挥相结合的体制。主要由内卫总队、机动总队、海警总队、院校和科研机构等组成，主要担负执勤、处突、反恐怖、海上维权执法、抢险救援以及防卫作战等任务。

武警部队设武警总部（正大军区级）、指挥部（正军级）、总队（正军级、副军级）、支队（旅、团）四级领导机关。各省级（市、区）设武警总队（正军级、副军级），各地级（市、州、盟）设武警支队（旅、团级），各县级（地市辖区、市、县）、镇设有武警大队（营级）或中队（连级）。武警总部，设司令部（副大军区级）、政治部（副大军区级）、后勤部（正军级）、各警种指挥部（正军级）及各机动师。

3. 职能任务

按照党中央和中央军委赋予的新时代使命任务，武警部队将主要担负执勤、处突、反恐怖、海上维权、抢险救援、防卫作战等任务，拓展了维护国家领土主权完整和国家安全职能。人民武装警察部队执行下列安全保卫任务：

（1）国家规定的警卫对象、目标和重大活动的武装警卫。

（2）关系国计民生的重要公共设施、企业、仓库、水源地、水利工程、电力设施、通信枢纽的重要部位的武装守卫。

（3）主要交通干线重要位置的桥梁、隧道的武装守护。

(4)监狱和看守所的外围武装警戒。

(5)直辖市,省、自治区人民政府所在地的市,以及其他重要城市的重点区域、特殊时期的武装巡逻。

(6)协助政法机关依法执行逮捕、追捕、押解、押运任务,协助其他有关机关执行重要的押运任务。

(7)参加处置暴乱、骚乱、严重暴力犯罪事件、恐怖袭击事件和其他社会安全事件。

(8)国家赋予的其他安全保卫任务。

(二)武警部队各部分的组成及其职能

1. 各部分职能

(1)内卫总队:主要受武警总部的直接领导管理。其主要任务:一是承担固定目标执勤和城市武装巡逻任务,保障国家重要目标的安全;二是处置各种突发事件,打击恐怖主义,维护国家安全与社会稳定;三是支援国家经济建设和执行抢险救灾任务;四是战时参与后方防卫作战。

(2)机动总队:主要负责处置大规模突发事件,如暴乱、骚乱、武装暴动、大规模械斗事件等,战时协助解放军进行防卫作战。

(3)海警总队:主要负责近海安全,处理近海治安、刑事等案件的调查处理,打击走私、偷渡、贩毒等海上违法犯罪活动,是公安机关部署在海上的唯一执法力量。

(4)特殊队伍:武警部队还有一小部分特殊队伍,如国宾护卫队、仪仗队、礼炮队、警乐团、文工团、歌舞团等。

2. 跨军种改革

着眼全面落实党对人民解放军和其他武装力量的绝对领导,贯彻落实党中央关于调整武警部队领导指挥体制的决定,按照军是军、警是警、民是民原则,将列武警部队序列、国务院部门领导管理的现役力量全部退出武警,将国家海洋局领导管理的海警队伍转隶武警部队,将武警部队担负民事属性任务的黄金、森林、水电部队整体移交国家相关职能部门并改编为非现役专业队伍,同时撤收武警部队海关执勤兵力,彻底理顺武警部队领导管理和指挥使用关系。

(1)公安边防部队不再列武警部队序列,全部退出现役。公安边防部队转到地方后,成建制划归公安机关,并结合新组建国家移民管理局进行适当调整整合。现役编制全部转为人民警察编制。

(2)公安消防部队不再列武警部队序列,全部退出现役。公安消防部队转到地方后,现役编制全部转为行政编制,成建制划归应急管理部,承担灭火救援和其他应急救援工作,充分发挥应急救援主力军和国家队的作用。

(3)公安警卫部队不再列武警部队序列,全部退出现役。公安警卫部队转到地方后,警卫局(处)由同级公安机关管理的体制不变,承担规定的警卫任务,现役编制全部转为人民警察编制。

(4)海警队伍转隶武警部队。按照先移交、后整编的方式,将国家海洋局(中国海警局)领导管理的海警队伍及相关职能全部划归武警部队。

（5）武警部队不再领导管理武警黄金、森林、水电部队。按照先移交、后整编的方式，将武警黄金、森林、水电部队整体移交国家有关职能部门，官兵集体转业改编为非现役专业队伍。

（6）武警黄金部队转为非现役专业队伍后，并入自然资源部，承担国家基础性公益性地质工作任务和多金属矿产资源勘查任务，现役编制转为财政补助事业编制。原有的部分企业职能划转中国黄金总公司。

（7）武警森林部队转为非现役专业队伍后，现役编制转为行政编制，并入应急管理部，承担森林灭火等应急救援任务，发挥国家应急救援专业队作用。

（8）武警水电部队转为非现役专业队伍后，充分利用原有的专业技术力量，承担水利水电工程建设任务，组建为国有企业，可继续使用中国安能建设总公司名称，由国务院国有资产监督管理委员会管理。

（9）武警部队不再承担海关执勤任务。参与海关执勤的兵力一次性整体撤收，归建武警部队。

（三）武警部队参与应急管理的主要职责

武警部队主要担负固定目标执勤、处置突发事件、协助押运等任务。

（1）固定目标执勤，主要是担负警卫、守卫、守护、看押、看守和巡逻等勤务。具体负责国家列名警卫对象和来访重要外宾，省级以上党政领导机关和各国驻华使、领馆，国际性、全国性重要会议和大型文体活动现场的安全警卫；对监狱和看守所实施外围武装警戒；对重要机场、电台和国家经济、国防建设等重要部门的机密要害单位或要害部位实施武装防守保卫；对铁路主要干线上的重要桥梁、隧道和特定的大型公路桥梁实施武装防守保护；对国家规定的大中城市或特定地区实施武装巡查警戒。

（2）参加处置暴乱、骚乱、严重暴力犯罪事件、恐怖袭击事件和其他社会安全事件。对突然发生的危害国家安全或者社会秩序的违法事件依法实施处置，包括处置叛乱事件、骚乱及暴乱事件、群体性治安、械斗事件等。反恐怖，主要是反袭击、反劫持、反爆炸。

（3）协助公安机关、国家安全机关、司法行政机关、检察机关、审判机关依法执行逮捕、追捕、押解、押运任务，协助其他有关机关执行重要的押运任务。

（四）武警部队的主要外部关系

1. 与中国人民解放军的关系

中国人民武装警察部队同中国人民解放军一样，都是中华人民共和国中央军事委员会领导的国家武装力量，遵守中国人民解放军的条令条例。《中华人民共和国兵役法》规定：中华人民共和国的武装力量，由中国人民解放军、中国人民武装警察部队和民兵组成。

兵役分为现役和预备役。在中国人民解放军服现役的称现役军人；经过登记，预编到现役部队、编入预备役部队、编入民兵组织服预备役的或者以其他形式服预备役的，称预备役人员。

2. 与公安部门的关系

武警部队肩负维护国家安全和社会稳定、保障人民安居乐业的神圣使命，主要承担执勤、处突、反恐怖、抢险救援、防卫作战等任务。

公安人员是国家公务员，而在武警部队中服役的是现役军人，不属于公务员。公安人员的来源，主要有三个方面：第一，从警校直接录入；第二，从退伍军人中录用；第三，全国每年各地都要举行招警考试。

三、民兵预备役的应急管理职责

预备役是以现役军人为骨干，以退役军人、民兵为基础，按照军队统一的体制编制组成的武装力量，实行军队与地方党委、政府双重领导制度。预备役部队各级军政主官、部门主要领导、部分机关人员和专业技术骨干，由现役军人担任。预备役军官主要从符合条件的退役军人、地方干部、人民武装干部、民兵干部、地方与军事专业对口的技术人员中选配。预备役士兵主要从符合条件的退役士兵、经过训练的基干民兵和地方与军事专业对口的人员中选编。

民兵是指不脱离生产的群众武装组织，是国家或政治集团的武装力量的组成部分，是常备军的助手和后备力量。有的则同预备役相结合，既是武装力量的组成部分，又是预备役的一种组织形式。近年来，民兵建设深化调整改革，在结构布局调整、训练改革和装备建设等方面取得新进展。

（一）民兵预备役的组成

中华人民共和国建立后，1955年颁布的《中华人民共和国兵役法》，明确规定建立预备役制度，在全国普遍实行了士兵的预备役登记，在部分地区进行了预备役军官登记的试点。1984年重新颁布的兵役法，提出实行民兵与预备役相结合的制度，使预备役有了新的发展。按照兵役法的规定，公民要依法服现役，退出现役的士兵和军官以及其他符合条件的公民，在规定年龄内要服预备役；服现役和预备役，都是公民必须履行的兵役义务；民兵是预备役的基本组织形式；预备役分为士兵预备役和军官预备役。

士兵预备役成员包括：所有民兵和经过预备役登记的符合士兵预备役条件的男性公民。其中，基干民兵和28岁以下经过预备役登记的退伍士兵、地方专业技术人员为第一类士兵预备役；普通民兵和经过预备役登记的29~35岁的退伍士兵及其他男性公民为第二类士兵预备役。服满第一类士兵预备役的人员，根据需要转服第二类士兵预备役。军官预备役成员包括：退出现役转入预备役的军官，确定服军官预备役的退伍士兵、高等院校毕业学生、专职人民武装干部、民兵干部及非军事部门的干部和专业技术人员。各类预备役军官，按照规定服预备役已满最高年龄者，即退出预备役。为适应现代条件下军队快速动员的需要，国家组建了预备役部队，分军种和兵种预备役部队，由预备役人员和少量现役军人编成，配有一定数量的武器装备，平时有计划地进行军政训练，战时能迅速成建制地转为现役部队，执行作战任务。

(二)民兵预备役人员参与灾害救援的优势

在灾害救援处置中,民兵预备役具有情况熟、地形熟、人员熟、语言熟,就近就地、亦兵亦民、组织健全的优势,全程作为,担当第一梯队打头阵,作为突击队、保障队和外引内联的作用突出,成为不可替代的重要力量。

民兵预备役具有要素齐全、功能多样、组合灵活、专通结合、军民互补、全域布局、条块贯通的特点,弥补了常备力量的不足,适应了非战争军事行动地域广泛、力量使用多样、任务环境复杂、涉及经济社会多方面的需要,具有得天独厚的优势。因此,加强民兵预备役建设,发挥其特殊作用,使之适应非战争军事行动需要,具有十分重要的意义,也是经济社会安全发展的迫切要求。

第二节 综合性消防应急救援队伍

一、综合性消防应急救援队伍的组建

(一)组建过程

2018年10月,根据中共中央《深化党和国家机构改革方案》,公安消防部队、武警森林部队退出现役,成建制划归中华人民共和国应急管理部,组建国家综合性消防救援队伍。

2018年10月,中共中央办公厅、国务院办公厅印发《组建国家综合性消防救援队伍框架方案》,就推进公安消防部队和武警森林部队转制,组建国家综合性消防救援队伍,建设中国特色应急救援主力军和国家队做出部署。《框架方案》包括一个总体方案和职务职级序列设置、人员招录使用和退出管理、职业保障三个子方案。

2018年11月9日,国家综合性消防救援队伍授旗仪式在人民大会堂举行。习近平对消防救援队伍提出四点要求:一是始终对党忠诚;二是做到纪律严明;三是敢于赴汤蹈火;四是永远竭诚为民。

(二)组建目标

组建国家综合性消防救援队伍,是党中央坚持以人民为中心的发展思想,着眼我国灾害事故多发频发的基本国情做出的重大决策,对于推进国家治理体系和治理能力现代化,提高国家应急管理水平和防灾减灾救灾能力,保障人民幸福安康,实现国家长治久安,具有重要意义。

组建国家综合性消防救援队伍,以习近平新时代中国特色社会主义思想为指导,坚持党对国家综合性消防救援队伍的绝对领导,坚持队伍建设正规化、专业化、职业化方向,按照构建统一领导、权责一致、权威高效的国家应急能力体系要求,创新体制机制,优化统筹力量,加强队伍管理,强化政策保障,着力建设一支政治过硬、本领高强、作风优良、纪律严明的中国特色综合性消防救援队伍,全面提高防灾减灾救

灾和保障安全生产等方面能力，有效维护人民群众生命财产安全和社会稳定。

《框架方案》指出，组建国家综合性消防救援队伍，要坚持党的绝对领导，坚持从国情出发，坚持战斗力标准，坚持稳妥有序推进，有序做好消防救援队伍新旧体制衔接工作，保持队伍整体稳定；建立健全专门管理和保障办法，经过三年的试行磨合，形成一套与有关法律法规相衔接、比较成熟定型的政策制度；有效优化整合应急救援力量和资源，提高消防救援队伍正规化、专业化、职业化水平，充分发挥应急救援主力军和国家队的作用，为经济社会发展提供安全稳定的良好环境。

（三）主要任务

组建国家综合性消防救援队伍共有六个方面的主要任务。

一是建立统一高效的领导指挥体系。省、市、县级分别设消防救援总队、支队、大队，城市和乡镇根据需要按标准设立消防救援站；森林消防总队以下单位保持原建制。根据需要，组建承担跨区域应急救援任务的专业机动力量。国家综合性消防救援队伍由应急管理部管理，实行统一领导、分级指挥。

二是建立专门的衔级职级序列。国家综合性消防救援队伍人员，分为管理指挥干部、专业技术干部、消防员三类进行管理；制定消防救援衔条例，实行衔级和职级合并设置。

三是建立规范顺畅的人员招录、使用和退出管理机制。根据消防救援职业特点，实行专门的人员招录、使用和退出管理办法，保持消防救援人员相对年轻和流动顺畅，并坚持在实战中培养指挥员，确保队伍活力和战斗力。

四是建立严格的队伍管理办法。坚持把支部建在队站上，继续实行党委统一的集体领导下的首长分工负责制和政治委员、政治机关制，坚持从严管理，严格规范执勤、训练、工作、生活秩序，保持队伍严明的纪律作风。

五是建立尊崇消防救援职业的荣誉体系。设置专门的"中国消防救援队"队旗、队徽、队训、队服，建立符合职业特点的表彰奖励制度，消防救援人员继续享受国家和社会给予的各项优待，以政治上的特殊关怀激励广大消防救援人员许党报国、献身使命。

六是建立符合消防救援职业特点的保障机制。按照消防救援工作中央与地方财政事权和支出责任划分意见，调整完善财政保障机制；保持转制后消防救援人员现有待遇水平，实行与其职务职级序列相衔接、符合其职业特点的工资待遇政策；整合消防、安全生产等科研资源，研发消防救援新战法新技术新装备；组建专门的消防救援学院。

（四）管理体制

应急管理部负责管理消防救援队伍、森林消防队伍两支国家综合性应急救援队伍，承担相关火灾防范、火灾扑救、抢险救援等工作，设立消防救援局、森林消防局，分别作为消防救援队伍、森林消防队伍的领导指挥机关。具体机构设置、职责和编制等事项另行规定。

专栏

习近平向国家综合性消防救援队伍授旗并致训词

根据《组建国家综合性消防救援队伍框架方案》,公安消防部队、武警森林部队转制,组建国家综合性消防救援队伍。这支队伍由应急管理部管理,实行统一领导、分级指挥,设有专门的衔级职级序列和队旗、队徽、队训、队服。

2018年11月9日,国家综合性消防救援队伍授旗仪式在人民大会堂举行。中共中央总书记、国家主席、中央军委主席习近平向国家综合性消防救援队伍授旗并致训词,代表党中央向全体消防救援人员致以热烈的祝贺。他强调,组建国家综合性消防救援队伍,是党中央适应国家治理体系和治理能力现代化做出的战略决策,是立足我国国情和灾害事故特点、构建新时代国家应急救援体系的重要举措,对提高防灾减灾救灾能力、维护社会公共安全、保护人民生命财产安全具有重大意义。国家消防救援队伍要对党忠诚、纪律严明、赴汤蹈火、竭诚为民,在人民群众最需要的时候冲锋在前,救民于水火,助民于危难,给人民以力量,为维护人民群众生命财产安全而英勇奋斗。

习近平在致训词时指出:长期以来,消防队伍作为同老百姓贴得最近、联系最紧的队伍,有警必出、闻警即动,奋战在人民群众最需要的地方,特别是在重大灾害事故面前,你们不畏艰险、冲锋在前,做出了突出贡献。改革转制后,你们作为应急救援的主力军和国家队,承担着防范化解重大安全风险、应对处置各类灾害事故的重要职责,党和人民对你们寄予厚望。习近平对消防救援队伍提出四点要求:一是始终对党忠诚,坚持党的绝对领导,增强"四个意识",坚定"四个自信",全面贯彻新时代中国特色社会主义思想,坚定理想信念,坚决维护党中央权威和集中统一领导,坚决听从党的号令,永远做党和人民的忠诚卫士。二是做到纪律严明,坚持纪律部队建设标准,弘扬光荣传统和优良作风,严格教育、严格训练、严格管理、严格要求,服从命令、听从指挥,集中统一、步调一致,用铁的纪律打造铁的队伍。三是敢于赴汤蹈火,时刻听从党和人民召唤,保持枕戈待旦、快速反应的备战状态,练就科学高效、专业精准的过硬本领,发扬英勇顽强、不怕牺牲的战斗作风,刀山敢上,火海敢闯,招之即来、战之必胜。四是永远竭诚为民,自觉把人民放在心中最高位置,把人民褒奖作为最高荣誉,在人民群众最需要的时候冲锋在前,救民于水火,助民于危难,给人民以力量,在服务人民中传递党和政府温暖,为维护人民群众生命财产安全而英勇奋斗。

授旗仪式上,中共中央政治局常委、中央书记处书记王沪宁宣读《中共中央、国务院关于授予国家综合性消防救援队伍"中国消防救援队"队旗的决定》。中共中央政治局常委、国务院副总理韩正主持授旗仪式。

参加授旗仪式的消防救援人员进行了集体宣誓,誓词为:我志愿加入国家消防救援队伍,对党忠诚,纪律严明,赴汤蹈火,竭诚为民,坚决做到服从命令、

> 听从指挥，恪尽职守、苦练本领，不畏艰险、不怕牺牲，为维护人民生命财产安全、维护社会稳定贡献自己的一切。①

二、消防救援衔的设置

（一）设置的必要性

消防救援衔是表明消防救援人员身份、区分消防救援人员等级的称号和标志，是国家给予消防救援人员的荣誉和相应待遇的依据。根据中央改革部署，原公安消防部队、武警森林部队转制后，组建国家综合性消防救援队伍。这支队伍实行专门的衔级制度，主要基于四个方面考虑。②

一是执行任务的需要。综合性消防救援队伍作为应急救援的主力军和国家队，需要建立统一高效的领导指挥体系。实行专门的衔级制度，有利于明确指挥层级、指挥关系和指挥责任，保证政令畅通、指挥高效。

二是严格队伍管理的需要。实行专门的衔级制度，有利于区分消防救援人员等级和身份，有利于按纪律部队要求严格管理，确保队伍正规有序、纪律严明。

三是适应队伍转制的需要。原公安消防、武警森林两支部队为成建制划转，原来实行武警军衔制度，转制后继续实行专门的衔级制度，有利于保持队伍稳定性和工作连续性，实现改革平稳过渡。

四是增强职业荣誉的需要。消防救援职业风险高，需要党和国家在政治上给予特殊关怀。实行专门衔级制度，体现的是党和国家给予消防救援人员的崇高荣誉，对于增强消防救援人员的责任感、使命感，激励队伍忠诚履职具有重要作用。

（二）消防救援衔等级的设置

消防救援衔按照管理指挥人员、专业技术人员和消防员分别设置。

1. 管理指挥人员

管理指挥人员消防救援衔设下列三等十一级：

（1）总监、副总监、助理总监。

（2）指挥长：高级指挥长、一级指挥长、二级指挥长、三级指挥长。

（3）指挥员：一级指挥员、二级指挥员、三级指挥员、四级指挥员。

2. 专业技术人员

专业技术人员消防救援衔设下列二等八级，在消防救援衔前冠以"专业技术"：

（1）指挥长：高级指挥长、一级指挥长、二级指挥长、三级指挥长。

（2）指挥员：一级指挥员、二级指挥员、三级指挥员、四级指挥员。

3. 消防员

消防员消防救援衔设下列三等八级：

---

① 习近平向国家综合性消防救援队伍授旗并致训词. 新华网.
② 建设中国特色应急救援主力军国家队——写在消防救援衔条例施行之际. 应急管理部网站.

（1）高级消防员：一级消防长、二级消防长、三级消防长。
（2）中级消防员：一级消防士、二级消防士。
（3）初级消防员：三级消防士、四级消防士、预备消防士。

（三）消防救援衔等级的编制

消防救援衔授予对象为纳入国家行政编制、由国务院应急管理部门统一领导管理的综合性消防救援队伍在职人员。

1. 管理指挥人员

管理指挥人员按照下列职务等级编制消防救援衔：
（1）国务院应急管理部门正职：总监。
（2）国务院应急管理部门消防救援队伍领导指挥机构、森林消防队伍领导指挥机构正职：副总监。
（3）国务院应急管理部门消防救援队伍领导指挥机构、森林消防队伍领导指挥机构副职：助理总监。
（4）总队级正职：高级指挥长。
（5）总队级副职：一级指挥长。
（6）支队级正职：二级指挥长。
（7）支队级副职：三级指挥长。
（8）大队级正职：一级指挥员。
（9）大队级副职：二级指挥员。
（10）站（中队）级正职：三级指挥员。
（11）站（中队）级副职：四级指挥员。

2. 专业技术人员

专业技术人员按照下列职务等级编制消防救援衔：
（1）高级专业技术职务：高级指挥长至三级指挥长。
（2）中级专业技术职务：一级指挥长至二级指挥员。
（3）初级专业技术职务：三级指挥长至四级指挥员。

3. 消防员

消防员按照下列工作年限编制消防救援衔：
（1）工作满二十四年的：一级消防长。
（2）工作满二十年的：二级消防长。
（3）工作满十六年的：三级消防长。
（4）工作满十二年的：一级消防士。
（5）工作满八年的：二级消防士。
（6）工作满五年的：三级消防士。
（7）工作满二年的：四级消防士。
（8）工作二年以下的：预备消防士。

第三节 专业应急救援队伍

一、专业应急救援队伍概述

（一）专业应急救援队伍的含义

专业应急救援队伍是指由政府相关部门组建的具有较强专业技术能力，专门处置各类专业性、技术性较强的突发事件的应急救援队伍，主要包括卫生应急、防汛抗旱、抗震救灾、森林消防、海上搜救、铁路事故、核事故等。

专业应急救援队伍也是处置突发事件的骨干力量。它与综合性消防应急救援队伍，由公安特警、武警和军队等力量组成的骨干应急救援队伍，由基层政府、有关部门、企事业单位和群众自治组织组建的基层专（兼职）应急救援队伍，由共青团、红十字会、青年志愿者协会以及其他社会组织建立的各种志愿者应急救援队伍，以及由各行业、各领域的专家组成的专家队伍，共同构成我国应急救援队伍体系。

（二）专业应急救援队伍的特点

专业应急救援队伍具有专业性、稳定性。

1. 专业性

专业应急救援队伍具有某个领域的专业技术能力，专门处置各类突发事件中专业性、技术性较强的事件，承担卫生应急、水旱灾害、气象灾害、地质灾害、森林火灾等自然灾害，以及矿山、水上事故，重大环境污染、核事故等突发事件的抢险救援工作。

2. 稳定性

专业应急救援队伍具有一定的数量和规模、稳定的人员，通常有办公场地、办公设施，并建有专门的应急救援装备库和救援物资储备库，配备应急救援常用器材和个人防护用品以及堵漏等抢险器材。

（三）专业救援队伍的组建要求

《中华人民共和国突发事件应对法》第二十六条规定："县级以上人民政府应当整合应急资源，建立或者确定综合性应急救援队伍。人民政府有关部门可以根据实际需要设立专业应急救援队伍。"国务院办公厅2009年10月印发的《关于加强基层应急队伍建设的意见》明确要求："通过三年左右的努力，县级综合性应急救援队伍基本建成，重点领域专业应急救援队伍得到全面加强；乡镇、街道、企业等基层组织和单位应急救援队伍普遍建立，应急志愿服务进一步规范，基本形成统一领导、协调有序、专兼并存、优势互补、保障有力的基层应急队伍体系，应急救援能力基本满足本区域和重点领域突发事件应对工作需要，为最大限度地减少突发事件及其造成的人员财产损失、维护国家安全和社会稳定提供有力保障。"

综合近年来国家印发的相关文件规定，应急队伍建设的基本原则是"坚持专业化与社会化相结合,着力提高应急队伍的应急能力和社会参与程度;坚持立足实际、按需发展,兼顾各级政府财力和人力,充分依托现有资源,避免重复建设;坚持统筹规划、突出重点,逐步加强和完善应急队伍建设,形成规模适度、管理规范的应急队伍体系。"

在专业应急救援队伍方面,要进一步加强防汛抗旱应急队伍和森林消防队伍建设,补充完善相应装备,提高应对洪涝、抗旱以及森林大火的应急处置能力。依托大型国有企业专业应急队伍,通过增配大型、特种救援救生装备,建立安全生产区域性专业救援队伍。进一步完善沿海和内河干线航道及湖区水上搜救力量布局,补充更新救援装备、加强沿海和内河重点水域救助队伍飞行基地和救助船舶基地建设。完善省、市两级环境污染检测机动队伍,提高突发事件现场环境污染应急监测、评估和处置能力。加强医疗卫生救援队伍建设,完善重大动物疫情应急处置队伍,重点提高禽流感等重大动物疫情应急处置能力。

二、专业救援队伍的构成

(一)防汛抗旱队伍

1. 建设任务

在水旱灾害常发地区、重点流域,要依托水利工程管理人员、民兵、预备役人员、农技人员、村民和相关单位人员等,组建防汛抗旱专业队伍。已组建的防汛抗旱队伍要按照专业化、规范化要求,进行整合完善。防汛抗旱队伍在各级防汛抗旱指挥机构的组织指导下,开展汛期巡查查险、险情处置、人员安全转移和干旱紧急情况下应急供水等,做到有旱抗旱,有汛防汛。

2. 建设情况

我国防汛抗旱保障能力与经济社会快速发展的要求存在差距。随着城镇化、工业化快速推进,农村劳动力大量进城,一些地区群众防汛抗旱队伍有名无实,难以发挥抗洪抢险和抗旱减灾作用;专业抢险队伍普遍存在数量不足、规模偏小、装备落后、能力不强等问题。2012年2月召开的全国防汛抗旱工作会议指出,我国将建设包括国家级、省级(流域)、地市级、县级和乡镇及以下共5个层次的防汛抗旱应急队伍体系,强化防汛抗旱保障能力。

为加强防汛抗旱保障水平,我国将建成包括国家级、省级(流域)、地市级、县级和乡镇及以下共五个层次的防汛抗旱应急队伍体系,将防汛抗旱组织机构延伸到乡镇村组,在水旱灾害严重地区建立乡镇、社区等基层防汛抗旱组织。同时建立专业化与社会化相结合、地方与军队武警相结合、防汛与抗旱相结合的应急抢险救援队伍。

(二)气象灾害应急队伍

1. 建设任务

气象灾害应急队伍由各级气象部门组织各级干部和有经验的相关人员参加,主要是接收和传达预警信息,收集并向相关方面报告灾害性天气实况和灾情,做好台风、强降雨、大风、沙尘暴、冰雹、雷电等极端天气防范的科普知识宣传工作,参与本地区气象灾害防御方案的制定以及应急处置和调查评估等工作。各级气象部门要依托人工增雨、防雹、防雷等气象灾害专业技术力量，并会同民政部门组织乡镇综合信息服务站信息员、民政信息员、气象灾害危险区域防御责任人和相关单位人员组建气象灾害应急队伍。气象灾害应急队伍主要承担接收和传达预警信息，报告灾害性天气实况和灾情，宣传气象灾害防御知识，组织群众转移和避险，参与气象灾害应急处置和调查评估等工作。

2. 建设情况

2007年7月，国务院办公厅《关于进一步加强气象灾害防御工作的意见》（国办发〔2007〕49号）明确提出"要积极创造条件，逐步设立乡村气象灾害义务信息员，及时传递预警信息，帮助群众做好防灾避灾工作"。为进一步落实基层气象灾害防御工作，2007年年底，《中国气象局关于发展现代气象业务的意见》（气发〔2007〕477号）提出建立城乡气象灾害防御网络，"在城市各社区、街道、企事业、学校、车站、码头、港口、医院等重点单位设置1名气象应急联系人。在各乡镇建立1名兼职气象协理员，下属每个行政村设1名气象信息员"。当年，部分省已经开始尝试乡镇气象协理员、村屯信息员队伍建设。

2008年，《中共中央关于推进农村改革发展若干重大问题的决定》提出要加强灾害性天气监测预警，加强农村防灾减灾能力建设，加强农业公共服务能力建设，实现城乡公共服务均等化。健全农业气象防灾减灾体系，在全国各省（区、市）全面铺开气象信息员队伍建设，加强基层灾害防御队伍的管理和培训，积极推进农村信息服务站建设。

气象信息员主要承担气象灾害预警信息的接收和传播以及气象灾情的收集和上报，协助开展气象灾害科普宣传，协助完成本地气象设施的维护，协助观测和报告本地特殊天气现象，参与制定本地气象灾害防御方案，协助群众做好防灾避灾工作，协助开展气象灾情调查评估，协助收集反馈气象服务效果、需求和建议等工作。此外，安徽、四川、陕西、贵州和甘肃等省的部分信息员还协助传播农业气象知识，为当地农经网收集各类信息；山东等省具有资质的部分信息员还协助当地完成气象执法检查，协助进行本区域内的雷电灾害防护装置年度安全检测、防雷工程竣工验收等项工作。

（三）地质灾害应急队伍

1. 建设任务

地质灾害应急队伍是参与各类地质灾害的群防群控，开展防范知识宣传，隐患和灾情等信息报告，组织遇险人员转移，参与地质灾害抢险救灾和应急处置等工作。各级自然资源部门要依托水文地质、工程地质、环境地质、岩土工程等相关领域专业技术人员、地质灾害危险点防灾责任人等组建地质灾害应急队伍，主要开展地质灾害应急调查评估、趋势分析，指导地质灾害的群测群防，开展防范知识宣传，报告隐患和灾情信息，组织遇险人员转移，参与地质灾害抢险救灾和应急处置等工作。

2. 建设情况

根据《全国地质灾害防治"十三五"规划》（国土资发〔2016〕155号），全国建立了31个省级、161个市级、990个县级地质灾害应急管理机构，建立了31个省级、

171个市级、420个县级应急技术指导机构。组建了地质灾害防治应急专家队伍和武警黄金部队专业抢险救援队伍。每年组织200名国家级应急专家和3 000余名地方应急专家在各地分区驻守指导，在部分地区开展专业队伍包县、包乡提供技术服务。圆满完成四川芦山地震、云南鲁甸地震、陕西山阳滑坡、深圳光明新区滑坡等重大应急任务50多起，有效避免了二次灾害造成人员伤亡。各级国土资源部门建立了应急值班制度，应急值守与信息报送不断规范。规划提出："推动地质灾害重点防治区的市（地、州）、县（市、区）全面建立地质灾害应急管理机构和专业技术指导机构，统筹协调区域内地质灾害应急能力建设。在重点防治区全面推行专业技术队伍包县、包乡提供服务。加强地质灾害应急专业人才培养，推进基层地质灾害应急处置和救援队伍建设，配备应急车辆等必要的应急装备，提升应急处置能力。"

（四）地震应急队伍

1. 建设任务

地震灾害紧急救援队包括国家地震灾害紧急救援队（对外称中国国际救援队）及各省级地震灾害紧急救援队，其主要任务是对因地震灾害或其他突发性事件造成建（构）筑物倒塌而被压埋的人员实施紧急搜索与营救。

各级地震部门依托地震专业技术人员和公安消防、医疗卫生等部门力量组建地震应急队伍，主要任务是开展地震监测会商，宣传应急避险知识，上报地震灾情等信息，开展现场应急处置和调查评估等工作。要建立与驻皖解放军、武警部队、预备役部队的协同机制，并加强区域性应急联动，在皖北、皖中、皖南地震应急协作区现有区域性地震现场应急救援队伍基础上，进一步整合资源，完善机制，提升跨区域应急协同能力。

2. 建设情况

国家于2001年4月27日成立了国家地震灾害紧急救援队。国家地震救援队由三部分组成，包括中国地震局专家和管理人员，从事搜索、营救的人员和医护人员。国家地震灾害紧急救援队成立之后，2001—2008年，全国共有26个省（市、自治区）分别依托消防部队、解放军、武警部队相继组建了省级地震灾害紧急救援队（见表5-1），规模从60人到150人不等。大部分省级救援队参照国家救援队组建模式，由救援队员、医疗队员、技术专家组成，配有基本的搜救装备，具备一定的危险物质侦测、通信保障等能力，分别达到轻型、中型和重型救援队伍的配置。另有市县级地震灾害紧急救援队配备了搜救、个人防护、小型救援、现场通信、摄像、大（小）型破拆工具、大（中、小）起重气垫、液压顶撑设备、手动牵引、移动照明设备及便携式海事卫星电话等装备，建成了规模不等的救援训练基地和训练设施。这些地方救援队伍在当地发生其他灾难时发挥了积极的作用。

表 5-1 中国省级地震灾害紧急救援队一览表

序号	名称	成立时间	队伍依托、规模和组成
1	天津市地震灾害紧急救援队	2001.7.28	由市应急办、武警、市公安消防特勤大队、市卫生局120急救中心及有关部门的救援专家和技术人员组成；规模60人

续表

序号	名称	成立时间	队伍依托、规模和组成
2	黑龙江省地震灾害紧急救援队	2003.3.17	由哈尔滨市消防特勤大队、地震局和医护人员组成；规模140人；下设4个救援中队
3	辽宁省地震灾害紧急救援队	2003.7.29	由省消防特犬队44人、省消防沈阳特勤搜索犬6条、省地震局16人、省卫生厅8人、市消防特勤22人组成；规模144人；下设地震专家组、通信保障组、医疗救护组、搜索分队、营救分队、化学救援分队
4	甘肃省地震灾害紧急救援队	2003.11.20	由省地震专家、甘肃武警总队和医护人员组成；规模120人
5	四川省地震灾害紧急救援队	2003.12.11	由成都市消防特警支队50人、市公安局警犬大队3人、四川省地震局4人、市急救中心5人组成；规模80人
6	云南省地震灾害紧急救援队	2003.12.27	由某军工兵团65人，危险品专家4人，地震局10人组成；规模160人
7	新疆维吾尔自治区地震灾害紧急救援队	2004.2.24	由乌鲁木齐市消防支队特勤大队、新疆地震局、武警新疆总队医院组成；规模150人；下设搜索队、营救队、技术保障队、急救医疗队、信息收报队、生活保障队
8	山西省地震灾害紧急救援队	2004.7.13	由省地震局、省公安消防总队、太原市消防特勤大队组成；规模150人；下设搜索分队、营救分队、医疗分队和专家分队
9	山东省地震灾害紧急救援队	2004.10.21	由省地震局、省消防总队组成；规模80人；下设队长1名，副队长2名，作战参谋4人，地震、建筑工程、危险品处理专家、医疗专家、通信参谋各2名，装备、给养助理各1名；设2个分队60人
10	宁夏回族自治区地震灾害紧急救援队	2004.12.12	由区地震局、宁夏消防总特勤大队、建设厅工程结构专家、公安厅危险品专家、卫生厅急救医疗专家、通信局通信人员组成；规模100人；下设2个支队
11	重庆市地震灾害紧急救援队	2005.1.25	重庆市地震局，市消防总队特勤大队；规模60人；下设队长1名，副队长1名，4个支队：2支搜索营救分队，1支医疗分队，1支技术分队
12	浙江省地震灾害紧急救援队	2005.3.30	省地震局，依托省消防总队
13	广东省地震灾害紧急救援队	2005.7.28	由广州市消防支队100人；省地震局19人；省建设厅13人；省卫生厅15人组成；规模150人；下设1个指挥部，5个专业组：搜索组、营救组、技术组、医疗急救组和保障组

续表

序号	名称	成立时间	队伍依托、规模和组成
14	海南省地震火山灾害紧急救援队	2005.11.13	由省公安消防总队特勤大队48人、省地震局4人、省通信局4人和省公安厅人员4人及警犬组成，共计60人；设队长1名，副队长2名；下设四组：搜索组、救援组、技术组、急救医疗保障组
15	福建省地震灾害紧急救援队	2005.11.18	由省地震局、省武警消防总队、省武警总队医院三部门组成，含地震工程技术人员、搜救队员及医护人员组成，共计150人；下设3个分队
16	陕西省地震灾害紧急救援队	2005.12.30	由陕西省消防总队、陕西省地震局组成，规模70人；该队设队长1名，副队长2名，2个分队，下设搜索组、救援实施组、技术保障组、医疗救护组、综合组
17	江苏省地震灾害紧急救援队	2005.12.30	由省公安消防总队南京市消防特勤大队、省地震局和省消防医院三部门组成，共计120人
18	青海省地震灾害紧急救援队	2006.2.28	由青海省公安消防总队、西宁市消防支队官兵101人及省地震局有关专家15人组成
19	内蒙古地震灾害紧急救援队	2006.9.15	自治区地震局，依托消防总队
20	湖南省地震灾害紧急救援队	2006.11.17	省地震局，依托湖南省消防总队
21	上海市地震灾害紧急救援队	2006.12.28	市地震局，依托消防总队
22	湖北省地震灾害紧急救援队	2007.3.8	省地震局，依托消防总队
23	安徽省地震灾害紧急救援队	2007.4.26	省地震局，依托消防总队
24	河南省地震灾害紧急救援队	2007.6.21	省地震局，依托消防总队
25	西藏地震灾害紧急救援队	2007.8.10	自治区地震局，依托消防总队
26	河北省地震灾害紧急救援队	2007.8.16	由省地震局、省武警消防总队共同组建，含地震工程技术人员、搜救队员及医护人员，共计120人左右，下设2个支队

资料来源：李成日，孙文欣. 中国国内救援队和国际地震灾害救援行动的简介与展望. 防灾科技学报，2006（3）；各省相关网站公开数据。

(五)森林消防队伍

1. 建设任务

山区及森林资源密集区各级人民政府,要以专业森林消防力量为骨干,充分发挥林业企事业单位、民兵、基层干部群众等力量作用,组建森林消防队伍。从事大面积森林资源培育的企业、自然保护区、森林公园和国有林场均应建立森林消防力量。要建立与公安消防、当地驻军、武警部队、预备役部队的联动机制,满足防扑火工作需要。

2. 建设情况

中国人民武装警察部队森林部队是担负森林防火、灭火任务的武警部队。其前身是中国人民解放军野战部队,于1948年组建,1978年实行义务兵役制,1988年列入武警部队编制序列并改现名,1999年归武警总部和国家林业主管部门领导。1999年,国务院、中央军委决定组建武警森林指挥部,实行武警总部和国家林业主管部门双重领导体制,由武警总部对其军事、政治、后勤工作实施统一领导,国家林业主管部门负责其业务工作。

2018年3月21日,中共中央印发了《深化党和国家机构改革方案》,武警部队不再领导管理武警黄金、森林、水电部队。按照先移交、后整编的方式,将武警黄金、森林、水电部队整体移交国家有关职能部门,官兵集体转业改编为非现役专业队伍。武警森林部队转为非现役专业队伍后,现役编制转为行政编制,并入应急管理部,承担森林灭火等应急救援任务,发挥国家应急救援专业队作用。

(六)煤矿、非煤矿山、危险化学品应急救援队伍

1. 建设任务

各级安全生产监管部门要会同经济和信息化部门、煤矿安全监察部门等,依托有关企业的专业救护队,采取政府与企业共建方式,组建煤矿、非煤矿山、危险化学品应急救援队伍。煤矿、非煤矿山、危险化学品单位应当依法建立由专职或兼职人员组成的应急救援队伍。不具备单独建立专业应急救援队伍的小型企业,除建立兼职应急队伍外,还应当与邻近建有专业救援队伍的企业或单位签订救援协议,或者联合建立专业应急救援队伍。应急救援队伍应与所服务的矿山企业签订服务合同,实行有偿服务,并协助开展风险隐患排查。井工矿山分布集中地区,要加强区域性应急救援合作。安全生产监管部门和煤矿安全监察部门要加强对煤矿、非煤矿山应急救援队伍资质的监督管理。应急救援队伍建设及演练工作经费在企业安全生产费用中列支,在煤矿、非煤矿山、危险化学品工业集中的地方,当地政府可给予适当经费补助。

2. 建设情况

总体而言,煤矿、非煤矿山、危险化学品应急救援队伍主要分为两个层级:一是国家级应急救援队伍。这是安全生产应急救援体系的重要组成部分,包括了国家队和区域队。国家级应急救援队伍是规划服务区域内应对特别重大和复杂事故灾难的中坚力量,同时承担着应急救援人才、技术、装备储备和救援人员培训与演习训练的职能。二是应急救援骨干队伍。应急救援骨干队伍主要承担所在地区重特大矿山、危险

化学品事故的应急救援工作,同时具备应对所在地区重特大矿山、危险化学品事故的人才、装备、技术储备的功能。在国家安全监管总局发布的应急救援骨干队伍建设指导意见中,同时公布了建设的矿山应急救援骨干队伍和危险化学品应急救援骨干队伍名单。

中国是矿难多发的国家,党中央、国务院历来高度重视矿山救援队伍建设。在矿山事故应急救援方面,国家安全生产应急救援指挥中心和国家安全监管总局矿山医疗救护中心,负责组织、指导和协调矿山事故灾难应急救援及其医疗救护工作。矿山应急救援队伍分为救护队伍和医疗队伍,救护队伍分为四级,即国家矿山救护队、区域矿山救护队、骨干救护队和基层矿山救护队。国家矿山救护队是矿山救护的主要力量,是救护设备储备和演习训练中心。国家矿山救护队在救援矿山重特大事故时,接受国家安全生产应急救援指挥中心的协调、指挥。急救医疗队伍包括国家安全生产监督管理总局矿山医疗救护中心、医疗救护分中心和企业医疗救护站。

中国矿山救护队伍从无到有,从弱到强,逐步发展壮大。从1949年在抚顺、阜新、辽源三个煤矿建立了中国第一批专业矿山救护队伍,截至2010年发展成为具有矿山救护大队98支、救护中队439支、救护小队1 831支、直接从事矿山事故应急救援的人员26 270人的救援队伍,遍布全国28个省、自治区、直辖市的矿山救护网络(见表5-2、表5-3)。

表5-2 国家及区域矿山救援队情况

序号	名称	序号	名称
1	国家矿山应急救援开滦队	12	区域矿山应急救援郴州队
2	国家矿山应急救援大同队	13	区域矿山应急救援乐平队
3	国家矿山应急救援鹤岗队	14	区域矿山应急救援华锡队
4	国家矿山应急救援淮南队	15	区域矿山应急救援六枝队
5	国家矿山应急救援平顶山队	16	区域矿山应急救援天府队
6	国家矿山应急救援芙蓉队	17	区域矿山应急救援东源队
7	国家矿山应急救援靖远队	18	区域矿山应急救援铜川队
8	区域矿山应急救援沈阳队	19	区域矿山应急救援新疆队
9	区域矿山应急救援平庄队	20	区域矿山应急救援青海队
10	区域矿山应急救援汾西队	21	区域矿山应急救援兵团队
11	区域矿山应急救援兖州队		

表 5-3　各地矿山应急救援队伍数量

序号	地区	数量	序号	地区	数量
1	北京	1	16	湖南	30
2	河北	24	17	广东	3
3	山西	33	18	广西	12
4	内蒙古	20	19	海南	1
5	辽宁	19	20	重庆	14
6	吉林	21	21	四川	32
7	黑龙江	23	22	贵州	25
8	江苏	6	23	云南	25
9	浙江	1	24	陕西	11
10	安徽	5	25	甘肃	12
11	福建	1	26	青海	5
12	江西	20	27	宁夏	2
13	山东	11	28	新疆及兵团	24
14	河南	24	合计		411
15	湖北	6			

资料来源：国家安全生产应急救援指挥中心，数据截至 2010 年。

《国家安全监管总局关于加强矿山危险化学品应急救援骨干队伍建设的指导意见》（安监总应急〔2009〕126 号）指出，全国矿山、危险化学品应急救援队伍体系由国家级基地、骨干救援队伍、企业专兼职救援队伍和志愿者队伍组成，其中矿山、危险化学品应急救援骨干队伍是国家矿山、危险化学品事故灾难应急救援的主要力量，承担所在地区重特大矿山、危险化学品事故的应急救援工作。

近年来，依托国有大型优势矿山企业和单位，在中央预算内基建投资支持下，累计投入资金 13.38 亿元，配备了运输、排水、钻探、通信等一大批具有国内外领先水平的救援装备，并在组织机构、基础设施、制度规范、培训演练等方面全面开展了配套建设，矿山应急救援队伍规模、救援能力素质和救援保障条件等方面达到了"国际一流"的总体要求，在矿山事故灾难救援中发挥了重要作用。据统计，2012 年至 2016 年间，仅 14 支区域矿山应急救援队累计参与事故救援 775 次，累计参加事故救援 12 575 人次，救出遇险遇难人员 928 人，其中经抢救生还 528 人，累计挽回经济损失 32 亿多元，取得了重大的经济和社会效益。比如，在云南曲靖下海子煤矿"4·7"透水事故、山东平邑万庄石膏矿区"12·25"重大垮塌事故、陕西铜川照金煤矿"4·25"重大透水事故等事故救援中，相关区域队携带先进救援装备赶赴事故现场，顺利完成了救援任务。2016年内蒙古自治区赤峰宝马矿业"12·3"特别重大瓦斯爆炸事故发生后，平庄队仅用16个小时就完成了抢险救援任务。在2016年江西丰城发电厂"11·24"冷却塔施工平台坍塌特别重大事故救援中，区域矿山应急救援乐平队、江西省矿山救护总队丰城大队、新余大队以及丰城市矿山救护队共4个大队131名指战员12小时完成抢险救援任务，共运出55名遇难者，显示了国家级矿山救援队伍的专业救援能力。此外，矿山应急救援队伍还参加了各类自然灾害的应急救援工作。2012年云南昭通彝良"9·7"地震和2014年云南昭通鲁甸"8·3"地震发生后，东源队都投入数百人次救援力量，参与抬运转送伤员数百人次，搜寻出遇难人员近50人；在2013年四川芦山"4·20"7.0级强烈地震中，国家安全生产应急救援指挥中心在第一时间派出了包括区域矿山应急救援天府队、国家矿山应急救援芙蓉队在内的37支、872人的安全生产应急救援队伍，携带专业救援装备，赶赴灾区抢险救灾，共搜救出39名被困人员（其中37人生还），转运伤员81人，为减少灾害损失和人员伤亡发挥了重要作用。①

在危险化学品事故应急救援方面，1996年正式组建了化学应急救援抢修系统，按区域组建了八个化学应急救援抢救中心，负责化学事故的医疗抢救，分别是上海化学事故应急救援中心、株洲化学事故应急救援中心、青岛化学事故应急救援中心、沈阳化学事故应急救援中心、天津化学事故应急救援中心、吉林化学事故应急救援中心、大连化学事故应急救援中心和济南化学事故应急救援中心。一些大型企业也组建了危险化学品应急救援队伍，如中国石化集团公司、中国石油天然气集团公司等企业初步形成了危险化学品事故应急救援队伍体系。目前，危险化学品应急救援队伍分为四级：国家队、区域队伍、骨干队伍和基层应急救援队伍，其中危险化学品应急救援国家队和区域队伍是危险化学品应急救援的中坚力量（见表5-4、表5-5、表5-6）。

表5-4 国家和区域危险化学品应急救援队情况

序号	名称	序号	名称
1	国家危险化学品应急救援北京队	11	区域危险化学品应急救援大庆队
2	国家危险化学品应急救援吉林队	12	区域危险化学品应急救援上海队
3	国家危险化学品应急救援南京队	13	区域危险化学品应急救援宁波队
4	国家危险化学品应急救援广州队	14	区域危险化学品应急救援九江队
5	国家危险化学品应急救援重庆队	15	区域危险化学品应急救援淄博队
6	国家危险化学品应急救援兰州队	16	区域危险化学品应急救援洛阳队
7	区域危险化学品应急救援天津队	17	区域危险化学品应急救援株洲队
8	区域危险化学品应急救援沧州队	18	区域危险化学品应急救援泸州队
9	区域危险化学品应急救援太原队	19	区域危险化学品应急救援乌鲁木齐队
10	区域危险化学品应急救援大连队	20	区域危险化学品应急救援青海队

① 我国安全生产应急救援队伍体系建设取得明显成效. 新华网.

表 5-5　各地危险化学品应急救援队伍数量

序号	地区	数量	序号	地区	数量
1	北京	1	17	湖北	12
2	天津	4	18	湖南	8
3	河北	10	19	广东	7
4	山西	8	20	广西	13
5	内蒙古	12	21	海南	2
6	辽宁	13	22	重庆	5
7	吉林	6	23	四川	9
8	黑龙江	6	24	贵州	3
9	上海	5	25	云南	9
10	江苏	10	26	西藏	0
11	浙江	2	27	陕西	34
12	安徽	10	28	甘肃	4
13	福建	8	29	青海	1
14	江西	8	30	宁夏	7
15	山东	10	31	新疆及兵团	10
16	河南	31		合计	268

资料来源：国家安全生产应急救援指挥中心，数据截至 2010 年。

表 5-6　部分中央企业危险化学品应急救援队伍数量

序号	名称	数量	序号	名称	数量
1	中国石化集团公司	29	3	中国海洋石油总公司	9
2	中国石油天然气集团公司	42	4	中国化工集团	6

（七）卫生应急队伍及食品安全应急队伍

1. 建设任务

卫生应急队伍是卫生行政部门根据突发事件的类型和特点，依托现有医疗卫生机构组建的。其主要承担传染病、食物中毒和急性职业中毒、群体性不明原因疾病等突发公共卫生事件应急处置和各类突发事件受伤人员紧急医学救援及卫生处理，以及相应的培训、演练任务。

各级卫生行政主管部门要建立由医疗卫生机构、高等院校等相关专业人员组成的卫生应急队伍，主要承担传染病、群体性不明原因疾病等突发公共卫生事件应急处置和各类突发事件伤病人员紧急医学救援等任务。各级卫生、农业、质监、工商、商务、食品药品监管、出入境检验检疫部门，要按照各自职能，组织专业力量组建食品安全应急队伍，做好食品安全监测预警，参与应急处置和调查评估等工作。

2. 建设情况

"十二五"期间，在中央和地方财政大力支持下，我国在23个省份建成4类共37支国家卫生应急队伍（即紧急医学救援19支、突发急性传染病防控13支、突发中毒事件处置3支、核和辐射突发事件卫生应急2支），初步实现了队伍快速机动、装备便于携带、后勤自我保障的目标，形成了国家卫生应急处置拳头力量。国家卫生应急队伍在应对重特大突发事件中发挥重要作用，受到了领导同志的肯定、社会各界的认可、国际社会的关注。

2017年年底，在中央财政支持下，国家卫生计生委又完成了国家卫生应急队伍升级完善项目。即对2016年尚无国家卫生应急队伍的8个省份（福建、江西、海南、贵州、宁夏、河北、安徽、青海）建设队伍，在已有队伍的4个省份（江苏、浙江、吉林、新疆兵团）补充建设队伍，进一步优化了队伍布局。目前，在我国实现了全覆盖（即确保每省至少建有1支国家卫生应急队伍）。

抗击"非典"以来，卫生应急队伍不断建设和发展，经历了一次又一次重特大突发事件的考验。在各类突发事件处置应对中，不断总结经验、汲取教训，实现了能力和水平的提升。2008年四川汶川特大地震发生后，在党中央、国务院坚强领导下，在国务院抗震救灾总指挥部统一指挥下，卫生防疫组紧急行动，迅速从全国各地组织调遣数万名医疗卫生人员奔赴救灾第一线，开展了大规模的医疗救援和防疫工作，并创下了中外历史上非战争状态下最大规模转运伤员的壮举。四川和全国各地10万多医疗卫生大军救死扶伤、无私奉献，以实际行动经受住了严峻的考验，较圆满地完成了党和政府赋予的各项任务。"十二五"期间，卫生系统年均处置各类突发公共卫生事件近1 000起，其中较大的事件有人感染H7N9禽流感、西非埃博拉出血热、中东呼吸综合征、塞卡和黄热病等疫情。卫生应急队伍年均参与突发事件紧急医学救援数百起，其中较大的有四川芦山地震、昆明"3·1"严重暴力恐怖事件、天津港危化品爆炸事故等。2015年4月25日，尼泊尔发生8.1级地震，造成尼泊尔重大人员伤亡。党中央、国务院果断决策，卫生应急队伍迅速参加了援助尼泊尔抗震救灾工作，并受到好评。

习近平总书记2016年8月19日在全国卫生与健康大会上讲话时，对卫生应急工作给予充分肯定。他说："长期以来，我国广大卫生与健康工作者弘扬'敬佑生命、救死扶伤、甘于奉献、大爱无疆'的精神，全心全意为人民服务，涌现了一大批医学大家和无数人民好医生。特别是在面对重大传染病威胁、抗击重大自然灾害时，广大卫生与健康工作者临危不惧、义无反顾、勇往直前、舍己救人，赢得了全社会赞誉。"

抗击"非典"、汶川地震抗震救灾、应对埃博拉疫情是我国卫生应急发展历史上最关键的三个时间节点，分别是突发公共卫生事件防控、突发事件紧急医学救援和国际应急救援的重要里程碑。

（八）道路抢通和运输保障应急队伍

1. 建设任务

各级交通运输管理部门要组织高速公路经营单位、国省干线公路和县道养护管理部门、路政部门、公路养护工程企业等组建道路抢通应急队伍，高速公路经营单位要组建本单位道路抢通应急队伍，主要承担道路紧急抢通、清障保畅等任务。要加强与公安交警、气象部门的信息沟通，提高协同处置能力。各级交通运输管理部门要依托重点客、货运输企业组建运输保障应急队伍，完善应急运输车辆储备管理机制和征用补偿机制，提高与相关部门的协同处置能力。

2. 建设情况

《交通运输部办公厅关于道路运输应急保障车队建设的指导意见》（交运发〔2011〕682号）指出，近年来，全国各地交通运输系统在地方各级党委、政府的领导下，全面实施《中华人民共和国突发事件应对法》《中华人民共和国道路运输条例》《民用运力国防动员条例》以及《公路交通突发事件应急预案》，认真探索市场经济条件下道路应急运输保障的有效途径和方法，积极推进道路运输应急保障车队建设，较好地完成了抗震救灾、奥运保障、电煤抢运、交通战备等道路应急运输保障任务，充分体现了道路运输应急保障车队在处置各类突发事件中的重要地位和基础作用，受到了各级政府及社会的重视和肯定。当前，我国自然灾害、事故灾难、公共卫生事件和社会安全事件等呈上升趋势。意见指出，力争用2年时间，在各市（地、州、盟）都建成应急保障车队的基础上，在各省、自治区、直辖市建立起满足突发公共事件应急运输需要，并能够跨省、跨区域执行联动任务的应急运输保障体系。

（九）海（水）上搜救应急队伍

1. 建设任务

重要湖泊、河流及其他内河通航水域的各级人民政府要结合本行政区域特点和需要，以交通部门、海事机构为主体，会同公安、气象、农业、卫生等部门，充分发挥专业打捞企业的作用，组建海（水）搜救应急队伍，开展海（水）搜救、打捞等应急处置工作。

2. 建设情况

我国海上搜救工作，由国务院相关部委、军队有关部门组成的"国家海上搜救部际联席会议"负责协调。其办事机构中国海上搜救中心主要负责海（水）上突发事件预警预防，人命救助、环境救助和财产救助，重要通航水域清障以及海盗事件信息的接收与处理。中国海上搜救中心成立于1989年，负责全国海上搜救的统一组织协调工作，日常工作由交通部安全监督局（现交通部海事局）承担，发挥保障社会稳定，促进海上交通事业的发展、海洋资源的开发以及对海洋的综合利用，进而促进国家的经济发展，提高政府的声誉和国际形象的重大作用。

中国海上搜救力量主要由专业救助力量、军队、中央有关直属部门和地方部门的力量，以及各港口、企事业单位和航行于中国水域的大量商船和渔船组成。专业救助力量主要为交通运输部救捞局，其下设北海、东海、南海三个救助局，烟台、上海、广州三个打捞局，以及上海、大连、湛江、厦门四个海上救助飞行队。

（十）核事故应急救援队伍

1. 建设任务

核事故应急救援队的主要任务是复杂条件下核电厂重特大核事故的突击抢险和紧

急处置。该救援队还承担军地其他核设施、核装备发生重特大核事故及核恐怖袭击事件的应急处置及救援任务,并具备参与国际核应急救援任务的能力。

2. 建设情况

针对核电厂核事故,我国现已建成国家、核电厂所在省份、核电基地的三级应急管理体系,并已初步建立具有一定规模的核应急救援专业队伍。

2016年5月24日,中国核应急救援队正式成立,标志着核安全重要保障的响应力量已上升到全新水平。中国核应急救援队是一支由6支救援分队组成,在国家核应急体制框架下,依托军队及核工业现有核应急力量组建成立的国家级核应急救援队。中国核事故应急救援队包括现场技术支持、突击抢险、应急监测与辐射防护、去污洗消、医学救援等功能模块。

中国核事故应急救援队共计320人,专业覆盖包括辐射防护、医学救援等,主要职责为控制核事故、缓解核事故、减轻核事故后果。2018年年底前建成后,这支应急救援"国家队"将重点承担复杂条件下重特大核事故突击抢险和紧急处置救援任务,并可参与国际核应急救援行动。

(十一) 其他专业应急救援队伍

1. 重大道路交通事故应急处置队伍

各级公安部门要组织交警、消防等专业力量组建重大道路交通事故应急处置队伍,主要承担重大交通事故现场交通管制、施救被困人员、疏导交通等工作。要建立与卫生、危险化学品、道路抢通、气象、环境等专业应急队伍的信息沟通和联动机制,快速有效处置重大道路交通事故。

2. 市政公用事业保障应急队伍

公用事业保障应急队伍是指电力、供水、排水、燃气、供热、交通、通信、市容环境等主管部门和基础设施运营单位组织的,由本区域有关企事业单位懂技术和有救援经验的职工参加的公用事业保障应急队伍,主要承担相关领域突发事件应急抢险救援任务。

各级市政、供水、排水、燃气、供热、市容环境等主管部门和市政公用事业运营单位,要组织本地区有关企事业单位懂技术和有救援经验的职工,分别组建各类市政公用事业保障应急队伍,承担相关领域应急抢险救援任务。要充分发挥设计、施工和运行维护人员在应急抢险中的作用,配备应急抢修的必要设备,提高应急抢修保障能力。

3. 环境应急队伍

各级环境保护部门要组织环境监察机构专业力量和相关单位人员组建环境应急队伍,主要开展环境质量监测预警,加强饮用水源地、重点污染源、辐射污染源等重点领域环境监控,开展有毒有害化学品重点危险源及污染隐患调查,参与环境污染事件应急处置工作等。

4. 重大动物疫情应急队伍

重大动物疫情应急队伍是各级人民政府负责建立的由当地兽医、卫生、公安、工商、质检和林业行政管理人员,动物防疫和野生动物保护工作人员,有关专家等组成的。其主要职责是具体承担家禽和野生动物疫情的监测、控制和扑灭任务。

各级农业（兽医）主管部门要会同卫生、公安、工商、质监、林业等部门，建立由相关行政管理人员、动物卫生监督人员、动物疫控技术人员、有关专家、执业兽医等组成的重大动物疫情应急队伍，主要承担疫点、疫区、受威胁区的封锁、隔离、扑杀、销毁、消毒、无害化处理、紧急免疫接种及高风险人群监测防控等任务。

5. 电力应急队伍

发电、供电和电力施工企业要组织专业技术力量组建电力应急队伍，承担电力设施运行维护、应急抢修等任务。加强专业应急装备、交通工具配备，开展技能培训和应急演练。建立区域性联合应急机制，提高应急保障能力。

6. 应急通信保障队伍

各级通信管理部门要指导基础电信运营企业依托专业力量组建应急通信保障队伍。各级人防部门要充分发挥城市防空警报设施和机动指挥通信网络优势，建立应急通信保障队伍。电信运营企业要加强区域性应急通信合作，增强应急通信保障能力。

7. 特种设备应急救援队伍

各级质监部门要充分利用现有资源，建立锅炉、压力容器、电梯、起重机械、客运索道、大型游乐设施等特种设备应急救援队伍，主要承担风险隐患排查，开展应急救援处置等工作。拥有重要特种设备的大型企业要建立专职或兼职的应急救援队伍。

8. 铁路事故应急救援队伍

中国铁路事故应急救援机构和队伍按铁路局设置，各铁路局在规定点设特等、一等救援列车，在无救援列车的二等以上车站或较大中间站设事故救援队。铁道部设救援专职管理人员，对各铁路局救援工作进行指导、监督和检查。

9. 民航应急救援体系

民航应急救援体系主要包括基于以民航空管系统为指挥协调中心的搜寻救援体系和以机场管理机构为主体的地面救援体系。目前中国境内及附近的海域上空设10个搜寻救援区，中国民航局的搜寻救援协调中心设在中国民航局空中交通管制局，地区管理局搜寻救援协调中心设在各地区管理局空中交通管制部门。民航系统应急救援力量主要集中在各民航机场，各机场按照国家级行业的相关标准，配备有一定的消防和医疗救援设备。

第四节　非专业应急救援队伍

在应急管理的过程当中，政府主导力量与民间力量的共同参与，不断丰富与扩展了应急队伍的内涵与外延。非专业化的应急救援队伍是应急救援体制的一个重要的组成部分，是一支重要的辅助力量。目前，中国非专业应急队伍已初见规模，并在应急救援中发挥了越来越重要的作用。其主体力量由社区自治组织、企事业单位的应急队伍、应急志愿者以及各类专家等组成。非专业应急力量的发展，已经成为中国完善应急管理体系、提高应急救援效能的重要依托。

2019年1月17日，习近平总书记来到天津市和平区新兴街朝阳里社区，走进社区志愿服务展馆。这里也是全国第一个社区志愿服务组织。在和志愿者们交流时，习近平说："志愿者是现代化管理事业的一个很重要的方面，在整个社会上培养的这种爱心，是我们社会主义核心价值的最核心的东西。你们是这种贡献的前行者、引领者，为你们点赞！"

一、非专业应急救援队伍的构成

（一）按照领域分类

根据突发事件的领域以及非专业应急队伍的分布，可以把非专业应急队伍分为四类。

1. 处置自然灾害发挥重要作用的应急志愿者队伍

2008年12月5日是第23个国际志愿者日，按照《中国志愿者管理办法》进行注册的志愿者人数达到2 946万。由中国青年志愿者协会、35个省级志愿者协会、5 492个地市及区县志愿者协会、1 910个高校志愿者协会以及近13万个志愿者服务站（服务中心、服务基地）组成的志愿服务组织实施网络基本形成。在2008年的低温雨雪冰冻灾害、"5·12"汶川特大地震等抢险救灾过程中，广大志愿者积极协助专业应急队伍处置灾害，做了大量工作。

此外，全国各地建立了拥有几十万人的灾害信息员队伍。他们对洪涝灾害、地质灾害和森林草原火灾等进行着监测。一旦有灾情，他们利用各种方法动员群众逃灾避灾，为减少灾害损失做出了重要贡献。

2. 处置公共卫生事件发挥防控作用的非专业卫生队伍

非专业卫生队伍一般指社区卫生或乡村卫生队伍、公共卫生员服务队伍、企事业医疗救助队伍等。队伍组成人员部分无从医资格，但其在医疗救助、卫生应急救援中能够发挥重要作用，从而为抢救生命赢得宝贵时间。红十字总会及各地分会、医学救援协会等在四大类突发事件的医疗救援方面都发挥了重要作用。

3. 处置事故灾难的企业内保人员

近年来，建筑、危化、船舶、通信等大中型国有企业已基本建成本单位的应急队伍，分别承担本单位的综合应急救援、应急抢险、应急保障等任务，在组织企业救灾自救方面发挥了重要作用。

4. 处置社会安全事件发挥重要作用的社区治安队员、社区保安等

各地基层公安机关通常都采用筹建辅警、联防队伍的形式来解决基层警力不足的问题，并构建当地群防群治体系，从而为应对各类公共安全事件发挥强有力的作用。

（二）按照性质分类

根据非专业应急队伍的性质，可以把非专业应急队伍分为三类。

1. 基层专（兼）职应急救援队伍

基层专（兼）职应急救援队伍指由基层政府、有关部门、企事业单位和群众自治组织组建的专职、兼职、义务应急救援队伍。

2. 志愿者应急救援队伍

志愿者应急救援队伍指由共青团、红十字会、青年志愿者协会以及其他组织建立的各种志愿者参加的应急救援队伍。

3. 专家应急救援队伍

专家应急救援队伍，指由各行业、各领域的专家组成的专家应急救援队伍。

专栏

四川芦山地震后，不少民众自发涌向灾区救援，通往灾区的道路狭窄，反而对专业救灾车辆造成拥堵，当地交通部门开辟专用通道只允许救援车辆通行。

为确保抢险救援工作顺利推进，四川省抗震救灾指挥部22日晚发布通告，从23日起对雅安市芦山县至宝兴县实行交通管制。

连日来，受强震、余震和降水影响，灾区道路不断垮塌，形成大量飞石和堆积物，加上重灾区高山峡谷、场地狭窄，极易造成人员伤亡和救灾车辆损失。为科学抢险救援，特对此路段实行交通管制。

根据规定，从即日起，从雅安市芦山县至宝兴县实行单循环通行，即从雅安市芦山县经宝兴、小金（达维）、马尔康、汶川到成都，或雅安市芦山县到宝兴县，经小金、丹巴、八美、新都桥、康定、泸定、石棉，再从石棉上雅西、成雅高速到成都。同时，从芦山县至龙门、太平、大川方向的车辆实行"上午进、下午出"，进入从当日7时到11时止。

另外，根据要求，通行车辆主要是运送伤员、救灾物资（帐篷、医疗设备、药品、食品、饮水、燃油等）、工程抢险及保障车辆、参与抢险救援人员后勤保障车辆，实行通行证制度。运送救灾物资的车辆由雅安市民政局发放通行证，其他车辆由雅安市公安局发放通行证。

通告还显示，对过往车辆实行限量、分时通行，原则上白天在确保安全的前提下，保持必要的安全间隔有序通过。除上述车辆外的各种车辆，未经批准，一律禁止通过此路段。外地捐赠的物资交由雅安市民政部门统一的收储地点，由民政部门按需求发往灾区。

二、非专业应急队伍的特点

（一）常态组织与临时动员相结合

在政府相关部门的支持下，有些非专业应急队伍组织体系相对完备，有相对固定的办公机构、队伍、装备、资金等组织要素。如接受政府资金支持、实际接受公安部门领导的联防队伍、合同制消防队伍等；也有在突发事件来临时，依靠社会动员临时组织的队伍，应急状态结束后，临时组建的队伍即予以解散。

（二）平战结合

平时注重事前管理，加强对风险的识别、监测和预警，做好资源规划和保障工作；战时注重事中的应对和事后的评估及处置，做好资源协调与调度工作。大部分企事业单位的应急队伍人员同时也是所处单位的一线职工，在平时直接参与、从事企业安全生产管理与保障；而在突发事件发生后，在专业应急队伍到来前，这支队伍能迅速响应，对事态的发生、发展趋势在最短时间内做出评估，并及时找出危险源，消除隐患，把突发事件的破坏程度减至最小，切断衍生、次生灾害的传递链，为后续应急处置赢得宝贵时间。

（三）处置灵活

非专业应急队伍的主体力量由当地民众组成，往往对事发地情况比较熟悉，并与社会公众有着密切关系，在应对突发事件时往往时间、方式都较灵活和实际。比如一旦危化企业发生事故，该企业的非专业应急队伍就能在第一时间派上用场，可以在专业应急队伍处置之前对事故进行先期处理。在突发事故的发生地，如果该地的民众平时受到较好的培训，就能在最短的时间里组织一支非专业应急队伍，组织现场群众自救、抢救伤病员等。实践表明，非专业应急队伍能提高应急效能，阻断突发事件的破坏链，成为专业应急队伍救援的辅助力量，减少救灾成本，节约政府财政的公共支出。

专栏

北京市应急志愿者队伍建设情况

北京的应急志愿者队伍建设得益于北京近年来志愿者工作取得的突出成绩。在北京奥运会、残奥会期间，在四川汶川抗震救灾和甲型H1N1流感防控等突发事件应对过程中，在各种大型活动中，广大志愿者发挥了积极的作用，得到了社会各界的好评。

1993年，北京市率先在全国成立了北京志愿者协会；2003年，团市委又专门成立志愿者服务指导中心。经过多年努力，全市高等院校中90%以上都成立了青年志愿者协会或志愿服务团，各区县均建立了红十字会，全市100%的街道、乡镇和高校、职校建立了红十字会组织，成立了市红十字会厂矿、旅游、教育系统工作委员会和志愿者工作委员会。

长期以来，广大志愿者从事文化教育服务、助残服务、旅游服务、便民服务、健康卫生服务、环境保护等公益事业，并参与应急知识的科普宣教，已经成为应急救援的重要辅助力量。近年来，北京市红十字会针对志愿者、重点行业和广大市民避险逃生及自救互救知识的普及培训，提高了广大市民应对突发事件的能力。

1. 应急志愿者队伍建设要求

根据《北京市2009年直接关系群众生活方面拟办的重要实事》要求，由团市委作为主责单位,市应急办协助开展此项工作。制定并下发了《关于落实北京市2009年拟办重要实事中建立应急志愿者队伍工作的实施方案》(以下简称《实施方案》)。

《实施方案》提出,依托北京市应急管理体系和志愿者服务体系,建立相应的应急志愿者队伍,开发应急类志愿服务项目,开展应急减灾知识宣传普及、技能传授、培训演练以及突发事件处置的配合辅助工作。

《北京市突发事件总体应急预案》把应急志愿者队伍作为应急队伍的重要组成部分,强调要健全社会动员机制,"把应急志愿者服务纳入北京应急管理体系,依托有关职能部门和社会团体,组织有相关知识、经验和资质的志愿者成立应急救援队,动员志愿者参与防灾避险、疏散安置、急救技能等公共安全与突发事件应对知识的宣传、教育和普及工作,随时准备参与突发事件的抢险救援、卫生防疫、群众安置、设施抢修和心理安抚等工作"。"在志愿者队伍的组织、技术装备、培训、应急演练、救援行动人身保险等方面,由区县和相关部门给予支持和帮助。"

2. 应急志愿者队伍建设进展

2010年,北京市起草了《应急志愿者管理办法》和《关于规范北京应急志愿者队伍名称及标志的通知》,促进和规范全市应急志愿服务活动。目前,北京市正依托全市志愿者工作体系和应急管理体系,构建以青年志愿者为基础、以专业志愿者为骨干、各种志愿者广泛参与的应急志愿者队伍体系。

经过近年的努力,北京市已经建设了民防、交通、安全生产、建筑工程、动物防疫等各类专业志愿者队伍和区县综合应急志愿者队伍,成立了市志愿者联合会综合应急服务队。

区县组建的应急志愿者队伍均为兼职人员,主要负责开展科普宣教和辅助救援工作。在机制建设方面,部分队伍定期开展培训演练,制定了队伍管理和调用制度。不过,尚有部分队伍没有开展培训演练,也未制定相关制度。在装备和经费保障方面,只有少数队伍拥有一定数量的物资装备,大多数队伍建设缺乏经费保障。

此外,北京市不断强化招募、动员、组织和鼓励志愿者参与应急知识宣教普及、技能培训、应急演练、突发事件辅助救援等工作,积极支持社会组织建立应急志愿者队伍。通过研究制定应急志愿服务法规政策和应急志愿者队伍的管理办法,加强统筹与管理,开发应急志愿服务项目,健全应急志愿服务表彰激励机制。

三、非专业应急救援队伍参与应急管理的法律规定

应急管理体制建设强调在党委领导和政府负责的基础上,加强社会协同、公众参与,需要加强社会建设。

《突发事件应对法》第二十六条中规定,县级以上人民政府及其有关部门可以建立由成年志愿者组成的应急救援队伍。单位应当建立由本单位职工组成的专职或者兼职应急救援队伍。县级以上人民政府应当加强专业应急救援队伍与非专业应急救援队伍的合作,联合培训、联合演练,提高合成应急、协同应急的能力。

《〈中华人民共和国突发事件应对法〉释义及实用指南》（全国人大常委会法制工作委员会编著）对《突发事件应对法》第二十六条所出现的"非专业应急救援队伍"做了条文上的释义："非专业应急救援队伍并非为突发事件应对而设，也没有从事危机救援和危机控制的职责，但某些突发事件发生时，临时需要他们来承担一些应急救援和应急控制的任务，例如由政府或有关部门招募建立的、由成年志愿者组成的应急救援队伍等。"

> **专栏**
>
> 非政府组织参与应急管理的合作机制
>
> 20世纪80年代以来兴起的新公共管理运动中，强调政府与非政府组织的合作机制。这些非政府组织包括各类志愿者组织、基金会等。所谓的非政府组织，总体上强调的是指独立于政府和企业之外的社会组织。较为流行的是美国约翰-霍普金斯大学莱斯特·萨拉蒙教授提出的五大特征：非政府性；非营利性；自治性；志愿性；组织性。这一定义的内涵正是近代西方对国家、市场、公民社会三者分立的理解模式的反映。由于该定义比较符合西方国家的基本情况，因而受到了国际社会中广泛的认可。
>
> 尽管与发达国家还存在较大差距，但中国社会组织近年来的发展无论在数量、速度、活动开展及影响上，都有显著进步。但是，由于管理体制的束缚，法律法规不够健全，以及各级部门协调支持不够，也由于社会组织自身的自律和能力建设不足，中国社会组织的有关功能还不健全，尚未在加强和创新社会管理的新形势下发挥社会协同应有的作用。
>
> 资料来源：作者依据民政部网站相关资料整理而成。

四、非专业应急救援队伍参与应急管理的法律规定

2015年10月8日，民政部印发《关于支持引导社会力量参与救灾工作的指导意见》，提出了支持引导社会力量参与救灾工作的重要意义、支持引导社会力量参与救灾工作的基本原则、社会力量参与救灾工作的重点范围、支持引导社会力量参与救灾工作的主要任务、支持引导社会力量参与救灾的工作要求等。

根据救灾工作不同阶段的任务和特点，支持和引导社会力量充分发挥优势，积极参与救灾工作。

1. 常态减灾阶段

在常态减灾阶段，要积极鼓励和支持社会力量参与日常减灾各项工作，注重发挥社会力量在人力、技术、资金、装备等方面的优势，支持社会力量参与或组织面向社会公众尤其是在中小学校、城乡社区、工矿企业开展防灾减灾知识宣传教育和技能培训，协助做好灾害隐患点的排查和治理，参与社区灾害风险评估、编制灾害风险隐患

分布图、制定救灾应急预案，协同开展形式多样的救灾应急演练，着力提升基层单位、城乡社区的综合减灾能力和公众防灾减灾意识及自救互救技能。

2. 紧急救援阶段

在紧急救援阶段，要突出救援效率，统筹引导具有救援专业设备和技能的社会力量有序参与，注重发挥灾区当地社会力量的作用，协同开展人员搜救、伤病员紧急运送与救治、紧急救援物资运输、受灾人员紧急转移安置、救灾物资接收发放、灾害现场清理、疫病防控、紧急救援人员后勤服务保障等工作。不提倡其他社会力量在紧急救援阶段自行进入灾区。

3. 过渡安置阶段

在过渡安置阶段，要有序引导社会力量进入灾区，注重支持社会力量协助灾区政府开展受灾群众安置、伤病员照料、救灾物资发放、特殊困难人员扶助、受灾群众心理抚慰、环境清理、卫生防疫等工作，扶助受灾群众恢复生产生活，帮助灾区逐步恢复正常社会秩序。

4. 在恢复重建阶段

在恢复重建阶段，要帮助社会力量及时了解灾区恢复重建需求，支持社会力量参与重建工作，重点是参与居民住房、学校、医院等民生重建项目，以及参与社区重建、生计恢复、心理康复和防灾减灾等领域的恢复重建工作。

专栏

中国特色的拳头模式

中国人民解放军、武警部队是处置重大突发事件的突击力量，综合性消防救援队伍和各专业应急救援队伍是应对突发事件的骨干力量，企事业单位职工和农村社区的广大民众（包括专兼职救援队和志愿者队伍）是应对突发事件的辅助力量。中国各种救援力量在党中央、国务院的统一领导下，团结一致、密切协作，就像一个坚强有力、紧握的拳头，在各种突发事件面前表现出了决策迅速、出手快、出拳重、应对有力的鲜明特色，这是我们战胜各种灾难的法宝，反映出中国在国家治理体系和治理能力现代化方面的发展和进步。

五、国外非专业应急队伍建设情况

从美国、日本、德国等发达国家的实践来看，这些国家非专业应急队伍发展相对比较成熟，已经形成了以"民间自发组织、政府有效管理"为特征的运行模式，并且基本纳入本国的应急管理框架体系中，极大地提高了应急管理的效能。

（一）美国非专业应急队伍概况

在美国，志愿者组织、新闻媒体、工商企业、社区等，通过各种形式参与应急管理工作,成为应急管理体系的组成部分。平时,这些社会组织参与政府的应急管理工作,发生灾害时则是政府应急处置的依靠力量。例如,"9·11"事件发生后,美国红十字会参与了一系列的救援活动,在纽约等地建立庇护所和家庭援助中心,提供了大量的救灾物资,组织精神医生提供帮助。美国洛杉矶市于1985年建立了"社区紧急应变队",其目的在于当重大突发事件发生后,在专业应急队伍抵达灾区之前,由该队负责对受灾民众进行简易救援,以提高应急处置效率、减轻伤亡,减轻专业应急队伍的负担。随后,美国联邦应急管理局将洛杉矶市这一经验推广到各州,专门编制了"社区紧急应变队"训练制度和年度经费预算,2003年国土安全部成立后对这一做法继续加以支持和沿用。

(二)日本非专业应急队伍概况

在日本,民间防灾组织、志愿者、社区组织、企业、公民等,都是应急管理工作的参与主体,通过组织和资源整合成为应急管理体制的组成部分。根据法律规定,日本的红十字会、医疗卫生、民间电视台、汽车运输业等社会组织,都被确认为公益性防灾机构。各级政府通过与这些社会机构签订协议,使社会团体在平时和应急时都能积极参与防灾活动,以充分利用各种社会资源进行救援,确保应急物资、人员、设施和设备储备,减轻政府负担。例如,汽车协会在发生灾害时必须提供汽车车辆,相关费用由政府支付或者进行补偿。日本工商企业也是应急管理的重要组织,不仅有责任参与地区和社区内的防灾工作,而且企业本身也必须建立应急体系,保证企业安全。

(三)德国非专业应急队伍概况

德国应急管理组织体系由政府、公共组织和民间组织等共同组成。民间组织包括128个志愿者组织,其中红十字会最大,约有30万人。所有组织的成员都要经过应急救助的特殊培训。德国认为,在应急管理中培训演练非常重要,培训能使人们增强应变能力及经验。例如,德国在1998年发生火车脱轨事件,在救援中,各级组织的救援人员在事发后先后赶至现场,两小时就将所有伤员送往医院,这与社会组织事先的培训演练有很大关系。

延伸阅读

[1] 军队处置突发事件总体应急预案,2006.

[2] 国务院办公厅关于加强基层应急队伍建设的意见. 国办发〔2009〕59号,2009-10-18.

[3] British Red Cross. The Role of Non-governmental Organizations' Volunteers in Civil Protection. 31 March, 2002.

[4] 中共中央办公厅 国务院办公厅印发《组建国家综合性消防救援队伍框架方案》. 2018年10月.

[5] 民政部关于支持引导社会力量参与救灾工作的指导意见. 民发〔2015〕188号.

第三篇

应急管理机制

应急管理是针对自然灾害、事故灾难、公共卫生事件和社会安全事件等各类突发事件，从预防与应急准备、监测与预警、应急处置与救援到事后恢复与重建的全灾种、全方位、全过程的管理。由于突发事件具有不确定性、复杂性、高变异性、紧迫性、关联性的特点，随着当代信息网络的快速发展，应急管理成为一个复杂的、开放的、巨大的系统工程。所以，应急管理机制是涵盖了突发事件事前、事发、事中和事后的应对全过程中各种系统化、制度化、程序化、规范化和理论化的方法与措施。具体而言：第一，是人类在总结、积累应急管理实践经验与方法的基础上形成的制度化成果，是对人类在长期应急管理实践中所使用的各种有效经验、方法、手段和措施的总结和提炼，并经过实践检验证明有效，而且在实践中不断健全和完善；第二，其实质内涵是一组建立在相关法律、法规和部门规章基础上的应急管理工作流程体系，反映出突发事件管理系统中组织之间及其内部的相互作用关系，而外在形式则体现为政府及其有关部门在应急管理中的职责；第三，以应急管理运作流程为主线，涵盖事前、事发、事中和事后各个阶段，包括预防与应急准备、监测与预警、应急处置与救援、恢复与重建等多个环节。

应急机制建设是实现科学决策的重要手段，也是提高政府应急管理能力的根本途径，对于应急体制建设具有重要的影响。体制建设往往具有一定滞后性，尤其是当体制还处于不够完善或探索的情况下，机制建设能通过完善相关工作制度，从而有利于弥补体制中的不足，并促进体制的发展与完善。

本书将应急管理机制概括为 20 个工作机制（见下页图）。这 20 个机制围绕着有效应对突发事件，在统一的管理框架下相互融会贯通、相互作用和相互影响，共同构成"统一指挥、反应灵敏、协调有序、运转高效"的应急管理机制不可或缺的重要组成部分。其中：①预防与应急准备是应急管理的基础，是防患于未然的阶段，也是应对突发事件最重要的阶段，体现了预防为主，预防与应急并重、常态与非常态相结合的原则。②监测与预警是预防与应急准备的逻辑延伸，突发事件的早发现、早研判、早报告、早预警，是有效预防、减少突发事件的发生，控制、减轻和消除突发事件引起的严重社会危害的重要保障。③应急处置与救援是应对突发事件最关键的阶段，旨在快速反应、有效应对，最大限度地保障人民生命财产安全，最大限度地减少突发事件造成的损失。④恢复与重建是应对突发事件过程中的最后环节，旨在尽快恢复正常的生产、生活、工作和社会秩序，妥善解决应急处置过程中引发的矛盾和问题，并进入一个新阶段——突发事件应对中的后处理阶段，重在提高防灾减灾能力和应急管理能力。

需要说明的是，本书中所展现的每一项机制并不是限定在某个特定的阶段，许多机制往往贯穿于应急管理的全流程中并发挥其重要作用。我们只是为了方便阅读与理解，将它们放置到能够重点凸显其作用的章节里。如风险防范、应急准备、信息报告、协调联动、社会动员、信息发布机制等，这一点需要说明并请予以关注。

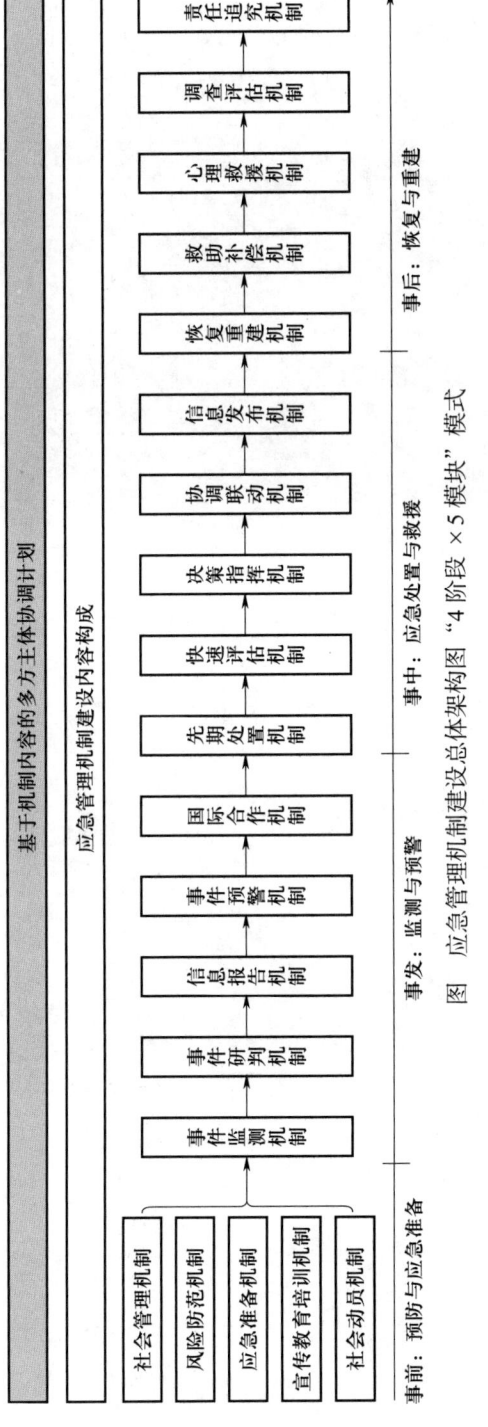

图 应急管理机制建设总体架构图 "4阶段×5模块" 模式

资料来源：闪淳昌，周玲，钟开斌. 对我国应急管理机制建设的总体思考. 国家行政学院学报，2011（1）.

第六章
预防与应急准备

学习目标

1. 理解社会管理在应急管理中的重要性和必要性。
2. 理解风险管理对实现应急管理关口前移的重要意义。
3. 理解应急准备在应急管理全过程中的重要性。
4. 了解应急宣传教育培训的重要性,并掌握应急教育培训模式。
5. 了解社会动员的基本内容。

学习重点

1. 掌握加强和创新社会管理的基本工作方法。
2. 掌握风险评估与控制的基本程序与方法,并结合实际开展风险管理工作。
3. 结合工作实际列出本单位的应急准备清单。
4. 掌握应急宣传教育培训的基本途径。
5. 掌握社会动员的基本手段。

案例

"12·31"上海外滩陈毅广场拥挤踩踏事件

公共场所人群聚集安全管理,是公共安全的重要内容。2014年12月31日23时35分,上海市黄浦区外滩陈毅广场东南角通往黄浦江观景平台的人行通道阶梯处发生拥挤踩踏,造成36人死亡,49人受伤,后果非常严重,教训极其深刻。上海市联合调查组调查认定:"这是一起对群众性活动预防准备不足、现场管理不力、应对处置不当而引发的拥挤踩踏并造成重大伤亡和严重后果的公共安全责任事件。"导致这起公共安全责任事件的主要原因是对新年倒计时活动变更风险未做评估；新年倒计时活动变更信息宣传严重不到位；预防准备严重缺失。导致这起事件严重后果的重要原因是对监测人员流量变化情况未及时研判、预警，未发布提示信息；事态控制不力，应对处置不当。

中国东汉荀悦编著的《申鉴·杂言》中说："进忠有三术：一曰防，二曰救，三曰戒。先其未然为之防，发而止之为之救，行而责之为之戒。防为上，救次之，戒为下。"预防与应急准备是为防止和减少突发事件的发生、提高突发事件处置能力和效率所开展的经常性、基础性工作，是突发事件应急管理的基础，渗透在应急管理其他机制中。其主要目的，是通过做好基础性、经常性和预见性的管理工作，实现预防为主、预防与应急结合，平战结合，标本兼治，及时发现和化解各级各类风险和突发事件，在更基础的层面积极主动地推进应急管理工作，从而防患于未然。

古人云："有不尽者，亦谊防微杜渐而禁于未然。""安而不忘危，存而不忘亡，治而不忘乱。"

这些著名论断，都强调了"防"和"备"的重要性，告诉我们在灾祸没有发生之前就要预料到并加以防范，做好各项准备。

第一节 社会管理机制

一、社会管理的定义

（一）社会管理的含义

社会管理是人类社会必不可少的一项基本管理活动，是指以维系社会秩序为核心，通过政府主导、多方参与，规范社会行为、协调社会关系、促进社会认同、秉持社会公正、解决社会问题、化解社会矛盾、维护社会治安、防范社会风险，促进社会和谐稳定的活动。

（二）社会管理的重要意义

建立健全社会管理机制，有效化解社会矛盾、大力加强社会管理能力建设，是从根本上避免和减少突发事件的治本之举，从而为人类社会生存和发展创造既有秩序又有活力的基础运行条件和社会环境。《突发事件应对法》第五条明确规定："突发事件应对工作实行预防为主、预防与应急相结合的原则。"当前，中国既处于发展的重要战略机遇期，又处于社会矛盾凸显期，社会管理任务更为艰巨繁重。中国经济实力和综合国力的不断增强，为不断满足人民日益增长的物质文化需要、解决社会管理领域存在的问题奠定了重要物质基础。同时，我国仍处于并将长期处于社会主义初级阶段的基本国情没有变，我国是世界最大发展中国家的国际地位没有变。中国特色社会主义进入新时代,我国社会主要矛盾已经转化为人民日益增长的美好生活需要和不平衡不充分的发展之间的矛盾。我国稳定解决了十几亿人的温饱问题,总体上实现小康,不久将全面建成小康社会,人民美好生活需要日益广泛,不仅对物质文化生活提出了更高要求,而且在民主、法治、公平、正义、安全、环境等方面的要求日益增长。随着实际情况的变化,中国社会管理理念思路、体制机制、法律政策、方法手段等方面还存在很多不适应的地方,解决社会管理领域存在的问题既十分紧迫又需要长期努力。加强和创新社会管理对于加强应急管理意义重大,在应对突发事件中将起到基础作用。

> 突发事件应对工作应实行预防为主、预防与处置相结合的原则。

(三)中国加强和创新社会管理的提出和发展

新中国成立以来,党和国家始终高度重视社会管理,为形成和发展适应中国国情的社会管理制度进行了长期探索和实践,取得了重大成绩,积累了宝贵经验。特别是改革开放以来,根据国内外形势的发展变化,我国不断就加强和改进社会管理制定方针政策、做出工作部署,有力推进了社会管理改革创新。

2004年,党的十六届四中全会明确提出,"加强社会建设和管理,推进社会管理体制创新"。2007年,党的十七大强调,要"完善社会管理",健全社会管理格局,健全基层社会管理体制。2010年,党的十七届五中全会进一步做出了"加强和创新社会管理"的战略部署。2011年2月,中央举办了省部级主要领导干部社会管理及其创新专题研讨班,中央领导做了重要讲话,深刻阐述了加强和创新社会管理的重要性和紧迫性,并明确提出了重点任务和要求。2011年5月30日中共中央政治局召开会议,专题研究加强和创新社会管理问题。会议指出,加强和创新社会管理,事关巩固党的执政地位,事关国家长治久安,事关人民安居乐业,对继续抓住和用好中国发展重要战略机遇期、推动党和国家事业发展、实现全面建设小康社会宏伟目标具有重大战略意义。

> 要最大限度激发社会创造活力,最大限度增加和谐因素,最大限度减少不和谐因素。

2014年3月,习近平总书记在全国"两会"上参加上海代表团审议时明确指出:"加强和创新社会治理,关键在体制创新,核心是人,只有人与人和谐相处,社会才会安定有序。"2016年10月,习近平总书记再次强调:"要完善社会治安综合治理体制机制,加快建设立体化、信息化社会治安防控体系。"与此同时,习近平总书记还明确要求,各级党委和政府要高度重视社会治理工作,落实社会治安综合治理领导责任制,切实肩负起促一方发展、保一方平安的政治责任。在《国民经济和社会发展第十三个五年规划纲要》第十七篇全面部署了"加强社会治理基础制度建设,构建全面共建共享的社会治理格局,提高社会治理能力与水平,实现社会充满活力、安定和和谐"的重大任务。

2019年1月21日习近平总书记在省部级主要领导干部坚持底线思维着力防范化解重大风险专题研讨班开班式上发表重要讲话强调,维护社会大局稳定,要切实落实保安全、护稳定各项措施,下大气力解决好人民群众切身利益问题,全面做好就业、教育、社会保障、医药卫生、食品安全、安全生产、社会治安、住房市场调控等各方面工作,不断增加人民群众获得感、幸福感、安全感。要坚持保障合法权益和打击违法犯罪两手都要硬、都要快。对涉众型经济案件受损群体,要坚持把防范打击犯罪同化解风险、维护稳定统筹起来,做好控赃控人、资产返还、教育疏导等工作。要继续推进扫黑除恶专项斗争，紧盯涉黑涉恶重大案件、黑恶势力经济基础、背后"关系网""保护伞"不放，在打防并举、标本兼治上下工夫。要创新完善立体化、信息化社会治安防控体系，保持对刑事犯罪的高压震慑态势，增强人民群众安全感。要推进社会治理现代化，坚持和发展"枫桥经验"，健全平安建设社会协同机制，从源头上提升维护社会稳定能力和水平。

党和国家始终高度重视社会管理，对形成和发展适应中国国情的社会管理制度进行了长期探索和实践。目前，我国已建立了社会管理工作领导体系，构建了社会管理组织网络，制定了社会管理基本法律法规，基本形成了党委领导、政府负责、社会协同、公众参与、法治保障的社会管理格局。

案例

枫 桥 经 验

20世纪60年代初，浙江省诸暨市枫桥镇干部群众创造了"发动和依靠群众，坚持矛盾不上交，就地解决，实现捕人少、治安好"的"枫桥经验"。为此，1963年毛泽东亲笔批示，"要各地仿效，经过试点，推广去做"。"枫桥经验"由此成为全国政法战线一个脍炙人口的典型。十一届三中全会后，枫桥在全国率先对经过长期有效改造、表现好的四类分子"摘帽"，并总结了"摘帽"工作经验。20世纪80年代和90年代，"枫桥经验"成功地进行了创新和发展。枫桥率先提出了社会治安综合治理的口号，并在实践中依靠群众，就地调解了大量矛盾纠纷和一般治安问题，"小事不出村，大事不出镇，矛盾不上交"，将矛盾纠纷化解在基层。随着改革开放的进行，枫桥在大力推动经济、社会、文化、教育发展的同时，重视社会治安和社会稳定，形成了"党政动手，依靠群众，立足预防，化解矛盾，维护稳定，促进发展"的基层社会治理模式，收到了"矛盾少、治安好、发展快、社会文明进步"的良好效果，对农村稳定和发展发挥了积极而重要的作用。

枫桥各级领导把"预防、化解纠纷"作为维护稳定的基础性工作和重点环节，创造了行之有效的"四前工作法"，成为中国社会安全隐患治理的先进典范。其"四前工作法"具体包含：一是组织建设走在工作前。建立了从镇、乡到村（居）、企业的调解组织网络，解决了有人抓、有人管的问题。二是预测工作走在预防前。建立了由联席会议分析形势、定期排查不安定因素、领导接待来访以及布建治安信息员等构成的预防体系。三是预防工作走在调解前。坚持抓小、抓早、抓苗头，注意把握规律，突出抓好与农民生产生活密切相关的矛盾预防。四是调解工作走在激化前。坚持"一快二细"，即一旦发生矛盾纠纷，干部不拖不推，立即受理调处，注重做过细的说服教育工作，理顺情绪，消除隔阂，闻风即动，从清理纠葛入手，做细致的教育疏导工作，防止矛盾激化。"四前工作法"是"枫桥经验"在形势发展过程中的科学总结和概括，是当地群众智慧的结晶，反映了调解矛盾纠纷的客观规律。"四前工作法"在缓解民间矛盾纠纷、维护社会治安稳定的实践中取得了显著成效。

资料来源：汪世荣. 枫桥经验：基层社会治理的实践. 北京：法律出版社，2008.

二、社会管理的目标与原则[①]

（一）社会管理的目标

加强和创新社会管理，根本目的是维护社会秩序、促进社会和谐、保障人民安居乐业，为党和国家事业发展营造良好社会环境。社会管理的基本任务包括协调社会关系、规范社会行为、解决社会问题、化解社会矛盾、促进社会公正、应对社会风险、保持社会稳定等方面。

加强和创新社会管理，要紧紧围绕全面建设小康社会的总目标，牢牢把握最大限度激发社会活力、最大限度增加和谐因素、最大限度减少不和谐因素的总要求，积极推进社会管理理念、体制、机制、制度、方法创新，完善党委领导、政府负责、社会协同、公众参与的社会管理格局，加强社会管理法律、能力建设，完善基层社会管理服务，建设中国特色社会主义社会管理体系。要以解决影响社会和谐稳定的突出问题为突破口，通过协调社会关系、规范社会行为、化解社会矛盾和深入细致的群众工作，维护人民群众权益，促进社会公平正义，保持社会良好秩序，有效应对社会风险，为党和国家事业发展营造更加良好的社会环境。

> 党委领导、政府负责、社会协同、公众参与的社会管理格局在我国实际工作中发挥了重要的作用。

2017年，习近平总书记在党的十九大报告中明确要求："打造共建共治共享的社会治理格局。"这为新时代社会治理机制创新和体系完善指明了方向。当前我国社会结构正在发生深刻变化，社会矛盾多元多样多发，加强和创新社会治理，打造全民共建共治共享的社会治理格局，是构建和谐社会、实现社会治理现代化的必然要求。

> 加强和创新社会管理是从根本上避免或减少突发事件发生的办法，是标本兼治的方法。

（二）社会管理的原则

2011年5月30日，中共中央政治局召开会议，研究加强和创新社会管理问题，立足基本国情，这为我国开展社会管理明确了原则。

一是以人为本、服务优先。加强和创新社会管理，要求始终把实现好、维护好、发展好最广大人民的根本利益作为出发点和落脚点，寓管理于服务之中，实现依法管理、科学管理、人性化管理，使人民群众在社会生活中切实感受到权益得到保障、秩序安全有序、心情更加舒畅。

二是多方参与、共同治理。加强和创新社会管理，要求充分发挥政府在社会管理中的主导作用，同时充分发挥多元主体在社会管理中的协同、自治、自律、互律作用，使各种社会力量形成推动社会和谐发展、保障社会安定有序的合力。

> 充分发挥多元主体在社会管理中的协同、自治、自律、互律作用。

三是关口前移、源头治理。社会管理要实现从习惯"灭火"，转到突出源头治理。当前，一些社会问题和社会矛盾，都源于相关体制机制不健全、已有制度政策不落实，需要从社会规范、利益保障、社会风险防范等方面入手，进行源头治理。比如，要健

[①] 马凯. 努力加强和创新社会管理. 求是，2010（20）.

全社会规范体系、完善利益保障机制、改革收入分配制度、建立重大决策社会风险评估机制等，防患于未然。

四是统筹兼顾、协商协调。加强和创新社会管理，要求正确反映和协调各个方面、各个层次、各个阶段的利益诉求和社会矛盾，既要"左顾右盼"，又要"瞻前顾后"，使社会管理能够体现维护公平正义的"刚性"、协调各方利益的"柔性"、应对新情况新问题的"弹性"，促进社会动态平衡，保障国家长治久安。

五是依法管理、综合施策。在加快建设社会主义法治国家的新形势下，加强和创新社会管理，必须坚持"依法管理、综合施策"的原则，加强社会管理领域立法、执法工作，使各项社会管理工作有法可依、有法必依。要从重行政手段、轻法律道德等手段向多种手段综合运用转变。努力改变社会管理手段单一的问题，在运用行政手段进行社会管理的同时，更多地运用法律规范、经济调节、道德约束、心理疏导、舆论引导等手段，充分发挥党的政治优势，规范社会行为，调节利益关系，减少社会问题，化解社会矛盾。

> 社会管理要实现从习惯"灭火"，转到突出源头治理。更多地运用法律规范、经济调节、道德约束、心理疏导、舆论引导等手段，综合施策。

六是科学管理、提高效能。加强和创新社会管理，要求牢牢把握最大限度激发社会活力、最大限度增加和谐因素、最大限度减少不和谐因素的总要求，深刻认识加强和创新社会管理的重要性和紧迫性，把加强和创新社会管理摆在更加突出的位置，加强调查研究，加强政策制定，加强工作部署，加强任务落实。

案例

G20杭州峰会安保的群防群治

2016年9月4日至5日，第十一次二十国集团（G20）领导人峰会在杭州举行。面对复杂的国际反恐形势和全球性挑战，杭州采用了最高级别的安保措施，利用多项措施确保安全，为G20峰会构筑了一道安全防线。例如，峰会特别采用了人脸识别技术强化重点区域的安防布控；相关部门针对酒店、快递、上网等实行实名制等。同时，在维稳安保方面，坚持群防群治，推进社会治安网格化、精细化，以一个个小网格的安全来实现全市的大平安。当峰会按照国际惯例需要加强安全保卫工作时，杭州市民、全省人民迅速行动起来，争当"平安巡防员""信息收集员""纠纷调解员"，主动查找死角盲区，积极配合出租房、地下室、物流寄递、民宿等方面的监管，为确保各国与会嘉宾的安全做出了重要贡献。

在浙江，不仅有"武林大妈"，还有"西湖群众""凯旋红马甲""乌镇管家"，他们都有一个共同的名字——平安志愿者。当得知G20峰会在杭州召开，"当好东道主"成为每一个浙江人的自觉行动。为了更好地激发并呵护这样的热情，2016年2月，浙江省综治委下发了《G20杭州峰会群防群治工作组织实施方案》，各市、县（市、区）综治委及各成员单位立即行动起来，广泛动员社会力量加入平安志愿者队伍。与以往不同，各地招募的平安志愿者统一录入志愿浙江信息系统，实行积分管理，积分情况纳入志愿者工作权益兑换和征信体系。这一创新之举，极大地丰富了平安志愿者的人

> 家庭琐事不出户，邻里纠纷不出组，小事不出村，大事不出镇，矛盾不上交。

员构成，迅速推动群防群治工作由传统的治安防范向社会治理拓展。目前，全省建立了平安志愿者队伍3.5万余支、230余万人，其中杭州80余万人，他们筑起了峰会安保群防群治的铜墙铁壁。

三、社会管理的工作内容

社会管理涉及协调社会关系、规范社会行为、解决社会问题、化解社会矛盾、促进社会公正、防范社会风险、保持社会稳定等方面的基本任务。加强和创新社会管理最根本的是坚持以人民为中心。习近平总书记在党的十九大报告中总结了十四条新时代坚持和发展中国特色社会主义的基本方略，其中第五条就是："坚持人民当家作主。坚持党的领导、人民当家作主、依法治国有机统一是社会主义政治发展的必然要求。必须坚持中国特色社会主义政治发展道路，坚持和完善人民代表大会制度、中国共产党领导的多党合作和政治协商制度、民族区域自治制度、基层群众自治制度，巩固和发展最广泛的爱国统一战线，发展社会主义协商民主，健全民主制度，丰富民主形式，拓宽民主渠道，保证人民当家作主落实到国家政治生活和社会生活之中。"社会管理要重点做好以下八个方面的工作内容。

（一）进一步加强和完善社会管理格局

进一步加强和完善社会管理格局，切实加强党的领导，强化政府社会管理职能，强化各类企事业单位社会管理和服务职责，引导各类社会组织加强自身建设、增强服务社会能力，支持人民团体参与社会管理和公共服务，发挥群众参与社会管理的基础作用。

《国务院关于全面加强应急管理工作的意见》等文件，明确要求建立"党委领导、政府主导，军地协同，全社会共同参与"的应急管理工作格局。在加强和创新社会管理中，要坚持培育发展和监督管理并重，吸纳社会组织参与社会治理。在管理主体上，要从重政府作用、轻多方参与向政府主导型的社会共同治理转变。要改变政府在社会管理中包揽一切的做法，解决好越位、错位和缺位问题。既要发挥政府主导作用，又要鼓励和支持社会各方更加积极、有效地参与社会管理，发挥多元主体的作用，尽快从传统管理转向时代发展要求的"治理"。

> 社会管理应从重政府作用、轻多方参与向政府主导型的社会共同治理转变。

（二）进一步加强和完善党和政府主导的维护群众权益机制

进一步加强和完善党和政府主导的维护群众权益机制，形成科学有效的利益协调机制、诉求表达机制、矛盾调处机制、权益保障机制，统筹协调各方面利益关系，加强社会矛盾源头治理，妥善处理人民内部矛盾，坚决纠正损害群众利益的不正之风，切实维护群众合法权益。

《突发事件应对法》第二十一条规定："县级人民政府及其有关部门、乡级人民政府、街道办事处、居民委员会、村民委员会应当及时调解处理可能引发社会安全事件的矛盾纠纷。"第二十二条规定："所有单位应当……掌握并及时处理本单位存在的可能引发社会安全事件的问题，防止矛盾激化和事态扩大。"为此，要遵循发展为了人民、发展依靠人民、发展成果由人民共享的原则，建立健全科学有效的利益协调机制、诉求表达机制、矛盾调处机制和权益保障机制，积极化解各种矛盾纠纷。加强对社情民意类信息的调研，加大对可能引发不稳定因素的各种信息源的收集分析力度，对一些苗头性、倾向性问题做到早发现、早报告、早处置。为此，要构建动态调节和化解机制，以使社会矛盾和问题不断得到及时化解和向好的方面转化，尽最大可能做到不积累、不激化、不蔓延、不升级、不向坏的方面转化，使社会处于动态平衡、动态优化、井然有序、健康运行的状态。

（三）进一步加强和完善流动人口和特殊人群管理和服务

加强和完善流动人口和特殊人群管理和服务，是新形势下社会管理的重要内容，是党的群众工作的重要方面。必须进一步加强和完善流动人口和特殊人群管理和服务，建立覆盖全国人口的国家人口基础信息库，建立健全实有人口动态管理机制，完善特殊人群管理和服务政策。

加强和完善流动人口和特殊人群管理和服务，要重点关注流动人口特别是占流动人口主体的外来务工人员问题，与外来务工人员问题密切相关的农村留守儿童、老人、妇女问题，老年人和残疾人问题，以及流浪儿童和闲散未成年人问题。进一步深化社会管理和服务体制改革，加快建立与经济社会发展相适应的管理服务体制，建立健全有效覆盖全社会的社会管理和公共服务体系，按属地原则建立流动人口和特殊人群管理和服务体制，依托社区建立新型城乡基层社会管理和服务体制。加快建立健全适应社会利益主体多元化的社会利益调节机制，进一步改革和完善社会保险制度，加快推进户籍管理制度改革，进一步加强和改善流动人口管理和服务。

（四）进一步加强和完善基层社会管理和服务体系

加强和完善基层社会管理和服务体系，是建设中国特色社会主义管理体系的基础性工程，是为社会构筑"防火墙"和"安全网"的必然要求，是适应社会管理形势变化的客观需要。进一步加强和完善基层社会管理和服务体系，要求把人力、财力、物力更多投到基层，努力夯实基层组织、壮大基层力量、整合基层资源、强化基础工作，强化城乡社区自治和服务功能，健全新型社区管理和服务体制。

进一步加强和完善基层社会管理和服务体系，应重点做好以下几项工作。一是加强基层党组织建设，充分发挥群众组织、社会组织和社会工作者的作用。二是加强基层社会建设，完善基层服务功能。要加大公共财政投入力度，加快公共服务设施建设，将公共服务延伸至社区；加快基层社会管理和服务机构建设，成立社区行政服务中心、卫生服务中心、孤寡老人和残疾人服务中心等机构；建立政府购买服务机制，扩大政府购买服务范围；提高社区福利补助标准，解决弱势群体的生活困难。三是创新基层社会管理方法，推广网格化管理和组团式服务。网格化管理即根据属地管理、地理布局、现状管理原则，将管辖地域分成若干网格状单元，对每一网格实施全覆盖、全方位、全过程的动态管理；组团式服务即根据网格划分，整合辖区公共服务资源，组织服务团队，对网格内的居民进行多元化、精细化、个性化服务。

公共安全系指公众的生命安全与健康、公私财产的安全和社会的安定。公共安全关系到社会的和谐稳定和健康发展。

（五）进一步加强和完善公共安全体系

加强公共安全，是维护国家安全、社会稳定和人民群众利益的重要保障，是履行政府社会管理和公共服务职能的重要内容。我国"十三五"规划纲要第72章专门对"健全公共安全体系"进行论述，强调要"牢固树立安全发展观念，坚持人民利益至上，加强全民安全意识教育，健全公共安全体系，为人民安居乐业、社会安定有序、国家长治久安编织全方位、立体化的公共安全网，建设平安中国"。要适应公共安全形势变化的新情况、新特点，推动建立主动防控与应急处置相结合、传统方法与现代手段相结合的公共安全体系。因此，要全面提升安全生产水平和防灾减灾救灾能力，创新社会治安防控体系，力争建成与公共安全风险相匹配、覆盖应急管理全过程和全社会共同参与的突发事件应急体系。

（六）进一步加强和完善非公有制经济组织、社会组织管理

进一步加强和完善非公有制经济组织、社会组织管理，明确非公有制经济组织管理和服务员工的社会责任，推动社会组织健康有序发展。

为此，要坚持培育发展与管理监督并重的方针，完善培育扶持的政策措施，大力支持和引导非公有制经济组织和社会组织承担社会事务，参与社会管理和公共服务。加大管理体制改革和登记管理方式创新；鼓励社会力量在教育、科技、文化、卫生、体育、社会福利等领域兴办民办非企业单位；发挥行业协会、商会、联合会等社会团体的社会功能，为经济社会发展服务；发展和规范各类基金会，促进公益事业发展。发展和规范律师、公证、会计、资产评估等机构，鼓励社会力量在教育、科技、文化、卫生、体育、社会福利等领域兴办民办非企业单位。

（七）进一步加强和完善信息网络管理

网络信息不受渠道和时空的限制，反应迅速及时，成本更为低廉，有利于实现各种意见的交流和自由碰撞，最终促成强大的网络合力。信息时代，网络舆情逐渐成为党和政府倾听民声、了解民意的一个重要渠道。

因此，要进一步加强和完善信息网络管理，提高对虚拟社会的管理水平，健全网上舆论引导机制。一方面，要善于引导和调控网络舆情，特别是对影响社会稳定的网民言论要加强监控。要用健康积极的主流意识形态引领网络文化、主动出击，唱响网上主旋律。另一方面，要完善互联网行业管理制度，完善立法，规范网络监督，加强网络与信息安全技术平台建设，进一步严格网站域名的申请管理，加强网站的巡查制度，搞好网络从业人员资格培训，严格规范网吧经营行为，依法查处制作传播虚假、有害信息的网站和个人，掌握网上舆论的主导权，引导网络舆论良性发展。

> 网络平台正日益成为各级党委和政府了解民意、听取民声、集聚民智的通畅渠道，成为网民实现自己的知情权、表达权、参与权、监督权的有效载体。

（八）进一步加强和完善思想道德建设

在深化改革、扩大开放和大力发展社会主义市场经济条件下，如何进一步加强和完善思想道德建设，引导人们树立正确的世界观、人生观、价值观，不断提升道德情操和道德境界，构筑抵御不良风气的思想道德防线，提高全民族的思想道德素质，是

当前必须面临和破解的课题。

为此，要进一步加强和完善思想道德建设，持之以恒加强社会主义精神文明建设，加强社会主义核心价值体系建设，增强全社会的法制意识，深入开展精神文明创建活动，增强社会诚信。要坚持不懈用马克思主义中国化最新成果武装全党、教育人民，用中国特色社会主义共同理想凝聚力量，用以爱国主义为核心的民族精神和以改革创新为核心的时代精神鼓舞斗志，用社会主义荣辱观引领风尚，引导人们树立正确的世界观、人生观和价值观，巩固全党全国各族人民团结奋斗的共同思想基础。正像习近平总书记在庆祝改革开放40周年大会上所强调的："信仰、信念、信心，任何时候都至关重要。小到一个人、一个集体，大到一个政党、一个民族、一个国家，只要有信仰、信念、信心，就会愈挫愈奋、愈战愈勇，否则就会不战自败、不打自垮。无论过去、现在还是将来，对马克思主义的信仰，对中国特色社会主义的信念，对实现中华民族伟大复兴中国梦的信心，都是指引和支撑中国人民站起来、富起来、强起来的强大精神力量。"

思考与探索

如何从根源上减少社会矛盾纠纷的发生，实现标本兼治？

据调查分析，在当前群众信访特别是群众集体信访反映的问题中，存在四个"80%"：80%以上反映的是改革和发展过程中的问题；80%以上有道理或有一定实际困难和问题应予以解决；80%以上是可以通过各级党委、政府的努力加以解决的；80%以上是基层应该解决也可以解决的问题。

群众反映的热点、难点问题相对集中，涉及政策性、群体性的现实问题较多，主要有以下八大焦点问题：一是企业改制、劳动及社会保障问题。其中，拖欠在职和离退休人员工资、职工下岗失业后再就业困难、基本医疗无保障、社保基金不到位等，是当前群众集体来访中反映较为突出的问题。二是"三农"问题，即农民、农村和农业问题。主要是反映一些地方农村税费改革政策落实不到位，农民负担没有明显减轻；一些村组财务管理混乱、村委会换届选举不规范；一些地方违规征占买卖土地，补偿标准较低且被层层截留克扣，失地农民得不到妥善安置；乡村基层干部作风粗暴，干群之间矛盾突出。三是涉法涉诉问题。主要是各类纠纷、不服法院判决等。这类问题积案较多，重复来信来访量大，长期滞留上访的人多，已成为长期困扰各级信访部门的主要问题之一。四是城镇拆迁安置问题。主要是反映在城镇建设、拆迁等工作中不严格依法办事，补偿和安置不合理，拆迁户不能及时回迁，房地产开发不规范等问题。五是反映干部作风不正和违法乱纪问题。六是基层机构改革中的问题。主要反映一些地方借机构改革增加编制、增添副职，或借竞争上岗收受好处、安排亲友，以及精简分流搞"一刀切"等问题。七是环境污染问题。搞建设急功近利，破坏了生态环境。八是部分企业军转干部要求解决政治待遇和经济待遇问题。

资料来源：《半月谈》，2003年。

第二节 风险防范机制

一、风险及风险管理的定义

（一）风险的含义

由于各类研究的角度以及实践中所需结果的不同，国内外学术界和实务部门均未能对"风险"下一个适用于各个领域并被一致认可的定义。经济学家、金融学家、统计学家和保险学者等，都分别从自身的研究视角对风险进行描述和刻画。归纳起来，学术界和实务部门有关风险的学说，主要包括风险客观说、风险主观说以及风险因素结合说三种。1992年，耶茨（J. Frank Yates）和斯通（Eric R. Stone）提出了风险结构的三因素模型，认为风险是由潜在的损失、损失的大小、潜在损失发生的不确定性这三种因素构成的，风险三因素模型从本质上反映了风险的基本内涵，成为现代风险理论的基本概念框架。

总的来看，尽管学术界和实务部门对风险的界定不同，但都普遍强调风险的可能性和不利影响这两个方面。换言之，风险包括两个要素：可能性与不利后果——前者指风险的概率；后者指风险变为现实后对保护目标和对象可能造成的影响、影响的数量和方式。不利后果包括有形和无形两个方面，即可能产生有形的客观损失（如人员伤亡、经济损失、环境影响等）和可能造成无形的不利影响（如对人群的心理影响、国际影响和声誉、国家形象和利益、社会舆论和稳定等）。不利后果的可能性反映了这种损失的不确定性，因此可把风险看成不利后果动力学特性的具体表现。在决策论中，风险被看作一个三维概念，它具有如下三个特点：① 不利性：风险对个人或组织意味着产生或可能产生不利后果。② 不确定性：不利后果在发生时间、空间、强度上有不确定性。③ 复杂性：风险产生的原因、发展变化的过程及其可能导致的后果都极其复杂，难以用状态方程或概率分布来精确表达。

> 风险的两大要素：可能性与不利后果。

（二）风险的分类

根据不同的角度，风险可分为不同的类型。例如，根据出现的时间先后，风险可分为传统风险与新型风险；根据风险的发展演化特性，风险可分为潜在风险、短期风险与长期风险；依照承担风险的主体，风险可分为个人风险、家庭风险、企业风险、国家风险、政党的风险等；按照是否有获利机会为标准，风险可以分为纯粹风险和投机风险。

最常见的风险分类是基于风险源（致灾因子）的角度进行划分的。根据形成损失的原因，风险可分为自然风险、社会风险、经济风险、技术风险、健康风险、政治风险等不同类型。其中，自然风险指由于自然力的非规则运动所引起的自然现象或物理现象和其他实质风险因素所形成的风险，如地震、海啸、暴风雨、洪水、火灾等。社会风险指由于反常的个人行为或不可预料的团体行为所造成的风险，如抢劫、偷盗、罢工、暴动以及制度引发的风险、政策或决策造成的风险等。经济风险一般指在生产经营过程中，由于经营管理不力、预测失误、价格变动或消费需求变化等因素导致经济损失的风险。技术风险指由于科技发展所带来的某些不利因素而导致的风险，如核电站泄漏等。健康风险是指如疾病、受伤、残疾、老龄化、死亡、流行病等一种或多种因素可能导致的健康负面效应，如各种新发传染病的暴发和流行。政治风险是指起源于种族、宗教、国家之间的冲突、叛乱、战争所引起的风险以及政治权力的更替而引起的风险。

（三）风险的分级

根据风险等级与风险可能性及其不利后果之间的相关矩阵，结合风险鉴别中对风险可能性和后果分析的认识，即可得到每一风险的风险等级（见表6-1）。根据不利事件发生的可能性，将风险可能性分为五级：A= 极少发生（事件在极少情况下有发生的可能），B= 不太可能发生（事件在很少情况下会发生），C= 可能发生（事件在一些情况下可能会发生），D= 很可能发生（事件在大部分情况下有可能会发生），E= 几乎确定发生（事件在一般情况下肯定会发生）。根据事件发生将会产生的后果及其严重程度，并结合受灾体的脆弱性，包括客观损失（人员伤亡、经济损失等）和主观影响（敏感程度、社会影响等），将风险后果分为五级：1= 几乎无影响（可忽略），2= 一般（中等），3= 较大，4= 重大，5= 特别重大（灾难性的）。

表6-1 基于"可能性—不利后果"的风险级别划分

风险级别划分		不利后果				
		1 几乎无影响	2 一般	3 较大	4 重大	5 特别重大
可能性	A 极少发生	低	低	低	中	高
	B 不太可能发生	低	低	中	高	极高
	C 可能发生	低	中	高	极高	极高
	D 很可能发生	中	高	高	极高	极高
	E 几乎确定发生	高	高	极高	极高	极高

资料来源：澳大利亚与新西兰风险管理标准（Risk Management，AS/NZS 4360），2004.

（四）风险管理的定义

风险管理是根据风险评估和对法律、政治、社会、经济等综合考虑所采取的过程和活动，是由面临风险者进行风险识别、风险估测、风险评价、风险控制，对风险实施有效控制、妥善处理风险所致损失，期望以最小的成本获得最大安全保障的一项管理活动。风险管理通过识别和分析风险概率和可能的后果，结合受灾体的脆弱性，确定风险级别并决定哪些风险需要控制以及如何控制，从而及时发现各种风险隐患，充分暴露各种问题，并有针对性地采取相应措施，避免和降低风险。

专栏

减少城市灾害风险、建设安全韧性城市已经成为世界城市发展的主要趋势

20世纪90年代以来，尤其是进入21世纪以来，全球气候变化导致自然灾害加剧，城市灾害风险管理逐渐成为受关注的议题，伦敦、纽约、东京等国际化大都市都在积极探索建立各具特色的城市灾害风险评估体系，强化风险评估的基础性地位，制定相关法律和风险评估指南，运用风险评估模型和信息技术，统一规范城市风险管理工作，建立各具特色的风险评估体系，并使之不断规范化、制度化、标准化、程序化、精细化。

（一）减少灾害风险已成为全球共识

第三次联合国世界减灾大会所形成的《2015—2030年仙台减少灾害风险框架》提出：全球减灾的当务之急，就是要尽最大努力去预测、规划和减少灾害风险，以便更有效地保护人类和国家以及民生、文化遗产、社会经济资源和生态系统，增强抵御灾害、降低损失的能力。

（二）建设安全韧性城市成为世界城市发展的趋势

和一般城市相比，安全韧性城市具备多功能性、冗余性、多样性、连通性、适应性等特点，城市自身能够有效应对来自内部与外部的对其经济社会、技术系统和基础设施的冲击和压力，能在遭受重大灾害后维持其基本功能、结构和系统，并能在遭受灾害之后迅速恢复全部功能，进行适应性调整以应对下一次重大灾害。安全韧性城市的建设受到了发达国家和国际组织的高度重视，目前，在应对气候变化、保护资源环境、抵御重大灾害、改善经济社会等方面，一批城市或地区以及国际组织已兴起韧性城市建设项目，制定了相关计划并提供资源支持。

（三）关口前移，以风险评估为抓手推动应急管理工作

伦敦、纽约、东京等世界城市的应急管理工作重心逐步从事后抢险救援向事前主动防范转变。针对城市风险所出现的新类型、新趋势和新特点，它们结合各自的国情市情，建立了各具特色的城市公共安全风险管理体系，全面开展城市风险评估和脆弱性分析工作，努力提高城市风险管理的科学化、规范化、系统化水平。

（四）强化法制，为风险评估工作提供明确的制度规范

英国的《国内紧急状态法案执行规章草案》（2005年），美国的《斯塔福减灾与紧急救助法》《地震减灾法》《关键基础设施信息保护法》《减灾规划》等，日本的《灾害对策基本法》《东京都震灾对策条例》等，都对本国各地开展风险评估工作提出了统一、明确、具体的法律要求；尤其是英国的《民事紧急状态法》（2004年）要求一类应急响应者必须完成当地的《风险登记册》编制工作。

（五）统一规范，实现各层级、地方和部门的统一兼容

英国《国内紧急状态法案执行规章草案》、国民紧急事务秘书处牵头制定的

《地方风险评估指南》等，提供了风险评估的基本流程与方法，作为风险评估工作的基本指导。美国联邦应急管理局（FEMA）在2001年编制并颁布了《州和地方减灾指引：理解风险——风险识别与损失评估》等，作为各州和地方进行风险评估和应急规划的重要指导。

（六）跨域合作，实现不同地区、部门和层级协调联动

英国的风险评估有机结合了政府主导与公众参与，体现了原则性与灵活性相结合的特点，伦敦通过建立"伦敦区域韧性论坛"（The London Regional Resilience Forum，LRRF）协调各相关部门开展风险评估工作；通过各级"协调小组"建立跨区域、跨组织、跨部门的协调机制，协调小组的基础单位为社区，通过识别风险源、评估风险等级，形成一份"风险登记簿"。纽约探索建立了由减灾规划委员会（The Mitigation Planning Council，MPC）统筹协调的规范有序、综合协调、依靠科技、公开透明的自然灾害风险评估体系。东京的城市安全风险评估工作，由东京都政府统一负责，建立"都市防灾计划部综合协调，消防等专业机构专项评估"的统分结合工作模式，旨在打破部门界限，在风险评估的基础上制定科学合理的城市综合防灾减灾规划；同时，通过成立"广域防灾危机管理对策会议"等组织，开展联合演习，研究讨论首都圈在风险防范和应急管理上的共同问题。

（七）探索建立行之有效的城市风险评估工作机制，并提高精细化水平

"伦敦区域韧性论坛"通过《风险登记簿》（The Risk Register）列举各地将面临的主要风险并向社会公众告知必要的应急措施，这既是伦敦政府信息公开的一种重要方式，又是宣教培训的一种有效形式。纽约将风险评估作为防灾减灾规划和应急预案编制的基础，通过风险评估工作，确定了八大类自然灾害风险并绘制风险分布图、风险损失表及风险淹没疏散撤离图，为防灾减灾和应急管理部门提供辅助决策支持。日本建立健全了一套以社区为单元、灾害风险评估工作为基础，以严密的灾情监测网络和完善的灾害预警系统为重点的相对完善的灾害监测与预警机制，日本各地均需评估和发布当地的风险图，标记地震、海啸、火山、洪水等灾害易发区域，并注明相应的疏散线路。并以全覆盖的灾害监测预警系统为支撑，开展城市灾害风险管理。东京针对极有可能发生的大规模地震风险，在实践中逐步建立了一套地震灾害危险度评估体系，以东京市町村的街区为单位作为评估对象，深入每一栋建筑，开展精细化的风险评估，通过对建筑物倒塌危险度、火灾危险度和疏散危险度进行分类评估，得出各地的综合危险度，形成地震危险度评价报告，为防灾减灾工作提供科学依据。每隔5年，东京都政府都会对报告进行更新，至2018年已经更新至第8版。

（八）公开透明，实时更新和及时发布风险评估和突发事件应对结果

伦敦、纽约和东京遵循"公开是原则、不公开是例外"的原则，除恐怖袭击等不宜公开的特殊敏感信息外，其他风险信息都及时对社会公开，并建立社会各界有序参与风险评估和减灾规划编制的平台，提高民众安全意识。政府还提供有关个人和组织如何应对风险的各种对策建议。

（九）依靠科技，充分运用灾害模型和风险评估技术

城市风险源日益密集，各种风险以更快速度、更多样渠道、在更大时间和空间范围内进行非线性、连锁性、跨时空的耦合传播。在这样的背景下，利用先进科学技术开展风险评估有助于更好地进行风险的全过程管理。比如纽约市依托各种灾害损失评估模型和基于地理信息系统的多灾害损失估算软件系统（HAZUS-MH），进行全过程风险评估，对灾害发生后可能承受的直接和间接经济损失进行全过程计算，通过绘制地图、处理灾害数据及对经济损失进行评估，实现对各级各类风险的动态跟踪、监测和研判，实时支持应急抢险和灾后恢复工作。

（十）加强城市灾害风险管理的相关理论研究工作

随着城市灾害风险管理工作的不断深入，城市减灾理论研究也取得长足进步，一些新的城市建设和规划理念也随之提出，譬如韧性城市和海绵城市等。这些新的城市规划理念为提高城市抗灾能力、减轻城市灾害风险、增强城市自愈能力等方面建设提供了有力支撑。

二、风险管理的目标与原则

（一）风险管理的目标

风险管理的目标，是遵循系统性、专业性等原则，实现突发事件应对中的关口前移，提高对突发事件风险的预见能力和突发事件发生后的应对能力，保护公民的生命和财产安全，维护社会稳定，及时有效地防控公共风险。

党的十六届六中全会明确把"完善应急管理体制机制，有效应对各种风险"作为"完善社会管理、保持社会安定有序"的重要内容，将应急管理和风险应对工作纳入构建社会主义和谐社会的战略目标统筹考虑。《突发事件应对法》第五条规定："国家建立重大突发事件风险评估体系，对可能发生的突发事件进行综合性评估，减少重大突发事件的发生，最大限度地减轻重大突发事件的影响。"

2019年1月21日习近平总书记在省部级主要领导干部坚持底线思维着力防范化解重大风险专题研讨班开班式上发表重要讲话强调，坚持以新时代中国特色社会主义思想为指导，全面贯彻落实党的十九大和十九届二中、三中全会精神，深刻认识和准确把握外部环境的深刻变化和我国改革发展稳定面临的新情况新问题新挑战，坚持底线思维，增强忧患意识，提高防控能力，着力防范化解重大风险，保持经济持续健康发展和社会大局稳定，为决胜全面建成小康社会、夺取新时代中国特色社会主义伟大胜利、实现中华民族伟大复兴的中国梦提供坚强保障。

风险管理是一项系统性、专业性、科学性和综合性很强的工作，是应急管理实现预防为主、关口前移的重要基础，对切实增强应急管理工作的预见性、针对性、科学性和主动性，实现应急管理工作的"关口再前移"具有重要意义。

> 事故往往在那些管理最薄弱、隐患最多又得不到治理的单位发生，灾难往往使那些最无准备、最弱势的人群遭受到最严重的伤害。因此，建立实施涉及群众切身利益的重大决策信访风险评估机制势在必行。

（二）风险管理的原则

一是系统性。风险管理必须坚持系统性的工作原则，不能停留在"点"上，要尽可能运用系统的分析方法，统筹考虑各个流程、各个环节、各种类型的风险。

二是专业性。要充分发挥专家的作用，依托各专业科研机构，运用现代科学技术与方法，充分借鉴国内外相关理论和研究成果，开展风险管理工作。

三是综合性。风险的出现往往是多方面因素的耦合与叠加，要跳出单一类型突发事件的局限，充分考虑多方面的影响和各种次生、衍生灾害等因素，并注重运用综合分析手段。

四是针对性。要紧密结合各地区、各部门的实际需要和主要目标，按照风险等级、风险能否被消除或缓解、剩余风险能否被接受等有针对性地开展工作。

五是实用性。要紧密围绕突发事件应急管理工作的情况和需要，本着简便易行、实用优先的原则开展各项工作。

案例

北京市重大决策信访风险评估制度

2009年，北京市政府在为民办实事项目中提出，建立实施涉及群众切身利益的重大决策信访风险评估机制，在涉及群众切身利益的政策、举措出台前，须事先听取相关群众的意见，最大限度反映不同群体的合理要求，从源头上保障群众的合法权益。该政策2008年起开始已在东城区、朝阳区等地试点。东城区的重要决定或重大工程项目都要进行信访风险评估，包括城市规划、房屋拆迁补偿、居民安置、职工待遇调整、影响居民生产生活环境的公共设施使用和工程选址等。决策单位负责邀请专家、律师、主管部门、执行单位和直接利益人代表，组成信访风险评估工作组，对拟决策的事项进行分析评价、充分论证。

2009年年初，北京市信访办下发了《关于对涉及群众利益的重大决策进行信访风险评估的意见》等三个文件，要求推动重大决策的信访风险评估。这一政策已在区县一级和委办局推开，信访部门希望及时评估该政策的成效，对操作方式和具体环节进行细化和调整。各部门出台的实施方案或试行方案，则更细致。如房山区建委制定的实施方案表示，要按照"谁决策、谁评估、谁负责"原则，由决策单位牵头组织，对信访风险评估的全面性、客观性、公正性负责；成立信访风险评估组，开展民意调查，并提交评估报告，其内容主要包括拟决策事项、评估过程、评估结论等。该方案要求，经信访风险评估，拟决策事项超出群众目前实际承受能力的，应暂缓决策；损害广大群众利益的，应终止决策。

资料来源：李立强. 北京规定重大决策必须评估信访风险. 新京报，2010-8-21.

三、风险管理的基本流程

风险管理是人们对各种风险的认识、控制和处理的主动行为，它是通过识别风险来源、分析风险发生的可能性和后果的严重程度（评估风险级别），并决定如何处置风险的全过程。根据风险的生命周期，可把风险管理划分为计划准备、风险识别、风险评估（包括风险分析和风险评价）和风险处置五个基本环节，这五个环节构成一个循环往复的过程。同时，在整个风险管理流程中，风险沟通以及风险监控、审查和更新等工作伴随始终，由此形成一个完整的风险管理流程（见图6-1）。

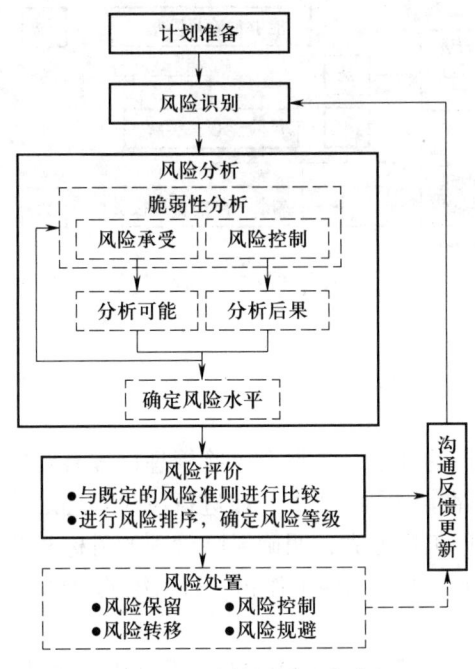

图 6-1　风险管理的基本流程

资料来源：澳大利亚与新西兰风险管理标准（Risk Management，AS/NZS 4360），2004.

> **专栏**
>
> 中国南方航空公司风险管理流程
>
> 在实际工作中，各个部门应根据风险管理的基本流程，并结合本行业、本领域的实际特点，完善并进一步推进自己工作体系内部的风险管理流程图。比如中国南方航空公司经过多年的风险管理工作经验，对风险管理的流程进行了一定的总结（见图6-2）。

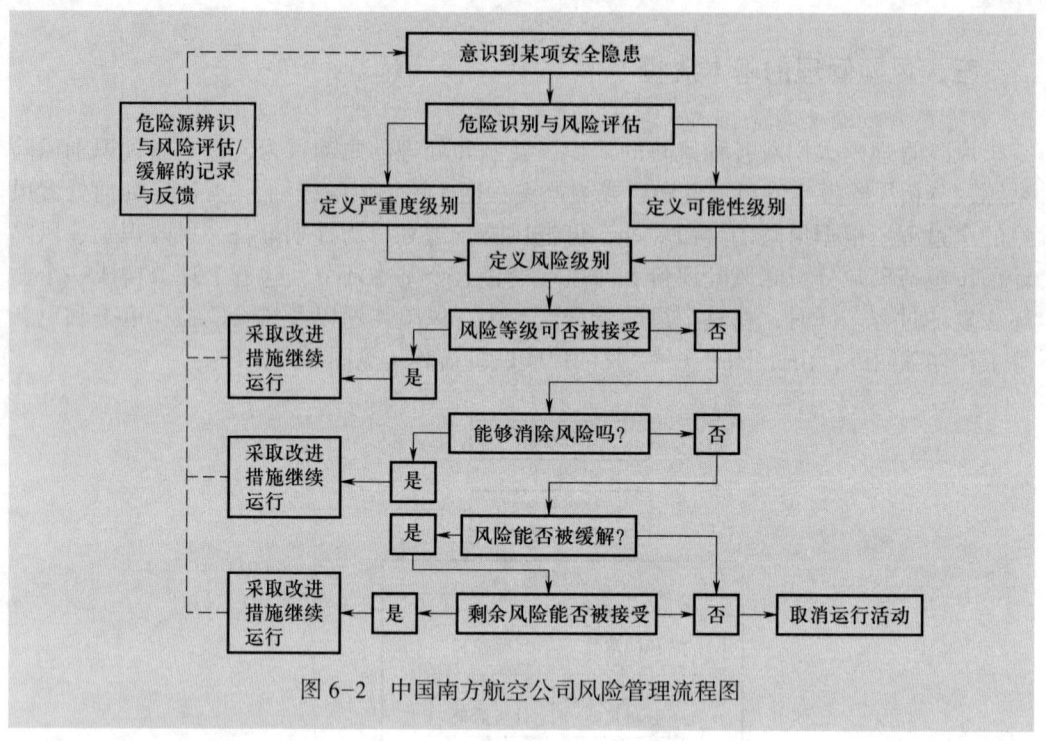

图 6-2 中国南方航空公司风险管理流程图

（一）计划准备

计划准备是风险管理的基础，是整个风险管理过程有效性的保证。不同部门对风险管理的实施过程可能存在不同的要求，在进行风险管理之前应进行充分的计划和准备，制定有效的风险管理工作方案，明确风险管理的目标和范围，建立相关的工作机制。计划准备阶段主要包括如下三项工作：了解组织的内外环境、建立风险评估标准、做好风险管理保障。

首先，了解组织内外环境。运用 SWOT 分析方法，通过分析组织的优势、劣势、机会与威胁，确定组织与其环境之间的关系。

其次，建立风险评估标准。风险标准是评估风险重要程度时的参考条件，它包括操作性的、技术性的、经济性的、法律性的、社会性的以及人道意义上的各种标准。设定风险标准需要综合考虑相关经费配备、法律及法令规定、社会经济及环境因素、利益相关者的关注程度、影响评估的先后次序以及其他外在因素。随着风险管理工作变得日益重要，西方国家纷纷制定全国性风险管理标准，以更好地指导和推动风险管理的发展。

最后，做好风险管理保障，包括风险识别、评估和处置过程中所必需的人、财、物以及技术等各方面的资源保障。

（二）风险识别

风险识别是指认识和确定需要管理的风险，即对各种潜在风险进行系统归类，分析风险的来源和产生风险的原因，确定风险可能的影响范围。风险识别是风险评估的基础，也是进行风险管理决策的基础。风险识别必须要确定风险的责任人，由他们负责风险收集、分析、应对计划的制定等。

风险识别的对象，主要包括以下五个方面：

一是将可能发生哪些不利情况？针对某一种类的事件或区域，从不同层面、不同角度，分析、列举、细化此类事件或该区域可能发生的各种不利情况。

二是这些不利情况为什么会发生？分析可能导致不利事件发生的各种原因，包括自然原因（如自然灾害中的致灾因子）、物理原因（如基础设施本身存在的隐患）、技术原因（如系统工程问题）、管理原因（管理不善问题）、人为外力原因（如恐怖袭击、外力破坏）等。

三是这些不利情况是怎样发生的？分析不同的风险源发生作用的机理，即理清风险源是通过何种途径、何种机理，如何导致不利事件发生并产生影响的。

四是这些不利情况可能在何时何地发生？分析不同的不利情况发生和产生影响的时间、地点，确定不利情况发生及其影响的重点区域和时间段。

五是这些不利情况主要影响哪些对象？分析不利情况可能导致的后果和各种次生、衍生灾害，包括可能产生的客观损失（人员伤亡、经济损失、环境影响等）和主观影响（敏感程度、社会影响、政治影响、媒体关注度等），受不利影响的对象和可能的影响方式等。

风险识别的基本程序包括形成事件清单以及分析风险产生的原因、可能导致的不利后果两个步骤。首先，详细记录风险识别情况，形成一个全面的事件清单，分析和认定哪些事件可能会发生，确定风险的来源及其可能的影响范围。针对某一种类事件或区域，从不同层面、不同角度，分析、列举、细化此类事件或该地区可能发生的各种不利情况。其次，分析风险产生的原因及其可能导致的结果。在一个已认定的事件列表的基础上，要考虑风险可能的原因和设想可能的后果，在对风险进行筛选、排除的基础上确定潜在的风险处置措施。

（三）风险评估

风险评估是指对不良结果或不期望事件发生的概率和造成的后果进行描述及量化的系统过程，也就是对一特定期间内安全、健康、生态、财产等受到损害的可能性及可能的损害程度做出评估的系统过程。风险评估通过分析风险的概率与后果来界定风险，在此基础上对各种风险进行综合排序，从而为避免或减轻风险提供一套科学、系统的方法。风险评估的目的是生成与特定风险诱因有关的信息，这些诱因具有不确定性，但有可能产生影响。风险评估的最终结果是对风险的判断，它以模拟影响的概率分布表现出来。风险的可能性和后果主要受三个因素决定：一是风险源（致灾因子）本身发生的可能性和危害程度；二是风险所作用对象（受灾体）的承受能力（脆弱性）；三是控制和应对突发事件的能力。

风险评估包括风险分析和风险评价两方面。风险分析的目的，在于确定风险的概率与后果，以此作为确定风险级别（主要的风险、次要的可以接受的风险等）的基准，为风险的评价和处置提供支持。为比较风险的大小、确定风险的级别，人们常常用期望值代替概率分布，或选用某种或某些算子对有关的量进行数学组合。根据可使用的风险信息和数据,风险分析可以获得不同程度的精确性。风险分析可以是定性的、半定量的、定量的或以上各种类型的组合,随环境不同而不同。风险分析常用的方法有概率分布、外推法、多目标分析等。

风险评价则是通过对从风险分析中获得的风险等级和预先设定的风险评估标准进行比较,对组织可能面临的各种风险进行综合排序,确定不同风险的重要程度和可接受水平。风险评价不能从一维的角度出发,而需要对风险可能性、后果及其影响因素等多维尺度进行综合判断,确定不同风险的轻重缓急。此外,还需要对不同领域的风险因素进行量化和标准化,以使得不同领域的风险评价结果具有可比性。风险评价的结果为进一步的风险处置行动提供具有优先级的风险列表:如果风险被归类为低风险或可接受的风险类型,则它们就可以只进行最低程度的处理而被接受,并通过监控和定期审查确定它们继续保持可接受的程度;如果风险没有被归为低风险或可接受的风险类型,则应对它们采取措施进行处理。

专栏

北京奥运会风险评估与控制

2007年2月,北京市全面启动第29届奥运会与第13届残奥会期间城市公共安全风险评估与控制工作。风险评估工作紧紧围绕奥运期间北京市实际情况,本着系统性、科学性、专业性、综合性、实用性的原则,以全面保障奥运期间城市公共安全为总体目标,对奥运期间(2008年6月至10月)可能发生的自然灾害、事故灾难、公共卫生和社会安全等四大类突发事件的风险以及奥运场馆安保线以外的城市重点区域(包括场馆外围保障区、重点商业场所、大型活动场所、重要交通枢纽、主要旅游区域等)的风险进行识别、评估并提出控制对策与建议。

北京市应急委员会办公室主持编制了《北京市奥运期间突发公共事件风险评估框架指南》和《北京市奥运期间突发公共事件风险评估实施细则》,将风险评估工作流程分为计划和准备、风险源调查、风险承受能力与控制能力分析、风险可能性评估、风险后果评估、风险等级确定、提出处置建议、反馈与更新等八个环节。工作分五个阶段开展:第一阶段(2007年3月至7月),全市开展奥运期间风险源调查工作,初步摸清了全市可能出现的各种风险源。第二阶段(2007年8月至11月),各相关单位开展专项或重点区域风险评估工作,完成《专项风险评估与控制对策报告》(以下简称专项报告)和《重点区域风险评估与控制对策报告》(以下简称重点区域报告)。第三阶段(2007年12月至2008年1月),市应急委办公室在各单位风险评估结果的基础上,组织开展分类综合评估,完成《北京市奥运期间城市公共安全风险评估与控制对策分报告》(以下简称分报告)和《北京市奥运期间城市公共安全主要风险评估与控制对策总报告》(以下简称总报告)。第四阶段(2007年9月至2008年5月),按照"边评估,边控制"的原则,开展风险控制与动态管理工作。各单位依据风险评估工作中发现的问题,结合城市日常运行管理和应急体系建设,加强主要风险的控制与整改,实时调整评估级别。同时,结合风险评估成果,开发信息化管理系统。第五阶段(2007年10月至2008年5月),完善应急预案,开展应急演练。依据风险评估结果,全面检查、完善各项应急预案,并且进行实战演练,全面落实应急处置的各种措施,不断提高防范风险能力和实际应急处置能力。

北京奥运会风险评估工作共形成73份报告,约270万字,包括:1份总报告、5份分报告(社会安全、事故灾难、公共卫生、自然灾害和重点区域),以及42份专项报告和25份重点区域报告。在风险评估结果基础上,分别于2008年6月、7月组织进行了两轮风险动态更新。2008年4月,北京市政府印发了《奥运期间风险控制与应急准备工作方案》,强化奥运期间城市公共安全风险控制和应急处置能力,全力保障奥运期间城市公共安全,并逐步建立科学、规范、完整、系统、动态的城市风险管理体系。截至奥运会开幕前,北京全市共消除风险49项,降低风险93项,2 204个风险源(点)中,消除611个,有效控制948个。对各种风险,均强化安全隐患整改和风险控制,落实了1 000余项工程、技术和特殊管理措施,确保了奥运期间全市各类风险降至最低水平,确保了奥运会的安全、顺利进行。

资料来源:根据北京市突发事件应急委员会办公室发布的相关报告整理而成。

(四)风险处置

风险处置是指以风险等级为依据,根据对威胁来源、受灾体脆弱性、现有控制措施有效性以及可能产生后果的分析,明确对不同的风险如何进行控制和管理,确定管理的优先级和风险处置策略,提出具体的风险处置措施和工作建议的过程。风险处置不仅要考虑风险水平和风险处置能力,而且要考虑风险处置的成本—收益问题,以最小成本获得最安全的水平。

风险处置的手段主要包括风险保留、风险规避、风险减缓、风险转移四个方面。风险保留是指经过慎重考虑而决定自己承担风险。这类风险一般为相对较小的风险,可能造成的损失微不足道,受灾体能够承担风险造成的损失。风险规避是指人们通过避免卷入某种风险状况或撤离某种风险状况的行动,设法回避损失发生的可能性,如放弃某些可能招致风险的活动和行为,或将风险源与外界隔离。在很多情况下,规避风险虽能限制风险的范围,却不可能杜绝一切风险。风险减缓是指通过对风险的分析,采取预防措施,以防止损失的发生,其目的在于努力减少发生概率和(或)可能造成损失的可能性。风险转移是指通过法律、协议、保险或其他途径向他人转移责任或损失的负担。风险转移是一种与他人共同分担特定风险的方法,参加保险是其中比较常见的办法。

在现实生活中,要根据风险的不同特性并结合行为主体所处的环境和条件来选择具体的风险处置策略(见图6-3):对发生概率较低、不利后果轻微的风险,宜采用保留的方式;对发生概率低但不利后果严重的风险,宜采用转移的方式;对发生概率较高、不利后果轻微的风险,宜采用减缓的方式;对发生概率较高且不利后果非常严重的风险,宜采用规避的方式。

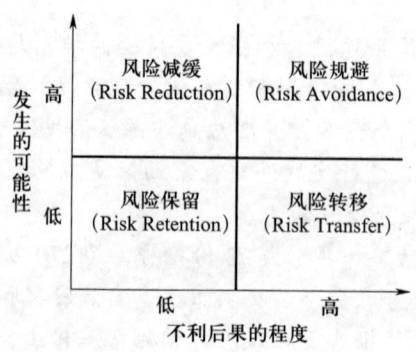

图 6-3 基于"可能性—后果"的风险处置策略

(五) 风险沟通与监测

风险沟通、风险监测与更新贯穿于风险管理的全过程。风险沟通是指不同利益相关者之间（如科技专家与普通大众之间、政府官员与社区或社会团体之间）就有关风险因素信息进行沟通的过程。由于风险具有主观性，涉及风险引致者（产生者）、风险承受者、风险处置者等多个利益相关方，不同利益主体对风险的感知是不同的，任何一方的行动都会对风险选择和处置结果产生影响，因此不同利益相关主体相互之间的信息沟通至关重要。为此，不但要在政府组织内部建立信息共享和沟通机制，还必须加强政府、技术专家、社会组织、媒体和公众之间的交流，建立面向社会、多方参与的风险管理模式。风险沟通的目标，是协助利益相关者更好地了解风险评价的结果和风险管理决策的基本原理。

风险监测包括对风险发生的监测和对风险管理的监测，前者是对已识别的风险源进行监视和控制，后者是在项目实施过程中对风险管理的过程、内容、技术措施与效果等进行监测。风险管理是一个动态持续的过程和一个循环闭合的系统，要对管理的过程和结果及时进行跟踪、沟通与反馈，定期、按要求更新评估内容。

总之，正像 2019 年 1 月 21 日习近平总书记在省部级主要领导干部坚持底线思维着力防范化解重大风险专题研讨班开班式上强调的，面对波谲云诡的国际形势、复杂敏感的周边环境、艰巨繁重的改革发展稳定任务，我们必须始终保持高度警惕，既要高度警惕"黑天鹅"事件，也要防范"灰犀牛"事件；既要有防范风险的先手，也要有应对和化解风险挑战的高招；既要打好防范和抵御风险的有准备之战，也要打好化险为夷、转危为机的战略主动战。

思考与探索

如何建立社会稳定风险评估机制，实现"维稳"关口前移？

2008 年以来，海南省探索建立起社会稳定风险评估工作机制。在做重大决策或实施重大项目前，对决策和项目带来的社会稳定风险进行全面、系统、深入评估论证，并将评估结果作为决策的重要依据，从而将"维稳"关口前移，从源头预防和化解可能影响社会稳定的突出矛盾和重大群体性事件隐患。

社会稳定风险评估主要集中在三个矛盾隐患比较集中的领域：一是容易引发社会矛盾的重大决策，包括涉及面广、与群众利益密切相关的重大政策、改革改制方案、社会管理措施以及建设规划的出台；二是容易引发社会矛盾的重大项目，包括重大基础设施项目、公益性项目、工业项目、房地产开发项目以及其他重大工程建设项目；三是容易引发社会矛盾的其他重大事项，包括影响大、涉众广、情况复杂的大型活动，上级确定的重大决策、项目在本地实施的方案等。

社会稳定风险评估内容主要集中在合法性、合理性、可行性和安全性四个方面。合法性主要评估重大项目的出台是否有充分的政策、法律依据；合理性主要评估重大事项是否符合科学发展观要求和大多数群众的根本利益，是否兼顾各利益群体的不同诉求，是否遵循公开、公平、公正原则；可行性主要评估事项是否征求了广大群众意见，是否符合当地经济社会发展总体水平，出台时机是否成熟、适时，实施方案是否周密、完善；安全性主要评估是否存在引发群体性事件和其他影响社会稳定的隐患，是否有相应的预警措施、应急处置预案和对策措施。

经过社会稳定风险评估，一般根据影响社会稳定的严重程度将评估结果分为三个等级，分别做出实施、部分实施、暂缓实施或不实施的决定。

在试点成功的基础上，2009年，海南省委维稳办对105个省级重大项目建设进行社会稳定风险评估，确定稳定项目48个、基本稳定项目24个、存在不稳定因素项目33个，将项目划分为基本稳定可以施工、存在一定不稳定因素边稳控化解边组织施工、存在明显不稳定问题暂缓施工先行化解以及存在突出不稳定问题重新论证四个层次。"既确保重大项目顺利实施，又确保全省社会稳定，真正做到经济效益、政治效益和社会效益的有机统一。"

你如何理解海南社会稳定风险评估的做法？

第三节 应急准备机制

一、应急准备的定义

（一）应急准备的含义

应急准备是指为了有效开展突发事件应对活动，保障应急管理体系正常运行所需要的应急预案、城乡规划、应急队伍、经费、物资、设施、信息、科技等各类保障性资源的总和，是针对可能发生的突发事件，为迅速、有序地开展应急行动而预先进行的组织准备和应急保障工作。应急准备主要是围绕应急响应工作所进行的人员、物资、财力等方面的应急保障资源准备。

突发事件预防与应急准备包括两方面，预防是指在突发事件发生前，通过政府主导和动员全社会参与，采取各种有效措施，来防范重大风险，消除引发突发事件的隐患，避免或减少突发事件发生；应急准备是指在突发事件来临前，做好各项准备，来防止突发事件升级或扩大，最大限度地减少突发事件的发生及其造成的损失和影响。

案例

北京市地震应急避难场所

2010年11月25日，北京市规划委员会颁布了《北京市地震应急避难场所规划标准》。北京市地震应急避难场所分为中心避难场所、固定避难场所和紧急避难场所三类。北京市规划委在规划标准中提出，社区级别的紧急避难场所至少要有1 000平方米，市民步行5~10分钟能够到达。数据显示，北京全市有九个区县已开展了应急避难场所建设，主要依托公园、绿地、广场、学校操场等设施。已建成应急避难场所32个，总面积501.94万平方米，可容纳人数156.6万人。新颁布的应急避难场所规划标准中，中心避难场所要求在人口超过100万的新城地区设置，兼具紧急及固定避难场所的所有功能，属于市级避难场所。而固定避难场所则要保障灾民三天以上的长期避难，并具备一定生活保障及救援、指挥的场地，属于地区级避难场所。紧急避难场所要保障灾民三天内临时避难并具备基本生活保障及救援、指挥的临时性场所，便于疏散转移，属于社区级避难场所。

规定要求，根据各个区县、新城现状及规划常住人口规模，按照灾时常住人口中100%将进行临时避难、30%将需要长期避难的标准，来测算其避难人口规模。在用地面积上，中心避难场所不能小于50公顷，固定避难场所面积不能低于10 000平方米，紧急避难场所面积不低于2 000平方米，用地资源较少的区县也不能少于1 000平方米。根据北京市城市发展规模，中心城现状人口超过1 000万，需设置多处中心避难场所；顺义、通州新城规划人口约100万，需各设置一处；其他新城规划人口均少于100万，根据规范要求不需要单独设置，但考虑到行政管理的独立性特点，建议每个新城设置一处。

资料来源：作者根据《北京应急避难场所数量远未达标，要求10分钟内走到》(《北京日报》2010年11月26日)、《24处应急避难场所公布，市民最快步行五分钟就能到达》(《北京娱乐信报》2007年10月24日) 等资料整理而成。

(二) 应急准备的特征

应急准备集中体现在应对突发事件的人力、物力、财力、交通运输、医疗卫生及通信保障等方面的工作，保证应急救援工作的需要和灾区群众的基本生活，以及恢复重建工作的顺利进行。应急准备具有以下几个基本特征：

一是应急资源准备行动的快捷动态性。由于突发事件在时空上的不确定性，应急保障资源从资源储备地到事发地，要求在时间、空间和保障物资的数量、质量和品种上都要做到准确无误，使有限的人力、物力、财力发挥最大的保障效能。同时，还要考虑社会的发展和环境的变化，实行应急保障资源的动态管理。

二是应急准备方式的灵活多样性。突发事件往往由多个矛盾引发，内部原因和外部环境十分复杂。突发事件大小规模不一，种类各异；潜在的危害、衍生的灾害难以把握；加之地理、地域及周边环境的复杂性，应急准备的方式应当是多样的。

三是应急准备的资源共享协同性。由于突发事件的特点决定了应急资源的稀缺性，同时应急资源又是突发事件赖以成功处置的最基本的要素。因此，突发事件发生后，应急组织体系内部成员在规定的范围和程序下可以使用应急保障资源，以实现保障资源的充分有效利用，避免重复配置，减少浪费。应急准备必须具有较强的协同性，要求指挥统一，运转协调，责任明确，程序简化。

四是应急准备的布局合理性。针对不同的地理位置、不同的自然环境、不同的经济区域、不同的城市类型、不同类型的突发事件高发区，应急资源应有不同的分布。应急资源的合理分布，不仅可以降低成本，而且可以保证应急救援的时效性，从而最大限度地减少人员伤亡和财产损失。应急资源布局合理的原则应该是"兼顾全面，保障重点"，即在兼顾全面的基础上，保证突发事件处置的重点部门、重点任务和关键环节的资源需要，特别是稀有资源的最佳利用。

> 天灾和事故往往是在人们将其淡忘时来临。应急准备应常备不懈。

二、应急准备的目标与原则

（一）应急准备的目标

应急准备的目标，是立足于"防患于未然"的原则，强化服从任务需要意识、快速反应意识、灵活保障意识，主动跟进，做好应急任务的服务保障工作。应急准备的内容包括指挥系统技术、通信、现场救援和工程抢险装备、应急队伍、交通运输、医疗卫生、治安、物资、资金及应急避难场所等。在突发事件来临前，做好各项充分准备，包括思想准备、预案准备、组织机构准备、应急保障准备等，有利于防止突发事件升级或扩大，提高应急处置与救援的效率，最大限度地减少突发事件的发生及其造成的损失和影响。

（二）应急准备的原则

为保障突发事件应对的各项工作能够及时、有序、有效地开展，真正做到统一指挥、统一调度、分级负责、互相协作、确保安全、保障畅通，应急准备工作需要遵循以下原则：

一是综合集成、系统配套。应急准备是一个系统工程，包括知识准备、思想准备、规章制度准备、应急预案准备和应急装备准备，涉及机构与职责、应急设备设施与物质、应急人员培训、预案演练、公众教育和互助协议等方方面面。应急准备工作要务求全面。各地区、各部门要根据经济社会发展的特点以及所面临的突发事件形势，合理布局，科学规划，做好物资储备保障制度、经费保障制度、通信保障体系等建设。

同时，要实现不同地区、不同部门之间的资源共享，提高综合保障能力。

二是平战结合、常备不懈。各级政府及专业部门根据应急救援特点和需求，采取平战结合、常备不懈的原则，配备现场救援和工程抢险装备和器材，建立相应的维护、保养和调用等制度，保障各种突发事件的抢险和救援工作需要。建立具有应急保障能力的有线、无线相结合，固定、移动相结合，地面、空中相结合的通信网络，组训快速反应、平战结合的专业救援队伍和综合应急救援队伍，不断提高抢险救援的组织指挥能力、快速反应能力和综合保障能力。

三是多元参与、动态更新。应急准备要充分发挥企事业单位、社会团体和民众的积极作用。大型现场救援和工程抢险装备等应急资源，可采取与相关企业签订应急保障服务协议，综合运用政府资助、合同、委托等方式，每年由政府提供一定的设备维护、保养补助费用。要建立健全应急物资信息数据库、监测网络、预警体系和应急物资生产、储备、调拨及紧急配送体系，完善应急工作程序，确保应急所需物资和生活用品的及时供应，并加强对物资储备的监督管理，及时予以补充和更新，保障应急指挥调度准确、高效进行。

四是军民合作、军地协同。人民解放军在不断提高以打赢信息化条件下现代局部战争能力为核心的完成多样化军事任务的能力。《突发事件应对法》和《军队参加抢险救灾条例》，对军队参加突发事件的应急救援和处置工作的主要任务、与地方人民政府的工作协调关系、动用军队的权限和程序、军地联合指挥、平时救灾准备和经费物资保障等作了明确规定。为此，应当打造好资源共享平台，科学整合军地双方的人力、物力、技术等资源，建成地上地下结合、平战两用、设备设施配套的人防指挥中心，积极探索对口保障、随机保障、联合保障等多种灵活的保障方式，确保军地联合有效应对各种突发事件行动的需要。

三、应急准备的主要内容

（一）应急预案

> 应急预案必须明确回答突发事件事前、事发、事中、事后，谁来做？怎样做？做什么？何时做？用什么资源做？要看得懂、记得住、学得会、用得上，并根据需要不断修订完善。

俗话说，"居安思危，思则有备，有备无患"，凡事"预则立，不预则废"。当今社会，有备可能无患，无备必有大患。应急预案是应急准备工作的重要内容。应急预案是在辨识和评估潜在的重大危险、突发事件类型、发生的可能性、发生过程、事件后果及影响严重程度的基础上，对应急管理机构与职责、人员、技术、装备、设施（备）、物资、救援行动及其指挥与协调等方面预先做出的具体安排。应急预案最基本的功能在于未雨绸缪、防患于未然，通过在突发事件发生前进行事先预警防范、准备预备等工作，对有可能发生的突发事件做到超前思考、超前谋划、超前化解，把政府应急管理工作真正纳入经常化、制度化、法制化的轨道，从而化应急管理为常规管理，化危机为转机，最大限度地减少突发事件给政府和社会造成的损失。

《突发事件应急预案管理办法》（国办发〔2013〕101号）第二条规定："本办法所称应急预案，是指各级人民政府及其部门、基层组织、企事业单位、社会团体等为依法、迅速、科学、有序应对突发事件，最大程度减少突发事件及其造成的损害而预先制定的工作方案。"第四条规定："应急预案管理遵循统一规划、分类指导、分级负责、动态管理的原则。"

完善应急预案准备工作，有利于提高突发事件应对工作的及时性、科学性和有效性。构建"横向到边，纵向到底"的应急预案体系，从中央到地方及街道社区、乡镇及行政村和各类企事业单位都要建立应急预案，应急预案要基本覆盖各地区、各部门经常发生的突发事件。促进各预案之间有效衔接，加强培训和演练，及时修订和动态完善，增强预案的针对性和可操作性。重点要按照《突发事件应对法》的要求，面向基层结合实际开展针对性强、具有可操作性的应急预案体系建设。进一步完善应急预案编制的程序，细化应急预案管理办法，加强风险分析和应急能力评估，为应急处置和救援提供必要的信息和资料。按照"看得懂、记得住、用得上"的原则，充实和完善应急预案的内容，加强预案培训和演练，立足实战，广泛组织开展应急处置演练，在实践中检验预案，发现问题，及时补充、修订、增强政府预案与企业预案、综合预案和专项预案的有效衔接，确保预案有用、管用。街道办事处、基层组织和单位要针对本区域、本单位常发突发事件，组织开展群众参与度高、应急联动性强、形式多样、节约高效的应急预案演练。

（二）公共安全规划

公共安全规划是各地区发展与建设的基本保障，具有不可或缺的重要性。公共安全规划要充分考虑各地的特点，预测各地应重点防范的突发事件，深入分析各地应急体系建设所面临的主要问题，确定健全应急体制、完善应急机制、建设重点基础项目和建立公共安全管理体系等目标。要切实改变当前一些地区和部门"重眼前、轻长远，重表面、轻基础，重地上、轻地下，重形式、轻效果，重处置、轻预防，重产出、轻投入，重效益、轻安全"的现象，全面推进防灾减灾和应急管理的总体规划、专项规划编制工作。

公共安全规划必须全面贯彻党的十九大精神，以习近平新时代中国特色社会主义思想为指导，紧紧围绕统筹推进"五位一体"总体布局和协调推进"四个全面"战略布局，牢固树立安全发展理念，弘扬生命至上、安全第一的思想，强化安全红线意识，推进安全生产领域改革发展，切实把安全发展作为城市现代文明的重要标志，落实完善城市运行管理及相关方面的安全生产责任制，健全公共安全体系，打造共建共治共享的城市安全社会治理格局，促进建立以安全生产为基础的综合性、全方位、系统化的城市安全发展体系，全面提高城市安全保障水平，有效防范和坚决遏制重特大安全事故发生，为人民群众营造安居乐业、幸福安康的生产生活环境。要坚持兴利除害结合、防灾减灾并重、治标治本兼顾、政府社会协同，全面提高我国应对突发事件的综合防范与抵御能力。要切实把公共安全纳入城乡规划。城乡规划包括城镇体系规划、城市规划、镇规划、乡规划和村庄规划。编制城乡规划，应当符合预防、处置突发事件的需要。1989年制定的《城市规划法》第十五条第二款规定："编制城市规划应当符合城市防火、防爆、抗震、防洪、防泥石流和治安、交通管理、人民防空建设等要求；在可能发生强烈地震和严重洪水灾害的地区，必须在规划中采取相应的抗震、防洪措施。"国务院1993年制定的《村庄和集镇规划建设管理条例》第五条规定："地处洪涝、地震、台风、滑坡等自然灾害易发地区的村庄和集镇，应当按照国家和地方的有关规

定,在村庄、集镇总体规划中制定防灾措施。"① 为此,应当做到:

第一,坚持经济、社会、人口、资源和环境相协调的可持续发展战略。城市空间布局要合理,整体功能要完善,基础设施要配套。坚持走中国特色城镇化道路,促进大中小城市和小城镇协调发展,着力提高城镇综合承载能力,发挥好城市对农村的辐射带动作用。当前,应当把重点放在加强中小城市和小城镇发展上。提高城市规划水平,完善城市管理,全方位提高城镇发展质量和水平。

第二,加快基础设施建设,确保工程质量。要按照适度超前、优先发展的原则,建设高效、安全的现代化市政基础设施体系。要重视交通基础设施建设,逐步建立和完善以公共交通为主体,公路、铁路、航空、水运和管道运输相协调的各种方式相结合的运输系统。要统筹规划和建设城市给水、排水、生活垃圾和污水处理等基础设施。要建立健全安全、高效的现代化电网。优先安排并确保学校、医院等公共服务设施严格执行强制性建设标准规范,将其建成最安全、最牢固、群众最放心的建筑。

第三,加快防灾减灾体系建设。加强重点防灾设施和灾害监测预警系统的建设,建立包括防洪、抗旱、抗震、消防、人防等内容的综合防灾体系。实施城市地震安全工程,强化城市地震防御能力,高速铁路、城市轨道交通等重要工程逐步建立地震应急处置系统。国家重点设防城市,更要加快建立健全完善的综合防灾减灾体系,提高城市整体防灾抗毁和救援能力,并切实加强对重要基础设施和关键资源的保护工作。

第四,以人为本,安全宜居。坚持以人为本首先应以人的生命健康为本,采取有效措施,满足人民群众不断增长的物质、文化、精神和健康的需要,切实提高人民群众的生活质量,特别解决好人民群众的"衣、食、住、行、生、老、病、死、安、居、乐、业"等关键问题。为了做好突发事件的预防与准备,必须在公共聚集场所建立健全应急疏散通道,在城市广场、绿地、公园等地方要指定或建立与人口密度、城市规模相适应的应急避险场所,落实应急保障物质和装备的储备,完善紧急疏散管理办法和程序,确保在紧急情况下公众,特别是老弱病残孕等弱势群体的安全、有序转移或疏散。应急避难场所应当具有应急避难指挥中心、独立供电系统、应急直升机停机坪、应急消防措施、应急避难疏散区、应急供水等11种应急避险功能,形成一个集通信、电力、物流、人流、信息流等为一体的完整网络。

总之,坚持安全发展理念,严密细致制定城乡经济社会发展总体规划及城市规划、城市综合防灾减灾规划等专项规划,居民生活区、商业区、经济技术开发区、工业园区、港区以及其他功能区的空间布局要以安全为前提。加强建设项目实施前的评估论证工作,将安全生产的基本要求和保障措施落实到城乡发展的各个领域、各个环节。城乡规划从应对突发事件功能设计和实际情况看可以分为三种情况:一是在城乡规划最初设计时就要把对预防、处置突发事件的需要加入到规划设计当中,作为一种规划设计的硬性指标来要求;二是原有的城乡规划已经设计完成,已经不能符合当前应急管理需要的,应当依照法定程序对相关规划进行修改;三是已有的建筑物、构筑物和其他设施,已经不符合或不完全符合突发事件应对需要,而这些设施的改造或许并不能短期完成,相关人民政府应当采取必要的防范措施,并制定改造计划,逐步组

---

① 李飞. 中华人民共和国突发事件应对法释义. 北京:法律出版社,2007.

织实施。

（三）人力资源保障

人力资源保障主要包括专职应急管理人员、应急专家、专职应急队伍和辅助应急人员、社会应急组织、企事业单位、志愿者队伍、社区、国际组织以及军队与武警等。在中国，中国人民解放军和中国人民武装警察部队已经成为处置突发事件的骨干和突击力量；公安（消防）、医疗卫生、地震救援、海上搜救、矿山救护、森林消防、防洪抢险、核与辐射、环境监控、危险化学品事故救援、铁路事故、民航事故、基础信息网络和重要信息系统事故处置，以及水、电、油、气等工程抢险救援队伍已经成为应急救援的专业队伍和骨干力量；社会团体，企事业单位职工，乡镇、社区的公众以及志愿者等各种社会力量已经成为应急救援的辅助力量。这三支队伍在党和政府的统一领导下，团结一致应对了一系列突发事件，战胜了一系列灾难。

《国家突发事件应急体系建设"十三五"规划》中提出："99%的县级政府依托公安消防部队等成立综合性应急救援队伍，武警专业救援力量纳入国家应急体系，组建国家核应急救援队、国家卫生应急队伍、国家矿山应急救援队、国家应急测绘保障队，应急救援和保障能力快速提升。"同时，强调了要继续推进基层应急队伍建设。"依托地方优势救援力量和民兵等，推进'专兼结合、一队多能'的综合性乡镇应急队伍建设，加强通信等装备配备和物资储备。发展灾害信息员、气象信息员、群测群防员、食品药品安全联络员、网格员等应急信息员队伍，加强综合性业务培训，鼓励'一员多职'，给予必要经费补助。加强民兵应急力量建设。"

（四）资金、物资保障

资金保障和物资保障是应急管理工作的强大动力和重要支撑。应急资金是指应对突发事件时，确保应急工作开展的应急救援专项资金、应急储备资金。应急物资是指应对突发事件时，需要使用的生活必需品、药品及医疗器械和粮食等物资。《突发事件应对法》第三十一条规定："国务院和县级以上地方各级人民政府应当采取财政措施，保障突发事件应对工作所需经费。"第三十二条规定："国家建立健全应急物资储备保障制度，完善重要应急物资的监管、生产、储备、调拨和紧急配送体系。设区的市级以上人民政府和突发事件易发、多发地区的县级人民政府应当建立应急救援物资、生活必需品和应急处置装备的储备制度。县级以上地方各级人民政府应当根据本地区的实际情况，与有关企业签订协议，保障应急救援物资、生活必需品和应急处置装备的生产、供给。"第三十四条规定："国家鼓励公民、法人和其他组织为人民政府应对突发事件工作提供物资、资金、技术支持和捐赠。"第三十五条规定："国家发展保险事业，建立国家财政支持的巨灾风险保险体系，并鼓励单位和公民参加保险。"

在财政保障方面，应当设置应对突发事件专项准备资金，保障突发事件应对工作所需经费。各级政府和有关部门所需的突发事件预防与应急准备、监测与预警等工作经费列入部门预算，同级财政部门应当予以保障，同时推进突发事件应对中的保险机制建设。突发事件应对工作经费应当专款专用，审计、财政、监察部门应当加强对突发事件应对工作经费使用的监督。在物资保障机制方面，应当建立全国统一的应急救援物资、应急处置装备和生活必需品等应急物资的储备保障制度，用以规范突发事件应对的物质储备。各行业主导部门，会同有关部门统筹规划建设应急物资储备库，完善重要应急物资的监管、生产、储备、调拨和紧急配送体系，并根据应对突发事件的需要和各类物质的性质，与有关企业签订合同，采取生产能力储备等方式进行物质保障。

（五）技术装备保障

应急技术装备是指应对突发事件时，需要动用的交通运输工具、通用工程机械、通信设备、医疗卫生设备。《突发事件应对法》第三十三条规定："国家建立健全应急通信保障体系，完善公用通信网，建立有线与无线相结合、基础电信网络与机动通信系统相配套的应急通信系统，确保突发事件应对工作的通信畅通。"第三十六条规定："国家鼓励、扶持具备相应条件的教学科研机构培养应急管理专门人才，鼓励、扶持教学科研机构和有关企业研究开发用于突发事件预防、监测、预警、应急处置与救援的新技术、新设备和新工具。"

建立健全应急技术装备保障机制，要综合统筹各相关地区、部门，建立信息通信应急保障队伍；整合完善应急指挥通信网络系统，形成覆盖全面的网络传输体系，建立跨部门、多路由、有线和无线相结合的稳定可靠的应急通信系统；利用卫星、微波等通信手段，保障处置现场与应急指挥部之间的联系；整合其他图像监控资源，建立图像监控网络。依托高等院校及科研机构，借鉴国际先进经验，构建专家顾问和外协合作机制，加强突发事件应对的理论体系和技术保障研究。

四、应急资源准备的工作程序

（一）资源的普查、分析和归类

各级政府主管部门和职能部门要对本地及周边地区的应急资源状况进行全面调查，主要工作包括：

（1）建立应急保障资源分类细目表。组织专家或委托咨询单位，根据突发事件的分类采用层次结构形式排列出应急保障资源目录，一直划分到最小的独立的应急保障资源统计单元，并给出目录中每一项目的定义或描述，确保工作人员能够正确理解和有效执行。

（2）建立应急保障资源统计表。在分类细目表的基础上，设计统计表，确定每一项目所要统计的内容和维度。如设备的型号、数量、功能和使用范围、条件等。

（3）应急保障资源统计。做好统计方法的设计和统计内容汇总的设计。可以用专项调查、抽样检查、全面检验等手段进行摸底收集资料，再把搜集的资料进行统计、汇总、分析。

（二）资源需求统计

按照突发事件的不同类别和不同级别，对其所在地应急体系中的所有资源进行分类分级，并建立相应的分类分级目录。通过相应的调查形式，汇总各应急组织在原有保障资源的基础上对应急保障资源的需求量和对质量、地点的要求，以利于应急保障资源的整合和优化工作。

（三）资源的布局

资源的布局是根据各种潜在危险源的分布，在综合时间、成本和能力等因素的基础上，按照一定的规划预先把一定种类和数量的应急物资储存在选定的地点。要保证在突发事件爆发后各类应急物资能够迅速、及时、准确地到达指定地点，就必须对应急保障物资的分布进行优化。应急保障物资的优化是在普查和整合的基础上，依据预案进行资源的科学配置和输送，使之发挥最大的应急效应。

应急资源的布局涉及选址和配置两个方面。在选址时要考虑应急保障资源的优化配置问题，在资源配置时要考虑合理选址问题。因此，在优化应急资源布局时，要考虑两类因素：一是与应急保障资源密切相关的要素，包括应急资源的类型、载体、流向、流速、流量、流程等。这些要素有些可以确定，有些需要根据应急活动的变化来决定，带有一定的不确定性。二是与选址密切相关的要素，包括目标地址、源地址设施、空间、距离、环境等。另外，在应急保障资源布局时，还要考虑应急保障资源供给和资源调用的一体化优化过程。

有些突发事件具有次生、衍生特征，如果处置不及时或处置不当，所引起的次生、衍生危害可能具有更大、更强、更严重的危害程度。因此，在应急保障资源布局时，还要考虑突发事件的连锁反应，统筹配置，不能顾此失彼；同时，还要考虑突发事件的发展过程是一个动态过程，应当保障资源得到合理的应用，发挥其应急价值，实现有效处置突发事件的目标。

（四）供给-需求平衡表

根据应急保障资源的布局和配置方案，制定供给-需求平衡表。主要包括三部分的内容：一是总量信息汇总表，包括应急保障资源的种类、数量、说明、相关描述及分布状况。二是各布局点的应急保障资源基本状况，如种类、数量、功能等。三是各布局点设施的基本状况，如对所属应急保障资源的供给方式、供给速度、流量以及附近的交通设施状况等。

总之，各级政府及其各有关部门和单位，要按照职责分工和相关预案切实做好应对突发事件的人力、物力、财力、交通运输、医疗卫生及通信保障等工作，保证应急救援工作的需要和灾区群众的基本生活，以及恢复重建工作的顺利进行。

思考与探索

如何全面加强城乡应急避难场所的建设工作？

北京市高度重视应急避难场所的建设工作，《北京市实施〈中华人民共和国突发事件应对法〉办法》《北京市实施〈中华人民共和国防震减灾法〉办法》《北京市突发公共事件总体应急预案》和《北京市城市总体规划（2004年—2020年）》

等法规文件,都对避难场所的规划、建设、管理等提出了明确要求。按照"统一规划、平震结合、因地制宜、综合利用、就近疏散、安全与通达"的原则,将公园、绿地、广场、体育场和市内公共的场、馆、所作为地震应急避难场所,按照场址有效面积宜大于 2 000 平方米,人均居住面积应大于 1.5 平方米的要求建设地震应急避难场所。2003 年 10 月 20 日,北京市在元大都城垣遗址公园建成了中国第一个应急避难场所。

北京市的应急避难场所既是灾时群众临时避难、生活的场所,也是防灾减灾宣教、演练的重要阵地。在采取各种方式加强宣传的同时,各单位以应急避难场所为平台,结合疏散方案,开展了形式多样的应急疏散演练活动。截至 2016 年年底,建设完成地震应急避难场所 120 处,其中 I 类场所 11 处、II 类场所 45 处、III 类场所 64 处,总面积约 1 831 万平方米,可疏散约 299.96 万人。

第四节 宣传教育培训机制

一、宣传教育培训的定义

应急管理的宣传教育培训是指通过有计划、有组织、有系统的灵活多样的宣传教育培训活动,由相关机构或单位在全社会普及和宣传应急知识、组织应急培训及演练、提供应急管理专业教育等,使民众提高安全意识和应急技能,能够自觉地采取适合本地区、本单位的有利于应对突发事件的行为,消除或减少危险因素,保护生命安全和健康,并对宣传教育培训后果做出评价的过程和活动。具体包括:

(1) 公众的应急宣教和防灾减灾意识培养。将应急知识宣传教育工作纳入各级宣传教育部分工作计划;充分利用广播、电视、报纸、互联网等大众媒体,开展应急教育,增强公民防范意识,学习掌握应急基本知识和技能;建立和完善全国应急宣传教育网络,加强应急知识宣传教育进校园、进社区、进厂矿、进农村工作,提高基层宣传教育的普及面。各基层单位要充分利用活动室、文化站、文化广场以及宣传栏等场所,通过多种形式广泛开展应急知识普及教育,提高群众公共安全意识和自救互救能力。生产经营企业要依法开展员工应急培训,使生产岗位上的员工能够严格执行安全生产规章制度和安全操作规程,熟练掌握有关防范和应对措施;高危行业企业要重点加强对外来务工人员的安全宣传和培训。有关部门要进一步采取有效措施,认真贯彻落实《中小学公共安全教育指导纲要》,推进应急知识进学校、进教材、进课堂,使公共安全教育贯穿于学校教育的各个环节。

(2) 应急知识培训和应急能力提升。《突发事件应对法》规定:"县级以上人民政府应当建立健全突发事件应急管理培训制度,对人民政府及其有关部门负有处置突发事件职责的工作人员定期进行培训。"《关于推进城市安全发展的意见》强调:"提升市民安全素质和技能。建立完善安全生产和职业健康相关法律法规、标准的查询、解读、公众互动交流信息平台。坚持谁执法谁普法的原则，加大普法力度，切实提升人民群众的安全法治意识。推进安全生产和职业健康宣传教育进企业、进机关、进学校、进社区、进农村、进家庭、进公共场所，推广普及安全常识和职业病危害防治知识，增强社会公众对应急预案的认知、协同能力及自救互救技能。积极开展安全文化创建活动，鼓励创作和传播安全生产主题公益广告、影视剧、微视频等作品。鼓励建设具有城市特色的安全文化教育体验基地、场馆，积极推进把安全文化元素融入公园、街道、社区，营造关爱生命、关注安全的浓厚社会氛围。"为此，要加强公务员、高危行业从业人员、应急救援队伍、志愿者等的应急知识培训工作，将应急知识的培训纳入年度工作计划。开展对与应急管理工作直接相关的领导、应急管理人员、应急抢险救援队伍和应急保障人员的培训，使有关人员熟悉应急职责、应急程序和相关技能。对于一般人员，要常态化、制度化地开展应急知识的培训工作，提升综合应急能力，将应对突发事件的能力纳入绩效考核的指标体系之中。

（3）应急管理教育体系规划。开展应急管理的学科体系与培训机制的建设工作。针对中国的应急管理人才培养模式，从应急教育体系构成、内容设计、管理模式等角度进行规划；应急教育体系可由研究型、培训型和科普型三种应急教育组成；同时，加强对学生应对突发事件能力的培养。

二、宣传教育培训的目标与原则

建设宣传教育培训机制的目标，是建立健全以实际需要为导向，政府主导和社会参与相结合，注重实效、充满活力的应急管理宣传教育培训工作格局，优化配置培训资源。依托各类高校、中小学校、远程教育培训阵地，将各级各类应急管理人才培养纳入教育培训总体安排，进行全面、系统的宣传教育培训，形成以应急管理理论为基础、以应急管理相关法律法规和应急预案为核心、以提高应急处置和安全防范能力为重点的宣传教育培训体系。同时，健全培训激励和约束机制，不断提高宣传教育培训质量；做好各类预案的宣传和解读工作；以应急知识普及为重点，提高公众的预防、避险、自救、互救和减灾等能力；以典型案例为素材，增强公众的公共安全意识，使应急常识进农村、进社区、进厂矿、进学校、进机关、进家庭。宣传教育培训机制的建设工作需要遵循以下原则。

（一）全面覆盖、分层分类

全体公众都是应急管理宣传教育培训工作的对象，但在具体实施时，需依据各类突发事件和受训对象的不同特点、要求，优化分级分类开展工作。比如全国干部培训，要针对党政领导班子成员、机关公务员、企业领导人员、事业单位领导人员、专业技术人员、年轻干部、基层干部采取不同措施。同时，建立合理的应急知识结构，在纵向联系中从低到高，划分基础层次、中间层次和最高层次，没有基础层次，较高层次就会成为空中楼阁，没有高层次，则显示不出水平，因此任何层次都不能忽视。

（二）整合资源、创新方式

宣传、教育、文化、广电、新闻出版等有关部门要通过图书、报刊、音像制品和电子出版物、广播、电视、网络等，广泛宣传应急法律法规和预防、避险、自救、互救、减灾等常识。要充分依托、利用现有培训资源开展应急管理培训，根据需要加强功能性建设。立足提高操作能力和实战水平，积极采取专题讲座、案例分析、情景模拟、预案演练、对策研究等方式开展培训，增强培训效果。

（三）联系实际、学以致用

坚持培训与应用的统一，要着重增强公众的忧患意识、社会责任意识和自救、互救能力；要有计划地对应急救援和管理人员进行培训，切实提高受训对象应对突发事件的素质和专业技能；要着眼于提高应对突发事件的能力和推进切合实际的应急管理体系建设。而且，要通过实践，不断增强应急管理宣教培训的针对性、有效性。

案例

桑枣中学地震应对演练的经验

> 提高全民的忧患意识，普及灾害中的自救和互救常识，是减少突发事件的发生概率及其造成损失的最有效、最经济、最安全的办法。

2008年的汶川大地震中，有一所被称为史上"最牛学校"的四川安县桑枣中学，有一位被称为史上"最牛校长"的叶志平。之所以获此殊荣，是因为这所学校在大地震中，全校2 000多名师生全部安然无恙。而这一奇迹的出现，是因为校长叶志平在地震前就千方百计筹资加固了教学楼，并且4年间坚持组织师生定期进行紧急疏散演习，这才使得地震发生后，全校2 200多名学生、上百名老师仅用1分36秒全部有序转移到操场。这一真实的案例充分说明了应急宣传教育培训和演练的重要性。只有对公众进行经常性的应急避险知识培训，才能使公众在灾害突然发生时知道该如何正确行动；而只有通过反复演练，才能使公众在危险突然到来时，依照反复演练形成的惯性技能有效应对，而不会惊慌失措。

（四）有序推进、动态调整

发挥各级应急管理机构的综合协调作用，调动各部门、各行业和基层单位开展应急管理宣教培训的积极性。正确处理专项、专业培训与综合性、管理类培训的关系，坚持统筹规划、合理安排，形成良好的培训工作秩序。同时，宣教培训演练中提供的应急知识结构、内容和方法要与时俱进，要依靠现代科学技术，特别是现代信息化手段的应用，千万不应当僵化。要建立健全宣教培训的自我调节机制，促进应急管理事业的持续发展。

三、宣传教育培训的体系架构

宣传教育培训是通过一个有效完整的管理体系（流程、制度或管理办法）来保证应急管理宣传教育培训行为有效以及应急培训工作绩效的综合系统，主要包括组织体系、整体设计、配套建设、信息化平台等。

其中，主要的构成要素包含以下几个方面（见图6-4）。

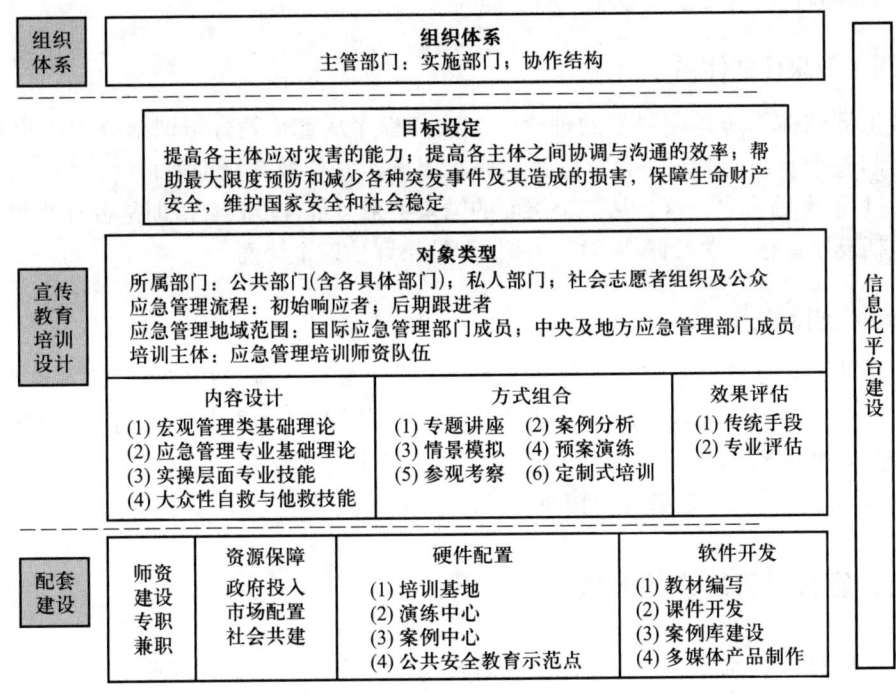

图6-4 宣传教育培训的体系架构

资料来源：周玲，彭宗超，薛文军. 国外公共部门应急管理培训体系的初步比较. 中国行政管理，2010（3）.

（一）组织体系

组织体系是指应急管理宣传教育培训组织的结构设置，它包括培训的组织机构、人员配备、组织流程、培训部门人员职责分工和工作机制等。通过宣传教育培训组织体系，主要完成以下工作：根据不同时期的实际需要确立宣传教育培训目标；调查宣传教育培训需求；依据不同的目标和任务，制定长期、中期、短期宣传教育培训计划；根据实际需要及工作重点，调集宣传教育培训对象；根据不同的宣传教育培训任务和对象，指派具体承办单位负责任务的实施并监督落实；宣传教育培训评估结果的跟踪与运用。组织体系是宣传教育培训的基础，是实现宣传教育培训工作的载体。

（二）课程体系

课程体系是针对应急管理宣传教育培训需求而进行的课程设计、课程规划及相关内容配置。一个完整的应急管理宣传教育培训课程体系应该包括应急管理的课程内容设计、传授的形式选择等多个方面。

（三）师资队伍管理与建设

师资队伍建设与管理包括专职教师的培养、兼职教师的选拔、专兼职教师的整合以及辅导员队伍建设等。应急管理工作的独特性决定了宣传教育培训不仅要关注与应急管理相关的一般性理论知识的传授，还要注意到针对某一类突发事件的专业性指导、应对中的经验技巧的传授及心理素质的提高。

（四）效果评估体系

效果评估体系是运用科学的理论、方法和程序从宣传教育培训结果中收集数据，并将其与整个组织的需求、目标联系起来，以确定宣传教育培训项目的优势、价值和质量的过程。[①]简言之，这是从多个层面的结果中来考量宣传教育培训是否有效的过程。一般包括反应评估、学习评估、行为评估和结果评估四个层面。

（五）支持体系

支持体系包括软件系统和硬件系统两个部分。软件系统是指应急管理宣传教育培训管理的流程、政策以及制度等，这是开展应急管理宣传教育培训的行动依据；硬件系统是指宣传教育培训的场地、设备、工具、培训费用支持、教材（案例）准备等，是应急管理宣传教育培训展开的物质保障。

四、宣传教育培训的对象

> 实践证明，当突发事件发生时，指挥人员和公众的行动是否准确、合理，往往决定了他们在灾难中能否生存。

对宣传教育培训对象的划分是设置内容与选择方式的依据。因此，要根据对象承担的角色与职能并结合其自身的素质（知识背景、实战经验等），有针对性地设置并提供宣教培训的课程与内容，以提高培训的效果并满足培训对象快速、有效处理各种突发事件能力的需求。综合各国应急管理的经验，可以从不同的角度对宣传教育培训对象进行划分。① 从所属部门来看，可以划分为：政府部门、企事业单位、社会组织、社会公众。同时，还可以对这些对象进行进一步划分。② 从应急管理流程来看，可以划分为：初始响应者与后期跟进者。[②] ③ 从应急管理地域范围来看，可以划分为：国际性应急管理部门成员、全国性应急管理部门成员与地方应急管理部门成员。④ 从最终的应用目的来看，可以划分为：应急管理培训师资队伍与一般应用人员。

结合实际，中国应急管理宣传教育培训的对象包括：① 党政领导干部；② 应急管理干部，包括各级各类应急管理机构负责人和工作人员；③ 新闻发言人；④ 基层干部；⑤ 其他公务员；⑥ 企业负责人；⑦ 企业工作人员；⑧ 应急救援队伍；⑨ 应急救援志

---

① 曹振杰. 人力资源培训与开发教程. 北京：人民邮电出版社，2006.
② FEMA下属的培训与演练整合秘书处（TEI）的主要培训对象是"初始响应者"，笔者根据这个特点，增加了"后期跟进者"这个概念，即除了"初始相应者"以外，后期加入应急管理行动中的人员。

愿者；⑩ 普通公众；⑪ 师资队伍，具体详见表6-2。

表6-2 中国应急管理宣传教育培训的对象及其需重点掌握的内容

对象	需重点掌握的内容
党政领导干部	法律法规、应急预案、应急决策方法、应急指挥程序与交流沟通方式等
应急管理干部	熟悉、掌握应急预案和相关工作制度，提高为领导决策服务和开展应急工作的能力。需要有针对性地提高应急值守、信息报告、组织协调、技术通信、预案管理等方面的业务能力
新闻发言人	及时掌握突发事件的准确信息；掌握和理解应急管理专业术语；熟悉本单位的业务流程；了解媒体的运作规律；具有缜密的逻辑思维，较强的信息表达能力等
基层干部	增强公共安全意识，提高排查安全隐患和第一时间应急处置突发事件的能力
其他公务员	增强公共安全意识，提高排查安全隐患和第一时间应急处置突发事件的能力
企业负责人	增强风险防范意识，提高安全生产管理和重大事故应急处置能力
岗位人员	识别危险因素及事故发生的征兆；了解所涉及的事故发生的潜在后果；了解岗位人员自身的作用和责任；确认必需的应急资源；需要疏散时，应限制未经授权人员进入事故现场；熟悉现场安全区域的划分；了解基本的事故控制技术
应急救援队伍	了解相关危险品特征、病毒细菌防范、污染处理、具体技术设施等技术方面的内容，掌握现场救护与应急自救、应急设备操作、应急装备使用等技能方面的内容
应急救援志愿者	熟悉所在地的安全状况和急救联络方式，了解日常安全知识和应急知识的宣传普及，能预防和整改隐患；发生灾害时，能及时报警；熟练使用简易灭火器材；熟悉逃生路线和方法；协助组织群众安全疏散；掌握徒手心肺复苏、创伤救护等初级急救技能；可对伤员进行基本的救护
师资队伍	掌握应急管理相关知识与技能；掌握应急管理培训中的关键原理和技能；了解原理在实际应急管理环境中的运用；不断评价和改进教学活动和专业工作
普通公众	日常安全知识和应急自救、互救知识

专栏

美国应急管理培训中对"第一响应者"的分类及界定

在美国，FEMA下属的培训与演练整合秘书处（TEI）的主要培训对象是"第一响应者"，即那些在突发事件发生后的早期阶段，负责生命、财产、证据、环境，以及公众健康、医院护理、公共建设工程等紧急任务，在事件的预防、响应与恢复行动中提供紧急支撑性服务的人员。"第一响应者"主要分为10类人员（见表6-3），这种划分能够帮助政府明确突发事件发生的初始阶段所涉及的应对主体，从而实现在"黄金应对时期"就能有效地组织相关部门，避免人员的低效与缺位，全面、有效地应对灾难。

表6-3 TEI对"第一响应者"的分类及界定

序号	培训对象类别	具体内容
1	执法者	全职、兼职或自愿在当地、市和州层次负责法律实施的政府工作人员
2	突发事件医护人员	全职、兼职或自愿作为第一响应者负责紧急医疗的专家和为院前护理提供服务的人员
3	应急管理机构	包括当地和州对各种灾难性事件进行准备、识别、响应与恢复的组织
4	消防人员	全职、兼职或自愿提供生命安全服务，包括灭火、营救、火灾调查和预防的人员
5	有害物质管理部门人员	全职、兼职或自愿负责辨别、界定有害物质特征，提供风险管理，缓解和控制有害物质或潜在有害物质的人员
6	公共建设工程负责人员或组织	负责对公共和私人基础设施的重建，或在联邦层级上负责管理、技术、监督等事务的管理人员
7	政府行政管理人员	在灾难期间负责管理公众健康、福利等公共事务的经选举或委任方式被任命的官员
8	公共安全与通信人员	全职、兼职或自愿运用科学技术服务于通信与沟通事务，辨别突发事件并提供与生命安全、犯罪、环境和设施等问题相关的解决方案的人员
9	卫生保健人员	在医院、内科室、诊所等医疗护理处所提供临床、法医和管理技能的人员，主要是提供监视（消极和积极）、诊断、实验室评估、治疗、心理健康、流行病学研究、证据收集以及对人和动物进行管理等服务
10	公众健康服务人员	预防流行病等疾病传播、避免环境中有害物质的侵害、帮助灾害恢复并确保公众健康的人员

资料来源：Federal Emergency Management Agency. National Preparedness Directorate. National Integration Center Training and Exercise Integration Secretariat, Course Catalogue, firstrespondertraining@dhs.gov.

五、宣传教育培训的内容

内容是应急管理宣传教育培训的核心，它的合理与完善与否决定着宣传教育培训目标的实现;同时,宣传教育培训的目标和对象直接决定着内容及其深度的设置。具体来说,宣传教育培训的内容应包括如下五个方面:

(1)对应急管理及相关领域基本理论的培训。这不仅包括对应急管理意识和应急管理基本领域的介绍,还包括对管理科学和文化、民主与法制等基础理论知识的介绍,推动培训对象综合素质与能力的提高。

(2)对应急管理全流程的培训。这包括预防、准备、响应(应对)和恢复整个管理流程,对政府应急管理人员的培训尤其应当如此。

(3)系统化的应急管理专业技能。这旨在提高专业救援队伍的救援能力与效率。

(4)部门内及部门间的协同、互动与沟通的培训,促使各方了解彼此的管理与运营机制,从而提高应急管理效率、避免无谓的伤亡与损失。

(5)公众和志愿者的教育培训。由于公民自救与互救是实现救援的最好手段,因此为普通公众提供一般的应急管理技能培训能够帮助提高他们自救互救的效率。

根据受培训者的不同特点来确立不同的宣传教育培训模块,以"课题筐"的形式,由不同的培训对象、不同的班次依需要进行组合和任意选择(见表6-4)。

表6-4 应急管理培训内容的模块设计示例

模块	目标	课程或专题
模块一:应急管理相关政策	解读国家关于应急管理的思路和发展进程;了解应急办的工作重点与难点	应急管理的现况及发展;《突发事件应对法》解读;应急预案编制与评估等
模块二:应急管理理论及国际应急前沿	了解应急管理的基本理论及国际应急管理前沿理论与未来发展;掌握实用化的应急管理手段和方法;开阔视野	四大类突发事件应急处理及应急管理工作程序;应急人员在灾害中的职责、义务和功能;国外应急的组织和技术;国外应急管理模式(包括监测预警、应急决策、指挥调度、应急演练等)
模块三:应急管理专业技术课程	掌握应对各种灾害的专业技能;建立安全应急救援体系	根据实际需求,设置应对各类灾害的专业技能培训,包括预测分析模型、风险分析模型、救援技能、消防技能、各种应急装备的使用等
模块四:应急平台体系架构与功能	熟悉应急平台的架构、体系与功能;了解应急平台在应急管理工作中的作用	应急平台的构成与功能;应急平台的数据和系统;应急平台的互联互通等
模块五:公共安全科技内涵与发展	建立对公共安全科技的总体认识;了解科技对公共安全保障与应急管理的支撑作用	对公共安全科技核心的阐释;公共安全科技发展和现状;公共安全与科学发展观
模块六:应急中的媒体应对及公众沟通	熟悉媒体运作规律,了解与媒体沟通的技巧,提高临场应变能力和突发事件新闻处置水平;熟悉群体性心理,掌握群体性事件中公众沟通技巧	新闻发布政策与舆论引导;媒体新环境与应对策略;新闻发布会的策划与操作;突发事件的新闻处置与案例分析;媒体应对实战案例分析;社会心理沟通技巧;公众沟通案例分析;政府舆情评估与形象管理等

续表

模块	目标	课程或专题
模块七：案例与情景模拟教学	通过实战模拟，了解在应急处置中一些环节的处置原则与方法	新闻发布会的模拟；群体性事件的模拟演练；重特大突发事件的处置过程；典型案例分析
模块八：参观考察及应急解决方案实践	了解各地应急工作实践和相关建设情况；建设本单位安全应急系统	参观专项应急培训机构、优秀的应急基层机构、应急办公室等

六、宣传教育培训的渠道与方法

应急管理宣传教育培训的渠道与方法非常多样（见表6-5）。通常，这些是被综合使用的。比如，北京市在进行宣传教育培训工作时，除了编写并免费发放《首都市民防灾应急手册》，还在全市范围内开展了"社区减灾平安行"等系列活动，深入开展防灾减灾知识宣传。在首都高校和全市初中全面推进安全知识教育进课堂工作，并经常性地开展"中小学生安全宣传日"等多种形式教育活动。不断加强应急基础设施建设，在海淀区建成全市第一个公共安全馆，市消防局建设了北京市民防灾教育馆。此外，为提高应急管理人员的综合素质，在市委党校局处级干部培训班和局级干部短训班分别增加了安全教育和应急管理专题课程，组织应急系统人员开展国内外各类培训。再如，上海开放大学的城市公共安全管理学院充分利用电视、网站、图书等多种方式对公众开展城市公共安全专业知识的普及提高和专业人才的培养教育，启动了"让我们吃得更放心——食品安全知识进社区"活动等。

表6-5 应急管理宣传教育培训的渠道与方法

渠道/方法	特点/目的	具体内容（示例）
培训演练	对参与应急行动所有相关人员进行的最低程度的应急培训	● 课堂讲授、案例分析、参观考察、演练式培训等 ● 要求应急人员了解和掌握如何识别危险、如何采取必要的应急措施、如何启动紧急警报系统、如何安全疏散人群等基本操作 ● 因为火灾和危险品事故是常见的事故类型，尤其应重视火灾应急培训以及危险物质事故应急的培训
大众媒体	面向最广大的受众群体进行全民应急宣传教育的有效载体	● 广播和电视具有快速的新闻时效，尤其是电视声画兼备，更具有生动形象的特点，现场感强烈、亲切度高，更要高度重视"第一时间"的报道，抢抓新闻，及时发布信息 ● 互联网、手机短信、声讯电话等媒体具有很强的互动性，可以有效提高应急宣传教育培训的针对性和时效性 ● 各级政府可通过政府门户网站进行应急宣传，比如中央人民政府网站的"应急管理"专栏、广东省的应急管理网站，以及基层社区的网上宣传教育内容

续表

渠道/方法	特点/目的	具体内容（示例）
发放应急手册	通过手册向公众提供内容全面的应急知识，免费发放应急手册是目前各地普遍采用的一种宣传教育方式	以广西壮族自治区人民政府应急办编写的《公众防灾避险手册》为例，其内容包括： • 应急管理常识，包括突发事件的分类和常见种类，政府、社会组织、公众的应急责任 • 家庭应急准备，指导公众做好家庭应对突发事件的计划和物资准备 • 突发事件应对知识，介绍常见和公众可能遇到的突发事件应急知识，包括18种自然灾害、15种事故灾难、20多种公共卫生事件、4种社会安全事件 • 灾后恢复重建知识 • 附录收录了各类紧急呼救电话号码、常见安全标志、常用急救技能和《中华人民共和国突发事件应对法》中有关社会公众责任、权利、义务规定的章节
建立应急科普宣教基地	组织公众在一个特定空间亲身体验、模拟灾害情境，并学习如何预防与自救应对	以2005年北京市海淀区建成全市第一个体验式公共安全馆为例： • 全馆展厅面积有8 000平方米，分为交通、治安、消防、地震、人民防空、安全生产、水利、卫生健康8个主题展区 • 融各类自然、人为灾害的预防知识与自救、互救常识为一体，普及应对地震、洪水灾害、消防安全、交通安全、公共卫生、社会治安等方面的防范自救知识
宣传栏、展览、车载移动广告	提高公众的应急意识和公共安全意识	• 在主要公共场所设立宣传栏，摆放展板，悬挂标语，发放宣传提纲 • 制作宣传海报，在公共场所广泛张贴 • 拍摄公益广告和应急知识短片，在各地电台、电视台播出，在公共汽车、地铁列车、民航班机等运输工具上广泛宣传 • 不定期开展应急知识和技术展览等活动
组织知识竞赛	促进大众更加积极学习并掌握应急知识，取得较好的社会效益	• 通过竞赛活动，可以加大应急管理工作学习、研讨、交流和宣传的力度
在公共场所设置应急标志	提高公众的应急意识和公共安全意识，有利于风险隐患的源头治理	• 在社区、高危企业、建筑群和车站、机场、码头、商场、宾馆等公共场所设置应急标志并将其深入普及到学校、社区、农村、企业
开展专题宣传活动	树立公共安全意识和社会责任意识	• 国家通过设立"5·12"全国防灾减灾日、"11·9"消防日、6月安全宣传月和3月中小学安全教育周等，开展形式多样的公共安全主题宣传活动

其中，培训演练是除了课堂讲授（案例分析）、参观考察等传统培训方法外最为突出的新手段。美国的应急管理学院（EMI）是这一方式的优先实践者，该部门的演练

方式主要包括两种：基于讨论（Discussion-based）和基于操作（Operations-based）的演练，其中就融合了情境模拟（Simulation）和角色扮演（Role-play）的理念（见表6-6）。

表6-6　EMI基于讨论和基于操作的演练式培训介绍①

培训项目	用途	教学培训方式	课时	是否实时培训	适用范围
基于讨论的演练（Discussion-based Exercises）	熟悉目前的方案、政策、协议和程序，开发新的方案、政策、协议和程序	理论的（练习活动是假想的）	8小时内	否	多种
专题研讨会（Seminar）	全面提供新方案与目前的方案、资源、策略、概念或理念	理论的与现实的	2~5小时	否	多机构或单一机构
工作讨论会（Workshop）	实现特定的目标或形成成品	理论的与现实的	3~8小时	否	多机构或单一机构
桌面演练（Tabletop Exercise，TTX）	利用假想情境推动班级讨论，以证实方案和程序的可行性	理论的	4~8小时	否	多机构或多功能
游戏活动（Game）	探讨决策过程并检验最终结果	理论的	2~5小时	否	多机构或多功能
基于操作的演练（Operations-based Exercises）	证实方案、策略、协议和程序的可行性；廓清角色和责任，确认资源差距	现实的；练习在模仿应对、响应、动员和人员物资调配中进行	课时长短依培训用途、种类和适用范围而定	是	多种
应急操练（Drill）	证明机构单一部门的控制或功能	现实的	2~4小时	是	单一机构或单一功能
职能演练（FE）	评估能力、功能、方案和突发事件指挥人员、联合指挥、情报中心或其他多机构协调中心	指挥人员的行动是真实的；其他人员、装备或对象是模拟的	4~8小时或几天、数周	是	多功能区域或多重功能

---

① 美国Claremont McKenna College的高级研究员朱伟春博士为应急管理培训方式和评估手段研究提供了宝贵的资料，在此表示感谢。

续表

培训项目	用途	教学培训方式	课时	是否实时培训	适用范围
全面练习（FSE）	证实方案、策略、程序和在模拟情境下，通过实际参与、执行而开发的合作协议；包括实际人员与资源调动、执行和控制以及功能演习中的综合元素	现实的	一整天或数天、数周	是	多功能区域或多重功能

资料来源：Department of Homeland Security (DHS). 2007a. Homeland Security Evaluation and Exercise Program (HSEEP) Volume I: HSEEP Overview and Exercise Program Management.

思考与探索

如何针对不同对象的不同特点，为其提供符合实际需求的应急管理培训？

加强应急管理的宣传教育培训工作，是减少突发事件最有效、最根本、最经济的办法。总体而言，应急管理宣教工作的核心内容可以归纳为公式："意识培训+知识培训+技能培训"。但应急管理宣教工作所面对的对象有多种，在中国一般包括党政领导干部、应急管理干部、政府新闻发言人、基层干部、企业负责人、应急救援队及培训师资、应急志愿者以及普通公众等。如何针对不同对象的特点，为其提供符合实际需求的"忧患意识+应急知识+应对技能"的应急管理培训，是各级政府需要长期探索与科学规划的问题。

第五节 社会动员机制

一、社会动员的定义

社会动员是指为了有效应对可能发生或已经发生的突发事件，各级党委、政府、社会团体、企事业单位启动动员措施，直接组织动员或通过各类专业部门组织动员，促使突发事件影响区域内的各类机构（各级政府机构、企事业单位、军队、武警、民兵等）、社会群体和公众进行自救、互救或参与政府应急管理行动；同时，通过预备培养、预警动员、应急动员等不同层次、不同形式的社会动员手段，充分调动一切社会力量的自主性和积极性，在政治、经济、科技、教育等方面实施有效的动员准备、救助和恢复重建等活动。

《突发事件应对法》第六条规定："国家建立有效的社会动员机制，增强全民的公共安全和防范风险的意识，提高全社会的避险救助能力。"社会动员应当贯穿于应急管理的全过程，是一项重要的基础性制度。完善社会动员机制，在突发事件发生前后对民众进行善意疏导、正确激励、有序组织，有利于从深层次实现民众的自治与自救，广泛动员公众积极有序地参与突发事件处置工作，平稳解决事件，确保社会稳定。

二、社会动员的目标与原则

建立社会动员机制的目标，是充分发挥群众团体、社会组织、基层自治组织及公民在突发事件预防、应对和处置等方面的作用，增强全民的公共安全和防范风险的意识，提高全社会的避险救助能力。同时，积聚社会资源，动员社会力量参与，有力、有效地应对突发事件。

社会动员应当遵循以下工作原则：

（一）国家主导，依法动员

社会动员应以国家为主导，国家掌握着公权力，能在最大范围内调动社会资源。同时，在实施社会动员的过程中要以国家现行的法律、法规为依据，确保动员行为的合法性，在有效处置突发事件的同时，使社会公众的权益得到最大程度的保障。

（二）以人为本，合理强制

在应急管理过程中，社会动员有时需要牺牲局部利益以保障整体利益、牺牲某些个人利益以保障大多数人的利益、牺牲眼前利益以保障长远利益，因而，社会动员体现出一定的强制性。但这种强制性不是无限制的，而是有条件的：不能牺牲广大社会公众的公共安全，不能破坏社会生活的正常运行。社会动员必须体现以人为本的原则，以人民为中心的原则，做到为了社会公众，又依靠社会公众。

（三）分级管理，有序动员

社会动员应遵循科学、理性的要求，依据突发事件的危险程度、波及范围、人员伤亡等情况，确定动员的级别、范围和力度，从而发布相应级别的社会动员令，实施动员，提供保障，组织人员疏散、隐蔽和隔离等，实现动员的有序化。

（四）适度动员，合理补偿

在社会动员的过程中，要慎用全范围或局部范围内的强制性全面动员。同时，对因应急社会动员、特别是强制性社会动员措施而给企业、家庭及公民个人所造成的物质、经济损失，应该在科学评估的基础上，给予合理补偿，以保护社会力量参与应急管理的主动性和积极性，确保社会动员的可持续性。为此，《突发事件应对法》规定："有关人民政府及其部门为应对突发事件，可以征用单位和个人的财产。被征用的财产在使用完毕或者突发事件应急处置工作结束后，应当及时返还。财产被征用或者征用后毁损、灭失的，应当给予补偿。"

（五）军地结合，平战结合

中国有一支强大的武装力量，并形成了成熟的国防动员模式。但是，战争发生的概率很低，为了使国防资源使用效率最大化，可以在确保国家安全的情况下，本着军民结合、平战结合的原则，将国防动员与应对突发事件的社会动员整合，努力实现应急与应战的一体化，做到武装力量平时应急、战时应战，而且这也是军队"为人民服务"宗旨在和平时期的最好体现。

三、社会动员的主体

（一）各级党委和政府

目前，在应急管理活动中，各级党委和政府是社会动员准备与实施的统帅机构和社会动员组织体系的神经中枢，主要负责：

（1）确定社会动员准备与实施的原则、方针、政策和计划。

（2）适时做出社会动员准备与实施的决策。

（3）审议、发布有关社会动员的法规。

（4）组织相关部门和单位建立、健全社会动员机制，组织协调、检查监督各部门、各行业完成社会动员的任务。

（5）组织社会动员的宣传、教育、演练，不断提高社会动员能力。

（6）监督动员领导机构执行社会动员法规的情况。

各相关行政管理部门是社会动员的执行机构，主要负责社会动员任务的落实与执行。

（二）武装力量

中国的武装力量包括中国人民解放军现役部队、中国人民武装警察部队和民兵预备役部队，可以根据《突发事件应对法》等有关法律、行政法规、军事法规的规定以及国务院、中央军事委员会的命令，参加突发事件的应急救援和处置工作。

（三）企事业单位

企事业单位除了做好本单位的安全管理工作之外，还要履行自己的社会责任，响应国家号召，为应对突发事件贡献力量，如派出内部应急救援队伍参加抢险救灾，根据有关法律法规或协议保障应急物资的生产、供给或提供力所能及的人财物支援，优先运送抢险救灾队伍和物资，受委托转发有关应急管理信息，等等。

（四）群众团体、民间组织、基层自治组织

这些组织可以在灾害防范、救援、医疗救护、捐献、灾后重建等方面发挥重要作用，是政府在社会动员中要重点整合、统筹的资源。

（五）公民个人

公民个人有接受社会动员的义务。当突发事件来临时，公民个人要积极开展自救、互救，并服从突发事件发生地人民政府、居民委员会、村民委员会或者所属单位的指挥安排，投入应急救援之中，协助维护社会秩序。

案例

"8·8"九寨沟地震游客疏散工作

2017年8月8日21时19分46秒，四川省北部阿坝州九寨沟县发生7.0级地震。地震造成25人死亡，525人受伤，6人失联，176 492人受灾，73 671间房屋不同程度受损。在地震发生后不到24小时，四川搭建起覆盖陆路和空中、多部门密切协作、多方向协调配合、政府和社会合力参与的"生命转移网"，累计转移6万余名游客和外地务工人员。阿坝州组织各类车辆有序驶离九寨沟，一是有序组织旅游大巴、自驾游车辆陆续疏散游客，二是紧急抽调190余辆车辆疏散转移散客，包括20余辆消防官兵和部队的运兵车辆与甘肃支援的近20辆客运车辆。除了旅游大巴、观光车、公交车等大容量车辆外，出租车、农村客运车、机关公务用车等也都参与了旅客疏散工作，快速高效地完成了疏散工作。

"4·20"雅安地震重建动员

2013年4月20日，雅安芦山发生7.0级强烈地震，地震波及四川雅安、成都、乐山、眉山、甘孜、凉山、德阳等市州的32个县（市、区），受灾人口约218.4万人。2013年4月29日，习总书记批示要求，创新援建体制机制，在总结汶川抗震救灾经验的基础上，探索灾后恢复重建、持续发展的新路子。震后不久，以习近平同志为核心的党中央做出决定，实行"中央统筹指导、地方作为主体、灾区群众广泛参与"的灾后恢复重建方式。这一重要指示，开启了我国重大自然灾害恢复重建从中央直接安排部署向地方负责制转变的新探索。这是一条不同于以往的重建新路，旨在通过由中央直接安排部署向地方具体负责转变，发挥地方的积极性、主动性和创造性，从而形成一套与过去举国体制互为补充、相互完善的重建新机制新模式①。

科学高效的新体制为重建工作顺利推进提供了有力保障。在芦山震后最紧张的应急救援阶段，中央就已果断将"指挥权"交给四川省。事实证明，芦山震后抢险救援，无论是响应速度，还是救援成效，都"刷新"了历史纪录。从应急救援转入灾后重建，中央进一步明确提出要创新体制机制，重建工作以地方为主体。国务院在科学评估灾情的基础上，组织制定了《芦山地震灾后恢复重建总体规划》，出台了一系列支

---

① 北纬网（雅安新闻网）。

持政策，特别是在经济下行压力较大、财政收支矛盾突出、各方面经费压缩的情况下，中央按照既比照又高于汶川地震灾后恢复重建的标准，安排了310亿元灾后恢复重建基金和150亿元专项支持资金。四川省成立了芦山地震灾后恢复重建委员会，负责整个重建工作的组织领导，灾区市、县（区）两级党委政府自觉担负地方实施主体责任，建立起网络化、下沉式、专业性的重建实施组织体系，明确了责任主体和工作主体。省、市、县三级联动的指挥体系，为重建工作顺利推进提供了科学有序、高效统一的组织保障。

符合实际的新机制激发了各级地方政府恢复重建的创新活力。中央明确310亿元的中央财政重建基金交由地方统筹安排，这给了地方强有力的基金"调配权"。以往，中央财政恢复重建基金实行"分类控制"，要层层审批，每一笔经费都明确了用途，地方调配难度很大。芦山灾后重建中，四川省委省政府考虑到重灾区各县原本就地处经济欠发达地区，底子薄、财力弱，配套资金跟不上，及时把重灾县公共服务重建项目投资中的财政补贴占比从汶川地震时的44%提升到80%。新机制的另一个重要优势就是对重建进程"心里有底"，做到未雨绸缪、早做部署，避免了一些可能出现的问题。重建伊始，四川省就先行启动了建材价格调控机制，一方面给予生产企业电价补贴，另一方面大量从周边地区调运建材，并在通往雅安的几条高速公路上开设了"绿色通道"。四川省委省政府大胆放权，结合深化行政审批制度改革，最大限度把重建项目的审核权下放到受灾市、县（区），即使保留在省政府的少数审批事项，省直有关部门也与市县积极研究建立"绿色通道"。自主权下放后，重建举措更加符合实际，避免了项目与资金"两张皮"的现象，大大提高了资金使用效益。

强化责任的新模式激活了干部群众重建美好家园的主体意识。新体制机制在增强地方自主权的同时，也使重建责任更加明确，这进一步激发了灾区各级干部和党员的责任感和主体意识。在灾区一线，哪里有困难，哪里就有党员干部挺身而出，"5+2""白加黑"已经成为广大基层党员干部投身重建的真实写照。在党员干部的带动下，广大灾区群众自力更生、重建美好家园的"正能量"空前迸发。为有效解决农房重建中面临的诸多难题，在县、乡党委和政府的指导下，"自建委"在灾区"遍地开花"。"自建委"委员由村民自主选举产生，负责农房重建中房屋宅基地划分、户型选择、资金协调、质量监管等的自我管理、自我监督、自我服务。灾区所有新村聚居点都建立了类似"自建委"的组织。随着农房重建的完成，"自建委"过渡成为村民对新村环境治理、卫生、绿化和治安等进行管理维护的"自管委"。

资料来源：赵周贤，徐志栋. 芦山灾后重建：增创中国特色社会主义新优势的重要探索. 光明日报，2015-04-21.

四、社会动员的类型

（一）动员规模

从动员规模上看，社会动员可以分为局部动员和整体动员。局部动员是指针对某一范围内的部分地区所实施的动员，而整体动员则是在某一范围内的整个地区所实施的动员。相对而言，整体动员适用于危害性大、不确定性强、波及范围广、具有较强危害性的重大突发事件。

（二）动员对象

从动员对象上看，社会动员可以分为：

（1）应急人力动员，是指为确保成功地处置突发事件，对社会上满足应急需求的人力资源进行组织、分配、利用的活动。

（2）应急物资动员，是指在突发事件来临时对社会上满足应急需求的物资进行集中储藏、征收、调配、使用的活动。

（3）应急财力动员，是指在突发事件来临时筹集、拨付应急所需资金的活动。

（4）应急避难场所动员，是指在突发事件来临时开放既定的应急避难场所，并对可能被开辟为应急避难场所的建筑物如学校、宾馆等进行征用等。

（5）应急交通运输动员，是指为了应对突发事件，提高交通运输的应变能力，组织和利用国家、社会交通运输力量，以运送应急人员、应急装备、应急物资，主要包括铁路运输动员、公路运输动员、水路运输动员、航空运输动员和管道运输动员等。

（三）动员时序

从动员时序来看，社会动员可分为前期动员、中期动员与后期动员三类。在突发事件预防与应急准备、监测与预警、应急处置与救援、事后恢复与重建四个阶段，社会动员都是不可或缺的。

（1）前期动员，即预防与准备动员。在预防阶段，社会动员表现为：在紧急情况或突发事件发生之前，动员各种社会力量，预先采取措施，消除或减弱危险要素的影响或风险，如志愿者团体对公众进行防灾、减灾方面的宣传教育等。在准备阶段，社会动员表现为：在突发事件发生之前，动员各种社会力量，采取措施，做好突发事件响应及后果管理的准备。比如，在社区范围内，公民之间签订防灾互助协议，开展各种形式的防灾演练等。

（2）中期动员，即响应动员。在响应阶段，社会动员表现为：在突发事件发生过程中或发生之后，动员各种社会力量，立即采取措施，管理突发事件可能产生的各种不利后果，将突发事件所带来的损失最小化。比如，利用红十字会、红新月组织为灾民提供急救服务等。

（3）后期动员，即恢复动员。在恢复阶段，社会动员表现为：在突发事件发生后，动员社会力量，立即采取措施，使社会情况修复到可以接受的水平。比如，动用非政府组织力量，组织给灾民捐款、捐物，为其提供必要的基本生活条件、对其进行灾后心理干预等。

（四）动员手段

从动员的手段来看，社会动员可分为"软动员"与"硬动员"。"软动员"是指常态动员，主要是指应急宣传教育，其主要作用在于向社会公众宣讲、普及公共安全知识，传播公共安全文化，提高其在紧急状态下逃生避险、自救互救的技能，明确自身在应急管理中的权利、义务与角色要求。"硬动员"是指非常态动员，指政府以强制力为基础，综合利用非政府力量的应急资源，有效地应对突发事件。"软动员"不仅是硬动员的基础，也是应急动员的力量"倍增器"。

五、社会动员的工作内容

（一）志愿服务

抢险动员、搜救动员、救护动员、救助动员、救灾捐赠动员是社会动员机制的主要内容。按照"政府引导、社会参与"的原则，在社会动员中重点发挥人民团体、红十字会等民间组织、基层自治组织和志愿者在灾害防御、紧急救援、救灾捐赠、医疗救助、卫生防疫、恢复重建、灾后心理支持等方面的作用。推动应急管理中的志愿服务工作，动员各方面的社会力量参与突发事件应对，努力形成全民动员、预防为主、全社会积极参与防灾减灾的良好局面，切实提高乡镇、学校、企业、社区等基层应急能力。

（二）捐赠管理（包括国际捐赠管理）

坚持专款专用的原则，明确使用范围，确定具体的资金使用意向，完善救灾捐赠管理和使用机制，使突发事件发生后的物资和资金捐赠工作科学有序地进行。根据《救灾捐赠管理办法》等相关法律法规，强化救灾捐赠管理工作，建立救灾应急捐赠机制、国内外救灾捐赠合作机制、经常性救灾捐赠机制、救灾捐赠对口支援机制、救灾捐赠激励机制，完善救灾捐赠社会动员机制和监督管理机制。

（三）国防动员

探索紧急情况下国防动员的启动条件、组织领导和运作程序，探索建立应急应战衔接机制，实现国防动员机制与政府应急管理机制的对接。按照"整合领导管理体系；规范方案计划体系，统一计划分级响应；统筹构建力量体系，分类建设整合使用；健全资源管理体系，统一管理共享共用；完善政策法规体系，规范职能明确义务"的原则，实现国防动员机制与政府应急管理机制在组织指挥、行动、能力、保障、法规上的对接。

在必要情况下，实施动员令制度。

（1）社会动员令主要公布的内容如下：突发事件的类型与预警级别；突发事件影响时间、范围和危害程度的预测；对灾害救援机构、专业和志愿者救援队伍的要求；各类机构、社会群体和公众应注意事项、应承担义务和避险自救须知；灾难避难场所、救援队伍的位置；政府拟采取的强制措施；社会动员的时限与生效时间；动员令发布单位，等等。

（2）社会动员令颁布后，要以快速、有效的方式将其传递给动员参与各方：一是依靠电视、广播、手机短信、网络等渠道向社会公众广泛宣传；二是从纵向上，按照"国务院—省—市—区县—街道、乡镇—社区、行政村"的顺序逐级传达动员令，分解动员任务；三是从横向上，通知各专项指挥部，依托有关的行政部门、社会团体、行业协会等传达动员令,分解动员任务,以形成一个纵横交错的社会动员网络。

思考与探索

如何做好社会动员工作?

1. 如何协调应急管理中的政治动员(行政动员)与自发动员的关系,建立我国应急管理工作中的自发动员机制?

在中国,行政体制具有高度集权的特点。政府能够在压力之下快速地调动各种资源,反应能力很强,"非典"中的"小汤山速度"就是一个生动的例证。这决定了中国的社会动员在纵向上体现为以政府主导为主的特征。

这种政府动员的模式在应急管理实践中,尤其是在巨灾条件下非常有效,但存在着一定的弊端,主要表现是:动员往往不计成本,倾向于采取"大兵团作战"的模式,牛刀杀鸡,打乱社会、经济和公众生活的正常秩序;灵敏性不高,柔性较差,往往在首次应对非常规突发事件时不知所措;社会公众习惯于被动地接受动员,主动性、积极性、创造性不能发挥。

社会动员体系应该是一个网络结构。由于中国行政体制纵向管理能力突出,这个网络的经线比较完备,可以采取自上而下的动员方式,只是需要向基层延伸;而这个网络的纬线就可以是打破部门分割、条块分割的行业协会、公民志愿者组织、社会团体、社区等单位,在一定程度上可以采取政府指导下的自发水平动员方式,以弥补垂直动员的不足。

因此,社会动员的基本思路应该体现以下三方面内容:一是继续发挥现有行政体制下政府动员的优势;二是发动多种力量参与应急管理,促进应急管理的全社会参与;三是遵循平战结合、军地结合的原则,实现应急与应战的一体化。

如何将公共治理的理念(其核心就是:政府、市场与第三部门在水平方向通过合作、协商实现对公共安全事务的共同管理)融入社会动员机制的建设中,紧紧遵循"一切为了群众、一切依靠群众"的群众观点和"从群众中来、到群众中去"的群众路线,长期考虑建设应急管理工作中的自发动员机制,则能体现中国对群众智慧和能力的信任和尊重,从政党角度为公民参与以及公民民主治理提供依据。

2. 如何做好应急管理的社会动员与国防动员体系之间的衔接工作?

"动员"一词发源于军事领域,最初主要是指"战争动员""国防动员",其基本含义是"集合、装备及准备出师作战",主要指一个国家为赢得战争而采取紧急措施,由平时状态转入战时状态,统一调度人力、物力和财力的活动。随着人类社会的演进,"动员"的概念从军事领域延伸到社会领域,并形成"社会动员"这一概念。

动员主要是对现有资源改变用途并加以整合。国防动员具有灵活而权威的指挥、管理、协调功能,其物流系统具有储备齐全、运送及时有序的特点,其生产系统可以紧急开发生产民用品。近年来，从国家战略的高度出发，美国积极地整合国防动员与应急社会动员，利用军事资源应急，有时甚至应急与应战不做区分。比如美军的战略卫生系统，亦即"国家灾害医疗系统"，由上千家民间医院在自愿的基础上组成，可以在灾时和战时提供10万张床位，这同时提高了美国的灾难救援能力和战场救护能力。

所以，应急管理的社会动员应该拓展军事资源的应急功能，充分调动军事资源，发挥武装力量"处突维稳"的功能，调动国防动员的应急能力，实现国防动员与应急动员的整合，做到应急与应战的统一。

中国在应急机制与国防动员体系的衔接方面不断探索和深化。1994年11月，中国成立国家国防动员委员会，作为在国务院、中央军委领导下，主管全国国防动员工作的议事协调机构，主任、副主任由国务院、中央军委领导兼任。各军区、县（含县）以上人民政府相应设立国防动员委员会。在北京，根据京政办发〔2006〕55号文件精神，北京市人防办改名为民防局，被赋予了应急管理职能：第一，民防局"受北京市应急委员会的委托，组织开展全市防灾和应对突发事件的宣传、教育、培训工作"；第二，"负责市应急指挥备份中心和重大地震指挥所的建设管理"。同时，民防局还是北京市国防动员委员会的常设办事机构和市政府人民防空主管部门。当北京市发生巨灾时，在市应急委和国动委的统一指挥下，由市民防局具体负责协调，启动国防动员体系的应急功能。党的十八大以来，以习近平同志为核心的党中央成立了中共中央国家安全委员会统一负责国家安全工作，坚持国家利益至上，以人民安全为宗旨，以政治安全为根本，军民融合不断深化和发展。

延伸阅读

[1] HM Government. Emergency Preparedness: Guidance on Part I of the Civil Contingency Act 2004, Its Associated Regulations and Non-statutory Arrangements.

[2] 薛澜. 从更基础的层面推动应急管理——将应急管理体系融入和谐的公共治理框架. 中国应急管理，2007（1）.

[3] 薛澜，周玲. 风险管理："关口再前移"的有力保障. 中国应急管理，2007（11）.

[4] 周玲，马奔. 政府公共事务风险管理国际经验对中国的借鉴. 山东社会科学，2009（2）.

[5] 北京市关于加强公共安全风险管理工作的总体要求，京政办发〔2010〕10号.

[6] 秦绪坤，周玲，宿洁，沈华. 我国城市综合风险管理体系建设的发展脉络及路径探索研究. 安全，2020（3）.

[7] 周玲，彭宗超，薛文军. 国外公共部门应急管理培训体系的初步比较. 中国

行政管理，2010（3）.

［8］周玲. 汶川地震震出应急意识软肋：加强政府应急管理宣教工作. 中国应急管理，2009（2）.

［9］郝晓宁，薄涛. 突发事件应急社会动员机制研究. 中国行政管理，2010（7）.

［10］徐家良. 危机动员与中国社会团体的发展. 中国行政管理，2004（1）.

［11］唐明勇，孙晓晖. 危难与应对：新中国视野下的危机事件与社会动员个案研究. 北京：中共党史出版社，2010.

［12］闪淳昌，周玲，钟开斌. 对我国应急管理机制建设的总体思考. 国家行政学院学报，2011（1）.

第七章
监测与预警

学习目标

1. 理解应急管理中事件监测的重要性、基本内容和方法。
2. 了解突发事件研判的目标、原则和基本流程。
3. 了解信息报告的目标、原则、流程与渠道。
4. 理解突发事件预警的重要性、基本内容和基本流程。
5. 理解应急管理中国际合作机制的重要性。

学习重点

1. 掌握事件监测机制的基本原则、基本内容及基本流程。
2. 掌握事件研判的技术方法。
3. 掌握信息报告的内容与标准。
4. 掌握事件预警的基本方法。
5. 掌握国际合作机制的基本内容。

案例

澳门"山竹"台风监测预警机制

2018年9月16日,超强台风"山竹"正面来袭,10号风球生效时间长达9小时。澳门特区经受严峻考验,在澳门特区政府的统筹部署下,澳门未造成人员死亡,财产损失降到最低,供水供电通信基本正常,市面和市民情绪稳定。

此次应对中,澳门特区政府认真汲取"天鸽"台风的经验教训,应急准备充分,监测预警及时。气象局在15日晚上9时就已发出红色风暴潮警告,民防行动中心随即全面运作,共历时46小时。海关、消防局、治安警察局等部门也随即在各自分区执行低洼地区疏散撤离计划,共撤离了5 650户住在低洼地区及低层的住户。

澳门民防行动中心在应对中实现了五个"首次",分别是:首次使用公共广播系统播放低洼地区的撤离警号;首次向市民发出全民紧急短信预警红色风暴潮的到来;首次实施视听直播,新闻工作者在民防中心发布最新台风信息;首次采用一键发送模式,由民防中心操作员直接将信息推送至澳广视电视屏幕;首次联同民防架构成员,不断滚动集中发放台风信息。这些"首次"让市民实时了解风暴潮情况,做出最快反应。此次台风"山竹"澳门无人死亡,造成26人受伤,绝大部分为轻伤,对比2017年"天鸽"造成10死244人伤,伤亡程度大幅降低。这次民防行动中心的五个"首次",取得了理想的效果。

监测与预警机制是应急管理的主体根据应对突发事件的经验、教训、过去积累和现时的有关数据、情报和资料,运用逻辑推理和科学预测的方法与技术,对突发事件出现的约束条件、未来发展趋势和演变规律等做出的科学估计与推断,对突发事件发生的可能性及其危害程度进行的估量和发布,从而及时提醒公众做好准备、改进工作、规避危险、减少损失的工作机制。

《中华人民共和国突发事件应对法》明确要求建立健全突发事件监测制度和预警制度。为此,必须依靠科技、依靠群众,完善监测网络,健全基础信息数据库;加强科学研判;并按照突发事件的紧急程度、发展态势和可能造成的危害程度发布预警;实现"信息监测—科学预测—有效预报"的有机统一,最大限度地减少突发事件及其造成的伤亡和损失。

第一节 监测机制

一、监测的定义

广义的监测是对潜在风险、危险源、危险区域等进行实时跟踪,获取相关信息后及时报送、处理并发出预警的整个流程。狭义的监测是指以科学的方法,收集重大危险源、危险区域、关键基础设施和重要防护目标等的空间分布、运行状况以及社会安全形势等有关信息,对可能引起突发事件的各种因素进行严密的监测,搜集有关风险和突发事件的资料,及时掌握风险和突发事件变化的第一手信息,为科学预警和及时采取有效措施提供重要信息基础。[①] 监测是一项从源头上治理危害的保障工作。简言之,监测通过对某些可能引发不利事件的风险源进行观察和测量,预防不利事件的发生,是一个实时的动态过程。监测机制是指以监测活动为中心构建的工作机制。

---

① 郭济. 中央和大城市政府应急机制建设. 北京:中国人民大学出版社,2005.

案例

中国公共卫生监测体系网络

公共卫生监测系统是掌握公共卫生事件发展趋势,对突发公共卫生事件进行预警的前提。吸取2003年"非典"事件应对中的经验教训,国家加大了对公共卫生监测系统的投入。2003年11月,国家疾病监测数据中心机房在国家疾病预防控制中心建成。2004年1月1日,中国疾病预防控制信息系统建成。2006年,卫生部(现卫健委)宣布直报网络基本建成。截至2008年12月底,全国所有地区疾病预防控制中心、97%的县级以上医疗卫生机构和82%的乡镇卫生院实现了传染病疫情及突发公共卫生事件的网络直报,突发公共卫生事件监测报告系统基本建成。在流感监测网络建设方面,实现了对全国31个省、自治区、直辖市的覆盖,共完成63家网络实验室和197家哨点监测医院(包括31个农村哨点)的建设。这一监测系统在2009年甲型H1N1流感监测中发挥了重要作用,为防控战略和策略的制定与调整提供了科学依据(见图7-1)。

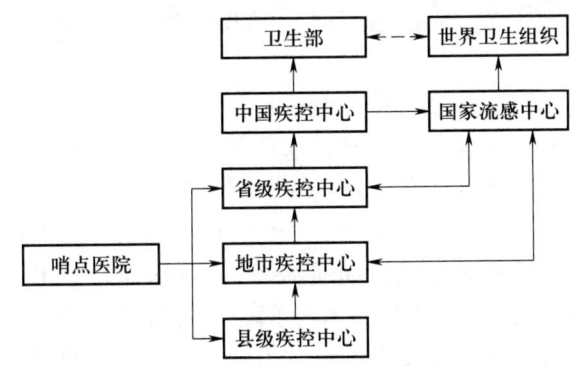

图7-1 中国流感监测网络结构

二、监测的作用

监测是开展风险评估的基础,通过对风险源的安全状况进行实时监测,尤其是对那些可能使风险源的安全状态向非正常状态转化的各种参数的监测,快速采集信息,为灾害的预测预警提供条件。监测也包括监测事态变化过程,为应急处置方案的不断调整提供依据。概括起来,在突发事件应急管理的事前、事发、事中和事后四个阶段上,监测都可以发挥重要作用。

(一)监测潜在风险,及时进行预警

对危险源进行监测,及时了解危险源的安全状态。一般情况下,危险源在可控制的范围内是相对安全的,一旦条件发生变化,其状态超出了可控制的范围,则进入不安全状态。因此,通过风险监测方法可以实时监测风险源的安全状态,并通过一定的

计算方法发出预警信息,为突发事件的预测预警提供决策依据。监测监控对于危险源的控制至关重要。

(二)对突发事件实时监测,为及时有效应对提供依据

突发事件发生后,通过实时监测,及时迅速获取应急处置方案的实施效果,如果启动的应急决策方案尚未实现预期的目标,将根据监测的结果重新调整应急方案,并及时启动新的应急决策方案,因此实时监测监控为应急方案的不断调整提供了决策支持,为事后的评价分析提供了参考依据。

监测将直接影响突发事件处理的速度和进程,并影响政府对应急处置工作的决策和公众对政府形象的评价。

三、监测的目标与原则

(一)监测的目标

监测的目标,是加强对各类突发事件发生、发展及衍生规律的掌控和研究,完善监测预警网络,提高综合监测和预警水平,确保风险隐患早发现、早研判、早报告、早处置、早解决。

突发事件的监测首先就需要确定监测的目标和对象,对重大危险源、关键基础设施、重点防护目标进行实时监测,以获得这些单位、设施、目标的重要基础数据,如空间信息数据、固定的基本属性等。通过对空间信息数据的采集,可以为隐患分析和风险评估提供科学的依据。物理、化学、生物、信息等学科的不断发展,为突发事件的监测提供了先进的科学技术手段,如遥感技术、GPS定位技术、毒气监测技术、生物探测技术、信息监测技术等,上述技术与手段在风险监测中发挥了重要作用。

重点防护目标应包含国家重要部门、国家骨干线路、能源储备库、核设施、航天基地、重要交通枢纽、国家重点工程等,以及党政军机关要地、部队驻地、城市经济中心、电台、电视台等重点部门和重点单位,地铁、地下商场、人防工程等重要地下设施,以及供水、供电、供气、供热等生命线工程设施,重要有毒害污染物生产或仓储地,城区易积水交通干道及危房稠密居民区等,特别是与经济社会密切相关的场所,如金融机构、银行、商场、重要厂房等,在突发事件中都是重点防护目标。

在社会安全事件中,对恐怖势力和社情、舆情等也必须加强监测监控,以确保社会的安全稳定。

(二)监测的原则

加强突发事件监测机制建设,需要遵循以下工作原则:

一是依法监测的原则,要依据突发事件监测相关的法律、法规、规章开展监测工作;

二是客观、公正的原则,不断完善监测标准,如实、客观记录风险隐患情况,进行比较分析,真实反映突发事件趋势状况;

三是重点监测的原则,由于影响突发事件的因素繁多,因此,实际工作时应当主

要对那些危害大、出现频率高的风险隐患实行优先重点监测；

四是信息保密的原则，对属于保密信息的监测数据，监测机构及其工作人员不得擅自泄露；

五是专业监测与社会监测相结合的原则，在重视基于科学基础的专业监测的同时，重视广大群众在风险监测中发挥的重要作用，构建全方位、立体式的监测体系；

六是要加强网络舆情监测。随着互联网特别是移动互联网的发展，社会治理模式正在从单向管理转向双向互动，从线下转向线上、线下融合，从单纯的政府监管向更加注重社会协同治理转变。进入"自媒体"时代，人人都能够到网上发声。通过关注网络舆情可以了解社会动态，了解群众对社会中各种现象、事件所表达的态度、意见和情绪等，有效应对网络突发舆情和网络安全事件。

四、监测机制的主要内容

从监测手段来看，包括定量的和定性的监测。例如污染物浓度、洪水覆盖面积等属于定量监测，是通过对突发事件和承载体的各种参数和环境参数进行观察、测量、记录并对采集的数据进行分析，评估监测对象的风险水平。而突发事件的发展态势、网络舆论预警等一般属于定性监测的范畴。

从监测形式来看，可以是离散事件，也可以是连续事件，可以采用随机抽取的方式进行监测，也可以是连续监测。

从技术方法来看，突发事件的监测监控主要运用应用系统论、控制论、信息论的原理和方法，结合自动检测、监测技术、传感器技术、计算机技术、通信技术等现代高新技术，对风险源的安全状况进行实时监测，快速采集各种数字化和非数字化的信息，尤其是那些可能使风险源的安全状态向非正常状态转化的各种参数及其变化趋势，从而给出风险评估结果，及时发出预警信息，将风险化解，将隐患消灭在萌芽状态。

由此，建立监测机制，应包括如下内容。

（一）构建突发事件监测网络

突发事件监测网络，包括各种类型突发事件的专业监测网络以及综合性的监测网络。根据自然灾害、事故灾难、公共卫生事件和社会安全事件的种类和特点，建立健全基础信息数据库，完善监测网络，划分监测区域，确定监测点，明确监测项目，加大监测设施、设备建设，配备专职或者兼职的监测人员，对可能发生的突发事件进行监测。

（二）完善突发事件监控系统

对危险源、危险区域采用实时监控系统和危险品跨区域流动监控系统。运用现代安全管理理论和现代科技手段，通过重大危险源、危险区域现场实时监测与视频监控系统以及危险品跨区域流动监控系统，对重大危险源、危险区域进行实时监控或远程监视、预警和控制，维护重大危险源和危险区域、关键基础设施和重点防护目标的数据，预防重大事故的发生，确保重大危险源、危险区域的安全运行。

（三）健全突发事件信息监测制度

加强应急值守，把加强应急值守作为常态和非常态工作的基础和保障。严格执行24小时值班制度和领导带班制度；明确领导带班职责和相应的考核奖惩办法；选调政治敏锐、责任心强、熟悉业务的人员充实到值班工作岗位上去；严格岗位责任制，值班领导和值班人员要恪尽职守，认真履行职责，做到不脱岗、不漏岗，确保值班的连续性、有效性，实现突发事件的快速应对。

（四）推进信息报告员队伍建设

各信息报告责任主体要指定专门信息报告员，负责应急管理有关信息的收集、整理、汇总、汇报；充分利用互联网、报刊等媒体信息资源优势，不断加强和完善社区、乡村、学校、企业等基层单位的专职或兼职信息报告员制度，扩大信息来源。每年组织信息报告员轮训，建立信息报告员培训机制，普及应急管理知识，提高信息报告质量。

五、监测的方法

监测的技术方法主要包括传统的群众监测方法和依靠科学技术的专业监测方法。

传统的群众监测是一种发动广大群众，特别是受到威胁的个体或集体，采用简单的设备通过观测直接参与潜在突发事件监测的监测方法。例如发动当地群众报告崩塌滑坡地区出现的各种细微变化，通过定期的目测监测和简易的观测发现潜在地质灾害风险，及时进行防范，避免发生重大损失。目前，在许多地质灾害多发的农村，数万名兼职信息员第一时间发出灾害信息，为保障人民生命财产安全做出了重要贡献。

专业的监测方法是指利用3S[①]、视频、无线、卫星等监测方法，对潜在风险进行测量和监控。在实际监测工作中，要注重专业监测与传统监测相结合，构建由各级政府、相关主管部门、专业机构、监测网点以及基层部门等构成的综合监测体系，通过多种途径及时、全面、准确地收集突发事件信息。

思考与探索

目前我国的监测工作应该在哪些方面有所改进？

科学的专业监测与全面的社会监测相结合是监测工作的重要原则之一。如何提升专业监测的水平，更好地发挥社会监测的作用，实现高效的监测活动是监测工作的重要内容。基于此，需要从以下方面对中国现有的监测机制进行反思。

第一，重视监测网络能力的建设。监测网络的能力会直接影响监测的效率和效果。以地震监测为例，日本先进的地震速报系统与海啸预警系统在"3·11"事

[①] 3S是指遥感技术（Remote Sensing，RS）、地理信息系统（Geographical Information System，GIS）和全球定位系统（Global Positioning System，GPS）。

件中发挥了重大作用,为民众的及时避难提供了充分的时间。日本建有完善的烈度速报台网,震后 2 分钟即通过电视等媒体发布地震烈度分布,供政府和民众迅速了解灾情。与此相比,目前我国大陆的震情监视和预报系统并不完善。在震情监视手段上,缺乏掌控受灾现场的高科技手段,仍然通过现场调查和当地人员反馈等传统方式了解地震受损情况,一般需 3 天才能提供初步的地震烈度分布图,不能及时为政府和民众提供灾害规模和分布信息。

第二,注重动态的灾害危险度评估工作。风险评估是灾害监测和预警的前提和基础,已经成为日本制定都市防灾规划与对策的重要依据。从其各地评估和发布的风险地图,我们可以看到政府不仅标示了地震、海啸、火山爆发等灾害的易发区域,同时还注明了应急疏散路线。而我国对于自然灾害的风险评估工作才刚刚起步,评估在预案制定中的作用尚未体现。我国"十二五"防灾减灾规划中,已经将风险地图的相关工作列入计划。应该清楚认识到,监测信息收集对于自然灾害的风险评估作用重大。

第三,构建多角度、多学科专业监测与社会监测相结合的监测制度。长期以来,中国坚持"群测群防、专群结合、土洋结合"的方针,建立了相应的机制和工作队伍。然而,如何科学地利用专业监测和社会监测的结果是一个需要进一步研究的问题。特别是针对互联网的快速发展,需要加强网络舆情的监测。

第二节 研判机制

一、研判的定义

研判是指借助现代先进信息技术和经验教训,在及时、准确、全面捕捉突发事件征兆后,对已采集、整合的信息进行分析研究,多角度、多层次、全方位地评估本地区、本单位、本部门的公共安全形势,及时发现倾向性、苗头性的问题,为预警信息发布和采取预警措施提供决策依据。

研判的主体主要是突发事件处置的决策者、相关部门和专家等。

案例

沈阳万鑫国际大厦火灾

2011 年 2 月 3 日零时 13 分,10 余个刺耳的报警电话几乎在同一时间打来,指向都是沈阳万鑫国际大厦。沈阳消防支队支队长意识到问题的严重,对事件现场的相关情况进行快速研判：这是目前东北第一高的五星级酒店，A、B、C三座，分别高184米、150米、150米，总建筑面积23万平方米，10楼以下通过裙廊连接，有酒店、公寓、写字间；这个区域是沈阳最为繁华的地段，万鑫北侧10米有万豪、喜来登等五星级酒店，西侧9米是住宅区，一旦火势控制不住，后果不堪设想。因此，他立即决定对该大厦及其周边人群及时进行疏散。接到报告后，辽宁省委省政府有关领导也在第一时间赶到火场，指导现场有序处置。由于各部门、各单位协调联动，疏散及时，判断准确，沈阳万鑫"2·3"大火没有造成人员伤亡。

资料来源：作者根据相关资料整理而成。

广东深圳光明新区渣土受纳场"12·20"特别重大滑坡事故研判

2015年12月20日，位于深圳市光明新区的红坳渣土受纳场发生滑坡事故，造成73人死亡，4人下落不明，17人受伤（重伤3人，轻伤14人），33栋建筑物（厂房24栋、宿舍楼3栋、私宅6栋）被损毁、掩埋，90家企业生产受影响，涉及员工4 630人。事故造成直接经济损失为8.81亿元。事故发生后，经各方努力，2016年1月14日，事故救援及现场处置完毕，外运土方278万立方米，现场见底验收面积18.4万平方米。17名伤员得到妥善医治。受事故影响的90家企业、4 630名员工得到妥善安置。

2015年12月25日，在国务院深圳光明新区"12·20"滑坡灾害调查组排除山体滑坡、认定不属于自然地质灾害的基础上，依据有关法律法规并经国务院批准，成立国务院广东深圳光明新区渣土受纳场"12·20"特别重大滑坡事故调查组。

调查组查明，事故直接原因是：红坳受纳场没有建设有效的导排水系统，受纳场内积水未能导出排泄，致使堆填的渣土含水过饱和，形成底部软弱滑动带；严重超量超高堆填加载，下滑推力逐渐增大、稳定性降低，导致渣土失稳滑出，体积庞大的高势能滑坡体形成了巨大的冲击力，加之事发前险情处置错误，造成重大人员伤亡和财产损失。

调查认定，中标企业深圳市绿威公司无视受纳场安全风险，对事故征兆和险情处置错误；深圳市和光明新区党委政府对有关部门存在的问题失察失管，未有效整治和排除群众反映的红坳受纳场存在的安全隐患；漠视隐患举报查处，整改情况弄虚作假。由于缺乏对风险信息的综合研判，导致事故的发生和扩大。

资料来源：新华网。

二、研判的目标与原则

研判的目标，是从思路、方法、程序等各个环节整体把握、统筹考虑，以制度规范为约束、以程序操作为重点、以科学评判为目的，建立立体化、多层次、全方位的信息收集和分析网络，运用科学的信息评估方法，提高信息评估的及时性和准确性，实现对突发事件的早发现、早研判，为科学决策提供依据。

研判机制建设应当遵循以下几项工作原则：

1. 扩宽信息渠道

研判是信息管理的枢纽,也是突发事件应急处置的先导,因此需要清晰地定位研判目标。这就要求研判者不仅需要全面、准确地认识突发事件现状,更要从多角度、多渠道汇集信息,将自然灾害、事故灾难、公共卫生事件、社会安全事件等各种不同类型的突发事件纳入研判范围。同时,在事件研判工作中,必须合理确定研判对象的属性与范围,增强研判工作的针对性,从而提高研判的质量和效率。

2. 及时核实信息

严格的考核指标可以保障研判工作的有效性和客观性。在此基础上,需要创新指标衡量机制,积极发挥科学技术在研判中的基础支撑作用,科学界定研判内容,增强研判工作的综合性和实效性。

3. 保障组织建设

事件的研判需要依靠合理有效的组织完成。因此,必须在保障研判主体客观性、公正性、独立性,并且代表民众利益的基础上,通过组织设计,保障研判结果的合理性。同时,必须创新组织运行机制,改进研判工作方法,增强研判工作的操作性和可持续性。

4. 加强多学科专家综合研判

当前突发事件存在起因复杂,发展趋势和路径多样化、复杂化,后果难以预测等特点。所以,研判工作需要注重从多学科的角度出发,需要创新分析评价机制,保证研判基础的全面性和科学性。

5. 增强研判工作的实效性

研判的结果可以用于对突发事件进行预警,也可以用于突发事件各阶段的决策指挥。因此,必须做好研判的应用工作,使之在各个阶段的科学决策中真正发挥作用。要创新监测预警机制,强化研判结果运用,增强研判工作的实效性。

总之,研判要通过复杂现象把握本质,抓住要害、找准原因,果断决策。当今社会,自然灾害、事故灾难、公共卫生事件和社会安全事件等各类风险和突发事件的关联性越来越强,往往是互相影响,互相转化,从而导致次生、衍生事件发生或成为各种事件的耦合。而且,经济社会越是向前发展,现代化程度越是不断提高,越是不能忽视可能发生的风险,不能忽视各类致灾因素的相互联系、相互作用、相互交织和相互影响。

案例

天津港"8·12"瑞海公司危险品仓库特别重大火灾爆炸事故研判

2015年8月12日,位于天津市滨海新区天津港的瑞海国际物流有限公司危险品仓库发生特别重大火灾爆炸事故,造成165人遇难,8人失踪,798人受伤住院治疗,多栋房屋受损,直接经济损失68.66亿元。在事故发生后的应急救援过程中,首批消防力量到场后,指挥员立即开展火情侦查,并向在场的企业员工了解情况,但均未告知究竟是什么物质着火。在这种情况下，为避免火势继续扩大、威胁周边危险品集装箱，指挥员命令采取"冷却控制、疏散群众"的措施。在现场火势越发猛烈、威胁救援人员安全的情况下，指挥员果断下达撤退命令，全部撤离至运抵区外围，利用水炮、泡沫炮远程冷却、覆盖保护，并紧急疏散周围群众和企业员工，避免了更大的人员伤亡。

然而在后期的应对中，事故导致24名公安现役消防官兵和75名天津港消防员壮烈牺牲，5名天津港消防人员失踪，代价惨痛，教训深刻。主要原因：一是事故企业违规超量储存易燃易爆、剧毒等危险化学品，远远超出设计上限，尤其是严重违规存放大量不允许存放的硝酸铵，埋下巨大隐患。二是消防力量对事故企业储存的危险货物底数不清、情况不明，致使先期处置的一些措施针对性、有效性不强。事故发生后，到场的指挥员立即向企业现场人员了解有关着火物质情况，但企业人员未能提供准确信息，尤其是没有告知货场内存有大量硝酸铵，致使指挥员难以对火场状况做出危险预估。三是从幸存消防员、企业在场人员了解的情况和现场监控视频分析，爆炸发生前现场火势始终处于稳定燃烧状态，在毫无征兆的情况下，短时间内接连发生了两次大爆炸，消防人员虽然已经撤离发生火灾的运抵区，但仍处于爆炸核心区，猝不及防，造成了大量人员伤亡。

消防部门总结教训，为提升灭火救援能力，提出了以下措施：进一步提升处置危化品火灾爆炸事故的专业能力；加强火场侦查装备、远程灭火装备、个人防护装备等特殊装备建设；加强企业专职队建设，增强早发现、处置初期火情的能力；建立危化品企业、监管部门、消防部门信息共享机制。

资料来源：天津港"8·12"瑞海公司特别重大火灾爆炸事故调查组负责人答记者问. 新华网.

三、研判的主要内容

研判的内容包括判断突发事件是否发生及其发展态势，次生、衍生灾害是否发生及其发展的态势，突发事件发生后可能造成的后果等。

（一）完善信息收集制度，注重对信息的分析

需要建立健全灾害信息收集制度。灾害信息的收集是进行研判的信息基础，必须建立各种历史数据、各类统计数据、各种现场监测监控信息的收集制度；完善政府突发事件信息报告制度，相关部门单位突发事件的信息直报制度，各级政府和部门的监测监控网络数据和预测分析相关基础数据（如三维空间数据、气象等专业领域数据）；强化基层单位的信息巡查力度，提高信息报告质量；完善相关部门和地区之间的横向信息通报制度，建立突发事件信息共享机制；加强对热线受理的举报投诉信息、专家群众来信来访信息以及报刊、互联网登载信息的收集力度，特别是信息化时代新兴媒体海量信息的收集和分析力度。

（二）加强专业研判机制建设，注重多部门、多学科的综合研判

必须建立健全灾害信息评估研判制度，为灾害预警提供依据。根据突发事件的发

生发展规律，分析重大危险源和危险区域、关键基础设施和重点防护目标，对省、部门的监测数据以及案例库、知识库、空间信息等数据进行隐患分析和风险评估，对突发事件发生后形成的各种物理参数的强度与时空进行分析，预测事件可能的影响范围、影响方式、持续时间和危害程度等，综合研判事件后果（包括人员伤亡、经济损失、重要工程受损情况、生命线系统受损情况、重点防护目标及次生、衍生灾害发生的可能性等），为灾害预警提供科学依据。

（三）加强预测能力机制建设，注重对次生、衍生灾害的分析

在研判过程中，要注重预测能力，掌握知识和技能，比如地震后对次生、衍生灾害的研判问题；同时注重基础资料的收集（包括居民状况、自然地理、文化风俗、民族宗教、文化教育和经济发展等）；注重灾害链之间的关系和影响。

（四）完善研判组织机制建设，注重动态与全过程研判

研判的组织体系是保证研判成功的关键。单部门的研判会受到部门职责和专业知识的局限，难以对突发事件进行全面评估。因此，必须建立多部门与多专业相结合、政府与专家群众相结合的综合研判机制，保证研判组织建设的科学性。同时，研判活动是贯穿突发事件全过程的，要注重根据收集的信息，及时按需进行动态研判。

思考与探索

如何提高研判的科学性与有效性？

研判是贯穿突发事件应对全过程的一项重要工作，对保证预警信息发布、处置措施制定的科学性起决定作用，因此保证研判工作的科学性至关重要。研判工作不仅需要做到及时，更需要有超前的意识，能利用科学证据判断突发事件的发展趋势。

从目前中国突发事件的研判来看，往往由于研判技术不成熟、缺少所需信息资料而影响研判工作的科学性。基于此，在以后的工作中不仅需要加强对研判所需硬件资源的开发，更要注重研判决策方法与决策形成机制的科学性，通过开发专家网络会商机制、灵活利用研究部门资源等多种方式，提升研判的科学性。同时，要注重研判结果使用的效率。

专栏

在"四早"原则基础上建议加个"早研判"

2020年新冠肺炎疫情爆发后，各地各部门落实早发现、早报告、早隔离、早治疗的"四早"原则，对加强疫情防控工作发挥了重要作用。但是，总结应对突

发事件的经验教训，坚持早发现、早研判、早报告、早处置、早解决的"五早"原则更为全面。

早研判就是关注风险的敏感性、严重性、关联性。各种风险往往不是孤立的，很可能是相互交织并形成一个风险综合体。随着经济社会的发展，自然灾害、事故灾难、公共卫生事件和社会安全事件等各类风险和突发事件的关联性越来越强，往往是互相影响、互相关联、互相转化的，往往导致一系列次生、衍生事件或成为多个事件的耦合。武汉爆发的新冠肺炎疫情演变的过程就是例证。

早研判要求各级领导要发挥主观能动性，要有勇气、责任和担当，要实事求是，要透过现象把握本质，要抓住苗头、抓住要点、分析原因、科学决策。"对突出矛盾要有责任意识，主动去解决而不是回避推卸，努力做到发现在早、处置在小。对突发事件要临危不惧、沉着冷静、敢于负责，关键时刻要亲临现场、靠前指挥、果断处置。""疫情防控形势不断变化，各项工作也不断面临新情况新问题，要密切跟踪、及时分析、迅速行动，坚定有力、毫不懈怠做好各项工作。"

毛泽东早在中共七大会议上的结论中就强调，"坐在指挥台上，只看见地平线上已经出现的大量的普遍的东西，那是平平常常的，也不能算领导。只有当着还没有出现大量的明显的东西的时候，当桅杆顶刚刚露出的时候，就能看出这是要发展成为大量的普遍的东西，并能掌握住它，这才叫领导"。所以，领导者的工作是：调查、研判、引导、率领、组织、指挥、协调等。当代危机具有突发性、破坏性、无序性、复杂性、高变异性、低预测性和紧迫性等特征。平时决策更多的体现是权力，但危机决策更多的体现是责任和担当。各级领导干部必须提高研判力、决策力、掌控力、协调力、舆论引导力和学习能力。

第三节　信息报告机制

一、信息报告的概念

信息报告是指当突发事件发生或可能发生时，政府及其各有关部门在接到下级政府及其有关部门、专业机构、社会组织或公众的报告后，依据有关法律法规、突发事件分级标准及有关规定，及时、准确、客观地向上级党委、政府及有关部门报送事件信息，为突发事件的预防和处置提供信息支持和保障的工作过程。信息报告包括纵向信息报告（自下向上的信息报告）和横向信息通报（向相关部门通报）两个方面。

除了"突发事件信息报告"工作以外，信息报告工作还包括"应急管理常态工作信息报告"的工作，这具体是指：各级政府及其有关部门在日常应急管理工作中，收集、分析、汇总本系统、本行业、本单位、本辖区的有关工作进展情况，各种影响公共安全的重要信息以及国内外应对重大突发事件的做法、经验、教训等，及时向上级政府及其有关部门报告的工作过程。其报告范畴主要包括：应急管理组织体系建设、应急预案制定与演练、信息报送体系建设、宣教动员活动开展情况、指挥技术支撑体系建设、突发事件风险评估、隐患排查等。在本节中，有关信息报告机制的内容主要围绕"突发事件信息报告"而展开。

信息报告是应急管理的基础性工作，贯穿于应急管理的全过程，是及时妥善处置各类突发事件的前提，直接体现和反映应急管理工作的能力和水平。建立健全信息报告机制，提高信息报告工作的规范化、程序化、制度化水平，对于及时掌握情况，科学决策，有效开展应对工作，具有重要意义。

案例

《上海市突发事件信息报告工作管理办法》

2014年，为规范突发事件信息报告工作，提高突发事件应对能力，依据《上海市实施〈中华人民共和国突发事件应对法〉办法》《上海市突发公共事件总体应急预案》《政府系统值守应急管理要求》等规定，上海市政府办公厅制定《上海市突发事件信息报告工作管理办法》。该管理办法明确突发事件信息报告要坚持"快报事实、慎报原因、实事求是、依法处置"的原则，同时明确了信息报告的内容、时限、方式、形式、责任部门和考核体系，大幅度提高了信息报送的质量和效率。

资料来源：作者根据相关资料整理而成。

二、信息报告的目标与原则

信息报告的目标，是依法建立健全信息报告和共享制度，重视社会舆情，不断拓宽信息报告渠道，规范突发事件信息报送和处置程序，做好信息汇总和研判工作；健全综合应急管理机构与专项应急管理机构的会商通报机制，加强军地、部门、区域和条块之间的信息交流与共享，做好信息汇总和研判分析工作，提高信息报告的及时性和准确性。信息报告必须遵循以下工作原则：

1. 即到即报、客观真实

突发事件信息报告要突出"快"和"早"，努力做到早发现、早报告、早研判、早处置、早解决（"五早"原则），为决策和处置工作赢得宝贵的时间，减少和避免突发事件及其造成的损失和影响，绝对不允许迟报、漏报、谎报和瞒报。

信息报告的内容要力求准确、真实、客观地反映突发事件情况，不得主观臆断，要"速报情况，慎报原因"或"情况要快，原因要慎"，并且通过及时续报详细情况，不断地完善信息内容，确保为科学决策与处置提供准确依据。

案例

大连新港码头油库爆炸事件

2010年7月16日晚6点，大连新港码头油库陆地输油管线发生爆炸，引发大火和原油泄漏，由于大火现场有大量的原油，易燃易爆，如果发生大规模的爆炸，方圆50平方千米都将成为平地，后果不可想象。大连市消防支队迅速出警并及时向上级报告险情，在接到市领导指令后，迅速调集全市128台消防车、700余人赶赴现场实施扑救。辽宁省应急办和辽宁省公安厅随后启动跨区域增援预案，调集全省13个支队和14个企业队220台消防车、1 100余人和应急装备物资陆续增援现场，到7月17日上午10时左右，大火基本被扑灭。此次事件，还调动沈阳军区以及吉林、河北、天津、山东等各地消防部队、公安机关，共投入4 200名公安民警、武警官兵、消防官兵。这次事件应对的成功经验之一就是大连消防支队在接到险情后第一时间向上级汇报，为辽宁省应急决策提供了有效的关键时间保证。

与此形成对比的是2008年9月8日，山西省临汾市襄汾县新塔矿业有限公司尾矿库发生特别重大溃坝事故，造成重大人员伤亡，其教训之一就是当地政府及有关部门监督管理不力，没有严格监测可能导致重大事故的信息并及时、如实、准确地上报。特别是在事件发生后，还出现了信息谎报、瞒报现象。9月8日中午，即事故发生4个小时之后，襄汾县委、县政府提供的伤亡数据仅为"1死1伤"。这一数字对外公布后，幸存者和现场目击者立即提出了强烈质疑，他们说，当时现场已发现的遇难人数绝不止这些。10日晚，临汾市领导在向有关方面汇报遇难者人数为128人时，当场受到安监总局负责人和山西省领导的质疑。谎报、瞒报信息不仅给应急决策造成困难，贻误战机，还在社会上造成了极其恶劣的影响。因此，有关领导和责任人被问责，襄汾县主要领导等还被追究刑事责任。

资料来源：作者根据相关资料整理而成。

2. 要素齐全、体例规范

相关部门应建立统一的突发事件信息系统，对信息报告的程序、时限、技术标准、文本格式等进行规范，做出统一规定。信息报告工作要按照相关规范与要求，确保要素齐全、体例规范，全面地反映突发事件应对和常态应急管理工作。

3. 跟踪反馈、随时续报

信息报告工作要贯穿于应急管理全过程，不能"出事才报，事过即止"。突发事件发生、发展、控制过程中信息的报告分为初次报告、进程报告、结案报告，初次报告要快，进程报告要新，结案报告要全。

4. 强化研判、深入分析

信息报告工作要对事件原因、性质、影响和后果等进行深入分析，做到有情况、有分析、有研判、有建议、有措施，根据情势的变化随时报告最新进展、采取的措施和需要解决的问题等，便于上级部门和相关领导科学决策。特别是在善后恢复和事故调查等环节，对突发事件的反思是"化危为机"的关键。

5. 政治敏感、过程保密

当信息报告内容涉及政治、军事、外事、民族、宗教、社会稳定、重要人物等方面时，要具有政治敏锐性和保密意识。对敏感时间、敏感地区、敏感人群发生的敏感事件必须予以高度重视，并特事特办。要注意处理好突发事件信息公开和保密间的关系，特别是对于那些应遵守保密规定的信息和一些难以准确预测、容易引发社会恐慌的突发事件信息，要慎重对待。在未经明确授权公开相关信息时，或在是否能够公开相关信息存在争议时，要确保信息在传递过程中不泄密、不丢失，避免造成负面影响。

> 对突发事件信息要"快速处理、科学研判"，对上有报告，对下有行动，对外有新闻，对有关部门或单位有信息。一定要以发现早、化解快、防止蔓延为目标，让小事不拖大，大事不拖炸。

三、信息报告的内容与标准①

（一）信息内容的分类

不同类型的突发事件应根据其特点进一步分解为不同的要素指标（见表7-1）。细分的意义在于：① 针对不同类型的突发事件，选择其关键信息进行报送，有利于上级政府和有关部门在第一时间全面掌握事件的关键信息并采取相应的应急措施。② 针对不同类型的突发事件，选择正确的报送对象和合适的报送范围，提高信息报送效率，有利于事件所涉及的部门及时、有效地获取信息并展开系统应急管理工作。

表 7-1 各类突发事件要素指标分解

突发事件类型	具体内容	级别	时间	地点	受灾人口	转移人口	受灾面积	经济损失	死亡人数	受伤人数	简要情况	措施
自然灾害	水旱灾害	√	√	√	√	√	√	√	√	√	√	√
	气象灾害	√	√	√	√	√	√	√	√	√	√	√
	地震灾害	√	√	√	√	√	√	√	√	√	√	√
	地质灾害	√	√	√					√	√	√	√
	森林草原火灾	√	√	√	√		√	燃烧时间	√	√	√	√
	海洋灾害	√	√	√					√	√	√	√
	生物灾害	√	√	√			√				√	√
事故灾难	安全事故	√	√	√	√				√	√	√	√
	环境污染	√	√	√					√	√	√	√

---

① 本部分参考：屈泞. 面向中央政府的突发公共事件信息报告机制研究与实证分析. 北京：清华大学，2008.

续表

突发事件类型	具体内容	级别	时间	地点	受灾人口	转移人口	受灾面积	经济损失	死亡人数	受伤人数	简要情况	措施
公共卫生	卫生事件	√	√	√	人群				√	中毒	√	√
	动物疫情	√	√	√	扑杀	免疫		√			√	
社会安全	群体性事件	√	√	√	参与人数	参与群体					√	√
	金融事件	√	√	√							√	√
	涉外突发事件	√	√	√					√		√	√
	市场稳定	√	√	√				√			√	√
	恐怖袭击	√	√	√	√	√					√	√
	刑事案件	√	√	√			性质	原因	√		√	√

注:"√"表示对每一类型的突发事件信息内容进一步分解所需要包含的要素指标;文字则为其细化的指标内容。

(二)信息内容的分级

对不同类别的突发事件按照性质、严重程度、可控性和影响范围等因素,分为Ⅳ级(一般)、Ⅲ级(较大)、Ⅱ级(重大)和Ⅰ级(特别重大)四个等级。一般(Ⅳ级)突发事件,表示其影响局限在社区和基层范围之内,可被县(区)级政府所控制;较大(Ⅲ级)突发事件,表示后果严重,影响范围大,发生在一个县(区)以内或是波及两个县(区)以上,超出县(区)级政府应对能力,需要动用市级政府和有关部门方可控制;重大(Ⅱ级)突发事件,表示其规模大,后果特别严重,发生在一个地市以内或是波及两个地市以上,需要动用省级政府和有关部门方可控制;特别严重(Ⅰ级)突发事件,表示其规模极大,后果极其严重,其影响超出本省范围,需要动用全省的力量甚至请求中央政府增援和协助方可控制,其应急处置工作由发生地省级政府统一领导和协调,当超出地方处理能力范围或者影响全国的,由国务院统一领导和协调应急处置工作。

在实际工作中,为了使上级较全面了解各方面信息,一般要求信息报送的级别要在处置级别基础上延伸一级。比如,特别重大事故是由国务院负责,但重大事故信息也要报告国务院(见表7-2)。

表7-2 事件级别与报送级别关系

报送级别	事件级别			
	特别重大	重大	较大	一般
国家级	√	√		
省级	√	√	√	
市级	√	√	√	√

（三）信息报告的格式

在突发事件应对过程中，信息报告的要素越准确、全面，越有利于应急管理部门做出科学决策，进行妥善处置。因此，规范和统一信息报告的内容和格式，按照事件初报、续报和结报的不同要求及时上报事态进展情况，对于做好突发事件信息的综合、分析和研判具有重要意义。

信息报告卡，主要用于各级应急管理部门向上级部门报告突发事件信息。其中不仅包含有关信息报告内容的八个关键要素（时间、地点、信息来源、事件性质、危害程度、事件发展趋势、已采取的措施、续报事件处置进展情况），还应包括其他一些附属要素，如签发人、信息提供者或单位等（见表7-3、表7-4）。各要素在初报、续报和结报时有所不同，初报应突出信息的及时性和政治敏锐性，而有些要素需要在续报和结报过程中添加、补全。

表7-3 信息报告要素表

信息报告要素	初报	续报	结报
签发人	√	√*	√
信息提供者或单位	√	√	√
信息类别	√	√	√
严重级别、敏感级别		√*	√
报送时间	√	√	√
发生事件的时间	√	√	√
地点	√	√	√
信息来源	√	√	√
事件起因和性质		√*	√
基本过程	√	√	√
已造成的后果	√	√	√
危害程度		√*	√
影响范围		√*	√
事件发展趋势和已经采取的措施		√*	√
续报事件处置进展情况		√*	√
下一步工作建议			√*

说明：√*表示在该列中新增的要素。

表7-4　突发事件通用信息报告卡

| 初步报告 | | 进程报告（次） | 结报 |

事件本身信息	事件名称：_____ 信息类别：1. 水旱灾害　2. 地震灾害　3. 地质灾害　4. 气象灾害　5. 森林火灾　6. 交通事故　7. 生产安全事故　8. 环境污染和生态破坏事故　9. 重大传染病疫情　10. 重大动植物疫情　11. 食品安全和职业危害　12. 重大群体性事件　13. 重大刑事案例　14. 涉外突发事件　15. _____ 突发事件等级：Ⅰ特大　Ⅱ重大　Ⅲ较大　Ⅳ一般 事件发生时间：____年____月____日____时____分 事件发生地区：____区（县）____街道（乡镇）____社区（村） 详细地址：_____ 事件基本过程：_____ 事件原因：_____ 已经造成的后果：_____ 已经采取的措施：_____ 事态发展趋势：_____
信息源	事件最初报告单位：_____ 最初报告时间：____年____月____日____时____分 事件最初报告人：_____　联系电话：_____
上报信息	报告人：_____　联系电话：_____　报告人单位：_____ 填报时间：____年____月____日____时____分 签发人：_____（主任、副主任、其他〈请注明_____〉） 签发人联系电话：_____
信息接收情况选填卡	接报单位：_____ 接报时间：____年____月____日____时____分 接报人：_____ 接报人联系电话：_____ 信息准确性评价：_____ 上报时效性评价：_____ 接收报告情况小结：_____

（四）信息报告的时限要求

对于日常监测信息，一般按照常规定时报送，没有急迫的时限要求。对于突发事件的报告，则有明确的时限规定。《国家突发公共事件总体应急预案》规定：特别重大或者重大突发事件发生后，各地区、各部门要立即报告，最迟不得超过4小时，同时通报有关地区和部门。应急处置过程中，要及时续报有关情况。

国务院应急办（国务院总值班室）下发《关于切实加强突发事件信息报告工作的通知》（2015年16号）明确要求：重特大突发事件发生后，30分钟内要向国务院总值班室电话报告。1小时内要书面报告。要提升信息报告的"最先一公里"，简化流程，突破"中梗阻"。要充分依托新技术、新手段，加强对微博、微信、网络媒体的监测分析。各部门还有针对各类突发事件制定的不同的时限要求。例如《国家救灾防病信息报告管理规范（试行）》规定，有关的初次报告除采用"国家救灾防病报告管理信息系统"报告外，必须上报书面报告，时限为县以上人民政府及其有关部门确认发生灾害后24小时内上报。阶段报告采用国家救灾防病报告管理信息系统进行日报。必要时，按上级要求进行书面方式上报。总结报告应在事件处理结束后10个工作日内采用国家救灾防病报告管理信息系统上报，同时必须上报书面报告。

又如中国气象局值班室信息处理及时限要求是：突发事件应该在发现后的第一时间报送，2小时内完成首次报告，4小时内完成书面报告。因通信等客观条件不具备时，在做好应急处置的同时，要收集有关信息，并通过其他各种途径及时上报。紧急、重要事项应当立即报告办公室领导或汛期带班领导，必要时报告中国气象局领导并分送有关职能司（室）。属于重大气象灾害的，应同时通知或转发给中国气象局决策服务中心。

案例

上海市政府应急办总结的突发事件信息报告要素口诀

日常值守为应急，信息报告最核心。
获取信息及时报，切忌一放不关心。
力求准确时效性，快报事实慎报因。
三十分钟口头告，一小时内书面报。
5W1H要牢记，要素不全多方问。
自然灾害重预警，黄橙红色告部门。
安全生产无小事，危化事故要留心。
火灾现场调探头，一问面积二问人。
交通事故看影响，地点车种要区分。
公共卫生和环境，性质群体要标明。
社会安全要关心，敏感因素多上心。
现场指挥要问清，处置措施需讲明。
按照《办法》规定报，如有续报再更新。

注："5W"，即When（事发时间）、Where（事发地点）、Who（事发主体）、Why（事发原因）、What（事件类型及造成损失）；"1H"，即How（如何处置、处置单位、指挥领导、处置措施）。

四、信息报告的流程与渠道

（一）政府内部信息报送渠道与流程

目前从乡、县、市、省到国务院，信息每经过一层都要进行编辑整理再签发上报，不仅时效性差，而且在层层上报过程中一些内容还随之衰减。所以，信息如何以最有效的方式、及时而如实地报到上级政府，直至国务院，是一个非常重要和现实的问题。总体而言，目前我国政府内部信息报送的渠道一般包括如下几种：

1. 会议渠道

政府的运行过程在很大程度上需要通过会议制度完成，以实现沟通、决定、贯彻、动员等任务。就信息交流而言，会议召开的频率越高、会议持续的时间越长，其信息交流的频率越高、范围越广。在正式会议之外，存在着大量的非正式会议，如工作会议、传达会议、座谈会、碰头会、经验交流会等。它们在政府运行中发挥着主导和影响决策议程设置的作用，也在一定程度上主导和影响着正式会议的议事内容和基本共识。[1] 因此，非正式会议的实际地位要求其信息的传递比较充分，双向沟通也比较充分。越是高层的非正式会议，其沟通的范围越小，沟通的决策功能越明显；越是低层的会议，其沟通范围相对来说越大，其沟通的决策功能越弱。

2. 文件渠道

政府运行过程中的文件，即"红头文件"，是一种封闭运行、受到严格管理的公文书信或政策文章。就性质而言，文件实际上可以分为三种类型：政治文件、管理文件和信息文件。政治文件旨在讨论政治原则，管理文件旨在讨论政府具体问题。信息文件顾名思义是传递信息的，它既可以由执政党发出，也可以由政府部门发出；既可以由上级机构向下级机构发出，也可以由下级机构向上级机构发出，甚至可以是斜向的，它不受科层级别的限制，只要认为有必要，都可以照此发文。信息文件由于其统治、指令执行功能较弱，并且主要是为了提高政府管理的有效性而非政治动员、政治教育，所以其传播范围比管理文件和政治文件都要广泛。[2]

3. 网络渠道

目前，我国突发事件信息报告系统从各地区、各部门向下延伸，建立起"横向到边、纵向到底"的信息报告网络，减少中间层次，提高信息传递效率。这当中最难解决的应是网络问题，即电子政务内网（传输机密信息）目前只建到省，省以下各地的建设情况不尽相同，有的建有自己的内网，有的建有外网，但都因不符合保密要求无法与电子政务内网直接连通。同时，建立一张从中央到基层、覆盖全国的内网建设成本和管理成本都是巨大的，如何合理划分密级并能使数据迁移到内网中，是亟待解决的问题。

---

[1] 谢岳. 试论会议制度的政治沟通功能. 学习与探索, 2008（4）.
[2] 谢岳. 文件制度：政治沟通的过程与功能. 上海交通大学学报：哲学社会科学版, 2007（6）.

（二）政府外部信息报告流程与渠道

1. 信访渠道

信访制度是指"由各级国家机关设置专门的信访工作机构并配备专职信访干部，按照分级负责、归口办理的原则，处理人民群众的来信、来访、来电活动的一项基本制度"。信访制度是中国特色的制度安排。人民来信来访可简单区分为两类：一类是肯定、赞扬各级党政机构工作的；一类是表达对各级党政机构不满、抗议而请求帮助的。前者是党政机构获得自我支持的根据。后者则是党政机构必须改进工作状态的信号。两者都是国家治理体系中不可或缺的信息。故而信访制度已成为国家治理信息纵横传递的重要渠道。信访有时绕过了基层政府，而是由公民直接向国家机关反映情况，能够比较直接充分地表达民意，让上级国家机关真正地了解实践中存在的一些问题，并制定出相关的政策措施。[①] 实践中，我国政府获取的关于基层官员违法乱纪方面的大量信息很多来源于公民的信访。

2. 新闻媒体渠道

广播、电视、报刊等具有极强的透明性、及时性、公共性的特征，在现代社会，新闻媒体更是政府进行外部信息交流的最重要的渠道之一。离开新闻媒体的信息传递功能，政府与公众的关系将出现瘫痪的可能，将为社会稳定带来严重的后果。近年来，政务网站的建设将政府外部信息交流工作带入新的阶段，通过这种新型的信息交流模式可以迅速拉近政府与公众的距离，提高信息的传递效率和可及性，增强公众对政府的信任。同时，微博、网络社交平台等新媒体的出现给政府外部信息交流工作带来了新的挑战，同时也带来了变革政府信息治理方式的机遇。这将共同加快政府外部信息交流无阻化的进程。在信息化时代，要充分发挥和利用互联网的优势，及时传达各种正面信息，主动引导舆论；同时，利用其信息汇聚的特点，作为了解与搜集舆情的重要来源。

3. 内参渠道

围绕在政府权力中心，存在着不同专业领域和模式类型的政策智囊机构。它们通过各种渠道向决策者提出建议，希望自己的建议能被列入决策议程。改革开放以来，中国逐步建立健全了思想库体系，形成了决策咨询制度。随着经济活动越来越复杂，研究领域的专业分工也越来越精细。因此，中国科学院、中国社会科学院、各部委办、各重点高校下属的研究机构开始越来越积极地从事政策研究和咨询工作。高级知识分子聚集的各民主党派也纷纷利用其"直通车"的便利向政府高层建言、反映社情民意。思想库一般都会出版诸如"简报""参阅"之类的内部报告。最高领导人则几乎每天都会圈阅、批示、转发一些报告。[②]

4. 调研渠道

由于现实中组织化的信息交流过程中的层级过多、局部利益和主观情感等因素会干扰信息原貌，党政领导往往在决策之前会采取个人调研或集体调研的形式，直接面对基层群众、企业经营者和官员等，实地考察居民日常生活状况、社会经济生产状况、

[①] 任剑涛. 信访制度是否适应时代潮流. 探索与争鸣，2012（1）.
[②] 王绍光. 中国公共政策议程设置的模式. 开放时代，2008（2）.

思想文化意识状况和干部实际工作状况等，以调整片面认识、纠正错误认识。因此，领导调研制度是一种特殊的政府外部交流渠道。

五、信息报告的工作内容

（一）社会舆情汇总与研判

建立突发事件情况下社会信息共享机制，明确突发事件社会舆情收集的内容，舆情收集、分析的程序和上报形式，及时掌握社会舆情动态，探索舆情的产生和变化规律，加强"敏感点"发现、"热点"预警、"爆发点"掌控，维护社会稳定。各级应急管理机构要加强舆情汇集和分析机制建设，拓宽信息来源渠道，通过设置新闻热线、开辟政府网站专栏、建立手机短信平台等多种形式，畅通社情民意反映渠道，加大对可能引发不稳定因素的各种信息源的收集分析力度，对一些苗头性、倾向性问题做到早发现、早研判、早报告、早处置、早解决。要建立横向到边、纵向到底的基层专职或兼职舆情信息员队伍，要把触角伸向农村、企业、学校、社区等基层单位，伸向新兴群体、新兴组织、新兴媒体等社会群体。推广应用新技术，建设以计算机智能处理技术为手段的舆情预警辅助决策支持系统，加强对互联网、手机短信等新型传媒渠道的信息搜集和分析。

（二）纵向信息报告工作

规范应急管理日常工作信息报告和突发事件信息报告程序，对信息报告范围、报告时限、报告要素、续报和终报、事件处置过程中的信息联络、事件的整体评估、事件信息的统一上报和发布、事件信息报告的责任主体、事件信息报告的通报和责任追究、事件信息日报制度等进行科学、明确的规定，全面了解和掌握应急管理工作进展情况。拓宽信息报告渠道，注重发挥新闻媒体的作用，加大预警信息收集、报送力度，建立开放的信息报告平台，在基层单位设立信息报告员，建立风险隐患报告激励机制。建立灾害现场与救援指挥后方之间的信息适时传递和交互机制，实现巨灾抢险救援过程中现场救援队与后方信息保障中心之间的海量信息交互，使得现场所收集和统计分析后的信息及时报送后方供决策参考用。

（三）横向信息通报工作

建立覆盖各地区、各部门的综合信息共享平台，整合应急信息资源，加强跨部门的信息共享与业务协同，完善综合应急管理机构与公安、交警、消防、急救等专项应急机构的会商通报机制，实现突发事件信息在各地区、各部门之间的共享共通。建立军地信息共享机制，加强与驻地部队和武警部队的沟通与联系，积极开展网络信息交流，强化现代信息技术设施的建设，实现军地之间的网络对接，通过网络、电话、传真等方式传输信息。加强与其他国家和有关区域性组织、国际性组织之间的突发事件信息通报。加强信息共享支撑体系建设，实现不同地区和部门之间组织、资源、信息的有机整合。建立信息共享协调机制，重点建设基础信息共享平台和共享的应急基础数据库。

（四）信息报告激励机制

信息报告激励机制可有效引导报送单位，将该报的信息上报，不该报的信息不报，同时保持工作的主动性。突发事件信息不同于一般的政务信息，与各地区、各行业公共安全形势密切相关，不能简单地以信息数量多少、领导同志批示多少来衡量工作的优劣。及时、准确是信息报告的总体要求，还需要设计科学的具体指标进行量化反映，以便对信息报告工作给予恰当评价。

建立通报制度是一种可行的激励手段。一方面客观反映各地区、各有关部门突发事件信息报送工作情况，对信息的使用方式和使用结果进行如实反馈。另一方面，通过通报，不断提高各单位信息报送的时效性、准确性和主动性，进一步加强突发事件信息报告工作。

为引导报送单位按照要求报送符合要求的信息，减少非突发事件信息的干扰，应对进行统计、通报的信息范围做出限定。具体评判标准可分为：

1. 规范性

按照党中央、国务院及各有关部门的有关规定，按照当地党委、政府及有关部门的有关规定做好信息报告。

2. 时效性

信息报告的时效性可通过"按时限报送"来衡量。目前，仅对初报信息是否按时限报送进行评判。对于接报时间以及有争议或难以确定的事发时间，以事件认定的时间为准。

报告方式以书面信息为主；特殊情况下，也可以通过电话口头报告。计算时，可以百分比表示结果，公式为：

$$按时限报送率 = 按时限报送数量 \div 事件发生起数 \times 100\%$$

其中，为防止报送单位漏报等情况，用事件发生起数代替应按时限报送数量。

3. 准确性

这是指未出现要素不全、文字错误、格式不规范等情况，包括初报、续报和终报，以百分比表示结果，公式为：

$$信息准确率 = 未出错信息数量 \div 报送信息总数 \times 100\%$$

4. 连续性

要做好事前报告、事中报告和事后报告。做好首报、续报、终报的衔接。

5. 主动性

事前预测预警情况、事后信息续报情况以及约稿完成情况等主动报告信息情况，可通过"信息采用"来衡量。采用情况包括直接送阅领导同志、综合有关刊物以及完成约稿等情况。计算时，以百分比表示结果，公式为：

$$信息采用率 = 信息采用数量 \div 报送信息总数 \times 100\%$$

此外，对领导同志做出批示的信息以条目方式进行反馈，不纳入统计指标。因为领导同志的批示更多是针对事件处置做出的重要决定，而不一定是对信息本身写得好坏、准确与否等的评价。有时因信息内容不详尽，领导同志也会做出批示，要求进一步了解有关情况，获得这样的批示并不值得鼓励。同时，对于突发事件的处置，也不

> 联络畅通是值班工作的首要职责；信息汇总是值班工作的重要内容，必须及时、准确、全面地做好突发事件信息报告工作。

应依赖于上级领导做出批示才引起当地的重视，才能把事件处置好。通报制度的建立应引导报送单位的合理预期，并将其纳入正常工作中，促进基层应急管理能力的增强。

以上指标按照按时限报送率、信息准确率、信息采用率的顺序，对报送单位进行评比。第一指标相同的，第二指标高者为先，依此类推。各单位初始顺序为地区和部门自然顺序，按月通报，按月评比，逐月累计，以"↑"和"↓"标出排名变化，年底进行总结表彰（见表7-5）。

> 强化基层值守应急，提高信息获取能力。完善信息报告体系，提高信息报送能力。完善通报管理制度，提高信息报送质量。

表7-5　　年　月以来各地区、各有关部门突发事件信息报告情况

单位	按时限报送率	信息准确率	信息采用率	领导批示数	排名变化
×××					
×××					↑
×××					
×××					↓
×××					

（五）干部考核制度

突发事件处置结束后，还应对所有接报事件进行二次挖掘。对相关指标进行分析，总结出规律，这既应包括对报送工作的规律总结，也应包括对事件规律的客观总结。特别是通过对报送工作的总结，不断修正信息报告机制。

一些地方和组织在突发事件信息报告过程中出现虚报、瞒报，相互推诿扯皮的问题，除了法律法规本身对于有关责任者的惩罚不到位或流于形式外，还与干部考核制度有十分重要的关系。面向中央政府的信息报告机制首先要明确的是不以问责为目的，而是要鼓励各地区、各部门以及社会力量将相关信息及时、有效、准确地报送上来，辅助应急决策。建立高效的评估机制可以有效引导报送单位，将该报的信息及时上报，不该报的信息不报，始终保持工作的主动性。① 所以，要改进干部考核制度，鼓励报告突发事件的各种信息，严惩隐瞒突发事件信息的行为，这样才能有利于预测与防范危机。

> 干部考核制度的某些缺陷有时造成"默默无闻避免危机的得不到奖励，轰轰烈烈解决危机的成为英雄"的现象，往往使得下级管理部门选择"报喜不报忧"的策略。

同时，要关心信息工作人员的学习、工作、生活、进步和成长。为他们创造良好的工作条件和氛围，做到在政治上严格要求，工作上创造条件，生活上关心爱护。抓紧制定并落实值班岗位津贴制度、值班轮休制度和学习培训制度，努力营造爱岗敬业、精诚合作、相互关爱、积极进取的值班文化氛围。

---

① 薛澜，张强，钟开斌. 危机管理：转型期中国面临的挑战. 北京：清华大学出版社，2003.

思考与探索

如何加强全国政府系统值班工作？

长期以来，各地区、各部门都在落实政府值班工作的各项制度和要求，建立健全值班组织机构，不断完善值班制度，加强重要信息报送工作，为保障政府工作正常运转，协助领导同志及时掌握情况、科学决策发挥了重要职能作用。但政府系统值班工作还存在以下问题：

（一）值班体系不健全

这主要体现在：① 编制不足，特别是基层值班力量层层衰减。借调人员、雇用临时人员、退休返聘人员值班的现象大量存在。② 应急意识和工作机制不到位。管理机制还停留在传统值班工作的基础上，不能适应突发事件应对工作的需要。③ 值班人员素质不达标。有些只会接听电话，不会使用计算机等办公设备，缺乏专业的应急管理知识和技能。④ 值班室职责杂泛，除日常政务值班、值守应急、信息汇总、上传下达、督察督办外，有的还承担秘书、文电、会议、接待、机要、领导活动安排等，影响了应急工作效率。⑤ 设备不足，特别是基层信息报告手段缺乏。目前基层上报信息多用电话和普通传真完成，一些边远贫困地区交通、通信条件本来就差，遇到重大灾害通信往往中断，又没有应急通信手段替代，更加困难。

（二）值班工作的制度化、标准化建设亟待提高

这主要体现在：① 政府系统内部相互沟通中，对信息沟通的标准、术语、手段的通用性与兼容性等提出了更高要求，规范术语与标准化体系有待健全。② 值班工作专业化、值班程序规范化、值班工作制度体系化等有待健全。

（三）信息上报的质量和及时性有待改进

这主要体现在：① 图像信息和分析建议性信息较少。目前只有少数部门和地区可以通过图像监控系统或移动指挥车采集现场图像信息，大部分地区和部门不具备图像信息报送能力，报送的信息仍然以文字为主，而且内容上对事件本身的描述较为简单，缺少对事件的深入分析和工作建议。② 信息报送迟缓。③ 信息交流共享不足。

（四）保障和激励机制不健全

值班工作长年累月处于"分分秒秒不离岗，时时刻刻保运转"的状态，不能有丝毫闪失，即使是休息时也要随时待命，值班员工作压力、心理压力和家庭压力都很大，长期处于超负荷状态，而值班补休、补助不到位，培训进修轮不上，加上有些领导对值班工作不够重视，往往影响干部的成长进步，值班岗位成了优秀人员不愿干、能力低的人员干不了的工作。由于值班人员少、工作任务重、忙于日常事务性工作，在一些领导同志的思想里，值班室就是传达室，就是接接电话，对值班工作缺乏系统性思考和长远发展的规划，更缺乏创新性。

第四节 预警机制

一、预警的定义

预警是指根据突发事件过去和现在的一些数据、情报、资料等,运用逻辑推理和科学预测的方法和技术,对某些突发事件现象征兆信息度量的某种状态偏离预警线的强弱程度,对未来可能出现的风险因素、发展趋势和演变规律等做出估计与推断,并发出确切的警示信号或信息(即预警信号),使政府和公众提前了解事态发展的趋势,以便及时采取应对策略,防止或消除不利后果的一系列活动。[①] 预警必须依靠有关突发事件的预测信息和风险评估结果,依据突发事件可能造成的危害程度、紧急程度和发展趋势,确定相应的预警级别,通过公共媒体、政府内部信息渠道等,及时对特定的目标人群发布警示信息,灵敏、准确地昭示风险前兆,并采取相关的预警措施,从而把突发事件给特定的政府部门和潜在的受影响群体可能造成的损失降到最低。

案例

中国台风预警与2004年印度洋海啸

2004年8月12日至13日,浙江省遭遇了自1954年以来登陆中国大陆强度最大的台风,造成10个市、75个县(市、区)、756个乡(镇)不同程度受灾。由于浙江省根据台风发展规律和特点,在预警阶段采取了各项措施,做到早准备、早部署、早行动,把大量工作做在台风登陆之前,因此有效减少了人员伤亡,把台风造成的损失降到了最低。在浙江省气象系统内建立了会商机制,各级互相通报、交流监测分析结果;气象部门与政府之间建立了预测预报报告机制;气象、民政、水利、国土等系统内部建立了预警信息双向传递机制。各级气象部门将分析预测结果通报给民政、水利、国土、海洋等相关部门的同时,将预测预报结果通过广播、电视、报刊、互联网、手机短信等多种渠道及时向公众进行预警,使广大群众能够及时了解台风动向,及早采取防范自救措施。

在现实生活中,有大量的事实证明,不重视预警,就会受到严厉的惩罚。2004年12月发生的印度洋地震海啸灾难,由于没有建立起高效的突发事件预警监测系统、信息传递系统和信息确认系统,同时各国之间缺乏预警信息的共享和传递机制,因此,各国无法搜集和传递海啸来临的信息,即使搜集到信息,也没有制度来保证有关部门即时发出预警警报。此次海啸前,美国地质调查局监测到地震后,试图通知印度洋沿

---

① 郭济. 中央和大城市政府应急机制建设. 北京:中国人民大学出版社,2005.

岸各国做好准备，可竟然无法找到与这些国家沟通的途径。地震震中在海底，震波传递到海岸一般需要20分钟到2个小时。海啸从苏门答腊到斯里兰卡用了半小时，到印度1.5小时，到泰国1小时，到马尔代夫2小时，而在大多数地方，人们跑到安全地方只要几分钟。显而易见，如果印度洋沿岸各国建立有预警机制，或者与国际海啸预警系统有密切的联系，就可以在最短时间内获得预警信息，就能够赢得宝贵的逃生时间。

2018年12月22日，印尼巽他海峡因火山喷发引发海啸，造成逾400人罹难，海啸预警系统失灵再次引发关注。印尼国家抗灾署发言人苏托波表示，印尼的海啸预警系统因人为破坏、预算不足及技术损坏等因素，自2012年起已不能正常运作。像2018年9月28日苏拉威西岛发生强震，引发海啸，当局过早解除海啸警报，甚至被媒体揭露部分灾区根本没有海啸测量仪器。气象局指出，这次巽他海峡海啸是由火山爆发引起，加上一个监测火山活动的机器损毁，造成当局在一开始未能掌握准确数据，未能及时启动海啸预警系统。

资料来源：作者根据相关资料整理而成。

二、预警机制的目标与原则

预警是应急管理的重要环节之一。2003年10月十六届三中全会《中共中央关于完善社会主义市场经济体制若干问题的决定》第一次明确提出"建立健全各种预警和应急机制，提高政府应对突发事件和风险的能力"。

通过科学的预警，可以使应急管理人员和公众及时了解和掌握灾害的类型、强度及演变态势，为抑制灾害的进一步发展，综合考虑突发事件的发生、发展等多方面因素，防范次生、衍生灾害的发生提供客观依据，为实现"预防为主，关口前移"的应急管理模式提供科学支撑。

开展预警的目的有两个：一是及时搜集和发现信息，对搜集到的信息进行快速分析处理，然后根据科学的信息判断标准和信息确认程序对爆发突发事件的可能性做出准确的预测和判断；二是及时向有关人员或公众发布突发事件可能发生或即将发生的信息，以引起有关人员或全社会的警惕。

围绕预警目的，预警的目标主要是多渠道设置规范而直观的预警标志，建立准确、快速、畅通的预报渠道，确定科学有效的预警措施，有效减少突发事件的危害。通过预警级别和预警发布制度，迅捷、有效地将信息传递给广大受突发事件影响的区域和人员，提高这些区域和人员在灾情扩大或爆发前采取有效对策的能力，从而实现超前反馈、及时布置、防风险于未然的功能。

预警应遵循以下原则：

1. 时效性

从突发事件的征兆到全面爆发具有很高的不确定性，事态演变极其迅速，需要借助现代先进信息技术，及时、准确、全面捕捉征兆，并对各类信息进行多角度、多层面的研判，及时向特定的群体传递并发出警示。因此预警工作的开展一般需要建立灵敏、快速的信息搜集、信息传递、信息处理、信息识别和信息发布系统，这一系统的任何一个环节都必须建立在"快速"的基础上，失去了实效性，预警就失去了意义。总结 2003 年以来历次突发公共卫生事件应对的经验教训，我国在处置传染病疫情时坚持"预防预警、及时发现、快速反应、有效处置、夯实基础"的防治策略，以及早发现、早报告、早隔离、早诊断、早治疗的"五早"原则，采取控制传染源，切断传播途径，保护易感人群的防控措施，在保障人民生命和健康方面取得了明显成效。

2. 准确性

预警不仅要求快速搜集和处理信息，更重要的是要对复杂多变的信息尽可能做出准确或比较准确的判断，这关系到整个应急管理的成败。要在短时间内对复杂的信息做出正确判断，必须事先针对各种突发事件制定出科学、实用的信息判断标准和确认程序，并严格按照制定的标准和程序进行判断，避免信息判断及其过程的随意性。当然，提高预警准确性的关键是提高科学技术水平。

3. 动态性

预警信息的收集和发布是一个动态的过程。由于预警信息采样的时点性特征和突发事件本身的动态性，使得某一时点发布的预警仅针对当时的研判结果。然而突发事件是在不断变化的，因此预警信息必须根据动态的研判结论进行相应调整。

4. 多途径、全覆盖

突发事件预警机制建设必须有效地考虑各种潜在的不稳定因素及其相互关联等复杂问题与状况。同时，突发事件预警涉及政府、企业、公民等多个组织和多个系统，是一个复杂的、综合的系统工程，需要彼此之间的协调配合。要根据预警内容和受众对象，注意预警的通俗性，并通过多种方式、多条途径做到全覆盖。

中国传统的预警工作以专业部门单一预警为主，如气象局进行台风预警，地震局进行地震预警等。从 2003 年"非典"疫情和 2008 年南方低温雨雪冰冻灾害等突发事件可以看出，在进行一个领域的预警时，不能只考虑单一突发事件对公众、财产、经济社会等的影响，而应将相关的主体联系起来综合考虑。同时，决策部门之间也存在互相影响和制约，一个主体发布的预警信息应如何被其他主体接受并影响其他主体的预警信息的发布，不仅涉及灾害次生、衍生机理，还涉及多部门协同应对机制。以典型的综合预警如气象预报—地质灾害预警为例，气象部门发布预警时及时向国土资源部门、水利部门传递相关气象数据，便于国土资源部门、水利部门等结合该数据进行综合预警。近年来，我国从提高中国重大突发事件处置效率出发，重点建立有效的协同预警机制，建立健全有关部门会商机制，开展综合预警。"十二五"期间我国成立了国家预警信息发布中心和国家应急广播中心，实施自然灾害防灾减灾工程、隐患排查治理工程，建立网络舆情和各类突发事件监测预警体系，突发事件防范能力明显增强。但是，目前还有很大差距。突发事件监测预警服务体系有待进一步健全完善。

5. 多层次

预警机制建设必须根据突发事件的不同层次设置不同的层级系统，形成一个从低层级到高层级、从简单到复杂、从小范围到大范围的系统圈。

同时，要注重采用内部预警与外部预警相结合的方式，对于敏感性、恐怖主义等相关信息以内部预警为主，对于地震、海啸等直接危害民众健康的事件，以外部预警为主，并着重落实预警后的疏散撤离等相关措施。

三、预警分级

突发事件预警分级是指根据有关突发事件的预测信息和风险评估结果,依据突发事件可能造成的危害程度、紧急程度和发展态势,确定相应预警级别,标示预警颜色,并向社会发布相关信息。各类突发事件都应当建立健全预警分级制度,自然灾害、事故灾难、公共卫生事件应当划分预警级别。考虑到社会安全事件比较敏感,紧急程度、发展态势和可能造成的危害程度更为复杂和不易预测等特点,社会安全事件的预警工作则要从实际出发、内外有别。按照《突发事件应对法》的要求,可以根据突发事件发生的紧急程度、发展态势和可能造成的危害程度,将预警级别划分为四级,并分别用不同的颜色标示。由于不同突发事件的性质、机理、发展过程不同,难以对各类突发事件预警级别规定统一的划分标准,因此预警级别的划分标准由国务院或者国务院确定的部门制定。

《突发事件应对法》第四十二条规定:"可以预警的自然灾害、事故灾难和公共卫生事件的预警级别,按照突发事件发生的紧急程度、发展势态和可能造成的危害程度分为一级、二级、三级和四级,分别用红色、橙色、黄色和蓝色标示,一级为最高级别。预警级别的划分标准由国务院或者国务院确定的部门制定。"在总体预案中,采用一致的预警分级方法。

预警分级综合考虑事故发生的概率以及可能造成的后果,对事件的严重程度进行评价和分级;一般预警分级方法主要以人、财、物的损失来进行判断,采用各部门独立预警的模式。暴雨预警见图7-2。

图 7-2 预警信号——以暴雨预警为例

四、预警信息发布、报告、通告和解除

预警信息的主要内容应该具体、明确,要向公众讲清楚突发事件的类别、预警级别、起始时间、可能影响范围、警示事项、应采取的措施和发布机关等。

为了使更多的人"接收"到预警信息,从而能够及早做好相关的应对、准备工作,预警信息的发布、调整和解除要通过广播、电视、报刊、通信、信息网络、警报器、宣传车或组织人员逐户通知等方式进行。对老、幼、病、残、孕等特殊人群以及学校等特殊场所和警报盲区,要视具体情形采取有针对性的公告方式。

全面、准确地收集、传递、处理和发布突发事件预警信息,有利于应急处置机构对事态发展进行科学分析和最终做出准确判断,从而采取有效措施将危机消灭在萌芽状态,为突发事件发生后具体应急工作的开展赢得宝贵的准备时间;这也有利于社会公众知晓突发事件的发展态势,以便及时采取有效防护措施避免损失,并做好有关自救、他救准备。

突发事件预警信息的发布、报告和通报工作，是建立健全突发事件预警机制的关键性环节。建立完整的突发事件预警信息制度，主要包括：① 建立完善信息监控制度。有关政府要针对各种可能发生的突发事件，不断完善监控方法和程序，建立完善事故隐患和危险源监控制度，并及时维护更新，确保监控质量。② 建立健全信息报告制度。一方面要加强地方各级政府与上级政府、当地驻军、相邻地区政府的信息报告、通报工作，使信息能够在有效时间内传递到行政组织内部的相应层级，有效发挥应急预警的作用；另一方面要拓宽信息报告渠道，建立社会公众信息报告和举报制度，鼓励任何单位和个人向政府及其有关部门报告突发事件隐患。同时要不断尝试新的社会公众信息反馈渠道，如开通网上论坛，设立专门的接待日、民情热线、直通有关领导的紧急事件专线连接等。③ 建立严格的信息发布制度。一方面要完善预警信息发布标准，对可能发生和可以预警的突发事件要进行预警，规范预警标志，制定相应的发布标准，同时明确规定相关政府、主要负责单位、协作单位应当履行的职责和义务；另一方面要建立广泛的预警信息发布渠道，因地制宜，充分利用口哨、喇叭、铜锣、警笛、广播、电视、报纸、电话、手机短信、街区显示屏和互联网等多种形式发布预警信息，确保广大人民群众在第一时间掌握预警信息，使他们及时采取有效防御措施，达到减少人员伤亡和财产损失的目的。

预警信息的发布和解除需要按照相关规定填写发布单和解除单。

另外，单一事件在发生、发展到应对完毕的整个过程中，存在预警级别动态变化的情况。突发事件初起时的预警级别可能较低，随着事态进一步扩大，其预警级别可能上升，反之亦然。如果有关部门不及时更新、调整预警级别，很可能造成重大损失或付出不应有的代价。随着突发事件的演变及相关处置手段的干预，突发事件的发展态势可能逐渐变弱，这就需要及时解除预警，避免民众长时间的恐慌心理而带来不必要的影响。

专栏

北京市雪情预警信息发布单及预警信息解除单样式

北京市雪情预警信息发布单如表 7-6 所示。

表 7-6 红色预警信息发布单

标题	本市发布红色雪情预警警报
预警内容	本次降雪将于　　日　　时　　开始，发布红色雪情预警。
制作时间	年　　月　　日　　时　　分
审核	市交通安全应急指挥部办公室主任： 市气象局局长：

续表

核准	市交通安全应急指挥部总指挥（分管副市长）：
批准	市应急委主任（市长）：

市交通安全应急指挥部

北京市雪情预警信息解除单如表 7-7 所示。

表 7-7　红色预警信息解除单

标题	本市解除红色雪情预警警报
预警内容	本次降雪天气已于　　　日　　　时　　　分结束，预警解除。
制作时间	年　　月　　日　　时　　分
审核	市交通安全应急指挥部办公室主任： 市气象局局长：
核准	市交通安全应急指挥部总指挥（分管副市长）：
批准	市应急委主任（市长）：

市交通安全应急指挥部

五、预警级别调整

　　突发事件具有不可预测性，当紧急情势发生转变时，行政机关的应对行为应当适时做出调整并让公众知晓，这不仅是应对突发事件的需要，也是降低应急管理成本、保护行政相对人权益的措施之一。任何突发事件的应对，不能只考虑行政机关控制和消除紧急危险的应对需求和应对能力，另一个重要的着眼点还在于如何避免行政紧急权力对现存国家体制、法律制度和公民权利的消极影响和改变。行政紧急权力的设计和使用应当受到有效性和正当性两方面的制约，离开具体应急情形的改变而一成不变地采取应急措施，既不能有效地应对突发事件，还会增大滥用行政紧急措施的可能性。因此，有关应对机关应当根据突发事件状态的发展态势分别规定相应的应急措施，并根据事件的发展变化情况进行适时调整。

六、预警的内容与流程

　　从预警的目标来看，预警信息内容包括突发事件的类别、预警级别、起始时间、可能影响范围、警示事项、应采取的措施和发布机关等。

　　从预警工作流程来看，预警信息依次包含信息收集、信息筛选、信息评价、阈值设定和报警等五个时间序列的工作。从预警机制的建设方面看，还应包括预警级别的调整、预警制度的完善以及预警措施的落实等相关工作内容。

综合看来，预警和预警机制的主要工作内容包括以下几点。

（一）预警信息的处理与发布

这个阶段的任务是在各部门与各专业的专家参与下，根据特定的预警现象收集有关信息，对收集的全部信息进行多次分析研究，完成筛选工作，之后进行评价，来确定这些信息项的实际重要性。

在确定信息的准确性与重要性后，会同有关专家，根据经验和理论来确定预警指标的临界值。当先兆的信息的某些参数接近或达到这个阈值时，就意味着将有突发事件发生。一旦特性参数接近或达到阈值时，系统就在合适的时点上发出某事件即将发生的警告。采用传统方法与科技方法相结合的手段，向相关工作人员和社会人员发出警报。

（二）预警级别的划分

完善现有的预警级别划分标准，对各类突发事件的预警级别具体加以细化和规范化。完善预警级别的动态调整、重新发布和预警解除机制，提高预警信息的连续性。规范预警标志，多渠道设置规范而直观的预警标志。将突发事件进行更加科学合理的分类并逐步实现数字化，提高根据综合研判结果、快速确定事件预警级别的能力，实现对分级指标进行检索、添加、修改、查看、删除等功能。

（三）预警发布制度的完善

根据即将或可能发生的突发事件的类型和特征，参照相关预案规定和预警级别，启动相应的预警信息发布流程。依据"属地管理为主、权责一致、接受上级领导统一指挥"三项原则，进一步明确预警警报的发布权和授权制度。规范预警信息的发布内容，如突发事件的类别、预警的级别、起始时间、可能影响的范围、警示事项、应采取的措施和发布机关等。扩大预警发布的渠道，充分利用广播、电视、报纸、电话、手机短信、街区显示屏和互联网等多种形式发布预警信息，确保广大人民群众第一时间内掌握预警信息，使他们有机会采取有效防御措施。建立针对特殊群体的预警发布渠道，如对老、幼、病、残、孕等特殊人群以及学校等特殊场所和警报盲区应采取有针对性的公告方式。

（四）落实发布预警信息后的预警措施制度

根据风险评估和预警措施评估结果，深入分析风险隐患产生的主客观原因，及时修订、完善相关规章制度，有针对性地制定和完善切实可行的预警措施，提高预警措施的针对性、可行性、规范性和科学性。完善预警措施实施后的反馈和评估机制，适时对预警措施进行监督检查和评估，建立预警措施更新调整机制，根据措施的实际效果不断完善预防预警措施。

七、预警的方法

目前，人们已开始高度重视对预警理论和方法的研究与应用。从微观的专业处置

1976年，美国国家科学院（National Academy of Sciences，NAS）曾公布了一份具有影响力的报告《地震预测和公共政策》，详细讨论了城市区域成功与失败预测所产生的经济和社会影响等。

层面，到宏观的国家公共安全领域，采取合适的预警方法进行预先警报并在此基础上采取有针对性的措施，已成为一项非常重要的课题。

突发事件预警的方法主要包括传统方法和技术方法。传统方法的预警是指在没有或是较少技术设备支撑的基础上，根据简单目测或是观察获得的突发事件相关信息，以口头、广播、电话等方式传递通知相关人员的预警方式。传统的预警方法具有快速、直观的特点。相对于传统的预警方式，基于专业科学技术的预警信息具有更为精确、可考证等特点，但由于对预警信息的研判需要一定的时间，因此会在某种程度上损失一定的时效性。具体来看，专业的预警方式包括指数预警、统计预警、模型预警等。

案例

"中国骄傲"陈淑秀

2006年7月凌晨，湖南省资兴市突降特大暴雨，导致山洪暴发，昆村发生了被气象部门称为500年难遇的洪水。狂风裹挟着暴雨，劈头盖脸地似乎想把所有人卷进奔涌的洪流中。湖南省资兴市坪石乡昆村妇代会主任陈淑秀在洪水来临之际，穿梭于一户户熟睡中的村民家，挨家挨户叫醒三百多名熟睡的村民。村里的乡亲们全部向山上跑去，洪水在他们身后飞速地吞没了一间又一间房屋，而陈淑秀最后一个向山上跑去……陈淑秀用自己年轻的36岁生命使整个山村的生命得以延续。同年，陈淑秀在由中央电视台联合公安部共同主办的《中国骄傲》中被评选为"中国骄傲人物"。

（一）指数预警

该类方法是通过制定综合指数来评价监测对象所处的状态，目前主要应用于宏观公共安全领域（如公共卫生指数、社会安全指数等），用来预测公共安全周期的转折点。

（二）统计预警

该类方法主要通过统计方法来发现监测对象的波动规律，它的使用变量少，数据收集容易，操作比较简便，如多元判别分析法、Logistic回归分析等。

（三）模型预警

该类方法是通过建立数学模型来评价监测对象所处的状态，因而在监测点比较多、比较复杂时广泛用到，该类模型分为线性和非线性模型。主要灾害变量之间有明确的数量对应关系时就可用线性模型预警，非线性预警模型则对处理复杂的非线性系统具有较大的优势，但如何对监测对象的复杂表现状况进行有效预警评价是目前在预警方法领域中的难点。

> **思考与探索**
>
> 如何将现代科技与传统信息传递方法有效结合？
>
> 科学而完善的预警可以为潜在受灾者提供一定的准备时间，从而减少人员伤亡和财产损失。然而对类似地震等灾害的预警仍存在较大的局限性和不确定性。以地震为例，日本拥有运行良好的地震预警系统，也发挥了重要作用；然而该系统也有过误报和错报，为此也曾引发争论。直到今天，对于地震预测技术的实用性、成本收益等仍存在很大的争议，甚至有科学家提出应该放弃对于地震的预测。因此，作为决策者，如何平衡未知的科学和已知风险之间的关系是一个值得思考的问题。
>
> 同时，如何采用多种有效的方法和技术提高预警的准确性和覆盖面，确保公众，特别是老、弱、病、残、妇、幼等及时得到预警信息，也是需要深入研究的问题。

第五节　国际合作机制

一、国际合作的定义

国际合作就是指在防灾减灾领域同外国政府和有关国际组织开展的合作与交流。尤其是要加强信息管理、宣传教育、专业培训、科技研发及国际人道主义援助等方面的国际交流合作，积极借鉴国外应急管理和防灾减灾的成功做法和经验，建立健全同有关国际机构和各国政府在防灾减灾领域的合作机制，充分发挥中国在国际防灾减灾领域的重要作用，履行中国的国际义务。

国际减灾战略正在做重大调整，其中一个显著特征就是：从一个国家的减灾向区域联合减灾和全球联合减灾转变。在全球化的浪潮下，各国的相互依赖性不断增强，没有任何国家能够独善其身，一个国家或局部地区的危机经过"蝴蝶效应"的传播，往往会演变成区域或国际危机，新型传染病的爆发会在很短时间内传遍全球。"我们从抗击'非典'的过程中总结出来的最为重要的经验就是，任何国家都无法靠单打独斗赢得这场胜利，一个国家遭遇这种陌生的病毒之后，国际合作就成了制胜的法宝之一。"[①] 就一些引发危机事件的组织系统而言，国际化程度有了很大提高，一些国家成为恐怖分子转移的据点，向其他国家输送恐怖分子和建立新的网络，实施恐怖活动。譬

---

① 张峰. 国际合作：迎战公共危机的法宝——访中国国家"友谊奖"获得者世界卫生组织驻华代表贝汉卫博士. 国际合作交流，2004（4）.

如美国"9·11"事件就是很好的证明。"单个国家的安全与国际乃至全球安全紧密相连"①。

党的十九大报告指出:"世界正处于大发展大变革大调整时期,和平与发展仍然是时代主题。"人类生活在同一个地球村,各国日益相互依存、命运与共,越来越成为你中有我、我中有你的命运共同体。没有哪个国家能够独自应对人类面临的各种挑战,也没有哪个国家能够退回到自我封闭的孤岛。世界各国更需要以负责任的精神同舟共济,共同维护和促进世界和平与发展。因此,应急管理国际合作机制的建立是各个国家或地区应对突发事件的必然要求。

二、国际合作的目标与原则

习近平总书记站在人类历史发展进程的新高度,以大国领袖的责任担当,深入思考"建设一个什么样的世界、如何建设这个世界"等关乎人类前途命运的重大课题,并在不同场合对构建人类命运共同体进行了重要阐述,形成了科学完整、内涵丰富、意义深远的思想体系。同时提出要把"一带一路"与构建人类命运共同体更加紧密结合起来,与落实2030年可持续发展议程紧密结合起来,打造国际合作新平台,增添共同发展新动力。

国际合作应当遵循如下工作原则:一是开放合作、资源共享。积极响应联合国减灾战略所确立的减灾战略目标,始终积极推进与各国政府、各相关国际和区域减灾机构开展务实交流与合作,在国际合作中发挥着积极的建设性作用。鼓励其他国家、政府、政党、社会团体,联合国有关组织和一些国际机构、外资企业以及国际友好人士,积极提供救援物资、捐助救灾资金、派遣救援队和医疗队等各种方式提供应急管理支持。二是内外有别、遵守纪律。在应急管理交流合作的涉外活动中,要内外有别,严格遵守保密规则,保守党和国家的秘密。

我国积极参与国际应急救援和人道主义紧急援助,成功组织实施我国在利比亚人员大规模撤离行动、援助西非国家抗击埃博拉出血热疫情、马航 MH370 失事客机乘客家属安抚等;充分利用上海合作组织、亚太经合组织、东盟地区论坛等框架和机制,不断深化应急管理国际交流合作,中国应对大灾巨灾的政治优势和组织优势得到国际社会广泛赞同,在国际和地区应急事务中也发挥着越来越重要的建设性作用。

三、国际合作的主体

(一)国际机构

以联合国为核心的很多国际机构在应对突发事件时发挥着重要作用,因此国际机构是国际合作的重要主体之一。譬如,世界卫生组织是联合国系统内卫生问题的指导和协调机构,对全球卫生事务提供指导,制定规范和标准,监测和评估卫生趋势,负责突发公共卫生事件处置的国际合作和协调。全球应对"非典"和甲型 H1N1 流感的

---

① 潘光. 当前国际危机的扩展性和危机应对机制. 同济大学学报:社会科学版,2003(4).

事实，证明了各国必须与国际机构合作，才能更好地应对危机。

（二）政府

政府是国际合作的重要主体，其合作的形式可能是国家与国家之间的双边合作、国家参与地区或国际合作等。如中国政府积极推动上海合作组织国家签署《上海合作组织成员国政府间救灾互助协定》，通过《上海合作组织成员国救灾合作行动方案》等行动。

（三）企业

在重大突发事件应对的过程中，一个国家可以与其他国家的救援公司合作。在国外，紧急救援已经成为一个仅次于银行、邮电、保险业的重要服务性产业，是政府救援的有益和必要的补充。如美国、法国等发达国家都设立了国际紧急救助中心，并在其他国家和地区建立了分支机构。一国政府可以按照商业化模式，调用国外的紧急救援公司。

（四）非政府组织

在应急管理的国际合作中，可以借助规模不断壮大的非政府组织的力量。非政府组织可以提供以下几种资源：① 信息资源；② 救援力量资源；③ 资金资源。非政府组织一方面具有国际组织的特征，拥有遍布全球的网络，可以与地方政府结成应急伙伴关系；另一方面又具有组织结构分散化、反应灵活、处置效率高的特点，且具有独立、中立、人道主义色彩，在一些重特大突发事件的谈判中发挥着独特的作用。可以通过正规的培训，培养实践经验丰富、敬业精神强的社会组织成员，从事灾害救助到灾后恢复重建等各种工作。

四、国际合作的层次与范围

（一）全球合作

以联合国为核心主导而建立的国际合作机制。目前联合国虽然没有设立专门的国际应急管理合作委员会之类的机构，但是在联合国下分散的机构却承担着国际合作的任务。譬如，世界卫生组织是联合国系统内卫生问题的指导和协调机构。美国"9·11"恐怖袭击事件发生后建立的安全理事会反恐怖主义委员会（下设反恐执行局），就是要加强联合国内反恐的国际合作，协助向会员国提供技术援助，密切同国际、区域和分区域组织的合作与协调。类似的机构还有世界粮食计划署执行委员会等。

（二）区域合作

在特定的区域内，不同国家结成合作伙伴以共同应对重大突发事件而成立国际合作机制。譬如，中国与东盟在突发公共卫生事件领域的国际合作，在应对"非典"时期，2003年4月29日，发表了《中华人民共和国与东盟国家领导人特别会议联合声明》，强调在中国与东盟之间开展并加强防治"非典"的合作，减少和消除对本地区的综合影响。2004年3月3日，为了共同应对禽流感，发表了中国-东盟防治禽流感会议《联合新闻声明》，强调应当通过强有力的领导、政治意愿、跨部门合作以及国家和区域层面的伙伴关系来应对疫情。在2009年应对甲型H1N1流感时，2009年4月28日，中美洲一体化体系成员国卫生部长召开紧急会议，建立甲型H1N1流感区域联合防控机制。2009年5月7日，以强化甲型H1N1流感疫情防控为主题的东盟与中日韩卫生部长特别会议在曼谷召开，中国政府高度重视与东盟和中日韩（10+3）框架内区域国际合作应对疫情。此外，2001年成立的上海合作组织是政府间区域性国际组织，在打击恐怖主义方面有着强有力的合作，2011年2月发表的《上海合作组织反恐怖主义公约》，进一步加强了上海合作组织框架内反恐怖主义合作的法律基础，提高了各成员国打击恐怖主义的协调能力和效率。

（三）双边/多边合作

除了以国家为单位以外，就是不同国家的省、市之间也可以建立更加直接的双边或多边国际合作机制。如2011年世界海上人命救助大会强调，应携手应对风险挑战，充分利用现有多边合作机制和渠道，相互交流、取长补短，共同分享技术和经验，切实提高事故的防范能力和救助的及时性、有效性，共同保障海上安全。

> **专栏**
>
> **国际合作机制的案例分析——以应对甲型H1N1流感为例**
>
> 2009年肇始于墨西哥的甲型H1N1流感最终演变成全球流感大流行，需要国际合作共同应对。我国从维护国家利益和建立国际声誉的高度，立足我国国情，以积极的姿态参与国际应对疫情，在国际上取得了较好的反响和评价。
>
> （一）与世界卫生组织的合作
>
> 2009年4月，当甲流感疫情在北美等地出现并呈现蔓延态势之初，我国相关卫生部门就与世界卫生组织密切联系，保持畅通的沟通渠道，及时向WHO通报相关疫情信息，加强与世界卫生组织在信息通报和技术等方面的合作。
>
> 2009年8月21日，在应对甲流感疫情的关键时期，我国相关卫生部门与WHO在北京共同举办召开了甲流感应对与准备国际科学研讨会，交流全球甲流感防控工作的经验和教训，促进各国相关领域的专业人士和相关科研工作方面的沟通与合作。
>
> （二）与其他国家和国际组织的协作
>
> 1. 加强疫情信息与科技交流
>
> 我国从疫情初期就加强与墨西哥、美国、加拿大等国家的联系，加强在信息和技术等领域的共同努力。2009年5月7—8日，我国相关卫生部门参加在泰国召开的东盟与中日韩卫生部长特别会议，协调与各国防控的具体措施，并通过了会议联合声明，签署了中日韩三国应对流感大流行行动计划并启动了疫情通报机

制,加强与周边国家在应对疫情方面的合作。2009年5月27日,中墨两国的卫生专家还举行了电视电话会议,分享最新的技术信息与经验。中美两国疾控部门在病毒样本、抗病研究、信息交流等领域开展富有成效的合作,并通过互派专业人员的方式强化此类合作。此外,我国还通过开展卫生领域的外交活动,积极争取相关国家和国际性组织在疫苗研发和储备方面提供方便和支持,为我国率先研制出甲流感疫苗创造了重要的条件。

2. 立足本国国情,提供力所能及帮助

根据疫情变化的状况以及具体的情况,我国积极向其他国家提供力所能及的帮助。2009年5月1日,当甲流感疫情在墨西哥爆发之初,我国政府协调安排向墨方提供500万美元的首批人道主义紧急援助物资通过包机运抵墨西哥,成为墨方收到的第一批国际援助。2009年年底,我国政府拿出部分疫苗,帮助正处于甲流感疫情迅速流行的非洲国家,凸显了中国负责任的大国形象。

综上,在此次甲流感防控过程中,国内防控部门通力合作、密切配合,在服务于国内甲流感防控和维护社会经济平稳运行大局的同时,注重通过各种有效的形式,加强甲流感防控工作中的国际参与和国际合作,为我国防控甲流感疫情争取了必要的国际资源和支持,化解了相关国家和人员对于我国相关防控措施存在的误解和不满情绪,使我国在应对突发公共卫生事件方面,获得了国际社会的广泛认可和好评。

五、国际合作的内容

(一)学习交流

加强应急管理领域的国际交流,相互学习借鉴、取长补短是共同应对人类面临各种突发事件挑战的必要手段,也是提高各国应急管理水平的重要途径。国际交流的主体可以是政府、科研机构、学校、企业或非政府组织;国际交流的内容有学术研讨会议、教育培训、科技研发和参观考察等。如在2004年应对禽流感时,中国与东盟通过定期召开农业或卫生部长会议和高官会议以及适时召开卫生和农业部长联席会议,建立起中国—东盟公共卫生合作机制。互派禽流感专家组,联合举办与禽流感有关的实验室管理、诊断与检测、突发疫情应急处理措施技术的培训班。[①] 近年来,教育培训是国际合作学习交流的最经常、最重要的内容,"走出去、请进来"的方法取得了积极成效。

(二)信息管理

在应对重大突发事件的威胁时,各个国家有必要加强信息管理与分享,主要包括信息通报、交换和资料共享等。2005年,联合国通过了世界卫生组织修订的《国际卫

---

① 中国东盟防治禽流感特别会议在京召开发表联合新闻声明. 中国网.

生条例》，并于2007年6月15日生效，成为了传染病信息分享的全球性规范，新条例的一个重要变化是把过去只要求通报少数疾病，改为通报一切可能构成国际关注的公共卫生突发事件。另外，如中国在应对"非典"、禽流感和甲型H1N1流感的时候，都与东盟就疫情、治疗和科研信息等进行通报，各国指定联络点，进行定期信息交流，相互提供疫情信息、交流防治经验，为建立传染病确认和控制的预警系统而努力。此外，在反恐工作中，上海合作组织成员之间也加强了反恐信息交流。

（三）协同应对

当面对重大的突发事件，尤其是类似全球性重大传染性疾病时，没有哪一个国家在应对面前能够独善其身，也没有哪一个国家能够单独承担起应对全球性疫情蔓延的重任，需要在世界各国进行协同应对。在协同应对的过程中，需要在依据相关国际法规和原则的基础上，考虑到各国的具体国情，开展务实的合作与应对。如2005年中国在应对禽流感时，就加强了和东盟各国检验检疫等边境管理部门间的合作，防止禽流感疫情蔓延，尽量减少其对健康和贸易的影响。

（四）提供援助

应对重大自然灾害，世界各国应发扬人道主义精神，对受灾国提供援助。如2004年12月印度洋海啸发生后，中国向各有关受灾国政府及联合国有关机构提供了中国有史以来最大规模的紧急救援。2005年8月29日，美国南部地区遭受卡特里娜飓风袭击，中国政府向美国提供救灾款和救灾急需物资。2005年10月8日巴基斯坦发生7.8级大地震后，中国政府先后四次向巴提供紧急人道主义援助。2008年，缅甸发生"纳吉斯"热带风暴，中国政府提供紧急援助物资，并派出医疗救援队救治伤员。2010年1月，海地地震后，中国国际救援队第一时间飞抵灾区；2011年"3·11"东日本大地震后，中国政府第一时间做出反应，派遣国际救援队第一时间赴日本救援，成为第一支到达大船渡市的外国救援队。在灾区的8天，救援队与当地消防力量合作，对4平方公里、140余座废墟进行拉网式搜救，为救援工作做出了重要贡献。2014年，西非暴发埃博拉出血热疫情，迅速波及非洲、欧洲、美洲3大洲9个国家，构成国际关注的突发公共卫生事件。2014年8月8日，世界卫生组织宣布此次疫情为国际关注的突发公共卫生事件。截至2015年10月7日，疫情共导致全球28 457人感染，11 312人死亡。我国政府提出一手抓援非抗疫，一手构筑坚固屏障。我们的援非医疗队得到了世界卫生组织和有关受援国家的赞扬，而且无一人感染；我们的边境海关严格把关，无一感染病人入境，确保了公众安全。中国也得到国际社会的大力援助。2008年5月四川汶川特大地震发生后，先后有170多个国家和地区、20多个国际组织向中国提供了资金或物资援助。俄罗斯、日本、韩国、新加坡还派出专业救援队伍，参与地震灾区的紧急救援工作。

《国家突发事件应急体系建设"十三五"规划》专门提出加强境外公民和机构保护与应急能力建设，为"一带一路"和"走出去"战略等提供安全保障；深入推进应急管理国际交流合作。主要内容包括：

（1）加强境外公民和机构安全保护与应急能力建设。

（2）加强跨境突发事件应急能力建设，加强与周边国家（地区）应急管理合作，强化对相邻国家（地区）可能发生的跨境涉我事件的监测预警，建立完善信息通报和应急联动机制，提高快速响应能力。加强出入境危险货物安全监管、口岸检疫查验、卫生监督、核生化物质监测、媒介监测与控制、实验室检测和生物安全管理等核心能力建设，探索建立境外生物安全联合实验室和进境口岸动物疫病生物安全控制区，提高跨境传染病和动物疫病跨境传播风险防控能力。深化核安全国际交流合作。充分利用双边、多边反恐合作机制，构建反恐怖国际合作网络，以周边国家为重点，全方位构筑反恐怖安全屏障；着力加强"一带一路"沿线国家反恐情报信息收集和交流。

（3）积极参与国际应急救援和人道主义紧急援助。积极参与地震救援、海上搜救打捞、核事故救援、传染病疫情防治、紧急医学救援等国际应急救援行动；完善部门合作机制和操作规程，增加专业人才储备，提高参与国际应急救援行动的工作效率和水平。通过对外人道主义紧急援助部际工作机制，统筹对外紧急援助资源，提升境外严重人道主义灾难援助能力。

（4）深入推进应急管理国际交流合作，积极推进并主动参与中美减灾救援联合实兵演练、东盟地区论坛救灾演习、上海合作组织成员国联合救灾演练，推进"一带一路"沿线国家应急管理合作，不断拓宽合作领域、丰富合作内容；积极参与制定国际应急救援合作规则和操作规程。加快中欧应急管理学院建设；支持云南面向南亚东南亚建设国际应急产业合作发展基地、广西建设中国-东盟应急管理交流中心，推动在中国设立与应急管理相关的国际或区域性组织，宣传推广我国加强应急管理理念和特色做法，增强我国在国际应急管理领域的影响力和话语权。积极推动中国-欧盟应急管理合作、中德应急产业合作、中德揭阳应急救援示范等国际合作项目建设，学习引进国外先进应急管理理念和应急技术装备；支持举办和参与国际应急合作高层论坛、国际应急产业博览会等国际交流活动。

案例

埃博拉疫情中的中非合作

2014年8月，世界卫生组织宣布，西非地区持续蔓延的埃博拉疫情，已经构成"国际关注的突发公共卫生事件"，与此同时，世界卫生组织专家认定埃博拉病毒本身复杂程度为最高的四级，而且面临变异可能。相比之下，公众熟知的艾滋病为二级，SARS为三级。而启动"国际关注的突发公共卫生事件"应急机制，近年历史上也只有三次。12月1日，世界卫生组织在日内瓦宣布，在疫情最为严重的利比里亚、塞拉利昂和几内亚三个西非国家，抗击埃博拉疫情方面取得了进展，埃博拉疫情得到了遏制。但这并不意味着疫情已经被消灭，疫情的地域传播的风险依然很大。

埃博拉疫情暴发后，是中国第一时间对外宣布援助举措，是中国第一个向西非提供埃博拉疫情专项援助，是中国第一个向疫区派出专家组和医疗队指导并直接参加一线救治，是中国第一个用专机运送医疗防护物资，援助物资在第一时间运抵疫区并迅速分发使用，并成为累计向非洲提供援助批次最多和医疗物资最多的国家之一。在北京 APEC 峰会上，在中国的主持下，与会各国合作抗击埃博拉疫情的呼吁，也作为主要内容出现在会议文件中。

截至 2014 年 11 月下旬，中国政府已先后提供 4 轮总价值 7.5 亿元人民币的紧急援助，中方在疫区的医疗人员约 400 人；在塞拉利昂，中国援助的移动实验室检测量占该国检测样本总量超 20%，检测结果准确率达 100%；在几内亚，其接收的抗疫援助物资 2/3 来自中国；疫区周边 10 国的防疫物资几乎全部来自中国。之后数月，中国近 1 000 人次的医务人员、公共卫生专家奔赴疫区一线。中国的救援行动受到国际社会广泛好评。这是中国在国际舞台上勇于担当的鲜明写照。

资料来源：凤凰网。

思考与探索

如何加强应急管理中的国际合作？

在全球化时代，应急管理必须开展国际合作，如在突发事件的预防、监测与预警、应急处置与救援、恢复与重建等。但在资源共享与互通有无的基础上，必须注意内外有别，在涉及国家安全问题上，坚持纪律约束的原则。

在应急管理中开展国际合作是非常必要的，但是由于在国际合作中参与主体的多元性、合作内容的复杂性、合作形式的多样性等，国际合作有时候会不太容易实现，有没有必要建立一个统一的全球性应急管理国际合作体系？如何针对全球防灾减灾和应急管理战略的调整进一步从预防、监测与预警等全过程加强国际合作？如何将加强应急管理国际合作与构建人类命运共同体紧密结合？

延伸阅读

[1] 张雪, 陈安. 现代应急管理中的监测机制研究. 科技促进发展, 2010 (5).

[2] Bigun E S. Risk Analysis of Catastrophes Using Experts' Judgements: An Empirical Study on Risk Analysis of Major Civil Aircraft Accidents in Europe. European Journal of Operational Research, 1995, 87.

[3] Andriole S J, Robert A. Young. Toward The Development of Integrated Crisis Warning System. International Studies Quarterly, 1977, 21 (1).

[4] 沃飞, 刘凤枝, 郑向群, 等. 国外突发事件预警系统特点及对我国农业环境突发事件预警建设的启示. 农业环境与发展, 2008 (1).

[5] 郭峰. 我国突发公共事件预警机制研究. 长春：吉林大学，2007.

[6] Quansah J E, Bernard Engel, Gilbert L. Rochon. Early Warning Systems: A Review. The Journal of Terrestrial Observation, 2010(2).

[7] Reid Basher. Global Early Warning Systems for Natural Hazards: Systematic and People-centred. Philosophical Transactions: Mathematical Physical and Engineering Sciences. 364, Extreme Natural Hazards. 2006(15).

[8] 马慧敏，杨青. 突发公共危机应急管理国际合作机制研究. 武汉理工大学学报：信息与管理工程版，2008（6）.

[9] 曾光. 传染病防控与国际合作的新思维. 科学对社会的影响，2007（4）.

第八章
应急处置与救援

学习目标

1. 理解先期处置机制的基本内容与流程。
2. 认识应急处置中快速评估的重要性和必要性。
3. 把握决策指挥的目标与基本原则,学习高度压力下应急决策的特点。
4. 认识应急管理中协调联动机制的重要性和基本内容。
5. 理解应急管理中信息发布的重要性,掌握信息发布的基本原则。

学习重点

1. 学习先期处置的基本方法。
2. 掌握快速评估的基本内容和方法。
3. 理解决策指挥的工作内容、基本程序与方法。
4. 掌握协调联动机制的基本内容、理解不同国家协调联动机制的差别。
5. 学习信息发布的基本内容和方法,掌握新闻发布会的基本流程。

《中共中央关于加强党的执政能力建设的决定》指出,要形成统一指挥、功能齐全、反应灵敏、运转高效的应急机制,提高保障公共安全和处置突发事件的能力。中共中央印发的《深化党和国家机构改革方案》强调,提高国家应急管理能力和水平,提高防灾减灾救灾能力,确保人民群众生命财产安全和社会稳定,是我们党治国理政的一项重大任务。要推动形成统一指挥、专常兼备、反应灵敏、上下联动、平战结合的中国特色应急管理体制。突发事件发生后,首要的任务是进行有效处置与救援,最大限度地减少伤亡和损害,防止事态扩大和次生、衍生事件发生。同时,突发事件的责任主体应采用预定的应急抢险和抢救方式,在突发事件应急响应行动中迅速、有效拯救人员的生命和财产,指导公众防护,组织公众撤离避险,最大程度地避免或减少人员伤亡和财产损失。

案例

山东省临沂市平邑县万庄石膏矿区"12·25"采空区重大坍塌事故

2015年12月25日上午，山东省临沂市平邑县一石膏矿发生垮塌事故，多人被埋井下。2015年12月30日，救援人员通过生命信息钻孔探测系统发现4名幸存者，并与他们取得了联系，救援人员向井下输送给养。2016年1月29日22时49分，4号井井底4名被困人员全部安全升井。"12·25"采空区重大坍塌事故救援体现了属地为主，条块结合，精心组织，科学施救的原则，展示了重大生产安全事故联合救援与科学救援过程。中央与地方之间，省、市、县之间，军队与地方政府之间，政府、企业与社会救援力量之间，国内专家与国外专家之间，充分协作，联合起来开展救援行动。在救援过程中，采用了国内外专家的意见，使用了专业的救援设备，制定了有效的救援方法，体现了救援的科学性。此次救援是我国首例大直径钻孔成功救援案例，也是世界第三例，在矿山救援史上具有里程碑意义。

资料来源：国家行政学院应急管理案例研究中心.应急管理典型案例研究报告（2017）.北京：社会科学文献出版社，2017.

第一节　先期处置机制

一、先期处置的定义

先期处置是指在突发事件即将发生或刚刚发生后初期，有关地区、部门对事件性质、规模等只能做出初步判断或还不能做出准确判定的情况下，对事件进行的早期应急控制或处置，并随时报告事态进展情况，最大限度地避免和控制事件恶化或升级的一系列决策与行动。先期处置的主要任务包括立即启动应急预案、成立现场处置指挥机构、抢救遇险人员、维护现场秩序、疏导交通、疏散群众、救治伤员、排除险情、控制事态发展、上报信息并协调有关方面等。

突发事件的先期处置是应急管理"战时"工作的首要环节。及时、快速而有效的处置可以争取时间，能以尽可能少的应急资源投入，最有效地控制事态扩大和升级并减少损失。

案例

汶川地震的抗震救灾

2008年5月12日14点28分,我国发生了震惊世界的四川汶川特大地震,受灾地区人民生命财产和经济社会发展蒙受了巨大损失。坚决战胜这场灾害,保护人民生命财产安全、保卫改革开放和社会主义现代化建设成果,是对中国人民意志、勇气、力量的严峻考验。四川汶川特大地震是新中国成立以来破坏性最强、波及范围最广、救灾难度最大的一次地震,震级达里氏8级,最大烈度达11度,余震3万多次。灾情就是命令,时间就是生命。面对特大地震灾害,灾区各级党委和政府、广大干部群众紧急动员、迅速行动,各级干部挺身而出、身先士卒,组织群众争分夺秒抢救被困人员,想方设法安置受灾群众,灾区人民临危不乱、守望相助,全力开展自救互救。在千钧一发的生死关头,多少人瞬间做出把生的希望留给他人、把死的威胁留给自己的抉择,一些父母用双臂为孩子撑起生命的天空,一些老师用身躯为学生挡住死神的威胁,一些青少年在废墟下唱起嘹亮的歌曲,机智地搜救同学……在72小时的黄金救援期内,当地群众的自救和互救拯救了很多生命,并为后期营救工作奠定了基础。据统计,被废墟掩埋的8万多人,有7万多人是灾区人民自救互救出来的。

瓮安事件

2008年的贵州省瓮安事件则由于先期处置不当,导致事态失去控制,造成了恶劣影响。2008年6月22日凌晨,贵州省黔南布依族苗族自治州瓮安县三中学生李树芬溺水死亡。瓮安县工作组多次做工作,与死者家属多次协调未果,同时,对死者亲属邀约300人打横幅在瓮安县城游行的行为毫无察觉,导致不法分子趁机对瓮安县委和县政府大楼、县公安局进行打、砸、抢、烧,整个过程持续近7个小时。此次事件,瓮安县公安机关开始就处置不当;舆论更没引导好,让一些不负责任的小道消息满天飞,面对女学生非正常死亡后"元凶系县委书记的亲侄女"等流言四起的局面,面对群众种种疑问,没有正确、及时、有效地进行舆论引导;也暴露出当地的干群关系、警民关系存在一定问题;特别是当地县委县政府主要领导对事件的危害缺乏政治敏感,对死者家属和部分群众对于死亡鉴定结论不服的情况丧失应有的警惕,没有及时获取可能发生群体性事件的内幕性信息,导致预警防范的被动局面,加之层层请示报批,见事迟、处置慢,缺乏敢于负责的精神,导致事件不断升级,教训非常深刻。

江苏盐城化工厂爆炸后的24小时生死营救

2019年3月21日江苏盐城化工厂特别重大爆炸事故发生后,930名消防指战员彻夜救援、3 500名医护人员不间断救治、60多名专家现场指导、数千名群众志愿服务……事故发生后的24小时,一场"生死大营救"争分夺秒进行。

"地毯式"搜救。为仔细搜索每一个角落,现场指挥部将事故现场划分为13个区域、65个网格，开展4次网格化地毯式搜救。核心区有很多危险化学品，硝基苯、氯气、硫酸、盐酸等，有毒、易燃、易爆。他们根据不同危化品制定不同处置方案，科学有序，确保搜救安全，共搜救疏散近300名群众。

"一人一方案"。事故发生后，国家卫生健康委和江苏省卫生健康委迅速启动应急响应，派出60多名专家奔赴现场参与救治，按"集中重症、集中资源、集中专家、分级收治"的原则，将伤员及时转运分流。同时对危重症伤员实行"一人一方案"，进行针对性治疗。事发24小时内，共有3 500名医护人员、16家医院、90辆救护车参与救治，为超过130名伤员实施手术。

"万众一心"支援。在响水县人民医院流动着一群忙碌的"红马甲"，一拨人拎着盒饭、水果等正送往住院部，一拨人在门诊大厅进行人员疏导工作……响水县义工协会的志愿者21日下午开始轮班值守医院。填表、量血压、查血型、车内采血……截至22日11时，共有260多位爱心市民献血9万多毫升。为防止次生事故，当地政府组织逐户排查，引导3 000多名企业职工和陈家港镇的四港村、六港村、立礼村等近千名群众疏散到安全区域。

国家和地方的全力支持。事故发生后，党中央、国务院高度重视。正赴国外访问途中的中共中央总书记习近平立即做出重要指示，要求江苏省和有关部门全力抢险救援。国务院总理李克强做出批示，要科学有效做好搜救工作，全力以赴救治受伤人员，最大程度减少伤亡。国务委员王勇赴江苏事故现场指导应急救援工作。国家应急管理部主要负责人带领有关领导和专家，第一时间赶赴事故现场指挥调度。江苏省委省政府主要负责人迅速赶赴现场指导应急救援等相关处置工作，事故处置救援现场指挥部灯火通明，彻夜运行。

通过上述三个案例，可见突发事件发生后，先期处置的有效与否往往决定了伤亡和损失的大小、处置成本的高低、后续工作的难度和效率。

资料来源：作者根据相关资料整理而成。

二、先期处置的目标与原则

先期处置的目标，是在突发事件发生的第一时间开展先期处置工作，按照边处理、边报告的原则，及时有效地控制事态、防止事态的升级和扩大，并将了解的情况和所采取的措施立即向上级报告，反馈给有关部门和地区。

先期处置应当遵循如下基本工作原则：

（一）救人第一，科学施救

人的生命高于一切、重于一切、先于一切。处置救援的第一原则是救人。同时，在没有了解现场和科学研判的情况下，必须在保证救援人员生命安全的前提下科学救援。

（二）统一现场指挥

必须建立应急处置现场指挥员制度，确定越级指挥、先期处置的原则与权限，落实并完善应急管理行政领导负责制和责任追究制。

（三）根据事态性质决定处置方式

先隔离事态，后控制处置，对各类性质比较确定的突发事件以控制与限制为主，对各种原因不明的突发事件要一边隔离事态和控制处置，一边及时判明事件性质和发展趋势。

（四）边处置、边报告

必须坚持边处置、边报告的原则，对没有明确规定、把握不准的问题，应当及时请示，情况紧急来不及请示时应当边处置、边报告或边报告、边处置。

三、先期处置的主体

《突发事件应对法》第四十八条规定："突发事件发生后，履行统一领导职责或者组织处置突发事件的人民政府应当针对其性质、特点和危害程度，立即组织有关部门，调动应急救援队伍和社会力量，依照本章的规定和有关法律、法规、规章的规定采取应急处置措施。"由于我国确立的是以"属地管理"为主的应急管理机制，这就意味着区县，尤其是基层政府或基层组织除做好应由本级政府组织处置的突发事件外，还应依法依规、迅速高效地做好需由上级政府组织处置的各类突发事件的先期处置工作。

四、先期处置的工作内容

（一）在事件发生的第一时间，及时采取临时性的应急控制措施

强化属地管理为主、充分授权、及时决策的原则，提高当地应急指挥机构的就近决策与处置权，以保证突发事件能够得到及时而有效的处置；细化突发事件发生后第一时间的先期处置措施，规范突发事件发生地应急管理部门进行临时性前期应急控制的权责，防止事态进一步扩大，尽可能减少危害。建立先期处置队伍和后期增援队伍的工作衔接机制，提高科学处置的水平。

（二）在了解现状的基础上明确支援内容与要素

向有关部门和领导报告事态进展情况，必要时可向上级有关部门和领导请求支援。明确先期处置队伍向有关部门和领导报告事态进展的内容、程序、方式、时限，规范越级报告制度，提高信息报送的质量。明确先期处置队伍向上级有关部门和领导请求支援以及上级有关部门和领导提供支援的条件、方式和内容，建立情况紧急时上级部门和领导进行越级指挥的制度。

(三)重视基层在突发事件先期处置中的作用

基层是信息报送的第一来源,也是先期处置的重要主体,而且往往是出现在先期处置第一时间的群体。由于基层离现场近、熟悉现场情况,因此是先期处置的最佳主体。突发事件发生后,只有基层才能做到见事早、行动快,及时开展先期处置,才能为整个事件的成功处置赢得宝贵时间,将事件解决在初发阶段,控制事态扩大,避免造成更大的人员伤亡和财产损失。同时事发当地的基层组织也是协助大规模应急处置的第一帮手。基层组织和群众可以积极配合上级、外部专业救援队伍开展处置工作,在现场取证、道路引领、后勤保障、维护秩序等方面充分发挥协助处置的作用。同时,要建立政府、企业、社团和个人之间"自救、互救、公救"相结合的合作关系,明确相互的权利、职责和义务。区域之间也要加强协作,相互援助,共同防灾救灾,防止灾情的衍生和扩散。

(四)及时主动正确引导舆论

作为先期处置的主体要善于同媒体打交道,强化舆论引导:一是充分尊重,要与媒体保持及时沟通与联系,让其参与其中,自觉接受监督;二是真诚面对,对事故采取实事求是的态度;三是及时主动正确引导,及时依法发布有关事件情况和应急救援工作的信息,速报事实,慎报原因。因条件限制不便召开新闻发布会的,也要拟出权威的新闻通稿,供媒体采用,或充分利用新媒体,如官方微博,及时有效发布有关信息,主动正确引导舆论。

五、处置措施

(一)自然灾害、事故灾难、公共卫生事件的应急处置措施

根据《突发事件应对法》第四十九条:自然灾害、事故灾难或者公共卫生事件发生后,履行统一领导职责的人民政府可以结合实际情况采取下列一项或者多项应急处置措施:

(1)组织营救和救治受害人员,疏散、撤离并妥善安置受到威胁的人员以及采取其他救助措施。如在汶川地震中,救援人员实施"先多后少、先近后远、先易后难、先轻后重、优先医务人员"的救助原则,为更多、更快地展开营救创造了良好的条件。

(2)迅速控制危险源,标明危险区域,封锁危险场所,划定警戒区,实行交通管制以及其他控制措施。该措施的目的是防止突发事件进一步蔓延扩大,使人员伤亡与财产损失降到最低限度。

(3)立即抢修被损坏的交通、通信、供水、排水、供电、供气、供热等公共设施,向受到危害的人员提供避难场所和生活必需品,实施医疗救护和卫生防疫以及其他保障措施。

(4)禁止或者限制使用有关设备、设施,关闭或者限制使用有关场所,中止人员密集的活动或者可能导致危害扩大的生产经营活动以及采取其他保护措施。如2003年"非典"期间,为防止疫情扩散,国务院果断地取消了"五一"假期,暂停全国性比

赛，一些地区的学校停课，有的地区关闭了娱乐场所，这些措施对保护人民的生命健康是完全必要的。

（5）启用本级人民政府设置的财政预备费和储备的应急救援物资，必要时调用其他急需物资、设备、设施和工具。

（6）组织公众参加应急救援和处置工作，要求具有特定专长的人员提供服务。通过对现场情况的初步评估，应根据相关应急处置预案组织应急响应的人力资源，人员集结要方便应急处置与救援工作，核心力量和现场急需的专业力量要接近现场，组织调度过程要有序可循，不要对现场内外交通造成堵塞。

（7）保障食品、饮用水、燃料等基本生活必需品的供应。

（8）依法从严惩处囤积居奇、哄抬物价、制假售假等扰乱市场秩序的行为，稳定市场价格，维护市场秩序。

（9）依法从严惩处哄抢财物、干扰破坏应急处置工作等扰乱社会秩序的行为，维护社会治安。

（10）采取防止发生次生、衍生事件的必要措施。突发事件发生后，往往会带来一系列的次生事件和衍生事件，有时候，次生、衍生事件带来的危害和损失比原生事件要大得多。例如，汶川地震发生后，针对堰塞湖和震损水库，各地完善应急避险预案，对大型和特大型地质灾害隐患点实行24小时动态监测、建立群测群防网络。为防止疫病发生，各地组建专业卫生防疫队伍、防疫消杀和保洁队伍，进村入户、不留死角，分片包干、落实责任，全力抓好防疫消杀和卫生保洁。实践证明，由于措施得当，唐家山等一百多座堰塞湖和1 900多座在地震中受损的水库没有发生任何次生的伤亡，造成几十万人伤亡的特大灾害没有发生任何疫情。

2019年2月国务院颁布的《生产安全事故应急条例》第十七条、第十八条对发生生产安全事故后，生产经营单位和有关地方人民政府及其部门的应急处置措施也做了明确规定。

（二）社会安全事件的应急处置措施

根据《突发事件应对法》第五十条：社会安全事件发生后，组织处置工作的人民政府应当立即组织有关部门并由公安机关针对事件的性质和特点，依照有关法律、行政法规和国家其他有关规定，采取下列一项或者多项应急处置措施。

（1）强制隔离使用器械相互对抗或者以暴力行为参与冲突的当事人，妥善解决现场纠纷和争端，控制事态发展。这是针对群体性事件等社会安全事件采取的措施。隔离就是要使相互冲突和对抗的当事人置于不可能再发生冲突的地方。当突发群体性事件等社会安全事件发生时，对于冲突的当事人，公安机关要依法律赋予的职权，采取相应的措施，进行强制干预，隔离冲突双方，控制局势，平息事态，恢复正常秩序。

（2）对特定区域内的建筑物、交通工具、设备、设施以及燃料、燃气、电力、水的供应进行控制。这是对重点设备设施的安全保护措施。在社会安全事件发生后，在特定区域内的一些建筑物、交通工具、设备、设施等可能会受到威胁，燃料、燃气、电力、水等能源供应系统也可能受到威胁。因此，组织处置工作的人民政府应当组织政府有关部门对这些特定建筑物、设备、设施和能源供应系统进行必要的控制，予以安全保障，防止因社会安全事件的发生造成不必要的破坏。

（3）封锁有关场所、道路，查验现场人员的身份证件，限制有关公共场所内的活动。在社会安全事件发生后，为了维护社会治安秩序，必要的时候需要实行现场管制，限制人员进出被封锁管制的场所、道路，对出入封锁区域人员的证件、车辆、物品进行检查，禁止或者限制有关公共场所内的聚众等活动。

（4）加强对易受冲击的核心机关和单位的警卫力量，在国家机关、军事机关、国家通讯社、广播电台、电视台、外国驻华使领馆等单位附近设置临时警戒线。这是对首脑要害部位加强保护的规定。

（5）法律、行政法规和国务院规定的其他必要措施。处置社会安全事件的措施是多种的，无法全部列出；有的措施在有关法律、行政法规中也有规定，不必一一列出。国家法律、行政法规和国务院规定中对应急措施做出的规定，在处置社会安全事件时可根据情况予以采取。

六、先期处置的流程

先期处置的流程如下：

（1）通过现场直接观察、访问等方法，核实和搜集情报信息并随时报告。

（2）对事件概况（详细地点、规模、事因、类型、特点等）及发展趋势做出初步判断。

（3）与已到达现场的协同单位取得联系，互通情报。

（4）实地勘察现场环境状况，对后续处置力量（该起事件的负责人和相关单位）进入路线、控制范围等工作提出初步设想。

（5）在可能的情况下，抢占有利空间，为指挥部的建立和后续处置力量的展开创造有利条件。

思考与探索

如何提高先期处置工作的效率？

先期处置工作直接影响后期应急处置的效率。对此，必须明确先期处置主体的定位和责任义务。先期处置的主体具有相对性，基层单位的先期处置第一响应人包括社区、企业、单位等；国家层面的先期处置第一响应人包括各省、市、区的主责部门。明确先期处置主体的责任义务，必须给先期处置者一定的灵活处置空间，使其能充分利用现场资源处置突发事件。同时，必须明确主体的权责空间，杜绝权责不明现象的发生。

目前我国在先期处置工作的主体、过程、权责和实施等方面还存在较大差距，往往出现先期处置责任人等待、缺位、忙乱、权责不明等现象，影响突发事件的处置效果。

第二节 快速评估机制

案例

青海玉树地震

2010年4月14日早晨,青海玉树发生两次地震,最高震级7.1级。青海玉树藏族自治州位于青藏高原腹地、青海省南部,总面积达到26.7万平方千米,而总人口只有约30万人,其中藏族占97%,主要从事农牧业。玉树州属于地震高发区,当地又地广人稀,虽然发生了7.1级地震,但按照以往经验,人员死伤和财产损失应当较为有限。从地震第一时间当地政府向上级和中央政府汇报的情况看,伤亡人数也不多,损失似乎不太严重,没有达到启动国家地震应急预案一级响应的要求。然而,自汶川地震后,国务院有关部门重视和加强了重大突发事件快速评估方面的工作。有关部门根据监测数据和地方统计资料发现,玉树地震属于浅源地震,震中又位于玉树市结古镇附近,而结古镇集中了玉树州大部分人口,因此玉树地震实际损失情况可能比基层上报情况严重得多。基于这种快速评估和判断,党中央和国务院决定按照国家破坏性地震应急预案启动Ⅰ级响应的第二项标准"在人口密集地区发生7级以上地震",立即启动Ⅰ级响应,迅速调集救援力量和救灾物资进入玉树灾区。事实证明,中央政府的这一决策非常英明果断,玉树地震造成了超过2 300人死亡,完全超出了启动Ⅰ级响应的标准,而及时有力的救援工作挽救了大量的生命,确保了抗震救灾工作的有效开展。

玉树地震的成功决策很大程度上要归功于地震后的快速评估工作。

资料来源:作者根据个人访谈相关部门情况撰写。

一、快速评估的定义

快速评估是一种非常普遍的评估类别,是在主要问题还不清楚,同时又缺乏充足的时间、信息和资源的情况下,调查和研判复杂状况的一种方法。事实上,在大量生产和生活实践中,都需要应用快速评估,如环境监测、农村发展、交通运输、急诊病房以及传染病监测等。突发事件的应急处置和救援是一种典型的时间紧迫、信息缺乏而决策质量要求高的工作,因此也是快速评估的重要应用领域。

快速评估是在不确定性较高、时间非常紧迫、资源与信息有限的情况下进行的评估。突发事件应急处置和救援的快速评估是指在突发事件发生后的较短时间内,由履行领导职责或组织处置突发事件的政府及其有关部门按照有关规定指派工作组或有关机构针对特定问题进行快速调查，短期内提供相关信息的行动或过程。具体而言，这一定义包括以下几项要点：

第一，快速评估的主体包括：① 组织者，通常为突发事件应急处置和救援的指挥者或指挥部；② 实施者，通常为相关专业人士担任，可指派有关专家牵头成立快速评估工作组，也可指定相关专业机构开展快速评估工作。

第二，快速评估的目的是为突发事件应急处置和救援阶段的非常规决策提供支持。

第三，快速评估的对象包括与应急处置和救援相关的用于决策支持或者信息发布的多种信息及基于这些信息基础上的形势判断。

第四，快速评估的内容与应急处置和救援的需求，特别是应急决策的需求密切相关，包括突发事件的时间、地点、损失、性质、规模及影响，以及灾区和灾民的短期需求等。

第五，快速评估是为应急决策服务的，因此必须在相关决策之前完成，不求全面完备和尽善尽美，而是注重实用、快速，满足决策者基本需求即可。

相应的，快速评估机制就是指围绕应急处置和救援阶段快速评估的需求，建立一套应急指挥部组织和开展快速评估的程序化、专业化的工作流程。这是应急管理的核心机制之一。

二、快速评估的特点

快速评估属于评估中的一类，但其除了具有调查评估的一般性特点之外，还具有特殊性。它的一般性特点在此不多详述，本书第九章中的"调查评估机制"一节将详细讨论。快速评估的特点由其所处的不确定性较高、时间非常紧迫、资源与信息有限的情景特征所决定。

第一，快速评估区别于其他评估的根本特点在于它是一种有着极大约束性的评估。快速评估的目的决定了它受到投入时间和资源的严格约束。常规性评估的基础是理性决策模型，要求严格遵循科学的原则和方法，基于周密的调查核实和严密的逻辑推理，以获取客观、真实及精确的事实，并在事实基础上形成较为准确和客观的相关结论及对现有形势和未来趋势的判断。显然，常规性评估的这种要求只能在拥有较为充裕的时间和投入较多资源的情况下才可能达到。快速评估因为无法满足这种前提条件，所以它的基础是满意决策模型，即只要求获得令决策者满意而非完美的事实和判断即可。这种情况下，快速评估的科学性、客观性和精确性等方面的要求均有一定程度的放松，以满足时间和投入方面严苛的限制。

第二，快速评估更重视定性的结果。现代评估理论越来越重视定量分析的方法。但是快速评估的资源约束性决定了快速评估无法给出精确的定量结论，更多的是一个估计范围或者概率空间，而快速评估的目的也决定了快速评估主要是为应急决策服务，并不苛求精确的数字，而是追求比较准确的定性判断结果。因此，快速评估虽然也大量使用定量分析的方法，但更重视定性的讨论。

第三，快速评估鼓励非程序化和超理性的思维。由于快速评估在投入方面的严苛限制，所以快速评估很难依据常规的评估程序开展评估活动，而必须根据突发事件的实际情况因地制宜地开展评估工作，最大限度地利用已有或者容易获得的信息。由于快速评估支持应急决策的目的，所以快速评估更加重视人们，特别是资深专家，对事件的理解，重视专家们的经验和直觉等超理性的思维。在快速评估中，常常并非如常规性的评估一样，先收集信息，再获得结论，而是先获得结论，再收集证据。

第四，快速评估重视类比的方法。在快速评估中，由于投入的约束，人们难以获取也不盲目追求获取突发事件的全貌，而喜欢采用类比的方法，力图用零碎而分散的片段去比照过去发生的类似事件，"盲估"事件的相关信息。

三、快速评估的原则

应急处置和救援阶段的快速评估应遵循如下原则。

（一）时效性

快速评估主要是为应急指挥决策服务。因此必须在突发事件发生后的第一时间进行，并在应急指挥决策前反馈评估结果。如果快速评估不能为应急指挥决策提供及时有效的信息支持，快速评估将丧失意义，完全失败。

（二）宏观性与指导性

快速评估不是对突发事件的精细调查，而是追求在事件粗略分析基础上对宏观性质和方向的准确把握。相应的，快速评估虽然是为应急决策提供信息支持的，但主要追求具有高度指导性的定性判断和结论，而非精确的定量结果。

（三）交互性

快速评估虽然是为应急指挥决策服务，但并非只有快速评估完成后，才开始进行应急决策。实际上应急指挥决策将依据突发事件发展及应急处置和救援的开展而不断进行。因此，快速评估不应等待全部工作完成后再递交出完整的快速评估报告，而应在快速评估过程中，与应急指挥决策者保持及时的沟通和交流，随时了解决策者的需求动态并汇报快速评估进展。

四、快速评估的内容

快速评估的内容由应急处置和救援的需要决定，可包含多种内容，大至突发事件的性质和初步损失情况，小至特定类别的灾民，如孤儿的数量和需求等。一般而言，快速评估的内容包括以下两大类。

（一）突发事件损失和影响快速评估

此类快速评估主要为应急处置指挥决策提供信息服务。评估的内容包括：突发事件影响范围、突发事件级别、事故灾情隐患、影响区域人员伤亡情况、直接经济损失、房屋倒塌损失及疏散安置者数量、影响区域基础设施损失情况、影响区域环境情况、影响区域公共服务情况、影响区域社会损失以及次生衍生灾害等。

(二)灾民和影响区域需求快速评估

此类快速评估主要为应急救援决策提供信息服务。评估的内容包括:抢险救灾所需的人财物等资源情况、抢险救灾需求情况、影响区域群众对生活(生产)物资的需求情况、影响区域救援的医疗和防疫需求情况以及不同时期的突发事件后救助目标及需求情况等。

值得注意的是,理论上,充分的应急准备工作可以保障当突发事件发生时,应急处置的决策者能迅速掌握他所能控制的应急资源的数量及分布等信息,但是实践中,应急准备工作往往是不充分的。此时同样需要通过快速评估收集可用于应急处置和救援的资源的相关信息,包括数量、类型及分布等。

专栏

美国应急管理体系中的快速评估

美国应急管理体系中的快速评估内容主要包括两类:

第一类是对突发事件事态形势的快速评估。当突发事件发生时,对事态形势的快速评估,是应急响应的首要任务之一。其任务是确定最初的救援需求,确定正在逼近的危险以及对应的直接行动。通常,要求在事件发生的数小时内,对事态形势做出快速评估,以作为采取适当应对行动的决策基础。由此,地方政府可以决定应对行动的优先顺序、分派稀缺资源以及向互助伙伴、州乃至联邦政府请求快速准确的援助。

第二类是初步损失评估。初步损失评估没有第一类快速评估那样紧急,但也是应急响应中的重要内容,主要是对灾害造成的损失做出初步的评估,并以货币额度来表示。一般来说,要依靠银行、保险公司、税务部门、建筑部门等具有专业知识的工作人员做出初步损失评估。

资料来源:作者根据美国 FEMA 网站相关信息撰写。

五、快速评估的流程

通常情况下,快速评估应遵循如下流程(见图8-1):

(1)突发事件发生后,事发地政府和单位在第一时间内上报相关情况,并按照事件的类别和级别,根据相关应急预案,启动应急响应并成立应急指挥机构,开展先期处置工作等。此时,如有必要,相关政府和部门可以在还未接到上级指示之前就开展快速评估工作。

(2)应急指挥机构根据应急处置和救援中的决策信息需要,组织有关部门、单位

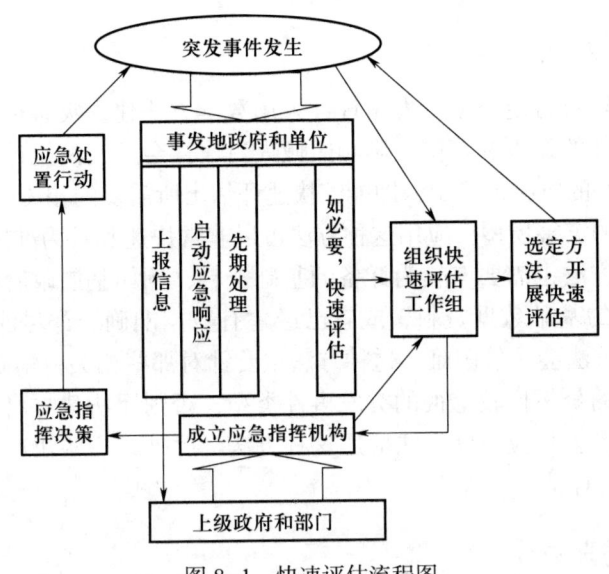

图 8-1 快速评估流程图

和人员开展快速评估工作。

（3）有关部门、单位和人员选择适当方法，开展快速评估工作。

（4）有关部门、单位和人员随时向应急指挥机构反馈快速评估的结果，并在规定时间内向应急指挥机构递交快速评估的报告。

（5）应急指挥机构在综合研判各方面快速评估报告后，进行指挥决策。

（6）应急指挥机构可根据突发事件的事态发展适时开展多次（并行）快速评估活动，直至突发事件结束。

六、快速评估的方法

快速评估作为评估的一种特殊类别，同样可以广泛应用社会科学中许多调查和研究方法。但因为快速评估自身的特点，所以快速评估多采用一些粗略估算或简便推算的方法。

（一）上报汇总法

这种方法是利用突发事件发生后，事发单位和基层政府按照上级部门或者应急指挥部门的相关规定或指令，短期内迅速上报的各类突发事件信息和数据，以累计汇总为基础，进而进行快速评估。

这种方法的优点是当快速评估的内容较为清晰、明确，且影响区域基层政府和组织可以有效运行时，可以较为准确地获得突发事件相关信息。

相应的，这种方法要求基层政府和组织能够正常有效运行，否则就难以使用这种方法。此外，这种方法多用于快速评估内容比较简单的场合，否则上报信息和数据的准确性就难以得到保障，漏报、迟报、重复上报甚至瞒报等情况都会极大干扰快速评估工作，影响评估结论的准确性和可信性。

（二）灾害模型法

这种方法是针对特定类型突发事件，采用数学方法建立灾害模型。当突发事件发生时，将突发事件的级别和范围、影响区域人口、社会及经济统计资料以及其他相关参数代入已建立好的灾害模型中，即能够快速评估出所需要的相关内容。

如果有较好的灾害模型，应用这种方法可以非常快速和较为准确地获得评估结果。同时，应用这种方法也需要有较为详备的基础资料，例如基层政府或者相关基层单位事先建立有完备的基础数据资料，或者已经建有数据准确、详尽的地理信息系统等。否则，应用这种方法会比较困难。这种方法主要针对那些相关科学研究积累较为充分、对内在运行机理的分析比较透彻的突发事件类型，否则无法建立出有实用价值、被广泛认可的灾害模型，相应也就无法应用这种方法。此外，一些快速评估的内容也无法采用这种方法进行评估。

（三）模拟仿真法

这种方法与灾害模型法类似，只不过更多利用计算机仿真技术，由计算机模拟真实灾害的发生，通过输入灾害和灾区的各种参数，就可以获得灾害造成损失和影响的仿真结果，进行快速评估。

这种方法解决了一些灾害类型由于系统过于复杂，无法利用数学工具建立实用模型的困难，但是目前同样存在计算能力不足、仿真效果有限的问题。目前已经有一些地方开展了应用此方法的实施，如对松花江有害物质扩散趋势的预测分析等。

（四）遥感法

这种方法是利用现代飞机（包括无人机、飞艇等）或卫星的遥感技术，快速拍摄获取灾区上方的图像资料，再利用图像处理技术分析灾区损失和影响情况，进而进行快速评估。

这种方法能够非常迅速地把灾区真实情况收集、汇总起来，特别是利用卫星技术，即便是对于面积非常广大的灾区，也可以在几小时内获取全部图像。这种方法是目前非常值得深入研究和积极推广的一种方法，在森林火灾应急处置方面已经得到较为普遍使用。2018年应急管理部组建后，在山东寿光洪涝灾害、内蒙古汗马森林火灾、川藏边界4次堰塞湖等重大自然灾害应急处置中也得到了应用。当然，这种方法技术要求高，相对投入大，也受到天气、卫星运行轨道及突发事件类型等客观因素的影响。

（五）历史事件类比法（案例法）

这种方法是利用历史上类似事件或者相似案例与本次事件进行类比，进而根据历史事件的相关数据推断出快速评估的结果。

这种方法的优点是如果能够找到适宜的类比事件或案例，则能够快速和较为准确地获得评估结果。但是由于绝大部分突发事件都有其独特性，因此选择类比的历史事件和根据历史事件的数据进行推断的时候必须非常谨慎。某些事件会很难找到可以类比的历史事件或案例，或者难以获得历史事件的相关数据，都会影响使用这种方法的效果。为了便于使用这种方法，基层政府和相关单位应当重视建设不同类型突发事件的案例库。

（六）实地考察法

这种方法是组织有丰富经验的相关领域领导和专家对灾区进行实地考察，并与影响区域基层政府领导和群众进行访谈、座谈等。之后利用领导和专家丰富的经验，通过对影响区域实地观察的印象，推测出快速评估的相关内容。

这种方法非常简便易行，如果相关领导或专家具有丰富的经验，往往能够给出令人满意的估计结果。相对而言，这种方法对领导或专家的能力的依赖性过大。此外，如果灾区面积过于广大，或者事发地交通损坏严重，在短期内对灾区各地进行实地考察的难度较大时，将无法采用这种方法。

（七）快速调查法

这种方法是组织多个影响区域实地快速调查组，或者多个专业调查组，利用设计好的快速评估问卷或（半）结构化访谈提纲，对影响区域多个选取的抽样点或者不同调查要素进行快速调查。调查时间应尽量缩短，一般不超过一周。然后对调查数据进行快速汇总，并按照事先设计好的分析框架，迅速进行分析，获得快速评估的结果。

这种方法实际是将常规的调查评估方法简略化和快速化，并采用并行工作的组织方式，以争取在最短时间内完成评估。

这种方法与常规调查评估方法最为类似，具有最好的科学性、客观性和准确性，可以为应急决策提供最为丰富的信息支持。但这种方法需要投入较多的时间和人力、物力资源，评估的结果也较为依赖事前的调查方案设计。当快速评估的时间约束非常紧时，这种方法很可能难以按时提交评估结果。

（八）综合法

所谓综合法，就是综合利用以上两种或数种方法，以获得更为准确或者更为广泛认可的评估结果。例如，可以综合上报汇总法和历史事件类比法，用类比历史事件的数据来修正上报汇总数据的误差；也可以综合灾害模型法和实地考察法，利用领导或专家的考察结果来修正灾害模型。

综合法通常可以结合所综合的多种方法的优点，相互补充获取更准确的信息，但多种方法综合使用会增加快速评估的工作量，延长快速评估的时间。

目前快速评估实践中大量使用的多为综合法，以便充分利用应急处置和救援中各个方面的力量，从多方面获取所需要的信息和资料。

案例

云南省政策性农房地震巨灾保险试点

2015年8月7日，全国首创的震级触发型地震指数保险——云南省大理白族自治州政策性农房地震保险正式签单落地。诚泰财产保险股份有限公司作为主承保人、中国财产再保险有限责任公司作为首席再保人。云南方案创新应用的巨灾保险指数产品,将产品的专业性与操作的可行性高度结合,实现保险公司自有服务体系与政府灾害救助体系有效衔接。利用庞大有效的政府体系精准到户,实现地震灾害发生—启动应急预案—现场即时查勘—灾评确定损失—保险公司理赔—赔款及时到位—保险赔款公示—理赔工作回访等理赔工作的高效运行,最快在震后 32 小时内将 2 800 万元巨灾保险赔款支付到账。截至 2018 年 6 月,大理试点共完成 3 次地震灾害的保险理赔,累计赔付 6 353.76 万元,直接保险理赔惠及群众 15 049 户,有力地支持了救灾和重建工作的开展,维护了社会的安全稳定。

资料来源:摘自云南省政策性农房地震巨灾保险试点工作汇报。

思考与探索

如何获得快速评估所需的基础信息?

虽然快速评估有多种方法可供选用,但是实践表明,最为迅速而有效的快速评估方法都是基于充分的事前信息积累。例如,拥有翔实的灾害影响区域人口、社会和经济统计资料,对于迅速准确判定灾害损失情况具有关键性的作用;拥有丰富的突发事件案例库,可以迅速找到与当前发生事件相似的历史事件,就可以迅速地推断出当前事件的许多特征和性质。

这就要求做好两方面的工作。首先,常态应急管理工作,要积极建立完备的基础数据资料储备,最好是建立数据准确、详尽的地理信息系统(GIS)等数据库;建立各类突发事件案例库、历史事件资料库等。其次,重视建立不同部门间的信息共享、数据共享等机制。总体而言,中国应急管理工作在储备数据资料,建立 GIS、案例库等基础数据库方面还存在较大的改进空间。但最值得重视的还是数据共享机制的建立。由于体制、机制等方面存在的一些原因,许多部门习惯于把自己的数据"藏着、掖着、霸着",这种行为不仅造成快速评估工作的困难和走弯路,而且直接影响应急处置和救援的效率和效果。积极改变这种行为非常重要和迫切。与此同时,还要依靠先进的科学技术,加快灾情的快速获取和分析。

第三节 决策指挥机制

一、决策指挥的定义

决策指挥是指应急指挥者在对突发事件特定的原因、性质、时空特征、扩散态势、影响后果等进行快速评估的基础上，采用科学合理、及时有效的应急控制模式，对应急管理过程中的各种力量、各种活动进行时间上、空间上的安排与调整的过程。

从层级来看，应急决策指挥包括战略决策、战役指挥、战术行动三个层级。从时间先后来看，应急决策指挥包括应急决策和应急指挥两个部分。应急决策是指当突发事件发生时，决策者在时间紧急、资源有限和事件不确定性的情况下，为了尽可能地减少人员伤亡和财产损失，而确定应采取哪些应对突发事件的方案和措施的过程。应急决策是一种非程序化决策，具有紧迫性、主观性、有限性、渐进性和时效性等特点。应急指挥是指当突发事件发生时，各级政府根据突发事件的实际情况，迅速调度指挥一切可以救灾的资源（队伍、物资、资金），进行针对性抢险救援工作的过程。

> 应急决策指挥包括战略决策、战役指挥、战术行动三个层级。

人们常说：决策的失误，是最大的失误。决策指挥是应急管理工作的重中之重。成立权责统一、分工明确、综合协调的应急决策和处置机构，形成政府统一指挥、各部门协同配合、全社会共同参与的应急协调联动机制，是世界各国在应急决策指挥中共同的做法和经验。毛泽东在《直罗战役同目前的形势与任务》一文中曾特别强调"抓住战略的枢纽部署战役，抓住战役的枢纽部署战斗"。这就告诉我们，指挥决策的关键是抓重心、抓枢纽。掌控了重心和枢纽，就掌控了全局和整体。真正高明的指挥员，最大的本事是从纷繁复杂的万物万象中，发现重心是哪里，枢纽在何处。

二、决策指挥的目标与原则

建立健全决策指挥机制的目标，是充分发挥各级各类应急指挥机构的统一指挥和协调作用，强化各方面之间的协同配合，形成有效处置突发事件的合力。应急决策的直接目标是追求对应对突发事件方案的最优选择，最大限度地减少伤亡和损失。决策的过程目标是科学性。应急决策的科学性是实现上述直接目标与最终目标的根本保证。

决策指挥应当遵循以下工作原则：一是统一领导，分级负责。应急管理工作要在各级党委领导下，实行行政领导责任制；按照事件的所属级别，依据应急预案要求，由相应级别的应急指挥机构负责。二是以人为本，减少危害。把生命安全放在第一位，在确保救护人员生命安全的前提下，对受事件威胁的有关人员进行有效施救。三是依靠科技，专业处置。充分利用和借鉴各种科技成果和专业人员的专业知识、专业能力，充分发挥专家顾问组的作用。四是属地为主，先期处置。当地应急指挥机构就近决策与处置，属地的应急部门进行前期控制事态，防止事态进一步扩大。五是充分授权，及时决策。应急决策机构和相关领导对于直接指挥和处置的负责人应该充分信任，各级决策者应及时、快速决策。六是减少层级，沟通畅通。应急组织机构应实行扁平化架构，减少层级，保证各级各类应急管理机构之间沟通畅通。

三、决策指挥的工作内容

（一）启动应急响应

应急响应程序是指突发事件发生后，实施开展应急处置与救援行动的有关方法和程序。科学完备的应急响应程序有利于提高突发事件应对的能力和水平。例如，《民政部自然灾害救助应急工作规程》规定：中国对自然灾害的响应等级分为四级，不同程度的灾害发生后，都有较为规范的救助措施。中国自然灾害应急救助的制度化、体系化，为更好地应对和管理灾害提供了强有力的保障。

针对不同级别和类型的突发事件，制定应急响应启动机制，科学规范应急响应启动的组织机构和程序。加强应急响应启动的宣传教育和培训演练，做到预案涉及人员熟知预案流程，明确各自的工作任务和职责。严格执行应急响应启动程序，建立特殊重大情况下的应急响应调整机制，遇有特殊重大紧急情况应灵活妥善处理，以确保突发事件得到及时处理。建立应急响应后的跟踪评估机制，应急响应启动后，要继续关注事态的发展，及时做好后续应急工作。

> **专栏**
>
> **我国对自然灾害的四级响应程序**
>
> 2005年开始建立的国家自然灾害救助预案系统，规定了四级响应机制。2008年修订的《民政部自然灾害救助应急工作规程》，确定民政部和国家减灾委的抗灾救灾基本程序。按照灾害损失情况，民政部将中央应对突发性自然灾害工作设定为四个响应等级，一、二、三、四级逐级递减，级别划分以死亡人数、紧急转移安置人数和倒塌房屋数量三个指标为标准，只要满足其中一项指标，就要启动相应的响应等级。基本的应急响应程序级别为：一级响应由国务院分管副总理（国家减灾委主任）决定，死亡人数超过200人，就由国务院启动响应，分管副总理直接赶赴现场；二级响应由民政部部长决定启动，启动标准为死亡人数超过100人，紧急转移80万人以上，倒房15万～20万间；三级响应由民政部主管救灾的副部长决定，启动条件为死亡50～100人，紧急转移人口30万～80万，倒房10万～15万间；民政部救灾司则启动四级响应，启动标准为死亡人数30～50人，紧急转移超过10万人，倒塌房屋超过1万间，地震5级以上死亡20～50人。
>
> 资料来源：《民政部自然灾害救助应急工作规程》（民发〔2008〕35号）。

（二）专业化现场指挥

要建立一个专职的、由专业化的应急救援指挥人才组成的现场指挥的队伍，提高现场指挥的专业化水平。《突发事件应对法》第八条规定："国务院在总理领导下研究、决定和部署特别重大突发事件的应对工作；根据实际需要，设立国家突发事件应急指挥机构，负责突发事件应对工作；必要时，国务院可以派出工作组指导有关工作。""县级以上地方各级人民政府设立由本级人民政府主要负责人、相关部门负责人、驻当地中国人民解放军和中国人民武装警察部队有关负责人组成的突发事件应急指挥机构，统一领导、协调本级人民政府各有关部门和下级人民政府开展突发事件应对工作；根据实际需要，设立相关类别突发事件应急指挥机构，组织、协调、指挥突发事件应对

> 建立现场指挥官制度，并建立动态灵活的现场指挥机制，根据"谁先到达谁先指挥，依法逐步移交指挥权"的原则，建立和规范现场指挥权的交接方式和程序。

工作。"第四十八条规定:"突发事件发生后,履行统一领导职责或者组织处置突发事件的人民政府应当针对其性质、特点和危害程度,立即组织有关部门,调动应急救援队伍和社会力量,依照本章的规定和有关法律、法规、规章的规定采取应急处置措施。"中共中央办公厅、国务院办公厅印发的《组建国家综合性消防救援队伍框架方案》强调:"坚持队伍建设正规化、专业化、职业化方向,按照构建统一领导、权责一致、权威高效的国家应急能力体系要求,创新体制机制,优化统筹力量,加强队伍管理,强化政策保障,着力建设一支政治过硬、本领高强、作风优良、纪律严明的中国特色综合性消防救援队伍,全面提高防灾减灾救灾和保障安全生产等方面能力,有效维护人民群众生命财产安全和社会稳定。"

案例

广东现场首席指挥官制度

2010年6月2日,广东省第十一届人大常委会第十九次会议审议通过了《广东省突发事件应对条例》(以下简称《条例》),并于当年7月1日正式颁布实施。《条例》规定了首席指挥官制度——"履行统一领导职责或者组织处置突发事件的人民政府派出或者指定的现场指挥官,统一组织、指挥现场应急救援工作。现场指挥官有权决定现场处置方案,协调有关单位和部门的现场应急处置工作,调度现场应急救援队伍。各有关单位、公众应当服从和配合现场指挥官的指挥。"根据规定,各级政府领导要按照各自职责,协调现场指挥官协调不了的问题,解决现场指挥官解决不了的困难,调动现场指挥官调动不了的救援力量,全力支持现场指挥官做好处置工作。

资料来源:广东突发事件将设现场指挥官. 信息时报,2010-7-14.

要明确现场指挥部建立、指挥协调程序,合理区分战略决策、战役指挥、战术行动三个层级,建立专业化的决策处置程序,制定指挥权转移制度。现场指挥包括现场指挥部的建立,不同部门、不同地区、不同单位以及与军队之间的指挥协调。现场指挥部是指在应急决策与处置过程中,由相关部门组织的、临时性应对突发事件的决策、指挥与处置机构。其主要职责为:迅速设立事件应急处置现场指挥部营地,指挥现场应急处置工作;确定应急救援的实施方案、警戒区域、安全措施;向上级部门和领导汇报和通报事件有关情况;根据实际情况指挥救援队伍施救;负责对事态的监测与评估。要明确现场指挥部的成立条件、构成要素、职能定位、组织架构、工作流程。要建立动态灵活的现场指挥机制,根据"谁先到达谁指挥,逐步移交指挥权"的原则建立和规范现场指挥权的交接方式和程序,提高应急管理领导者的现场研判和决策水平。

2019年2月国务院颁布的《生产安全事故应急条例》在总结各地各部门经验的基础上明确规定:"发生生产安全事故后,有关人民政府认为有必要的,可以设立由本级人民政府及其有关部门负责人、应急救援专家、应急救援队伍负责人、事故发生单位负责人等人员组成的应急救援现场指挥部,并指定现场指挥部总指挥。""现场指挥部实行总指挥负责制,按照本级人民政府的授权组织制定并实施生产安全事故现场应急救援方案,协调、指挥有关单位和个人参加现场应急救援。参加生产安全事故现场应急救援的单位和个人应当服从现场指挥部的统一指挥。"

(三)资源调配与征用

1. 资源调配

应急资源由应急专业救援队伍、应急救援物资、救援设备、义务或群众志愿救援组织等组成。应急资源调配是应急决策和应急响应的重要内容。及时有效调动人、财、物、通信、技术等各种资源,为应急处置与救援提供重要保障。

各单位要根据应急救援的要求,储备一定数量的应急物资及资金,同时平时要注意对应急资源的维护和保养,切实保证应急资源的质量,延长资源的寿命。各单位要定时对应急资源进行检查,对资源的数目、状况进行全面的登记。可以建立与生产厂家签订救灾物资紧急购销协议、建立救灾物资生产厂家名录等方式,进一步完善应急救灾物资保障机制。依托信息技术,建立应急管理中统一的资源地图和资源调配机构,明确紧急情况下对人、财、物、通信、技术等各种资源进行紧急调配的条件、程序和方法,提高资源调配的效率,根据灾情特点、灾区需求以及抢险救援需求在不同地区和部门之间实现应急救援资源的科学、有序和快速调度。

2. 紧急征用

紧急征用是指政府因抢险、救灾等紧急需要,依照法律规定的权限和程序,暂时使用单位、个人财产的行为。征用权来源于中国宪法以及《物权法》《突发事件应对法》等相关法律的明确规定。依据上述规定,实施征用行为应符合几个方面的条件:① 征用权行使的前提是突发事件发生后,为了抢险、救灾等紧急需要;② 实施征用行为必须严格依照法律规定的权限和程序;③ 征用的范围包括应急救援所需的设备、设施、场地、交通工具和其他物资;④ 被征用的财产在使用后应当返还权利人,如果财产毁损、灭失,应当给予权利人合理的补偿。

中国相关法律法规对紧急征用作了明确规定。例如,《突发事件应对法》第十二条规定:"有关人民政府及其部门为应对突发事件,可以征用单位和个人的财产。被征用的财产在使用完毕或者突发事件应急处置工作结束后,应当及时返还。财产被征用或者征用后毁损、灭失的,应当给予补偿。"第八条规定:"上级人民政府主管部门应当在各自职责范围内,指导、协助下级人民政府及其相应部门做好有关突发事件的应对工作。"第五十二条规定:"履行统一领导职责或者组织处置突发事件的人民政府,必要时可以向单位和个人征用应急救援所需设备、设施、场地、交通工具和其他物资,请求其他地方人民政府提供人力、物力、财力或者技术支援,要求生产、供应生活必需品和应急救援物资的企业组织生产、保证供给,要求提供医疗、交通等公共服务的组织提供相应的服务。""履行统一领导职责或者组织处置突发事件的人民政府,应当组织协调运输经营单位,优先运送处置突发事件所需物资、设备、工具、应急救援人员和受到突发事件危害的人员。"《生产安全事故应急条例》第二十六条规定:"有关人民政府及其部门根据生产安全事故应急救援需要依法调用和征用的财产,在使用完毕或者应急救援结束后,应当及时归还。财产被调用、征用或者调用、征用后毁损、灭失的,有关人民政府及其部门应当按照国家有关规定给予补偿。"

总之,我国已基本建立了应急状态处置过程中紧急征用社会资源、采取市场管理强制性措施等的法律依据,但需要进一步细化。要完善紧急情况下的征用和借用机制,明确紧急征用和借用的启动条件、基本程序以及相应的补助、补偿、赔偿标准和程序,使得政府运用各种应急社会资源的行为具有更高的透明度、更大的确定性和更强的可预见性。

(四)专家参与

专家参与是指专家根据客观实际,参照历史经验教训和科学预测结果,以实事求是的态度、自己的专业知识和各种信息为基础,对突发事件应对工作提供科学依据和可行方案,供决策主体参考的过程。通过推进专家机构建设,探索建立应急管理专家参与应急管理工作的联动模式,不断提高专家在预防和处置各类突发事件中的作用,有利于为突发事件应对工作提供各种决策支持,从而提高应急管理的水平。

要进一步健全完善应急管理专家参与机制,明确紧急情况下专家参与应急抢险救援的条件、方式和工作程序。建立各级应急管理专家库,吸收专家开展会商、研判、培训和演练等活动,充分发挥专家的咨询与辅助决策作用。充分听取、吸纳专家对预防和处置各类突发事件的意见,发挥应急管理专家在突发事件会商会议、应急管理科普宣教和培训、风险隐患排查和治理、应急管理法制建设等日常工作方面的专业咨询、技术支持作用。《生产安全事故应急条例》第二十条规定:"发生生产安全事故后,有关人民政府认为有必要的,可以设立由本级人民政府及其有关部门负责人、应急救援专家、应急救援队伍负责人、事故发生单位负责人等人员组成的应急救援现场指挥部,并指定现场指挥部总指挥。"

案例

2007年北京市国贸桥附近路面塌陷事故处置中的专家参与

2007年3月8日9时,北京市东三环国贸桥东北角辅路路面出现局部塌陷,形成长5米、宽4米、深2.5米的塌坑。当日22时,塌陷路面回填和铺油作业完成。9日7时30分,在原事故处再次出现塌陷。

由于东三环国贸区域的地下空间结构复杂,水文工程地质条件差,地下管网密布,部分管网老化严重,在不能准确掌握塌陷路段地下状况的情况下贸然施工,极易发生次生灾害和人员伤亡事故。为此,现场指挥部第一时间组建了由地下工程、勘察等有关方面专家组成的专家组。专家组成员以高度负责的精神,深入现场,科学判断,利用地质雷达、管道内窥检测机器人等先进设备,对地下空洞、桥梁沉降和隧道安全情况进行监测,掌握了第一手资料。在充分论证的基础上,制定科学有效的抢险方案,为抢险工作的科学、安全、有序进行提供了强有力的技术支持,为领导正确决策奠定了坚实基础。

为摸清塌陷路段的地下情况,根据专家组建议,在确认地铁区间施工结构安全的前提下,现场指挥部工程组对该路段南北80米、东西30米范围内进行全面打孔勘探。通过对15个探孔所获取数据的分析,坍塌空洞共有两处,均属局部塌陷。根据专家组建议,现场指挥部确定了对两处空洞采用混凝土回填,再进行水泥压浆的处理方案。各抢险单位共出动1 500余人次、各种车辆413车次,完成了61立方米的混凝土回填、55吨的水泥压浆和路面铣刨、铺油、施划标线等路面恢复工作。抢险作业于3月11日17时30分按计划顺利完成。

(五)临时救助安置

临时救助安置是一种非定期、非定量的临时生活救助和安排制度,对因天灾人祸、意外事故等突发性、偶然性因素造成临时生活困难家庭的吃饭、穿衣等基本生活的救助和生活场所安置。《突发事件应对法》第六十一条规定,"受突发事件影响地区的人民政府应当根据本地区遭受损失的情况,制定救助、补偿、抚慰、抚恤、安置等善后工作计划并组织实施"。

在加强临时救助安置工作的过程中,要进一步明确临时救助安置的启动条件、标准和运作程序。根据救灾工作台账,要继续做好灾民的救助工作,保证他们的衣食无忧,并给予一定的医疗救助金。灾民救助可实行"灾民救助卡"管理制度,灾民凭卡领取救济粮和救济金。民政部门继续通过募捐、购买等方式准备好灾民救济衣被和救济粮等。灾害发生半年后生活仍然有困难的灾民,符合条件的可纳入最低生活保障救济。

四、现场指挥部

现场指挥部是指在应急决策处置过程中,由相关部门组织、临时性应对突发事件的决策、指挥与处置机构。它是应急决策与处置的中枢神经,是决定应急处置高效与快捷的核心因素。针对不同类型的突发事件来看,可以有不同类型的现场指挥部。

(一)现场指挥部的要素

一是场所。现场指挥部要根据突发事件的性质、种类、危害程度或实际需要合理选址,原则上应设在突发事件现场周边适当的位置,也可以在具有视频、音频、数据信息传输功能的指挥通信车辆或相应场所开设。一般而言,现场指挥部的场所选择应该符合如下原则:① 安全。现场指挥部设立的地点应该是安全的,既要保证突发事件的次生或衍生灾害不会波及现场指挥部,又要保证现场指挥部能够在比较安静的场所进行决策。② 就近。现场指挥部应该接近突发事件发生地,以便能够及时了解事件的动态及时决策与处置。不能舍近求远,应该以有效指挥和处理事故为导向。③ 方便指挥。现场指挥部的场所选择应该更多考虑是否有利于指挥,在安全、就近的前提下,可以忽略舒适。

二是设备。每一个现场指挥都应该尽可能地保证具有现场办公设备,包括电话、传真、计算机、打印机、投影仪器等必备的办公设备;同时要考虑召开决策会议所需要的基本设备,如办公桌椅、展示平台、信息发布的设备等;各种设置要醒目,标志齐全。

三是人员与车辆标志。突发事件发生后,应该确认指挥部各成员单位是否到场,并发放各种标志,维持现场秩序,禁止无关人员进出现场。对不同类型的人员发放不同的标志,以区别他们与现场指挥部关系的紧密程度,同时也决定不同标志人员能进入现场指挥部的层次。车辆标志要根据应急处置的实际情况,对于不同类型的车辆进行分类标志,以区别车辆在现场的位置。

(二) 现场指挥部的职能

现场指挥部承担以下重要职能:① 根据突发事件的进展、相关工作预案和领导指示,组织指挥参与现场救援的各单位,迅速控制局势,力争把损失降到最低限度;② 实施属地管理,组织公安等相关部门,做好交通保障;③ 做好人员疏散和安置工作、维护社会秩序;④ 协调各相关职能部门和单位,做好调查、善后工作,防止出现次生、衍生灾害,尽快恢复正常秩序;⑤ 及时掌握和报告重要信息,研究制定紧急处置情况并报上级部门。

现场指挥部应随时跟踪事态的进展情况,一旦发现事态有进一步扩大的趋势,有可能超出自身的控制能力,应立即向上级发出请求,要求协助调配其他应急资源。同时,及时向事件可能波及的地区通报有关情况,必要时可通过媒体向社会发出预警。一旦事件升级,现场指挥部也应该升级。同时,在应急救援过程中,发现可能直接危及应急救援人员生命安全的紧急情况时,现场指挥部或者统一指挥应急救援的人民政府应当立即采取相应措施消除隐患,降低或者化解风险,必要时可以暂时撤离应急救援人员。

(三) 现场指挥部的结构设置

各突发事件应急预案应该明确规定现场指挥部的领导机构和内设机构。现场指挥部的领导机构由总指挥、副总指挥和各组组长组成。

现场指挥部的内设机构包括现场指挥组、信息保障组、后勤保障组、对外宣传组、综合协调组、专家顾问组、治安交通管理组、社会面工作组、医疗救治组、事故调查组等。具体到各种不同的灾种以及不同级别的突发事件,则可以根据实际需要和应急决策与处置的原则合理设置。

(四) 现场指挥部的工作流程

一是现场指挥部的建立。根据事件的类型和现场指挥部组成要素,按照"减少层级、沟通畅通"原则组成现场指挥部。

二是运行。贯彻和落实处置的战略部署,指挥机构到位、应急处置人员进入事发现场，按照各自职责果断处置突发事件。这包括：做好现场记录；确保上级领导与现场指挥部的联络畅通；突发事件现场处置工作结束后，及时汇总处置工作的总体情况。

三是撤销。现场应急处置结束后，现场指挥部方可以撤销。撤销的标准：一般突发事件和较大突发事件在成立了现场指挥部的情况下，如果现场处理完毕，各种秩序恢复正常，可以确认处置结束；重大和特别重大突发事件处置工作完成，次生、衍生事件被确认彻底消除，应该认定处置结束。

> **思考与探索**
>
> 如何建立科学化的分级应急响应机制？
>
> 2010年4月14日7时49分，青海省玉树藏族自治州玉树县发生7.1级地震，9时25分又发生6.3级余震，造成大量人员伤亡和房屋倒塌。国家减灾委、民政部于14日8时30分紧急启动国家四级救灾应急响应，并根据灾情发展于12时将响应等级提升至一级。民政部紧急从天津、沈阳、郑州、武汉、西安五个中央救灾物资储备库调拨5 000顶棉帐篷、5万件棉大衣、5万床棉被，帮助受灾群众解决生活困难。此前，青海省民政厅已紧急向灾区调拨5 000顶帐篷。
>
> 截至14日12时，地震已经造成67人死亡，百余人受伤，大量房屋倒塌，估计灾情还要进一步发展。根据上述情况，根据《中国地震局地震应急预案》，中国地震局决定将地震应急响应级别升级为Ⅰ级，立即进入Ⅰ级地震响应状态。

第四节　协调联动机制

一、协调联动的定义

协调联动是政府应对突发事件最常用、最必要的手段，即针对不同部门之间相互配合、互通有无、信息分享、功能互补、资源整合、共同行动，形成应对的合力，从而减少和化解突发事件带来的危害。协调联动机制就是指在应急管理中能够有效组织多部门之间参与和配合的制度化、程序化和规范化的方法与措施，协调处理突发事件的运作模式。协调联动机制最主要的作用在于，使得每一个参与者在朝着共同目标努力的过程中可以审视自己和合作者的行动，并且通过了解和掌握各方面参与者在组织中的状态、行动等来激发参与者的自主行动和信心。总之，协调联动就是一种以齐心协力、互助合作的方式而形成的多部门和多主体参与的应急管理模式，终结了传统意义上某一政府、单位为单一应急管理主体的思维，也影响到传统意义上不同行政区域的应急管理权力，同时也重塑了政府与企业、非政府组织、甚至公民之间的合作伙伴关系。

二、协调联动的目标与原则

协调联动建设的目标，是做好纵向和横向的协同配合，推进不同区域、不同部门甚至国家、地区之间在应急管理实践工作中的合作和交流，切实形成条块结合、上下联动的组织体系和跨地区、跨部门的协调合作框架，提高合成应急和协调应急能力。协调联动应当遵循"党委领导、政府负责、军地协同、社会参与"的工作原则。一是建立健全应急救援联动机制，充分整合各种应急资源，综合协调、分工协作，实现预案联动、信息联动、队伍联动、物资联动，切实提高应对突发事件的能力。二是政府负责、社会参与。积极发挥政府的组织领导作用、专业部门的技术指导作用和人民群众的主体力量作用，形成上下联动的工作机制。三是军地联动、有序协调。通过军地应急联席会议、军地灾情信息共享、军地联合指挥、军地联合应急值守、军地灾害联合会商、军地联合行动、军地综合保障、军地应急演练等各方面的制度和配套措施，逐步提高部队与地方政府之间在应对突发事件方面的联合指挥、科学行动、快速反应、兵力投送、专业保障等各种非战争军事行动能力建设。总之，要在党委和政府的统一领导下，搞好部门配合、条块结合、区域联合、军民融合、资源整合。

案例

"东方之星"号客轮翻沉事件中的协同应急

2015年6月1日21时30分许，重庆东方轮船公司所属"东方之星"号客轮由南京开往重庆，当航行至湖北省荆州市监利县长江大马洲水道（长江中游航道里程300.8千米处）时翻沉，造成442人死亡（事发时船上共有454人，经各方全力搜救，12人生还，442具遇难者遗体全部找到）。该事件是新中国成立以来我国内河航运史上遇难人数最多、救援和处置难度最大的事件，是典型的跨界事件协同应急案例。

事件发生后，习近平总书记、李克强总理第一时间做出重要批示。国务院成立由国务院领导任组长的"东方之星"号客轮翻沉事件救援和处置工作组，按照统一指挥、分工负责、协调联动、有序有效的原则，组织相关部门、地方政府和解放军、武警部队等各方力量，前后方配合，跨界协同，实施了一系列水上水下搜救、客轮翻正扶起、大规模沿江搜救、沉船转移、长江主航道恢复通航等行动，开展了善后处置、舆论引导和事件调查等工作。工作组按照1+N的工作模式，分别组建了水上救援、医疗救助、善后工作、新闻宣传、水文气象保障、安全保障、综合组和事件调查8个工作小组。协同应急工作贯穿在整个应急过程中：初期应急响应阶段，在信息报告过程中，开展了地方先期响应和国务院工作组协同工作；综合应急响应阶段，针对人员搜救情况，采取水上搜救、水下探摸、生命探测、空中巡航、切割开孔、进舱搜救和全流域搜救相结合方式展开人员搜救，稳妥实施沉船扶正起浮；后续应急处置阶段，耐心细致做好善后处置,加强统筹调度,为救援处置工作提供全方位保障;积极主动做好舆论引导,迅速组建新闻中心及时发布权威消息,掌握舆论主导权;组建权威调查团队,依法依规调查取证,科学严谨分析论证,得出调查结论。

资料来源:国家行政学院应急管理培训中心."东方之星"号客轮翻沉事件案例分析报告. 2017-2-23.

三、协调联动的主要类型

(一)政府部门之间的协调联动

政府部门之间协调联动可以划分为政府上下层级之间的"垂直协调联动"(也叫等级协调联动)和政府相同层级之间的"横向协调联动"(也叫水平协调联动或无等级协调联动)。在不同的国家,由于政治体制的差异,"垂直协调联动"与"横向协调联动"的运作模式有所区别。

1. 纵向协调联动

纵向协调联动主要是依靠等级权威来完成的,一般而言,上级政府对下级政府进行的协调联动,带有强制性。尤其是实行中央集权制度的国家,更是如此。虽然纵向协调联动也存在着一定的局限性,尤其是当处于同一水平层级上的政府单位数量众多时,并且它们之间在应急管理中彼此冲突的范围有时候将超出上级的协调能力。但是,总体上看,纵向协调联动的问题不是太大,因为,在现代科层官僚的制度下,上级政府的权威与命令对下级政府具有较大的压力,迫使下级政府在协调联动中发挥积极作用。

2. 横向协调联动

相较而言,由于部门利益、专业分工、本位主义和不同隶属等因素的存在,同级政府之间的协调联动无法简化成"领导与被领导"的关系,政府之间的横向协调联动难度更大,这关系到应急管理的效能和成败,也是公共管理中最重要的核心议题之一。横向协调联动的目的在于整合不同的政府部门力量,相互配合,以形成应对的合力。具体而言,横向协调联动可以根据部门间整合的程度分为配合、协调与联动三方面的内容。

(1)配合通常是指政府部门间的一种合作关系。在配合的关系中,参与的政府部门可能彼此会分享相关的信息与资源,但各自仍保持自己的独立性和所属的资源。可以说,配合仅仅是政府部门间建立一种良好的合作关系,并以此提升本部门的效能。这种配合关系的特征是一种最低程度的整合状态,是政府之间一种较弱的交流与互动。

(2)协调就是指用一种更为正式和紧密的机制来实现政府部门间的整合。因此,在协调的关系中,政府部门间所涉及的不仅仅是信息分享,更涉及决策的谋划、政策的执行等内容。协调的目的在于使独立的部门能形成一个有序的整体,并使之产生一加一大于二的效果。协调关系比合作关系拥有更强、更正式化的整合程度,因此,协调关系在某种程度上必须具有一种强制性的规范进行约束,以使各自独立的政府部门朝着共同的目标前进。一个政府部门可以通过协调获得其他单位的配合,并能通过协调获得其所欠缺的资源;同时,也应当向其他部门提供本部门掌握的资源供其使用。

这并非只是一种自愿性或善意的合作关系。为此，需要制度化、程序化和规范化的方法与措施予以保证，甚至需要一个更高层级的"协调者"来进行部门间的协调配合。

（3）联动是最为紧密的整合性安排，可以实现政府部门间最密切的互动关系。联动关系是最能发挥政府部门间应对合力的整合模式，但由于联动要求彼此配合的程度更高，有时甚至要求放弃本部门的自主性，来配合整体目标的实现，因此，不仅需要制度化的安排，也需要在部门间建立更高程度的信任，必要时，也需要建立一个更高级别的联动指挥中心来负责部门间的统一联动行动。比如：国家防汛抗旱总指挥部、国家减灾委员会、国务院抗震救灾指挥部、国家森林防火指挥部等。

案例

利比亚撤侨行动

2011年2月，利比亚爆发骚乱，局势动荡，为了保障我国驻利人员生命、财产安全，国务院决定成立应急指挥部，负责组织协调驻利人员撤离及有关安全保障工作，由张德江担任总指挥，戴秉国协助。2月22日至3月5日，中国政府动用海陆空各种手段，派出了海军、空军支持、护航，政府有关部门协调联动，前后方、各部门、各地方和有关企业通力合作，军民团结、共同努力，高效率地把有回国意愿的中国公民全部撤出，共计35 860人。这次撤离行动是新中国成立以来最大规模有组织撤离海外中国公民的行动，情况复杂，规模空前，多部门和军地的协调联动机制是成功撤侨的重要因素，充分体现了中国政府的协调联动能力。

资料来源：作者根据新华网利比亚撤侨专题新闻资料进行汇编而成。

3. 政府协调联动的标准步骤

1996年，经济合作与发展组织（OECD）提出一份有关政府部门间协调判定的清单，可以借鉴过来用于分析应急管理中政府单位间横向协调联动的标准步骤（见表8-1）。①

表8-1 政府部门间协调联动的标准步骤清单

协调联动步骤	说明
1. 独自做出决定	各政府部门在自己的应急管理领域中保留决策的自主权
2. 与其他政府部门信息共享	政府部门之间相互了解彼此最新的信息，包括最新的议题以及将要采取的行动等，同时建立可信的沟通渠道

---

① OECD. Globalisation of Economic Activities and Development of SMEs: Country Reports. European Observatory for SMEs. Paris: OECD, 1996.

续表

协调联动步骤	说明
3. 咨询其他政府部门的看法与建议	这是一种双向的过程,使其他政府部门了解目前本部门的做法,并咨询其他政府部门的建议
4. 避免各政府部门之间的分歧	确保避免各政府部门之间的分歧,并且对外的发言口径应保持一致
5. 有分歧的前提下寻求共识	避免各政府单位隐藏分歧,并通过协调机制或跨部门工作小组来寻求共识,以符合共同利益
6. 裁决政府部门间的分歧	当政府部门间对分歧无法通过前述步骤获得解决,应该由上级政府进行裁决
7. 为协调联动的事宜设置准则	跨部门的协调联动机制应该为各政府部门建立协调联动的准则,以界定各政府部门的自主权限,尤其是要界定各部门不可擅自决策和行动的领域
8. 确定行动的优先次序	中央政府应扮演更积极的角色,以确定行动的优先次序,并作为协调联动的依据
9. 建立协调联动的应急管理战略	提升国家整体的应急管理能力

(二)不同行政区域的协调联动

"失火而取水于海,海水虽多,火必不灭矣,远水不救近火也。"[①] 这充分说明了区域协调联动的重要性。实际上,突发事件的发生往往不是以人的意志为转移的,发生的地点往往会超出一个行政辖区的领域,并且由于突发事件的连锁反应,也会产生次生或衍生的事件,造成区域性的破坏。即使发生在一个行政辖区的突发事件不会波及其他辖区,但是,在本辖区应急能力和资源有限的情况下,也需要其他区域的帮助和支援。因此,不同行政区域之间的协调联动就显得非常重要。

在不同行政区域的协调联动方面,有很多实际的案例。2008 年 8 月 5 日广东与香港签署了《粤港应急管理合作协议》,标志着粤港应急管理联动机制取得实质性的突破。《协议》中指出,双方坚持"一国两制"方针,加强沟通与协调,充分发挥双方的优势和特色,以促进合作、增进友谊、优势互补、共同提高为目的,相互尊重,平等互利,共同推进区域内影响粤港两地突发事件(公共卫生事件除外)的应急管理合作,提升突发事件处置能力,促进区域内应急管理工作水平的整体提升,建立健全相互尊重、协调共赢机制。《协议》中确定,双方重点在应急管理信息共享、应急管理理论研究、科技及人才交流、平台建设、共同应对影响两地的区域突发事件等方面开展合作与交流。为保证有效开展应急管理合作,推动合作事项的落实,双方建立合作协调机制:一是粤港合作联席会议下设立粤港应急管理联动机制专责小组,粤方由省政府应急办为牵头单位,港方由香港特区政府保安局为牵头单位。二是双方根据合作需要,

---

① 《韩非子·说林上》。

原则上每年举行一次会议，研究协商区域内应急管理合作事项。必要时，可以召开临时会议。三是建立联络制度，双方指派专门的部门和人员负责联络双方合作事务。四是建立专题工作小组，双方根据合作需要成立若干专题工作小组，开展具体的专项合作。五是建立应急管理工作交流通报制度，定期通报和交流应急管理工作情况，互通有无，取长补短。①

2009年9月2—4日，广东泛珠三角区域内地九省（区）应急管理合作联席会议第一次会议在广西壮族自治区南宁市召开，受各省（区）人民政府委托，联席会议成员签订了《泛珠三角区域内地九省（区）应急管理合作协议》。2011年4月26—27日，由泛珠三角区域内地九省（区）应急管理合作联席会议秘书处主办，泛珠三角区域内地九省（区）毗邻市（州）应急联动合作协议集中签约仪式举行。此次签署的合作协议的宗旨是，推动区域应急管理合作，加强沟通与协调，充分发挥各方的优势和特点，以促进合作、增进友谊、优势互补、共同提高为目的，实现应急管理资源的有效利用和合理共享，推动双边区域和谐发展。根据合作协议要求，泛珠三角区域内地九省区毗邻市（州）建立了联络制度，建立了应急物资、救援队伍、应急管理专家等互助机制，建立了应急管理工作交流制度，建立了联合维稳机制，举行应急联合演练等措施，共同提高应急处置能力。②

专栏

美国《州际应急管理互助协议》③
（Emergency Management Assistance Compact，EMAC）

1992年，美国佛罗里达州南部迈阿密地区遭受了安德鲁飓风（Hurricane Andrew）的破坏性袭击。当安德鲁飓风登陆时，佛罗里达州长诺顿向该州公众保证：州政府有能力处理这场飓风危机，并且可以不向联邦政府求助。然而，安德鲁飓风摧毁了8万户家庭。在这些受害者中，有30万人无家可归，61人死亡，几千英亩④的农作物被严重毁坏，经济损失达31亿美元。安德鲁飓风灾难使佛罗里达州认识到了即使有联邦资源援助，还需要向其他州请求援助。这些重大灾难灾害事件，跨越了一些州的行政管辖边界，紧急或灾难事件的危害程度超过了单个州管辖区的应对和处置能力。有效应对和管理这些重大灾难灾害需要各层级政府协作，尤其需要跨州、跨部门协作。

安德鲁飓风后一个月，美国南部州长联合会（Southern Governor's Association，SGA）召开年会讨论飓风所带来的严重灾难，并强调加强州际区域应急管理协作。佛罗里达州州长诺顿建议南部州长联合会的所有成员创建某种供各州向受灾州提

---

① 广东省人民政府应急管理办公室：粤港签署应急管理合作协议.
② 广东省人民政府应急管理办公室：泛珠三角区域内地九省（区）应急管理合作大事记.
③ 吕志奎. 美国州际区域应急管理协作：经验及其借鉴. 中国行政管理，2010（11）.
④ 1英亩＝4 046.86平方米。

供援助的正式合作机制,促进东南部各州在应急情况下实现人力、物力和其他资源的共享与互助。根据联邦宪法"协议"条款,南部州长联合会的州长们讨论了诺顿的政策建议,决定缔结州际应急管理合作协议。1993年,来自东南部的17个州在南部州长联合会年会上签订了促进南部各州在突发灾害事件中跨州共享应急资源的合作协议——《南部区域应急管理互助协议》(Southern Regional Emergency Management Assistance Compact,SREMAC)。力图确保其成员州在应急或灾难时刻可以获取充分的应急救助资源,保障公众安全和快速地恢复受灾州的基础设施。它在一定程度上解决了应急响应中当人力和物力资源跨州边界共享时所出现的许多问题。SREMAC得到了联邦应急管理局(FEMA)的赞同和支持,为EMAC的产生提供了范例。在以后的几年间,联邦紧急事务管理局试图促使南部以外的其他州也缔结类似的州际互助合作协议。

1995年,南部州长联合会决定SREMAC成员向全美任何州开放,允许其他州加入该协议。上述成员范围扩大了的州际互助协议被称为《州际应急管理互助协议》(EMAC)。实际上,EMAC所有条款基本上出自SREMAC。1996年美国国会批准EMAC,使其正式成为EMAC所有成员州的法律和联邦的法律(Public Law 104-321),这是自1950年《民防与灾难协议》(Civil Defense and Disaster Compact of 1950)之后的一项由美国国会批准的全国性救灾协议。任何欲加入EMAC的州,首先必须由该州立法机关批准通过,然后由该州州长签署,这样EMAC就自动成为该州的法律,该州政府及其公民必须遵守和履行协议规定的所有条款。

EMAC产生于在紧急或灾难情形下跨州援助和协调应急资源的需要这一基本目的。它构建了一种突破单一行政管辖区和整合不同管辖区资源的区域横向一体化空间内的应急管理协作网络(Collaborative Network of Emergency Management),促使其成员州协作应对共同灾难,快速启动州际应急援助,加快和更有效地在州与州之间动员和调配各种应急资源,协助需要接受援助的州最大限度地利用兄弟州可提供的所有应急救助资源,实现州际应急管理资源共享与交换,提高各州应对和处置各类突发公共灾难事件的能力。自1996年以来,EMAC在规模、内容、能力和资源提供的类型等方面取得了许多进展。2005年,加利福尼亚州签署EMAC(后来退出)。2006年,夏威夷州作为最后一个州签署EMAC,从而使EMAC成为全国性州际协议。至今,包括美国49个州,以及哥伦比亚特区、波多黎各、美属维尔京群岛都是EMAC的成员。

(三)政府与企业及社会的协调联动

突发事件的应急管理不仅是政府的责任,也是企业和全民的责任。特别是事故灾难的应急管理更需要发挥企业的能动性。当然,政府拥有丰富的资源、训练有素的专业队伍、强大的动员能力、有效的指挥体系和众多的智库等,因此,政府在应急管理中起到主导作用,但是应急管理也离不开企事业单位、社会组织和公众的参与。全社会的协调联动也可以称为政府部门与社会参与或民间参与之间的协调联动。实际上，与政府部门相比，这些组织也具有自己的优势，主要体现在：专业性、灵活性、低成本等方面。所以说，优势互补与协调联动需要跨越政府、企业与非政府组织的界限，充分发挥各自的优势，形成一种伙伴关系的协调联动。尤其是从现实的经验来看，当大规模的灾难发生时，要完全依赖政府部门的应对是不可能的，需要与其他组织相互支持合作，需要公众的积极配合。

（四）军队与地方政府的协调联动

在传统的安全观中，主要是指以政治和军事安全为中心的国家安全，一个国家是否安全，主要看政治、军事两方面是否受到了威胁，而国家安全的保证主要是依靠军事力量。随着时代的发展，非传统安全的威胁在增多，如恐怖主义、重大突发传染性疾病、环境灾难、粮食危机等频繁出现。人民军队为人民，军队也被期许承担更多的非战争军事行动和多样化任务。

因此，应急管理中，军地的协调联动是非常重要的。当然，需要说明的是，参与救灾等应急处置毕竟不是作战，救灾的前提是不要影响军事任务的执行。2005年国务院和中央军委联合颁布的《军队参加抢险救灾条例》中就明确规定："军队是抢险救灾的突击力量，执行国家赋予的抢险救灾任务是军队的重要使命。"如2008年面对汶川特大地震灾害，人民解放军指战员、武警部队官兵、民兵预备役人员和公安民警冲锋在前、勇挑重担，发挥了主力军和突击队作用。14万6千名人民子弟兵，心系灾区人民安危，肩负党和人民期望，从高级将领到普通士兵，发扬英勇顽强、不怕牺牲、连续作战的战斗作风，承担起抗震救灾最紧急、最艰难、最危险的任务。7万5千名民兵预备役人员自觉行动，成为解救受灾群众、医疗救护、卫生防疫、公路运输、油料保障、电力抢修、恢复生产等方面的重要突击力量。广大消防特勤、特警、边防等公安救援队伍和公安民警恪尽职守，全力救助群众，全力维护社会稳定，全力保障灾后恢复重建顺利进行。在2008年南方雨雪冰冻灾害、玉树地震灾害、芦山地震、洪涝灾害、重大生产安全事故等一系列重大突发事件中，广大人民解放军指战员、武警部队官兵、民兵预备役人员和公安民警的参与都发挥了重要作用。

（五）全社会有序参与

紧紧依靠群众，动员和组织社会各方力量，有序参与应急处置工作。切实发挥工会、共青团、妇联等人民团体在动员群众、宣传教育、社会监督等方面的作用，重视培育和发展社会应急管理中介组织。鼓励公民、法人和红十字会、慈善机构等其他社会组织为应对突发事件提供资金、物资捐赠和技术、人力等方面的支持。

四、协调联动机制建立的方式

当突发事件发生时，采取什么样的方式建立协调联动机制，一般会根据突发事件的规模、破坏程度和应对难度等来综合考虑。

（一）国家应急管理综合协调指挥机构

为了实现指挥有力、信息共享、资源共用、协调顺利、联动一致的状态，真正发挥协调联动机制的作用，理想的状态就是成立国家应急管理综合协调指挥机构，把平时分散的政府各部门、分割的各行政区域、甚至社会力量整合起来。譬如，美国1979年成立联邦应急管理局（FEMA），将原本分散在不同部门的应急管理机构整合起来。2003年，FEMA同其他22个联邦机构一起归入国土安全部，形成了在美国总统领导下的、由美国国土安全部统一规划、协调的庞大的应急管理综合协调指挥机构。俄罗斯的紧急状态部也在重大突发事件发生时，进行统一的协调和指挥。我国在抗击"非典"之后，根据应急管理工作的需要，2015年在国务院办公厅成立了国务院应急管理办公室，2018年党和国家机构改革中组建了应急管理部，主要是发挥应急管理的综合协调作用。

（二）专项应急管理指挥部

针对不同的突发事件种类，成立相应的专项应急管理指挥部，一般而言，根据突发事件发生的频率，可以分为常态和临时专项应急管理指挥部。譬如，中国常设的专项应急管理指挥部有国家防汛抗旱总指挥部，负责组织、指导、协调和监督防汛抗旱时的应急管理工作。临时专项应急管理指挥部主要是在突发事件以后成立的，如在"5·12"汶川特大地震以后，中国第一时间启动了抗震救灾总指挥部。

（三）联席会议

联席会议就是在突发事件的应急管理中，在没有上级部门统一指挥领导机构的协调下，没有隶属关系但有工作联系的政府部门或行政区域，为了解决应急管理中的协调联动问题，由一方或多方牵头，以召开会议的形式，充分发挥参与部门的积极性，形成具有约束力的规范性意见，用以解决应急管理中的协调联动问题，达成共识并组织实施。联席会议作为应急管理协调联动机制的一种有效的方式，主要可以分为部际联席会议和区域联席会议。

（四）临时工作领导小组

有的突发事件可能在危害和规模上不是非常巨大，不需要成立专项的指挥部来应对，这时可以考虑成立临时工作领导小组来协调不同部门之间的联动。但是，如果平时综合协调联动部门欠缺，临时小组需要花大量的时间对不同的政府、部门进行协调，另外，临时小组的模式有时候也使得协调联动的经验不能很好地积累。

（五）合作契约

应急管理中的协调联动机制还可以通过合作契约的方式建立。这种方式不同于层级协调，不能依赖权威体系运作的命令和控制，而要依靠市场或法律合作契约中体现的互惠、信任、激励、约束和惩罚等因素。合作契约在政府部门与企业、非政府组织的协调联动机制中有较为广泛的体现。

五、中国协调联动机制的情况

（一）法律基础

2006年，国务院发布了《国家突发公共事件总体应急预案》，为中国政府应对各种突发事件提供了基本框架和运行规范。《总体应急预案》明确要求："加强以属地管理为主的应急处置队伍建设，建立联动协调制度，充分动员和发挥乡镇、社区、企事业单位、社会团体和志愿者队伍的作用，依靠公众力量，形成统一指挥、反应灵敏、功能齐全、协调有序、运转高效的应急管理机制。"同时，《总体应急预案》还规定："国务院办公厅设国务院应急管理办公室，履行值守应急、信息汇总和综合协调职责，发挥运转枢纽作用。"2007年颁布的《突发事件应对法》中规定："国务院在总理领导下研究、决定和部署特别重大突发事件的应对工作；根据实际需要，设立国家突发事件应急指挥机构，负责突发事件应对工作；必要时，国务院可以派出工作组指导有关工作。"针对军地协同应对的问题，2005年国务院、中央军事委员会颁布的《军队参加抢险救灾条例》规定：军队是抢险救灾的突击力量，执行国家赋予的抢险救灾任务是军队的重要使命。各级人民政府和军事机关应当按照本条例的规定，做好军队参加抢险救灾的组织、指挥、协调、保障等工作。这些法律法规为协调联动机制的建立提供了基础。

（二）案例分析

1. 汶川特大地震

汶川特大地震发生后的第一时间，国家成立了抗震救灾总指挥部，设立抢险救灾组、群众生活组、地震监测组、卫生防疫组、宣传组、生产恢复组、基础设施保障和灾后重建组、水利组、社会治安组九个工作组来综合协调应对，国务院办公厅负责承办总指挥部会议和总指挥、副总指挥召开的专题会议；统一收集、汇总、分析、报送、发布重要信息；负责总指挥部议定事项的督促落实；做好有关地区、部门以及军队、武警等方面重要事项的沟通、联络和协调。

汶川特大地震后，中国其他省份都在第一时间做出积极反应，紧急派遣公安特警、武警消防官兵、医疗救护人员等各种救援队支持四川。尤其以四川周边的省份行动更加迅速，以云南省为例，2008年5月12日17时左右，云南省地震局就已组建并准备派出队伍支援地震灾区。汶川地震在应急管理中跨行政区域合作得比较有效，主要原因是中央的统一部署；另外，也得益于2006年国家地震局开始建立的地震应急工作区域协作模式。如果从区域合作的深度看，中国的地震应急区域虽初步形成了应急合力，但在应急区域协作机制、指挥调度平台等方面还需要进一步加强。此外，除了在本行业部门开展区域应急合作外，也应该跨区域整合各部门的应急管理资源协调。

在军地协调联动方面，军队参与的有陆军、海军、空军、二炮（现火箭军）、武警、民兵预备役人员六大军事力量，有空降兵、运输航空兵、陆军航空兵、海军陆战队、工程兵、防化兵等20多个专业兵种，如此大规模的军事力量参与给军地协调联动提出了新的要求。在指挥决策方面，建立了四级指挥系统，第一级是军队抗震救灾指挥组,负责统一协调全国范围的军队,并接受国务院抗震救灾指挥部的直接指挥;第二级是军委授权成都军区组建抗震救灾联合指挥部,由军区、海空、二炮(现火箭军)、武警部队负责人参加;第三级是五个责任区的指挥机构;第四级是作战救灾部队。在前线具体的运作中,"军队救灾工作是在地方党委政府的统一领导下进行,部队各级指战员相应参加地方抗震救灾联合指挥机构。""地方政府提要求,明确任务,军队具体组织实施"。军地之间的协调联动,有效地整合了救灾资源、形成了救灾合力、提高了救灾效率、出色地完成抗震救灾的艰巨任务。①

汶川特大地震的应急管理中还有一个突出的特点,就是非政府组织、企业和大批的志愿者在灾害发生后,自发而迅速地奔赴灾区,积极地参与抗震救灾的工作。仅仅震后的几天,就已经有上百个社会组织、成千上万的志愿者以及很多企业到达灾区前线。譬如,2008年5月13日,自然之友和绿色和平组织等联合发起"小行动+许多人=大不同"的非政府组织抗震救灾行动,一天内便有来自北京、四川、云南、贵州、广西、湖南、陕西等地的近30家非政府组织加入。此外,一些非政府组织还自发地联合起来,成立"民间团体震灾行动小组"来加强救灾的组织与协调,并且在抗震救灾第一阶段任务结束后,还成立了"非政府组织备灾中心",继续开展汶川大地震灾后重建工作,截至2008年8月8日,已经有全国各地33家非政府组织加入。另外,企业家陈光标先生也在5月13日,率领120人和60台挖掘机组成民间抢险突击队,开展大规模的救灾行动。但是,也应该看到,这些非政府组织、企业和广大志愿者参与抗震救灾更多是自发的行为,由于平时政府没有重视在应急管理中与非政府组织、企业和广大志愿者建立协调联动的机制,在整个抗震救灾的过程中,政府与它们之间配合的默契度有待提高,在一定程度上影响了应急管理的有效性。②

2. 甲型H1N1流感的联防联控③

2009年4月25日,原卫生部接到世界卫生组织有关甲型H1N1流感(最初名为"猪流感")信息的通报后,在第一时间做出反应,并根据突发公共卫生事件预案要求立即启动了防控流感大流行领导小组和专家组工作机制。4月27日,世界卫生组织将流感大流行警告级别从三级提高到四级,称"猪流感"病毒广泛传播,并且以一种持续不断的方式在人群中进行传播。国家领导人对猪流感防范工作做出重要批示,要求将其作为当前的一项重点工作,同日召开了国务院人感染猪流感预防工作机制会议,会议决定成立多部门人感染猪流感联防联控工作机制。

此后,该类流感被更名为"甲型H1N1流感"。应对甲型H1N1流感联防联控工作机制下设综合组、口岸组、医疗组、保障组、宣传组、对外合作组、畜牧兽医组、科技组八个工作组和一个专家咨询委员会。各工作组组长、解放军总后卫生部、武警总部后勤部领导和专家咨询委员会主任为应对甲型H1N1流感联防联控工作机制成员。各工作组及解放军总后卫生部、武警总后后勤部确定1~2名司局级干部作为联络员,

---

① 卓力格图. 我国应对突发事件的军地协调联动机制建设. 中国应急管理, 2010 (10).
② 马奔. 危机管理中跨界治理的检视与改革之道:以汶川大地震为例. 清华大学学报:哲学社会科学版, 2009 (3).
③ 作者按照甲型H1N1流感专题资料以及新华网等新闻资料进行汇编而成。

负责日常联络工作。

应对甲型H1N1流感联防联控工作机制的主要职责是：定期会商研判甲型H1N1流感疫情发展趋势，研究确定甲型H1N1流感防控策略；商定甲型H1N1流感防控工作相关政策、应对预案和重大措施；统筹协调和指导各相关部门各地区落实各项防控措施，并组织对防控工作落实情况进行督导检查。

在工作制度上采取如下方式：

一是协商制度。在应对甲型H1N1流感联防联控工作机制框架下，建立重大事项会商制度和联络员例会制度。防控工作中的具体问题由联络员例会负责协商解决，重大事项交由全体成员会议商定。各工作组内部也要建立定期会商制度，及时通报工作进展，研究解决存在的问题，切实有效推进职责范围内各项防控工作。

二是信息通报发布制度。各工作组和专家咨询委员会的牵头单位根据职责分工，指定专人负责每日收集、整理、汇总和分析各自的疫情信息和最新工作进展，并以书面形式于每日20时前将截至当日18时的信息和工作情况报综合组。综合组负责整理疫情变化和工作进展等相关信息，每日汇报后，以应对甲型H1N1流感联防联控工作机制名义报国务院总值班室。各工作组和成员单位之间也要加强协调沟通，确保信息通畅，遇重要情况应随时通报。需要向公众通报的防控工作信息，由综合组归口负责发布。

三是督办检查制度。为保证各项防控措施落到实处，各工作组要建立督办检查制度，定期检查日常工作开展情况，通过检查及时发现存在的不足和需要改进的问题，要重点督办党中央、国务院领导批示事项和会议决定的各项工作。

联防联控机制总体很有成效。在防控关键时刻，国务院领导充分发挥指挥协调作用，卫生部门在国务院领导下，承担主要防控责任。各省多数由省政府直接领导。这样的联防联控领导机制得到了机制内外的广泛肯定。联合会商制度使得一些政策的制定能在联防联控会议上直接确定和汇签，增强了协调能力，节省了时间。工作信息简报制度要求每日各小组通报后下发到各单位，实现了组和组、部门和部门之间信息沟通的顺畅。联防联控机制中各部门共同探讨问题，为问题的及时解决提供了方便。

思考与探索

如何避免协调联动中部门主义的问题？

在应急管理中强调协调联动是应对日益复杂的系统性风险和复合型危机的必然要求，也是总结现实应急管理经验教训得出的必然结论，就中国应急管理的现实情况看，协调联动机制在不断改进。2018年3月国务院应急管理专家组组长在接受《劳动保护》采访，谈及组建应急管理部时说，根据我国《突发事件应对法》，突发事件主要包括"自然灾害、事故灾难、公共卫生事件和社会安全事件"四大类。这一次组建的应急管理部，其职责主要集中在自然灾害和事故灾难这两大类突发事件，在应对过程中侧重做好应急准备、监测与预警、处置与救援。但是，对于公共卫生事件、社会安全事件和各类突发事件应对的全过程中仍然有协同配合的任务，在做好预防和构建全方位、立体化的公共安全网中有许多工作，任重而道远。正像习近平总书记针对"优化协同高效"这6个字所指出的："优化就是要科学合理、权责一致，协同就是要有统有分、有主有次，高效就是要履职到位、流程通畅。"这6个字讲得非常深刻，是这次改革的着力点。

但是，还有以下几方面问题需要进一步思考与探索：我国2018年新组建了应急管理部，各省（市、区）也新组建了应急管理机构，这对于加强部门的协调联动将发挥重要作用。但是，目前中国应急管理主要采取按灾种分类管理的模式，例如，公共卫生类突发事件主要由卫生行政部门处理；社会安全类突发事件主要由政法行政部门处理；应急管理部的主要职责是分管自然灾害和事故灾难。如何搞好应对四大类突发事件的全灾种协调联动还需要进一步思考。在没有常设和高级别应急管理机构的情况下，如何避免不同部门的推诿扯皮，减少"部门主义"所带来的消极影响也需要探讨。在实际应对突发事件的过程中，有的政府部门出于自己本部门利益的考虑，譬如不愿意把核心的资料进行信息共享，这在一定程度上影响了协调联动的作用。

另外，在协调联动中还有一个现象，就是参与的政府部门都愿意当主角，不愿意当配角，究竟如何从把握大局的角度出发，正确认识和把握好"主角"与"配角"的关系，在突发事件的应对中如何找准本部门的定位，当"主角"时做到当仁不让，当"配角"时也积极配合，做到无缝对接，这也是协调联动机制中应该探索的一个重要问题。

第五节　信息发布机制

一、信息发布的定义与重要性

信息发布是指履行统一领导职责或组织处置突发事件的政府及其有关部门按照有关规定向社会统一、准确、及时发布有关突发事件事态发展和应急处置工作信息的行为或过程。具体而言：第一，信息发布的主体是县级以上人民政府。《中华人民共和国突发事件应对法》规定国务院和县级以上地方各级人民政府是突发事件应对工作的行政领导机关，也是有关突发事件事态发展和应急处置工作信息发布的主体。第二，信息发布的对象包括公众、相关机构和人员、有关国家和国际组织。第三，信息发布的内容包括：有关人民政府及其部门做出的应对突发事件的决定、命令；反映突发事件信息的渠道；有关的突发事件预测信息和分析评估结果；可能受到突发事件危害的警告；避免、减轻危害的常识、建议和劝告以及咨询电话等。

统一、准确、及时地发布信息的重要性主要在于：

（一）体现政府的公信力、现代政府的透明度

信息公开是现代民主制度的根基，也是现代政府取信于民的基础。中国自2008年5月1日起实施《中华人民共和国政府信息公开条例》，体现了政府提高工作透明度、积极推进民主政治建设的决心。信息公开透明不仅体现在对于行政机关在履行职责过程中制作或者获取的常规信息的披露，也体现在对于突发事件信息的公布。《中华人民共和国政府信息公开条例》规定：行政机关对符合下列基本要求之一的政府信息应当主动公开：① 涉及公民、法人或者其他组织切身利益的；② 需要社会公众广泛知晓或者参与的；③ 反映本行政机关机构设置、职能、办事程序等情况的；④ 其他依照法律、法规和国家有关规定应当主动公开的。对于涉及公众生命财产安全、需要公众知晓或参与的突发事件，属于应该被公开的政府信息。

（二）满足公众的知情权、参与权、表达权和监督权

十七大报告在论述"扩大人民民主，保证人民当家做主"时提出，"保障人民的知情权、参与权、表达权、监督权"。这"四权"是中国公民享有的基本权利。准确、及时地发布突发事件信息可以满足公众对于突发事件的知晓权，也是公众参与突发事件应对、表达对政府应对措施的看法、对政府相关行为进行监督的前提。

习近平总书记在党的十九大报告中强调："坚持人民当家作主。坚持党的领导、人民当家作主、依法治国有机统一是社会主义政治发展的必然要求。必须坚持中国特色社会主义政治发展道路，……健全民主制度，丰富民主形式，拓宽民主渠道，保证人民当家作主落实到国家政治生活和社会生活之中。"而且把它列为构成新时代坚持和发展中国特色社会主义的基本方略。

（三）组织群众高效应对突发事件

通过有效的信息沟通，让公众在第一时间获知突发事件相关信息，并掌握相应的避免、减轻危害的常识，有助于政府更有效地组织、动员群众应对突发事件。只有公众及时掌握了统一、准确的信息，才能防止谣言，正确理解政府的要求、掌握救助知识、对自身应急能力做出评估和选择，在可能的条件下主动投入应急处置和救援，以有效地配合政府的应急处置工作，尽可能降低生命财产损失，维护社会稳定。

案例

"12·31"外滩陈毅广场拥挤踩踏事件的信息发布

信息公开不力是2014年"12·31"事件的重要诱因。政府部门只是单方面发布了活动变更地址的消息，降低了外滩的安保级别，减少警力分配，却未考虑消息的推送与接收，也未对可能存在的变更风险进行评估。计划12月31日跨年迎新之际举办灯

光秀，但黄浦区旅游局12月30日才正式发布官方消息公开变更活动地址，未能给予公众足够的时间去了解信息。

我国《政府信息公开条例》第18条规定："属于主动公开范围的政府信息，应当自该政府信息形成或者变更之日起20个工作日内予以公开。"黄浦区政府12月9日做出活动变更决定，直到12月30日才公布，已然超出了20天的规定期限。同时，活动变更信息对外宣传严重不到位。新年倒计时活动变更后，主办单位应当提前向社会充分告知活动信息。但是，直至12月30日，黄浦区旅游局才对外正式发布了新年倒计时活动信息，并且对"外滩"与"外滩源"的区别没有特别提醒和广泛宣传，信息公告不及时、不到位、不充分。实际上，外滩是一个"面"，而外滩源是一个"点"——外滩是沿着黄浦江西岸一段狭长的、面积仅为3.1平方千米的一小片区域，而外滩源则特指中山东一路33号这里的一栋建筑。事发当天，外滩风景区其实没有活动，而外滩源这栋建筑物里头，却有一场此前被宣传得"极赞的"5D灯光秀。

《政府信息公开条例》第6条规定："行政机关应当准确地公开政府信息。"对于不完整或模糊的信息，行政机关应当在其职责范围内发布准确的政府信息予以澄清。外滩与外滩源仅一字之差，不易察觉。政府部门打破惯例，改变活动地址，却未给予充分宣传和特别提醒，导致人流涌向安保不足的外滩。由于常年的目的地信息传播和积累，往往在旅游者甚至本地市民中形成固定的目的地信息形象，也可称之为目的地旅游信息"惯性"。如要调整甚至改变这种信息惯性，前提是必须预留一段相当长的信息告知传播期。

与此同时，政府有关部门对监测人员流量变化情况未及时研判、预警，未发布提示信息。12月31日20时至事件发生时，外滩风景区人员流量呈上升趋势。《调查报告》指出："黄浦公安分局指挥中心未严格落实上海市公安局指挥中心每半小时上报人员流量监测情况的工作要求，也未及时向黄浦区委区政府总值班室报告。黄浦公安分局对各时段人员流量快速递增的变动情况未及时采取有效措施，未报请黄浦区政府发布预警，控制事态发展。对上海市公安局多次提醒的形势研判要求，未作响应。"

资料来源：国家行政学院应急管理案例研究中心. 应急管理典型案例研究报告（2017）. 北京：社会科学文献出版社，2017.

二、信息发布的目标与原则

建立信息发布机制的目标，是及时主动、公开透明地发布信息，充分发挥主流媒体的作用，正确引导舆论和公众行为，及时消除社会上不正确信息造成的负面影响。总结多年的经验教训，应当做到及时正确引导舆论，发挥主流媒体作用；主动设置相关议题，认真回应社会关切；组织专家解疑释惑，正确深度有效引导。

信息发布应当遵循以下工作原则：

（一）坚持正确导向、维护社会稳定

信息发布应以在尊重事实的基础上坚持正确导向、维护社会稳定。在准确、及时地公布突发事件信息的同时，要强调政府应对事件的信心、解决事件的决心和对事件

中不幸遭到伤害的公众的同情心，以凝聚人心、稳定社会。信息发布工作要有利于党和国家工作大局，有利于维护人民群众切身利益，有利于社会稳定和人心稳定，有利于事件的妥善处置。

（二）坚持以人为本、满足信息需求

信息发布要以满足公众知情权为基本出发点，本着实事求是的原则发布信息，做到不隐瞒、不欺骗、不有意缩小事件的危害性，通达社情民意，反映人民心声。

（三）坚持及时准确、积极引导舆论

信息发布要争取第一时间发布权威信息，及时、准确、客观地全面报道突发事件动态及处置进程。信息发布还应坚持团结稳定、正面宣传为主的方针，充分利用大众传媒等载体展现政府、公众、社会组织的积极风貌，缓解、消除因突发事件引起的负面情绪，化消极因素为积极因素，把社会舆论引导到健康、理性的轨道上来。

（四）坚持公开透明、做到开放有序

除涉及国家安全和国家秘密外，信息报告要按照公开透明的原则，对公众、相关机构和人员、有关国家和国际组织及时准确地发布信息。在此前提下，开放有序地组织采访，统一组织新闻发布工作，做到信息报送程序规范、数据核查及时、对外发布口径一致，切实做好媒体服务引导工作。

（五）坚持统筹协调、健全工作机制

把突发事件信息发布和新闻报道工作纳入突发事件处置总体部署，建立信息发布的内部规范，健全工作机制，做到专人负责，分级管理，坚持突发事件应急处置工作与信息发布工作同步部署、同步开展、同时研究、同频共振。处理好与媒体的关系，积极主动做好信息公开和舆论引导工作。

（六）坚持规范管理，依法依规报道

依法开展突发事件信息发布和新闻报道，做到科学、依法、有效管理，促进工作的规范化、制度化、法制化。杜绝媒体为追求眼球效应而扭曲事实的做法，反对虚假报道，反对不负责任、消极有害的炒作和渲染，杜绝可能激化社会矛盾、制造社会恐慌情绪、诱发不稳定因素的报道。对违反规定、不守纪律、造成严重后果的新闻媒体直接责任人和有关负责人，要严肃追究责任。

综上所述，正像习近平总书记在党的新闻舆论工作座谈会上的重要讲话中指出的，话语的背后是思想、是"道"。新闻发言人的"道"，就是要坚持以人民为中心的工作导向，自觉站在人民的立场，与人民群众同呼吸共命运，用责任和担当，传递温暖的声音，把党中央、国务院以人为本的执政理念传达出去，把对生命的尊重和情系人民的情怀表达出来。只要坚持了这一点，不管媒体格局如何调整，也不管舆论形态如何变化，突发事件的新闻发布和舆论引导工作都会取得预期成效。

案例

内蒙古赤峰自来水污染事件

2009年7月23日,内蒙古自治区赤峰市新城区因特大暴雨导致自来水被污染,由于自来水公司没有在第一时间停水上报,导致居民饮水中毒。同时,无论是自来水公司还是政府部门都没有出面说明此事,关于自来水被污染究竟是"天灾"还是"人祸"的猜测也成为舆论焦点。7月26日,赤峰市政府、市卫生局等政府部门介入此事件,做出了"不回避、不隐瞒"的决定,公布自来水污染信息,并果断采取相应救治措施。7月29日赤峰市政府举行新闻发布会,就污染事件的原因等做出通报和解释。8月9日晚,赤峰市政府连夜召开新闻发布会,宣布新城区自来水完全达标,居民可以放心饮用。这一事件中,由于前期自来水公司的不作为致使居民生命安全受到危害并导致人心不稳,后期政府出面果断发布信息、积极应对,才化解了这一有可能演变为群体性事件的公共卫生事件,这也充分说明了及时发布信息的重要性。在应急处置与救援的过程中,及时向公众提供真实、准确的信息,是安定民心、帮助公众判断形势、掌握必要的应急知识、实施自救与互救的重要基础,也是政府管理部门的基本职责。

三、信息发布的工作内容

(一)应急管理过程中的新闻发布和舆论引导

完善政府应急管理信息发布和舆论引导制度,做好各类突发事件的应急管理信息发布工作,采取授权发布、发布新闻稿、组织记者采访、举办新闻发布会等多种方式,及时向公众发布突发事件发生发展情况、应对处置工作进展和防灾避险知识等相关信息,保障公众的知情权和监督权。依法做好重特大突发事件及敏感事件的信息发布和舆论引导工作,大力宣传党委政府采取的措施和干部群众的先进事迹,树立负责任政府的形象,形成良好的舆论环境。

(二)决策者在灾害现场进行现场沟通

明确应急管理领导者在突发事件现场进行沟通和交流的渠道、方式、内容、程序和技巧,提高应急管理部门和决策者进行现场信息发布和有效沟通的水平。利用灾害现场应急通信系统,强化灾害现场与后方之间的信息交互机制,提高在巨灾抢险救援过程中现场救援队与后方信息保障中心之间进行海量信息交互的能力,充实对毁灭性灾害情况下快速覆盖灾区的灾情现场快速调查手段,健全在第一时间收集灾情整体信息机制,强化现场向后方及时报送信息的能力。

(三)建立信息发布的专家参与机制

突发事件信息发布要重视专业团队、专业人士的作用,建立健全专家参与信息发布的应用机制，提高专业化水平。应主要依靠专业团队来制定信息发布和公共沟通机制，政府官员更多地应该在专业团队后面进行指导，并在恰当的时间充当发言人。

四、信息发布的受众、步骤、内容、方式与途径

（一）信息发布的受众

为让信息发布工作有的放矢，需要对信息发布的受众进行专门的规定和划分（见表8-2）。由于不同类型的受众对突发事件关心的侧重点不同，政府部门应从不同角度提供事件相关信息。

表 8-2 突发事件信息发布受众的分类

国家	划分标准	分类
英国[①]	与突发事件的联系不同	• 直接受众和潜在受众：事件发生时直接受伤害的公众，灾害进一步发展可能危及的公众 • 当地群众、朋友和亲戚：灾害进一步扩大、复杂化或灾害应急过程可能影响到的公众，以及与受害人关系密切的朋友和亲戚 • 更大范围的公众：与灾害没有直接关系但关注此项灾害的人，新闻媒体
美国	与突发事件的联系以及是否参与突发事件处置	分为14大类，包括：受事件直接影响的公众、不受事件直接影响的其他公众、突发事件应急处置人员、参与事件处置的相关专家、事件中的伤员和死难人员家属、其他没有参与事件处置的专家、各级政府领导人、议会、商业界、实业界、全国、邻国、国际社会、媒体

（二）信息发布的步骤

应急管理过程中，信息发布的步骤有多种不同的划分。整体而言，可划分为突发事件潜伏期、突发事件爆发期、突发事件延续期、突发事件恢复期、评估阶段五个环节，每个环节都有其特殊的信息发布要求（见表8-3）[②]。

表 8-3 应急处置各阶段信息发布工作的重点和措施

发布阶段	主要任务	主要措施
突发事件潜伏期	准备	制定预案；建立工作机制；确定新闻发言人；开展相关培训；建立与媒体、专家等合作关系
突发事件爆发期	发布	调查事实真相；简单明了地向公众发布信息并表达关注；向公众及时提供切实可行的行动信息（包括何时何地获得更多信息）；承诺保持沟通，及时传递最新消息；努力树立和维护政府官员及新闻发言人的公信力

[①] Civil Contingencies Act—Emergency Preparedness, 103.

[②] CDC, Crisis and Emergency Risk Communication, 2002.

续表

发布阶段	主要任务	主要措施
突发事件延续期	进一步发布	教育公众，使其了解面临的风险；继续向公众提供背景材料和重要信息；寻求公众对应急行动的理解与支持；听取公众的反馈意见并及时纠正错误信息；修正不实信息；提出各种应对方案，并进行解释；着手对风险进行评估
突发事件恢复期	善后	继续教育公众，增强其应急能力；认真分析并总结引发突发事件的原因和处置过程中出现的问题、失误和有效经验；说服公众支持政府各项政策，服从各种资源的调配；及时通报恢复工作的进展情况
评估阶段	评估	对政府部门信息发布工作的有效性进行评估；撰写信息发布经验总结报告；对信息发布预案进行修订；重点对新闻发言人工作和应对媒体的工作进行评估

（三）信息发布的内容

信息发布工作的重点根据应急处置的不同阶段有所不同。同时，由于受众的不同，需求不同，应急信息发布的内容也有所不同。整体而言，公众的核心信息需求如表8-4所示。

表8-4　公众希望知道的、有关突发事件的核心信息[①]

有关事件的一般信息	事件基本细节：事件内容、时间、地点、关注者、事件背景和如何应对
	有关风险评估可靠性的信息：卫生和安全、交通、电力供应、通信、供水等方面的影响
	谁是主管单位和责任人的信息
	面向公众所采取的各种旨在减少风险和负面影响的各种措施信息，包括求助热线信息、指定新闻发言人等
增强信心信息	确定所提出的建议和决定是建立在充分的信息和分析基础之上的，确信旨在减少事件不确定性的相关行动正在进行
	确定必要的管理风险程序可随时启用
	确定负责评估和管理风险的那些人正在为公共利益行使领导职责，全力以赴地采取行动
参与信息	参与风险评估和救灾行动过程的信息：劝说和指引

此外，媒体也是信息发布的重要受众，灾害发生后媒体急需知道的信息集中于以下几点[②]：①快速提供一致信息的组织机制；②即时电话查询热线；③现场媒体指定

[①] Communicating Risk Guidance, The UK Government.

[②] Communicating Risk Guidance, The UK Government.

集合地点。

(四) 信息发布的形式

《国家突发公共事件总体应急预案》规定:信息发布形式主要包括授权发布、散发新闻稿、组织报道、接受记者采访、举行新闻发布会等。

从信息的表现形式来看,通常有三种:①

(1) 日常安全警告信号。依据造成的危害程度、发展情况和紧迫性等因素,突发事件由高到低可以划分为不同的预警类别。这也是国际上通常采用的警示信号类别。

(2) 文字警示信息。通过可显示文字的设备,如手机、电子邮件、传真和掌上电脑等,向公众发布信息。比如,美国华盛顿特区规定,市民必须到官方网站上注册,注明自己所拥有的文字设备以及相关地址、号码,以便通过上述途径及时获得政府发布的应急信息。

(3) 声音警示信息。应急管理人员通过电话、广播等通知已经发生或可能发生突发事件的地区,并建议采取一些应急措施(撤离、躲避等)。比如在美国华盛顿特区,应急管理人员可以利用精确的地理定位系统,采用多语言系统并辅以助听设备,通过电话将应急信息告知固定范围的居民,并对他们进行应急指导。

(五) 信息发布的途径

信息的发布、调整和解除可通过多种渠道同步进行,既利用先进的传播通信技术,也使用传统的信息通报手段,主要包括:

(1) 以大众传媒为载体的信息发布。在城市地区及有条件的农村地区,要充分发挥广播、电视、报刊、互联网信息传递快、信息覆盖面大的优势,在突发事件发生的第一时间,广而告之。

(2) 新兴媒体。随着技术的发展,手机短信、微博、社交网络服务等新兴媒体形态也在信息发布中扮演着越来越重要的角色。

(3) 以非大众传媒为载体的其他信息发布途径。在大众传媒之外,还应按照"土洋结合、群专并举、多管齐下、迅速高效"的原则,因地制宜地积极借助其他渠道尽可能全方位地发布信息。如有线广播、高音喇叭、电话、社区警报、警报器、宣传车、楼宇电视、车载移动电视以及传统人际沟通手段如组织人员逐户通知等方式等。

(4) 在农村地区,要灵活采用适合当地特色的多种信息发布手段,如大喇叭、铜锣、口哨等。

(5) 对老、幼、病、残、孕等特殊人群以及学校等特殊场所和警报盲区应当采取有针对性的公告方式。

此外,不同媒介具有不同的传播特点,为了能够获得有效的信息发布效果,应当选择合适的信息发布渠道(见表8-5)。

---

① 郭济. 中央和大城市政府应急机制建设. 北京:中国人民大学出版社,2005.

表 8-5　四种主要媒介传播特点[①]

发布渠道	传播方式	优势	劣势
报纸	视觉	保存性强、选择性强、比较权威，适合传达深度信息	时效性差
广播	听觉	时效性强，覆盖面广	保存性差
电视	视听合一	时效性强	保存性差
网络	视听、互动	保存性强、选择性强、时效性强	不好监督管理

五、突发事件的新闻发布与新闻发言人制度

（一）突发事件新闻发布的定义

突发事件的新闻发布是信息发布的主要途径，是由法定的行政机关依照法定程序，将其在行使应急管理职能的过程中所获得或拥有的突发事件信息及时、准确、客观、全面地向媒体及公众公开介绍事件情况、政府举措和公众防护措施，并回答新闻记者的提问的活动。

新闻发言人是国家、政党、社会团体任命或指定的专职或兼职新闻发布人员。新闻发言人的主要职责是利用新闻发布会、接受记者采访等形式，就某些特定的政府新闻信息通过媒体向社会公开发布。这些要素的固定化和制度化，就构成了新闻发言人制度。新闻发言人作为一个"制度人"，通过各种形式来为政府代言，发布新闻、沟通媒体和公众。各级政府及有关部门的主要领导和其他领导根据需要也可以进行新闻发布。

> 做好突发事件的新闻发布工作，关系到社会稳定、人心安定，关系到党和政府的形象。

新闻发布工作的意义在于：① 是发展社会主义民主政治，建设社会主义政治文明，坚持科学执政、民主执政、依法执政，加强党的执政能力建设的要求。② 是推行政务公开，提高政府工作和政务信息透明度，加强政府自身建设的要求。③ 是对外全面、准确、主动、及时地介绍中国，向国际社会展示国家良好形象的要求。

案例

东方之星沉船事件的信息发布

2015 年 6 月 1 日 21 时约 32 分，重庆东方轮船公司所属"东方之星"号客轮由南京开往重庆，当航行至湖北省荆州市监利县长江大马洲水道时翻沉，造成 442 人死亡。

事件发生后，前方救援指挥部根据救援指挥工作重心以及社会和媒体关注焦点的变化，有针对性地举行了 15 场新闻发布会。其中，12 场新闻发布会在监利县城举行，另外针对外媒的 3 场发布会在沉船现场举行。同时，新华社、《人民日报》、中央电视

[①] 段鹏. 新闻媒介在社会中的作用. 新闻发言人学习读本. 北京市朝阳区人民政府新闻办公室，2004.

台、中新社、《中国日报》等中央主流媒体及其网站，第一时间以文字、图片、视频、动画、图表等各种形式，报道事故现场、发生原因、救援情况等。新华网、人民网等中央重点新闻网站相继开辟了专题页面，滚动报道救援进程及中央决策，积极引导舆论。有关事件进展的许多要闻信息都是第一时间通过主流媒体发布，因而取得了舆论引导的主动权。境外媒体报道的新闻源大都出自新华社、《人民日报》、中央电视台等主流媒体。

新媒体在此次事件舆论引导中发挥了重要作用。6月2日2时52分，央视新闻发布快讯《一载有400多人客轮在长江湖北段倾覆》，首次在网络上进行报道。7时左右，人民日报微信推送汇总后的信息《[突发]一艘载有400余人的客轮在长江沉没 搜救正在进行》，成为微信朋友圈中最早的权威来源，点击量高达40多万次。新浪微博上，"长江客轮倾覆""长江客船沉没"等成为热门话题，产生了40亿人次的阅读量和170万余次的讨论。此外，一些市场化媒体、地方媒体，包括国外媒体在事件中也都发挥了重要作用。这就形成了一个全方位的立体发声格局，能够更加全面、深入地反映情况，报道新闻，产生舆论引导的整体效果。

资料来源：凤凰网。

（二）突发事件新闻发布会的层次和类型

目前，中国政府新闻发布会主要包括三个层次：国务院新闻办公室、国务院各部门和省级政府举行的新闻发布会。其中，既有定期的例行发布会，也有为配合国家有关重要方针政策出台、发生突发事件时介绍情况、应对不实舆论报道、向公众解疑释惑等而举行的不定期新闻发布会。

中国政府的新闻发布会按发布方式主要分为两种：一是"自主发布"，即由新闻发言人出面，定时、定点举行新闻发布会，如外交部、教育部、公安部、卫健委、国务院港澳台事务办公室和市政府新闻发言人定期召开发布会回答记者的提问。二是"搭台发布"，由各级政府新闻办公室定期或不定期邀请不同业务部门有关负责人或新闻发言人进行新闻发布，国务院新闻办公室、国务院各部门和省级人民政府新闻办公室举行的绝大部分新闻发布会均属此类。

（三）突发事件新闻发布的流程

1. 快速确定媒体沟通目标

媒体沟通目标是指新闻发布方代表事件处理的主体想要告诉公众和媒体什么样的信息，希望公众和媒体做出何种反应。例如当某处发生了严重的传染性疾病时，首先确定的媒体沟通目标，是呼吁公众保持适度的警惕，以免疫病大面积传播，并确保公众知道相关部门已经投入了大量的人力和物力，以防治和控制疫病的传播。媒体沟通目标在突发事件的不同阶段，要有相应的调整。

2. 快速确定对外发布的形式和口径

通常情况下，突发事件的新闻发布都会选择新闻发布会的形式，有些情况下会选择集体采访的形式。发布口径的拟订是一项非常具有技巧性的工作，要根据对突发事件目前掌握的情况，结合媒体沟通目标，拟订相应的口径。要注意以下几点：一定要实事求是，任何时候都不能说假话；口径必须清晰简明，以防"言多必失"；口径一定要包含事实信息，不要过多充斥"我们一定能……""我们决心……"这样的态度表达；信息传播的预期效果与媒体沟通目标是一致的；说话要留有余地，不要因说得太满带来工作上的被动。

3. 快速指定新闻发言人

在事件发生后，立即指定突发事件新闻发言人。发言人最好符合以下条件：有媒体沟通经验，对新闻报道的运作有一定的认识，最好有新闻发布从业经验；形象稳重，有较好的口语和书面表达能力；在突发事件处理中，能参与决策或者列席决策会议。

确定新闻发言人之后，要对媒体宣布此新闻发言人是授权的信息发布人。这样可避免在采访中出现口径混乱、事实不一致、态度不统一等问题。不统一会造成媒体和公众无所适从，进而质疑政府所发布信息的真实性，降低政府的公信力，不利于突发事件的处理。

4. 快速召开新闻发布会

在以上工作都完成后，就要以最快的速度召开新闻发布会，不必理会当时是工作时间还是休息时间。

5. 快速成立新闻中心

突发事件发生时，一般在现场会有大批记者聚集采访。要立即成立一个临时的新闻中心，以方便记者发稿。新闻中心应该能够提供或租借给记者一些必要的设备，例如电话、传真、互联网、发电设备甚至小型卫星传输设备等。临时新闻中心自然地成为记者集中的地方，其设立给记者管理带来了方便。

> 新闻中心的管理者可以通过提前接触记者搜集有关消息，反馈给新闻发言人，通过滚动发布新闻的形式，对记者形成"软"管理。

6. 快速滚动发布新闻

滚动发布新闻是在突发事件新闻发布中最经常使用的方式。因为在突发事件的初期，由于情况还不明朗，相关事实信息了解还不够，所以只能发布不完整信息。而在情况渐渐明朗之后，就要不断地更新、补充新的信息，或是纠正之前不准确的说法，引导公众不断接近事实的真相，看到政府为处理突发事件所做出的努力和取得的成效。

7. 快速跟踪研判

在第一次新闻发布会之后，就要有专人不断地跟踪媒体对此突发事件的处理。要有专职人员做好报纸剪报、电视录像和网络报道的汇总。通过研究这些报道，负责新闻发布的部门主要做好两方面的工作：第一，联络媒体或召开发布会纠正报道中的错误信息；第二，每天写出舆情分析简报，提供事件处理的决策参考，新闻发言人应及时调整发布策略，如果有特殊情况应随时报告。

（四）突发事件新闻发布的主要形式

新闻发布共有12种常用形式，其中正式的新闻发布形式六种：新闻发布会、记者招待会、专访或联合采访、公报或声明、考察采访、回应记者询问；非正式的新闻发布形式六种：新闻讨论会、新闻通气会、背景吹风会、"新闻泄露"、"试探气球"、记者座谈会。对于这12种新闻发布形式，新闻发言人可以根据不同特点灵活运用（见表8-6）。

表 8-6　突发事件新闻发布的主要形式

类别	发布形式	定义	特点	适用范围
正式的新闻发布形式	新闻发布会	由发布主体选定时间、地点，有媒体记者参与的问答式会议；新闻发布会是发布主体为公布重大信息或解释新的方针政策而邀请记者参加的会议，因此通常在记者提问前有一段主动发布新闻的时间	最常见的新闻发布形式，一般对所有相关的媒体开放，发布的内容可以全部公开；新闻发言人在记者提问前主动发布的内容十分重要，它为整个新闻发布会定下基调；新闻发布会要求发言人具备较高的掌控问答方向的能力，能够使记者的提问不偏离发布会的基调	根据新闻发布会规模较大、权威性强的特点，应在确实有重大新闻需要公开、发布主题足够重要、内容足够丰富、对记者具有足够的吸引力时，才适合召开新闻发布会，否则耗时耗力，记者也不一定感兴趣；在新闻发布会之前发言人要按照新闻规律对发布稿字斟句酌，并对记者可能提出的问题进行充分的预测和准备
	记者招待会	由国家首脑人物、部门最高领导或是他们指定的发言人选定时间、地点，集中对媒体记者关心的问题做出回答；在记者提问前发言人没有特别需要发布的新闻，简短的开场白后即进入问答环节，记者可以就发言人工作的领域进行开放式的提问	涉及的内容广泛，要求发言人对所从事的工作有全面、及时、深入的了解；在记者招待会之前的"猜题"准备最为重要，发言人要根据这些制作一份"答案"速查手册，在记不清具体数据、政策条文时能够马上找到；对发言人的现场应变能力要求较高，并掌握一些回答敏感问题的技巧；一般情况下，发言人级别很高，且往往会表现出较强的个人色彩	记者招待会是高规格的新闻发布形式，发言人本身的出现就对记者产生很强的吸引力，他对每一个问题的回答具有最高的权威；选择恰当的时候召开记者招待会有利于对媒体议程的引导，释放记者的疑惑，阻止流言的传播
	专访或联合采访	发言人接受一个或少数几个媒体采访，有时是发言人主动约见媒体，有时是媒体提出采访请求；当几个媒体分别就类似的问题提出采访请求时，发言人可以将他们安排在同一时间、地点进行联合采访，记者有多次提问的机会	可以有选择地接触媒体，与记者的交流更深入、形式更灵活、气氛更轻松，容易相互建立起信任关系；走下发布台与记者平视，专访或联合采访使发言人在媒体上的形象更加人性化；需要注意的是，在没有第三方在场的情况下，专访存在出现片面、错误报道的风险，错误报道一旦被刊播，负面影响很难消除	接受专访或联合采访更加简单易行，因此对于需要马上公布的信息，可以通过值得信赖的媒体最先发出去，比如政府在重大事件上习惯于让新华社发布权威消息；记者一般更喜欢专访的形式，因为这样能够获得独家新闻；作为交换条件，发言人可以要求记者在发表前交给自己检查，确认自己被引用的话准确无误；新闻发言人还可以把两种形式结合起来，先安排联合采访，结束后再安排某家媒体做专访；如果还是担心接受专访会出现错误报道，发言人应该在采访前准备好录音笔或小型录像机，与专访媒体同步录音或录像

续表

类别	发布形式	定义	特点	适用范围
正式的新闻发布形式	公报或声明	以发布主体或其指定的新闻发言人的名义，对外郑重公布某项新闻事实，或者对某个事件发表声明；公报、声明代表着信息发布主体的立场、态度、观点	一般采用文字发布，措辞严谨，篇幅不宜过长，简短精练；公报、声明是非常郑重的新闻发布形式	在处理敏感问题、重大问题或是在突发事件中，新闻发言人需要十分准确和快速地传达给公众信息的时候，可以采取这种形式。公报、声明一般通过通讯社、报纸、官方网站全文刊发，或是由电视、广播按照原文播报，因此要求它行文精准
	考察采访	新闻发言人组织记者就某个主题或在某个区域进行实地采访；发言人为记者提供考察采访的路线、日程、背景材料等，并为记者的交通、住宿等提供便利	考察采访通常时间较长，从而记者报道篇幅也会较长，记者的报道多为特写、专访，能够更加生动、人性化地报道某一主题或更加真实、深刻地反映一个地区的状况；考察采访有助于发言人与记者建立起良好的个人关系；考察采访需要消耗一些经费和人力，主要用于当地接待和陪同；按照职业准则，记者不应该接受采访对象的馈赠和享用标准过高的宴会或其他服务	需要长篇幅、多角度报道某一主题或区域，期望以软性的新闻体裁使报道深入人心；考察采访重在之前的组织安排，新闻发言人可以通过设计考察采访的路线、日程、背景材料，以及当地联络人和采访对象，引导记者报道的角度；当然，发言人不要过于表露自己的观点，记者希望看到的是当地不加修饰的状况，发言人更多的是一个陪同者的角色，帮助不熟悉当地情况的记者在几天时间里就挖掘出吸引人的故事
	回应记者询问	当遇到突发事件、热点问题时，记者向新闻发言人提出疑问，发言人就此进行回复；回应记者询问通常借助电话、传真、电子邮件等媒介，对于许多记者关心的问题，还可以通过官方网站对外发布	要求新闻发言人反应速度快，尤其是突发事件应立即了解情况、确定口径，尽可能赶在记者截稿时间前回应他们；回应记者询问针对性强，答案不必面面俱到，只要事实准确、清晰；由于回应记者询问通常有时间压力，因此回答比较简短，特别是电话回应更要注意这点，为了避免记者理解不准确或听错，最好采用书面形式	突发事件、社会热点发生时或重大活动期间，记者询问将增加；新闻发言人应该把记者主动找上门来的采访当作一次难得的机会，一方面可以传递出自己的信息、立场；另一方面树立起本部门开放、透明、负责任的形象。尽管时间有限，对于那些敏感、尖锐问题的回答，必须仔细斟酌，慎重起见，尽量使用传真、电子邮件的书面形式回复记者；官方网站可以成为既快又权威的发布新闻的媒介，当许多记者对同类问题感兴趣时，可以通过本部门的网站予以回应

续表

类别	发布形式	定义	特点	适用范围
非正式的新闻发布形式	新闻讨论会	在正式发布新闻之前，邀请少数记者共同策划发布内容、准备发布材料，还可以参与新闻发言人的模拟发布，向其提供媒体关心的问题；这些记者所在媒体一般与新闻发布部门有长期合作关系或者是该部门的官方媒体，他们能够提前得到新闻稿，但是不得在正式发布新闻之前对外透露	发言人通过这些"内线"可以得到新闻记者的关注，使发布的材料有的放矢，"猜题"命中率更高，从而达到最佳的传播效果；为了避免内部信息外传，参加新闻讨论会的记者必须是值得信赖的，发布材料不应带出办公场所以外	在内容重大或是规格较高的新闻发布之前，新闻发言人需要了解媒体的态度，有的还要进行模拟发布，以确保发布的效果；参与新闻讨论会的记者实际上是新闻办公室的外围成员，他们必须做出承诺不泄露讨论会的内容、不提前发表新闻稿，这些记者通常能够得到的回报是：在允许的第一时间报道，授权其撰写的稿件为权威的新闻通稿，提供专访机会
	新闻通气会	在正式新闻发布之前专门为记者举行的一次预备会议，告诉记者新闻发布的时间、地点、主题，以及记者如何办理证件、采访时的注意事项等内容；新闻通气会为记者的采访明确方向、提供服务，而没有实质性的新闻，因此一般不具备报道的价值	引起记者对正式新闻发布内容的关注，并且通过为记者提供采访服务设置议程，比如在新闻通气会上请记者填写"专访预约回执单"，列出领导或内部专家名单，新闻办公室帮助记者安排他们感兴趣的采访对象；新闻通气会让记者提前了解到发布程序、做好采访准备，为顺利完成报道进行了铺垫	大型、系列或是有首脑人物出席的新闻发布活动之前应该组织召开新闻通气会；新闻通气会是服务记者的一种方式，同时表明新闻发布主体对这次活动的重视。新闻发言人也可以借助传真、电子邮件、电话等方式通知媒体新闻发布的日程，但是新闻通气会更加郑重
	背景吹风会	作为一种不公开报道的新闻发布会，给记者们透露一些内幕消息；这些消息要么必须保密，要么在发表时不能指明信息来源，只能用"据消息灵通人士称""政府消息人士透露"等	把还未成熟或定调的政策或想法，以不注明信息来源的方式公布出来，可以先看看公众反应，再决定下一步的传播方案；背景吹风会邀请的记者应限定在一定范围内，既要考虑媒体的影响力也要考虑记者是否能够履行承诺，不透露信息来源	无法预测将要发布的信息可能引起的社会反响，试探某政策或想法是否会得到公众的认可；另外一种情况是，希望所发布的信息得到关注，但新闻发布主体不想因此承担责任，于是采取这种非正式的新闻发布形式

续表

类别	发布形式	定义	特点	适用范围
非正式的新闻发布形式	"新闻泄露"	新闻发言人或由其指派的中间人在私下里向个别媒体记者透露那些他们不愿意正式发布的消息;这些消息通常以"一位知情人""一个不愿透露姓名的人"的名义被报道,看起来是被泄露的新闻	"新闻泄露"是以比背景吹风会更加隐蔽的方式测试某些不成熟的政策或想法,对某些敏感问题做出非正式的回应;"新闻泄露"存在风险,如果引导媒体不当将无法达到预期效果,同时可能助长社会谣言的滋生	当遇到十分敏感的问题,或是陷于不利的舆论环境中时,运用"新闻泄露"测量公众的承受力、尝试设置新的媒体议程;"新闻泄露"一般只针对一两家具有舆论引导能力的媒体,最好提供给其"独家消息",这样记者会更依赖于主办方提供的信息
	"试探气球"	如果一项新的政策或想法以上述形式——"新闻泄露"被报道后遭到强烈反对,那么便宣布此报道纯属无稽之谈,就像用针尖刺破了气球,只是把它当作一次试探	通过"试探气球"可以避免不合时宜的政策或想法损坏其形象	要想灵活运用"试探气球"与"新闻泄露"这对组合,发言人必须了解媒体的特点
	记者座谈会	新闻发言人召集媒体总编辑、主编、记者们在一种轻松的环境里进行交谈,听取他们对新闻发布工作的意见和建议,探讨相关新闻报道的优点和不足,或者谈论他们关心的其他话题;记者座谈会是发言人与媒体负责人及记者之间的联谊会,它的内容一般没有报道的必要	一方面可以拉近新闻发言人和媒体的关系,有助于建立一支稳定的专职报道队伍,另一方面可以互通有无,改进新闻发布工作;记者座谈会应邀请媒体的高层负责人,与总编辑、栏目主编建立联系能够确保新闻报道的质量以及连续性;记者座谈会上可以自由开放地交谈,新闻发言人所透露出的内部情况,未经发言人同意,媒体不应报道	新闻发言人可以在每年年底举办一次记者座谈会,答谢记者、编辑,总结这一年的新闻发布工作,同时推动下一年的工作;记者座谈会的形式应灵活掌握,可以是圆桌讨论会,也可以是茶话会、冷餐会的形式

(五)突发事件新闻发布的特殊要求

突发事件的新闻发布方式某些方面不同于常规的新闻发布,有许多非常态的特征:① 突发事件的发生具有突然性。② 突发事件的许多信息往往是负面报道。突发事件往往威胁到公众利益,全面考验政府的应对。③ 舆论难以管理。突发事件发生后,公众和媒体会通过各种渠道来搜寻相关信息,流言和谣言也会通过各种渠道以各种形态传播,所以舆论不太容易形成一致。

针对这些特征,负责新闻发布的工作人员也应该有相应的特殊方法:

(1)现场发布新闻。现场发布新闻的方式更令人信服。突发事件具有突然性和不可预测性,记者往往都在现场周边采访,现场召开发布会召集记者方便,有现场感,记者也乐于参加。现场发布还有一个优势是组织迅速,能够满足"第一时间"发布的原则。现场发布需要注意的事项:确保现场发布不会阻碍和影响现场救援或处置工作的正常进行;确保现场有必要的设备以保证记者的正常工作;确保到会人员的安全;确保不会侵犯现场有关当事人的隐私。

(2)走出"负面新闻发布难"的思维方式,以此为契机展示政府的正面形象。正常情况下,大部分人都不愿意站出来发布负面的信息,这种传统思维方式往往会给工作造成很大的被动。突发事件发生后,公众期待的是真实的情况和对问题积极有效的解决,而不是隐瞒和拖延。所以政府部门首先是要通过媒体向公众通报真实情况,同时把政府积极合理的解决情况告知公众,塑造一个负责任政府的形象。

(3)主动提供采访机会,引导舆论走向。突发事件发生后,媒体总是通过各种渠道寻找消息。如果没有正常的采访渠道,或者消息来源有限,某些媒体就会将非常规渠道得来的不准确消息披露给公众,有可能造成公众对政府的信任危机。在突发事件处理期间,与滚动的新闻发布活动相配合,新闻发布方还应主动提供一些深入采访机会。通过这两种方法,可以有效吸引媒体注意力,引导舆论走向。提供采访机会要注意:考虑场地的要求,如果场地不够,可以邀请几个有代表性的媒体,条件是让其他媒体可以共享采访内容;不要制造现场或是假的采访,不要授意采访对象讲其本人不想说的话;有专人负责媒体联络,尽可能满足记者的采访要求。

> 突发事件的舆论引导水平往往反映出事发地政府的执政理念、工作作风和整体素质,反映出政府处置复杂问题的能力。一定要抛弃"只处理、不报道"或"先处理、后报道",甚至试图封堵消息的做法。及时、客观、主动发布信息,展示现代政府的公开透明形象。

思考与探索

如何理顺媒体关系,实现从"管控"向"引导与合作"的方向发展?

大众传媒是信息发布的重要平台。如何利用好大众传媒、处理好与大众传媒的关系,历来是政府应急管理工作的重点之一。

鉴于特殊的媒体体制沿革,中国媒体的突发事件信息传播经历了几次大的变化:

(1)1950年4月2日,中央政府新闻总署规定"各地对救灾工作的报道,现应即转入救灾成绩与经验方面,一般不要再着重报道灾情"。这一报道原则沿用多年。1970年1月5日凌晨云南通海7.7级地震,死亡15 621人,救灾指挥部规定,新闻记者不准进入灾区,只允许科技工作者进行拍摄,只能拍物,不能拍人。唐山地震新闻报道沿用了这些规定。见物不见人,只报成绩不报灾情,成为20世纪50年代到70年代中国新闻界关于突发事件报道的基本原则。

(2)20世纪70年代末期和整个80年代,这种局面有所改观,中国媒体追求突发事件报道教化意义的原则开始让位于以"事"为本,能够客观反映灾情,并且时效性得到了增强。1987年和1989年的两个文件都明确了对于外媒可能会报道的突发事件，应赶在外媒前面做出及时报道。①

（3）2003年"非典"引发的信息公开浪潮直接迎来了中国新闻媒体及时、准确报道突发事件的时代。2007年1月1日起，中国还实施了保障境外记者采访自由的"国务院477号令"。这些法令条例的推行，为政府实施突发事件信息传播管理和媒体的信息传播行为提供了法律基础。2008年5月12日发生的汶川大地震则是对中国媒体突发事件报道的一次检验。令人欣慰的是，中国的媒体交出了一份令人满意的答卷。在多年来应急处置的信息发布实践中，中国政府也在不断理顺与大众传媒的关系，从"管控"到"引导与合作"，越来越趋向于积极、合理的关系模式。

延伸阅读

[1] Beebe J. Rapid Assessment Process: An Introduction.Altamira, Walnut Creek, CA., 2001.

[2] 国家减灾委员会—科学技术部抗震救灾专家组．汶川地震灾害综合分析与评估．北京：科学出版社，2008.

[3] 徐国栋，方伟华，史培军，袁艺．汶川地震损失快速评估．地震工程与工程振动，2008（6）.

[4] 吕志奎，朱正威．美国州际区域应急管理协作：经验及其借鉴．中国行政管理，2010（10）.

[5] 卓力格图．我国应对突发事件的军地协调联动机制建设．中国应急管理，2010（10）.

[6] 董关鹏．政务公开理论与实务．北京：新华出版社，2007.

[7] 高钢，孙聚成．新闻发布与新闻发言人实务．北京：人民日报出版社，2006.

[8] 国务院新闻办公室新闻局．政府新闻发布工作手册．北京：五洲传播出版社，2007.

[9] 杨魁，刘晓程．政府·媒体·公众：突发事件信息传播应急机制研究：以2008年"5·12"大地震为例．北京：中国社会科学出版社，2010.

[10] 赵启正．向世界说明中国．北京：新世界出版社，2005.

[11] 马奔．危机管理中跨界治理的检视与改革之道：以汶川大地震为例．清华大学学报：哲学社会科学版，2009（3）.

[12] 方楠，宿洁，周玲．应急广播在巨灾环境下的报道特征分析——以中央人民广播电台《汶川紧急救援》系列特别节目为例．中国广播，2016（3）.

---

① 夏长勇．30年来我国公共危机传播的改变．当代传播，2009（6）.

［13］周玲，宿洁，杨华东. 汶川地震灾情与应急广播报道的契合度研究：以中央台《汶川紧急救援》应急物资报道为例. 管理评论，2016（8）.

［14］周玲，宿洁，王恒. 我国国家应急广播体系建设的现状、问题与展望. 武汉理工大学学报：信息与管理工程版，2016（6）.

［15］刘亚南，周玲，宿洁."东方之星"沉船事件与通讯社信息传递：中外主要通讯社报道中国自然灾害关注点差异研究. 风险灾害危机研究，2016（2）.

第九章

恢复与重建

学习目标

1. 理解恢复与重建的重要性和必要性。
2. 理解恢复与重建中救助补偿机制的重要性。
3. 了解心理救援的基本内容。
4. 了解应急管理调查评估的原则、分类以及流程。
5. 了解责任追究的目的和原则。

学习重点

1. 掌握恢复与重建机制。
2. 掌握救助补偿机制的基本内容。
3. 掌握心理救援的技术类别。
4. 掌握三类调查评估的异同。
5. 掌握责任追究的内容。

古人云:"前车之鉴";"吃一堑,长一智";"亡羊而补牢,未为迟也";"遭一蹶者得一便,经一事者长一智";"前车已覆,后来知更何觉时"。

毛泽东同志强调,"人类总得不断地总结经验,有所发现,有所发明,有所创造,有所前进"。

这些著名论断,都强调应当通过不断总结经验教训,全面提高科学判断形势的能力、驾驭市场经济的能力、应对复杂局面的能力、总揽全局的能力;更好地应对可能发生的各类突发事件,更好地走科学发展道路,更好地推进经济社会安全持续健康发展。

第一节 恢复重建机制

一、恢复重建的定义

恢复重建是指在突发事件发生后,为保障正常的社会和经济活动,修复各类生命线工程,修复各类公共基础设施,恢复正常的生活、生产秩序而采取的相关措施以及当突发事件应急处置工作基本结束后,为恢复受影响地区与群众的生活、生产,促进受影响区域经济社会可持续发展所做的规划和实施等工作。

恢复重建机制就是指在突发事件应急处置和救援基本结束后,围绕受影响区域社会秩序及人民生活、生产的恢复,围绕受影响区域重建工作,建立一套从过渡性安置、调查评估、规划、实施到相关监督管理的工作流程。这是应急管理的核心机制之一。

案例

"5·12" 汶川地震灾后恢复重建

汶川地震严重破坏地区超过10万平方千米,其中,极重灾区共10个县(市),较重灾区共41个县(市),一般灾区共186个县(市)。地震发生后,党和人民高度关注灾区的灾后重建工作。2008年6月4日,国务院第11次常务会议通过《汶川地震灾后恢复重建条例》。2008年6月18日,《汶川地震灾后恢复重建对口支援方案》正式颁布,统一部署对口支援任务,创新提出"一省帮一重灾县,举全国之力,加快恢复重建"。明确要求19个省市以不低于1%的财力对口支援重灾县市3年。在地震发生后不到3个月,就解决了上千万受灾群众的住房安置问题。全国各地纷纷响应国家号召,同灾区结成对子,针对灾区实际,对口派人给物,不惜一切代价,在汶川的大地上留下了一幅幅共建情谊的画面。

从2008年10月到2010年9月,灾区纳入国家重建规划的29 700个重建项目已开工99.3%、完工85.2%,概算总投资8 613亿元已完成7 365.9亿元、占85.6%,圆满完成中央"三年重建任务两年基本完成"的目标。受灾群众住进了新房,公共服务设施全面上档升级,重建城镇初展新姿,基础设施根本性改善,产业发展优化升级,防灾减灾能力显著提高。

四川灾后恢复重建的伟大实践,集中体现了全心全意为人民服务的中国共产党的伟大力量,充分展示了中华民族和衷共济、团结奋斗的民族品格;集中体现了中国特色社会主义制度的无比优越,充分展示了改革开放以来不断增强的综合国力;集中体现了科学发展观的重大指导意义,充分展示了"万众一心、众志成城,不畏艰险、百折不挠、以人为本、尊重科学"的伟大抗震救灾精神；集中体现了灾区各级党委、政府对历史负责的高度自觉，充分展示了灾区人民自强奋进、顽强拼搏的不屈意志。

截至2012年5月，四川省纳入国家灾后恢复重建总体规划的29 692个项目已完工99%，概算投资8 658亿元已完成投资99.5%；地震灾区实现了"家家有房住"，基本实现了"户户有就业""人人有保障"。

2017年，四川省经济总量跃升为全国第六，是2007年的3.52倍，人均GDP是2007年的3.44倍，人均收入约7 000美元。汶川、北川和青川全县地区生产总值分别是2007年的2倍、3.8倍和2.6倍。四川将与全国同步进入小康社会。汶川地震灾区恢复重建与可持续发展深度融合。2018年春节前夕，习近平总书记专程来到汶川特大地震震中——汶川县映秀镇，看到百姓生活幸福安康，他说："我很牵挂这个地方，十年了，这里的变化我很欣慰。"

如今，汶川灾区在毁灭性灾难中重生，房屋重建、产业振兴、民生改善、文化发展，经济社会发展水平提升了30年；中国交出了让人民满意、世界惊叹的"汶川答卷"。水磨镇被联合国人居署视为"全球灾后重建最佳范例"。美丽的羌藏村寨被赞为"世界灾后重建的灯塔"。加拿大原总督感慨："四川树立了世界灾后重建的典范，你们宝贵的经验可以在世界推广。"

二、恢复重建机制的目标和原则

恢复重建机制的目标是使受影响区域的生命线和其他各类基础设施尽早恢复正常运行，使受影响群众的生活、生产、学习、工作条件积极、稳妥地恢复正常，重建受影响区域经济和社会发展所需要的各类要素，促进受影响区域和受影响群众实现社会、经济和文化的可持续发展等。

恢复重建是突发事件应急处置和救援之后、消除突发事件所造成破坏和负面影响的必要工作，要遵循以人为本、及时高效、统筹协调、因地制宜、广泛参与、立足自救和公开公正等原则，同时在恢复重建过程中要突出重点，明晰轻重缓急，优先保障受影响群众的基本生活和治安秩序。

恢复重建应遵循以下工作原则：

1. 以人为本

恢复重建的中心是帮助受突发事件影响群众的恢复和重建。因此，必须关爱受到突发事件影响的群众，把保护人的生命安全和健康作为恢复重建的首要任务。恢复重建过程中，无论是规划还是实施，都需要首先注重受影响群众的感受、参与和最终评价。

2. 及时高效

突发事件发生后，恢复重建工作就已经进入议程，因此有必要根据需要随时开展相应的恢复工作，特别是受影响区域社会秩序的恢复、受影响群众基本生活的保障和救助以及水电气热等生命线的运行等。突发事件应急处置和救援后，应尽快恢复社会、生活和生产秩序的正常运行，对效率的要求高于常规性的建设。当然，必须确保恢复重建的质量，坚持确保质量与注重效率相结合。

3. 统筹协调，科学规划

重大及其以上级别的突发事件的恢复重建工作通常会涉及多个社会系统，难免出现多个目标间的矛盾，如以生存为取向的紧急恢复和以发展为取向的持续恢复间的矛盾、物质层面（各类基础设施、服务设施及住房等）的恢复与非物质层面（社会层面和心理精神层面）恢复间的矛盾等，因此需要格外重视统筹协调工作。

突发事件的恢复重建工作不仅是对事件前受影响区域的简单恢复，而是面向受影响区域的未来发展，需要全面通盘考虑区域内经济和社会发展的需要，因此必须坚持在科学规划的指导下进行，通过规划的合理布局，确保重建的科学性、规范性。

4. 突出重点，分类指导

突发事件后的恢复重建工作涉及面广、影响范围大，因此从政府应急管理工作体系出发，不可能完全包揽突发事件后恢复重建的所有工作，必须将工作重心放在那些在恢复重建中关键性、标志性、支柱性的重点对象上，如生命线工程、医院学校等重大民生设施以及支柱性产业项目等，对这些重要对象实施重点协调。而对于量大面广的恢复重建内容，则更多通过制定符合实际、具有导向性的相关政策，根据不同恢复重建内容的特点，提出有针对性的措施，分类指导推动恢复重建工作的开展。

5. 因地制宜、地方为主

突发事件的恢复重建既需要宏观的整体规划，还必须结合受影响区域的实际情况和特点，因地制宜地开展恢复重建工作。特别对于影响区域大的重大及其以上级别的突发事件，由于恢复重建涉及的地方多，恢复重建的整体规划更主要发挥一般性的指导作用，而具体实施中还需要各个地方进一步根据各自实际情况，制定符合自身特点的详细规划。恢复重建的实施工作也应以地方为主，中央及其他省（市、区）政府主要发挥宏观协调和支援协助作用。

6. 广泛参与、社会协同

突发事件的恢复重建工作同样需要形成党委领导、政府负责、社会协同、公众参与的工作格局。应充分发挥企事业单位、保险机构、人民团体、社会组织、慈善机构、基层社区、各界人士及志愿者等各类组织和公民的作用，动员多方面资源，协同开展恢复重建工作。既要发挥政府的主导作用，又要减轻其不合理的负担和动员多方力量。

7. 立足自救、多方帮扶

突发事件的恢复重建工作的基础是受影响区域的自助自救，恢复重建的主体也是受影响群众，否则恢复重建工作就丧失了最根本的意义。由于突发事件的破坏，给受影响群众的自救工作带来了很大的困难，所以也需要积极动员和鼓励从中央到其他省（市、区），从企事业单位到社会组织，以及海内外志愿者的多方帮扶。

8. 公开公正、依法监督

突发事件的恢复重建不仅是各级政府应急管理体系中的重要工作内容，更受到全国人民的普遍关注，对于重大及其以上级别的突发事件尤为如此。因此，无论根据受影响区域遭受损失的不同程度和不同需求，所拨付的恢复重建物资和资金的多少，相关经办部门和工作人员都必须自觉和充分接受监督，确保恢复重建工作的公开公正，合法合情。对于在恢复重建过程中违反法律法规规定，如未及时组织开展生产自救等工作，造成各种不良后果的当事人和有关政府部门，应依据有关法律、党纪和行政规定，给予相应的责任追究和法律惩罚。

> **专栏**
>
> 把监督放到前面
>
> 汶川地震恢复重建工作投入了海量的资金，还包括各地及香港、澳门地区等捐助的资金。管好、用好恢复重建的"每一分钱、每一块砖"，关系群众切身利益，关系党和政府形象，关系抗震救灾、恢复重建大局。如何"向人民群众交一本明白账""确保廉洁救灾"？四川灾区的实践对此给出了明确的回答，就是把监督放到前面。
>
> 还在抗震救灾初期的抢险救灾阶段，四川省就召开抗震救灾资金物资监督检查工作会议，把救灾物资和资金的公开、公平、公正使用摆到突出位置。2008年5月底，四川省抗震救灾资金物资监督检查领导小组成立，全面整合纪检监察、发改、审计、财政、民政等多种监督力量。重灾市（州）及其所属受灾县（市、区）、乡（镇）也成立相应领导机构。与此同时，监督检查工作重心下移，一线监管力量不断强化，监督到县乡，覆盖到村社。四川全省从纪检监察、财政、审计、发改、建设等职能部门抽调近300名干部，组成6个重灾市（州）监督检查工作组、44个县（市、区）监督检查工作组，实行驻点和巡回检查。除了从省上派出的监督检查工作组，还由省纪委公开招募300余名社会监督员，以及市州、县市区先后组建的480个监督检查工作组，最终实现专门监督与群众监督相结合、政府监督与社会监督相衔接，事前、事中和事后监督相贯通，专项监督与日常监督相配合，形成一个横向到边、纵向到底的监管网。
>
> 三年的恢复重建过程中，四川省没有发生严重违纪违法行为，要归功于把监督放在前面。
>
> 资料来源：作者根据相关新闻资料撰写而成。

三、恢复重建的内容

根据《突发事件应对法》，当突发事件的威胁和危害得到控制或者消除后，恢复重建工作即开始。恢复重建工作不仅包括受影响区域的恢复以及经济和社会等方面的重建，也包括与恢复和重建工作密切相关的防止次生（衍生）事件发生、灾情调查和损失评估以及重建规划等内容。具体而言包括：

（一）防止次生（衍生）事件发生

恢复重建工作在停止执行应急处置措施之后，还是存在出现次生、衍生事件或者重新引发社会安全事件的可能。因此恢复重建工作依然包含防止发生自然灾害、事故灾难、公共卫生事件的次生、衍生事件或者重新引发社会安全事件的内容，需要采取或者继续实施相关的必要措施。

（二）社会秩序恢复

突发事件尤其是重大及其以上级别的突发事件，不但对人民生命财产造成极大损失，而且还破坏了原有的生活、生产和社会正常秩序，容易引发违法、犯罪乃至群体性事件等社会安全问题，使社会秩序处于不稳定状态。这种情况不仅会出现在应急处置和救援阶段，也可能会延续至恢复重建阶段，所以，即便在应急处置措施结束之后，公安部门及其他相关部门依然需要根据突发事件影响区域的实际情况加强治安管理和安全保卫工作，预防和制止各种破坏与犯罪活动，并及时有效组织相关力量，确保救灾和重建物资，特别是生活必需品的调拨、运输、存储及发放的安全、有秩序进行。社会秩序恢复工作的重点是对实施盗窃、抢劫、损毁公私财物，哄抢救灾物资，制造、散布谣言和虚假信息，借突发事件用手机短信和网络诈骗敛财，违法经营，阻碍执行公务等行为坚决予以打击，并依法从重处罚；情节较轻的，依照《中华人民共和国治安管理处罚法》予以处罚；情节严重，构成犯罪的，依法追究刑事责任。在此基础上，有效威慑违法犯罪人员和破坏分子，迅速稳定突发事件影响区域的人心、民心，保障尽快恢复社会正常的生活、生产和社会治安秩序。

（三）公共设施恢复

恢复重建工作的首要基础是恢复各类公共设施的运行，特别是公共基础设施的运行，包括交通、通信、供水、排水、供电、供气、供热、广播、电视、学校及医院等公共设施。公共设施的恢复应分轻重缓急，有计划、有步骤地开展。其中水、电、气、热等与人民生活密切相关的公共基础设施又称为生命线设施，应予以优先的恢复；移动无线通信已经成为当代社会运行和人民生活须臾不可离的基础性服务，因此也应予以优先的恢复；学校和医院，特别是公立的学校和医院，与人民日常生活息息相关，它们的正常运行对于安定受影响区域的人心、增强受影响人群的信心有着重要作用，因此也需要尽快恢复正常运行。

（四）生产和经济的恢复

灾区经济和社会等方面的重建，是恢复重建工作的中心内容。但在此基础上，还需要格外强调灾区生产和经济的恢复。社会生产和经济活动是一个社会最基础的运行活动。在救灾阶段，一切社会活动都让路于救灾工作，社会生产和经济活动基本处于停滞的状态，相应的人们的心理也持续处于灾难的状态中。从救灾进入恢复重建阶段后，即便不考虑维持基本生活的需要，如果没有社会生产和经济活动，一个社会就无法从人心稳定和运行井然两方面实现向常态的恢复。因此，即便仅从恢复社会常态的角度，也需要尽快恢复社会生产和经济活动。通过社会生产和经济活动的恢复，还可以让人们恢复到正常的工作状态，不仅保证了人们获得收入可以维持生活需要，而且本身直接促进了社会秩序的产生。因此，强调生产和经济的恢复，对于恢复重建有重大意义。

(五)恢复重建的组织架构建设

对于恢复重建工作较为繁重的重大及以上级别的突发事件,有必要根据突发事件灾情状况和恢复重建需求,成立相应层面的恢复重建组织架构,总体负责有关突发事件后恢复重建的所有工作,统筹协调灾后恢复重建相关工作体系的建立。如在突发事件影响区域内各级地方政府相应成立恢复重建工作委员会,并承接于突发事件应急指挥机构,完成恢复重建组织上的有机转换。恢复重建的组织架构建设的核心目的是保障受突发事件影响区域内实现灾区的恢复重建与经济社会整体发展两类不同工作互不干扰、有序开展的工作格局。

(六)突发事件的灾情调查和损失评估

突发事件的灾情调查和损失评估是保证恢复重建工作有序进行的基础工作,直接为恢复重建方案的制定和具体实施提供数据支持,以确定恢复重建所需要的资源与扶助的种类与数量。调查评估的目的是获得突发事件影响的准确信息,以确定突发事件影响区域恢复重建工作所需资金、人员、资源及服务等方面的需求。这一调查评估工作亦属于一类重要的应急管理机制,在第四节中将进行更具体的讨论。

(七)恢复重建规划的制定

为了保障突发事件受影响区域恢复重建工作的有序进行,使灾区恢复重建与可持续发展融合,有必要在恢复重建工作开展前进行细致的规划。对于重大及以上级别的突发事件,恢复重建规划尤为重要。恢复重建规划的开展,应依据相关法律法规和预案规定,在突发事件后调查评估的基础上,由各级政府和部门分级分类进行。通常先进行总体规划,之后再编制详细规划。恢复重建规划遵循一般性的规划规律,应包括职责分工、工作目标、资源配置、监督检查等内容,用以指导恢复重建实践。恢复重建规划应当坚持短期恢复与长期发展并重的方针,按照因地制宜、合理布局、科学规划、分类指导、区别对待、突出重点的原则,在有关人民政府统一领导下,有计划、有步骤地实施。

(八)恢复重建工作的实施

恢复重建工作的实施是指受突发事件影响区域的各级恢复重建组织架构,在恢复重建规划的指导下,充分调动和发挥当地各政府部门、企事业单位以及人民群众的主动性和积极性,在上级政府、对口支援省(市、区)以及广大社会力量的支持、支援和扶助下,实现正常生活、生产和社会秩序的恢复,重建正常的社会、经济和文化发展的过程。

(九)恢复重建相关优惠政策的制定及实施

恢复重建工作的主要抓手是恢复重建相关优惠政策的制定及实施。在针对受影响区域的优惠政策的制定及实施过程中,既要照顾到受影响区域特点和行业特点,也要考虑宏观经济的发展需要。这些优惠政策主要包括对受影响区域的财政支持措施;对受影响区域群众的就业和创业的优惠措施;对参与对口救援省(市、区)政府、组织和个人的鼓励措施；对受影响区域增加资金供给的金融类措施；对支持恢复重建工作捐助的组织和个人的免税措施；对受影响区域企事业单位、社会组织和个人的税费减免、贷款贴息、财政补助等政策措施；对赴受影响区域投资建厂的组织和个人的各项优惠措施等。

四、恢复重建机制的要点

恢复重建是解决突发事件所造成的人员财产损失所必需的工作，也是应急管理工作的重要一环，但是恢复重建工作主要不由应急管理相关部门承担。因此恢复重建机制与其他应急管理机制有较大的区别，需要依据具体的突发事件而具体确定。一般而言，恢复重建机制需要注意如下要点：

（一）重视恢复重建与应急处置救援之间的衔接

在实际工作中，应急处置救援与恢复重建之间难以区分显著的界限，一定程度上是相互交叠的。但是由于应急处置救援与恢复重建是由不同的组织架构负责，所以二者之间必然有着工作上的交接和过渡。如何实现恢复重建与应急处置救援之间的无缝衔接，是恢复重建机制必须解决的重大问题。

（二）重视依法恢复重建

恢复重建工作不同于常规性的建设工作，不仅需要遵循一般性的法律法规，而且必须遵循针对特定突发事件后的恢复重建制定的特定法规和政策，因此恢复重建机制必须把合法性放在首要位置。如汶川地震后，国务院及时出台了《汶川地震灾后恢复重建条例》，这是汶川地震灾区恢复重建的法律保障。

（三）重视恢复重建规划与实施之间的配合

虽然所有的规划和实施之间都存在配合的难题，但是这一问题在恢复重建工作中尤为突出。由于恢复重建工作性质的特殊，时间紧，任务重，恢复重建规划的周期短、基础薄弱、准确度差。这就造成了恢复重建规划的实施难度大，甚至可能出现难以实施，或者与受影响区域实际情况完全不符的情况出现。因此恢复重建机制需要事先充分考虑恢复重建规划与实施间的配合问题，特别是当规划和实施出现冲突和矛盾时如何解决的问题。

> 一方有难
> 八方支援
> 敬畏自然
> 科学规划

思考与探索

如何落实恢复重建中的科学性？

灾后恢复重建应当全面贯彻落实科学发展观，坚持以人为本，优先恢复重建受灾群众基本生活和公共服务设施；尊重科学、尊重自然，充分考虑资源环境承载能力；统筹兼顾，与推进工业化、城镇化、新农村建设、主体功能区建设、产业结构优化升级相结合。

恢复重建不仅是对突发事件前状况的简单恢复和重建，实际也给了灾区一个重新思考发展模式的机会。特别是，灾区可以利用重建规划的机会，深入反思发展理念，以人为本，敬畏自然，科学布局，统筹兼顾、协调发展，真正践行科学发展观。然而，有的灾区地方政府，热衷于"形象工程"和"面子工程"，罔顾刚发生的灾难留给人们的惨痛教训，视科学规划为儿戏，最终酿成严重后果。这样的教训实在太深刻了。

不能坚持恢复重建规划的科学性，是对人民的一种犯罪！

第二节 救助补偿机制

一、救助补偿的定义

救助是指给需要被帮助的人一定物资上的支援或精神上的安慰，保障其基本生活和心理安定；补偿的基本意思是抵消损失，就是弥补在突发事件中受影响群众或其他人员的损失。救助补偿就是通过各种方式对在灾难中受到生存影响的社会成员提供衣、食、住、行、医疗等基本生活资料以维持其基本生活水平，并且利用财政资金、必要的行政手段和市场行为等工具，对灾难造成的损失进行补偿的应急管理机制，尽量把突发事件的影响和损害降到最低程度。

救助补偿从古至今都是保障受灾民众基本生活的需要，是维持社会稳定和体现政府责任的需要。譬如，在汉代，国家对灾后救助工作极为重视，采取了多项救助政策和措施，有"赈济"即灾害发生后向灾民提供粮食、衣服和钱；有"养恤"即包括施粥和居养（临时设置各种收容机构和场所）；此外，还有"平粜""赈贷"和"免赋税"等一系列措施。可以看出，即使是古代的政府对灾民的救助也是非常重视的，也许在本质上是维护统治秩序和政权的延续，但是在一定程度上也解决了灾区民众的生存问题和维持了社会的稳定。现代政府更应该基于人权和福利公义的原则，对不可预知和抵抗灾难所造成的灾民进行及时的救助，这是对宪法所确立的公民基本权利中生命权和财产权等权利的必然承诺。

> 救助以需要为原则，目的是保障受灾民众的基本生活需要。

案例

汶川地震后的救助

汶川特大地震发生后，中国政府迅速启动了《国家自然灾害救助应急预案》，当晚

22时15分,就把应急响应等级提升为Ⅰ级,这也是国家减灾委成立以来首次启动Ⅰ级响应。5月12日晚,财政部、民政部紧急下拨四川省第一笔紧急救助资金7亿元;5月13日上午,民政部下发《关于组织开展向地震灾区捐赠工作的通知》迅速组织开展全国性救灾捐赠活动;地震一周后,全国筹集的40多万顶救灾帐篷运抵灾区,一定程度上缓解了地震发生初期受灾群众的临时安置困难;5月20日,根据抗震救灾总指挥部的决定,民政部、财政部、国家粮食局下发《关于对汶川地震灾区困难群众实施临时生活救助有关问题的通知》明确对因灾无房可住、无生产资料和无收入来源的困难群众每人每天补助10元钱和1斤成品粮,对因灾造成的"三孤"(孤儿、孤老、孤残)人员每人每月补助600元(受灾的原"三孤"人员补足到每人每月600元);5月30日,民政部、住房和城乡建设部联合下发《关于四川汶川大地震灾民临时住所安排工作指导意见》,四川省也启动了全方位安置受灾群众的救助机制。此外,国务院在震后及时制定并颁布了《汶川地震灾后恢复重建总体规划》,还颁布实施了《汶川地震灾后恢复重建条例》,灾区政府还制定了金融信贷、税费减免等帮扶措施,加强对灾区民众的救助。

资料来源:作者依照相关新闻报道编写而成。

二、救助补偿的目标与原则

(一)救助补偿的目标

建立救助补偿的目标,是降低突发事件对群众或其他人员的影响和损害。救助补偿应当与突发事件造成的社会危害的性质、程度和范围相适应,有多种措施可供选择,应当选择有利于最大限度地保护公民、企业事业单位和其他组织权益的措施。

(二)救助补偿的原则

救助补偿应当遵循以下工作原则:一是坚持以重点受灾对象救助为主,兼顾受益面,既减轻受灾最严重的对象的负担(受益程度),又兼顾所有救助对象获得基本的救助服务。二是科学测算救助补偿比例和程度,按照国家规定和实际需要来确定救助补偿的标准。三是坚持逐步调整、保障适度的补偿原则,防止出现补偿比例过高造成透支或补偿比例过低而补偿不足的现象。四是坚持专项管理、科学管理、定期审计、民主监督,严格补偿救助资金和物质的使用范围,防止资金和物资的滥用。

案例

"7·23"甬温线事件后的赔偿工作

2011年7月24日,浙江温州"7·23"动车事故发生后,保监会官员表示,浙江省保监局已协调组织各保险公司启动应急预案，开启事故核查与理赔绿色通道；温州保监分局于事故发生后第一时间赶到现场，密切关注事态发展，处理赔偿事宜。

24日上午，温州保监分局迅速召开行业会议，部署各保险单位进驻伤病接收医院，建立一线现场联络点摸清情况，坚持特事特办，开通建立绿色理赔通道，提高理赔时效。各大保险公司亦已派出调查人员到温州当地各大医院走访排查，设点提供保险理赔咨询。2011年7月26日，首个赔偿协议达成，29岁的遇难者林焱获赔50万。原本以为动车事故赔偿金会因人而异，而负责善后工作的负责人称，事故赔偿金每人总计50万并附加先签协议可获奖励费。

这个消息一出，引起社会广泛议论。不少律师称赔偿过低，也有很多专家说应该由实际情况出发，而不应该是个死数。此前，善后工作组与部分家属就赔偿问题进行了初步沟通协商，主要依据国务院2007年颁布的《铁路交通事故应急救援和调查处理条例》，达成了赔偿50万元的意向协议。随后，又认真听取了遇难人员家属等意见，充分进行了法律论证。根据《最高人民法院关于审理铁路运输人员损害赔偿纠纷案件适用法律若干问题的解释》中规定的，赔偿权利人有权选择按侵权责任法要求赔偿的精神，本着以人为本、就高不就低的原则，并与遇难者家属进行了进一步的沟通协商，总指挥部研究决定以《中华人民共和国侵权责任法》为确定"7·23"事故损害赔偿标准的主要依据。

"7·23"事故遇难人员赔偿救助金主要包括死亡赔偿金、丧葬费及精神抚慰费和一次性救助金（含被抚养人生活费等），合计赔偿救助金额91.5万元。

1992年《铁路旅客意外伤害强制保险条例》规定每个人赔付两万元保险金额；发生死亡的情况下，2007年《铁路交通事故应急救援和调查处理条例》规定，旅客人身伤亡赔偿限额为15万元，行李损失赔偿限额为2000元。三项相加的上限应该是17.2万元。事故给出的赔偿91.5万元突破了这样的数额。中国人民大学等机构召开了研讨会，探讨事故赔偿的法律问题，也有学者撰文对赔偿问题提出意见。

2011年8月5日，"7·23"动车事故救援善后总指挥部公布了"7·23"事故受伤旅客赔偿救助方案。个别媒体在解读这一赔偿救助方案时，称"赔偿款要扣除医疗费"。8月6日，铁路方面称"7·23"动车事故受伤旅客的全部医疗费一律实报实销，不存在从赔偿款中扣除医疗费的问题。

三、救助补偿的多元主体

政府在救助补偿方面起到主导作用，但是并不意味着政府是唯一的主体，一个有效和充分的救助补偿机制需要多元的参与主体。一是要发挥社会组织的作用。汶川特大地震发生后，除了政府以外，各种社会组织也迅速行动起来，除了募集资金和物资方面，很多社会组织也深入一线，参与对灾区民众的救助，对保障灾民生活、稳定灾民情绪和保持社会稳定等发挥了积极作用。二是要发挥企业的作用。面对重大灾害时对灾区民众的表现是衡量一个企业社会责任的重要指标，对灾区民众的关怀，体现出一个企业高度的社会责任感。其实很多企业在巨灾面前都积极参与救助，履行了应有的社会责任,是救助补偿不可或缺的主体。三是要发挥市场和金融机构的作用。金融机构尤其在补偿方面发挥着重要作用,如1995年日本阪神地震后,金融机构出台了一系列救助政策,如临时缓缴按揭贷款、减少贷款利息、延长贷款时限等。美国由于民众投保的比例高,灾害造成损失的很大一部分由保险公司理赔,从而减轻了政府的负担。只有建立多元的救助补偿主体,让政府、社会、企业和市场都参与进来,才能建立一套共同和强有力的机制。

我国基本形成了以各级政府为主导、以国家财政救济和社会捐助为支撑的灾害救助制度。这一制度发挥了积极作用,但也存在风险分散渠道不足、财政压力较大等问题。灾害救助手段比较单一,金融、保险在减灾救灾中的作用未得到充分发挥。防灾减灾缺乏社会主义市场机制。近20年来,国际上自然灾害的保险赔付金额一般都占灾害直接经济损失的30%~40%,我国的这一比例仅为3%左右。目前,基本上还是靠国家和政府。加之问责制也不够规范化、科学化,在一些地方不同程度存在着天灾与人祸被割裂的情况,自然灾害损失往往虚报,希望国家多补;事故灾难的死亡人数往往少报甚至瞒报。所以,全面发挥保险业的功能作用,构建政府、市场、社会三位一体的救灾机制,建立适合国情的巨灾保险制度(中央财政要予以支持)是非常迫切的任务。通过探索新机制,使保险业实现三个基本定位:① 风险管理的重要手段;② 社会治理能力的重要标志;③ 转变政府职能的重要抓手。

案例

"12·31"外滩陈毅广场拥挤踩踏事件救助补偿

2014年"12·31"事件发生以后,事件联合调查组及善后工作组在上海市委、市政府的领导下,组织相关的法律专家对遇难、受伤人员救助抚慰问题进行研究,综合全国各类案例及上海的实际情况,本着依法依规、实事求是、一视同仁、合情合理的原则,制定出相应的救助抚慰方案。据当时上海黄浦官方微博消息,善后工作组依据《中华人民共和国突发事件应对法》《上海市实施〈中华人民共和国突发事件应对法〉办法》,黄浦区政府对遇难人员家属和受伤人员负有依法履行救助、抚慰的法定义务。本着"依法依规、合情合理、实事求是、一视同仁"的原则,黄浦区政府会同有关社会组织共同研究制定了事件遇难人员家属救助方案。对此次事件遇难人员家属的救助抚慰金确定为人民币80万元。其中,50万元为政府救助抚慰金,30万元为社会帮扶金。伤残人员的救助抚慰金额,将根据伤员救治、伤情和伤残鉴定等具体情况另行确定。

四、救助补偿的主要内容

《突发事件应对法》第六十一条规定:受突发事件影响地区的人民政府应当根据

本地区遭受损失的情况，制定救助、补偿、抚慰、抚恤、安置等善后工作计划并组织实施。具体而言，主要包括救助和补偿两大方面的内容。《生产安全事故应急条例》第二十八条规定：县级以上地方人民政府应当按照国家有关规定，对在生产安全事故应急救援中伤亡的人员及时给予救治和抚恤。

（一）救助

对受突发事件影响的群众施行救助措施，属地政府应该及时制定这方面的安置计划，提供最基本的生活条件，以尽快满足灾区群众最基本的生活需求。对受突发事件影响的"孤儿、孤老和孤残"人员进行积极的救助。公民参加应急救援工作或者协助维护社会秩序期间，其在本单位的工资待遇和福利不变。没有工作单位的，由所在地区、县人民政府给予补贴。属地政府对在应急救援工作中伤亡的人员，依法给予抚恤。属地政府及其部门应当将突发事件损失情况及时向保险监督管理机构和保险服务机构通报，协助做好保险理赔工作。

（二）补偿

建立完善应急资源征收、征用补偿制度，解决基层群众和综合应急队伍的实际困难和后顾之忧。属地政府因应对突发事件采取措施造成公民、企事业单位和其他组织财产损失的，应当按照国家规定给予补偿；国家没有规定的，属地政府应当组织制定补偿办法。根据有关规定，结合实际情况，暂时制定补偿标准和补偿办法，完善补偿程序，建立补偿评估机制，必要时召开由受损者参加的听证会，确定补偿方式、补偿标准和补偿数额，并进行公示。审计、监察等部门应当对补偿物资和资金的安排、拨付和使用进行监督。

（三）救助补偿的法制保障

由于在突发事件以后，救助与补偿具有及时性、应急性甚至强制性等特点，并且政府在救助补偿中具有的特殊性，必须通过立法的形式来保障。在很多国家都制定了专门的法律，日本就制定了专门的《灾害救助法》，其本质在于灾害发生后，给受灾民众紧急提供食品以及其他生活必需品，对民众因灾害导致的伤病紧急治疗，对住房损坏的灾区民众提供临时性住处，还要发放一定的救助金等。中国于2010年颁布了《自然灾害救助条例》，规定："自然灾害救助工作实行各级人民政府行政领导负责制。国家减灾委员会负责组织、领导全国的自然灾害救助工作，协调开展重大自然灾害救助活动。国务院民政部门负责全国的自然灾害救助工作，承担国家减灾委员会的具体工作。""县级以上人民政府应当将自然灾害救助工作纳入国民经济和社会发展规划，建立健全与自然灾害救助需求相适应的资金、物资保障机制，将人民政府安排的自然灾害救助资金和自然灾害救助工作经费纳入财政预算。国家鼓励和引导单位和个人参与自然灾害救助捐赠、志愿服务等活动。"

专栏

日本和美国的救助补偿机制

一、日本救助补偿机制

日本由于受地理环境的影响，经常受到地震、洪水和火山等灾害的侵袭，在灾害救助方面最大的特点就是有着较为完备的法律体系。《灾害对策基本法》是日本应对包括地震在内的各类灾害的基本性法律，尤其对灾害应对和救助的财政金融措施等做了规定。如为了地方政府能够在第一时间快速获得财源以应对灾害，《灾害对策基本法》第101条就规定，都道府县地方政府为了筹备应对灾害所需的临时经费，可以根据法律设立储蓄灾害应对基金，具体是各都道府县必须以"该地方政府当年度之前3年平均税收额的5‰为下限"，提留作为灾害救助基金。

除此之外，日本还专门制定了《灾害救助法》《受灾者生活再建支持法》和《灾害抚恤金支付法》等专门性法律，在这些法律中，对重大灾害发生后灾民的救助、经费保障、抚慰金发放等做了更加细致的规定。为了更好地发挥市场和金融的作用，还专门制定了《地震保险法》，因为在重大灾害面前，仅仅依靠政府、家庭以及个人的力量难以承担重大的损失，只有完善的保险制度才可以借助金融的杠杆力量确保受灾民众的稳定生活。在紧急救助时，政府有权征用个人和企业的物资，之后由政府提供补偿。

在救助补偿的中央与地方权限划分上，中央政府负责政策的制定与整合各有关部门参与，地方政府则具体负责执行各项灾害救助补偿的事务，中央不侵犯地方的自治权，责任归属非常明确。日本政府对于现金灾害救助的方式非常保守，并且规定非常严格，除了灾害抚慰金与生活重建救助金之外，其他基本上是以低利息贷款、赋税减免和非现金补助等为主。

二、美国救助补偿机制①

由于美国是联邦制国家，联邦政府紧急救助经费的拨付受到很多限制，并且补助经费有限，补助的范围也有限制，并且申请补助的资格必须经总统宣布为灾区以后，才有资格申请灾害紧急补助。因此，灾区能否得到紧急救助，关键在于总统是否宣布灾害紧急命令的通告。总统发布灾区的紧急命令时通常采取"由下而上"的方式，只有受灾害影响的州与地方政府没有能力应对灾害，要求联邦政府的投入时，一定要先由州长向联邦紧急事务管理局的区域办公室提出正式的申请，该局评估其正当性，最后将评估报送总统，总统慎重考虑后再决定是否要发布灾区紧急命令。

美国有关法律规定，给予的灾害救助，必须符合以下原则：一是避免利益重复的原则，也就是基于公平正义的考虑，任何接受联邦救助的个人、企业或其他单位都不能重复领取基于同一救助目的所给予的灾害救助。如果灾民个人、企业或其他单位在接受联邦政府救助时，同时也正在申请其他来源的救助以及该救助

---

① 译自 Robert T. Stafford Disaster Relief and Emergency Assistance Act (Public Law 93-288)。

单位并不反对同时领取联邦政府救助时，可以排除利益重复的规定。二是明确灾害救助不是增加收入的原则，联邦政府、州政府、地方政府或其他组织对灾民个人或家庭提供的各项救助，不能在于增加灾民或其家庭的收入，而仅仅是一种紧急救助手段，其目的在于帮助灾民尽快恢复日常生活。

美国的社会保障制度也为紧急救助提供了良好的基础，如受伤、死亡和医疗等都有覆盖，在基于灾害救助所得利益不重复的原则下，对于灾民所提供的大都是以"非金钱"的服务为主，主要有法律咨询、心理救援、保险服务和再就业服务等，这些不仅仅局限于由政府部门提供，社会组织也起着重要的作用。资助金钱的救助也有，但数额很少，并且必须在没有保险或没有能力贷款的情形下才能取得。美国灾害救助机制中非常重视贷款服务，无论对于灾区房屋所有人、农牧场所有人、乡村房屋所有人、大型或小型企业都提供不同项目的低利息贷款，希望能够通过金融市场以贷款的方式解决问题。

美国的救助补偿机制主要是依赖于"保险"，灾民无论向联邦政府提出申请或向地方政府救助中心提出申请，服务人员的第一句话就是：你参加什么保险了吗？这是因为美国保险业比较发达，参保的民众比例很高，因此，灾难造成的所有损失几乎都由保险公司来理赔，这样就大大减轻了政府的负担和财政压力。

五、救助补偿的主要形式

（1）设置紧急避难所，紧急转移安置受灾人员。
（2）紧急调拨、运输灾害救助应急资金和物资，及时向受灾人员提供食品、饮用水、衣被、临时住所、医疗防疫等应急救助，保障受灾人员基本生活。
（3）发放慰问金和抚恤金。
（4）抚慰受灾人员，处理遇难人员善后事宜。
（5）组织受灾人员开展自救互救。
（6）组织灾害救助捐赠活动。
（7）减免税赋和提供低利息贷款。
（8）组织重建或者修缮因灾损毁的居民住房，对恢复重建确有困难的家庭予以重点帮扶。向经审核确认的居民住房恢复重建补助对象发放补助资金、物资和提供其他技术支持等。

思考与探索

如何发挥市场保险在救助与补偿中的作用？

中国是世界上受自然灾害影响最为严重的国家之一，也是大灾、巨灾频发的国家，几乎每年都发生多次重特大自然灾害。

> 面对大灾、巨灾，所有的救助与补偿如果都依靠政府，躺在政府身上，不发挥市场的作用，这样的救助与补偿是非常有限的，也是不可持续的。如何结合中国国情建立巨灾风险保险和再保险体系，加大利用保险手段分散巨灾风险的能力建设，这是今后一项非常重要的工作。保险业要不断提升风险管理能力，拓宽保险服务领域，积极发挥保险在防灾减灾方面的优势，推动建立符合我国国情的巨灾保险制度，以此来丰富和补充现有灾害救助体系。

第三节　心理抚慰机制

一、心理危机与心理抚慰

突发事件发生后，在场的可以活动的人员应该立即开展现场处置和援救工作。有关部门也会立即启动应急预案，调动求援队伍，实施援救。在这个过程中，要特别注意，不仅需要进行物质和医学救援，还应该立即开展应急事件的心理危机干预，因为，涉及突发事件的人员中的一部分（包括受害群众、援救人员、执法人员，甚至指挥人员）都会受到事件带来的负面信息的影响，都可能发生心理危机。对于突发事件的心理援助是一项专业性较强的援助行动，需要科学有序地进行，在了解灾难心理变化的客观规律的基础上，利用心理学原理和技术，对工作对象展开工作。而且，心理危机往往在第一时间表现得不突出，而其后效却远远长于客观的伤害。同时还需要关注作为心理援助者的筛选、培训和在实际工作中的督导，真正做到"以人为本"。

（一）心理危机

1. 应激反应

人在突发事件面前为了调动身体的一切能量应对突发的局面，身体会产生一系列的变化，肾上腺素和去甲肾上腺素分泌增加；血液流向与进行反应有关的器官，如四肢、循环系统和呼吸系统；其他内部器官和身体表面收缩；瞳孔扩大；听力变得更加敏感。所有这些变化使得人（动物的反应与人类似）能够动员更多的体力战胜或者摆脱当前的困境，这是对个体的生存有利的一种必要的反应。但是，与此同时，个体的身心健康却受到影响。如果应激的时间持续过长，或者一次性应激水平过高，而又不能及时解脱，就可能出现心理危机。

2. 心理危机的含义

人在多数情况下处于情绪与理性的平衡之中，其状态犹如一个钟摆，虽然有摆动，但是摆动不大，处于人类可以接受的范围之内。如果摆动迅速加大，向高度情绪化摆动，人就会体验到有问题发生。如果问题不能得到快速的解决，进入应激状态，应激状态使得他加紧面对问题，试图恢复平衡，如果在合理的时间内不能恢复，就会产生心理危机。心理危机是一连串的平衡的打破。往往因为情绪压力过大，乃至个体不能应对，引发平衡打破而出现心理危机。

需要指出的是，并不是所有的人在应激状态下都导致心理危机，这是因为我们每个人都建立起了独特的应激机制，以保持平衡。只有在这种应对机制失灵了的情况下，才会出现心理危机。从另外一个方面看，心理危机也不是少数人的特征，它可能在任何时间发生在任何人身上。

3. 心理危机的特征

第一，突然性。问题越是突然发生，个体就越是没有准备，就越容易诱发心理危机。因此，在所有的突发事件中，一定有一部分人会伴随不同程度的心理危机。

第二，正常应对机制失灵。在突发事件面前，每一个当事人都会试图使用他过去行之有效的应对策略和机制来应对当前的突发事件。但是，一旦发现过去的办法不能奏效，就会进入心理危机阶段。

第三，心理危机的过程非常短促，很少超过6周。多数人在事件发生的36小时之内发生心理危机并处理之。这是因为，个体不可能长期忍受心理危机的存在，因此，快速而有效的干预非常重要。

第四，心理危机可能诱发危险的行为。心理危机使人失去理智并感到极度的痛苦，使得当事人可能采取极端的对待自己或者是对待社会的行为，试图缓解心理危机所带来的痛楚。他们可能对自己进行残害，也可能对他人发怒，甚至攻击社会。最严重的可以导致杀人倾向和自杀倾向。

4. 心理危机的过程

由于突发事件没有一个统一的模式，而且人的个体有非常大的差异，这就导致了每一次心理危机都与另外一次有所不同，表现为极端的复杂性。尽管如此，从心理危机的进程来看，还是有一些共同的规律。心理危机的进程可以分为几个明确的阶段。这些阶段是按其在危机过程中的特点而划分的，其占有的时间也不尽相同。比如，心理危机的发生阶段很少超过1到2个小时；而后面的阶段就可能比较长，有的甚至能持续好几个月。同时，这些分期只是为了方便心理危机干预工作的展开，很多情况下，分期之间不是随时间的进展而截然分开的。

第一，发生期。随着应激事件的发生，受影响的人感到眩晕或者震惊，可能不知所措，机体迅速进入反应，准备"战斗或者逃逸"反应，肾上腺素加快分泌，视觉和听觉增强，肌肉紧张，集中全身的能力准备应付当前的事件。

第二，危机期。发生期后几分钟，乃至几小时之内，危机期发生。简单地说，这是受害者对危险事件，或者应激事件的反应，试图逃避，自我保护。其情绪可能是发怒、敌意、不确定性、悔恨。这都是心理危机的必要的进程，只有这个进程过去了，个体才可能将注意力转向如何应对眼前的危机。

第三，解决期。危机一旦发生，解决（调整）期也就立即开始。此时，受害人尽可能控制自己，开始清醒地考虑各种可能性，做出计划，确定目标，按其计划开始行动。在此期间，受害者期盼着在未来能得到希望和支持。有的时候，危机可能使一个人更加坚强，甚至更好。危机常常使得个体改变自己的生活，有时能成为重要的转机。

第四，重建期。重建期的开始依具体人的情况而有很大的不同，这主要是因为上面所说的解决期的时间长短是不一定的和因人而异的。解决期常常需要几周，乃至几个月的时间，然后，受害人开始恢复到正常的生活。有些影响可能比较长，但是危机的主要部分已经过去，或者被遗忘。

（二）心理抚慰

心理抚慰，又称心理援助，是指对受突发事件影响的群众及时给予适当、适时的心理援助，以最大限度地减少突发事件对心理造成的危害，使之尽快摆脱困难或尽量减轻痛苦。

1. 心理抚慰的目标

依据心理创伤的相关理论，基于世界各国灾后心理抚慰的经验，心理抚慰总的目标是，在灾区建立心理抚慰工作的长期机制，降低受灾群众的心理创伤程度，激发内在的潜能，增进受灾群众面对灾难和挫折的能力，培养积极、乐观、向上的心理品质，帮助深刻认识生命的意义和价值，促进个体顺利发展。

具体目标是：

第一，依据灾难幸存者心理反应建立起来的理论，为受灾群众提供及时的心理援助，帮助受灾群众心理康复，激发内在积极的心理资源，重建对自我和生活的自信心，增强承受挫折和适应环境的能力。

第二，发现、鉴别心理创伤严重的受灾群众。给予科学、有效的心理咨询和治疗，使他们尽快摆脱灾难带来的阴影。预防和减少心理疾患的发生比例。

第三，重点协助儿童、教师、其他弱势群体，以及救灾人员面对灾后悲伤失落的情绪体验，减轻灾后心理压力，以尽快适应日后生活。

第四，为社会大众提供重大灾害发生后的心理健康知识，减低社会的心理恐慌，增强自我调节能力。

第五，为政府相关部门的救灾方案提供心理学补充和具体措施。

2. 心理抚慰的原则

根据对大规模灾害的心理援助的经验，结合灾害对人类心理的影响及文化特点，心理援助应遵循以下原则：

第一，正常化。恰当地向幸存者说明其灾害后的反应和表现是正常的、绝大多数幸存者都会出现的，使其正确地认识自身的应激反应，从而主动参与调整自己的情绪。

第二，协同化。心理援助的专业人员和幸存者双方是一种协作互动的关系，幸存者的自尊感和安全感明显降低，此时必要的肯定和适当的安慰、鼓励，有助于其恢复自信、增强安全感和确定感。互助原则还指心理援助人员之间要互相沟通、互相支持和帮助。

第三，个性化。心理援助必须遵循"以完整人为中心"的服务原则。心理援助者应当设身处地、换位思考，结合幸存者的躯体、心理、社会层面的具体情况，进行正确的评估。个体化原则还指心理抚慰的方法必须符合幸存者当地文化风俗。

第四，依靠科学的理论和技术。心理援助是一项专业性很强的工作，必须遵循灾后心理康复的发展阶段和过程，依据心理创伤理论与技术，科学、有序、持续地进行，避免产生二次伤害。

第五，区分重点人群。在面向全体受灾群众开展多种形式的心理干预和促进的同时，重点关注丧亲、儿童、老年人、妇女、残疾人和创伤较严重的受灾群众，另外，还应重视教师和在救灾一线的政府工作人员以及受到情绪困扰的救灾人员及志愿者等。

第六，坚持分阶段开展。心理援助要注意不同时间和空间序列的特点，对受灾群众的心理创伤程度进行诊断、转介和治疗后，转向发现、建构和发挥个体的积极的心理潜质和内在自我恢复的能力，激发良好的心理素质，实现灾后心理重建中他助和自助的结合。

第七，尊重本地文化的背景。每个人都是一定文化下的个体，其性格和表达情感的方式渗透着文化的烙印。因此，心理援助一定要结合当地民俗，尊重当地文化。

案例

汶川地震心理抚慰工作

为做好汶川大地震后的心理抚慰工作，卫生部门、团中央、全国妇联、一些省市政府、高校科研究所和非政府组织等迅速行动起来，组建心理抚慰队伍奔赴灾区。截至2008年5月18日，仅仅6天的时间至少已经有50支队伍对灾区民众进行心理安慰和疏导，行动还是非常迅速的。[1] 这些队伍不仅仅有自发的志愿者，还有一些专业心理辅导人员对灾区民众进行心理危机干预与辅导。譬如，5月14日，卫生部门组建一支百人的灾后心理干预医疗队深入灾区，这是卫生部门首次大规模从全国各省市抽调专业心理医生组建医疗队服务灾区。[2]

2008年5月15—28日，成都医学院四川应用心理学研究中心组成抗震心理抚慰队，抚慰队17名心理学专业工作者和42名应用心理学专业大三学生，奔赴绵阳市九洲体育馆和南河体育中心两个临时灾民安置点，全力投入对创伤后急性应激障碍灾民的心理危机干预工作，他们以帐篷地铺为工作场所，全天24小时为灾民提供心理抚慰服务。经过抚慰队两个星期的工作，两个临时灾民安置点灾民创伤后急性应激障碍反应逐渐减轻，情绪总体趋于稳定。被重点实施心理抚慰的172名灾民，心理问题明显减轻，其中，有15名中小学生和儿童的心理状态基本恢复到灾前水平。北川县某幼儿园1名5岁半的小女孩，地震时被老师从正在垮塌的教室里救出，从此出现典型的"房屋恐惧"，不敢进屋住宿、玩耍，甚至一提到"进屋"，她就紧张得握紧小拳头发抖。心理抚慰人员采用"系统脱敏法"、激励法等行为疗法对她进行心理治疗，经过一个星期的干预治疗，使她摆脱了恐惧症。这位小女孩随家长离开灾民点回家前，主动跑到心理抚慰站，与叔叔、阿姨道别。

---

[1] 财经网. 震区灾民心理干预启动. 2008-6-20.
[2] 新闻晚报. 卫生部首次大规模组建心理干预医疗队：百名心理医生将赴灾区. 2008-6-20.

在经历重大灾难事件后，个体通常会先出现害怕与焦虑的症状，有的随着时间的持续，心理性的问题会逐渐加重。汶川大地震后，零点公司在联合清华大学应急管理研究基地等单位的基础上，针对灾区居民进行了深入、细致的专业调查。本次调查结果显示：有高达66.7%的成年人具有强烈的压力感，33.1%具有较高的忧郁哀伤情绪；尤其是自己和亲人都受伤以及失去亲人成年居民的情况更为严重，62%具有更为严重的创伤后应激障碍。而在17岁以下的未成年人中，42.3%的人仍处在地震发生的心理冲击影响中，22.1%受到地震的影响比较大，应当给予特殊的长期的关照。[①] 这充分说明了：如果在灾难后缺乏必要的心理抚慰，创伤后应激障碍将有可能持续影响着灾区民众的心理，成为慢性症状，并有可能导致其他恶性事件的发生。零点调查的报告显示：汶川大地震后接受过心理抚慰的居民中，超过80.6%的人对于心理抚慰的效果表示肯定。[②] 在大灾难后只有进行有效的心理抚慰，才有希望帮助灾区民众走过这段心理重建的历程，其重要性绝不亚于灾难后家园的重建工作。

二、心理抚慰的对象

灾难发生后，需要心理抚慰的对象包括：① 第一级受害者，指第一现场亲身经历灾难事件者；② 第二级受害者，指有亲属在灾难中遭受伤亡者；③ 第三级受害者，指与前两级人群有关的人；④ 第四级受害者，指参与营救与救护的人员，主要有医生、护士、精神卫生人员、战士、警察、受灾区域的公务人员、报道灾难事件的记者等。这四类人员均需要进行心理抚慰。因为，作为抚慰者与灾难处置者，目睹灾难现场和死难者，情绪受到创伤场面的冲击，同时他们还担负着紧迫而繁重的工作任务，容易造成身心疲惫、心情压抑，他们同样是灾难的受害者（见表9-1）。

表9-1　中国灾难心理抚慰目标人群分级标准

级别	中国分级标准
第一级	亲历灾难的幸存者，如死难者家属、伤员、幸存者
第二级	灾难现场的目击者（包括救援者），如目击灾难发生的受灾群众、现场指挥、救护人员（消防、武警官兵、医护人员等）
第三级	与第一级、第二级人群有关的人，如幸存者和目击者的亲人等
第四级	后方救援人员、灾难发生后在灾区开展服务的人员或志愿者

---

① 零点指标数据网. 零点5·12监测项目结果发布. 2008-6-20.
② 零点指标数据网. 零点5·12监测项目结果发布. 2008-6-20.

> **专栏**
>
> **WHO 建议灾难心理抚慰目标人群分级标准（见表 9-2）**
>
> 表 9-2　WHO 建议灾难心理抚慰目标人群分级标准
>
> | 级别 | WHO 建议分级标准 |
> |---|---|
> | 第一级 | 直接卷入大规模灾难的幸存者，除个人受创伤外，往往还有亲人丧失和财产损失，需要得到及时的心理社会援助 |
> | 第二级 | 与一级受灾者有密切的个人和家庭联系，可能遭受严重的悲哀和内疚反应；需要心理社会工作队的援助，缓解继发的应激反应 |
> | 第三级 | 灾难现场从事救援或搜寻工作的人员，以及帮助进行重建或康复工作的人员和志愿者 |
> | 第四级 | 在后方向受灾者提供物资与援助的人员 |
> | 第五级 | 未在现场，但通过直接途径目击灾难场景时心理失控的个体；他们通常易感性高，可能原有不同程度的心理异常 |
> | 第六级 | 其他各种人群，主要是在处境安全、家中等候消息的，与三级受灾者关系密切的亲属或朋友，如救援或搜寻工作者的家属 |

三、心理抚慰的组织

对于大范围的突发事件，最有效的心理援助要通过心理援助站来有效地开展。

（一）心理援助站的人员配置

根据我国心理学领域的现有资源和受灾地区的情况，心理援助工作站人员主要构成为：① 专业心理咨询师，进行心理咨询和个体危机干预；② 心理辅导员，进行团体心理辅导；③ 志愿者工作人员，负责站点的行政事务，他们具备一定的心理学知识，可以做一些记录日报、内外联络、后勤保障、实地寻访等辅助性工作；④ 精神科医生，诊断并转院精神病患者。

（二）心理援助站的组织机制

（1）轮换工作制：定期轮流工作。

（2）人员招募：通过已建立心理援助专家人才库，并通过适当渠道广泛招募志愿者。

（3）人员筛选：援助站人员由志愿者构成，志愿者需要具备以下条件：由 ×× 单位统一组织招募和筛选；所有志愿者在上岗前都需要进行危机干预和心理援助的专业培训，获得相关资质。

（4）督导机制：建立完善的督导机制和常规转介途径，保护心理援助人员的身心健康。

（三）心理援助的相关管理制度

及时制定相应的规章制度对于心理援助站点的正常运行非常关键。应包括建站单位（法人）和前方指挥系统两个层级的组织管理制度及站点心理援助实施细则。这些制度应该包括：财务管理办法、人事调配管理办法、物资管理办法和心理援助站工作人员守则和工作细则。

四、心理援助的时空框架

为了有效地组织心理援助，根据突发事件对人的影响时间和空间上的特点，以时间、空间为两个维度来构建心理援助的工作框架（见图9-1）。

	灾难中心	灾难的周边地带	非灾区
应激阶段	A	B	C
冲击初期	D	E	
重建阶段	F		

图9-1 心理援助两维工作框架图

依据灾难后心理变化的时间、空间两个维度，以及心理援助的含义，灾后心理援助工作主要包括六个方面。

（一）重灾区的应激阶段（A）

在灾难发生后的中心地带，主要任务是保证生存，开展的生命的救援和生存需求急需满足。心理援助的工作主要是渗透在生命救援之中。例如，在汶川大地震中，救援官兵为解救被困的受灾群众，在加速开展排险的过程中，不断地保持与受困者对话，进行各种形式的鼓励，延迟心理衰竭的产生，从而加大生存的希望。

（二）灾区周边地区的应激阶段（B）

灾区的周边地区，人们一般亲历这种灾难，但没有构成生命伤害和财产损失，如汶川大地震的成都地区。但是，民众在心理上受到惊吓，焦虑情绪明显，并担心灾难会再度袭击。因此，这一部分主要任务是通过直接接触等方式稳定恐慌情绪、缓解焦虑。针对特殊人群，如儿童、老年人，进行群体心理干预。

（三）非灾区的应激阶段（C）

非灾区的社会大众主要通过社会各种途径，特别是新闻媒体间接接触地震引发的灾难性后果，其在心理上也同样受到惊吓，对自己的情况感到担忧，出现焦虑。主要的任务是通过媒体、网络等各种渠道稳定恐慌情绪，缓解焦虑。尤其是对于儿童和青少年，由于判断能力和认知能力尚未发展完全，在缺乏有针对性的正确的引导下，可能会产生非理性的行为或者恐惧心理。因此通过多种途径进行合理的报道，规范媒体行为非常重要。

（四）重灾区的冲击阶段（D）

这一时期，对于重灾区来说，生存已得到基本保证，但会不断回溯灾难发生的情景，极易产生灾后压力综合症状，因此要对受灾人员、抗灾人员进行心理筛查，进行心理干预。可设定固定及流动心理辅导站，发放资料，对灾民进行心理干预。

（五）灾难周边地区的冲击阶段（E）

恐惧焦虑症状有所缓解，有可能会出现灾后压力综合症状。对受灾人员、抗灾人员进行心理筛查，确定优先帮助对象。

（六）灾区的重建期（F）

大部分人恢复常态，但少数人仍可能受灾难阴影影响。对于持续有问题的，进行心理干预。灾难之后，群众的应激反应一般会在1~3个月逐渐缓解，但是一定数量人群症状继续保持。还有些人在最初并没有表现出症状，在事件发生几个月之后才会出现不同的心理和生理症状，这是一种延迟性的创后反应。据统计，灾难之后罹患心理疾病的人数会增高。除了应激性心理障碍之外，焦虑症、忧郁症、生理心理疾病的患病人数都会增加。而同时，随着时间的流逝，对灾区的投入已不会像灾难刚发生后那样源源不断。更重要的是，全社会，特别是媒体对灾区的关注度逐渐降低。这将直接使受灾群众感受到社会支持大幅下降。实际上，灾后重建，特别是生活的重建工作是一项需要长时间的人力、物力投入的工作，心理重建更是在各种混乱稍作沉淀后才真正开始，因此，持续、系统地开展心理援助，是衡量心理援助作用和成功的基本标准。

五、心理抚慰技术

根据我国对汶川大地震心理抚慰的经验，心理援助的总体模式可以分为以临床医学定向为主的模式和以社会认知定向为主的模式。前者主要针对有创伤后应激障碍和其他精神症状为主的人群，采取医学筛查和门诊，以及住院治疗的方式帮助受灾群众。后者则可分为居民安置点援助、学校援助、社区援助等多种形式，通过各类心理活动达到心理重建的目的。

在心理抚慰过程中，需要采取一系列具体的技术。从实践经验来看，这些技术主要包括如下五个方面：[①]

（一）心理支持和陪护技术

根据学者的研究，无条件的支持是解决心理问题的重要手段。在突发性灾难事件发生后，大量受害者的社会支持系统崩溃，形成负性应激源。心理支持和陪护正是解

[①] 戴冰，张惠. 地震后心理危机干预的介入刍议. 成都医学院学报，2008（2）；吕建国，刘勇，杨曦，孙璐，章锐. 汶川地震灾后26例急性应激反应心理危机干预综合分析. 成都医学院学报，2008（2）.

决这一问题的有效手段。通过心理支持和陪护，体现来自于社会的关爱，建立临时的社会支持系统，并尽力帮助受害者解决其急需处理的问题，从而对受害者起到平复心理创伤的作用。

（二）放松技术

放松技术主要用于减轻受害者体验到的恐惧和焦虑，通常有四种放松训练方法：① 渐进性肌肉松弛法，即让被干预者遵循由四肢到躯干、由上到下的系统顺序，紧张并松弛躯体的每组主要肌肉群。紧张并松弛肌肉可以使它们保持比先前更松弛的状态，达到放松的目的。② 腹式呼吸法，即让被干预者以一种慢节奏方式进行深呼吸，每一次吸气，被干预者都用膈肌把氧气深深吸入肺内。因为焦虑最常出现浅而快的呼吸，腹式呼吸以一种更放松的方式取代了这种浅快的呼吸方式，从而减轻了焦虑。③ 注意集中训练法，即让被干预者把注意力集中在一个视觉刺激、听觉刺激或运动知觉刺激上，或者让被干预者想象愉快的情景或影像等。注意集中训练常常结合其他放松技术一起使用。④ 行为放松训练法，即让被干预者坐在一张靠椅中，让身体的所有部位都得到椅子的支撑，干预者指导被干预者使身体的每个部位都做出正确的姿势，同时，让被干预者注重肌肉紧张、正确呼吸、注意力集中，让身体通过正确的姿势得到放松。

（三）心理宣泄技术

干预者主动倾听受害者心中积郁的苦闷或思想矛盾，鼓励其将自己的内心情感表达出来，以此减轻或消除其心理压力，避免引起更严重的后果。经历突发性灾难后，个体需要专业的危机干预者提供一个通道宣泄他们的不良情绪，从而获得极大的精神解脱。在进行宣泄时，干预者要对经历突发性事件的个体采取关怀、耐心的态度，让他们畅所欲言而无所顾忌，使得他们由于不良情绪得到宣泄而感到由衷的舒畅，进而强化他们战胜灾难的信心和勇气。

（四）严重事件晤谈技术

严重事件晤谈是一种通过系统的交谈来减轻压力的方法。严格来说，它并不是一种正式的心理治疗，而是一种心理服务，服务的对象大部分是正常人。严重事件是任何使人体验异常强烈情绪反应的情境，可潜在影响人的正常功能。严重事件造成应激是因为事故处理者的应对能力因该事件而受损，个体出现适应性不良情绪，如紧张、焦虑、恐惧甚至冷漠、敌对等。需要注意的是，严重事件晤谈不适宜处在极度悲伤期的受害者，晤谈时机不好，可能会干扰其认知过程，引发精神错乱。

（五）转介技术

对那些意识不够清晰的当事人，在不能进行心理辅导和心理治疗的情况下，需要施以物理、化学治疗，首先改善神经系统的功能状况，然后再施以心理治疗和调节。对初步判断为精神病反应的当事人，需要及时地进行转介。

从总体趋势来看，由于心理抚慰的领域在不断拓宽，实施心理抚慰的技术和措施也日趋多样化，因而在心理抚慰的形式上更加强调多学科合作，因为多学科合作可以集中各学科的优势力量，促成多种观点和观念的碰撞，也方便用多元文化的观点来考虑组织和执行干预项目。

> **思考与探索**
>
> 如何凝聚心理救援中的多方力量？
>
> 在心理抚慰的过程中，应该牢牢树立"以人为本"的理念，始终把人的生命与健康放在第一位，同时也应该强调广大灾区民众既是抚慰的主体，也是依靠的主体，要充分发挥他们自身的力量。另外，在灾难新闻的报道中，一些记者缺乏职业道德，为了吸引观众的眼球，采取一些不太合理的手段进行强制性报道，一方面妨碍了救灾工作，另一方面也会给所报道的对象带来更深的心理伤害，这都是应该避免的问题。在灾害应对的过程中，如何依靠专业群体并充分发挥社会力量来开展心理抚慰工作，是目前中国政府需要充分考虑的问题。

第四节　调查评估机制

一、调查评估的定义

"调查"就是进行了解、考察，"评估"就是评价估量。显然，不经过考察和了解也就谈不上给予评价、进行估量，因此"调查评估"本身就成为同一活动的两个阶段或步骤（调查和评估），是集实证性与规范性内容于一体的操作过程。调查是指在一定的流程指导下，由特定的人或者小组、委员会等，获得被调查事件、部门、项目、政策等相关信息的过程。但获取信息并非是目的，而是一种手段，通过获得相关信息，进而可对这些信息加以规范性的判断，而这一判断的过程就是评估。调查评估是一种非常普遍的社会活动，在应急管理工作中，也广泛应用调查评估，并贯穿于多类应急管理工作中。综合而言，可以给应急管理调查评估做如下的定义：为了增强应急管理能力、了解突发事件发生原因和损失情况、借鉴突发事件应急处置和救援中的经验教训以及其他目的，而按照一定的流程、依据一定的指标体系以及遵循相关法律法规，进行数据收集、信息获取及情况调查等活动，进而根据相关要求对应急能力高低、突发事件性质和责任认定、突发事件处置的经验教训以及其他需要评估的问题给出明确结论。

从一般的调查评估理论而言，评估主要可以发挥出四类作用：改进性作用、问责性作用、辅助传播作用和促进启发作用。应急管理在中国属于一个新兴的公共领域，从 2003 年之后才开始全面加强应急管理工作以及应急管理体系建设，因此更加需要通过调查评估来不断发现和改进在突发事件预案、应急管理法制、体制以及机制等方面存在的问题和不足。应急管理领域直接涉及重大的生命财产责任，问责固然是紧迫和必不可少的，但改进性目标是应急管理调查评估首要的任务。

调查评估机制就是指在应急管理相关工作中，建立一套组织、实施和应用调查评估的工作流程。这是应急管理的核心机制之一。

案例

2015 年"东方之星"号客轮翻沉事件调查评估

"东方之星"号客轮翻沉后，根据党中央、国务院领导同志重要指示批示精神，经国务院批准，成立了国务院"东方之星"号客轮翻沉事件调查组（以下简称事件调查组），由安全监管总局牵头，工业和信息化部、公安部、监察部、交通运输部、中国气象局、全国总工会、湖北省和重庆市等有关方面组成，并聘请国内气象、航运安全、船舶设计、水上交通管理和信息化、法律等方面院士、专家参加。

事件调查组坚持"科学严谨、依法依规、实事求是、注重实效"的原则，克服各种异常困难，连续作战，紧紧围绕"风、船、人"三个关键要素，分析梳理出社会重点关注的相关问题，不断充实加强调查力量，调整完善调查工作方案，深入开展谈话问询和勘查取证，运用科学手段分析论证，力求事实清楚、证据可靠、结论可信、疑惑可释。调查期间，先后调阅了船舶、企业和有关单位的大量原始资料，收集汇总各类证据资料 1 607 份、711 万字；对生还旅客、船长、船员及同水域相邻船舶有关人员和目击者进行逐一调查取证，形成 50 余万字的询问笔录；组织专家对船舶进行了细致全面勘查，并委托专门机构对物证进行解读鉴定；调取船舶自动识别系统（AIS）、全球定位系统（GPS）数据制作船舶轨迹图，先后多次进行了风洞风载模型试验、水池倒航操纵模型试验、航海模拟器仿真模拟试验，还原了事发时气象、船舶行驶和船员操作过程；委托第三方机构对船舶建造和历次改建以及事发前实载状态的稳性进行了认真复校核算；对事发风灾区附近 360 平方千米范围内的 14 个重点区域进行了多轮实地勘查和空中航拍，调取气象卫星、天气雷达、地面气象站等观测资料进行综合分析，先后 7 次组织北京大学、南京大学、灾害天气国家重点实验室、中国科学院大气物理研究所和中国气象局等上百名国内外专家一起进行专题研究，在综合分析气象卫星、新一代多普勒雷达和地面气象自动站分钟级观测数据，以及现场调查情况、目击者笔录等多种资料的基础上，科学判定了事发时的天气状况。事件调查组先后召开各类会议 200 余次，对调查情况进行反复研究论证，在此基础上形成了调查报告。

资料来源：国务院《"东方之星"号客轮翻船事件调查报告》。

二、调查评估的分类

调查评估在应急管理的多类工作中都有应用,在《中华人民共和国突发事件应对法》《国家突发公共事件总体应急预案》和其他部门、地方应急预案以及包括《生产安全事故报告和调查处理条例》等在内的多项应急管理相关法规中对应急管理不同工作环节中的调查评估都有规定。总体而言,可以将应急管理评估分为三种不同的类型。

(一)应急管理能力和应急管理工作相关的调查评估

这一类调查评估主要是针对各级政府和政府各相关部门应对突发事件的能力及其常态应急管理工作的开展情况进行调查评估。评估的目的是监督、检查、考核和推动政府及相关部门的应急管理工作的开展,促进应急能力的提高。

(二)突发事件相关的调查评估

这一类评估的对象直接与突发事件相关,既包括事件发生的经过、原因、人员伤亡情况、直接经济损失等,也包括突发事件事前、事发、事中、事后全过程的应对和处置工作。这类评估又分为两个子类:一是针对突发事件本身的调查评估,以事件定性、责任认定、损失补偿为目的;二是针对突发事件应急处置的调查评估,目的在于改进应急处置的各个环节,包括预案设计、组织体制、程序流程、预测预警、善后措施、保障准备以及其他相关工作。

(三)其他应急管理工作相关的调查评估

这一类评估包括所有其他与应急管理工作相关的各类评估,其对象多样,如风险、危险源或突发事件所造成社会影响和环境损害等。这一类评估的目的都是为了配合、完善、改进特定的应急管理工作。

在应急管理工作实践中,以上几类调查评估各有其意义和价值,但所有类别的调查评估最终的目的是一致的,即通过调查评估,查找、发现常态和非常态应急管理工作中的问题和薄弱环节,进而改进和推动应急管理整体工作的开展,完善应急管理体系建设。

上述三类调查评估存在紧密的联系。对突发事件的评估,是应急管理能力的最终体现。一些突发事件本身的发生,与应急管理日常工作有密切联系,所以对事件性质的问责,也是对应急管理日常工作的问责。对突发事件应急处置的好坏,不完全是现场临机处置的问题,而是主要依赖于日常应急管理工作,对突发事件应急处置经验和教训的总结,也有相当部分是落实在日常应急管理工作和应急管理体系建设方面。同时,应急管理能力也最终体现在对突发事件的应急处置效果方面,因此对应急管理能力的评估也不可避免地涉及突发事件应急处置的情况,只不过更多关注于宏观、总量上的处置情况,而不局限于特定的突发事件。各类特殊的和应急管理工作环节方面的评估,亦可以看作应急管理能力(工作)评估的补充,其评估结果也直接指向应急管理工作的改善和提高。此外,突发事件评估中细分的两类,在多数实践情况下,并不严格区分。突发事件本身的情况,直接决定了应急处置的对象和背景,因此对突发事件应急处置的评估同样需要对事件本身的认知,而突发事件应急处置过程同样是直面事件本身的,并往往对事件最终的经济损失和社会影响起着关键性的作用,因此要保证对事件本身评估的客观性、准确性,也必须考虑到对事件应急处置的环节。

另外,由于调查评估对象和目标不同,不同类别评估的主体、流程和结果使用等并不尽相同,评估的方法、形式也不同。

案例

"7·23"甬温线特别重大铁路交通事故调查评估

2011年7月23日20时30分05秒,甬温线浙江省温州市境内,由北京南站开往福州站的D301次列车与杭州站开往福州南站的D3115次列车发生动车组列车追尾事故,造成40人死亡、172人受伤,中断行车32小时35分,直接经济损失19 371.65万元。

按照中央领导同志的重要指示精神和《生产安全事故报告和调查处理条例》等有关法律法规规定,7月25日,国务院批准成立了国务院"7·23"甬温线特别重大铁路交通事故调查组(以下简称事故调查组);8月10日,根据调查工作需要,国务院第167次常务会议决定对事故调查组进行充实、加强。事故调查组由国家安全监管总局局长任组长,国家安全监管总局、监察部、工业和信息化部、电监会、全国总工会、浙江省人民政府各1名负责同志和3位曾担任过国家有关部门(单位)或地方政府主要负责人且熟悉铁路工作的老同志任副组长。事故调查组下设技术组、管理组、综合组。同时,聘请了12名铁路运输、电力、电气、自动化、通信、信号、安全管理、建筑等专业领域的专家组成专家组(其中有全国人大代表2名、全国政协委员1名、"两院"院士2名)。邀请最高人民检察院派员参加了事故调查工作。

事故调查组通过科学严谨、依法依规、实事求是、周密细致的现场勘察、检验测试、技术鉴定、调查取证、综合分析和专家论证,查明了事故发生的经过、原因、应急处置、人员伤亡和直接经济损失情况,认定了事故性质和责任,提出了对有关责任人员及责任单位的处理建议和事故防范及整改措施建议。

资料来源:国务院"7·23"甬温线特别重大铁路交通事故调查组."7·23"甬温线特别重大铁路交通事故调查报告,2011年12月25日.

三、调查评估的原则

调查评估是一种应用非常广泛的社会活动,应急管理的调查评估同样遵循调查评估的一般性原则。具体而言,包括如下几个方面:

(一)独立性原则

调查评估是一个信息发现和整理的过程,调查评估活动的意义就是提供有别于常规的信息渠道,因此独立性是调查评估的重要原则。这种独立性主要表现在几方面:不应受到决策层政治倾向的影响;不应受到执行部门态度的影响;不应受到利益群体的影响;不应受到社会公众或媒体压力的影响;不应受到物质和经济利益的影响。保证调查评估的独立性主要依靠调查评估机制的设计,例如要求由高一级政府组织评估,或者适当引入第三方评估的方式,当然对于评估者的慎重选择也至关重要。

(二)客观性原则

独立性原则的目的之一在于客观性,要求调查评估主体在既有知识、信息、技术和方法等客观条件下,尽量维持调查评估活动和结果的客观性。虽然任何调查评估均具有规范性的部分,但是调查评估活动更多是一个辅助性环节,而非决策性环节,调查评估的目的是发现整理信息,并在此基础上进行符合逻辑和有限度的推理,应尽量避免掺杂调查评估者主观性的论断。

(三)科学性原则

实现客观性原则的主要保障是在调查评估过程中坚持科学性,采用科学的工具和方法调查获取应急管理和突发事件相关信息,杜绝主观、武断、缺乏证据而做出判断。在客观事实、证据和结论之间要给予科学、符合逻辑的论证。

(四)规范性原则

为了获得独立性和客观性原则,调查评估活动必须遵循一定的规范,需要对评估主体、评估程序、评估原则、评估经费的使用、评估责任的追究以及评估结果的使用和公开等内容,都做出明确、详细的规定,以此保证评估的科学性、有效性,规范评估者的行为。

(五)经济性原则

调查评估活动发现获取信息是需要成本的,并且这种信息、成本的关系并非是线性的。为了获得更为详细、具体的信息,付出的成本可能会成倍增加。此时,就需要考虑发现信息与付出成本之间的平衡,即经济性原则。评估者把调查评估的范围、深度和精度控制在一个有效的、可接受的程度即可。

(六)政治性原则

任何调查评估活动均来自于一个充满政治性的环境,因此需要清醒认识到调查评估活动首先是一种政治性的活动。调查评估活动要真正发挥它的作用,就必须积极地从政治的角度呼应应急管理过程和体系所提出的内在需求。但调查评估并非一种单纯性的政治活动,它是作为一种基于实证的规范性判断出现在决策过程之中的,它的作用和力量都来自于它实证性的部分,因此调查评估的政治性原则又要求调查评估必须

> "关口后移,重在评估",放弃重大事件评估,就是放弃人民的生命。

坚持独立性、客观性、规范性等其他原则，也只有坚持这些原则，才能够保证调查评估活动实现其政治性原则。

（七）发展性原则

调查评估不仅一般地服务于调查评估设立的特殊性目标，还在一定程度上担负着探索、发现一般性知识和规律的任务。通过这种一般性知识和规律发现的过程，可以实现对调查评估对象更深层次的认知，从而为调查评估对象的改进和发展提供更大的可能性。因此，无论何种调查评估都必须将改进和完善应急管理工作列为最核心的目的，建设性地开展相关调查评估工作。

（八）公众参与原则

应急管理和突发事件处置的根本原则是以人为本。处于基层和第一线的群体往往能更深刻地感受到日常应急管理工作中存在的问题，对于解决已有问题也较有发言权，突发事件涉及的群体对于事件处置的感受、理解和评价是决定处置效果的一个重要因素，同时他们也是获取突发事件和处置过程的相关事实的重要信息来源。不重视公众参与，往往使得调查评估流于形式，发挥不出知识挖掘、问题发现的功能。因此无论哪一类突发事件的调查评估都必须重视公众参与，最大可能地采取多种主动措施推动公众参与到调查评估中来。

《中共中央 国务院关于推进安全生产领域改革发展的意见》深刻指出："完善事故调查处理机制。坚持问责与整改并重，充分发挥事故查处对加强和改进安全生产工作的促进作用。完善生产安全事故调查组组长负责制。健全典型事故提级调查、跨地区协同调查和工作督导机制。建立事故调查分析技术支撑体系，所有事故调查报告要设立技术和管理问题专篇，详细分析原因并全文发布，做好解读，回应公众关切。对事故调查发现有漏洞、缺陷的有关法律法规和标准制度，及时启动制定修订工作。建立事故暴露问题整改督办制度，事故结案后一年内，负责事故调查的地方政府和国务院有关部门要组织开展评估，及时向社会公开，对履职不力、整改措施不落实的，依法依规严肃追究有关单位和人员责任。"调查评估应当采用全面调查评估、实地调查评估、综合评估的方法，确保数据资料的真实性、准确性、及时性和评估结论的可靠性。以上精神对各类突发事件的调查评估都具有指导意义。

案例

中国内地甲型 H1N1 流感防控工作评估

2009 年 4 月以来甲型 H1N1 流感（以下简称甲流感）的流行与防控是对中国公共卫生体系的又一次考验，也是对全国应急管理工作的又一次挑战。2010 年 5 月，国家甲型 H1N1 流感联防联控工作机制和国务院应急管理办公室委托清华大学公共管理学院作为独立评估的第三方，联合中国疾病预防控制中心、中国医学科学院医学信息研究所、山东大学卫生管理与政策研究中心及军事医学科学院等专业部门组成专门课题组，开展对中国内地甲流感防控工作的多学科专家综合评估工作。这是中国首次对突发公共卫生事件进行独立评估。

在独立、客观、科学和综合的评估原则下，评估组对本次甲流感应对过程及其策略、联防联控机制运行特点、主要防控举措、防控的成本效益和社会综合影响等方面进行了重点评估。在历时一年的评估过程中，评估组对联防联控机制各工作组及相关部委，对北京、福建、河南、广东、四川5个省、直辖市的各级政府、疾控、口岸、医院、企业、社区、学校等开展了大量的实地调研，并委托专业调查机构抽样调查了3 262个普通公众和893位甲流感患者、646位密切接触者，掌握了大量的第一手资料，最终形成评估报告。

四、调查评估的流程

根据应急管理调查评估的分类，分为应急管理能力（工作）评估和突发事件评估两类分别讨论流程。

（一）应急管理能力（工作）调查评估的流程

应急管理能力（工作）评估应作为一种常规性的应急管理工作，周期性举行。内部调查评估可每1~2年实施一次；或从便于同类别部门进行横向比较考虑出发，按地方政府、专项突发事件应急指挥部以及应急管理相关委办局三类轮流进行评估；也可每年抽取一定部门组织内部评估。外部调查评估因为人员、经费及时间等方面约束更多一些，可采用较长的实施周期，如每3~5年实施一次，也可对不同部门轮流进行评估，或者每年随机抽取数个部门进行评估；还可以根据内部评估的结果，选择数个部门进行外部评估。

1. 内部调查评估流程

按照既定计划，通常为行政年度即将结束时，已经确定开展内部调查评估的地方政府、专项突发事件应急指挥部以及相关委办局，应根据计划要求和实际需求，确定内部评估负责领导，拨付评估工作经费和提供其他必要条件，开始内部评估工作。内部评估工作周期一般为1~3周，最终完成并向上级应急管理领导机构提交一份内部评估报告，内容主要是应急管理能力（工作）调查评估过程及评估结果，并应给出一个总的结论，包括改进措施和工作建议。应急管理能力（工作）内部评估报告可用于部门内部工作完善和改进的依据，也可作为应急管理办事机构对不同部门横向比较、评优考核以及政策制定的依据。在适当时机，应急管理能力（工作）内部评估报告可由应急管理领导机构向社会公布。

内部调查评估具体工作流程如图9-2所示。

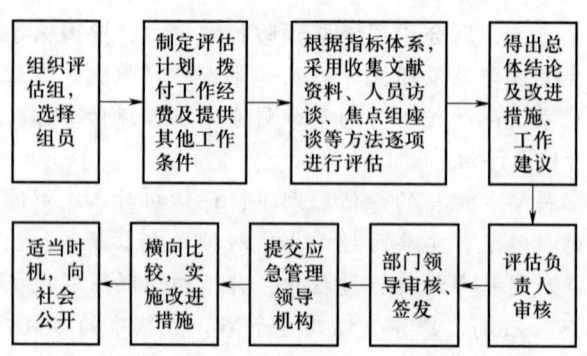

图 9-2 应急管理能力（工作）内部调查评估流程

2. 外部调查评估流程

根据外部调查评估实施计划，应急管理领导机构确定负责外部评估的领导和需要进行外部评估的部门，并根据外部评估的规模和实际需要，拨付评估工作经费和提供其他必要工作条件，开展外部评估。外部评估的工作周期由具体评估部门数量和评估开展方式确定，通常每个部门外部评估工作周期为 2~3 周。外部评估的一种方式是在评估组之下分为数个小组，分别负责不同的被评估部门，如需要评估的部门不多，也可由评估组轮流对其进行评估。评估组最终应向应急管理领导机构递交一份评估报告，内容主要是外部调查评估过程和评估结果，并应给出一个总的结论以及改进措施和工作建议。应急管理领导机构应对应急管理能力（工作）外部评估报告给予适当回应，特别是报告所提出的改进措施和工作建议。应急管理办事机构应把外部调查评估报告作为自身工作和政策制定的重要依据。在适当的时机，应急管理能力（工作）外部调查评估报告可由应急管理领导机构向社会公布。

外部调查评估具体工作流程如图 9-3 所示。

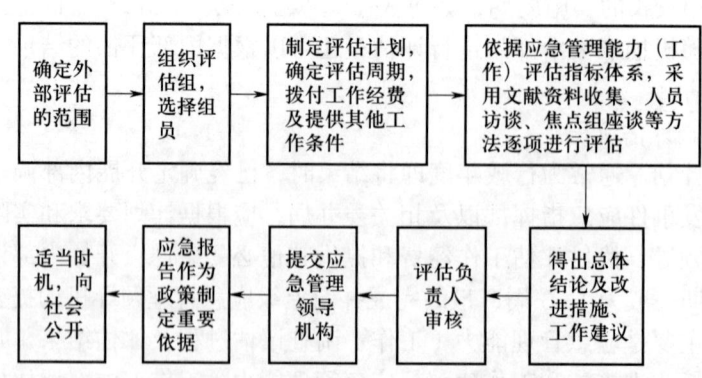

图 9-3 应急管理能力（工作）外部调查评估流程

（二）突发事件调查评估的流程

突发事件调查评估工作，应在不影响事件应急处置的前提下尽快开展。理想状态下，调查评估工作组应在突发事件发生后即全过程参与事件应急处置过程，以保证第一手资料的获得。但通常情况下，突发事件调查评估工作在突发事件处置结束后才组织开展。

突发事件调查评估工作的组织者应根据突发事件的性质、规模等因素，确定合适人选担任评估工作组组长，并确定工作组的组员。同时，应根据评估工作组组长制定的调查评估工作方案、计划和经费预算，提供相关工作经费和其他工作条件。

根据突发事件的级别，特别重大突发事件（Ⅰ级），评估工作周期在4~6个月；重大突发事件（Ⅱ级），评估工作周期在2~4个月；较大突发事件（Ⅲ级），评估工作周期在1~2个月；一般突发事件（Ⅳ级），评估工作周期在1个月以内。

调查评估报告完成后，应提交给突发事件评估的组织者，以作为相关决策和问责的重要依据。同级应急管理领导机构和办事机构应当把评估报告纳入奖惩考评等绩效考核体系中，同时应采取适当措施对评估报告提出的各项改进措施和工作建议给予回应，并对其中有参考价值的部分适时开展后继的可行性研究和政策制定（修订）工作。

突发事件评估组织者应当将评估报告递交给上级人民政府，并应当以适当的形式向同级人民代表大会（或其常委会）进行报告。

如果突发事件具有较高级别，或受到社会公众广泛关注，可适时以适当的方式将评估报告向公众公布。

突发事件调查评估的流程可参见图9-4。

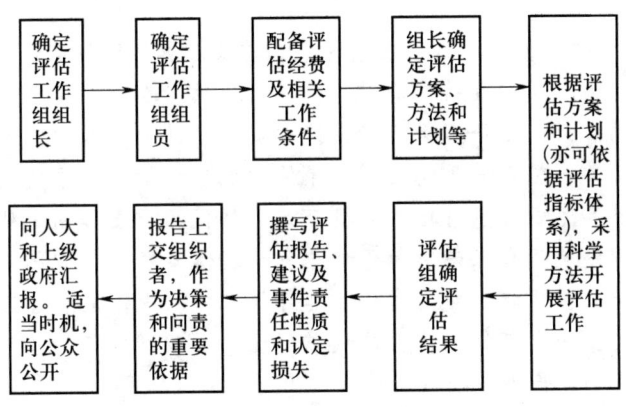

图9-4　突发事件调查评估流程

案例

"11·22"中石化东黄输油管道泄漏爆炸特别重大事故调查

2013年11月22日10时25分，位于山东省青岛经济技术开发区的中国石油化工股份有限公司管道储运分公司东黄输油管道泄漏原油进入市政排水暗渠，在形成密闭空间的暗渠内油气积聚遇火花发生爆炸，造成62人死亡、136人受伤，直接经济损失75 172万元。

根据党中央、国务院领导同志的重要批示指示要求，依据《安全生产法》和《生产安全事故报告和调查处理条例》等有关法律法规，经国务院批准，11月25日，成立了由国家安全监管总局局长任组长，国家安全监管总局、监察部、公安部、环境保护部、国务院国资委、全国总工会、山东省人民政府有关负责同志等参加的国务院山东省青岛市"11·22"中石化东黄输油管道泄漏爆炸特别重大事故调查组（以下简称事故调查组），开展事故调查工作。事故调查组邀请最高人民检察院派员参加，并聘请了国内管道设计和运行、市政工程、消防、爆炸、金属材料、防腐、环保等方面的专家参加事故调查工作。

事故调查组按照"四不放过"和"科学严谨、依法依规、实事求是、注重实效"的原则，通过现场勘验、调查取证、检测鉴定和专家论证，查明了事故发生的经过、原因、人员伤亡和直接经济损失情况，认定了事故性质和责任，提出了对有关责任人和责任单位的处理建议，并针对事故原因及暴露出的突出问题，提出了事故防范措施建议。

思考与探索

重视对突发事件的调查评估工作有何现实意义？

中国自2003年开始全面加强应急管理工作及应急管理体系建设，以"一案三制"为推进战略，取得了显著的成就。但是，应急管理往往是"以成败论英雄"，应急管理工作的成效一定程度上只能最终由突发事件应急处置的效果来评判。因此，调查评估工作，特别是重特大突发事件的调查评估，对于发现应急管理工作中的问题、改进和完善应急管理体系具有无可替代的重要作用。从美国及其他一些国家应急管理发展历史来看，对于其应急管理体系发展和完善具有最重大和战略性影响的都是一些重特大突发事件及其评估工作。中国应急管理体系建设相比美国等国家而言，历史还较短，更应该重视应急管理调查评估工作，把它作为应急管理制度发展和成长的基础。

然而，从近几年一些重特大突发事件来看，却出现一些不良的倾向。首先，虽然《国家突发公共事件总体应急预案》和《突发事件应对法》都对调查评估工作有明确的要求，但是各级政府都有意或无意地忽视调查评估，特别是重特大突发事件，往往以内部总结代替调查评估。其结果是自我阉割了调查评估发现问题、改进问题的作用，这就使突发事件中用重大损失，包括用大量的鲜血和生命所换来的极为珍贵的经验和教训不能认真汲取。其次，突发事件应急处置评估中有评功摆好的倾向。这些不良倾向不仅扭曲了调查评估的价值，而且还排斥问题讨论和教训总结，对于应急管理工作的改进和发展非常不利，甚至可能造成严重后果，值得我们深思和警惕。

习近平总书记强调，安全稳定工作连着千家万户，宁可百日紧，不可一日松。面对公共安全事故，不能止于追责，还必须梳理背后的共性问题，做到一方出事故，多方受教育，一地有隐患，全国受警示。我们应当认真理解并贯彻落实

第五节 责任追究机制

一、责任追究的定义

应急管理责任追究是指在突发事件发生过程中或者突发事件应急处置过程中,由于工作失误或错误,未履行应有职责或未正确履行职责,而造成不良影响或后果时,依据党纪、政纪、法律或者道义追究相应责任的工作。

有权就有责,责任追究不仅是应急管理的工作内容,而且是非常普遍的社会现象。《中华人民共和国行政监察法》和《中华人民共和国公务员法》等国家法律对责任追究都有着明确的相关条文。中共中央办公厅、国务院办公厅也发布了《关于实行党政领导干部问责的暂行规定》和《党政领导干部选拔任用工作责任追究办法(试行)》等法规。针对应急管理,《突发事件应对法》对责任追究也有着明确规定,此外,《国家突发公共事件总体应急预案》《生产安全事故报告和调查处理条例》以及《国务院关于特大安全事故行政责任追究的规定》等法规对责任追究也都有或多或少的表述。

责任追究机制就是指在突发事件后,围绕追究相关人员责任的工作,建立一套决定、公布及执行责任追究措施的工作流程。这是应急管理的核心机制之一。

> 责任追究
> 重在预防
> 权责一致
> 惩教结合

案例

2014年"12·31"外滩陈毅广场拥挤踩踏事件的责任追究

2014年"12·31"事件发生后,调查与问责迅速展开。依据《中华人民共和国突发事件应对法》和《上海市实施〈中华人民共和国突发事件应对法〉办法》等有关法律法规,上海市迅速成立了市政府联合调查组。联合调查组还邀请了国家和上海市应急管理、公共安全管理、法律等方面的专家为事件调查进行分析论证。经过20天左右的调查,联合调查组还原了事件全过程,查明了有关应对情况,分析了事件原因,认定了事件性质,对相关责任人提出了处理建议,并就加强城市公共安全相关工作提出了整改建议。

2015年1月21日上午,也即事发21天后,上海市召开了新闻发布会,发布了对这起事件的调查报告与处理意见,并全文公布了《"12·31"外滩陈毅广场拥挤踩踏事件调查报告》(以下简称《调查报告》)。根据有关法律法规和有关规定,《调查报告》认定黄浦区政府和相关部门对这起事件负有不可推卸的责任。其他应当承担责任的单位,还包括黄浦公安分局、黄浦区市政委、黄浦区旅游局、黄浦区外滩风景区管理办公室以及上海市公安局等五家单位。在事件原因调查与责任分析认定的基础上,根据有关法律法规规定,《调查报告》对黄浦区委书记、区长,上海市公安局指挥部副主任在内的 11 名有关责任人员提出了相关处理建议,并建议责成黄浦区政府向市政府做出深刻检查。

二、责任追究的目标和原则

责任追究的目标,不仅仅是追究责任,更是为了通过责任追究形成对领导干部和工作人员的约束和激励,预防他们出现不应有的失误和错误,以真正提高应急管理的能力和水平。责任追究总是与特定的权力使用或职责履行相对应的,是为了规范和制约这种权力的运行或职责的完成。与这一目标相对应,责任追究也总是包含确责、履责和问责的系统性过程。

责任追究应当遵循如下工作原则:

1. 严格要求、实事求是

责任追究主要是针对各级领导干部。领导干部所拥有的权力具有不对称性的结构,即掌握权力者做出决策和行使权力所造成的社会后果要远远超过其个人的能力范围,并且权力越大,这种不对称性越突出。因此,对于领导干部的责任追究必须严格要求,并且越是级别高的领导干部,要求应当越严格。同时,这种责任追究必须建立在事实的基础上,必须坚持实事求是的原则,不能因为严格要求而把责任追究建立在猜测、想象、莫须有或自由心证等之上,更不能为了追责而追责。

2. 权责一致、惩教结合

虽然领导干部的权力和其个人能力存在不对称性,但责任追究的前提是领导干部所拥有的权力。一个领导干部有多大的权力,就必须承担对其权力的行使及其造成后果对应的责任,也必须承担完成其权力所规定的职责所对应的责任,但也只能承担与其权力所对应的责任。责任追究总是针对一定的权力而言。

同时,又由于领导干部权力和其个人能力的不对称性,所以责任追究的目的不是简单的惩罚,而更多是为了预防领导干部出现不应有的失误和错误,为了从负向激励的角度提高应急管理的能力和水平。因此,责任追究不仅包括事后惩罚的部分,也必须包括事前的教育工作。要让领导干部首先明确认知到责任追究的范围和内容、严肃性和有序性,再辅以严密、完整的责任追究过程,才能够真正达到责任追究最终的目的。

3. 依靠群众、依法依规

为了确保责任追究目的的达成,以及以上两个原则的实现,仅仅依靠责任追究的专职部门是不够的,也不符合中国共产党的工作原则,不符合从革命战争到社会主义建设中多年来所形成的实践经验。有效的责任追究机制,必然需要依靠群众,也只能依靠群众。否则责任追究往往会流于形式,丧失应有的价值。

然而,责任追究不能变成群众运动,不能网上要求怎么问责就怎么问责。责任追究必须建立在明确、清晰及合理的规范之上,建立在完善的制度体系之上。目前,中国已经初步建立起一套责任追究的法律法规体系,初步形成了有序统一的责任追究制度框架。责任追究必须在这一框架下依法依规有序进行。

4. 具体工作原则

除了以上基本原则外,在工作实践中,为了更好地推进责任追究工作的进行,还需要遵循下面的工作原则:

(1)分级追究原则。根据失误或错误的程度,或者未履行或未正确履行职责的程度,责任人所需要承担的责任不尽相同,需要分级追究。最严重的是承担违法犯罪的责任,其次是承担党纪政纪的责任,最次是承担政治和道义层面的责任。不同层级的责任不能相互替代,也不能混同追究。

(2)公开透明原则。实施民主监督的一个最起码的必要条件,就是要让民众知情,让民众知情的前提是事情的全部经过必须公开透明。同时追究责任的目的并非单纯的惩罚犯错误者,而更多是警示未来者,追究责任的过程不公开透明就无法实现这一目的。因此坚持公开透明,是确保问责制发挥实质性作用的关键所在。

(3)适用性原则。责任追究的过程需要有理、有据、合法、合规、合理、合情,因此每一项责任追究条款的确定,都必须以是否适用作为基本标准。

三、责任追究的工作内容

责任追究工作涉及如下几方面内容:

(一)责任追究的内容、范围和对象、主体

责任追究工作,一方面需要确定责任追究的内容主体、范围和对象等要素。这些要素一定程度上与突发事件的类型、等级和特点相关。另一方面,这些要素的确定也需要遵循相关的法律、法规、行业标准以及规章制度等规范文件的规定。

(二)责任追究的情形、方式及适用

责任追究工作进一步需要确定责任追究情形、责任追究方式以及适用条件等。

(三)责任追究后的复出程序

根据中国实际情况,有必要建立与中国责任追究制相配套的"复出"机制,做到责任追究后被追究责任官员的复出、晋升程序的制度化、规范化、透明化。

四、责任追究的程序

对于领导干部的责任追究,一般按照以下程序进行:

(一)启动

责任追究主体根据领导的指示和批示,上级的通报,人大代表和政协委员提出的议案、提案和建议,批评、意见,公民、法人和其他组织的检举控告,新闻媒体的报道,有关部门和人员提出的意见,巡视、工作检查或工作目标考核中发现的问题,或

通过其他渠道发现的应该追究责任的情形，由纪检检察机关或者其他相关法律、法规确定的责任追究部门进行初步核实，视需要按程序启动责任追究。

（二）调查

责任追究程序启动后，事实基本清楚的，责任追究主体组成相关部门人员参加的责任追究调查组，对事实进行调查核实，并形成责任追究调查报告。

（三）决定

实施责任追究的单位和部门接到调查报告后，在规定时间内由领导班子集体研究，做出追究责任或不予追究责任的决定，并决定责任追究的方式。

（四）申诉

被追究责任的对象对责任追究决定不服的，可自收到决定书之日起在规定时间内向做出责任追究决定的机关和部门或其上级机关和部门提出申诉。

（五）复议、复查

责任追究主体收到被追究责任人的申诉后，应及时组织进行复议、复查，在规定时间内做出决定。申诉、复查期间，原责任追究决定不停止执行。

思考与探索

如何避免让责任追究变成"为追究而追究"？

责任追究是近年来应急管理工作中的一个难点问题。一些地方在突发事件应急处置责任追究中，有些偏离了责任追究机制的初衷，变成了"为追究而追究"。这显然不利于实现责任追究所要达到的最终目的。建立突发事件应对责任追究机制的最终目的还是为了最大限度地减少突发事件及其造成的损失。因此，有必要深入思考和解决如下几个关系。

（1）问责与改进工作间的关系。

责任追究不仅是事后问责，首先在事前应明确落实相关责任，先确责，然后是履责，最后才是问责。确责是问责的标准，履责是问责的依据。

（2）过程监督与结果追责间的关系。

问责并不能挽回所造成的损失，所以责任追究不仅是结果追责，同时要关注过程监督，惩教结合。问责应当是全过程问责。这也是预防为主、关口前移的要求。同时，为了更好地事后追责，需要适时启动问责，全过程问责。这也有助于遵循实事求是的原则。

（3）政府主导与社会参与间的关系。

问责涉及法律、法规、党纪、政纪，同时问责必须遵循严格的制度程序，因此问责必须由政府主导。但另外，问责主要针对领导干部，仅问责不符合中国共产党的工作原则，也不符合责任追究机制的根本目的。因此，在问责中依靠群众，创造社会参与的环境和机制，是责任追究机制的重要内容。

（4）公务员问责与企事业人员问责间的关系。

责任追究必须遵循责权一致的原则。涉及政府权力和职责的问题，必须对领导干部和公务员问责，而涉及企事业经营的问题，必须对企事业和企事业人员问责。二者不能互相逾越。企事业经营的问题不能把板子打在政府身上，更不能把问责建立在无限责任的假设上。必须落实企业的安全生产主体责任，企业的主要负责人应当对本单位的安全生产负责。

（5）政治问责、职务问责、行政法律问责、社会责任的关系。

（6）惩教结合、问责与激励的关系。被问责干部的复出和使用问题。

（7）党政两条线的关系，党政与人大、政协和司法部门的关系。

（8）法治与人治间的关系。

责任追究的基础是完善的法律、法规体系。问责必须把握好依靠群众和依法有序两个原则间的关系。问责的基础是客观事实，不能简单地按领导意志问责、按群众情绪问责、按媒体舆论问责。问责的过程一定要基于法治，即便现有的法律、法规体系存在不健全之处，也必须先从已有法律法规出发问责，随后再进一步完善法律法规及配套办法。问责切忌人治。

在责任追究上还有一个值得重视的问题：要"奖惩分明"，避免"干事多出错多、不干事不出事"的逆向惩罚。要在防范化解重大风险和应对危机的实践中锻炼和发现优秀干部，并建立容错机制，对那些敢于担当、忠诚干净、不计较个人得失的指挥员在危机处置中的一些决策行为予以"宽恕"，千万不能让好干部流血流汗又流泪，这是上一级党组织和领导干部应有的担当。

延伸阅读

［1］国务院《汶川地震灾后恢复重建条例》，2008.

［2］《国家汶川地震灾后恢复重建总体规划》，2008.

［3］王振耀，田小红. 中国自然灾害应急救助管理的基本体系. 经济社会体制比较，2006（5）.

［4］林闽钢，战建华. 灾害救助中的NGO参与及其管理——以汶川地震和台湾9·21大地震为例. 中国行政管理，2010（3）.

［5］谢家智. 我国自然灾害损失补偿机制研究. 自然灾害学报，2004（4）.

［6］张欢. 应急管理评估. 北京：中国劳动社会保障出版社，2010.

［7］国务院《生产安全事故报告和调查处理条例》，2007.

［8］中共中央办公厅国务院办公厅《关于实行党政领导干部问责的暂行规定》，2009.

第四篇

应急管理法制

2007年8月30日，第十届全国人大常委会第二十九次会议通过了《中华人民共和国突发事件应对法》，并于当年11月1日开始施行。该法对突发事件的应对原则、应急管理体制以及突发事件的预防与应急准备、监测与预警、应急处置与救援、事后恢复与重建等方面做了全面规定。《突发事件应对法》是我国第一部应对各类突发事件的综合性法律，确立了我国应急管理工作的法治化方向，是人民群众伟大实践的总结和升华，是应对严峻的公共安全形势的法宝，是迎接国内外各类突发事件新挑战的有力武器，集中体现了对应急管理的规律性认识，是全面推动应急管理体系建设、规范突发事件应对活动的重要法律保障。该法的实施，对于预防和减少突发事件的发生，控制、减轻和消除突发事件引起的严重危害，保护人民群众生命财产安全和社会和谐稳定，具有十分重要的意义。《突发事件应对法》的颁布实施，标志着以宪法为依据，以《突发事件应对法》为核心，以相关单行法律法规为主体的我国公共应急管理法制体系基本形成，应急管理初步迈入了法治化轨道。

2018年，依据《中共中央关于深化党和国家机构改革的决定》，国家机构改革方案做出了组建应急管理部的重要决策，从中央到地方的各级应急管理部门陆续组建，这对加强、优化、统筹国家应急能力建设，构建统一领导、权责一致、权威高效的国家应急能力体系，提高保障生产安全、维护公共安全、防灾减灾救灾等方面能力，确保人民生命财产安全和社会稳定具有重要作用，对于法律体系的健全完善也提出了迫切要求，我国的应急管理体系建设进入了新的历史发展时期。

第十章
突发事件应急法制概述

学习目标

1. 理解应急法制的概念、性质、特征、功能等基本范畴。
2. 掌握应急法制的基本体系。
3. 掌握应急法制的基本原则,并能够运用其分析案例、事例。

学习重点

应急法制的功能和基本原则。

案例

乌鲁木齐"7·5"事件中相关管制措施的法律依据问题

乌鲁木齐"7·5"事件发生后,当地政府分别于7月6日凌晨1时至8时、7月7日21时至8日8时实施局部和全面交通管制,这一措施是必要且及时的。但其援引《道路交通安全法》却存在不当之处。《道路交通安全法》第四十条规定:"遇有自然灾害、恶劣气象条件或者重大交通事故等严重影响交通安全的情形,采取其他措施难以保证交通安全时,公安机关交通管理部门可以实行交通管制"。显然,"7·5"事件并非自然灾害等情形。

对于乌鲁木齐"7·5"事件等社会安全事件实施交通管制的法律依据应为《突发事件应对法》第五十条,即"组织处置工作的人民政府应当立即组织有关部门并由公安机关针对事件的性质和特点,依照有关法律、行政法规和国家其他有关规定",采取第(三)项,即"封锁有关场所、道路,查验现场人员的身份证件,限制有关公共场所内的活动"等应急处置措施,方为准确。同时,《人民警察法》第十五条也有相关规定,"县级以上人民政府公安机关,为预防和制止严重危害社会治安秩序的行为,可以在一定的区域和时间,限制人员、车辆的通行或者停留,必要时可以实行交通管制",也可以作为相关行为的法律依据。

同样,在乌市实施通信管制的行为方面也存在类似问题。当时情况下,中断互联网等通信管制措施非常必要,但在国家没有宣布乌鲁木齐戒严的情况下,导致外界质疑其合法性。直到2010年11月1日起施行的《中华人民共和国无线电管制规定》出台,其明确规定,根据维护国家安全、保障国家重大任务、处置重大突发事件等需要,国家可以实施无线电管制。这也说明,应对突发事件的实践对不断完善应急法制具有重要作用。

上述事例告诉我们,应急法制与普通法律是有所不同的,在应急管理中何时应当守法、何时可以权变,需要辩证看待。这就需要我们加深对宪法的深入学习和对应急法制这一特殊的法律领域有着较为深刻的理解,才能在立法、执法、司法和守法各环节与应急管理的根本目标保持契合。

第一节 应急法制的基本范畴

一、应急法制的概念

在应急管理过程中,为了实现克服危机和保障人权的双重目的,有必要对国家机构之间、国家与公民之间、公民之间的权利义务关系做出有别于平时的重新安排。而对这些权利义务关系加以补充和重新安排的法律制度,就是应急法制。有鉴于此,可以将应急法制做如下定义:它是调整因突发事件而展开的危机管理过程中各种社会关系(包括国家机构间、国家与公民间、不同公民间关系)的法律规范和法律原则的总和。要深刻地理解这一概念,必须从应急法制在整个应急管理体系、也就是在"一案三制"中的地位出发,从应急法制和"一案三制"中的其他三个元素的关系出发。

在"一案三制"的四个组成部分中(应急预案、应急体制、应急机制和应急法制):应急管理体系的"龙头"和起点是应急机制。应急机制是人类应对突发事件的历史经验经总结、概括和提炼之后形成的相对稳定的部分;应急体制是应急机制运行的组织载体;应急法制是应急机制及作为其组织载体的应急体制的最核心部分经过进一步凝练后的法律化表现形式;应急预案则是应急机制,尤其是通过法律固定下来的那一部分方法,与特定地域、部门、行业、单位应急管理的特点相结合之后,所形成的具体应急操作方案。

法律是由国家制定或认可的,以国家强制力为保证的,用于指引和约束人们的行为,调整各种社会关系的规范和原则的总称。学者们对应急法制核心含义的认识基本上是趋于一致的,认为它是"关于突发事件引起的公共紧急情况下如何处理国家权力之间、国家权力和公民权利之间、公民权利之间的各种社会关系的法律规范和原则的总和"[①]。但是，这种认识只是套用法律的概念对应急法制所做出的一般性描述，并没有真正将应急法制的本质揭示出来。我们认为，从法律在整个应急管理体系中的地位和作用来看，应急法制在本质上就是应急机制及作为其组织载体的应急体制的法律化表现形式。正如上文所述，应急机制是一种相对固定化、制度化的策略和方法，那么，法律就是其制度化的最高表现形式。正因为应急机制被证明为是人类应对突发事件的较为成熟、有效的方法，那么，为了使人们能够真正掌握并运用这些方法来治理危机，就需要赋予其中最核心的部分以法的效力，从而能够在应急管理过程中指引和约束国家机关、单位和个人的行为。将最重要的那一部分应急机制以及作为其组织载体的应急体制上升为法律并加以有效实施，正是将应急机制和应急体制贯彻于应急管理实践的最重要途径。

因此，必须明确，应急法制并不是应急体制、应急机制之外的其他东西，甚至是互斥的东西，而必须认为，应急法制恰恰就在应急体制、应急机制的当中，就是应急体制、应急机制中最重要的那一部分，只不过是将这一部分上升为法律、赋予法律的效力以保证其实施而已。把握好这一点，对于理解整个应急法制的原理和体系至关重要。

> **专栏**
>
> 我国的应急管理法律体系
>
> 2007年8月30日，第十届全国人大常委会第二十九次会议通过了《中华人民共和国突发事件应对法》，对突发事件的管理体制、预防与应急准备、监测与预警、应急处置与救援、事后恢复与重建等方面做了全面规定。11月1日，《中华人民共和国突发事件应对法》正式施行，这是中国第一部应对各类突发事件的综合性法律，确立了应急管理工作的法制化方向，集中体现了对应急管理工作规律性的认识，是全面推动应急管理体系建设、规范突发事件应对活动的重要法律保障，对于预防和减少突发事件的发生，控制、减轻和消除突发事件引起的严重危害，保护人民群众生命财产安全和社会和谐稳定，具有十分重要的意义。
>
> 《中华人民共和国突发事件应对法》出台后，中国应急管理法律体系表现为以宪法为依据（含紧急状态的相关规定），以《突发事件应对法》为核心，以相关单项法律法规为配套（如防洪法、传染病防治法、安全生产法等）的特点。此外，一些应急管理相关法中的部分条款、有关国际条约和协定、突发事件应急预案也对中国应急管理的法律体系形成了有力的补充。

二、应急法制的性质

（一）应急法制是常态法制与非常态法制的结合

一个国家的法律制度，包括常态法制与非常态法制，前者用于安排平常时期的法

[①] 韩大元，莫于川. 应急法制论：突发事件应对机制的法律问题研究. 北京：法律出版社，2005.

律秩序，而后者用于安排突发事件发生后的法律秩序。我们知道，应急法制作用于应急管理的全过程，而完整的突发事件应对过程则包括事前、事发、事中和事后的不同阶段。其中，对突发事件的预防、准备、监测、预警等事前管理环节的制度安排，基本上仍属于常态法制；对事件处置、救援、恢复、重建、善后等事中与事后管理环节的制度安排，则属于非常态法制。当然，应急法制的主要属性仍是一种非常态法制，其建立的根本目的在于实现应急管理状态下的法治和常态与非常态的统一。由于兼具常态法制和非常态法制的属性，因此，一个国家的应急法制应当解决两个方面的重要问题：一是确定常态法制与非常态法制间转变与恢复的基本原则，从而确保应急状态只能是一种法律上的临时状态，从根本上杜绝紧急权力常态化的可能；二是确定应急状态下公民权利与国家权力的新边界，从而保障法治基本价值在非常状态下的实现。

（二）应急法制主要是一种公法制度

应急法制是一个综合性、交叉性的法律分支，其调整对象包括宪法关系、行政法律关系、民事法律关系和刑事法律关系等。例如，对突发事件产生和应对过程中的犯罪行为给予惩罚，对应急管理过程中的民事侵权赔偿给予规定，都属于应急法制的内容。但从整体上看，应急法制主要调整的是应急管理过程中国家机构之间、国家机构与公民之间的权利义务关系。具体包括：① 调整突发事件事前管理和事后管理中行政机关与公民之间的法律关系。这是一种行政法律关系，例如，确定行政机关在危机预防、应急准备、恢复重建、事后救助中的职责，规定公民参与应急演练、接受应急教育的义务，获得应急救助、参与重建规划的权利等。② 调整普通突发事件处置过程中行政机关与公民之间的法律关系。普通突发事件的处置通常只引起行政管理秩序的改变，因此法律的调整对象仍然是一种行政法律关系，如规定行政机关的紧急强制权、紧急征用权等。③ 调整紧急状态下的宪法关系。因为处置极其重大突发事件而进入紧急状态时，整个国家的宪法秩序——而不仅仅是行政法律关系将受到改变，此时应急法制还将涉及对宪法秩序的重新安排，例如，规定行政机关代行立法机关权力、暂停选举、停止部分公民基本权利的行使等。由此可见，应急法制的调整对象主要是行政法律关系和一定条件下的宪法关系，在性质上是一种公法制度。而由于需要宣告紧急状态从而改变宪法秩序的极其重大突发事件是很少的，绝大部分突发事件的应对过程只涉及改变一般的行政管理秩序，而这些突发事件的应对职责主要又落在政府身上，因此，在应急法制中占绝大多数的公法部分，其主体又是行政法。

（三）应急法制是一系列法律规范和法律原则的总和

应急法制是调整应急管理过程中各种社会关系的规则，这些规则的表现形式既包括具体的法律规范，也包括一系列法律的基本原则。一个完整的应急法律规范体系应当包括：① 宪法上的紧急权条款；② 应急管理基本法；③ 各种应急管理单行法，包括应对某一种类突发事件的法律和规范应急管理某一环节的法律，此外还有规范某一种类突发事件某一应对环节的法律；④ 其他法律中有关应急管理的制度和规范；⑤ 有关应急管理的国家条约和协定。应急管理的基本法律原则至少包括：① 法治原则；② 权力优先原则；③ 人权保障原则；④ 比例原则；⑤ 信息公开原则，等等。

三、应急法制的特征

（一）应急法制同时兼具规范性和工具性

应急法制属于国家法律体系的一部分，首先必然具有法律的规范性，就是要受到法律价值的规训。和其他领域的法律制度一样，应急法制应当以人权、法治、民主、自由、秩序、安全等作为自己的价值目标，在应急管理领域的立法、执法、司法和守法过程中都应当贯彻和平衡好这些价值目标。在应急管理领域，对各类主体"应当如何""可以如何""不得如何"等行为进行规范和指引，都必须以上述法律的价值作为最终判断标准。但与此同时，应急法制又是应急机制、应急体制等管理方法和策略中最核心部分的法律表现形式，应急机制和应急体制又是突发事件应对实践经验总结、沉淀的结果，因此，应急法制又具有经验性、工具性的特征，要为应急管理工作实践服务。基于应急法制的工具性，应急管理领域的法律、法规在立法中应当较为具体、详细、有可操作性。

（二）应急法制同时具有刚性和弹性

一方面，应急法制是人类与突发事件长期斗争中产生的知识升华和方法积累，人们通过赋予其法的效力来指引个体和集体的行动；另一方面，在人们应对新的突发事件时，应急法制又构成了一种外在的制度性约束条件，限制了人们在应急管理中的决策选择空间。面对不确定程度较低的常规突发事件，法律的确定性、普遍性法律调整方式很少受到挑战。在应急管理过程中，法律凭借"以不变应万变"的方式小心翼翼地实现着各种目标——公正与效率、秩序与自由，等等——之间的平衡。而对于非常规突发事件来说，由于其前兆不充分，具有明显的复杂性特征和潜在的次生、衍生危害，破坏性严重，采用常规管理方式难以克服，超过应对主体既有的风险认知范围和常规手段下的可控程度，从而需要使用非常规方式予以应对。因此，非常规事件的发生一方面可能动摇人类已经取得并确认下来的经验法则，另一方面也将迫使人们突破现有的制度约束去寻求更加广阔的应急决策空间，从而对应急管理中的法律系统形成冲击。[①] 法律的确定性与突发事件的不确定性间的紧张关系一旦加剧，应急组织体制就很难按照法律预设的方式运作，法定的应急管理机制所蕴含的经验法则也将纷纷失灵。此时，人们如果仍旧遵循法律行事，将可能招致灾难性的后果；如果在法律之外寻求新的解决之道，又将因决策后果难以预料而面临承担法律责任的巨大压力；如果允许人们摒弃法律而不择手段，又必将在战胜危机的同时制造出威力强大而不被法律驯服的权力武器来，产生颠覆民主制度的危险。因此，在非常规突发事件情景下，要继续发挥法律系统在应急管理中的保障和支持功能，就需要其具备足够的弹性和适应性。这样的应急法系统，既能够在常规应急管理中指引人们如何克服困难；也可以于非常情况下，在保留法治目标所必需的少数核心规则的同时，摒弃一切成法，为人们释放出足够的策略选择空间。

---

① 高小平，侯丽岩. 危机管理方法论初探. 中国行政管理，2005（5）.

（三）应急法制同时具有稳定性和变动性

法律一旦制定，就需要相对稳定，不能频繁修改，以便保持其稳定性。因为，法律的稳定性和权威性是联系在一起的，法律的变动过于频繁，就会破坏民众对法律后果的预期，使其无所适从，最终损坏法律的权威性，影响其实施效果。但是，应急法制又有其特殊性，因为其调整的是突发事件的应对过程，而突发事件最本质的特征就是不确定性。新的突发事件类型的出现，突发事件发生和演变形态的变化，都会导致法律出现滞后、不适应的地方。为了保持法律制度的有效性，需要我们及时总结经验教训，及时制定新的法律，修改或者废止旧的法律。而且，随着人类社会在后工业化时代进入风险社会，突发事件的这种变化会发生得越来越快、越来越大，法律的滞后性会越来越明显，需要修改的次数也会越来越频繁。例如，日本的《灾害对策基本法》自其出台以来，大大小小的修改已达60次左右，几乎每次重大灾害处置完毕，都要做出一定的修改。因此，我们不能用看待一般法律的眼光来看待应急法制的稳定性，其变动的频率必然要高于一般法律，稳定性必然要低于一般法律，这是由突发事件的不确定性这一特殊本质所决定的。因此，应急法制必须在稳定性和变动性之间保持微妙的平衡。

（四）应急法制具有补充性

虽然应急法制是常态法制和非常态法制的结合，但终究是围绕突发事件应对全过程而建立的法律体系。突发事件毕竟是社会运行中的非常态，而不是常态。一般的法律制度在立法、执法、司法、守法的运行全过程中，仍然是以社会的常态作为背景假设和前提条件的。而应急法制就是在一般法律体系的基础上，加入了突发事件这个非常态的因素进行制度设计。因此，应急法制是对一般法律制度的补充，是一种例外的、特别的法律制度。应急法制的这一属性决定了在与突发事件应对有关的问题上，当应急法制与一般法制的规定存在冲突时，按照特别法优先于一般法的原理，应当优先适用应急法制的相关规定。

四、应急法制的体系

国家建立应急法制的最终目的是追求非常状态下的法治，即应急法治。而实现这一目标的基础，是存在一套相对完整的应急管理法律规范，从而保证应急管理"有法可依""依法应急"。结合我国现状，对应急管理法律体系的各主要构成部分，可做如下分析：

（一）宪法上的紧急权制度

多数国家的宪法都规定了紧急权制度，这是一个国家建立应急法制的基础。但是，不同国家宪法对紧急权的规定大不相同：① 某些国家的宪法将上自战争状态、下至普通突发事件应急管理的各种非常法律状态统一规定为紧急状态；② 某些国家的宪法将战争状态与紧急状态分别予以规定；③ 某些国家将战争状态、紧急状态和普通突发事件应急管理分别予以规定。我国现行宪法上的紧急权制度包括：① 决定并宣布战争状态的制度；② 决定并宣布紧急状态的制度。另依《突发事件应对法》第69条规定，普通突发事件的应急管理不属于紧急状态。因此，我国宪法上的紧急权制度仅适用于战争状态和足以引起平常宪法秩序改变的特大非战争危机，应对其他普通突发事件的法律和行为，均不得突破平常的宪法秩序。

（二）应急管理基本法

部分国家在通过宪法确立紧急权制度的基础上，制定了一部或多部应急管理的基本法律，为应对各种突发事件提供了相对完整、统一的制度框架，如美国的《国家紧急状态法》、英国的《紧急状态权力法》和《民防法》、法国的《紧急状态法》、加拿大的《危机法》等。这些法律之所以被称为应急管理基本法，是因为：① 其调整范围覆盖了全部或多数突发事件；② 其调整范围包括了应对这些突发事件的全部或多数阶段；③ 在法律适用上，这些法律居于一般法的地位，在适用顺序上次于各种单行性的应急法律。我国现有的应急管理基本法是2007年11月开始实施的《突发事件应对法》，适用于应对各类普通突发事件的全过程。以后，我国还有可能制定适用于部分特别重大突发事件的《紧急状态法》。

（三）应急管理单行法

单行性的应急管理法律在大多数国家都广泛存在、数量众多，主要包括三类：① 适用于某一种类突发事件的法律，如日本应对某类突发事件的《灾害对策基本法》、我国应对某种突发事件的《防震减灾法》。"一事一法"的基础是不同种类突发事件的性质和应对方式存在重大差异。② 适用于应急管理某一阶段的法律，如加拿大的《危机准备法》、美国的《灾害救助与紧急援助法》、日本的《灾害救助法》。"一阶段一法"的前提往往是国家希望通过整合资源建立起某一应急管理阶段的综合性系统。③ 适用于某一种类突发事件某一应对阶段的法律，如美国的《全国洪水保险法》、日本的《地震保险法》。"一事一阶段一法"所针对的通常是对该国具有特殊影响的突发事件，用于推行针对该事件的某项特殊政策。我国的单行性应急管理法律绝大多数属于"一事一法"；部分为了实施法律而制定的法规、规章属于"一事一阶段一法"，如《汶川地震灾后恢复重建条例》；"一阶段一法"的应急类法律比较少，比较有代表性的是《自然灾害救助条例》《军队参加抢险救灾条例》等。这反映了我国应急工作长期以来以行业管理、分散治理为主的历史传统，也是造成应急管理资源整合不足、综合协调不力的重要原因之一。

（四）应急管理相关法

应急管理法制是一个庞大、复杂的规范体系，除了专门的应急管理法律之外，其他法律中也广泛存在着某些与应急管理相关的制度。这些制度可能是某部法律的个别章节，也可能仅是个别条款。我国的《刑法》《治安管理处罚法》《人民警察法》《劳动法》《道路交通安全法》《环境保护法》《公益事业捐赠法》《慈善法》等许多法律中都有应急管理的相关条款。

（五）有关国际条约和协定

国际条约和协定中有关应急管理的制度主要包括两类：① 有关共同应对某类突发事件的条约和协定，如针对恐怖袭击、劫持航空器、海难、海啸等事件的国家法规范；② 国际人权公约中对紧急状态下人权克减的规定，《公民权利和政治权利公约》《欧洲人权公约》《美洲人权公约》中均有相应规定。

（六）应急预案

有关应急预案是否属于应急管理法律体系的一部分，或者说如何确定应急预案效力的问题，人们在认识上还存在分歧。对此我们认为应当历史地看，辩证地看。在我国，特别是《突发事件应对法》颁布之前，一定级别的应急预案在早期曾经具有相当于行政法规或规章的效力，曾经属于应急管理法制的法律渊源。从原则上看，国务院制定的预案相当于行政法规；国务院有关部门制定的预案相当于部门规章；省级或较大市政府制定的预案相当于地方政府规章；其他应急预案是一般行政规范性文件。这在一定程度上促进了应急体系的建设，但确实存在着"以案代法"的情况。2007 年颁布实施的《突发事件应对法》第十七条明确规定："国家建立健全突发事件应急预案体系。""地方各级人民政府和县级以上地方各级人民政府有关部门根据有关法律、法规、规章、上级人民政府及其有关部门的应急预案以及本地区的实际情况，制定相应的突发事件应急预案。"2013 年国务院颁布的《突发事件应急预案管理办法》第 2 条明确规定："本办法所称应急预案，是指各级人民政府及其部门、基层组织、企事业单位、社会团体等为依法、迅速、科学、有序应对突发事件，最大程度减少突发事件及其造成的损害而预先制定的工作方案。"应急预案作为工作方案及其与法律的关系得以明确。

第二节 应急法制的功能

一、应急法制的作用

应急法制的功能，在学术论著中，可能被表述为应急法制（或紧急状态法制、紧急法制、公共危机法制等）的功能、任务、作用等。尽管在不同名目下的论述侧重点确实有所不同，但其基本指向仍然是一致的。在这一问题上，代表性的观点有：

（一）一元说

这种观点在公法学者中广泛流行，他们强调应急法制的主要目标是防止政府紧急权力的滥用以保障公民的基本权利免于遭受紧急权力的不当侵害，而不是用于增强政府对抗危机的能力，后者显然属于公共管理的范畴而不是法律的任务。"国家紧急状态法律制度的目的则是保障国家紧急权行使的有效及合理；设置对国家紧急权行使的限制和监督制度，以克服或削弱权力滥用可能带来的危险；最大限度地保障公民自由权利。"① "政府的应急能力分为危机克服能力和法律能力。危机克服能力,是在面对突发公共事件对国家和人民生命财产造成的严重社会危害和威胁,采取有效措施控制、减轻和消除社会危害,尽快恢复正常社会秩序的能力。……危机克服能力的衡量标准是有效性和及时性,主要是政府措施的应急效率问题。……法律能力关注的中心问题是政府的应急措施对公民自由和权利,包括经济、社会、政治、家庭和其他方面的自由和权利限制或者中止;对国家决策和监督活动民主制度的影响,……提出法律能力的基础是政府采取应急措施不能没有任何道德和社会约束,不能为了克服危机而无所顾忌为所欲为,也不能以克服危机为由不计任何物质和社会代价。所以政府应对危机的法律能力是政府实施应急行为取得社会普遍认可和取得合法性评价的能力。"② 在《突发事件应对法》立法活动的前期,尤其是以制定《紧急状态法》为目标的阶段,③ 这种观点表现出了对立法取向的强烈影响。④

(二) 有重点的二元说

这种观点同样居于主流地位,它肯定了法律对应急管理具有支持和保障功能,但同时强调其控权功能更加重要、更具终极意义。"首先,公共危机管理需要法制,一个直接的意义在于法制作为应对危机的手段更为有效和有序。……其次,公共危机管理需要法制,更为深远的意义在于它是避免法治危机、保障人权所必需的。"⑤ 较之一元说,这种观点无疑更加全面,但并无本质上的差别,仍然认为控制紧急权力、保障公民权利是应急法的基本品格。

(三) 平行的二元说

有些学者较早地注意到应急法上述两个目标之间存在紧张关系,并对这一问题的认识呈现出折中的态度。这种观点平行地描述应急法的各种功能,认为其功能包括"配置协调紧急权力,调动整合应急资源;建立完善应急机制,规范应急管理过程;约束限制行政权力,保障公民合法权益。"⑥ 有的学者进一步明确指出了这两种目标之间的矛盾,认为两者的张力可能存在于公共利益与私人利益、公共秩序与公民自由、合意与强制之间。当法律尚未规定政府如何应对突发事件,或者规定的方式不切实际时,政府应当服从法律还是服从事实。这还将导致合法性与正当性之间的张力。而应急法制的价值就在于缓解这些矛盾,从各种不可避免的张力之间寻找一种微妙的平衡。⑦ 这

---

① 马怀德. 应急反应的法学思考——"非典"法律问题研究. 北京:中国政法大学出版社,2004.
② 于安. 突发事件应对法着意提高政府应急法律能力. 中国人大,2006 (14).
③ 需要说明的是,《突发事件应对法》最初以《紧急状态法》之名立项列入全国人大常委会的立法规划,目的是调整可能引起紧急状态的最严重的突发事件;中途曾更名为《突发事件和紧急状态处置法》,同时调整紧急状态和一般的行政应急管理活动;最终又更名为《突发事件应对法》,只调整一般的行政应急管理活动。
④ 于安. 制定紧急状态法的基本问题(上、下). 法学杂志,2004 (4);(5).
⑤ 陈福今,唐铁汉. 公共危机管理. 北京:人民出版社,党建读物出版社,2006.
⑥ 韩大元,莫于川. 应急法制论:突发事件应对机制的法律问题研究. 北京:法律出版社,2005.
⑦ 宋功德. 突发公共事件应急处理法律制度及其完善 // 应松年. 突发公共事件应急处理法律制度研究. 北京:国家行政学院出版社,2004.

种观点将应急法的目标定位于配置紧急权与控制紧急权两者之间的平衡协调，其进步之处显而易见。但问题在于，法律对应急管理的保障和支撑，以及对国家紧急权力的规制，两者绝不可能总是并行不悖、相安无事的。在这两种目标出现矛盾的情况下，一厢情愿设想的"微妙的平衡"也不见得总是能够被获得的。在许多时候，"不是东风压倒西风，就是西风压倒东风"。一旦在实践中出现价值冲突，就必然面临着目标排序的问题。平行的二元说实际上回避了这一棘手的问题。在《突发事件应对法》立法活动后期，特别是其立法目标集中于规范非紧急状态的一般应急管理行为之后，上述观点开始成为立法的主导思想。[①] 为了解决这种目标冲突，持平行二元说的学者曾经提出：应当在行政法的基本原则体系中引入行政应急性原则用于必要时抗衡行政合法性等其他原则，允许行政主体为保障重大公共利益和公民根本利益，在面临重大突发事件威胁时实施一些没有具体法律规范甚至停止某些宪法权利和法律权利、中断某些宪法和法律条款实施的行为。但是，这种行为仍然必须以法律的授权为前提、以相应的救济机制为保障，而在没有授权时也可采取行政指导等非强制性的应急管理措施。[②] 这种观点具有突破意义，但仍不彻底。原因在于，应急处置措施的采取并不总是具有法律授权，而现实情势迫使政府采取的也往往并不是非强制性措施，而是可能损害公民权利甚至招致危害后果的强制性措施。

应急法制的发展历史已经表明，人们对法治的诉求并不因社会进入非常状态而有所减弱。而法治的核心追求，便是对公共权力滥用的有效控制。因此，对国家紧急权力的规制与平衡确实是应急法的重要目标之一，但这种目标只是第二位的。如果以政府为核心的各种危机应对主体不能获得战胜公共危机的足够能力，任何控制国家紧急权的努力都只能是奢谈。公共危机应对能力的获得与提升并不仅仅是一个公共管理上的问题，恰恰离不开法律的保障与支撑。这一点正是国家构建应急法制体系，即实现应急管理法治化第一位的目标所在。

二、应急法制对应急体制、机制的价值

正如上文所述，应急法制的本质是应急机制及作为其组织载体的应急体制主要内容的法律表现形式。那么，应急机制、应急体制作为人类应对突发事件的核心经验积累、固化下来的成果，其主要内容为什么不能仅仅以政策文件、工作规程或其他的形式存在，而必须上升为某一层次的法律规范并加以实施呢？换言之，法律对于公共应急管理机制、体制的建立和运行，究竟价值何在？我们认为，其价值主要体现在以下三个方面：

（一）引导和约束人们应对突发事件的行为，保障应急机制、体制的有效运行

应急机制、体制是人类在历次突发事件应对实践中付出巨大代价所获得的，为实践证明为行之有效的，相对稳定的对抗公共危机的策略和方法及其组织形式。换言之，这

[①] 李岳德，张禹.《突发事件应对法》立法的若干问题. 行政法学研究，2007（4）；胡振杰. 完善应急法律制度 依法应对突发事件. 中国人大，2006（14）.

[②] 莫于川. 公共危机管理的行政法治现实课题. 法学家，2003（4）.

是一种经过历史积淀的经验法则。但对于每一次突发事件中的各方应对主体而言，这种策略和方法往往并非源于其自身的感性经验，因此未必能够获得其高度认同和自觉遵行。面对每一次突发事件，人们的感性认知和行为选择必然是五花八门的。而突发事件一旦来临，又要求那些相对稳定的策略和方法在最短的时间内被有效地实施，而不能放任人们各行其是。因此，只有将这些机制、体制中最重要的部分上升为法律，借助于法的权威及其背后的国家强制力，才能确保人们按照这些策略和方法行事，有效应对新的公共危机。

（二）明晰人们在突发事件应对中的角色，保障应急机制、体制的有序运行

应急管理机制、体制的实施，往往要求各类社会主体做出一定的角色转换，即人们在应急机制、体制的实施过程中可能需要扮演某种有别于平常的角色。这种转变可能表现为政府权力的扩张和责任的增强，政府将比平常更加强烈地干预每个人的生活；各种公共主体的权力界限被打破，政府可能代行立法机关的部分职责而拥有发布紧急命令的权力，而在政府瘫痪的情况下，执政党机关甚至军队又可能暂时代行行政管理上的职能；公民权利受到克减而公民义务被增加，主要表现为公民的人身自由权、财产权和部分政治权利的行使将暂时受到限制，同时又被赋予了配合、服从政府实施应急处置并在必要时参加应急救援、提供专业服务的义务；非政府组织可能临时获得某种行政职权并承担相应的义务。这些角色的转变既重大且复杂，不可能在突发事件来临后再临时确定，必须在法律上做出预先安排。我们很难想象，离开了法律上的安排，这种角色的转换在突发事件来临时将如何实现。

（三）确保各种应急资源必要的准备和投入，保障应急机制、体制的有力运行

应急管理机制、体制的运行，无论是事前的预防和准备，还是事中的处置和救援，抑或是事后的恢复与重建，都需要以消耗惊人的人财物资源为代价。在人力方面，国家需要建立各级各类综合性、专业性应急救援队伍并经常加以训练，需要在各级政府、各类机关配备充足的应急指挥和应急管理人员，需要使普通民众接受必要的应急教育和训练；在财力方面，突发事件的爆发将带来大量处置、救援、重建、救助、抚恤方面的开支，无事时的危机预防所需要耗费的资金则更加惊人；在物力方面，既要开辟和建设各种应急避难场所，又要配备大量用于应急监测和应急救援的装置和设备，还要储备足够的应急救援物资。在危机的事前管理中，这些投入的资源还极有可能因久备不用而导致一定的"浪费"。上述这些资源无论是来自于公共财政的投入，还是商业渠道的统筹运作，或者对个人的劝募和征收，如果没有法律提供的依据和工具，其保障都将变得十分脆弱。如果这些资源的投入不能得到满足，任何设计精致的应急机制、体制都将无法运转，沦为空谈。

第三节　应急法制的基本原则

法制体系既包括具体的法律规范，也包括抽象的法律原则。人们在应急管理过程

中的各种活动，除了受具体法律规范的调整之外，还应当遵循某些基本的法律原则。这些内容之所以被确定为应急法制的基本原则，原因在于：① 这些原则在应急管理过程中贯穿始终，足以对整个应急法制的建立和实施发挥指导作用；② 在具体的法律规范缺位时，这些原则可以直接成为规范和指引人们实施应急活动的依据；③ 这些原则为应急法制所特有，如权力优先原则，或者虽然为其他法律制度所共有但在应急法制中具有特殊含义，如法治原则、人权保障原则、比例原则和信息公开原则。

正如上文所述，应急法制主要属于公法，在公法中又主要属于行政法。因此，公法原则，特别是行政法原则，自然也适用于应急法制领域。但是，应急法制又是一种特殊的公法、特殊的行政法，因此，这些法律原则在应急法制领域中又多多少少有其特殊的表现形式。因此，应急法制中的很多法律原则都表现为一般和特殊的辩证统一。

应急法制的基本原则主要包括如下内容：

一、法治原则

现代民主国家的应急管理行为必须具备合法性与正当性基础，从而有别于作为事实性强权行为的传统应急管理。因此，法治原则是应急管理法制的首要原则。其具体含义包括：① 一切应急状态都是临时性状态，必须也只能根据宪法和法律的规定进入和结束；② 一切应急法律规范必须由有权机关按照其立法权限制定，应急领域的立法权应当适用必要的宪法保留和法律保留；③ 紧急权力的行使必须有明确的法律依据，或者在行使了没有明确依据的紧急权之后及时获得有权机关的追认；④ 违法行使紧急权或不依法履行应急职责的国家机关和个人必须承担相应的法律责任。

上述内容基本上是行政法上合法行政原则——特别是其法律优先和法律保留的内涵——在应急管理领域的具体体现，作为一般情况下的法律原则适用于应急管理领域是没有问题的。但在应急法制领域，僵化地强调和适用上述原则会导致某些不足，甚至产生严重的缺陷。在应急法制的支持下，针对大部分常规突发事件的、可以常态化的应急决策活动可以被完整地纳入法治轨道。但由于非常规突发事件的存在，以及突发事件发展过程的不确定性，使得这种"常态化"的努力只能永远处于"现在进行时"的状态。突发事件的性质、模式和后果完全可能超出立法者的考虑，因此，政府的应急决策溢出现有法律体制之外的现象仍会不断出现。非常规突发事件发生之后，对政治社会经济环境方方面面造成的影响都处于不确定的、难以预知的状态，此时应急决策机关应当首先考虑"眼前利益"，即着眼于控制突发事件的蔓延发展，所谓"急则治标""事急从权"正是此意。对于这种"治标性"的应急决策活动，包括必要的形式上"违法""越权"的应急决策活动以及实施这些决策的活动，应急法应当提供必要的空间，从法律上给予支持和正面承认。特别是就法律对应急决策活动的支撑和保障作用而言，法律一方面必须强调行政机关及其工作人员应当依法开展应急决策和应急处置活动，另一方面也要为行政机关及其工作人员在必要时做出的"形式上违法而实质上正当"的决策活动提供正面激励。为此，应当在应急决策制度中建构起相应的事后追认、责任豁免和权力滥用控制机制，为这种必要但形式上"违法"的决策行为提供制度空间。

二、权力优先原则

权力优先针对的是应急管理过程中国家权力与公民权利间的关系，即打破常态下二者之间的均衡，向国家权力一方相对倾斜。具体表现在：① 基于应急管理的需要，必要时可以暂时中止某些正常的法律活动，如中止（准）司法程序的进行，中止立法机关对行政活动的监督审查；② 为了维护重大的公共利益和国家利益，国家机关可以采取措施限制和中止某些公民合法权利甚至宪法权利的行使；③ 政府在必要时可以先行采取某些没有法律明确授权的应急管理措施，事后再争取立法机关的承认；④ 多数情况下，政府的应急管理活动可以遵循比平时相对宽松的简易程序。

相对应地，对于国家机关为了应对突发事件而行使紧急权力做出的行为，公民、法人和其他组织有配合义务，而且由此造成的损失，往往不能够按照通常情况下的标准获得补偿。如果这种损失是普遍的，则视为社会整体为了克服公共危机而集体做出的忍让和牺牲，一般不予补偿。例如，在"非典"期间，为了防止病毒传染而限制人员密集场所的活动，以及对病人、疑似病人和密切接触者的隔离治疗、观察，就属于这种情况。如果这种损失是部分的、个别的，应当给予适当补偿，但考虑到损失相抵的情况，其补偿标准也会低于通常情况。例如，政府部门在禽流感中对禽类进行扑杀，固然给禽类养殖户造成了损失，但由于这一措施有利于及时结束禽流感的传播，也有利于养殖户及时止损，养殖户同时也是受益者。在这种情况下，对养殖户的补偿就必须权衡这种损益关系，其补偿标准就不可能完全按照被扑杀禽只的市场价值来确定。

三、人权保障原则

应急管理中的人权保障和公民权利克减是一对矛盾，如果说适当限制乃至中止部分公民基本权利的行使是行使行政紧急权力的必然结果，也是实施应急管理的必需手段，那么，最大限度地实现对公民权利的保护，就是国家实施应急管理的终极目的。这一目的的达到与否，是衡量一个国家应急管理系统成败得失的标准，也是衡量一个国家是否在非常状态下实现法治价值的最高标准。应急管理中的公民权利保障主要通过下列途径来实现：

（一）将公民权利保障确立为应急管理的最高价值

国家实施应急管理的最终目的在于保护公民的生命财产安全，否则应急管理活动就丧失了其正当性。即使在特定条件下对部分公民权利加以必要限制和克减，其背后的追求仍应是某种更重大、更根本、更紧迫的公民权利。因此，一个建立在正确价值选择基础上的应急法制体系，决不允许国家为了实现某些较小的利益而牺牲更加重大的公民权利。

（二）限定克减公民基本权利的条件

是否需要克减公民权利？在何种时间和空间范围内克减公民权利？将公民权利克

减至何种程度？对这些问题的回答都要求充分考虑必要性原则。正如1984年在意大利召开的"关于《公民权利与政治权利国家公约》限制和克减条款研讨会"上所通过的"希拉库萨原则"第51条所指出的那样："克减措施的严重性、事件和地域应当为消除危机国家生存的威胁所必需，并且与这种威胁的性质和程序相适应。"

（三）划出公民权利克减的底线

在公民的基本权利体系中，有一部分基本权利提供了人之所以称其为人的最基本要素，这些基本人权在任何时候——包括在应急状态下都不应当受到剥夺和限制。如果国家以实施应急管理为由剥夺或限制了公民的这部分基本权利，则对于这些公民而言，他们因此所遭受的损害甚至将超过突发事件本身所带来的损害。国际人权公约和很多国家的宪法对人权克减底线的规定不尽相同，但一般包括生命权、生存权、平等权、人格尊严、精神自由、免受酷刑的自由、免受奴役的自由、免受刑事追溯的自由等。

（四）突出强调对某些公民基本权利的保护

公共应急法制在允许行政机关对一部分公民权利加以必要克减的同时，也强调对另一部分公民权利的保护。对这部分公民权利加以特别保障，一方面具体体现了应急管理的根本目的，另一方面也为应急管理的顺利、依法实施所必需。受到特别保障的基本权利至少包括知情权、监督权、赔偿和补偿请求权、基于生命权的救援请求权、基于生存权的救助请求权等。

（五）为受到违法应急管理行为侵害的公民权利提供救济

尽管应急状态下的法律秩序有着各种各样的特殊之处，但都不足以使其成为"有权利必有救济"这一朴素法律原则的例外。虽然在应急管理过程中——尤其在紧急状态下——为了充分保障紧急权的效率，可能暂时中止对行政活动的司法审查，甚至中止一切行政纠纷解决机制。但这毕竟是一种暂时性的权宜之计，在应急状态结束后，受到侵害的公民仍有权通过各种正常途径寻求法律救济。解决因应急措施而引起的各种矛盾纠纷并对受到侵害的合法权益提供救济，已被多数国家的法律确定为危机后管理的一项重要制度。

四、比例原则

公共应急法制中的比例原则，是指国家机关在行使紧急权力时应当全面权衡有关的公共利益和个人权益，采取对公民权益造成限制或者损害最小的行为，并且使其造成的损害、付出的成本与所追求的目的相适应。一般认为，比例原则包括以下三个方面的子原则，即适合性原则、必要性原则、均衡性原则。

（一）适合性原则

适合性原则的基本含义，是要求国家机关所实施的每一职权行为都必须以实现宪法或法律所规定的职能为目标,并且每一职权行为都有利于其法定职能和目标的实现。在突发事件应对中,适合性原则具体体现为如下要求:任何行政权力的行使都必须以特定的事实状态的存在为前提,只有存在特定的事实状态使国家或社会公共利益面临受到损害的现实危险时,政府才有正当理由对公民个人的权利进行一定的限制,当社会状态处于有序运行时,国家对公民个人的权利进行限制或干预即是权力的滥用。

(二)必要性原则

必要性原则的基本含义,是要求国家机关在实现某一职能目标时如果必须对公民个人权利进行限制、干预,则应当选择对公民权利损害最小的手段。也就是说,如果对于实现同一职能目标,同时存在多种可供选择的手段,这些手段都能同样地实现法定目的,但其对于公民权利的限制程度各不相同,那么,国家机关就应当选择对公民权利限制最小的手段。

(三)均衡性原则

均衡性原则的基本要求,是指国家机关在实施任何职权行为的过程中,其对公民权利所造成的损害或所付出的行政成本与其所实现的社会公共利益之间应保持一定的比例关系。如果国家机关的手段对公民权利造成的损害或所付出的社会成本明显高于行政活动所保护、实现的社会利益,这种手段就是违反均衡性原则基本要求的。

均衡性原则作为公法上一项重要的基本原则,为我国《突发事件应对法》第11条所采纳,其具体要求包括:① 应急管理措施的方式、强度和持续时间,应当与突发事件的类型、级别、发展阶段相适应,以有效控制危机为必要;② 如果有多种手段可以同等地实现某一应急管理目的,应当选择其中对公民权益影响最小的一种;③ 采取应急管理措施所付出的代价不得与突发事件本身所可能造成的损害显失均衡。应急法制对均衡性原则的最集中体现,是在突发事件分类、分级、分阶段的基础上,规定了与其相匹配的管理方式和应对措施。当然,基于公共危机的突然性和复杂性,均衡性原则在应急管理中的适用应留有相对灵活的余地,以免造成行政机关畏首畏尾、消极作为,结果适得其反。

五、信息公开原则

公开突发事件应对过程中的政府信息,对于满足公众知情权、确保行政应急权力正当行使、防止行政应急权力滥用发挥了举足轻重的作用。除此以外,它还具有常态下的信息公开所不具有的特殊功能。首先,信息公开能够为相对地采取合理的处置措施应对突发事件提供充裕的资讯;其次,公开突发事件信息是提高公众对应急管理措施认同度的有效方式;最后,公开突发事件信息可以防止应急工作的形势因谣言的产生和传播而恶化。

突发事件中的信息公开有其特殊性,主要体现在两个方面:

1. 突发事件中信息公开的准确性与及时性之间存在矛盾

在突发事件中公开信息,行政机关掌握准确信息的难度较常态下大大增强,而公开信息的期限又较常态下大大缩短。行政机关可能无法在第一时间获取最为准确的信息，而且对已经获取的信息也无法判断与确认是否准确，而与此同时行政机关又必须在第一时间公开信息。解决这一矛盾，应该坚持及时性优先并尽量提高信息的准确性原则。理由如下：

首先，在应急管理过程中，行政机关准确掌握突发事件信息有时候是一项不可能完成的任务。

其次，效率是应急的生命线，处置危机必须迅速反应，高效行动，否则难以达到应对紧急危险的目的。信息的及时发布能为应急工作赢得时间、提高效率，对拯救生命、减少损失、稳定人心至关重要。

再次，即使行政机关不能掌握完全准确的信息，但是相对而言，行政机关拥有其他任何公众不可比拟的资源优势，是掌握最为接近准确信息的唯一主体。也就是说，如果行政机关都不能准确掌握的信息，那么基本上就没有人能准确掌握。在要么公开这些不太准确的信息，要么没有任何政府信息任凭虚假信息广为传播的两难选择之下，两害相权取其轻，公开政府信息毫无疑问地成为了退而求其次的选择。

最后，及时公开本身是提高信息准确性的手段之一，也是提高政府公信力的必然选择。及时公开要求行政机关对公开的信息还要及时地、持续地更新，而通过这种不断的更新能够促进信息一步一步地走向准确。

2. 突发事件中信息公开全面性与选择性之间存在矛盾

许多国家在信息公开的立法或是司法实践中普遍设立了区分处理、部分公开制度。美国著名的沃恩索引制度① 正是基于可以对政府信息进行区分处理这一前提才得以存在并被广泛应用。基于突发事件的特殊性以及突发事件中政府信息公开制度肩负的特殊使命和发挥的特殊功能，行政机关应该有所选择地部分公开突发事件的信息。

首先，突发事件一旦发生会影响到社会生活的方方面面，牵动着重大社会公共利益，行政机关也会拥有来自方方面面的各种各样的庞大信息。如果毫无保留、不加选择地全部公开所有信息，一方面既会增加行政机关工作压力，过多地占用可供信息公开的各种资源，而且各种信息本身可能相互矛盾；另一方面，从整体上来说，我国公众的信息识别和自控能力还比较差，② 特别是公共危机事件发生后，人们的生活方式、思维方式必然有所变化，心理上也会产生一定压力，对信息真伪的辨别能力相对降低，流言谣言也会相对增多。面对如此浩瀚的信息，公众难以在分析、筛选、加工处理信息的基础上从容理性地应对危机。因此，对那些相对次要的、不是公众应对危机迫切需要了解的应对突发事件的信息，行政机关可以选择性地不予公开或是推迟公开，这样既能合理地利用资源，又能最大限度地发挥信息公开对突发事件的关键作用，完成其双重使命。

其次，突发事件不可避免地伴随着人员伤亡、组织消失、财产损失和环境破坏，而且还会对社会心理和个人信息造成破坏性的巨大冲击，进而渗透到社会生活的各个层面，自然也包括对突发事件的应对处理。在这样的背景之下，行政机关如果没有选

---

① 王名扬. 美国行政法（下册）. 北京：中国法制出版社，2005.
② 杨霞. 政府信息公开实现条件研究. 北京：首都师范大学出版社，2006.

择地将所有信息包括那些过于惨烈血腥的负面信息公之于众的话，无疑会给民众受伤和脆弱的心灵带来更为沉重的打击，也使得步履维艰的应急处理工作雪上加霜，在某些社会安全危机的特殊情况之下，甚至有可能激化矛盾，使事态进一步严重恶化。因此，对这些信息进行有选择性的处理后部分公开，既不影响公众的知情权，也不妨碍反而促进了危机的应对处理。所以，《国家突发公共事件总体应急预案》明确规定："突发公共事件的信息发布应当及时、准确、客观、全面。事件发生的第一时间要向社会发布简要信息，随后发布初步核实情况、政府应对措施和公众防范措施等，并根据事件处置情况做好后续发布工作。信息发布形式主要包括授权发布、散发新闻稿、组织报道、接受记者采访、举行新闻发布会等。"

专栏

法律对于应急管理的作用体现在哪些方面？

在应急管理的"一案三制"体系中，应急法制是相对受到忽视，也是不太为人所熟悉的一个板块。对于法律在应急管理过程中到底有何作用，在以下这些方面都存在着一定争论：

（1）突发事件应对是一种特殊的例外情况，必然需要采取很多非常措施。有了法律的制约，政府采取这些非常措施多多少少会感到束手束脚，不能随心所欲地随机应变。那么，法律在应急管理过程中到底起的是积极作用还是消极作用？

（2）应急法制的首要任务到底是什么？首先是服务于应急还是服务于法治？应急和法治两个目标有没有可能统一起来？

（3）突发事件应对要求反应灵敏，应对过程瞬息万变，那么，应急管理领域的法律法规是不是应该规定得原则、抽象一些，"宜粗不宜细"，给有关部门的临机应变留下空间？

（4）应急管理领域的很多制度，是不是没有必要上升到法律、法规的层次，依靠政策、应急预案就可以满足需要？

延伸阅读

［1］韩大元，莫于川. 应急法制论：突发事件应对机制的法律问题研究. 北京：法律出版社，2005.

［2］林鸿潮，詹承豫. 非常规突发事件应对与应急法的重构. 中国行政管理，2009（7）.

［3］林鸿潮. 论公共应急管理机制的法治化——兼辨"一案三制". 社会主义研究，2009（5）.

第十一章
我国应急法制体系

学习目标

1. 了解中国应急法制体系的基本情况。
2. 了解《突发事件应对法》的立法过程和基本制度。
3. 了解中国应急法制发展完善的重点方向。

学习重点

掌握《突发事件应对法》的立法定位和目的、出台背景和过程、基本制度。

案例

新冠肺炎疫情防控中的法律问题

2020年年初,一场新冠肺炎疫情在湖北省武汉市爆发,很快蔓延到全国各地。面对严峻的疫情,党中央、国务院高度重视,多次召开会议进行决策部署,习近平总书记亲自指挥、亲自部署疫情防控工作,多次就疫情防控工作做出重要指示批示。2020年2月5日,习近平总书记主持召开中央全面依法治国委员会第三次会议。习近平在讲话中强调,疫情防控正处于关键时期,依法科学有序防控至关重要。疫情防控越是到最吃劲的时候,越要坚持依法防控,在法治轨道上统筹推进各项防控工作,保障疫情防控工作顺利开展。习近平指出,要完善疫情防控相关立法,加强配套制度建设,完善处罚程序,强化公共安全保障,构建系统完备、科学规范、运行有效的疫情防控法律体系。要严格执行疫情防控和应急处置法律法规,加强风险评估,依法审慎决策,严格依法实施防控措施,坚决防止疫情蔓延。要加大对危害疫情防控行为执法司法力度,严格执行传染病防治法及其实施条例、野生动物保护法、动物防疫法、突发公共卫生事件应急条例等法律法规，依法实施疫情防控及应急处理措施。要加强治安管理、市场监管等执法工作，加大对暴力伤害医务人员的违法行为打击力度，严厉查处各类哄抬防疫用品和民生商品价格的违法行为，依法严厉打击抗拒疫情防控、暴力伤医、制假售假、造谣传谣等破坏疫情防控的违法犯罪行为，保障社会安定有序。要依法规范捐赠、受赠行为，确保受赠财物全部及时用于疫情防控。要依法做好疫情报告和发布工作，按照法定内容、程序、方式、时限及时准确报告疫情信息。要加强对相关案件审理工作的指导，及时处理，定分止争。要加强疫情防控法治宣传和法律服务，组织基层开展疫情防控普法宣传，引导广大人民群众增强法治意识，依法支持和配合疫情防控工作。要强化疫情防控法律服务，加强疫情期间矛盾纠纷化解，为困难群众提供有效法律援助。习近平强调，各级党委和政府要全面依法履行职责，坚持运用法治思维和法治方式开展疫情防控工作，在处置重大突发事件中推进法治政府建设，提高依法执政、依法行政水平。各有关部门要明确责任分工，积极主动履职，抓好任务落实，提高疫情防控法治化水平，切实保障人民群众生命健康安全。

新冠肺炎疫情防控中的法律问题引发我们思考：我国的应急法制体系是否健全？是如何发展演变的？还存在哪些需要进一步完善的地方？

第一节 我国应急法制体系概述

从 1954 年颁布实施《中华人民共和国戒严法》以来，我国的应急法制体系经历了从无到有、从分散到系统的不断发展与完善的过程。目前，我国的应急法制体系主要包括四个层次的内容：宪法当中关于紧急状态的条款；作为基本法的《突发事件应对法》；按照突发事件的种类或者突发事件管理的各个环节制定的单行法律、法规、规章；一般法律或者国际条约当中有关紧急状态或突发事件应对的条款。

一、我国应急法制体系发展的三个重要时期

（一）体系形成阶段："非典"危机暴露出的应急立法需求

发生在 2003 年的"非典"疫情，是触发我国应急管理体系发展进入"快车道"的里程碑事件，我国应急法制体系的发展同样如此。2003 年以前，我国的应急立法处于分散状态，这与我国当时实行的应急管理体制是相对应的。长期以来，我国一直实行部门分工负责为主、议事协调机构和部际联席会议负责协调的应急体制，在法律体系上，基本上也是按照突发事件的类型和负责部门，进行分别立法，形成了一类事件制定一部法律、行政法规（或者一部法律配套若干部行政法规），并主要由一个部门负责应对的体制和法律对应关系，缺乏综合应对和统筹协调的理念和相应的制度设计。这种"一事一法"立法方式的缺陷在 2003 年爆发的"非典"危机中暴露无遗，因为"非典"疫情虽然表现为一个公共卫生事件，但其应对工作却不仅仅涉及主管的卫生部门，

而是广泛涉及交通、公安、教育、民航、民政、市场监管、商务等其他部门和广大基层政府,需要通过政府发挥综合协调作用才能有效应对。为了应对该次危机,国务院仅用一个月的时间就制定了《突发公共卫生事件应急条例》,全国人大常委会也修订了《传染病防治法》,地方政府也及时出台了一系列规章,用于保证"非典"中的资源调配、政令畅通和正常生产、生活秩序的恢复。应对该次危机的经验告诉我们依靠法律应对突发事件的必要性。法律一方面能够保证应急机制的有序运行,为行政紧急权力的行使提供支撑;另一方面,法律能够在公共紧急情况下提供制度约束,通过规定法律后果保证公共部门的权责统一,通过规定保障性措施保证公民在危机应对中的基本权利。

2003 年之后,我国的应急管理体系与法治理念、现代应急管理理念逐渐接轨,以"一案三制"为核心的应急管理体系开始形成,同时也逐步建立起了应急法制的基本框架。这一阶段的代表性立法成果有二:一是 2004 年的《宪法》修正案将"戒严"制度修改为"紧急状态"制度,二是 2007 年应急管理领域的综合性法律《突发事件应对法》颁布实施。

(二)快速发展阶段:"5·12"汶川大地震后的密集立法

2008 年的"5·12"汶川大地震之后,人们开始普遍意识到,"对于不确定程度较低的常规突发事件,应急法律可以凭借'以不变应万变'的方式小心翼翼地实现各种目标,如公正与效率、秩序与自由之间的平衡。而非常规突发事件的发生,将使这一切重新面临考验"[①]。事实证明,在"非典"危机之后制定的《突发事件应对法》在新型、重大、非常规突发事件的考验和冲击之下暴露出了一系列缺点和不足。[②] 行政法学者马怀德等人指出现行应急法制存在对应急组织体系的规定不够健全、对社会和市场力量参与制度规定不足、对应急预案的编制和演练的要求不够明确、对预防重大突发事件的准备工作的保障不到位,以及对事后恢复和重建制度的规定存在空白等五大问题。[③] 从那时起,我国更加重视对应急法制体系的完善,针对地震等重大突发事件应对以及灾害管理中出现的立法空白进行了密集的立法活动。地方人大常委会和地方政府也纷纷颁布适用于本行政区域的地方性法规、地方政府规章。据不完全统计,汶川地震后关于地震的规范性法律文件 7 个月内激增 94 部,灾后 10 年全国出台的关于地震的规范性法律文件数目高达 309 部。[④]

(三)体系革新阶段:应急管理体制改革之后的立法趋势

2018 年国家机构改革组建了应急管理部,整合了此前分散在 11 个部门的 13 项应急管理职能。随后,地方各级政府的应急管理部门也相继挂牌运行。应急管理部门的设立是我国应急管理体制的重大改革,在我国应急管理体系的发展史上是一个重大事

[①] 林鸿潮. 公共应急管理机制的法治化. 武汉:华中科技大学出版社,2009.
[②] 王宏伟. 中国特色应急管理制度的构建与应急管理部的未来发展. 中国安全生产,2018(6).
[③] 马怀德. 修改《突发事件应对法》的几点建议. 理论视野,2009(4).
[④] 张鹏,等. 近 30 年中国灾害法律法规文件颁布数量与时间演变研究. 灾害学,2011(3). 笔者在其研究的基础之上,根据中国政府法制信息网上的数据,对其中一些数据进行了增加、更改。

件。体制的变革必然要求法制体系做出相应的调整，可以预见，机构改革后我国的应急法制体系必将进入一个新的密集立法期，目前已经有所体现。例如，《消防法》已经在2019年修改，《安全生产法》的修订也在2019年进入了全国人大常委会的立法程序当中，将《危险化学品安全管理条例》升格为《危险化学品安全法》和起草《自然灾害防治法》的立法工作也已经启动。在这个新的阶段，立法将呈现两个显著特点：一是综合性立法增多，这和应急管理部门所承担的在自然灾害防治、安全生产、应急救援等方面的综合性职能是密切相关的；二是更多地反映国家治理体系和治理能力现代化进程中的新成果，特别是简政放权、放管结合、优化服务的"放管服"改革的成果，"告知承诺制""双随机、一公开""互联网+监管""失信联合惩戒""黑名单"等制度有望在新制定、新修订的一批法律、法规中得到体现。

二、中国应急法制体系的主要内容

2004年，十届全国人大二次会议对1982年《宪法》做了第四次修改，将《宪法》中规定的"戒严"修改为"紧急状态"，并对紧急状态的决定与宣布做出了规定，这次修改结束了《宪法》非常法制条款规定不周延的局面——修改之前的《宪法》仅规定了战争、动员、戒严这三种情况——为此后应急法律的制定提供了立法依据。目前我国应急法制体系的基本情况可以概括如下：

（一）以突发事件的种类作为分类标准

第一类：自然灾害类。我国自然灾害类的立法主要按照灾种划分，目前还没有一部跨灾种的综合性立法。现有的立法主要包括法律层面的《防洪法》《防沙治沙法》《防震减灾法》《气象法》《大气污染防治法》等，行政法规层面的《防汛条例》《抗旱条例》《破坏性地震应急条例》《森林防火条例》《草原防火条例》《森林病虫害防治条例》《地质灾害防治条例》等，规章层面的《水库地震监测管理办法》《地质环境监测管理办法》等。总体来说，我国的自然灾害类立法体现了这几个特点：① 以单灾种立法为主，缺乏跨灾种综合立法；② 以行政法规、规章为主，法律的数量比较少；③ 各灾种之间立法数量极不均衡，如针对水旱灾害的单行法共有9部，而针对海洋灾害的单行法数量为零。

第二类：事故灾难类。我国事故灾难类的立法相对于其他三种类型的立法而言，发展得最为成熟。其中，《安全生产法》作为本领域内的综合性立法，以专章规定了事故灾难管理的内容；除此之外，还包括《建筑法》《消防法》《矿山安全法》《特种设备安全法》《海上交通安全法》《放射性污染防治法》等行业法律以及《生产安全事故报告和调查处理条例》《安全生产许可证条例》《生产安全事故应急条例》《危险化学品安全管理条例》《放射性同位素与射线装置安全和防护条例》《国务院关于预防煤矿生产安全事故的特别规定》《建设工程安全生产管理条例》《道路运输条例》《内河交通安全管理条例》《渔业船舶检验条例》《河道管理条例》等一系列涉及生产经营、特种作业监督、矿山和危化品日常管理、交通安全、从业人员救援保障的行政法规、规章。事故灾难领域立法的问题主要有两点：首先，主要法律中对应急管理的规定不足，应急管理理念比较陈旧；其次，由于存在诸多行业性立法，难免存在"多头立法"，导致下位法与上位法的规定存在不一致甚至冲突之处，对此，我们认为，当务之急要以应急管理部的成立为契机加快修法进程，修改《安全生产法》及相关法律，及时删除不合时宜的规定，将非常态下的应急管理作为《安全生产法》中一个独立章节加以充实。与此同时，应当尽快进行法规清理，废除年代久远、不再适用的法律文件，或者删除与上位法冲突的条款。

第三类：公共卫生类。公共卫生类突发事件的管理以2003年《突发公共卫生事件应急条例》的出台作为法治化的标志。在法律层面主要包括《传染病防治法》《食品安全法》《动物防疫法》《进出境动植物检疫法》《国境卫生检疫法》等；在行政法规层面主要包括《重大动物疫情应急条例》《突发公共卫生事件应急条例》《植物检疫条例》等；在规章层面有《国境卫生检疫法实施细则》等。

第四类：社会安全事件类。突发性社会安全事件并不是一个精确的法律概念，只是对同类现象的概括，也可以认为只要是由于人为的因素造成或者可能造成一定区域内的人身或者财产损失的事件就可称为社会安全事件。目前，社会安全事件主要包括恐怖袭击、群体性冲突或暴力事件、经济安全事件、网络安全事件和涉外突发事件等。目前，我国还没有专门针对突发性社会安全事件应急管理的专门立法，将来制定这样一部法律的可能性也比较小，但有大量法律法规规章等涉及社会安全事件的应急管理。具体而言，我国《宪法》规定了动员和紧急状态的决定和宣布问题；在法律层面，《价格法》《戒严法》《国防法》《国家安全法》《反恐怖主义法》等分别规定了当正常的经济秩序、社会秩序、国家管理秩序进入非常状态时的紧急处置措施；在行政法规层面，主要有《信访条例》《民用爆炸物管理条例》《农药管理条例》《中央储备粮管理条例》等。除了以上国内法，我国加入的《制止恐怖主义爆炸的国际公约》等也在实践中规范着社会安全事件的应急管理活动。

（二）以应急管理的阶段作为区分标准

第一类：事前及事发预防、准备、监测、预警阶段。这是突发事件发生之前的事前管理阶段，突发事件并没有实际发生或者只是刚刚发现，公共危机处于尚未发生或者向发生演变的过程中。在这一阶段，应急管理部门主要履行三种职能：第一，为将来有可能发生的突发事件进行准备性工作，如进行应急预案编制、应急资源储备、应急场所建设、救援队伍建设与演练等；第二，对可能发生的突发事件进行日常监测；第三，在监测过程中发现突发事件已经发生或者有极大的可能发生，向有可能受到突发事件影响的地区或者人员发出警报。目前，相关的立法主要有《气象法》《防震减灾法》《地震安全性评价管理条例》《中央储备粮管理条例》《城市供水条例》《海洋观测站点管理办法》《粮食流通管理条例》《森林防火条例》《草原防火条例》《气象灾害防御条例》等。

第二类：事中处置、救援阶段。进入这一阶段标志着突发事件已经实际发生，正常秩序被破坏，应急行动开始启动，行政紧急权力得到扩大。2018年应急管理部成立之后，原公安消防部队、武警森林部队退出现役，与安全生产救援队伍共同组成了综合性常备应急救援力量。因此，这一阶段的立法可以细分为两部分：第一部分是侧重于规定救援措施开展的,如《破坏性地震应急条例》《生产安全事故应急条例》《铁路交通事故应急救援和调查处理条例》《民用运输机场应急救援规则》等;第二部分是侧重于规定救援人员的,如《消防法》(该法主要针对火灾救援,但是消防部队转制后,消防承担综合性应急救援的职责,因此将该法列在此处)、《军队参加抢险救灾条例》等。

第三类:事后恢复救助阶段。突发事件的危险源基本得到控制,人员和财产救援活动基本结束之后,政府及其相关部门的主要职责是将应急状态恢复到正常状态。目前,我国关于这一阶段的立法非常少,在法律层面上主要是在《慈善法》当中有个别条款涉及,另外在 2008 年汶川地震之后先后出台了《汶川地震灾后恢复重建条例》《自然灾害救助条例》《社会救助暂行办法》等行政法规。除此之外,这一阶段的主要立法文件基本上是各省区市根据《自然灾害救助条例》制定的具体实施办法。

第二节 《突发事件应对法》的制定和实施

一、《突发事件应对法》的立法背景和过程

《突发事件应对法》最早列入国家立法计划并不使用现名,而是拟订名为《紧急状态法》。在"非典"结束后不久的 2004 年 3 月,作为对此次公共危机反思的结果,当时召开的十届全国人大二次会议决定将《宪法》中的戒严制度修改为紧急状态制度。原因在于,戒严仅仅适用于政治动乱、暴乱、骚乱一类的公共危机,对于其他可能给国家安全和社会稳定带来同等程度冲击的突发事件则不能适用,只有将"戒严"扩大到"紧急状态"才能够解决这个问题。为了配套宪法上的这一修改,《紧急状态法》随即被列入全国人大常委会和国务院当年的立法计划,但该法最终出台时却更名为《突发事件应对法》。

从《紧急状态法》更名为《突发事件应对法》,体现了这部法律调整对象、调整范围的变化,背后则折射出立法思路上的重大转变。在立法工作之初,当时主要是以 2003 年的"非典"疫情作为突发事件的情景假设,因此,重点考虑的是解决紧急状态的宣告、结束、监督,以及对紧急状态下政府特殊权力的授予和控制问题。在《紧急状态法》起草的过程中,起草部门认为《紧急状态法》所调整的对象和应对公共突发事件所需要包含的对象之间虽然有一定的重叠,但应对突发事件的内涵要比紧急状态宽得多。突发事件应对包括自然灾害、事故灾难、公共卫生事件和社会安全事件四大类,需要宣布紧急状态可能只是其中的一部分,而且偏重于公共卫生事件和社会安全事件。大部分突发事件的应对虽然没有达到需要宣告紧急状态的程度,并不会引起宪法秩序的改变,但仍然需要政府采取若干有别于常态的特殊措施,这可能引起行政管理法律秩序的改变,因而也需要获得法律上的根据,需要法律进行调整。因此,如果以《紧急状态法》来涵盖突发事件应对的全部内容会显得法律的名称和内容很不相称。而每一个突发事件的应对都应当依法处置,达不到宣告紧急状态的突发事件,其应对工作也需要有法律来规范。而从应急管理的过程来看,宣告紧急状态主要着重的还是突

发事件的事中处置环节,对于事前的危机预防和应急准备、监测预警,以及事后的恢复重建等环节涉及的不多。而"非典"的经验教训已经表明,应急管理是一个覆盖突发事件发生、发展、演变各环节的全过程管理,而且是以事前的预防为主。如果立法仅仅关注紧急状态问题,范围就太窄,覆盖不了全过程,因此需要拓展到整个突发事件应对的层面。这几个方面,成为当时起草部门决定将《紧急状态法》更名为《突发事件应对法》的主要动因。有鉴于此,起草部门将紧急状态制度和一般的应急管理制度同时纳入草案当中,并一度考虑将该法更名为《突发事件和紧急状态处置法》。主体内容则分成了两大部分,一部分调整一般突发事件的应对活动,另一部分则调整紧急状态,包括紧急状态的决定、宣布、终止、延续及紧急状态下的特别处置措施等问题。

在国务院将立法草案提交全国人大常委会审议时,再一次发生了重大变化。考虑到如果确实发生了需要宣告紧急状态的极端突发事件,国家在紧急状态下的危机应对措施需要很强的灵活性,而有关紧急状态决定和宣布的制度在《宪法》中已经有了明确的规定,如果确实需要另行采取特殊处置措施,也可以由全国人大常委会临时另行立法。因此,正式提交审议的立法草案中又删去了有关紧急状态制度的具体条款。最终,在2007年8月24日提交全国人大常委会进行第三次审议的草案中,只在这部法律的"附则"中保留了一个开放性的条款对紧急状态的问题加以交代,就是该法的第69条。最终,这部以《紧急状态法》之名列入立法计划的法律,经过四年多的起草、修改和审议,更名为《突发事件应对法》,于2007年8月30日经十届全国人民代表大会常务委员会第二十九次会议审议通过,于2007年11月1日正式实施。

二、《突发事件应对法》中的主要制度

《突发事件应对法》规定了"循环型"的不断深化的应急管理机制,即根据突发事件的发展周期来配置各类应急主体的职责和职权,使得各类应急主体的职权和职责能够覆盖突发事件的发生、发展直至消灭的整个过程。《突发事件应对法》对各类应急主体在突发事件发生与发展不同阶段的职权和职责做了详细规定(见表11-1)。

表 11-1 循环型应急管理的运作过程

生命周期	目标描述	职权与职责示例
预防与准备	避免和减少突发事件发生的诱因,在人力、物力、财力、技能、意识等方面做好准备,提高应对突发事件的能力	建立健全应急预案体系(第十七条) 危险源排查和风险评估(第二十条) 宣传普及应急知识和应急演练(第二十九条)
监测与预警	对突发事件的前兆信息进行监测,及时评估和处理相关信息并做出决策;发布预警并采取相应控制措施,预先控制突发事件的蔓延和发展	建立统一的突发事件信息系统(第三十七条) 建立突发事件信息收集制度(第三十八条) 建立健全突发事件监测制度(第四十一条) 建立健全突发事件预警制度(第四十二条) 发布突发事件的警报、进入预警期(第四十三条)

续表

生命周期	目标描述	职权与职责示例
处置与救援	控制突发事件的事态，减轻或消除突发事件的危害，避免、减少人员伤亡和财产损失，防止发生次生或衍生事件	针对自然灾害、事故灾难、公共卫生事件的措施（第四十九条） 针对社会安全事件的措施（第五十条） 针对经济安全事件的措施（第五十一条）
恢复与重建	结束应急状态，恢复正常生活秩序和基础设施体系，总结经验与教训，预防未来突发事件的发生	结束应急状态（第五十八条） 评估损失和制定恢复重建计划（第五十九条） 组织实施善后工作计划（第六十一条）

（一）突发事件的预防与应急准备制度

突发事件的预防和应急准备是《突发事件应对法》中最重要的制度，涉及条文最多。《突发事件应对法》第二章"预防与应急准备"共20条，接近全部条文的1/3。包括如下具体内容：

1. 提高全社会危机意识和应急能力的制度

这是突发事件应对的基础性制度，主要包括：① 各级各类学校应该将应急知识教育纳入教学内容，培养学生的安全意识和自救、互救能力。② 基层人民政府应当组织应急知识的宣传普及活动，新闻媒体应当无偿开展突发事件预防与应急、自救与互救知识的公益宣传。③ 基层人民政府、居民委员会、村民委员会、企业事业单位应当开展必要的应急演练。④ 对政府及其有关部门负有处置突发事件职责的工作人员定期进行培训。

2. 风险评估、隐患排查和监控制度

这是最重要的突发事件预防制度，主要包括：① 县级人民政府应当对本行政区域内的危险源、危险区域进行调查、登记、风险评估，定期进行检查、监控。② 所有单位都应当建立健全安全管理制度，矿山、建筑工地等重点单位和公共交通工具、公共场所等人员密集场所，都应当制定应急预案，开展隐患排查。③ 县级人民政府及其有关部门、各基层组织应当及时调解处理可能引发社会安全事件的矛盾纠纷。

3. 应急预案制度

应急预案是事先准备的应对未来发生的突发事件的行动方案，是各级政府及其有关部门应对突发事件的计划和步骤，也是一项制度保障。应急预案是各级各类法律规范中所承载的应急体制、应急机制结合特定区域、部门、单位的应急管理任务所预先制定的操作方案。应急预案本身不是法律规范，而是对法律规范的执行方案。

4. 建立应急救援队伍的制度

这是重要的组织保障制度，主要包括：① 县级以上人民政府应当整合应急资源，建立或者确立综合性应急救援队伍。② 各级政府有关部门可以根据实际需要设立专业应急救援队伍。③ 单位应当建立由本单位职工组成的专职或者兼职应急救援队伍。④ 专业应急救援队伍和非专业应急救援队伍应当联合培训、联合演练，提高合成应急、协同应急的能力。

5. 突发事件应对的资源准备制度

这一制度为应对突发事件所需的物资、经费等提供了保障，主要包括：① 物资储备保障制度。国家要完善重要应急物资的监管、生产、储备、调拨和紧急配送体系；设区的市级以上人民政府和突发事件易发、多发地区的县级人民政府应当建立应急救援物资、生活必需品和应急处置装备的储备制度；县级以上地方各级人民政府应当根据本地区的实际情况，与有关企业签订协议，保障应急救援物资、生活必需品和应急处置装备的生产、供给。② 经费保障制度。国务院和县级以上地方各级人民政府应当采取财政措施，保障突发事件应对工作所需经费。③ 通信保障体系。国家建立健全应急通信保障体系，完善公用通信网，建立有线与无线相结合、基础电信网络与机动通信系统相配套的应急通信系统，确保突发事件应对工作的通信畅通。

6. 满足应急需要的城乡规划制度

城乡规划应当符合预防、处置突发事件的需要，统筹安排应对突发事件所必需的设备和基础设施建设，合理确定应急避难场所。

（二）突发事件的监测制度

监测制度是做好突发事件应对工作，有效预防、减少突发事件的发生，控制、减轻和消除突发事件引起的严重社会危害的重要制度保障。《突发事件应对法》从以下两个方面做了规定：

1. 建立统一的突发事件信息系统

目的是有效整合现有资源，实现信息共享，具体包括：① 信息收集制度。县级以上人民政府及其有关部门、专业机构应当通过多种途径收集突发事件信息。县级人民政府应当在居民委员会、村民委员会和有关单位建立专职或者兼职信息报告员制度。获悉突发事件信息的公民、法人或者其他组织，应当向所在地人民政府、有关主管部门或者指定的专业机构报告。地方各级人民政府应当向上级人民政府报送突发事件信息。县级以上人民政府有关主管部门应当向本级人民政府相关部门通报突发事件信息。专业机构、监测网点和信息报告员应当向所在地人民政府及其有关主管部门报告突发事件信息。② 信息的分析、会商和评估制度。县级以上地方各级人民政府应当及时汇总分析突发事件隐患和预警信息，必要时组织有关部门、专门技术人员、专家学者进行会商，对发生突发事件的可能性及其可能造成的影响进行评估。③ 建立上下左右互联互通和信息及时交流的制度。

2. 建立健全突发事件监测网络

县级以上人民政府及其有关部门应当根据自然灾害、事故灾难和公共卫生事件的种类和特点，建立健全基础信息数据库，完善监测网络，划分监测区域，确定监测点，明确监测项目，提供必要的设备、设施，配备专职或者兼职人员，对可能发生的突发事件进行监测。

（三）突发事件的预警制度和预控措施

预警制度是根据有关突发事件的预测信息和风险评估，依据突发事件可能造成的危害程度、紧急程度和发展趋势，确定相应预警级别，发布相关信息、采取相关措施的制度。其实质是根据不同情况提前采取针对性的预控措施。具体包括如下内容：

1. 预警级别制度

根据突发事件发生的紧急程度、发展态势和可能造成的危害程度，分为一级、二级、三级和四级，分别用红、橙、黄、蓝色标示。考虑到不同突发事件的性质、机理、发展过程不同，法律难以对各类突发事件预警级别规定统一的划分标准。因此，预警级别划分的标准由国务院或者国务院确定的部门制定。

2. 预警发布权

预警的突发事件发生地的县级以上政府具有警报的发布权，但影响超过本行政区域范围的，应当由上级政府发布预警警报。确定预警警报的发布权，应当遵守三项原则：属地为主的原则，权责一致的原则，受上级领导的原则。

3. 发布三级、四级警报后应当采取的措施

这些措施总体上是旨在强化日常工作，做好预防、准备工作和其他有关的基础工作，是一些强化、预防和警示性的措施。其中，最重要的有三项：① 开展风险评估，即做好突发事件发展态势的预测。② 向公众发布警告，宣传避免、减轻危害的常识，公布咨询电话。③ 对相关信息报道工作进行管理。

4. 发布一级、二级警报后应当采取的措施

发布一级、二级警报，意味着突发事件发展到了一触即发的地步，人民群众的生命财产安全即将面临威胁。因此，这时采取的措施应当更全面、更有力，但在性质上仍然属于预控性、保护性的措施。在法律起草过程中，有人曾提出在这些措施中有的可能会损害人民群众的合法权益，如转移、疏散或者撤离易受突发事件危害的人员并予以安置，转移重要财产；关闭或者限制使用易受突发事件危害的场所，控制或者限制容易导致危害扩大的公共场所的活动等。回答这个问题要回到立法的总体思路上来，思考在特殊情况下如何进行利益衡量。在以往的抢险救灾实践中，常常发生因个别人不肯撤离现场导致重大伤亡的情况，有时甚至需要救援人员苦苦哀求一些人撤离，这种情况对突发事件预防危害很大，因此有必要在立法中赋予政府相应的权力，避免因个别人的行为导致损害扩大，规定一些相对严厉的控制性措施是完全必要的。当然，如果有事实证明突发事件将不会发生或者危险已经解除的，应当及时解除已经采取的有关措施。

（四）突发事件的应急处置与救援制度

突发事件发生以后，首要的任务是进行有效的处置，组织营救和救治受害人员，防止事态扩大和次生、衍生事件的发生。突发事件的应急处置与救援制度包括如下内容：

1. 自然灾害、事故灾难或者公共卫生事件发生后可以采取的措施

这些类型的突发事件发生以后，履行统一领导职责的人民政府可以采取各类控制性、救助性、保护性、恢复性的处置措施。这些措施包括：组织营救和救治受害人员，疏散、撤离并妥善安置受到威胁的人员；迅速控制危险源，标明危险区域，封锁危险场所，划定警戒区，实行交通管制；立即抢修被损坏的交通、通信、供水、排水、供电、供气、供热等公共设施，向受到危害的人员提供避难场所和生活必需品，实施医疗救护和卫生防疫；禁止或者限制使用有关设备、设施，关闭或者限制使用有关场所，中止人员密集的活动或者可能导致危害扩大的生产经营活动；启用财政预备费和储备的应急救援物资，必要时调用其他急需物资、设备、设施、工具；组织公民参加应急救援和处置工作，要求具有特定专长的人员提供服务；保障食品、饮用水、燃料等基本生活必需品的供应；依法从严惩处囤积居奇、哄抬物价、制假售假等扰乱市场秩序的行为，稳定市场价格，维护市场秩序；依法从严惩处哄抢财物、干扰破坏应急处置工作等扰乱社会秩序的行为，维护社会治安。

2. 社会安全事件发生后可以采取的措施

社会安全事件表现为人与人之间的冲突对抗，其处置措施不同于前三类突发事件。社会安全事件往往具有危害大、影响广的特点，因此有必要建立快速反应、控制有力的处置机制，坚持严格依法、果断坚决、迅速稳妥的处置原则。社会安全事件发生后采取的处置措施具有较强的强制性。这些措施包括：强制隔离使用器械相互对抗或者以暴力行为参与冲突的当事人，妥善解决现场纠纷和争端，控制事态发展；对特定区域内的建筑物、交通工具、设备、设施以及燃料、燃气、电力、水的供应进行控制；封锁有关场所、道路，查验现场人员的身份证件，限制有关公共场所内的活动；加强对易受冲击的核心机关和单位的警卫，在国家机关、军事机关、国家通讯社、广播电台、电视台、外国驻华使领馆等单位附近设置临时警戒线。

3. 突发事件发生严重影响国民经济正常运行时可以采取的措施

严重影响国民经济正常运行的情况主要是指银行挤兑、股市暴跌、金融危机等。在这种情况下，国务院或者国务院授权的部门可以采取保障、控制等必要的应急措施，例如及时调整税率，宣布税收开征、停征以及减税、免税、退税等调控措施；调节货币供应量、信贷规模和信贷资金投向，规范金融秩序，实行外汇和国际贸易等方面的管制措施。

（五）突发事件的事后恢复与重建制度

突发事件的威胁和危害基本得到控制和消除后，应当及时组织开展事后恢复和重建工作，以减轻突发事件造成的损失和影响，尽快恢复生产、生活、工作和社会秩序，妥善解决处置突发事件过程中引发的矛盾和纠纷。具体包括：① 及时停止应急措施，同时采取或者继续实施防止次生、衍生事件或者重新引发社会安全事件的必要措施。② 制定恢复重建计划。突发事件应急处置工作结束后，有关人民政府应当在对突发事件造成的损失进行评估的基础上，组织制定受影响地区的恢复重建计划。③ 上级人民政府提供支持和援助。受突发事件影响地区的人民政府开展恢复重建工作需要上一级人民政府支持的，可以向上一级人民政府提出请求。上一级人民政府应当根据受影响地区遭受的损失和实际情况，提供必要的援助。④ 国务院根据受突发事件影响地区遭受损失的情况，制定扶持该地区有关行业发展的优惠政策。

三、对《突发事件应对法》的评价

（一）《突发事件应对法》的历史意义

《突发事件应对法》从2007年实施到现在，已经有十多年的时间。十多年来，如果没有《突发事件应对法》提供法律上的保障，我国处理突发事件的预案、体制、机制建设是无法收到预期效果的。《突发事件应对法》的颁布实施，总结提炼了2003年"非典"疫情之后到2007年之间我国应急管理实践创新和理论创新的成果，集中体现了这一阶段对应急管理工作的规律性认识。① 该法进一步明确了政府、公民、社会组织在突发事件应对中的权利、义务和责任，确立了规范应对各类突发事件共同行为的基本法律制度，为有效实施应急管理提供了最基本的法律保障。

《突发事件应对法》的颁布实施标志着我国的公共应急法制体系建设进入了一个全新的发展阶段，由"一事一法"模式进入了综合性立法模式。《突发事件应对法》适用于全部突发事件应对的全过程，覆盖事前的预防和准备、临事的监测和预警、事中的处置和救援、事后的恢复和重建等全部管理环节，对我国政府依法实施应急管理起到了指引和托底的作用，消灭了应急管理中的法律空白地带。在《突发事件应对法》历时数年的立法活动的推动和影响下，我国的应急法制体系建设进入了"快车道"。在该法出台前后，一大批单行性的应急管理法律、法规随之制定或者修改，国家层面的应急法制体系日趋完整。与此同时，多个省市为了实施《突发事件应对法》制定了一大批执行性的法规、规章，其中不乏很有价值的制度创新。一个以《宪法》为基础、以《突发事件应对法》为龙头、以各种单行性应急法律法规为主体、以各地的实施性细则为补充的应急法制体系，通过"非典"疫情之后十多年的努力，已经基本上变成了现实。

《突发事件应对法》实施十多年来，其确立的诸多应急管理中的基本原则、基本理念逐步深入人心，被各级政府和广大社会公众所普遍接受和实践，极大地改变了我国公共应急管理的面貌。《突发事件应对法》确立了预防为主、预防与应急相结合的原则。在这一原则的指引下，我国的公共应急管理已经由传统上的单纯事中处置发展为覆盖公共危机整个生命周期的全过程管理，对突发事件的事先预防和应急准备日益成为应急管理的重心。《突发事件应对法》规定，国家建立统一领导、综合协调、分类管理、分级负责、属地管理为主的应急管理体制。为了构建这一体制，我国各级政府曾普遍设立作为日常应急管理机构的应急管理办公室，越来越多的政府设立了统一的应急领导和指挥机构，也就是应急管理委员会或应急指挥部，各种专项的应急指挥机构也不断健全。2018年国家机构改革之后，各级政府又组建了承担突发事件综合应对职能的应急管理部门。政府对突发事件应对的综合协调能力日益增强，"条""块"矛盾得到了一定程度的解决，部门间的分工协作更加顺畅，军队和地方在重大灾害应对中的协调联动能力也得到了显著增强。《突发事件应对法》所规定的社会动员机制有助于使整个社会的潜能在应急管理过程中得到释放、资源得到整合，有利于在短时间内形成解决危机的强大合力。

(二)《突发事件应对法》的不足

由于突发事件的不确定性和高度复杂性，任何立法者都不可能对突发事件做出完美的预测和假设并预备好应对方案。这就决定了公共应急领域的法律、法规在完善程度上，相对于一般的立法总是存在差距。《突发事件应对法》作为我国公共应急领域第

---

① 钟开斌. 中国应急管理的演进与转换：从体系建构到能力提升. 理论探讨，2014（2）.

一次综合性立法的成果，也难免存在着若干不足。

第一，该法在立法思路上还是以"控权"而非"应急"作为首要目标，导致其工具性价值有所削弱。由于全国人大常委会最初希望制定的是一部《紧急状态法》，后来由于立法思路的连续转变而制定成了《突发事件应对法》，因此，后来的这部《突发事件应对法》在立法思路和制度设计上仍然难免带有很多《紧急状态法》的痕迹。而《紧急状态法》在法律目标上主要是解决紧急权力的授予和结束问题，整部法律都是按照"授权—控权"的二元结构展开的。换言之，为突发事件应对提供操作性工具并不是《紧急状态法》的主要目标，但恰恰应该是《突发事件应对法》的主要目标。应该说，《突发事件应对法》在很大程度上继承了原《紧急状态法》草案中的"授权—控权"思路，对公共应急管理中具体的体制、机制总结、提炼得还不够深入，导致其实用价值有所削弱。

第二，该法的内容相对原则、抽象，可操作性不强。《突发事件应对法》试图囊括所有类型突发事件应对的全过程，成为应急管理领域无所不包的基本法，这固然有利于消除立法空白，"一揽子"地解决各种类型突发事件应对的"有法可依"问题。但是，按照这样的立法思路，这部法律就必须抽象出各种各类突发事件应对中的共同方法和策略，求取"最大公约数"，绝大部分具体的、个性化的、不能适用于全部突发事件类型的制度内容都会被舍弃。这就导致最后剩下的制度内容比较空泛、抽象、原则，这种立法模式可能比较有利于站在教义法学视角来进行理解，但不太有利于承担应急管理职责的各类专业部门掌握和执行，这也是实践中很多政府部门"抱怨"《突发事件应对法》"不管用""落不了地"的重要原因之一。

第三，该法所构建的应急组织体系还不够健全，在应急资源的整合能力上还存在差距。例如，以政府作为应对突发事件的领导机关有时候还不足以有效调度重大突发事件应对所需的全部资源。[①] 军队和地方还缺乏常效的联动机制，这可能导致重大突发事件应急处置中的沟通不畅、协调不力。再如，负责应急管理工作的部门在职能上还存在交叉重叠，重复建设在部分领域还比较严重；过度依靠临时指挥机构难以建立长效的应急管理体制；应急处置结束后难以科学、客观地总结经验教训，不利于推动应急管理水平持续提升。

第四，社会和市场力量参与突发事件应对还缺乏制度保障。例如，民间组织、志愿者等社会力量参与突发事件应对的机制还不够完善，特别是在筹措资金、开展服务等方面还存在一系列障碍，有关支持、鼓励民间组织和志愿者参与突发事件应对的配套法规还不够健全。突发事件应急处置的职权只由政府承担，一些公用企事业单位如电力、能源、运输、电信等缺乏法律授权，导致其开展必要的应对活动时存在法律障碍。灾害保险制度还不健全，缺乏有效的市场化风险分担机制。《突发事件应对法》要求建立国家财政支持的巨灾风险保险体系，由于缺乏配套规定，实际上较难落实。

第五，突发事件应急处置的事前准备缺乏足够明确、具体的保障性措施。《突发事件应对法》规定了预防为主的原则，但法律中的相关规定大多只提到了工作目标，而缺乏实现这些目标所必须采取的具体措施及相应的保障性规定，或者虽然有规定，但

[①] 王宏伟. 中国特色应急管理体制的构建与应急管理部的未来发展. 中国安全生产，2018（6）.

缺乏必要的硬性约束。例如，应急资金缺乏保障，作为应急资金重要来源的财政预备费经常被零散地用于各种开支，一旦发生重大突发事件，实际可以动用的资金难以满足需要。再如，对应急宣传教育、培训与演练的时间、频次也没有明确要求，导致在实践中较难落实。

第三节　我国应急法制的发展和完善

应急法制作为典型的回应型法[①]，其不断完善的过程就是在保持法制体系完整性、自洽性的基础上不断回应应急管理现实需求的过程。纵观世界各主要国家的应急法，很容易发现这样一个普遍的规律，在某一次重大的突发事件后往往会启动一轮密集的立法、修法活动。以日本为例，2011年日本东部发生"3·11"大地震之后，日本连续三次修改《灾害对策基本法》，先后颁布实施了《海啸对策推进法》（2011年）、《创建海啸防灾区域法》（2012年）、《原子力规制委员会设置法》（2012年）、《大规模灾害复兴法》（2013年）、《大规模灾害的受灾地区借地借家特别措置法》（2013年）以及《首都直下型地震对策特别措置法》（2013年）六部法律。[②]

党的十八大以来，习近平总书记多次强调，建设中国特色社会主义法治体系，必须坚持立法先行，发挥立法的引领、推动作用。虽然我国应急立法的进程总体上在不断加快，尤其是在2018年应急管理部成立以后，出于法制与体制相配套的需要，应急管理领域的立法、修法活动和法律法规清理工作步入了"高速路、快车道"，但在目前，我国的应急法制体系还存在着几个亟待思考和解决的问题。应急管理部在全面清理现有应急管理法律法规，广泛听取有关方面意见的基础上，提出通过若干年的努力，逐步形成"1+4"应急管理法律框架体系。其中，"1"指的是制定一部《应急管理法》，"4"指的是在已有的《安全生产法》和《消防法》的基础上，增加《自然灾害防治法》和《应急救援组织法》两部法律，以这个"1+4"的框架统帅自然灾害防治、事故灾难应对、综合应急救援几个领域的单行性法律、法规。当然，虽然应急管理部的职责只涉及自然灾害防治、事故灾难应对和综合应急救援，但在以后的公共卫生安全、社会安全等领域，以及涉及宪法秩序的紧急状态层面，也面临着若干立法任务。在这里，我们对未来一个阶段我国应急管理领域重要的立法任务择要加以讨论。

一、制定《紧急状态法》的问题

在我国当前的应急法制体系中，《突发事件应对法》是非常态行政法律制度的基本

[①] 美国学者诺内特和塞尔利兹克合著的《转变中的法律与社会——迈向回应型法》一书中将法律分为三种类型：压制型法、自治型法与回应型法。回应型法的理念可概括为：将法治视为一种社会治理的制度，在法治的框架中审视已有的制度的能力和缺点，并根据社会发展需要调整制度安排，消解危机与冲突。

[②] 日本内阁府. 防灾白书附属资料, 2015（6）.

法,但在我国《宪法》中并无"突发事件"的表述,只有"紧急状态"的表述,造成立法逆位现象,上下位法之间的关系不协调。①正如前文所述,在《突发事件法》立法活动的前期,本来要制定的是《紧急状态法》,后来也曾更名为《突发事件和紧急状态处置法》,但是由于种种原因,正式出台时这部法律当中关于紧急状态的实质性规定都被删除了。近年来,随着理论研究的不断深入以及应急管理理念的革新,我们开始逐渐认识到对《宪法》当中明确提出的紧急状态不能采取回避的态度,而近年来爆发的很多非常规突发事件的处置实际上也有宣告紧急状态的必要性,仅仅依靠《突发事件应对法》也难以保证一些特殊应对措施的合法性。因此,在我国应急法制体系基本法的位置上,除了既有的《突发事件应对法》之外,还应当增加一部《紧急状态法》,或者采取过渡性的做法,修改《突发事件应对法》,增加关于紧急状态的规定。

二、修订《突发事件应对法》的问题

长期以来,人们都认为法律的效力是与其安定性成正比的,效力越高的法律文件,安定性越高,越不能频繁修改。这种观念与应急法需要回应频繁变动的现实需求的特点是存在矛盾的。随着时间的推移,《突发事件应对法》的时代局限性已经越加明显。衡量一部应急法律是否良法,最主要的指标是看其是否显著提升了全社会的突发事件应对能力,是否具有可操作性。因此,增强可操作性,革新应急管理的理念,回应应急体制改革,是下一步《突发事件应对法》修订的核心目标。

三、制定《自然灾害防治法》的问题

在应急管理部提出的"1+4"立法框架中,包括一部《自然灾害防治法》。我们认为,制定这样一部法律是非常必要的,但应该将其定位为自然灾害防治领域的一部"综合法",而不是一部"总法"。

所谓制定"总法",就是在各灾种单行法的基础上,把自然灾害防治中共同的、一般性的制度内容提取出来加以规定,提取"最大公约数",成为本领域中一部总括性的基本法。在此基础上,再就各灾种防治中具有特殊性的问题及实施这部"总法"的问题,分别制定自己的单行法,形成一个"总分结构"的自然灾害防治法律体系。这一思路的缺点在于:第一,提取"最大公约数"所得到的内容必然较为原则、抽象,可操作性较差,立法之后,在自然灾害防治的实践中主要还要靠各灾种的单行法发挥作用,"总法""中看不中用"。第二,一部"总法"固然有助于统一自然灾害防治的制度框架,并对那些没有制定单行法的小灾种、罕见灾种防治发挥兜底作用,但要考虑到我国已经有了一部《突发事件应对法》,已经能够发挥这方面的作用了,再按照类似思路制定一部《自然灾害防治法》,不免重复。第三,"总分结构"的自然灾害防治法律体系本来有利于节约立法资源,但我们是在各主要灾种单行法比较齐备的情况下制定《自然灾害防治法》的,这部法律出台之后,并不可能去大规模地修订、删节各种单

---

① 李娟. 我国"一案三制"框架下公共安全应急法制建设研究. 信访与社会矛盾问题研究,2017(3).

行法，会造成法律体系内部大量内容重复，叠床架屋，反而给法律的宣贯和执行带来困难。

而将《自然灾害防治法》制定为一部"综合法"，则是另外一种思路，就是主要围绕"综合减灾"来立法。这里的"综合减灾"较为广义，包括综合地防灾、减灾、救灾，简而言之就是指自然灾害防治中那些需要进行跨灾种综合统筹、资源整合、"合"胜于"分"的工作。将《自然灾害防治法》的调整范围聚焦在灾害防治的综合性工作上，有这样几点优势：第一，有利于凸显立法的必要性。自然灾害防治工作，有的需要综合统筹，"合"胜于"分"，有的则强调专业分工，"分"胜于"合"。当前，我国的自然灾害防治法律体系并不缺少单行法，也不缺少兜底法，缺少的是调整灾害综合防治工作的法，这才是《自然灾害防治法》需要填补的空白。至于那些本来就适合按灾种"分而治之"的工作，已经由各种单行法进行调整了，再将这些法律制度概括汇总之后写入《自然灾害防治法》，只有形式上的意义，实质上还是重复。第二，有利于厘清和其他法律的关系。在上有《突发事件应对法》、下有各单行法的情况下，再制定一部《自然灾害防治法》，厘清和这些"左邻右舍"的关系非常重要。简单地说，《突发事件应对法》调整的是"多灾种未经综合的全过程"；单行性立法调整的是"单灾种的全过程"；《自然灾害防治法》调整的是"多灾种经过综合的关键过程"。这样，三者定位的差别就比较明显了。第三，有利于界分应急管理部门和其他部门的职责。机构改革之后，应急管理部整合了多项自然灾害防治职能，甚至被误认为"包揽"了全部自然灾害防治职能。但实际上，应急管理部门整合的只是灾种，不是、也不可能整合自然灾害应对的全部过程，而只能是整合"宜合不宜分"的这部分关键过程。所以，按照"综合法"的思路来制定《自然灾害防治法》，这部法律的调整范围和应急管理部门在灾害防治方面的职责范围，基本上就是对应的。这部法律出台之后，也主要由应急管理部门来牵头执行，这样权责就比较分明，实施效果也比较有保证。

四、填补单行法上的立法空白

应急法制体系中的单行法分为"一事一法"和"一阶段一法"两种类型，这两种类型的立法目前仍然存在不少空白。对于"一事一法"来说，其调整对象针对的是各种突发事件及其分支。以自然灾害类突发事件立法为例，各灾种的立法数量极不平衡，在现行27部法律中，最多的是关于水旱灾害的，共有9部；最少的是关于海洋灾害的，目前还没有。在95部行政法规中，最多的是关于地震灾害和气象灾害的，分别是27部和25部；最少的是关于生物灾害的，只有1部。[①] 从长期来看，单灾种立法仍然是自然灾害立法的重要形式，通过制定《海洋灾害防御条例》等尽快填补单行法中的空白地带，仍十分必要。对于"一阶段一法"来说，大致可以分为应急准备类、处置救援类、恢复重建类的立法。根据应急管理工作的实际需求，至少应当增加风险管理、应急资源储备、突发事件保险、应急救援队伍建设等方面的专门立法。

---

① 资料来源：中国政府法制信息网。

专栏

如何看待《突发事件应对法》的未来？

《突发事件应对法》在我国应急法制体系中的重要地位是不言而喻的，对于这部法律颁布实施十多年来的得失成败，在实务界和理论界都有很多讨论。在2018年的国家机构改革决定设立应急管理部之后，我国的应急法制体系又面临着新一轮发展完善的重要契机，如何对待《突发事件应对法》就成为一个十分关键的问题。对此，有几种主要思路可供讨论：

第一，修改《突发事件应对法》，着重加强两个方面。一是增加应对非常规突发事件的制度内容，主要就是紧急状态制度，即通过这部法律一并解决紧急状态的问题，这样就无须再单独制定《紧急状态法》了；二是增强突发事件应对具体制度的可操作性，细化制度内容，更新对突发事件应对新的规律性认识。

第二，废止《突发事件应对法》，代之以其他的相关法律。这种观点建立在《突发事件应对法》基本没用、也难以通过修改解决问题的判断上，其主张是在废止《突发事件应对法》之后，代之以《应急管理法》《自然灾害防治法》《应急救援组织法》等一系列法律的组合。

第三，搁置《突发事件应对法》，制定新的法律，主要依靠新的法律发挥作用。这种观点考虑到废止《突发事件应对法》这样的重要法律可能遭遇的阻力、代价都比较大，因此希望采取折中的办法，也就是既不废止、实际上也不再适用该法，转而通过制定《紧急状态法》《应急管理法》《自然灾害防治法》等作为突发事件应对活动的主要法律依据。

延伸阅读

[1] 汪永清. 中华人民共和国突发事件应对法解读. 北京：中国法制出版社，2007.

[2] 林鸿潮. 公共应急管理机制的法治化. 武汉：华中科技大学出版社，2009.

[3] 戚建刚. 中国行政应急法学. 北京：清华大学出版社，2013.

# 第五篇

应急管理预案

在中国应急管理体系设计之初，应急预案不仅为有效应对各类突发事件提供了迅速、有效、有序的行动方案，更重要的是，应急预案还成为建立健全应急管理体制、机制、法制的重要抓手。因此，中国的应急预案体系不仅是应急管理的基础，更是应急管理体系建设的重要内容。在应急管理体系建设的推进过程中，"一案"促"三制"的作用得到明显体现，其提供了基础性支撑和保障作用。

中国的国家级、省级应急预案发布后，在应急管理实践中发挥着重要的规范和指引作用，并在应急管理法律体系建设中发挥了重要作用。国家总体预案中的重要内容直接成为其后颁布的《中华人民共和国突发事件应对法》中的条款。总之，以"一案三制"为核心的应急管理体系在促进中国应急管理从单一性到综合性、临时性到制度性、封闭性到开放性、处置性到准备性的转变中发挥了关键作用。

随着应急管理法律法规的逐步完善，应急管理体制机制的改革，国家应急预案体系也得到完善，各级各类应急预案也不断修订完善，应急预案牵引应急准备的重要作用日益突显。

第十二章
应急预案概述

学习目标

1. 理解应急预案编制的含义与作用、内容与要素。
2. 了解中国应急预案体系的构成。
3. 认识中国应急预案的发展与完善。

学习重点

1. 了解应急预案的定义与作用。
2. 掌握应急预案的内容与要素。
3. 理解疏散预案与巨灾预案的价值。
4. 认识中国应急预案的发展与完善。

案例

应急预案在"5·12"汶川特大地震中发挥重要作用

2008年5月12日14:28,我国四川汶川发生特大地震,震级达里氏8.0级,最大烈度达11度,余震3万多次。这是自1976年唐山大地震以来破坏性最强、波及范围最广、救灾难度最大的一次地震,影响范围波及四川、甘肃、陕西、重庆等10个省区市400多个县(市、区),受灾地区总面积约50万平方千米,受灾群众4 000多万人,造成8万多人死亡或失踪,并造成重大财产损失和生态环境破坏。

地震发生后,党中央、国务院及其相关部门、四川省人民政府和中国人民解放军迅速启动应急响应。15:03,中国地震局宣布启动Ⅰ级地震应急响应,国家地震灾害救援队全体集结。15:55,新华社播发胡锦涛的重要指示,要求尽快抢救伤员,保证灾区人民生命安全。16：40，温家宝搭乘空军专机赶往四川灾区，于21：40抵达都江堰市指挥抗震救灾工作；国务院成立国家抗震救灾总指挥部，由温家宝任总指挥。国家减灾委于15：40紧急启动国家应急救灾二级响应，并于当天22：15提升为一级救灾应急响应。19：40，中国红十字会启动Ⅰ级应急响应。地震发生后，各级政府、有关部门和相关的企事业单位依据应急预案设立了相应的应急指挥机构，指挥协调本地区、本部门或本单位的应急处置工作。

在地震发生之后我国各级政府快速启动应急响应，应急预案发挥了非常重要的作用。我国于1991年颁布《国家地震应急预案》，并分别于1996年、2000年和2005年进行了三次修订；于2005年制定了《国家突发公共事件总体应急预案》及其他相关专项预案和部门预案。国家总体应急预案明确了中央和地方各级人民政府的应急管理职责和分类分级响应机制；地震专项应急预案明确了发生严重破坏性地震时国务院设立抗震救灾指挥部，相关部门、地方和解放军等的职责，以及启动应急响应的程序和措施等。应急预案对于快速启动地震应急响应、规范应急指挥和协调应急救援行动等都发挥了很好的作用。总结此次地震及后续其他几次地震应对的经验教训，国务院办公厅于2012年8月发布了修订后的《国家地震应急预案》。

资料来源：作者根据公开资料编撰而成。

《中华人民共和国突发事件应对法》明确要求，全国要建立健全突发事件应急预案体系。预案不是万能的，但没有预案是万万不能的，这是广大基层干部与群众在应对突发事件工作与实践中总结出来的最朴实的语言。预案建设的关键是加强预案的针对性、实用性和可操作性，一定要明确事前、事发、事中和事后的全流程应急管理过程中，谁来做、做什么、怎么做、用什么资源做的问题，并要加强演练，在实践中不断地修改与完善。

第一节 应急预案的概念

一、应急预案的定义与功能

（一）应急预案的定义

> 应急预案的核心是解决突发事件的事前、事发、事中、事后谁来做、怎样做、做什么、何时做、用什么资源做等问题。

应急预案，有时简称"预案"，是为控制、减轻和消除突发事件引起的严重社会危害，同时规范突发事件应对活动而预先制定的方案。应急预案是针对可能发生的突发事件，为保证依法、迅速、科学、有序地开展应急与救援行动、降低人员伤亡和经济损失而预先制定的有关计划或方案。它是在辨识和评估潜在的重大危险、事件类型、发生的可能性及发生过程、事件后果及影响严重程度的基础上，对应急机构与职责、人员、技术、装备、设施（备）、物资、救援行动及其指挥与协调等方面预先做出的具体安排，它明确了在突发事件发生之前、发生过程中以及刚刚结束之后，谁负责做什么，何时做，以及相应的处置方法和资源准备等。应急预案是应急管理的重要组成部分，也是应急准备管理工作的重要抓手，其总目标是控制紧急情况的扩展和升级，并尽可能消除危机，将突发事件对人、财产和环境的危害降到最低程度。

按照突发事件处置的过程，应急预案要规定相关应急主体（即负有相关职责的各级人民政府及其部门、基层组织、企事业单位、社会团体等）在突发事件的事前、事发、事中、事后的工作程序和内容。按照突发事件处置的内容来讲，它要明确回答谁来做？怎样做？做什么？何时做？用什么资源做？

应急预案的内涵包括以下两方面：

（1）预防。在常态下，通过危险源辨识和风险分析，采用技术和管理手段降低突发事件发生的可能性，或使已经发生的突发事件控制在局部或可控范围内，防止突发事件蔓延，并预防次生、衍生事件的发生；通过编制应急预案并开展相应的培训，可以进一步提高各层次人员的安全意识；同时，通过编制应急预案，落实应急保障措施，加强人员培训和演练等，达到在常态下预防突发事件的目的。

（2）应对。突发事件往往是防不胜防的，故在一定诱因或条件下，突发事件一旦发生，就要求必须采取及时有效的处置、救援措施，并按照有关规定和职责开展恢复重建工作等，实现对突发事件的有效应对。

应急预案是依据国家相关法律法规和标准规范要求制定的，预案本身也是具有一定法规效力的文件。建立健全在突发事件准备和应对中的组织体系、承担相关职责的各种角色，规范预警和响应程序，明确应急资源和保障要求等，是应急管理准备工作系统化和具体化的表现。

（二）应急预案的功能

应急预案的功能表现在以下方面。

1. 准备充分，决策从容

应急预案针对的是责任主体在责任范围内发生的或被波及的突发事件。对于一级政府、一个企业、一个单位来说，这类事件往往具有突发性强、规模大、情况复杂、难以预见、需要调度的资源和人员广泛等特点。即使是从事突发事件应对处置的专业人士也可能出现缺乏既往经验、知识不适用的情形。许多没有经历相关突发事件的人员在事件来临时由于缺乏准备和演练往往会顾此失彼、不知所措。有了应急预案并经过培训演练，才可以做到成竹在胸，从容应对。

2. 机制预设，运作自如

突发事件的应对工作涉及面广，时间紧，压力大；往往需要多个地区、部门、机构、组织、单位的协同配合、协调联动。应急预案既包括机制性的安排，也包括事务性的安排。而且，很多联动、协调等工作在平时就已经建立、落实，并经过教育、培训、演练、检查考核，已成为常态性的准备，在需要时"招之即来"，以保证应对处置井然有序。

3. 资源到位，应对得力

重大突发事件的应对处置，往往需要调度和动用大量社会资源，包括人、财、物等资源。应急预案既要确定需要的物资资源种类、数量和规格，也要通过预案实施保证所需物资资源提前准备到位,避免出现应急处置成为无米之炊。同样,应急预案也要对所需人力资源和财力资源做出事先安排,以便在应急情形下能够迅速、规范、有序地调用;许多专兼职应急处置人员,需要按照应急预案来培训,以熟悉和掌握自己的应急职责。

4. 措施明确,环环相扣

通过科学方法制定的应急预案,汲取了同类突发事件应对处置的经验教训,能够较好把握突发事件的发展规律,制定出比较合理的处置程序和措施。同时,通过演练,应急管理人员对这些程序和措施能够比较熟练地掌握,在突发事件发生后,能够按图索骥,根据事件的发展进程,环环相扣,采取应对措施。

二、应急预案的法律效力

(一)应急预案法律效力的表现

应急预案的法律效力主要表现在其法规的强制力与问责制的实施。

强制力是指应急预案作为规范性重要文件对下属机构、个人行动的驱动力和约束力,被管辖人处在"必须"执行或"不得不"执行的境地。中国突发事件总体应急预案专门规定了"责任与奖惩"的条款,规定在突发事件响应中"迟报、谎报、瞒报和漏报突发事件重要情况或者应急管理工作中有其他失职、渎职行为的,依法对有关责任人给予行政处分;构成犯罪的,依法追究刑事责任";同时,对"做出突出贡献的先进集体和个人要给予表彰和奖励"。

2019年2月17日国务院颁布的《生产安全事故应急条例》第三十条规定,生产经营单位未制定生产安全事故应急救援预案、未定期组织应急救援预案演练、未对从业人员进行应急教育和培训,生产经营单位的主要负责人在本单位发生生产安全事故时不立即组织抢救的,由县级以上人民政府负有安全生产监督管理职责的部门依照《中华人民共和国安全生产法》有关规定追究法律责任。

中共中央办公厅、国务院办公厅《关于实行党政领导干部问责的暂行规定》(2009年7月13日)对违反有关法律法规和预案的行为也做了相应规定。地方政府的总体应急预案中,也几乎都包含类似的条款。

为了明确应急预案的法律效力,政府往往在应急预案管理办法中做出专门规定,如《生产安全事故应急预案管理办法》(应急管理部令第2号)第六章对于生产经营单位未按规定编制应急预案的不同情形做出了处罚规定。《陕西省突发事件应急预案管理暂行办法》第三十六条规定:"对未按照规定编制、修订应急预案的,或未按应急预案规定履行相关职责,造成严重后果的,依据有关法律法规及规定,追究相关单位和当事人责任。"

(二)应急预案法律效力的内涵

1. 对机构和人员的效力

应急预案涉及的机构和个人必须按照应急预案的要求履行其职责。临时加入的志愿者也同样受其驱动和约束。不履行职责或渎职将受到相应的惩罚,出色的履行表现将受到奖励。

2. 对事的效力

应急预案规定的应急准备（主要指各类资源的准备）、响应程序、响应行动，都必须按其要求实施。不实施或实施不到位造成后果的要承担相应责任。根据应急预案的灵活性原则给操作者以自由处理的空间，操作者可以根据预案的精神自主裁量。

3. 空间与时间效力

空间效力是指应急预案在哪些地域有效力，适用于哪些地区。政府预案的效力空间一般与行政区划相吻合；涉及跨行政区划的预案，如河流洪水预案，其效力空间预案要专做限定。

时间效力指预案何时生效、何时终止效力。中国大多数应急预案生效日期一般是其公布之日，也有规定具体生效时间的情况。终止日期应该由预案编制方宣布。

三、应急预案的内容与要素

一般来说，应急预案的内容是围绕其基本要素展开的。应急预案分为两类，一类是政府及其部门应急预案，另一类是单位和基层组织应急预案。

政府及其部门应急预案由各级人民政府及其部门制定，包括总体应急预案、专项应急预案、部门应急预案等。单位和基层组织应急预案由机关、企业、事业单位、社会团体和居委会、村委会等法人和基层组织制定。

不同类别、不同层级的应急预案其内容有不同的侧重点。例如，政府总体应急预案主要规定突发事件应对的基本原则、组织体系、运行机制，以及应急保障的总体安排等，明确相关各方的职责和任务；专项和部门应急预案侧重明确突发事件的应对原则、组织指挥机制、预警分级和事件分级标准、信息报告要求、分级响应及响应行动、应急保障措施等。

一般来说，专项应急预案的基本内容包括以下四个主要方面：

（1）突发事件的情景，即发生了什么样的突发事件（包括事件的种类、规模和影响，等等）。

（2）必须参与应对处置的机构和人员（机构包括主责机构、辅助机构；人员包括指挥人员和专业应急处置人员）。

（3）应对所使用的资源（包括设备、设施、物资和人力资源）。

（4）应该采取的基本行动和具体措施。

这四个方面可归纳为应急预案的四要素，如图12-1所示。

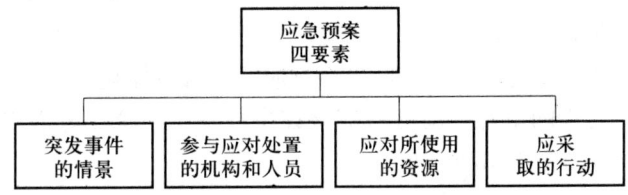

图12-1　专项应急预案的四要素

需要指出的是，近年来人们逐渐认识到，应急预案的内容应该有所增加，主要表现在三个方面：一是希望它不仅包括辖区内的人应该怎样做、做什么，而且要说明在突发事件发生时，期望辖区之外的政府、组织和人们应该提供什么样的合作和支持以及提供的方式和途径。二是要做出安排，在重大和特别重大突发事件发生时，如何保障政府功能和生命线工程运行不间断。三是要包括各级、各类应急预案之间的连接和合作内容及合作方式。这三点在美国国土安全部的应急预案编制指导中已有明确要求；中国应急预案编制过程中通常是通过总体预案、专项预案、部门预案等体现的，但随着中国应急管理的实践和发展，需要在修订完善预案时特别加以注意。

四、应急预案的细化实施

突发事件发生后，要根据应急预案启动应急响应。那么应该如何响应？这不是打开应急预案，按照其规定的程序、环节和措施直接实施，而是要依据它迅速做出可直接操作的事件行动方案，然后付诸实施。

1. 事件行动方案的内容

事件行动方案是负责突发事件应对的指挥机构按照应急预案结合实际情况制定的处置突发事件的具体安排，要求尽可能将每一个细节都考虑到。如果平时的应急工作安排都已编制应急管理工作手册和标准操作指南等，也可以只分派任务和要求，不涉及细节，具体的做法由责任人自己确定。

事件行动方案的主要内容一般按照应急响应行动的要求进行设计，其要求一般包括：

（1）指挥部和指挥人员，地点，联系方式。

（2）针对某种情景采取的措施和行动，目的和要求。

（3）每个行动的执行人。

（4）所需资源及获取方式。

（5）其他特殊要求。

2. 事件行动方案的制定程序

事件行动方案的制定程序是：

（1）迅速判断突发事件是否超出本级政府、本单位或本部门应急预案的适用范围。如果不超出，则应当立即根据应急预案制定事件行动方案；如果超出，在采取先期处置措施的同时立即上报，请求上级启动应急响应。

（2）根据事态和处置需求，判断需要启动应急预案的哪些具体响应，依据响应的内容制定具体应对方案。

（3）根据突发事件或灾情的实际情况将响应的内容具体化，并形成处置方案。

一般情况下，初步的事件行动方案应该在事件发生两个小时以内完成，之后可以根据突发事件或灾情的变化作动态调整。

第二节　应急预案体系

应急预案体系是国家、地方、行业领域或企事业单位的全部应急预案所形成的一个有机整体，总体要求是"横向到边、纵向到底"。

一、中国国家应急预案体系

2003年12月，国务院办公厅应急预案工作小组的成立，标志着中国应急预案体系建设的开始。按照"横向到边、纵向到底"的原则，各级地方政府及其部门编制的总体预案、专项预案和部门预案陆续制定或修订，至2005年年初框架初成，见图12-2。2005年3月14日，十届人大三次会议审议通过的《政府工作报告》明确提出："我们组织制定了《国家突发公共事件总体应急预案》，以及应对自然灾害、事故灾难、公共卫生和社会安全等方面105个专项和部门应急预案，各省（区、市）也完成了省级总体应急预案的编制工作。建设法治政府，全面履行政府职能，取得突破性进展。"2007年颁布实施《突发事件应对法》，以及2008年低温雨雪冰冻灾害和汶川特大地震之后，相关部门组织对有关专项预案进行了修订完善，应急预案体系工作不断深化，在预案体系的完备、充实、可操作和无缝衔接等方面开展了大量工作，特别是在2018年国务院机构改革后，相关部门按照《突发事件应对法》和有关法律法规要求和部门职能的调整，组织各级各类应急预案的修订完善，推动应急预案体系的不断完善优化。

> 预案体系的宗旨是提高突发事件的处置效率。

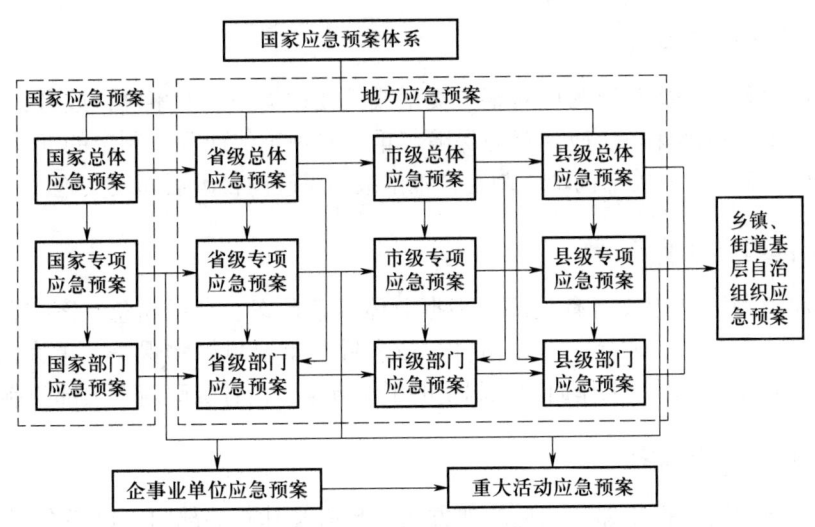

图12-2　国家应急预案体系结构框架图

2013年国务院办公厅印发的《突发事件应急预案管理办法》对中国应急预案体系进行了规范描述。应急预案按照制定主体划分，分为政府及其部门应急预案、单位和基层组织应急预案两大类。政府及其部门应急预案由各级人民政府及其部门制定，包括总体应急预案、专项应急预案、部门应急预案等。单位和基层组织应急预案由机关、企业、事业单位、社会团体和居委会、村委会等法人和基层组织制定，如图12-3所示。大型企业集团可根据相关标准规范和实际工作需要，参照国际惯例，建立本集团应急预案体系。

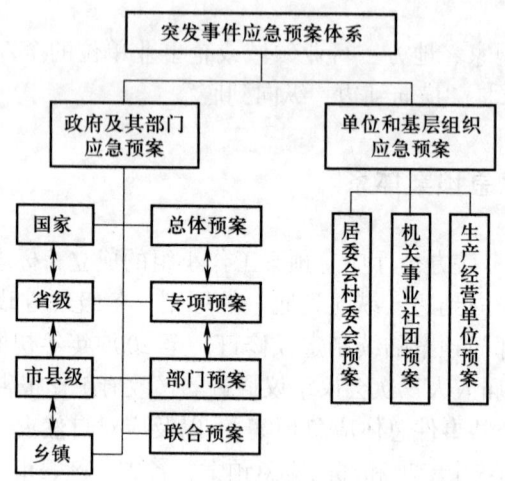

图12-3　国家突发事件应急预案体系构成

（一）总体应急预案

总体应急预案是应急预案体系的总纲，是政府组织应对突发事件的总体制度安排，由县级以上各级人民政府制定。总体应急预案主要规定突发事件应对的基本原则、组织体系、运行机制，以及应急保障的总体安排等，明确相关各方的职责和任务。

（二）专项应急预案

专项应急预案是指政府为应对某一类型或某几种类型突发事件，或者针对重要目标物保护、重大活动保障、应急资源保障等重要专项工作而预先制定的涉及多个部门职责的工作方案，由有关部门牵头制定，报本级人民政府批准后印发实施。

（三）部门应急预案

部门应急预案是指政府有关部门根据总体应急预案、专项应急预案和部门职责，为应对本部门（行业、领域）突发事件，或者针对重要目标物保护、重大活动保障、应急资源保障等涉及部门工作而预先制定的工作方案，由各级政府有关部门制定。

（四）联合应急预案

联合应急预案是指相邻、相近的地方人民政府及其有关部门可以联合制定应对区域性、流域性突发事件的工作方案。

（五）单位和基层组织应急预案

单位和基层组织应急预案由机关、企业、事业单位、社会团体和居委会、村委会等法人和基层组织制定，侧重明确应急响应责任人、风险隐患监测、信息报告、预警响应、应急处置、人员疏散撤离组织和路线、可调用或可请求援助的应急资源情况及如何实施等，体现自救互救、信息报告和先期处置特点。

总体而言，中国应急预案体系的设计综合考虑了对应急工作的统筹指导、事件应对职责和部门支撑等要求，特别是适应了中国行政管理体制中统一领导、分类管理、条块结合的特点，有利于充分发挥各级行政部门的资源优势，有利于各类应急预案的尽快建立、完善和实施。

二、中国的应急预案体系建设

（一）数量规模庞大

抗击"非典"后，以"一案三制"为核心内容的中国现代应急管理体系建设启动。2004年国务院办公厅先后下发了《国务院有关部门和单位制定和修订突发公共事件应急预案框架指南》和《省（区、市）人民政府突发公共事件总体应急预案框架指南》，特别是2005年《国家突发公共事件总体应急预案》下发后，全国突发事件应急预案编制工作全面铺开。按照国务院的要求，各级政府和企事业单位总共编制了约800万件应急预案，基本做到了"横向到边，纵向到底"，基本满足了处理各类重大突发事件的需要。在2008年南方雨雪冰冻灾害、"5·12"汶川大地震等特别重大突发事件后，及时补充和修改完善了相关应急预案，应急预案体系不断改进完善。

1. 国家总体预案

《国家突发公共事件总体应急预案》是中国处置突发事件的总纲，总体预案共六章，分别为总则、组织体系、运行机制、应急保障、监督管理和附则。总体预案体现了"分类分级"的原则，将突发事件分成自然灾害、事故灾难、公共卫生事件、社会安全事件四类；按照各类突发事件的性质、严重程度、可控性和影响范围等因素，又将突发事件分为四级，即Ⅰ级（特别严重）、Ⅱ级（重大）、Ⅲ级（较大）、Ⅳ级（一般）。2018年国家应急管理体制改革后，应急管理部牵头组织对国家总体预案进行了修订完善。

2. 国家级专项预案

到2012年11月，国务院已经颁布了28件专项应急预案，分为四大类，其中自然灾害6件、事故灾难9件、公共卫生事件4件、社会安全事件9件，由国务院的相关部门牵头编制，各有关部门配合，经国务院批准并发布。一些专项预案在国务院相关部门和各级地方政府部门的努力下，已经形成分支体系，最典型的是地震应急预案体系和安全生产应急预案体系等。

3. 国务院部门预案

国务院部门预案是国务院有关部门（单位）根据其职责分工编制，截至2012年11月已发布了156件，覆盖了各行各业。许多部门，在其系统内部都形成了较完整的应急预案体系。

4. 省级及地方政府预案

省级及地方政府预案是区域性的应急预案，可以分为多个层次。地方应急预案编制工作大有成效，全国各个省（区、市）都建立起应急预案体系并在不断完善。例如，浙江省建立了由总体预案，专项预案，市、县、乡镇及基层组织预案，重大活动安全预案构成的预案体系，其中专项预案38件，除了包含自然灾害、事故灾难、公共卫生和社会安全事件预案外，还包括应急保障相关的专项预案。此外，中国所有的地（市）、县政府都完成了突发事件应急预案的编制，而且全国绝大部分乡（镇）及基层政权组织也编制了突发事件应急预案。

5. 企事业单位应急预案

目前，中国的各类企事业单位按照有关法律、法规和标准，基本上都制定了相关的应急预案，这是我国预案体系的主要组成部分。

中央企业在国务院有关部门指导下，率先全部制定了相关应急预案。截至2010年年底，中央企业应急预案编制率达100%。

重点行业、重点领域的企业做到应急预案全覆盖。据初步统计，全国各省级统计单位上报生产经营单位预案覆盖率达到92.53%。

6. 重大活动应急预案

重大活动主办方对应急预案编制工作的重视度逐步提高，预案的编制也越来越全面、专业。例如，2008年，北京奥组委为奥运会专门编制了安保、交通、反恐、检验检疫、气象、医疗卫生等多方面的应急预案，为奥运会顺利举行提供全方位的保障。2010年，上海举办世博会，其应急预案也很完善，组委会编制了恶劣天气、检验检疫、交通运输、涉旅突发事件、环境突发事件、反恐、安全保障等一系列应急预案。

应急预案编制呈现如下趋势：一是逐步深入企业、乡镇、社区、机关、学校、医院和家庭，延伸到社会的每一个基层单元。例如，广西壮族自治区贺州市针对该市地势复杂、灾害繁多的特点，按不同区域、不同情况和现实需求分别建立了不同灾害种类的应急预案，目前，乡（镇）村两级已建立洪涝灾害应急预案38件，山体滑坡应急预案19件，干旱应急预案9件，山洪暴发应急预案14件，地陷应急预案7件。二是应急预案的覆盖领域不断扩展。目前，中国在食品安全、海上搜救、气象应急、化学伤害、信息安全等诸多领域均编制了应急预案，并在全国范围内形成体系。三是应急预案编制被越来越多的政府部门及企事业单位当作突发事件应急管理中的基础性工作。

总体来看，中国各级各类应急预案的编制工作取得了重大进展，全国应急预案体系向多层次、全方位、宽领域、广覆盖方向不断发展，许多地方政府和部门，特别是基层单位、企业，通过应急预案的规范化、简约化、模板化，不断提高了预案的针对性、实用性和可操作性。

（二）发挥作用显著

各类应急预案在中国的应急管理工作中发挥了显著作用。第一，对各类突发事件的处置救援作用巨大。例如在煤炭生产等高危行业的应急响应中，应急预案规定的处置程序和措施已成为标准操作程序，保证了最大限度的科学救援，尽可能减少和避免了人员的更大伤亡。第二，对保障奥运会、世博会、亚运会等重大活动的顺利进行贡献巨大。为保证北京奥运会、上海世博会和广州亚运会的安全，中国制定了数百个专项预案，并且反复演练，做到了万无一失。第三，在一定程度上普及了应急知识和技

> 预案虽然不是万能的，但是没有预案是万万不能的。

能。各级领导干部，在发生突发事件时，第一反应就是按照预案启动应急响应；应急管理工作者和专业应急队伍更是从应急预案中掌握了处置程序、基本职责、必要的应急知识和技能。此外，启动应急响应已经成为一个社会认知度十分广泛的术语，广大群众也知道了突发事件发生时要启动应急预案（响应）。

（三）管理日益规范

应急预案发布后，需要一系列规范的管理程序。近年来，国务院各有关部门和许多省、市、自治区都颁布了应急预案管理办法，如 2013 年国务院办公厅印发的《突发事件应急预案管理办法》，原国家安监总局 2009 年颁布的《生产安全事故应急预案管理办法》（应急管理部于 2019 年进行了修订），广东省、山东省、河南省、北京市、重庆市等政府也颁布了各自的应急预案管理办法，对预案编制、发布、实施、修订、宣传、演练等各个环节都做了详细的要求，使预案管理在规范化、法制化的轨道上不断深化。

专栏

美国的应急预案体系

世界上国土面积比较大、灾害种类比较多的国家如美国、澳大利亚，也有类似的应急预案体系。"9·11"以后，美国政府加强了应急预案体系的建设。2003年12月17日，前总统乔治·W.布什发布了关于国土安全的第 8 号行政命令"国家应急准备"，要求美国建立完整的应急预案体系。这一文件的附录将美国的应急预案划分为三个层级（或类型），每一级政府的应急预案都按照这三个层级制定。[①] 以下从联邦层面来说明：

1. 战略性预案（Strategic-level Plans）

联邦层面的战略性预案也叫应急准备预案，主要说明联邦履行应急管理和国土安全的长期责任的战略、方向和路线。它主要包括：综合规划（预案编制）系统（Integrated Planning System, IPS）、全国国土安全预案（National Homeland Security Plan, NHSP）、全国预案编制情景（National Planning Scenarios, NPS）、战略指导说明（Strategic Guidance Statements, SGS）以及战略预案（Strategic Plan, SP）。

战略性预案要明确使命、法定行为主体、作用和职责，确定基本任务，确定各种必需的、优先的能力，制定性能优良、有效的措施。它为概念性预案和行动预案的编制提供必要的战略性指导。

2. 概念性预案（Concept Plan 或 CONPLAN）

概念性预案是联邦政府第二个层面的预案，它主要描述将联邦现有的能力整合、组织起来完成其重大任务的思想概念，以及说明如何组合联邦的能力以支持地区、州、地方和部落的预案。

---

① Homeland Security Presidential Directive 8 Annex 1，美国国土安全部网站.

> 它是为了落实战略性预案而确定的工作机制上的安排，要靠行动预案来体现。换句话说，它规定了行动预案的运行模式，用以把一个行政区划的人员、组织结构、领导或管理程序、设施、装备等组合起来，去实施应急行动。
>
> 3. 行动预案（Operations Plan 或 OPLAN）
>
> 行动预案顾名思义是具体突发事件处置时启用的工作方案，其鲜明特征是具体性、实践性和可操作性。用美国国土安全部的表述：行动预案要确定详细的资源、人员和资产部署，以实现战略性预案和概念性预案的目标，落实战略性行动的优先权。具体来说，行动预案要对各种行动的概念作充分的描述，包括特殊的角色、职责、任务和整合，以及要求的行动，并加上适当的支持功能附件。
>
> 一般来说，一套行动预案整合在一个概念性预案之下，负责应对和处置各类突发事件，共同落实和实现概念性预案的目标。
>
> 除了这三个层级之外，在实践中，美国基层部门还有一种预案：战术性预案（Tactical Plan），它是基于行动预案的子预案，是对突发事件响应中起重大作用的人员、装备和资源的使用计划。

三、中国应急预案体系的发展与完善

随着应急管理实践的深入，产生了对应急预案的新要求，需要对中国现在的应急预案体系做进一步的完善，以下从国家总体应急预案的修订完善、预案中疏散与撤离环节的强化和重要基础设施与关键资源保护等方面为例进行简要介绍。

（一）国家总体应急预案的修订完善

2018年国家机构改革组建应急管理部之后，应急管理部于2018年6月成立专项小组负责国家总体应急预案修订的具体工作。经过深入调查研究、广泛征求专家学者意见，多轮征求各地方、各有关部门意见建议，反复修改完善，于2019年年底向国务院提交了《国家突发事件总体应急预案》报审稿。

1. 总体应急预案修订的主要思路

坚持以习近平新时代中国特色社会主义思想为指导，以推进国家应急管理体系和能力现代化为导向，全面贯彻落实党中央、国务院关于加强应急管理工作的决策部署，加强党对应急管理工作的统一领导，明确党委领导下的应急管理行政领导责任制；坚持底线思维，强化应急准备；坚持问题导向，创新工作机制，解决薄弱环节；坚持分级负责、属地为主，明确各方职责，压实各方责任；坚持综合统筹、协同应对，充分发挥应急管理部门的综合优势和各相关部门的专业优势，形成整体合力；坚持社会参与、夯实基础，充分发挥基层组织和企事业单位的作用，注重组织动员社会力量广泛参与，形成工作合力。

2. 完善总体预案的内容框架

在保持原总体预案七大组成部分不变的基础上，将"组织体系"修改为"组织指

挥体系",将"应急保障"修改为"准备与支持",将"监督管理"修改为"预案管理";二级以下标题根据内容补充修改完善的需要进行了必要的增删修改,例如,在"运行机制"部分增加了"风险防控",在"准备与支持"部分对原应急保障相关部门的职责描述进行了较大幅度的简化,相关职责通过明确"应急保障工作组"的牵头和支持部门解决。

3. 明确区分事件分级、分级应对和响应分级

突发事件分级是将各类突发事件按照其性质、造成损失、危害程度、可控性和影响范围等因素分为特别重大、重大、较大和一般四级,其分级标准要求相应的国家级专项应急预案、部门应急预案予以明确。

分级应对是指按照"分级负责、属地为主"原则划分各级政府的突发事件应对责任。根据《突发事件应对法》的规定,县级人民政府对本行政区域内突发事件的应对工作负责;涉及两个以上行政区域的,由有关行政区域共同的上一级人民政府负责,或者由各有关行政区域的上一级人民政府共同负责。总体预案规定当突发事件超出属地人民政府的应对能力时,由上一级人民政府提供支援或者负责应对。

响应分级是指各行政层级对所负责应对的突发事件,根据其严重、影响程度和需要调动的资源和能力情况,设定不同的响应级别,通常由高到低也分为四级:一级、二级、三级、四级。一级是最高级别的响应,通常意味着该行政区域内的最高领导人要出面组织指挥,并投入区域内所有可用资源进行应对。

4. 进一步完善组织指挥体系和现场指挥机制

明确国家层面各类突发事件指导协调和组织应对工作由国家议事协调机构或专项指挥机制负责,并对国家专项指挥机构(机制)与国家安全相关工作机制衔接提出了原则性要求;对地方和现场指挥机构的设置提出了明确要求。针对突发事件发生后现场指挥协调混乱的问题,对现场指挥权进行了明确。上级人民政府设立现场指挥机构的,下级政府的现场指挥机构应纳入上级现场指挥机构,在上级现场指挥机构的统一领导下组织开展应对工作。在现场的各方面应急力量要在现场指挥机构的统一指挥协调下开展工作,服从现场指挥机构的调度管理。当国家前方指挥部(工作组)在现场时,现场指挥机构要与其对接、接受业务指导,并做好相应的保障工作。

5. 强化风险防控和监测预警工作要求

明确各级政府要健全风险防范化解机制和监测预警制度,有关部门要按照职责分工对可能发生的突发事件进行综合性评估和趋势分析,研究制定风险分级分类标准和管理办法;地方人民政府要统筹建立完善社区、村、重点单位风险防控体系,明确加强重点关键基础设施防灾抗灾和风险管控能力建设等要求。

6. 细化应急处置各环节工作措施

进一步明确各有关责任主体在风险防控、监测预警、信息报告、先期处置、处置与救援、信息发布与舆论引导、恢复与重建等方面的职责任务和具体措施。同时明确交通运输、医学救援、能源供应、通信保障、灾害现场信息、抢险救援物资装备、自然灾害救助、社会秩序、新闻宣传等应急保障工作牵头协调部门和支持部门,应组织编制并指导地方相关部门编制相关保障类应急预案,督促做好保障体系建设,完善快速反应联动机制。同时,对加强应急预案管理提出了明确要求。

（二）强化预案的疏散与撤离环节

许多突发事件的响应都需要对受影响和可能受影响的人员进行疏散撤离。但有的预案遗漏了这一环节，或者对这一环节重视不够，以至于在疏散撤离中造成了混乱甚至不必要的伤亡。因而，应该强化应急预案的疏散撤离环节；在一些特殊突发事件的应对中，甚至应该编制专门的疏散撤离预案。

1. 疏散与撤离的界定

疏散与撤离是指在某一地区发生突发事件前（有预警）或突发事件时（无预警），对灾害可能影响范围内的人员采取的有组织的转移行动。

疏散与撤离都是为了最大限度地减少人员伤亡，但它们是两个不同的概念。撤离是指在有一定预警时间的情况下，短时间内从灾害（可能）影响地区安全地、有序地转移密集人群。疏散往往是指将人群由聚集区域快速向危险区域外分散，主要表现为疏散区人群密度的快速减小。撤离偏重于大范围的人群整体性地向危险区域外转移，是由面到面或由面到（多）点（如庇护场所）的转移。比如唐家山堰塞湖引发的绵阳市群众的撤离就是典型的由面到面（由危险区域向指定的安全区域）的人员转移。疏散则偏重于人群由点向面的分散，如公共聚集场所或建筑物发生火灾后，公共聚集场所或建筑物内的人员疏散等。

2. 编制疏散与撤离预案的必要性

在重大突发事件发生或即将发生时，可能波及区域内的人员会很多，比如台风，往往需要数十万甚至数百万人的撤离；另外，有的突发事件情势非常紧急，受影响地区人员可用于疏散的时间会非常紧迫，比如化工厂爆炸或有毒气体泄漏等。2003年中国重庆开县发生的"12·23"特大井喷事故和2006年东部沿海地区发生的17级"桑美"飓风由于疏散撤离组织不及时、不到位，曾造成了重大损失。在短时间内要迅速转移安置大量人员，需要多部门配合、多设备投入、多管理人员参与，是一件需要周密准备、详细安排、精心布置、正确指挥才能完成的重要工作，必须事先制定疏散与撤离预案，明确各部门的责任，制定疏散撤离的步骤、路线和程序，确定使用的交通工具和交通管理人员，以及对撤离人员，特别是对老弱病残孕幼等弱势群体进行妥善安排。

3. 疏散与撤离预案与应急预案体系的关系

鉴于应急预案规定的是（政府、非政府组织、相关公民）在灾难事件前、中、后所承担的工作任务以及操作程序，而疏散与撤离预案规定的是应急响应的一个重要环节，因此，从内容上讲，它应该属于应急预案的范畴。西方发达国家中，英国、澳大利亚的撤离预案是独立于专项预案的；美国的撤离预案只是专项预案的附属部分，由撤离、撤离指导方针两部分组成。

如果是专项预案的附属部分，只是增加了专项预案的内容，不会对应急预案体系产生影响。如果作为与专项预案配套的独立预案，它自然要进入预案体系。

到目前为止，中国的疏散与撤离预案没有成为独立应急预案，不过在某些专项预案中规定了疏散与撤离的环节。有些地方、有的部门根据实际需要，制定了专门的疏散与撤离预案，但主要内容和适用性不尽相同。上海市制定了中国第一个用于"突发事件需组织人员疏散撤离的应急反应行动"的撤离预案。这个预案由总则、组织体系、预防与信息管理、应急响应、后期处置、应急保障、监督管理七大部分组成，基本涵盖了撤离行动的预警、警示、撤离、返回、信息发布、物资保障等各方面。[①] 如绵阳市制定了针对唐家山堰塞湖的撤离预案，包括组织机构、组织方式、撤离线路、撤离管理（预警、警示）四部分。许多城市如铁岭[②]、杭锦后旗[③] 等制定的人员疏散应急预案都是基于人防的需要，兼顾突发事件的影响，与上海市的撤离预案有着较大的相似度。

（三）加强和完善国家重要基础设施和关键资源保护

国家重要基础设施和关键资源主要是指关系国家安全的党政军机关、关系国计民生的重大基础设施和水、电、油、气、通信等生命线工程等。国家重要基础设施和关键资源一旦被破坏，轻则导致经济损失和生活不便，重则会使整个国家的政治、经济或军事陷入局部或暂时瘫痪，进而引发社会秩序失控。巨灾发生时，对水、电、油、气、通信等生命线工程的打击往往是毁灭性的。如在2008年1月的雨雪冰冻灾害中，交通运输一度基本瘫痪，电力供应一度大面积中断。再如，在"5·12"汶川地震中，重灾区几乎所有的生命线设施都遭到了彻底破坏；一些重灾区由于领导班子成员的缺失和缺乏制度上的安排，其基本功能也一度中断了。所以，在关于巨灾的专项预案中，应该就生命线设施功能和政府功能的不间断运行做出进一步可靠的安排。

导致国家重要基础设施和关键资源发生灾难的原因主要有三类：一是自然灾害，如2011年"3·11"东日本大地震引发海啸导致的福岛核电站泄漏事件；二是技术事故，如苏联切尔诺贝利核电站泄漏事件；三是人为事件，如"9·11"恐怖主义袭击等。

美国"9·11"事件以后，美国政府专门针对重要的基础设施制定了《国家基础设施保护预案》（NIPP），并指出"突发事件如果造成对国家重要基础设施和关键资源的破坏，将会严重影响政府部门和经济界的正常运作，并产生一连串远远超出事件所针对部门和所发生区域的影响，甚至导致人民生命财产的巨大损失、经济衰退以及公民士气和国家信心的灾难性损失"。美国的重要基础设施和关键资源包括网络信息、通信设备、交通运输、能源设施、农业设施和食品、国防工业基地、公共卫生设施、国家纪念碑及标志性建筑、银行及金融业、饮用水及水处理系统、化学品、商业设施、水坝、紧急服务设施、商用核反应堆、原料和废料、邮政及海运、大型生产企业和其他政府设施18类。

中国对诸如三峡工程、重要交通枢纽和水、电、油、气、通信网络等重要基础设施和关键资源也制定了一些应急预案。随着国内外形势的发展，进一步加强、完善中国关键基础设施和关键资源的保护，制定或修订应急预案是一件非常重要的工作。在国务院办公厅发布的《突发事件应急预案管理办法》中已明确将国家关键基础设施和关键资源（重要目标物保护）列入专项和部门应急预案的编制范围，并要求针对重要基础设施、生命线工程等重要目标物保护的专项和部门应急预案，要侧重明确风险隐

---

① 见上海市人民政府网站。
② 见铁岭市人防办网站。
③ 见杭锦后旗政府网站。

患及防范措施、监测预警、信息报告、应急处置和紧急恢复等内容。

延伸阅读

［1］闪淳昌. 中国突发公共事件应急预案建设//李立国，陈伟兰. 灾害应急处置与综合减灾. 北京：北京大学出版社，2007.

［2］刘铁民. 应急体系建设和应急预案编制. 北京：企业管理出版社，2004.

［3］张红. 英美两国应急预案制度及其借鉴意义. 中国应急管理，2008（3）.

［4］李湖生. 应急预案体系建设的理论基础研究探讨及其启示. 中国应急管理，2012（5）.

第十三章
应急预案的编制

学习目标

1. 认识应急预案编制工作的团队性。
2. 了解不同类别应急预案在构件与内容上的异同。
3. 掌握应急预案编制的全过程。
4. 理解应急预案编制某一环节缺失可能导致的后果。

学习重点

了解应急预案编制准备工作的重要性，预案编制委员会（工作组）成员的确定；掌握应急预案的构件与内容、应急预案编制的过程；理解危险分析、确定职责、分析资源的过程，明确其在预案编制过程中的作用，以及其对所编制预案的影响。

案例

《国家重大海上溢油应急处置预案》的编制

《国家重大海上溢油应急处置预案》于2018年3月8日由国家重大海上溢油应急处置部际联席会议审议通过并印发实施，这是我国第一个国家级海上溢油应急处置专项预案。在此之前，与海上溢油应急相关的应急预案主要是有关部门、地方制定的针对不同任务或环节的预案，如由交通运输部和环保部（现生态环境部）牵头编制的《中国海上船舶溢油应急计划》、国家海洋局编制的《海洋石油勘探开发溢油事故应急预案》，以及各省市政府的《海上船舶污染事故应急预案》和各直属海事局的《海上船舶污染事故应急预案》等，分散的应急预案和应急机制不能满足我国日益严重的重大海上溢油事件应对处置的需要。

在 2010—2011 年，国内外接连发生几起重大海上溢油事故：2010 年 4 月墨西哥湾"深水地平线"钻井平台事故造成大范围的海洋和陆地污染；2010 年"7·16"大连新港输油管线爆炸事故导致上万吨原油泄漏入海；2011 年 6 月发生渤海蓬莱 19-3 油田持续性溢油事故，造成了渤海海域受到污染。

为完善国家层面重大海上溢油应急处置的体制机制，从 2011 年开始，由交通运输部牵头组织编制《国家重大海上溢油应急处置预案》，经过 7 年多时间的反复研究讨论、修改完善，该预案于 2018 年发布实施。该预案首次从国家层面对重大海上溢油应急处置工作提出了具体要求，明确了统一领导、综合协调、军地联动、分级负责、属地为主、以人为本、科学快速、资源共享的原则；界定了国家重大海上溢油事故等级标准，明确了国家层面应急处置启动条件；建立了国家重大海上溢油应急处置部际联席会议制度，规定了 23 个相关部门和单位职责及分工，并明确事发地或受海上溢油事故影响的省级人民政府或者相关单位成立现场指挥部，负责牵头组织海上溢油事故的现场处置工作；规范了海上溢油应急响应行动，强化了海上溢油风险防范和恢复重建行动要求等，具备较强的针对性和可操作性。

资料来源：作者根据公开资料编撰而成。

应急预案编制过程的科学与规范性，决定着预案的可行性程度。所以，应急预案编制过程极其重要。应急预案编制是一个系统工程。对编制人员、编制程序、编制方法、审定与发布程序，都有严格规范的要求，必须一丝不苟地执行。

第一节　应急预案的编制目标、主体与原则

一、应急预案的编制目标

应急预案的编制目标，是实现在突发事件发生之前的有效准备以及在突发事件发生时的合理应对和处置，最大限度地降低其后果和负面影响。所谓发生前的有效准备，是将应对处置所需要的各种安排、资源、培训、演练都落实到位；所谓"合理应对和处置"，是在突发事件发生前、发生中、发生后的完整过程中，应对者能够采取尽可能合理、科学的应对手段和方法，并且具备实施这些手段和方法的物质条件。而这些手段、方法和物质条件，都是应急预案中已经确定和安排好的。

要实现应急预案的编制目标，必须做到以下方面：首先，应急预案的制定者必须依据中国的行政管理体制和相关法律法规以及国家总体应急预案，结合地方实际，创造性地建立应对处置重大突发事件的体制机制。其次，它要求制定人员认真研究本地各类突发事件的发生和发展规律，弄清它们的发生时间、各阶段的特征、破坏性进程和渐进的影响范围，结合当地人口和重要财产布局，制定出不同阶段的应对处置措施。再次，根据突发事件的进程和应对处置措施，确定不同阶段所需要的应对处置资源。

最后，形成符合地方实际的科学、有效的应急预案。

然而，这并不是应急预案要解决的全部问题。在长期的应急管理实践中，西方国家逐渐将风险管理的意识和思想渗透到了公共安全管理工作中，并在应急预案中体现出来。比如，美国政府就将预案从根本上看作"风险管理的工具"，在预案编制过程中分析和确定面临的潜在危险，并考虑可能的预防和保护措施；他们甚至提出应将减灾和风险防控措施都纳入应急预案。所以，我们在制定应急预案时，也要考虑如何更好地采取减灾和风险防控措施，尽可能减少灾害的发生频次和减轻灾害的后果，并为应对这些后果做好人力、财力和物资准备。

二、应急预案的制定主体

各级政府及其组成部门是应急预案的制定主体。各级政府之所以要制定应急预案，是因为政府是社会管理和公共服务的主体，承担着防范化解公共安全风险和突发事件处置与救援、保护人民群众生命财产安全等重要职责，编制并实施应急预案就是为了提前做好应急准备，以便在发生突发事件后可以依法、迅速、科学、有序地组织应对。

各级政府及其有关部门的预案编制和发布要依据有关法律法规的要求，通常遵循法规或规范性文件的制定和发布过程。承担应急预案编制职责的政府部门通常会组织专门的预案编制工作团队，遵循规范的程序，经过一定的编制、评审和审批程序，广泛征求相关各方的意见建议，并以适当的形式发布。

政府作为制定应急预案的主体，其编制与实施过程必须体现政府的责任心和公信力。责任心要求政府必须从保护人民群众和公共利益的立场出发，切实按照科学的方法和手段制定应急预案；公信力要求政府切实承担起制定和实施应急预案的责任，要确保应急预案的有效性并对实施的后果负责。

各类企业、事业单位、社会团体和居委会、村委会等法人和基层组织是单位和基层组织应急预案的制定主体。各类单位和基层组织是社会的基本单元，也是绝大多数突发事件的发生场所，承担着防范化解各类突发事件和组织开展先期处置的主体责任，因此必须按照有关法律法规要求制定本单位、本组织、本社区的应急预案。各类企事业单位和基层组织要强化应急管理职责，加强应急能力建设。

重大活动应急预案按照"谁主办谁负责"的原则，由主办或承办单位负责制定。如果是政府主办或承办的大型活动，应该由负责主办或承办活动的政府或其部门负责编制应急预案。

三、应急预案的编制原则[①]

（一）以人为本，健全机制

要把保障人民群众的生命安全和身体健康作为应急工作的出发点和落脚点，最大

在中国，应急预案的编制有着特殊的历史地位和作用，制定修订应急预案是全国应急体系建设的抓手，建立健全应急体制是基础，建立健全应急机制是关键，建立健全应急法制是保障。

---

① 此部分内容节选自《国务院有关部门和单位制定和修订突发事件应急预案框架指南》（国办函〔2004〕33号）、《省（区、市）人民政府突发事件总体应急预案框架指南》（国办函〔2004〕39号）。

限度地减少突发事件造成的人员伤亡和社会危害。要不断改进和完善应急救援的装备、设施和手段,切实加强应急救援人员的安全防护和科学指挥。要充分发挥人的主观能动性,充分依靠各级领导、专家和群众,充分认识社会力量的基础性作用,建立健全组织和动员人民群众参与应对突发事件的有效机制。

(二)依靠科学,依法规范

制定、修订应急预案要充分发挥社会各方面,尤其是专家的作用,实行科学民主决策,采用先进的预测、预警、预防和应急处置技术,提高预防和应对突发事件的科技水平,提高预案的科技含量。预案要符合有关法律、法规、规章,与相关政策相衔接;与完善政府社会管理和公共服务职能、深化行政管理体制改革相结合;要按照有关程序制定、修订应急预案;要依法行政,依法实施应急预案。要加强公共安全的科学研究,采用先进的预测、预警、预防和应急处置技术,提高预防和应对突发事件的科技水平、内容和范围。确保应急预案的全局性、规范性、科学性和可操作性。

(三)统一领导,分级负责

对于总体预案,要在党中央、国务院的统一领导下,坚持分级管理、分级响应、条块结合、属地管理为主的原则。省(区、市)人民政府是处置本行政区域重大、特别重大突发事件的主体。根据突发事件的严重性、可控性、所需动用的资源、影响范围等因素,分级设定和启动应急预案,落实岗位责任制,明确责任人及其指挥权限。

对于部门预案,要在国务院统一领导下,组织有关部门、单位制定和修订本部门的突发事件应急预案。要按照分级负责、属地为主和分类应对、协调联动的原则,落实各级应急响应的岗位责任制,明确责任人及其指挥权限。

(四)加强协调配合,确保快速反应

对于总体预案,要加强资源整合。按照条块结合、资源整合和降低行政成本的要求,充分利用现有资源,避免重复建设,发挥我国社会主义制度集中力量办大事的优越性;要明确不同类型突发事件应急处置的牵头部门及其职责和权限,其他相关部门、单位密切配合;要充分依靠和发挥军队、武警部队在处置突发实践中的骨干作用和突击队作用,充分发挥民兵在处置突发事件中的重要作用。

对于专项和部门预案,应急预案的制定和修订是一项系统工程,要明确不同类型突发事件应急处置的牵头部门或单位,其他有关部门和单位要主动配合、密切协同、形成合力;要明确各有关部门和单位的职责和权限;涉及关系全局、跨部门、跨地区或多领域的,预案制定、修订部门要主动协调有关各方;要确保突发事件信息及时准确传递,应急处置工作反应灵敏、快速有效;充分依靠和发挥人民解放军和武警部队在处置突发事件中的骨干作用和突击队作用;充分发挥民兵在处置突发事件中的重要作用。

(五)预防为主,平战结合

要贯彻预防为主的思想,树立常备不懈的观念,经常性地做好应对突发事件的思

想准备、预案准备、机制准备和工作准备。加强培训演练,做到常备不懈。要重点建立健全信息报告体系、科学决策体系、防灾减灾体系和恢复重建体系。要建立健全应急处置队伍,加强专业队伍和志愿队伍的培训,做好对广大人民群众的宣传教育工作,并定期进行培训、演练。要完善值班值守和应急联动机制,发生事件后快速启动响应,最大限度减少生命、财产和环境等方面的损失。

(六)借鉴国外经验,符合我国实际

认真借鉴国外处置突发事件的有益经验,深入研究我国实际情况,切实加强我国应急能力和机制的建设,提高社会管理水平,要充分发挥我们的政治优势、组织优势,在各级党委和政府的领导下,发挥基层组织的作用,建立健全社会治安综合治理、城乡社区管理等社会管理机制。

第二节 应急预案编制的构成要素与注意事项

一、应急预案的构成要素

不同类别、不同层级的应急预案其构成要素有所不同,其主要内容也各有所侧重。以国务院办公厅印发的《国务院有关部门和单位制定和修订突发公共事件应急预案框架指南》中规定的专项与部门应急预案的核心内容要素为例(见图13-1),进行简要介绍。

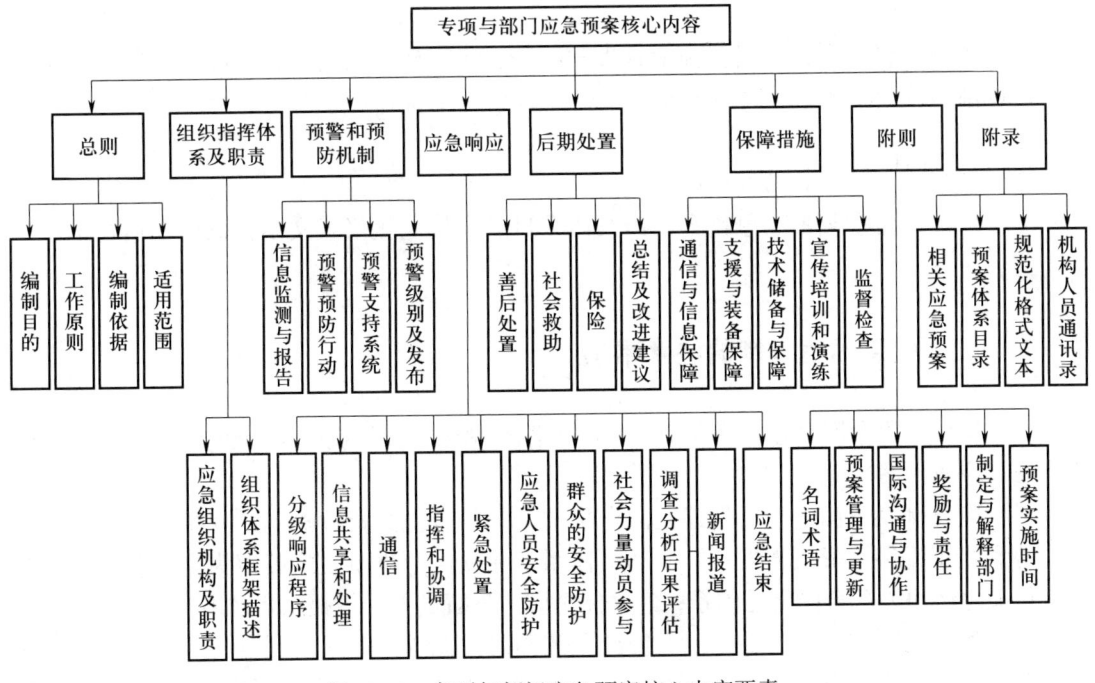

图13-1 专项与部门应急预案核心内容要素

（一）总则

该部分包含编制目的、工作原则、编制依据、适用范围等内容。

（二）组织指挥体系及职责

该部分包含应急组织机构及职责、组织体系框架描述等内容。

（三）预警和预防机制

该部分包含信息监测与报告、预警预防行动、预警支持系统、预警级别及发布。

（四）应急响应

该部分包含分级响应程序，信息共享和处理，通信，指挥和协调，紧急处置，应急人员安全防护，群众的安全防护，社会力量动员参与，调查分析后果评估，新闻报道，应急结束等内容。

（五）后期处置

该部分包含善后处置、社会救助、保险、总结及改进建议等内容。

（六）保障措施

该部分包含通信与信息保障，支援与装备保障，技术储备与保障，宣传培训和演练，监督检查等内容。

（七）附则

该部分包含名词术语、预案管理与更新、国际沟通与协作、奖励与责任、制定与解释部门、预案实施时间等内容。

（八）附录

该部分包含相关应急预案，预案体系目录、规范化格式文本，机构人员通讯录等内容。

二、应急预案编制的注意事项

第一，紧紧围绕建立完善应急管理工作的制度、运行机制和依法应急等方面制定、修订应急预案。

应急制度方面，主要是建立健全集中、坚强有力的指挥机构；发挥我国的政治优势和组织优势，形成强大的社会动员体系；建立健全以事发地政府为主、有关部门和相关地区协调配合的责任体系；建立健全应急处置的专业救援队伍和专家咨询队伍。

运行机制方面，主要是建立健全预测预警机制、应急信息报告机制、应急决策机制和协调机制、应急公众沟通机制、分级响应机制、应急处置程序、应急资源配置、征用机制、奖惩机制和救灾恢复体系等。

依法应急方面，主要是努力使突发事件的应急处置逐步走向法治化、规范化、制度化轨道；并注意通过对实践的总结，促进法律、法规的不断完善。

第二，总体预案是政府组织管理、指挥协调相关应急资源和应急行动的整体计划和程序规范。要明确突发事件的事前、事发、事中、事后的各个进程中，谁来做、怎样做、何时做以及用什么资源做。省（区、市）人民政府总体应急预案是全国应急预案体系的重要组成部分，同时也是指导省属各委、办、厅、局和地市（州、盟）编制应急预案的依据。

不同类型突发事件的专项应急预案是总体应急预案的重要组成部分，而且需要各部门、单位制定各种行动方案、相关保障方案和操作手册。

协作配合部门或单位制定的配套预案，可作为主管部门预案的附件，以建立跨部门的信息与技术资源共享机制。

第三，按照分级管理、分级响应的原则，结合突发事件的严重性、可控性，所需动用的各类资源以及影响区域范围等因素，分级设定启动应急响应的级别。

第四，把建立健全大城市突发事件的应急机制作为重点。条件成熟的大城市，可创造条件实施统一接警、统一出警，提高突发事件的先期处置能力和应急反应效率，并发挥其对周边城市和农村的应急救援辐射作用。

第五，突发事件的新闻报道，要按照及时主动、准确把握、正确引导、讲究方式、注重效果、遵守纪律、严格把关的原则进行，符合中共中央办公厅国务院办公厅《关于进一步改进和加强国内突发事件新闻报道工作的通知》（中办发〔2003〕22号）和《关于改进和加强国内突发事件新闻发布工作的实施意见》（国务院办公厅2004年2月11日印发）的相关要求。

第六，在预案制定和修订过程中要加强领导、认真组织、狠抓落实。按照决策民主化、科学化的原则，广泛征求社会各界，特别是专家和所影响区域人民群众的意见。要规范编制预案的方法和步骤，按程序对预案进行审议和批准。

第七，正确处理日常安全防范、风险管理和应急处置工作的关系；正确处理内部规章制度（如防火、保密、安全等）和突发事件应急预案的关系。

第八，应急预案要及时修订，不断充实、完善和提高。每一次重大突发事件发生后，都要进行预案的重新评估和修订。

> 应急预案必须明确回答突发事件事前、事发、事中、事后"谁来做？怎么做？何时做？用什么资源做？"的问题，要看得懂、记得住、管用。

专栏

企事业单位预案的构成要素与编制内容

由于不同的企事业单位面临的风险千差万别，所以应急预案的构件和编制内容也差别很大。企事业单位应急预案的内容应该非常具体，简单明了，便于操作。生产经营单位应急预案必须遵守《生产安全事故应急预案管理办法》（应急管理部令第2号）的规定。

第三节 应急预案的编制方法

一、应急预案的编制路径

应急预案的编制路径（planning approaches）决定着应急预案的编制路线和出发点，是编制预案的方法性指导。国外广泛使用的编制路径主要有以下几种。

（一）基于情景的编制

基于情景的预案编制（scenario-based planning）是以一种突发事件情景为预案编制的逻辑起点的方法。该方法是：首先设立一种危险或威胁的情景，然后分析该情景的影响（过程、规模、后果等），再决定适当的响应程序和应对措施。美国国土安全部专门设置了 15 种威胁国土安全的突发事件情景，其中包括 12 种恐怖袭击情景、2 种自然灾害情景（大地震和飓风）和 1 种公共卫生事件（流感大暴发）。每一个情景，设置得非常具体，既有概况，又有详细说明。如关于大地震的情景，其概况见表 13-1。[①]

表 13-1　美国国土安全委员会设置的大地震情景概况表

伤亡	1 400 人死亡，10 万人住医院
基础设施毁损	15 万座建筑物毁灭，100 万座建筑物受损
疏散与失去家园者	30 万家庭
污染	某些区域，源自危险材料
经济影响	数万亿美元
潜在的后续事件	有，如余震
恢复的时间	几个月到几年

> 应不断提高应急预案的针对性、操作性、实用性、科学性和完整性。

这些情景，既可作为各级政府制定应急预案的对象，又能够作为应急准备的目标，指导各级政府的应急准备工作（应急能力建设）。

中国地方政府的专项预案和企事业单位的专项预案，在编制过程中也强调开展风险分析评估并设定一定的突发事件情景，其理念和方法比较接近，但又有所区别。

（二）基于功能的预案编制

基于功能的预案编制（function-based planning）也叫功能性预案编制，其方法是：

---

① The Homeland Security Council, Planning Scenarios: Executive Summaries, Version 2.0, July 2004.

确定本行政区划政府在突发事件处置中必须履行的一般功能，之后设定履行这些功能的部门与机构，以及履行这些功能的行动程序和措施。这种预案编制路径在中国比较少见，可以考虑在承担支持保障功能的部门编制相关保障类应急预案时借鉴使用。

（三）基于能力的预案编制

基于能力的预案编制（capabilities-based planning）是依据一个行政区划应对突发事件的能力而展开一系列响应行动的预案编制方法。其工作任务是：将现有的培训、组织、方案、人员、指挥与管理、装备、设施等恰当地组合起来，以形成必要的应急能力，然后通过应急预案将相关应急能力集成起来以应对不同类别的突发事件。从过程上看，这种依次确定"情景—任务—能力"方法，有点像基于情景和基于功能方法的结合体。

基于能力的预案编制（应急规划）是一个推动政府应急准备工作而广泛采用的路径。美国政府的国家准备目标，提出了基于能力的预案编制（应急规划）的途径和工具。其国家准备目标主要解决三个问题："我们需要做什么样的准备？怎样做准备？怎样确定工作的优先权以弥补现有的缺陷？"并用以下三个文件形成了基于能力的预案编制（应急规划）工作流程，见图13-2。

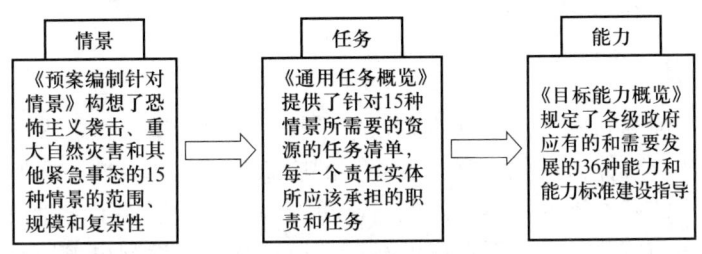

图13-2 美国基于能力的预案编制工作流程图

这种路径是政府应急准备的重要手段，是提高和建设应急能力的重要方法。事实上，在预案编制的实践中，单独使用上述哪一种路径都不普遍。在美国的应急预案编制工作中，通常采用将上述三种路径相结合的方法，以下在"编制过程"内容中将详细介绍。

二、应急预案的编制方法

（一）模板法

模板法是一种被广泛采用的预案编制方法。对于没有预案编制经验的部门来说，此方法是避免走弯路的，行之有效的。

应急预案编制模板是政府应急管理权威部门[①]制定和发布的，规定应急预案基本结构和主要内容的框架性工具，是经过反复研究敲定、多次实践证明、能够代表突发事件应急处置标准程序和正确途径的指导性文件。

---

① 国外有的专业公司也制定这样的模板，如eBRP公司制定的流感应对预案模板也被有的组织采用。

模板法是基于应急预案模板，按照规定的结构和内容的编制要求和做法，制定本部门（单位）应急预案的方法。这种方法的优点是：第一，它不会遗漏或忽略应急处置的重要环节和内容，也不会出现程序性错误。第二，它规定的每一项内容都有指导性或提示性导语，对具体的内涵做了要求和概述，编制者可以明确无误地填写，不会偏离方向。第三，它为预案的规范化提供了保障，非常便于预案管理。从国务院办公厅发布的《省（区、市）人民政府突发公共事件总体应急预案框架指南》中，我们可以清晰地看到这些显而易见的优点。原国家安全生产监督管理总局颁布的《危险化学品单位事故应急预案编制通则》，也具有同等的功效。

必须指出的是，应急预案编制模板只是指导性文件，多数只有做什么的内容，没有如何做的内容，许多工作必须由编制者结合实际按照规范认真分析研究，不能有丝毫的忽略和敷衍。比如，风险评估、资源保障、培训演练等各个环节的细节都不能忽视，都要经过严密的分析研究确定。

更需要说明的是，由于模板法依据的是模板，那么模板的科学性就直接决定着编制出的预案的科学性。有的预案模板本身有诸多瑕疵或漏洞，如果编制者没有丰富的经验，就会在盲从中犯错误。因此，只有认真研究应急管理的理论和实践，总结本单位突发事件应对处置的经验教训，学习和借鉴国内外突发事件应急响应中的成功方法，才能编制出科学、适用的应急预案。

（二）比照法

由于中国目前发布的突发事件应急预案模板适用面较窄，很多人在预案编制中不得不采用比照法。具体做法是：拿一本同类的应急预案作为参照，框架不变或做部分修改，内容可用的基本不变，不可用的自己重新写，最后形成了与原预案面孔基本一致的预案。在中国应急预案体系形成的初期，以这种方法编制出来的预案占相当大的比例。

比照法的优点是将他人的预案作为模板和范例，使用起来非常简单、省力，但容易落入照搬或模仿的窠臼；况且，如果选取的参照预案本身编写得不好，所编制的预案就可能是低水平仿制。所以，用比照法编制预案，在学习完善的同时重点在突破和创新，真正编制出符合应急需求的预案。

第四节　应急预案的编制过程

一、编制准备

（一）确定预案编制部门

无论是政府还是企事业单位，在决定编写应急预案的时候，首先要确定参加编制的所有部门或机构。根据突发事件应急准备和应急响应的需要，以下几类部门通常必须参与应急预案的编制。

1. 突发事件应急准备和响应的领导部门

承担政府突发事件应急准备和响应综合协调职责的部门，通常也是政府总体应急预案编制的牵头部门；专项应急预案的牵头部门通常是具体负责某类突发事件应对的主责部门；他们在应急预案编制过程中承担组织领导、审批和管理等职责。

2. 参与突发事件应急响应的部门

这主要是指专业从事应急响应或确定承担应急响应任务的部门。一般包括应急管理、消防救援、公安、卫生健康、生态环境、民政、市政、交通运输、电力、通信、新闻宣传、红十字会，等等。如果可能，应该考虑包括地方驻军和武警。

3. 相关部门

这包括下级行政部门、本地区受影响的大型企事业单位、志愿者组织，以及应急响应中需要特别关照的部门，如幼儿园、福利院、特殊仓库等。

（二）确定预案编制人员

预案编制委员会（工作组）由预案编制参与部门的代表、特邀的专家以及工作人员组成。预案编制部门选派参与人员时有如下基本要求。

1. 资格要求

参与人员必须有足够的级别，能够代表其部门或机构在预案编制过程中做出决策和承诺。特别需要指出的是，领导部门的代表应该是主要行政首长（往往不能全程参加），或者是分管行政首长（有可能全程参加），或者是他们委托的代表（应该对领导职责相当了解并承担一定职务，如秘书长、办公室主任）；牵头部门的代表应该是主管领导，至少是分管领导。如果他们不能自始至终参加，要确保有他们委托的代表递补，不能缺席某个环节。

> 承担应急管理重要责任的领导干部应该参加预案的编制工作。

2. 经验要求

最好参加过突发事件的处置，具有突发事件处置经验。此外，这些人员还应熟悉本部门的基本信息，如部门的人员、资源与职责范围，以及本部门相关的应急工作。如某大学选派到市级应急预案编制小组的代表，应了解本校教职工、学生的人数、本校的资源与基本建筑情况等。

3. 知识要求

参与人员应具备专业知识和应急管理知识。专业知识，是指选派人员应具有本部门业务相关的专业知识。在一个部门中，有单纯从事行政管理者，有单纯从事技术工作者，也有行政与技术双肩挑的人员。应急管理知识，是要求熟悉本部门应急管理工作的规定、程序、内容等。而参与预案编制的人员，最好是"双肩挑"的人员。

特邀专家一般是突发事件应急处置的专家和应急预案编制的专家，既可以从当地选择，也可以从其他地区邀请。

工作人员可以从相关机关部门抽调，通常需要有较强的文书处理和组织协调能力。

（三）成立预案编制委员会（工作组）

预案编制是一个复杂的系统工程，需要预案编制委员会（工作组）成员的精诚合作，既要使所有成员配合良好，又要使每一个人都能最大限度地发挥作用。因此，预案编制委员会（工作组）的恰当组织与磨合，是预案编制成功的前提。

1. 选择委员会主任（工作组组长）

预案编制委员会（工作组）一般设一位主任（组长），两位副主任（副组长）。主任（组长）原则上由能参加编制全过程的来自政府的最高负责人出任，负责编制的全面工作，协调所有涉及的部门以配合编制，特别是管理所有参与编制的人员；副主任（副组长）中，一位可由应急部门（编制总体预案时）或突发事件牵头部门（编制专项预案时）的代表出任，负责编制的业务管理；另一位可由应急预案编制专家出任，负责编制的技术性工作。

2. 组成工作小组

根据预案编制的工作内容，将参加人员分为若干个工作小组，并选出组长。一般分为编写组、资料信息组和管理保障组等。

编写组是负责编写预案文本的主要业务组，应包括各个部门的代表。如果是一个比较大的预案（级别较高），为了工作方便，也可以将编写组分为两个甚至三个小组，具体负责预案不同部分的编写工作。

资料信息组负责为编写组提供所需要的各种法律法规、文件、相关应急预案、参考资料；负责为成稿的预案编写术语解释和法律法规依据；负责编写预案编制委员会（工作组）的工作简报，等等。

管理保障组负责预案编制委员会（工作组）的日常管理，如考勤、通信、会议、办公场所、后勤保障，等等。

各小组组长可以由委员会主任（工作组组长）指定或由小组成员推选。

（四）准备资料

1. 法律法规

国家、上级政府、主管部门颁布的法律法规和相关文件是预案编制的法律和政策依据。在确定了编制什么样的预案之后，根据该预案涉及的管辖范围和管理对象，收集用以指导应急准备和应急响应工作的法律法规和政策文件。一般来说，国家的《突发事件应对法》和总体预案、相关专项预案都是地方政府制定总体预案和专项预案的法律依据。对行业或企事业单位的预案编制来说，国家和上级政府、主管部门的应急管理方面的法律法规、应急预案都是制定预案的法律依据。在编制预案之前，资料信息组应该将这些资料收集、准备齐全，供编写组学习、参考。

2. 关系预案

关系预案是指与待编写的预案有关联的上级部门预案、横向相关部门的预案、系统内的上下级预案。在应急准备和应急响应中，许多工作（环节）需要与它们协调、配合、合作和相互帮助。为了保证预案编写出来之后能够与它们较好地衔接，需要将它们收集过来作为参考。有时候，有的非关系预案也可以收集以借鉴，比如，国内外的一些优秀应急预案，可以学习参考其编制方法和内容要素等。

3. 编写指导文件和模板

许多国家的政府为了保证各地能够编写出合乎要求的应急预案，常常颁布预案编写的指导文件，原则上各级地方政府应该按照这些文件要求的格式和方法编写预案。

如2004年5月国务院办公厅印发的《省（区、市）人民政府突发公共事件总体应急预案框架指南》，美国联邦应急管理局颁发的《综合准备指南101：制定和维护州、领地、部落和地方政府应急预案》，都是这类文件。

此外，比这些文件更具体、更具有便利性的，是应急预案的编制模板。模板几乎固化了应急预案的内容和形式，编写人员只要按照模板规定的操作程序和方法，将指定的内容填进去即可。对于基层单位和部门来说，使用模板编写不会偏离应急响应的基本路线，但是容易漠视模板规定的操作过程，使得编写过程流于形式。

（五）培训准备

编写人员到位以后，要为预案编写人员做好知识和技能培训。培训的内容包括以下方面。

1. 法律法规学习

熟悉和掌握预案编制所涉及的相关法律法规的内容，特别是关键点描述，确保编写出的预案符合法律法规和政策要求。

2. 预案编写方法培训

学习预案的理论、预案的构成、编写预案的指导文件和模板、编写工作的方法和程序。

3. 形势认识

分析并认识全国、当地的公共安全形势，了解具有典型性的突发事件响应的案例以及重要的经验教训，认识预案编制的重要性。

二、编制过程

应急预案编制过程一般由五个步骤构成（见图13-3），每一个步骤都有相对固定的内容。对于不同类型的应急预案，这些步骤可以根据需要做适当调整。

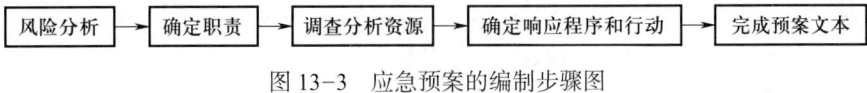

图13-3　应急预案的编制步骤图

（一）风险分析

风险分析是识别并描述本行政区域或本单位内的风险及其可能的影响。其目的是确定辖区或单位存在什么风险，这些风险影响的对象、范围和严重程度如何，哪些风险必须优先对待，从而决定制定哪些（类）应急预案。

1. 风险分析的任务

风险分析的任务有以下六个：

（1）识别一系列可能发生突发事件的风险源。

（2）确定风险源引发突发事件的频率及其造成的破坏。

（3）确定突发事件对辖区或单位所造成的影响。

(4)突出最有可能和最有破坏性的风险源。
(5)确定面对突发事件风险时辖区或单位的脆弱性。
(6)确定制定各种应急预案的优先顺序。

2. 风险分析的步骤

风险分析通常采用五步法。

第一步:识别风险。

本步骤的任务是调查在管辖区或单位内已经出现或可能出现的突发事件的种类,形成一份风险清单。风险清单所涉及的对象包括中国国家总体应急预案规定的四大类突发事件,其格式见表13-2。

表13-2 风险清单

自然灾害	事故灾难	公共卫生事件	社会安全事件
水旱灾害	生产安全事故		恐怖袭击事件
地震灾害	交通运输事故	传染性疫病	刑事案件
气象灾害	海上溢油事故	群体性不明原因疾病	群体性事件
地质灾害	公共设施和设备事故	急性中毒事件	油气供应中断突发事件
海洋灾害	核与辐射事故	食品和药品安全事件	金融突发事件
生物灾害	环境污染和生态破坏事件	动物疫情等	涉外突发事件
森林草原火灾等	网络与信息安全事件等		民族宗教事件等

风险调查的方法包括:查找历史资料,走访当地长期住户,并做全面的危险(源)普查。既不要漏掉曾经发生过的突发事件,又要发现新增加的风险源,比如新建的化工厂、水库甚至道路。总之,要确保风险清单全面。

第二步:描述风险。

该任务是将每一种具体突发事件风险,用应急管理的专门术语对其做全方位描述,包括突发事件发生的周期模式、频率/历史、地理范围、严重性/强度/级别、时间框架、发展速度、可预警性、可管理性,等等。美国联邦应急管理局制定的风险描述工作表(见表13-3)可以作为实施风险描述的参考[①]。

表13-3 风险描述工作表

风险名称:

可能的级别(社区可能受影响部分的百分比):
☐灾难级的:超过50%
☐严重级的:25%~50%
☐一般级的:10%~25%
☐微小级的:不到10%

---

① Emergency Management Institute, Independent Study IS230, Principles of Emergency Management, March, 2003.

续表

发生频率： □极可能：次年发生概率接近100% □很可能：次年发生概率或以后10年至少发生 　　1次的概率在10%~100%之间 □可能：次年发生概率或以后100年至少发生 　　1次的概率在1%~10%之间 □不太可能：以后100年发生概率低于1%	周期模式：
最有可能受影响的地区：	
可能的持续时间：	
可能的发展速度（预警时间的可能长度）： □时间最短（或没有）预警时间 □6~12小时预警时间 □12~24小时预警时间 □24小时以上预警时间	
现有的预警系统：	
是否存在脆弱性分析？ □是 □否	

描述风险的目的是对清单上列出的所有危险做逐一评估，以便排列出编写专项预案的优先顺序。

第三步：描述辖区关键要素。

辖区关键要素是指与突发事件影响、响应相关联的构件和环境。构件部分包括突发事件作用对象（承灾体，如人口、重要设施、财产）、响应处置部门（组织）；环境包括地理特征、人口分布、基础设施，等等。描述的目的是确定可能的受害对象、受害范围和应急响应的资源。读者可以参考美国联邦应急管理学院的预案编制教科书中关于管辖区关键要素描述格式，见表13-4。

表13-4　管辖区关键要素描述

要素	地理	财产	基础设施	人口状况	应对机构
要素具体内容	■ 主要地理特征 ■ 典型气候类型	■ 数量 ■ 类型 ■ 年代 ■ 建筑法规 ■ 关键设备 ■ 潜在的间接危险	■ 公共事业建筑、布局、通道 ■ 通信系统布局、特征、后备 ■ 道路系统 ■ 空中水路支持	■ 人口数量、分布、密集度 ■ 易受攻击地区的人口数量 ■ 特殊人群 ■ 动物数量	■ 位置 ■ 联系地点 ■ 设备 ■ 服务 ■ 资源

续表

要素	地理	财产	基础设施	人口状况	应对机构
风险分析中的作用	■ 预测风险因素，以及潜在的危险与间接危险的影响	■ 预计潜在的危险对地方影响的结果 ■ 确定可用的资源（如避难所等）	■ 确定脆弱点 ■ 准备疏散路线、紧急状态通信，以及预计应对与恢复的需要	■ 预计灾难对人口影响的结果 ■ 发布警报信息和公共信息 ■ 部署撤离与群众照顾	■ 确定应对能力

资料来源：美国联邦应急管理学院相关教学资料。

第四步：脆弱性分析。

脆弱性是衡量一个社区招致损失的倾向性的尺度，是对风险的敏感性。脆弱性分析是对辖区易受危险侵袭的承灾体的查找和确定。简单地说，如果遭受一种灾害的打击，谁将会受到影响？受影响的程度如何？它们对这些影响的抵御力如何？有可能造成多大的生命、财产或经济损失？通过回答上述问题，从而找出最薄弱的环节，这就是脆弱性分析的任务。

通过脆弱性分析，确定管辖区内那些面对某种特定危险威胁的各种财产和人群，为设定应急响应时保护对象的优先权提供依据。

脆弱性分析的对象一般是社区或地区集聚的人口、建筑、基础设施和重要设施，诸如城市、医院、学校、铁路线、通信中枢、电力设施、自来水供应系统、重要危险源，等等。

> **专栏**
>
> ### 脆弱性分析的工作流程
>
> 脆弱性分析的方法是清点资产—评估损失，其工作流程如下：
> （1）绘制本社区或地区的重要资产清单，然后根据风险识别和风险描述的结果，确定风险波及的区域以及哪些资产会受到风险的影响。
> 列入重要资产清单的主要是对人们的安全、生存、生活和工作具有重大影响的资产。一般包括医院、学校、博物馆、水库、桥梁以及煤气、水、电等公用事业设施。美国政府要求采用的资产清单应满足三个任务：[1]
> • 任务1：确定建筑物的面积、价值、本社区或地区处在危险区域内的人口。
> • 任务2：确定是否（从哪里）搜集额外清单资料。
> • 任务3：编制可能被突发事件损害的资产详细清单。

---

[1] State and Local Mitigation Planning: How to Guide: Understanding Your Risks: Identifying Hazards and Estimating Losses, Aprile, 2001, 3-2, 3-3.

（2）评估损失，确定究竟本社区或地区的资产将在突发事件中受损到什么程度、价值多大。

在完成了以上三个任务后，利用获得的所有信息，去评估突发事件对人员、建筑物或其他重要财产可能造成的预期损失。其基本程序如下：

• 任务1：确定损失的范围。其内容包括对建筑物损失的评估、对建筑物内包含物损失的评估、对建筑物的用途和功能损失的评估以及对人员损失的评估。

• 任务2：计算每一次突发事件造成的损失。计算对每一个具体资产造成的损失、计算和评估每一个突发事件可能造成的损失，以及编制遭受最高损失地区的复合地图。

第五步：情景设置。

通过第一、二步确定了需要优先对待的突发事件，通过第三、四步确定了面对突发事件需要优先（重点）保护的对象，下一步需要设定一种突发事件的具体情景，作为应急预案针对的目标，这就是情景设置的内容。

应急预案情景是指应急预案的适用情况（情形）和环境，包括突发事件的种类、级别、发生时间、地点、预期影响范围及突发事件应对主体等。这是应急预案的第一个要素，决定着应急预案的指向。

预案的情景设置是在应急预案编制中根据风险评估所设定的突发事件的完整的情节、规模和形势。而预案展开的过程，完全是靠情景进展驱动的。所以，情景是预案的逻辑起点和发展的依据。

首先，明确情景设置的主要内容。

（1）事件。首先要确定该预案针对的是哪一类别的具体的突发事件。

（2）事件规模。确定事件的规模，一般从严重程度、影响范围、持续时间等方面来描述。

（3）事件的影响，主要有以下几个方面：

• 撤离人口——人员撤离是避免伤亡的有效手段，针对事件的规模和影响范围来确定需要撤离人口的数量、范围和路线，避难所和人员安置点的数量等。

• 形势发展过程——描述从事件起始到结束的全过程中各个时间点、各个阶段可能发生的事件和事件影响的变化。

• 人员伤亡——描述突发事件可能造成的人员伤亡数、地理分布、人群分布、伤亡形式与特征。

• 财产损失——确定财产损失的大致额度、损失财产的种类、分布、归属等。

• "生命线工程"损毁——"生命线工程"是指对社会生活、生产有重大影响的交通、通信、供水、排水、供电、供气、输油等系统。突发事件往往会破坏生命线工程，给事发地居民造成生活上的不便和心理上的恐慌。要设定生命线工程可能的损毁状况，描述受损范围和程度。

• 环境破坏——突发事件有可能给环境造成中长期的影响，可能会危及较大的范围甚至几代人的生存。因此，情景设置在涉及重大洪灾、飓风、地震、放射性事故、化学品泄漏等突发事件时，要描述对环境的负面影响。

• 残存资源——确定遭受事件打击后剩余的可用于应急响应的资源品种、数量。

此外，情景设置还要确定一些比较敏感或特殊的可能会给突发事件应对产生影响的因素。比如时间因素：同样一个事件发生在白天还是夜间、工作日还是节假日、平时还是特殊时期（如奥运会期间），不同的时间段造成的影响可能会大相径庭，要尽可能考虑到。

其次，把握情景设置的原则。

（1）规模对应原则。应急预案中突发事件设置的情景规模，应该基本与责任主体的能力和职责范围相匹配。根据"属地管理""分级负责"的原则，各级政府负责不同等级的突发事件应对。在情景设计时，省、市、县各级政府应该分别设计管辖范围内相应等级的突发事件情景。对于超出其应对能力范围的更高等级的突发事件，属地政府通常启动最高等级的应急响应做好先期处置，并配合上级政府做好突发事件的应急处置工作。

（2）适度弹性原则。突发事件的突变性和衍生性决定了任何情景设置都不可能与实际发生的突发事件完全吻合，因而要求应急预案必须具有适度的弹性，这种弹性需要通过情景设置的灵活幅度来实现。如果设置的情景过细，一旦发生与情景设置不完全相符的突发事件，会造成应对者的无所适从。因此，要用粗线条来设置情景，为应对者提供自我发挥的创造性空间。

最后，掌握情景设置的方法。

情景设置的常用方法有案例分析法、演练补充法和头脑风暴法等，一般采用最多的是案例分析法。具体做法是：选择某一种突发事件的若干案例，特别是本地区发生过的或相似地区发生过的案例，以时间为主线总结、描绘出其进程的各个情节及影响，通过综合这些情节和影响勾画出一场灾害的全景图；以该全景图为蓝图，结合本辖区情况，制定出本预案的情景。

以X市地震预案的情景为例（见图13-4）：针对烈度为7~8度的地震情景，市政府作为责任主体响应的最大限度。① 如果超出这一规模，省政府乃至中央政府就成为响应的责任主体，市政府则转为责任次主体。

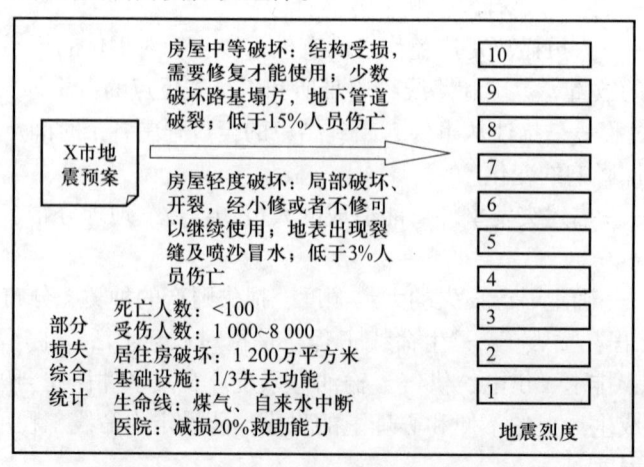

图13-4　X市地震预案的情景图

---

① 即使在这样的情景下，省政府、中央政府的地震专项预案的响应也可能启动，只是救灾指挥部的责任主体没有发生改变。

由于地震是瞬间形成了灾害的大部分后果,所以情景对预案展开的驱动过程不太明显。如果某一次地震还发生了次生灾害和衍生灾害,那么,情景对预案进程的驱动作用就显而易见了。以2011年"3·11"东日本大地震为例,情景驱动预案编制进程示例见图13-5。

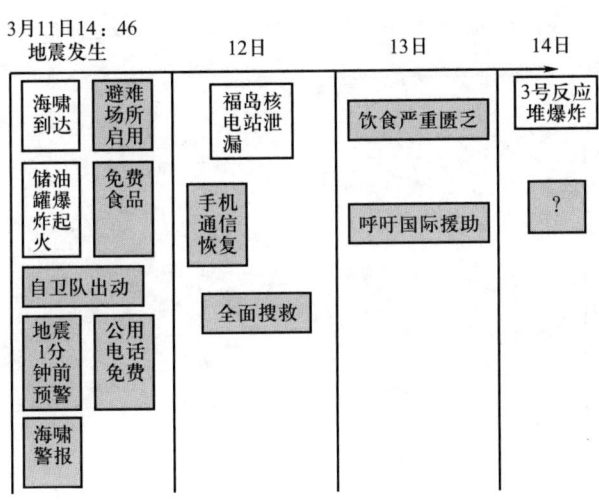

图13-5　地震情景驱动预案进程示例(以"3·11"东日本地震为例)①

(二)确定职责

确定职责是指根据现行的应急管理体制,确定在设定的该突发事件的应急响应过程中的责任人(部门、组织)和具体职责。

1. 确定职责的任务

这一步骤的中心任务是回答"由谁负责处理该突发事件"的问题。答案应该由两部分构成:一是处理该突发事件的职责有哪些?二是每一个方面的职责应该由谁承担?

(1)列举应急响应的职责。各类突发事件应急响应的职责种类大致相同。一般包括:

- 指挥调度
- 预警发布与风险沟通
- 搜寻救援
- 灾情控制
- 救死扶伤与灾后防疫
- 抢险保通
- 后勤保障
- 治安维护
- 灾民安置

根据不同的突发事件,这些职责可以做相应调整,比如公共卫生类突发事件,可

---

① 本图中无色框指情景演变,有色框为响应行动。3月14日的"?"意为当时的应对措施仍未做出。

能不会有"搜寻救援""抢险保通"等任务。在预案编制时，要将这些职责细化，以便确定不同的责任人。比如，抢险保通包括生命线工程的若干方面，既有通信、交通、电力等大型网络性保障体系，也有燃料供应、自来水供应等地方保障体系，要分项列出；灾情控制更是因事而异，每一个预案要具体分析、列举。

（2）列举应急响应的责任人。应急响应应该由一个部门牵头，承担支持职责的责任人（部门、组织）根据职责分工参与应急响应行动，一般包括：

- 政府主要领导
- 发展改革部门
- 应急管理部门
- 消防救援队伍
- 公安部门
- 民政部门
- 卫生健康部门
- 国土资源部门
- 生态环境部门
- 气象部门
- 地震部门
- 交通运输部门
- 市政部门
- 电力部门
- 通信部门
- 新闻媒体
- 红十字会
- 地方驻军和武警

在列举应急响应责任人的时候，同样要根据不同的突发事件的处置需求确定，不能一概而论。

以破坏性地震为例，中国各级政府的专项预案的责任模式示例见图13-6。

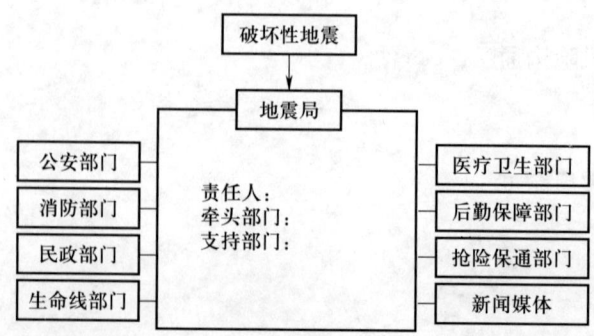

图13-6 中国破坏性地震专项预案的责任模式示例图①

---

① 在组建应急管理部之后，中国地震局划归应急管理部管理，地震救援职能也调整到了应急管理部内设的地震和地质灾害救援司。

（3）对应职责和责任人。建立所列举的应急响应职责与责任人之间的对应关系，可以采用列表方式，示例见表13-5。

表 13-5　应急响应职责与责任人对应关系示例

应急响应职责	责任人
指挥调度	政府主要领导、指挥部构成人员
预警发布与风险沟通	政府、应急管理部门、气象部门、宣传部门、新闻媒体等
搜寻救援	消防救援队伍、公安部门、专业队伍、武警、军队等
灾情控制	相关专业部门、消防救援队伍、武警、军队
救死扶伤与灾后防疫	卫生健康部门、医疗卫生机构等
抢险保通	交通运输、电力、通信、市政、武警、军队等
后勤保障	发展改革部门、财政部门、应急管理部门、商业部门、交通运输部门
治安维护	公安部门
灾民安置	应急管理部门、民政部门、商业部门、卫生健康部门、红十字会、新闻媒体等

在决定上述对应关系的时候，要确保所有职责没有遗漏，所有部门都明确职责与任务；同时，要注意职责下的任务不能重叠，比如承担后勤保障有四个部门，要划分（细分）每一个部门在后勤保障中的具体任务。从职责到任务的细分示例见表13-6。

表 13-6　职责、任务细分示例

职责	任务	责任人
后勤保障	救援现场汽油、柴油供应	计划：发展改革部门 采购：商业部门 运输：交通运输部门
	救援人员饮食供应	计划：发展改革部门 采购：商业部门 运输：交通运输部门 分发：应急管理部门

为了确保落实，可以绘制每一项责任下各项任务的结构图和任务之间的流程图，以明确履行职责与任务的衔接关系和界限，避免实施中出现扯皮。

2. 确定职责的方法

确定职责的方法是根据突发事件的每一项职责和每一个响应环节，确定所有部门（组织）承担任务的状态。状态分为以下三种：

- 主要任务——从始至终持续行动的牵头人和主力军职责；
- 次要任务——为了保障承担主要任务的部门所承担的支持性任务；
- 待命。

其示例见表13-7。

表13-7 应急响应单位任务状态示例

职责	主要任务	次要任务	没有任务
灾民安置	应急管理部门	商业部门 红十字会 卫生健康部门 民政部门 新闻媒体	政府主要领导 发展改革部门 公安部门 国土资源部门 市政部门 交通运输部门 电力公司 通信公司 气象部门 生态环境部门 地方驻军和武警

对一个参加应急响应的部门来说，也可以以上述方式确定在整个应急响应过程中的职责和任务，示例见表13-8。

表13-8 地震灾害应急预案中卫生健康部门的任务状态示例

部门	环节	任务状态
卫生健康部门	指挥调度	待命
	预警发布与风险沟通	待命
	搜寻救援	次要任务
	灾情控制	待命
	救死扶伤与灾后防疫	主要任务
	抢险保通	待命
	后勤保障	待命
	治安维护	待命
	灾民安置	次要任务

这种应急响应过程中的部门任务状态也可以作为应急预案的参考附件，分发给相关单位，供其在宣传、准备和落实预案中参考、学习。

3. 确定职责的要求

确定职责这一步骤的根本要求，是职责与任务的分配必须能被预案编制小组所有成员及其所代表的机构同意并接受。

突发事件的应对是各个部门的非常态工作，履行预案确定的职责和接受预案规定的任务，意味着在原来的工作职责和任务之外承担新的工作，往往需要安排新的工作机制、动员更多的资源、付出更大的艰辛，特别是要承担更大的责任。在预案编制过程中，每一个环节任务的落实，可能要经历激烈的争论、计较和讨价还价，有时需要预案编制委员会主任（组长）出面协调，但最终必须落实下来，承担单位要熟悉、掌握，并在应急响应中不折不扣地执行。

为了保证做到这一点，参加编制委员会（工作组）的各单位代表，应该实时向本单位领导汇报、沟通职责与任务分配的信息，并且获得对最终承诺的认可。

（三）调查分析资源

调查分析并确定所需要的应急响应资源，是为应对处置突发事件准备足够的应急能力。

1. 调查分析资源的目的

应急资源是应对和处置突发事件所需应急能力的基本要素，包括人力资源、物资资源、装备设施资源、信息资源、财政资源，等等。

调查分析并确定资源是为了确定：

（1）有效应急响应需要资源的种类、数量与规格。

（2）在本辖区内当前拥有哪些资源。

（3）资源现状与应急响应需求的关系（短缺还是过剩）。

2. 调查分析资源的方法

调查分析资源的基本方法是以任务定资源。根据上一步确定的职责和任务，分析履行职责、完成这些任务所需要的各种资源和服务，然后研究和确定这些资源的恰当满足方式，其步骤如下：

（1）弄清应急响应需要的所有资源和服务。

应急响应有若干环节，每一个环节都要求指定的部门采取一个或几个行动，需要特定的资源来实施。因而，必须根据应急响应的程序，细化并列出一系列行动的构成，这是确定资源的必要前提。如在应急响应的"疏散撤离"环节，确定行动和资源的分析方法（流程）示例，见表13-9。

表13-9 行动和资源的分析方法示例

应急响应环节	行动分解	责任人	资源需求
人员疏散撤离 人数：6 000人 时间：4小时 撤离距离：5~8千米 避难场所：2 000人容量	撤离人员组织	公安部门 应急管理部门 居委会 志愿者组织	撤离区人口分布图 老弱病残幼保障人员（300人） 便携式麦克风（数量） 必要信息
	交通保障	指挥部 交通运输部门	航空、铁路、公路（水路）协调 交通运输工具（种类、数量）
	路线保障	指挥部 应急管理部门 公安部门 交通运输部门	路线规划 交通秩序保障（交警指挥疏导） 通畅性保障（道路维护维修设备）

续表

应急响应环节	行动分解	责任人	资源需求
人员疏散撤离 人数：6 000人 时间：4小时 撤离距离：5~8千米 避难场所：2 000人容量	避难场所安排	指挥部 应急管理部门 民政部门 卫生健康部门 红十字会 志愿者组织	食宿必要保障资源（各项数字） 公共卫生与医疗基本资源（各项数字） 管理服务人员（200人） 2 000人容量的临时避难场所（学校、礼堂、体育馆等）

需要注意的是，突发事件发生后，对应急资源会产生浪涌高峰需求，在正常环境下能够满足需要的资源这时将因为需求量大增而无法满足。比如疏散路线上的道路会形成通行高峰而堵塞；移动电话也会因使用量激增而瘫痪；疫情防控会导致口罩、防护服等物资紧缺、断档等。所以，在确定所需要的资源时，要留出余量，并安排补充和替代方案。

（2）分析现有资源的满足状况。

根据情景设置的突发事件规模，确定了所需要的资源和服务总量之后，下一个任务就是分析本辖区现有的资源情况，衡量对应急响应需求的满足程度。

基本的方法是：对本辖区的应急资源作分门别类的普查，之后对照上一步得出的需求总量，计算出资源差额。

普查时要将资源分为三种形式：储备（现货）、征集（含征用和采购）和紧急生产。储备形式是可直接调用的资源，紧急需求的、保持期相对较长的资源应该以储备为主。通过征集方式获得的资源主要是社会可用资源，但可能存在征集不到需要的数量、品种和规格问题，在计算时应该留有一定余地，通用的物资和装备可以考虑这种形式。紧急生产供应的主要是需求数量大、无法完全通过储备和征集获得的资源，但形成资源需要一定的周期，对于非紧急需要的资源或非常用的资源可以考虑该形式，在计算的时候应该标明形成可用资源的时间周期。

（3）确定获得资源差额的措施。

知道了自有资源和服务的差额，下一步要确定从何处、用何种方法获得这些资源和服务。一般来说，满足所需资源的途径有：

其一，自己准备。各级政府和企事业单位都应该常年准备一定量的主要应急资源，在财政预算和单位开支中要保证恰当的比例用于购买、储备。确认应急资源准备量的一般做法是：保证一级响应时资源需求量的50%左右。在品种上，要以紧急需求的、保持期相对较长的资源为主。

其二，申请上级政府调拨。每年中央财政和地方财政都要拨专款用于准备应急资源，比如应急管理部门的救灾物资储备、水利部的防汛抗旱物资储备都有一定的规模。在地方受灾时可以申请上级政府支持。

其三，租借、征用。对应急救援的许多装备特别是通用装备来说，购买不如租借和征用，从而做到少花钱、多办事。为了保证在应急响应时能真正得到这些资源，应该提前与资源的所有人确定租借协议，议定租借条件和费用。通过租借和征用满足的资源需求,一般应该在总需求量的 20% 左右。

其四,民间捐赠。这是一种值得提倡但不能依靠的方式,因为不确定性很强,会增加应急救援的风险。

(4)检查落实资源的到位情况。

对于预案中确定的应急资源,通过调余补缺后,应该在预案公布、实施的一定时间内到位。因而,本步骤应该是预案制定完成之后在规定的时间内完成,是为了保证预案的可实现性。至于谁来检查落实资源到位情况,应该在应急预案中做出安排。

(四)确定响应程序和行动

这是应急预案最关键的环节。在预案编制工作中,该步骤最具有研究内涵和价值。

1. 指导思想

设计突发事件的响应程序和行动时,要树立正确的指导思想。

人们通常将突发事件的后果归结为三个方面:人员伤亡、财产损失和环境破坏,所以,评价对一个突发事件响应的效果,也可以从对这三个后果的降低程度来衡量。这就要求预案编制者在设计响应程序和响应行动时,以最大限度保护生命财产和环境为目标。应急救援的优先权排序一般为:抢救生命、防止伤亡[①]、保护财产和环境,始终把人民群众的生命安全和身体健康放在第一位,体现以人为本、生命第一的思想。

以此为指导,设计响应程序和行动时,要对预警和疏散撤离环节给予高度重视。预警是做好应对灾害准备、避免伤亡的直接前提,对气象灾害等能够预警的灾害要设计周密可靠的响应行动,力争做到完全避免伤亡;对难以预警的突发事件要设计必要的监测监控措施,将警情与疏散撤离等保护措施联动起来,最大限度避免或减少伤亡。

2. 应急响应程序的设计流程

确定一个突发事件的响应程序,需要对该突发事件的发生和演化机理有深刻的了解和认识。设计应急响应程序应在参考各类突发事件的一般响应程序的基础上,收集一定量的同类突发事件案例,仔细分析研究其发生发展的规律,探讨和学习人类应对它们的经验教训,特别是涉及人身伤亡和重大损失的原因。同时,结合本地区的环境、人文、经济、灾害应对手段等,设计出尽可能科学适用的响应程序。其设计流程示意见图 13-7。

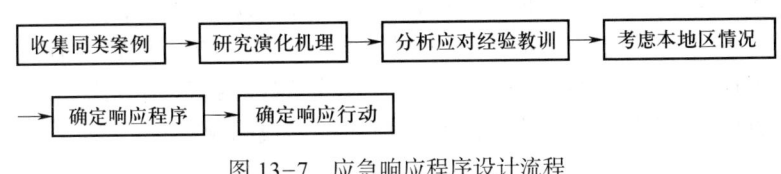

图 13-7 应急响应程序设计流程

下面以飓风为例,对应急响应程序的行动做设计流程,如图 13-8 所示。

---

① 此处指防止救援人员的伤亡。

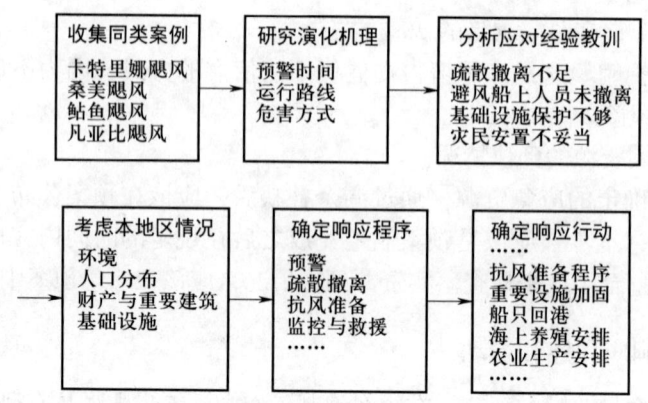

图 13-8　飓风响应程序和行动设计流程示例图

3. 响应行动的设计方法

在确定一个环节的若干个响应行动之后，要对每一个行动做实践性安排，使之真正确定和落实。一个简便的方法是"七步提问法"。[①]

（1）这个行动是什么？

（2）由谁负责这个行动？

（3）什么时候实施行动？

（4）行动需要多长时间、实际可用的时间有多少？

（5）行动之前发生过什么？

（6）行动之后会发生什么？

（7）实施这个行动需要什么资源？

通过对这些问题的解答，将一个行动的完整信息呈现出来，按此设计行动的全部细节。

4. 注意事项

设计应急响应程序和行动，要注意三个方面的问题。

（1）审查应急响应程序和行动。

响应程序和响应行动设计完成后，要暂停工作进程，将响应程序和响应行动的流程挂图展示出来，由全体参与预案编制的人员仔细审查、讨论，主要检查以下问题：

① 响应程序与预案情景是否吻合。

② 一个环节下的响应行动是否完全、有无遗漏。

③ 确认有没有失败节点（即一个任务不能完成，其他工作无法进行）。

④ 与其他预案（本区划或同一事件相邻区划的预案）的响应程序和行动是否匹配。

如果发现存在上述问题，马上纠正。为了保证这些内容基本无误，美国政府在编制重要预案的时候，常常雇用"红色小组"[②]帮助寻找问题。

[①] FEMA. Developing and Maintaining Emergency Operations Plans. Comprehensive Preparedness Guide (CPG) 101, Version 2.0, November 2010.

[②] 红色小组（red-teaming）类似于演习中的"红军"，由有经验的应急管理专家组成，通过设计、设想一些突发事件情节，检验应急响应程序与行动的完整性和可靠性。

（2）正确理解和设计"先期处置"与"事态控制"。

首先，根据《国家突发事件总体应急预案》的规定，先期处置是在突发事件发生初期，事发单位和事发地政府在将突发事件信息向上级政府报告的同时，组织本单位、本地应急队伍和群众营救受害人员，疏散、撤离、安置受威胁人员，采取措施控制事态发展、维护社会秩序等应急响应行动。

实施先期处置的目的是在紧急情势下，事件现场的责任人（或有责任能力的人）不等上级的处置指令，立即采取必要的应对行动。一般来说，先期处置主要针对的是有一个相对长的发展过程、或超出事发单位和事发地政府处置能力的突发事件，如破坏性地震、危险品泄漏、群体性事件等。

先期处置包括的行动一般依次有：人员疏散与保护安排并上报灾情、伤员救治、危险区隔离、现场监测以及可能的其他措施。它的时间段是从感受到事件到大规模响应之前，有的事件可能一两个小时，有的事件可能只有几分钟。这一期间所有响应行动的重点是救人和尽力避免突发事件后果的扩大。

其次，事态控制是通过人为干预，改变突发事件本身的进程和结果的行动过程。由此得出，事态控制的行动包括两个方面，即改变事件进程和改变事件结果。人们常有的误区是只有改变事件进程才是事态控制，因而预案中设计了专门针对事件的对抗性行动，而忽略了减小事件后果的行动。突发事件千差万别，虽然不是所有的突发事件的进程都可以控制，但有一部分的后果则可以有效控制，比如多数气象灾害，可采取疏散和避险措施。有的灾难，比如高速公路上运载危化品的罐车泄漏，如果设计对抗性的堵漏行动，或许会成功，但很可能付出惨痛的伤亡代价；如果封锁现场，或者将其拖到偏僻的地方任其泄漏并燃烧完毕，可能代价很小。近年来，中国屡屡发生扑灭山火而伤亡惨重的事件，一个重要的原因就是过分注重扑灭火灾、打断事件进程的对抗性行动。当然，核设施泄漏这样的恶性事件，如2011年东日本大地震引起的核电站泄漏事件，则必须采取中止核反应、避免核泄漏等打断事件进程的对抗性行动。因而，在设计响应行动时，要仔细分析权衡，选择代价最小的事态控制措施。

（3）确保重要政府功能和服务的连续性。

在应急响应程序和行动设置中，要考虑在突发事件发生后政府的重要功能和服务的不间断运行问题。这些功能和服务包括政府的指挥协调、执法和主要的公用事业服务。

政府是秩序的象征和社会运行的保证。无论天塌地陷，政府都不能缺位，政府的执法职能不能缺失。美国2005年卡特里娜飓风期间，由于执法的缺失，发生了许多趁火抢劫、暴力凶杀的案件。因而，在设计应急响应程序和行动时，要设置政府备用办公场所和联系方式，安排应急治安巡逻等维护社会秩序和稳定。

公用事业服务是人们生存的基本条件。如果被突发事件完全中断，必须有应急替代措施，如应急供水、应急通信，并将它们列入应急响应的优先行动。

（五）完成预案文本

根据前四个步骤的工作，写出预案文本。因为预案内容已经规范地确定下来了，在完成预案文本时，要注意以下技术性要求。

1. 内容合法化

在预案编制中,编制依据部分列举的法律法规,是预案内容的制约条件,必须严格依从。同时,要与已经公布实施的上级政府的、平级政府的和本级政府的其他应急预案相衔接,避免职责和行动的矛盾、重复和交叉。

2. 形式规范化

结构合理、完整。根据应急预案的标准格式,合理地组织预案的章节,预案的基本要素完整,不能出现内容缺失。每个章节及其组成部分在内容上的相互衔接,没有脱节和错位。所有需要的附件完整无缺。

语言直白、标准。预案所使用的语言要明确、清晰,句子要短,少用修饰语和缩略语,尽量采取与上级机构一致的格式与术语,不常用的术语要加注解。要特别检查无主语句子,避免相关任务主体缺失,责任不明。重要的内容要列清单,操作性的内容要以图、表的方式说明。

3. 使用方便化

预案文本应该考虑使用的便利性,为此,可以在编写方式上增加使用指南,在印刷时不同内容(章节)使用不同颜色的纸张,让使用者很容易找到他们所需要的部分,必要时甚至考虑出版简写本。

思考与探索

"分级负责"原则中"级"的具体内涵是什么?
"分级负责"在实施过程中应该注意什么问题?

在我国的应急管理实践中,我们发现,有三个方面分级,而且恰巧又都分为"四级",首先,从中央到县分为四级政府;其次,突发事件划分为特别重大、重大、较大和一般四个等级;最后,各级政府对突发事件的应急响应也分为四个等级。它们之间有没有对应关系呢?

突发事件发生后,究竟应该由哪一级政府启动哪一级应急响应呢?启动响应等级的依据是突发事件的严重程度吗?如何落实"统一领导、综合协调、分类管理、分级负责、属地管理为主"的原则?请联系实际问题,谈谈你的看法。

第五节 应急预案的审定与发布

一、应急预案的审定

应急预案的审定是将编制完成的预案文本经过特定的程序进行把关和敲定的过程。

中国各级政府颁布的应急预案管理办法,几乎都要求所有应急预案在备案和发布之前,必须经过审定程序。

（一）审定的内容

应急预案的审定主要内容包括九个方面:
(1) 形式和用语的规范性。
(2) 要件的完整性。
(3) 法律依据的恰当与相符性。
(4) 情景设置的适当性。
(5) 响应主体和责任分工的正确性。
(6) 响应程序的合理性和完整性。
(7) 响应行动的具体性和可行性。
(8) 应急资源的落实与保障性。
(9) 与其他相关预案的衔接性。

这些内容在审定中都要逐项考察。除此之外,有的专项预案还有更多的考核内容要求。

（二）审定的方法

预案审定一般的方法是:聘请专家组审定、委托社会专门的独立预案评估机构审定和广泛征求意见。目前国内还没有独立的预案评估机构,一般采用专家组评审法和广泛征求意见相结合的方法。

1. 专家组评审

专家组的聘请和召集一般由编制预案的政府和单位负责,应该包括:预案编制专家、应急处置专家、相关行业技术专家和行政管理官员。专家原则上不少于7人。评审会举行前一周左右,应该将评审的预案和编制说明等必要材料送到专家手里,以便他们有足够的时间研读、审阅。评审会以答辩形式举行,预案编制委员会（工作组）相关负责人员要逐条回答专家的提问,确定下来的问题要认真记录,经正式程序修改、订正。为了保障评审的充分、顺利,评审会不要限制时间,编制委员会（工作组）的主要成员都要参加全过程,掌握专家指出的问题便于修改预案。专家评审后应形成《预案评审意见书》,提出对预案的总体评价和修改方向。

专家提出的问题和修改记录要作为预案编制文件存档。

2. 独立机构评估

国外的做法是请有资质的独立预案评估机构评估预案。与专家组评审相比,评估的过程比较复杂、冗长,花费也更多,但评估方拥有应急预案评估的完整的指标体系,结果更加科学、可靠。

评估机构除了审定上述九个方面的内容外,还要对预案编制的过程作审查,主要是查看预案编制记录和工作通报。更重要的是,对于预案中确定的响应程序、响应行动、应急资源等重要内容,评估方要到相关单位实地调查、确认。对于预案的每一项内容,评估方都要分解为若干细节（指标）,按既定的程序考察后给出分值。最后,评估方将给预案一个全面、准确、详细的评价报告。收到报告后，编制方根据评估情况做出修改，之后返回评估方对修改的部分再评估，直至完全合格、通过。

评估的过程可能需要数周甚至更长时间。

3. 其他形式评审

有的政府和部门在预案编制或评审环节，也会采取将预案草稿印发相关单位或上网公开征求意见，这些也是行之有效且必要的做法。这些意见和建议收集起来以后，要由预案编制工作人员集中整理，分析采纳。

二、应急预案的发布与备案

（一）应急预案的发布

应急预案的发布是预案的责任主体机关或它的主管部门对应急预案的批准、公布和宣布生效的法律程序。有的单位制定了应急预案，但没有履行发布程序，从法律意义上讲，它没有发生效力。对于政府应急预案应该按照《突发事件应急预案管理办法》（国办发〔2013〕101号）报送审批和公布；对于生产经营单位应急预案应该按照《生产安全事故应急条例》（国务院令第708号）、《生产安全事故应急预案管理办法》（应急管理部令第2号）要求进行审批和公布。

1. 发布程序

预案评审、修订结束后，进入预案的发布程序。根据各地政府关于应急预案发布的规定，一般的发布程序如下：

（1）装订规范的应急预案文件。

（2）应急预案责任部门主要负责人会签。

（3）准备批准材料，一般包括预案正本、编制说明、评审专家组的《预案评审意见书》，以及依据该文件所做的修改说明。

（4）按行政审批程序上报。

（5）政府常务会议（企事业单位领导班子）审议。

（6）主要行政首长（企事业单位主要负责人）签发。

2. 发布方式

政府的应急预案是一级政府的法规性文件，必须按照标准的程序发布，赋予其法规效力。

政府预案的发布方式由以下行为构成：

（1）主要行政首长签署。

（2）通过政府新闻办、政府网站、公共媒体向社会公布并印发相关部门。涉密的专项应急预案，应按照保密要求公布简本或简明操作手册。

（3）宣布生效日期。

（4）向上级政府备案（根据法律法规要求）。

企事业单位的预案发布方式则大致相同：

（1）单位主要负责人签署。

（2）通过新闻媒体或其他形式向社会公布。

(3)宣布生效日期。
(4)向主管部门备案(根据法律法规要求)。

(二)应急预案的备案

1. 备案的含义

应急预案的备案是按照相关管理制度的要求到指定主管部门将预案存档(备查)的程序,是相关单位履行法律法规要求的应急预案编制和发布责任的一个必要程序。从备案的概念上讲,它对预案本身不具有审查职责,但是,主管部门有权拒绝为自己认为不合要求的预案备案,发回补充材料或修改完善。

2. 备案部门

预案备案的部门一般是上级政府或企事业单位的主管部门。下一级政府的总体和专项预案报上一级政府备案,部门预案报同级政府备案。企事业单位预案的备案单位是主管部门;如果涉及实行安全生产许可的,"按照分级属地原则,向县级以上人民政府应急管理部门和其他负有安全生产监督管理职责的部门进行备案";中央管理的企业,"其总部(上市公司)的应急预案,报国务院主管的负有安全生产监督管理职责的部门备案,并抄送应急管理部;其所属单位的应急预案报所在地的省、自治区、直辖市或者设区的市级人民政府主管的负有安全生产监督管理职责的部门备案,并抄送同级人民政府应急管理部门"。

3. 备案程序

《生产安全事故应急条例》第十六条规定,生产经营单位可以通过生产安全事故应急救援信息系统办理生产安全事故应急救援预案备案手续,报送应急救援预案演练情况和应急救援队伍建设情况;但依法需要保密的除外。《突发事件应急预案管理办法》要求应急预案审批单位在应急预案印发后的20个工作日内向有关单位备案。

《生产安全事故应急预案管理办法》对生产经营单位申报应急预案备案需提交的材料做了如下要求:

(1)应急预案备案申报表。
(2)应急预案评审意见(特定单位)。
(3)应急预案电子文档。
(4)风险评估结果和应急资源调查清单。

受理备案登记的负有安全生产监督管理职责的部门应当在5个工作日内对应急预案材料进行核对,材料齐全的,应当予以备案并出具应急预案备案登记表;材料不齐全的,不予备案并一次性告知需要补齐的材料。逾期不予备案又不说明理由的,视为已经备案。

延伸阅读

[1] 国务院有关部门和单位制定和修订突发公共事件应急预案框架指南,2004.
[2] FEMA. Developing and Maintaining Emergency Operations Plans, Comprehensive

Preparedness Guide (CPG) 101, Version 2.0, 2010 (1).

［3］Emergency Management Australia.Emergency Planning. 2004.

［4］刘铁民．应急体系建设和应急预案编制．北京：企业管理出版社，2004.

［5］李湖生．应急准备体系规划建设理论与方法．北京：科学出版社，2016.

第十四章
应急预案的动态管理

学习目标

1. 认识预案管理作为一项持续性工作的重要性。
2. 了解预案实施的内容与重要性。
3. 掌握预案演练的全过程。
4. 理解预案修订的重要性。

学习重点

1. 了解应急预案法律效力的内涵。
2. 掌握应急预案演练的分类与过程。
3. 理解演练评估报告与总结报告的价值。
4. 明确预案修订的重要性和程序。

案例

从代号 PAM 的飓风演练到卡特里娜飓风的重大损失看预案的动态管理

新奥尔良是美国第 35 大城市,坐落在密西西比河三角洲上,三面环水,市内低于海平面,洪水和来自墨西哥湾的强台风是其主要威胁,其安全依赖环绕城市约 560 千米的防浪堤。2001 年,美国联邦应急管理局(FEMA)设定的对美国构成最大危险的三个情景,第一个就是新奥尔良遭受大飓风袭击(第二和第三分别是纽约市遭受恐怖主义袭击和旧金山发生强地震)。路易斯安那州和新奥尔良市都制定了针对飓风的预案。

为了验证应对飓风的预案,检验应对准备能力,美国联邦应急管理局、路易斯安那州国土安全和应急准备办公室、国家气象局以及创新应急管理公司(Innovative

Emergency Management Inc，演练方案制作方），于 2004 年 7 月 19 日至 23 日，举行了长达 5 天的全面演练。路易斯安那州的 30 个部门，联邦政府的 15 个机构参加了演练。

演练模拟情景：代号为 PAM 的 13 级飓风，袭击了包括新奥尔良在内的路易斯安那州东南部 13 个区，风速 120 英里/小时，降雨 20 英寸，海水漫过防浪堤，淹没大部分市区①。按照预案，地方政府、州政府和联邦政府参加了响应处置，在疏散撤离、搜寻救援、灾民安置、抽水排涝等环节展开应对工作。

演练结果表明：新奥尔良全城撤离困难，飓风到达前只能撤离 1/3 的居民。将可能造成 100 年来前所未有的伤亡。各种损失包括：60 万所房屋毁损，6 000 家企业受影响，其中 2/3 被摧毁；25 万孩子失去学校，死亡 61 290 人，受伤者达 187 862 人，生病 196 395 人，50 万人无家可归。

演练过后，根据应急救援各环节、各方面存在的问题，本应该及时改进，但是，美国联邦政府正忙于伊拉克战争，无力支持防浪堤加固的费用，反而削减了在建的防浪堤预算；对疏散撤离缓慢也没有采取整改措施；搜寻救援的专业队伍没有明确；与军队和国民警卫队的联动没有建立；市政府、州政府与联邦政府之间的紧急沟通渠道没有打通……

一年以后，2005 年 8 月 29 日，一场比假设的 PAM 飓风更大的卡特里娜飓风到来了：强度 15 级，降雨 18 英寸，防浪堤被冲垮，80% 的城区被淹没，77 万人撤离，80 英里内的房子绝大部分被毁坏，30 万家庭失去住房，1 330 人死亡，2 096 人失踪，直接经济损失 1 200 亿美元。各项损失与 PAM 飓风演练总结报告中列举的 19 项后果，几乎如出一辙。

一场精彩的演练，一个难咽的苦果。预案未能及时修订、改进，应急能力未有效提升，后患无穷。

资料来源：作者根据美国联邦应急管理局发布的 PAM 飓风演练报告和其他文件编写。

从预案公布的那一刻起，就进入了预案的实施阶段。应急预案的管理是动态的、持续改进的过程。首先，预案必须定期做全面的评估和修订。各级政府都应该规定主要预案的全面评估和修订周期。其次，在经过灾害启动响应、经过演练发现问题、周边环境发生重大改变（修建重要建筑物、生命线工程、化工厂、水库，等等）等情况后，都要及时修订。再次，在应急组织机构或运行机制发生变化，或者重要责任人更迭，也要及时修订。最后，在国家和地方颁布或修订法律法规、影响到预案内容的时候，要立即按照新修订的法律法规的要求进行修订。

第一节　应急预案的实施

应急预案的实施是做好响应启动的各项准备的工作环节。它包括宣传、教育与培

---

① 1 英里 ≈ 1 609 米；1 英寸 = 0.025 4 米。

训，应急响应体制和机制落实、应急资源落实、启动预警和响应等各项内容。

一、宣传、教育与培训

应急预案的宣传、教育与培训是使预案为受众了解、掌握并具备实施能力的重要环节。

（一）宣传

1. 宣传的对象

预案宣传教育的对象是该预案的特定受众，即与预案相关的所有人员，主要包括：

（1）预案中规定的指挥者（地方或部门首长）。
（2）预案中规定的参与突发事件处置的所有应对者。
（3）预案中针对的可能受到突发事件影响的普通群众。
（4）预案中规划的应对突发事件的协作者、志愿者。
（5）与该预案有关联的其他预案责任方，如上级部门、平行部门或单位。

2. 宣传的方式

预案的宣传教育是一项系统工作，目的是让受众了解该预案的内容，方式上要保证对受众的适用性和普及性。

对于承担指挥责任的官员来说，合适的形式是：采取小型会议讨论、辅导；将其职责和响应程序编写成问卷，请他们亲自参考预案回答；发给预案文本自己学习。最有效的方法是请他们本人作预案辅导报告。

对于参与突发事件处置的专业人员来说，一般采取集中学习的形式，内容既要包括自己参与的工作，也要熟悉预案的其他部分。

对于可能受到突发事件影响的普通群众来说，要制作挂图、小册子、传单、音像制品等各类宣传材料，首先要通过公共媒体进行宣传；其次要采取挨家挨户的方式向受众免费发放；还可以动员中小学生向家长作宣传普及。

（二）教育与培训

与宣传不同，教育与培训的重点是让受众掌握应急预案中的操作性程序和技能，一般采取集中培训的方式。培训对象中，最重要的是指挥人员和专业人员。

要培训指挥人员熟悉预案规定的组织指挥体系及其职责，以及指挥与协调、应急响应启动、响应程序和响应行动等全方位、全过程工作程序和方法；培训应急响应专业人员掌握响应程序、操作流程、响应行动需要的资源和技能，以及响应的注意事项，等等。

此外，对于公众来说，要通过宣讲团的方式，培训他们掌握预警信息的接收、识别与响应，熟悉疏散撤离的路线、方式、场所与危险警示标志，学会自我防护和保护的知识与技能，等等。

为了便于他们掌握预案内容，可以针对不同的对象，编写预案简本或应知应会卡等用于培训。

二、落实应急响应体制和机制

应急预案公布之后，突发事件处置的牵头部门和协作部门要确保落实应急响应体制和机制，主要工作包括以下三项。

（一）建立部门配合

根据预案规定的领导机构、指挥机构、行动机构的组成成分（可参看组织体系框架图），各相关部门对号入座，并且与上下（领导与被领导关系）左右（平行关系）部门建立工作联系，保存通信方式、建立联系组，廓清各自职责，熟悉合作伙伴与合作方式。具体做法可借助第十三章中的工具表：表13-5 应急响应职责与责任人对应关系，表13-6 职责、任务细分示例，表13-7 应急响应单位任务状态示例。

（二）职责细化分配

一个部门根据其在预案中承担的职责，细化为具体环节和任务，在部门内部分配到若干小组和个人，确保所有环节无遗漏、任务无空白，并编制形成部门应急工作手册。具体做法可借助表13-9 中的行动和资源的分析方法。

（三）组合运行机制

应急预案的机制是为了实现应急响应的某种功能而对相关部门做出的一套工作安排。应急预案中规定的机制比较多，有应急联动机制、信息报告与共享机制、预警机制、专家咨询和辅助决策机制、资源征用与补偿机制，等等。预案发布后，对确定的响应机制要一一组合，形成其完整结构，以备演练测试其运行表现和功能实现程度。运行机制的组合方法是由应急指挥部负责人安排，召集各种机制的涉及部门，按照实现功能的流程组合起来，形成一个完整的系统。

三、落实应急资源

应急资源指突发事件应对处置所需要的全部资源，包括物资、装备、设施、资金、人员（含专家组、专业抢险队伍、群众队伍和志愿者）等。应急预案编制过程中，确定了应急响应所需要的各类资源的缺口，在预案实施时，要立即补足。

（一）分配资源落实任务

资源落实任务可以按照两种方式分配：

1. 按应急响应环节和行动分配

应急响应的所有涉及部门，在各个环节履行应急响应时，所需要的资源缺口由本单位负责落实，限期到位（在预案发布后一般不应超过60天）。这些资源可以由政府购买或补贴，也可以由本部门全部或部分承担。

2. 按保障功能分配

应急响应中承担协作任务的单位，一般都单独或共同负责提供应急响应的某种保障功能，如通信与信息保障、现场救援和工程抢险装备保障、应急队伍保障、交通运输保障、医疗卫生保障、治安保障，等等，其所需要的响应资源，在表 13-9 行动和资源的分析中已经明确。资源的缺口由该保障功能的责任人负责满足，或者统一提交政府解决。承担应急保障工作任务的牵头和支持部门和单位，应组织编制相关保障类应急预案，完善快速反应联动机制。

（二）核查资源到位状况

落实应急资源的任务分配之后，相关部门和单位应该核查资源到位情况。资源核查的内容包括：

1. 资源的数量与品种

对于由辖区自己准备的资源，对照应急预案中确定的资源需求明细，核查各种资源到位的情况，包括：资源的数量、品种、规格。如果是资金，还应该有拨款情况和专用账户。对于租借、征用的资源，既要看租借、（预）征用合同，也要查看资源实物。对于要求上级政府拨付的资源，需要向上级有关部门提供资源需求申请单，以确定拨付可能性。

2. 资源的性质与状态

所谓资源的性质，是指准备的资源是否为应急资源，能否确保"应急"可用。比如，应急通信保障需要的资源，如果是民用通信装备，在突发事件发生时，有可能瘫痪甚至崩溃。"5·12"汶川地震中灾区所有的民用通信几乎都中断了，移动通信车又到不了现场，这样的通信装备就不符合强震"应急"资源的条件。因此，应急通信装备的功能应该不受灾害影响，比如，河南濮阳市就准备了若干短波无线电台作为应急通信装备。所以，核查的内容要因资源种类而异，特殊资源既要看到实物，也要确认性质。

资源的状态是指应急资源的存在状态。物资资源一般分为三种状态：随时可用（现货储备）的现货资源、征集可用（流通储备和社会储备）的现有资源和生产可用（生产能力储备）的潜在资源。对于现货资源的核查比较容易，但如果属于平灾结合的资源品种，核查时要注意置换机制，谨防出现被卖出后没有补充的现象。对于征集可用的现有资源和生产能力储备的潜在资源，也要核查到位。

> 应急管理是对应急资源的充分占有、合理部署和快速展开。

四、启动响应

在接到确实可靠的突发事件发生或即将发生的信息后，预案第一责任人要下令启动响应。

（一）启动响应的条件

启动响应的条件是突发事件即将发生或已经发生。

应对即将发生的情境：根据对危险源或环境、生产流程等的监测监控资料，有明确的证据说明很可能发生突发事件；预案规定的指挥中心迅速实施信息研判，判断突发事件很可能发生，则由预案第一责任人（总指挥）下令启动应急响应。此类响应从预警开始，接着进入人员疏散撤离、安全防护等预防性环节。

应对已经发生的情境：根据监测监控信息和基层上报信息，突发事件已经发生，预案第一责任人要立即下令启动响应。此类响应从疏散撤离和（或）搜寻救援开始，接着进入事态控制等环节。

（二）启动响应的流程

应急响应的启动是一个严肃的法律行为，要在预案实施流程中明确规定，不能留下模糊空间。

一般来说，启动应急响应的一般流程如图14-1所示。

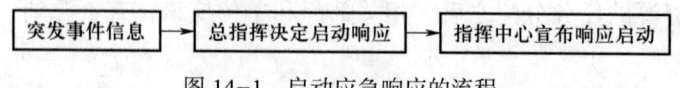

图 14-1　启动应急响应的流程

每一级响应，都必须由预案规定的对应的责任主体来宣布；总指挥启动响应的命令要采用书面形式下达并予以存档；也可以通过电话下达，但要保留录音。

国家总体预案的应急响应流程参见图14-2。

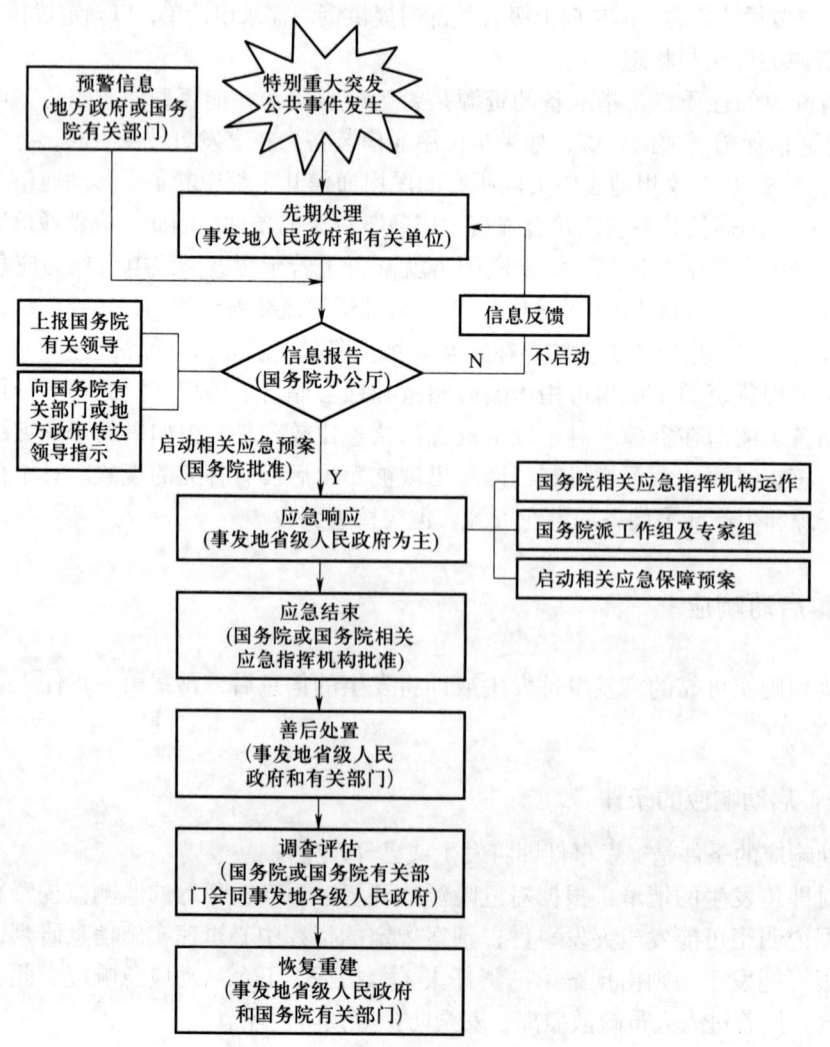

图 14-2　国家总体预案应急响应流程

第二节 应急预案的演练

一、演练的概念

演习与演练起源于军队。从历史到现在,许多国家为了提高军队的战斗力,确保战争的胜利,都不断地进行军事演习和演练。在应急管理领域,为了提高一级政府、一个部门或单位应对处置突发事件的能力和效果,也需要进行演习和演练。

(一)演习与演练的概念

演习是指预先练习使熟悉。在军事领域通常是指按预定方案进行实地练习,如军事演习、防空演习、实弹演习等。

演练,一般指现场训练(Field Drill),是为了习得某种特殊的或专门的技能而开展的实操性训练。

在中国应急管理学界没有将演习和演练相区分,两者常常可相互替代。在2009年9月国务院办公厅发布的《突发事件应急演练指南》中统一规范为"演练",因此,本书也统一以"演练"称谓。

不同的国家对"演练"有不同的定义。澳大利亚应急管理署(EMA)将演练(exercise)定义为"一种控制的、情景驱动的主要用来训练或评估人员,或检验过程或能力的行动。"[1]

美国国土安全部的定义比较复杂:

"演练是在无风险的环境下,用以训练、评估、实践和改进在预防、保护、应对和恢复能力方面表现的一种手段。它可以被用来检查和验证政策、方案(预案)、程序、训练、装备和部门之间的协议;澄清和训练人员的角色和责任;改进跨部门协作和沟通;摸清资源缺口;改进个人表现;识别改进机会。"[2]

中国《突发事件应急演练指南》将演练定义为:

"各级人民政府及其部门、企事业单位、社会团体等组织相关单位及人员,依据有关应急预案,模拟应对突发事件的活动"。

(二)演练的目的与目标

1. 演练的目的

依据《突发事件应急演练指南》,演练的目的包括以下五条:

> 演练的实质是检验应急准备与预案。

---

[1] Emergency Management Australia. Australian Emergency Manuals Series, Managing Exercise, Australia, Robey Integrated Digital Press, 2001.

[2] Department of Homeland Security. Homeland Security Exercise and Evaluation Program, Volume I: HSEEP Overview and Exercise Program Management, 2007.

> 演练是最好的培训，是提升应急管理水平的重要途径，是检验、评价和强化应急管理能力的重要手段。

（1）检验预案。通过开展应急演练，查找应急预案中存在的问题，进而完善应急预案，提高应急预案的实用性和可操作性。

（2）完善准备。通过开展应急演练，检查应对突发事件所需应急队伍、物资、装备、技术等方面的准备情况，发现不足并及时予以调整补充，做好应急准备工作。

（3）锻炼队伍。通过开展应急演练，增强演练组织单位、参与单位和人员等对应急预案的熟悉程度，提高其应急处置能力。

（4）磨合机制。通过开展应急演练，进一步明确相关单位和人员的职责任务，理顺工作关系，完善应急机制。

（5）科普宣教。演练是最好的培训。通过开展应急演练，普及应急知识，提高公众风险防范意识和自救互救等灾害应对能力。

2. 演练的目标

根据以上演练目的，参照中国各类预案的共性，确定演练目标为重点检验以下功能：

（1）应急响应启动。
（2）对公众预警。
（3）通信联系。
（4）指挥、协调与控制。
（5）突发事件响应中的公共信息发布。
（6）损失评估。
（7）卫生与医疗行动。
（8）特殊人群帮助。
（9）公共治安维持。
（10）公共事业与公共工程运转。
（11）交通运输的畅通。
（12）资源管理。
（13）政府连续性[①]。

其他演练目标，则根据预案的内容确定。

（三）演练类型

准备举行演练时，首先要确定演练的类型。

应急演练类型按组织形式划分，可分为桌面应急演练和实战应急演练；按内容划分，应急演练可分为单项应急演练和综合应急演练；按目的与作用划分，应急演练可分为检验性应急演练、示范性应急演练和研究性应急演练。综合国内外常用的演练类型，按照从简单到复杂的递进关系，常用的演练可分为以下三种。

1. 桌面演练

顾名思义，桌面演练就是在桌面上进行演练。其做法是：所有应急预案涉及的各方，都围坐在一个大桌子旁，依据应急预案的内容，利用地图、沙盘、流程图、计算

[①] 政府连续性是西方国家应急管理的一个重要概念，指在任何最大突发事件发生时，政府本身的存在和某些重要功能不能出现中断，这些功能包括指挥与控制功能、社会治安维护功能，等等。

机模拟、视频会议等辅助手段，合练预案规定的应急响应步骤和过程。目的是使参与者熟悉应急预案使用的应急管理系统，认识自己在其中起的作用和扮演的角色，掌握自己的工作程序，明确自己的责任。

应急预案涉及的个人和组织往往很多，只要桌面演练内容涉及的，都应该参加，特别是各机构和组织的负责人和应急预案编制者。

2. 单项演练

单项演练在国外也叫功能演练，是指只涉及应急预案中特定应急响应功能或现场处置方案中一系列应急响应功能的演练。单项演练是在模拟的仿真场景和氛围中进行的，注重针对一个或少数几个参与单位（岗位）的特定环节和功能进行检验。

国外的功能演练注重对指挥部运作的演练，重点检验应急预案的指挥、协调、综合功能，以及事前、事中和事后各机构的程序、职责的互动，一般在应急指挥中心或者一个类似应急指挥中心的房间、教室中举行，从而保证应急预案所涉及的所有重要人物，比如各相关部门的负责人参加。

3. 综合演练

国外称为全面演练（Full-scale Exercise），是应急预案的最高层次的演练，涉及应急预案中多项或全部应急响应功能，并且要求尽可能模拟真实事件的全面性。

综合演练要求所有应急预案涉及的部门、人员、装备都要按照真实发生突发事件的情况到位，设计仿真的突发事件情景，甚至连伤病员、灾民也要仿真，按照应急预案的安排一丝不苟地执行。演练要动员在真实应对中所需要采用的人员、装备和各种资源，全面检验各个相关部门和人员执行应急预案的能力。演练设计得越逼真、越接近真实的突发事件形势，就越能发现应急预案的不足，也越能培养所有参与者实施预案的能力，从而在真正的突发事件发生时，就越能从容应对，减少损失。

综合演练注重对多个环节和功能进行检验，特别是对不同单位之间应急机制的磨合和联合应对能力的检验。

根据以上不同类型演练的目的和功能，各级政府和企事业单位应制定演练规划，确定循序渐进的演练周期和具体安排。中央政府提出的演练规划原则是"先单项后综合、先桌面后实战、循序渐进、时空有序"，具有科学性和指导性。地方政府根据当地公共安全形势和应急准备状况，确定自己的演练规划。如山西省提出的演练安排是：专项应急预案演练每年至少组织一次；部门应急预案、企事业单位应急预案每两年至少演练一次；大型活动应急预案应在活动举办之前至少开展一次综合性演练；乡镇（街道）等基层政权组织，居委会、村委会等基层群众自治组织和社区的应急预案行动方案每两年至少演练一次。[①]

二、演练准备

（一）组织准备

组织准备的主要任务是成立计划、组织和实施演练的所有机构，并确定其职责和

---

① 《山西省突发事件应急预案管理办法》（2009年），第26条。

任务。演练的组织机构通常包括：指挥机构——领导小组；管理实施机构——策划部、保障部、参演部。

1. 领导小组

领导小组由预案牵头单位和协作单位的负责人组成，负责应急演练活动全过程的组织领导工作，决定演练的重大事项。组长一般由牵头单位或其上级单位的负责人担任；副组长一般由演练组织单位或主要协作单位负责人担任；小组成员一般由演练参与单位负责人组成。普遍做法是：在演练实施阶段，通常由领导小组组长、副组长分别担任总指挥和副总指挥。

2. 策划部

策划部是演练中最重要的工作部门，负责演练总体策划和实施工作。主要包括演练方案设计、实施的进程控制和组织协调、演练结束后的评估总结等。策划部的负责人称总策划、副总策划，一般由演练组织单位具有演练组织经验和突发事件处置经验的人员担任。在演练实施时总策划也可以出任总指挥。

策划部为了工作方便，可以设置以下机构：

（1）规划组，也叫文案组，负责演练中所有的计划和方案的制定、归档及备案工作，主要包括制定演练计划和演练方案、编写演练总结报告以及演练文档归档等。其成员应该参与了应急预案的编制，参加过突发事件处置，最好具有一定的演练组织经验。

（2）控制组，是控制演练进程和方向的业务小组。在演练实施过程中，在总策划的直接指挥下，负责向参加演练的人员传送各类控制消息，引导演练进程和方向，确保实现演练目标。其成员常被称为演练控制人员。

（3）评估组，是负责设计演练评估方案并对演练实施现场评估的业务小组。其主要工作包括：编制演练评估方案，对演练实施的各个环节、各种响应行动按照评估指标体系进行评估，编写评估报告。根据演练的复杂程度有时会需要多个评估员，最好由熟悉各项救援业务的专业人员担任。

（4）协调组，负责与演练相关单位以及本单位有关部门之间的沟通协调事务。这不是必须设置的机构；有时候，也可以安排一个人作为协调员担任此项工作。

（5）宣传组，负责演练相关的宣传工作，主要包括编制演练的宣传方案，收集整理用于宣传报道的演练信息、组织新闻媒体采访、举行新闻发布会等。

3. 保障部

保障部是为演练提供各种物资和后勤保障的机构，主要任务包括：筹集演练所需物资装备，采购和制作演练所需要的道具、工具和装备，布置演练场景，准备演练场地，维持现场秩序，保障参演人员生活品等。

4. 参演部

参演部是管理参加演练的应急响应人员、群众演员和观摩人员的机构。主要任务包括：组织被演练检验的参演队伍、招募和培训群众演员、联系和接待观摩人员。

参演队伍包括应急预案规定的有关应急管理部门的工作人员、专兼职应急响应队伍、志愿者队伍等，其职责是针对模拟事件场景做出应急响应行动。参演部根据演练方案，向参演单位下达参加演练的队伍和人数要求。

群众演员是用来模拟突发事件中的受害人或可能受影响的人群。参演部根据演练情景设计，负责招募和培训这些群众演员，让他们能够在演练中逼真地模拟受伤、牺牲和受影响的人员。

观摩人员是指来自有关部门、外部机构以及旁观演练过程的观众。

（二）计划准备

计划准备包括三个内容：制定演练计划，设计演练方案，编写演练方案文件。

1. 制定演练计划

演练计划是本次演练的总体方案，由规划组负责编制，经策划部审查后报演练领导小组批准。演练计划主要内容有：

（1）演练目的。列举举办本次演练的原因、需要解决的问题和期望实现的目标等。

（2）检验内容。从分析公共安全形势入手，确定对演练内容的需求，根据应急预案确定需要经过演练检验的内容：演练人员的素质和技能，各种应急准备如设备、设施，应急响应流程和响应行动，协调联动机制等。

（3）演练范围。根据演练规划的安排和本次演练的内容，确定演练的类型、规模、时间、参演机构及人数，等等。

（4）日程安排。安排演练所需要的各项准备工作的日程，包括各种演练文件编写与完成的期限、培训的期限、物资器材准备的期限、演练实施的日期等。

（5）经费预算。根据演练规模，编制本次演练的经费预算。

2. 设计演练方案

演练方案是指根据演练计划确定的演练目标和范围，对演练目标、参演单位和人员、假想突发事件情景、序列情景事件、气象条件、应对行动、评价标准、时间进程等制定的总体设计。演练方案由计划组编写，报演练领导小组批准。主要内容包括：

（1）确定演练指标（Exercise Objectives）体系。演练指标是为了实际演练的目标而确定的预期效果标准，也有人将其称为演练目标，一般说明"由谁在什么条件下完成什么任务，依据什么标准，取得什么效果"。一场演练要根据考核内容设置多个指标，演练指标体系是演练所有指标的集合。演练指标和指标体系是设置评估项目、构建评估指标体系的依据。所以，演练指标应简单、具体、可量化。在演练方案中，每项演练指标有相应的事件和活动来实现，其实现程度被演练评估指标体系所测量和记录。

（2）设计演练情景链。演练情景是指对假想突发事件一个时间截面全貌的叙述性的说明；演练情景链是突发事件的发生、发展过程中呈现出来的一系列有逻辑进程关系的情景事件，包括重大事件和次级事件。实战演练是按照情景驱动的逻辑展开的，而设计情景链的目的，就是通过引入这些需要应急响应组织（人员）不断采取应对行动的事件，引导演练持续进行下去，从而全面检验演练目标的实现情况。

情景链由若干个情景组成，每一个演练情景都以演练场景概述来表现，包括事件类别、发生的时间、地点、速度、强度、危险性、影响范围、人员和物资分布、已造成的损失、后续发展预测、气象及其他环境条件等。情景链的表现形式是场景清单，说明了演练过程中各场景的时间顺序列表和空间分布情况。

（3）设计评估标准与方法。演练评估是对照评估标准，观察、体验和记录具体的演练活动，评判实际演练效果的过程。演练评估标准依据演练指标设计，由专家设计评估方法。每一项演练指标，依据其性质的不同，可以设计为定性或定量的一个或几个评估项，并设定评价参演者表现的具体标准和打分细则。

为了保证现场评估的便利性，通常事先设计好评估表格供评估员使用。

3. 编写演练方案文件

演练方案文件是指导演练实施的详细工作文件。一般包括参演人员手册、演练控制指南、演练评估指南、演练脚本等。

（1）参演人员手册，是向参演者提供的有关演练具体信息、程序的说明文件。其中所包含的信息均是参演者应当了解的信息，不包括应对其保密的信息，如情景事件等。其基本要点包括演练背景、演练时间、演练地点、参演人员、演练目的、突发事件情景介绍、演练控制及保障分工、演练规则、演练前记录检查表、演练后恢复检查表、演练现场地理位置示意图、安全注意事项、通信联系方式。

（2）演练控制指南，是指有关演练控制、仿真和保障等活动的工作程序和职责的说明。该指南主要供演练控制人员和仿真人员使用，其用途是向控制人员和仿真人员解释与他们相关的演练思想，制定演练控制和仿真模拟活动的基本原则，提供保证演练控制和仿真模拟活动顺利进行的通信联系、后勤保障和行政管理机构等事项。主要内容包括：演练背景、演练时间、演练地点、参演人员及其位置、演练目的、突发事件情景介绍、演练控制规则、演练控制及分工、演练前记录检查表、演练后恢复检查表、演练现场地理位置示意图、通信联系方式等。

（3）演练评估指南，是对演练方案中演练目标、评价准则及评价方法的扩展。主要内容包括演练目标、评价准则与指标、评价工具及资料、评价程序、评价策略、评判组组成，以及评判人员在演练准备、实施和总结阶段的职责和任务的详细说明。

（4）演练脚本，是对演练的全过程的所有事件、行动、行为详细描述的蓝本。一般来说，对于重大综合示范性演练要编写脚本，描述演练的事件场景、处置人员及行动、指令与对白、视频背景与字幕、解说词等。

三、演练实施

（一）演练实施指挥

在示范性的演练中，只设演练总指挥；在实战型演练中，演练实施履行指挥职能的有三个人：演练总指挥、响应总指挥和导调官，其指挥结构如图14-3所示。

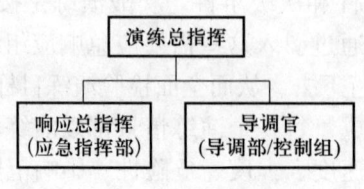

图14-3 实战型演练指挥结构

演练总指挥是演练的最高指挥官,负责掌控演练的总体进程,监控导调官的演练调控行动和响应总指挥的应急响应过程与行动。

响应总指挥就是扮演真实突发事件发生时负责应急响应的总指挥,在自己的应急指挥部内,根据收到的控制组发来的信息,下令采取适当的响应行动。

导调官直接指导演练控制组,给参演人员"出题目":根据演练控制方案,不断发出序列情景(情景链)信息,引导应急响应人员开展响应行动。

示范性演练的总指挥部可以与导调部、应急指挥部在同一个房间;实战型演练三个指挥部则应该分开,至少导调部不能与应急指挥部在一起。

(二)演练启动

演练启动的执行人是演练总指挥。如果由领导小组组长担任总指挥,他应该熟悉和掌握演练方案的全部内容和执行环节。如果由总策划出任总指挥,对于演练实施则十分便利。

许多演练的一般做法是在开始之前要举行一个简短的仪式,其实这样会冲淡演练的紧张氛围,不利于参演者的发挥。

演练启动的标准方法是:总指挥按照规定的时间宣布演练开始。如果是实战型演练且事先没有通知应急响应人员,总指挥应该申明"这是一场演练",然后依此启动演练程序(活动)。

(三)演练执行

如果是示范性演练,演练执行可以照演练脚本按图索骥,控制组将拟好的控制信息依次发布,应急指挥下令实施预设的响应行动;如果是实战型演练,按照演练方案的安排,导调官以演练控制方案为蓝本,指挥控制组根据序列情景(情景链)不断编制各种信息,也可以事先编制好情景信息(控制信息),由控制人员依次发给参演人员,引导演练深入。情景信息可由人工传递,也可以用对讲机、电话、手机、传真机、网络等方式传送。

模拟人员按照导调控制组发来的信息指令,模拟事故的发生过程,如释放烟雾、模拟气象条件、模拟泄漏等;或者模拟灾害情景中的受害人及其行为。

演练评估人员按照事先设计的评估项目和指标,认真观察、记录参演人员的响应行动,填写评估表。要保证评价客观、准确,不能对应急响应人员的不当行动做任何提醒。

对于演练观摩人员来说,应该按照演练组织方的安排,在指定的区域观摩,不要有任何影响演练进行的行动。为了让他们充分了解演练情况,要对演练过程做解说,内容包括演练背景介绍、进程环节讲解、氛围渲染,等等。在示范性演练中,可以按照演练脚本中的解说词宣读。

演练过程的直接控制者是导调官,最终控制者是总指挥。演练过程中出现重大问题,必须立即报告总指挥,他可以视情况决定暂停或取消演练。一般来说,导致取消演练的情况有:发生了真正的突发事件或者出现了较大的意外。

在演练过程中,要安排记录人员,将演练的过程以图像、照片、文字等方式记录

> 演练一要注意实效,不要流于形式;二要突出重点,不要求大求全;三要厉行节约,不要铺张浪费;四要保障安全,不要发生事故;五要认真评估总结,不要怕演练过程中暴露和发现问题。

保留下来，作为档案资料。

演练任务完成，要由响应总指挥报告演练总指挥，演练总指挥宣布演练结束。

四、总结评估

演练结束后，有一系列的后续任务，旨在总结演练的结果和改进本单位的应急管理工作。

（一）撰写演练评估报告

演练结束后，评估组要立即组织撰写演练评估报告，对演练的效果做出评价，详细说明演练过程中发现的问题。

演练评估是指观察和记录演练活动、比较演练人员表现与演练目标要求，并提出演练发现的过程。演练评估报告是将这些记录和发现进行分类、统计、总结，形成系统的评价意见的文件。

评估报告要按照演练指标体系和评估指标体系，分门别类地汇总，计算出各项分值或形成评价意见。之后，将各类别的分值或形成评价意见归纳为一个总表（清单），达成对演练效果的总体评价。

评估报告要对演练中发现的问题，按照应急预案的要求，分为不足项、整改项和改进项列出，为应急工作的改进提供直接参考。

1. 不足项

不足项指演练过程中观察或识别出的应急准备缺陷，可能导致在突发事件发生时，影响应急组织采取合理应对措施以保护公众的安全与健康的重大问题。

不足项应在规定的时间内予以纠正。可能导致不足项的要素有：职责分配；应急资源；预警方法与程序；通信；灾情评估；人员保护措施；公共信息发布；应急人员安全等。

2. 整改项

整改项指演练过程中观察或识别出的应急准备缺陷，可能在应急救援中对公众的安全与健康造成不良影响的较大问题。整改项应在下次演练前予以纠正。以下情况整改项可列为不足项：

（1）某个应急组织中存在两个以上整改项，其共同作用可影响保护公众安全与健康能力。

（2）某个应急组织在多次演练过程中，反复出现前次演练发现的整改项问题。

3. 改进项

改进项指应急准备中应予改善和引起注意的问题。改进项不同于不足项和整改项，它不会对人员安全与健康产生严重的影响，视情况予以改进，不必要求予以特别纠正。

（二）演练总结报告

演练结束后，进行总结与讲评是全面评价演练是否实现演练目标、应急准备水平及是否需要改进的一个重要步骤，也是演练人员进行自我评价的机会。演练总结与讲评可以通过访谈、汇报、协商、自我评价、公开会议和通报等形式完成。

总策划应在演练结束规定期限内，根据演练评估报告和记录人员在演练过程中记载的资料，以及参演人员访谈资料和公开会议中获得的信息，编写演练总结报告并提交给演练组织单位和上级主管部门。演练总结报告是对演练情况的详细说明和对该次演练的评价。

演练总结报告应包括如下内容：
（1）本次演练的背景信息，含演练地点、时间、气象条件等。
（2）参与演练的应急组织。
（3）演练情景与演练方案。
（4）演练目标、演练范围。
（5）演练实施的全面评价，含对前次演练不足项在本次演练中表现的描述。
（6）演练中暴露的问题与改进措施建议。
（7）对应急预案和有关执行程序的改进建议。
（8）对应急设施、设备维护与更新方面的建议。
（9）对应急组织、应急响应人员能力与培训方面的建议。

（三）改进跟踪

改进跟踪是指策划组在演练总结与讲评过程结束之后，安排人员督促相关应急组织解决发现的问题或改进事项的活动。为确保参演应急组织能从演练中取得最大益处，策划组应对演练发现进行充分研究，确定导致该问题的根本原因、纠正方法、纠正措施及完成时间，并指定专人负责对演练中发现的不足项和整改项的纠正过程实施追踪、监督、检查纠正措施的进展情况，确保在以后的应急响应中不出现同样问题。

总之，应急演练要与提高实战能力有机结合，与普及应急知识有机结合，与提高忧患意识和应急能力有机结合。开展演练要把握几个要点：一要突出重点，不要求大求全；二要注重实效，为战而练，不要流于形式，为演而练；三要厉行节约，不要铺张浪费；四要不怕在演练过程中发现问题、短板和不足；五要确保演练过程中的安全。

第三节　应急预案的修订

一、修订条件

应急预案编制是一个持续的过程。即使在公布、实施之后，还需要根据不断变化的情况和突发事件、演练的检验进行经常修订。

这些情况包括：
（1）经历了突发事件并启动了应急响应，发现了预案中的缺陷和不足。
（2）经历了演练，发现了预案中存在的问题。

（3）应急组织体系和职责发生了改变，如调整了责任部门、建立了新的机制。

（4）应急管理相关法律法规作了修改，或出台了新的法律法规。

（5）应急资源发生了重大变化，如设施和装备的构成、储存地和管理者发生了改变。

（6）辖区的危险源、人口分布、重要设施和要害部门发生了改变。

（7）预案体系和预案规范需要调整。

（8）其他需要修订预案的情况。

《生产安全事故应急条例》第六条明确规定："生产安全事故应急救援预案应当符合有关法律、法规、规章和标准的规定，具有科学性、针对性和可操作性，明确规定应急组织体系、职责分工以及应急救援程序和措施。有下列情形之一的，生产安全事故应急救援预案制定单位应当及时修订相关预案：（一）制定预案所依据的法律、法规、规章、标准发生重大变化；（二）应急指挥机构及其职责发生调整；（三）安全生产面临的风险发生重大变化；（四）重要应急资源发生重大变化；（五）在预案演练或者应急救援中发现需要修订预案的重大问题；（六）其他应当修订的情形。"即使没有上述这些必须修订预案的条件，预案也应该定期检查、评估和修订。如国务院办公厅发布的《突发事件应急预案管理办法》第二十四条规定："应急预案编制单位应当建立定期评估制度，分析评价预案内容的针对性、实用性和可操作性，实现应急预案的动态优化和科学规范管理。"重庆市政府规定："全市各级政府及部门（单位）应急预案原则上每三年修订一次，乡镇（街道）、村（社区）的应急预案原则上每年修订一次。"①

二、修订程序

（一）修订发起

应急预案的修订主体是预案制定部门。修订发起人和修订程序在政府的应急预案管理办法中通常都有规定。一般情况下，预案修订申请人或建议人包括：

1. 预案制定部门

对政府来说，提请预案修订的责任人应该是牵头单位或本级政府的应急管理部门（应急管理办公室或其他部门）。适用的情况包括：在启动了应急响应或者举行了应急演练、应急组织体系和职责发生了改变、相关法律法规做了修改或出台了新的法律法规、预案体系和预案规范需要调整，等等。

2. 应急响应的参与部门

预案中确定的应急响应的参与部门，在经过启动应急响应或者举行了应急演练之后，发现本部门不能和不便履行某些职责的，可以以书面形式告知应急预案制定单位提请修订预案。

3. 其他部门

政府的规划部门、社会上的安全评价机构、预案评估机构和其他科研机构，以及相关专家学者，在工作中发现了预案需要修订的地方，如危险源、人口分布、重要设

> 修订预案并加强演练是一个不断总结经验的过程，一个查找薄弱环节的过程，一个改进工作的过程，一个与时俱进的过程。

---

① 《重庆市突发事件应急预案管理办法》第19条。

施和要害部门发生了改变,以及应急资源方面的变化,或其他潜在的影响因素,可以提请应急预案制定单位修订预案,并提交详细的论证说明材料。

(二)修订实施

1. 修订机构

修订也是预案编制的过程,原则上应由原编制委员会(工作组)承担。但如果修订任务不大,且不作重大改变,可以抽调原编制委员会(工作组)的部分成员,特别是修订内容涉及的部门成员,组成修订小组。

2. 修订流程

如果是根据修订建议做预案修订,一般流程是:

分析修订建议—确定修订内容—审查修订内容与预案的一致性—调整—报批修订内容—发布修订内容、完成修订。

如果是定期修订预案,一般流程是:

对预案进行评估—识别预案问题—确定修订内容—审查修订内容与预案的一致性—调整—报批修订内容—发布修订预案、完成修订。

应急预案修订涉及组织指挥体系与职责、应急处置程序、主要处置措施、突发事件分级标准等重要内容的,修订工作应参照相关应急预案管理办法所规定的预案编制、审批、备案、公布程序组织进行。仅涉及其他内容的,修订程序可根据情况适当简化。

思考与探索

预案动态管理的方法怎样在实践中落实?
如何通过预案动态管理来保障预案的有效性?

在我国的应急管理实践中,应急预案发布之后,动态管理通常难以落到实处。主要原因是主要领导的重视程度不够和存在侥幸心理。只有等到突发事件发生了,才发现应急预案不管用,只能靠拍脑袋处置突发事件,其结果是不言而喻的。

使应急预案的动态管理落到实处,国外的做法是:通过法律规定和政府的制度性要求保障预案的演练周期、评估周期和修订周期;政府有专门拨款支持应急预案的宣传、教育和培训;另外,问责制也是一种重要保障。

你认为我国应该采取什么做法?

延伸阅读

[1] 国务院办公厅. 突发事件应急预案管理办法,2013.

[2] 国务院应急办. 突发事件应急演练指南. 2009.

［3］中国地震局震灾应急救援司. 国务院抗震救灾指挥部地震应急演练秩序册. 2007.

［4］应急管理部. 生产安全事故应急预案管理办法. 2019.

［5］World Health Organization. Emergency Exercise Development, Manila, Philippines, 2009.

［6］Department of Homeland Security. Homeland Security Exercise and Evaluation Program, Volume IV: Sample Exercise Documents and Formats, 2008.

［7］Emergency Management Institute. Independent Study IS120A, Exercise Design, 2008.

第六篇

应急科技与应急产业

《公共安全中长期科技发展规划战略研究报告》中指出：实施"科教兴国战略"是中国公共安全工作的必由之路，实现公共安全应急科学与技术的持续创新，是实现公共安全应急保障的重要支撑。鉴于公共安全所涉及的学科与分支领域的交叉性和复杂性，必须以公共安全科技为理论基础和技术支撑才能有力促进国家公共安全整体水平的提高。必须以中国公共安全领域亟待解决的科技问题为突破口，集中多学科、多领域的精锐研究队伍，建立公共安全和应急管理科技支撑体系（包含公共安全综合研究平台、技术平台和共享通道），从国家和整体层面上对公共安全和应急管理关键问题开展系统性科技攻关，实现公共安全多领域、多学科、多种技术力量的统筹协调合作。只有这样，才有望依靠科技建立先进的、完善的国家公共安全保障体系，最大程度地降低生命财产损失，促进中国公共安全产业的发展。基于强大的公共安全科技创新能力，构建适合中国国情、较为完善、与经济发展相适应的公共安全环境，为全面建设社会主义和谐社会提供有力保障。

第十五章
应急科技

学习目标

1. 了解风险评估、监测预警、信息与通信、决策与指挥的基本方法和技术。
2. 了解中国应急平台建设体系。
3. 掌握中国应急管理技术发展现状和趋势。

学习重点

理解中国应急管理工作中技术支撑所能发挥的重要作用。

案例

东日本大地震

2011年3月11日，日本发生9.0级大地震，引发了巨大海啸，还导致了福岛核泄漏等次生灾害，地震和海啸造成了超过2万人死亡或失踪、数万名灾民居住在避难所的惨剧。地震发生后，日本的地震速报系统和海啸预警系统均发挥了重要作用，一是由P波S波到达陆地的时间差（约10秒）组成的地震速报系统，通过广播、电视和卫星数据传输系统及时播发地震警报，并立即展开空中侦测；二是海啸预警系统，大地震后约3分钟，就及时发布了海啸警报，列出了海啸抵达各段海岸的时间，让很多人逃离了海啸的冲击。地震速报机制和海啸预警系统成功挽救了成千上万人的生命。夏威夷太平洋海啸预警中心针对太平洋沿岸大部分地区也发布了海啸预警，至少20个国家和数个太平洋岛屿采取了相应的准备措施。

另一方面，大地震引起的次生灾害——福岛核电站核泄漏事故却暴露了无论是东电公司核电站的应急预案，还是日本政府的核应对预案，均存在对巨灾情景准备不足的缺陷。东电公司的应急预案对超基准事故的准备明显不足,事故扩大后缺乏有效的应急处置和统一的管理协调,备用电源失效,机器人进入核岛后仅几分钟就因为镜头被雾蒙住而无法监测,核泄漏后对第一手信息和一些关键技术指标不了解或掌握不够,严重影响了科学判断和决策,再加上日本政府在处置核泄漏上的优柔寡断,导致了核泄漏事故的不断升级,进而使菅直人内阁政府危机四起。以上正反两方面的经验教训充分说明科技在应急管理的各个环节都起着非常重要的支撑作用。

第一节 应急科技概述

一、应急科技的重要性

"科学技术是第一生产力"是邓小平同志坚持和发展马克思关于生产力思想的精辟论断。江泽民同志在庆祝中国共产党成立80周年大会上的讲话中指出:"科学技术是第一生产力,而且是先进生产力的集中体现和主要标志。"2010年,胡锦涛同志在中科院、工程院两院院士大会上讲话,明确提出要"大力发展国家安全和公共安全科学技术"。2014年、2016年和2018年,习近平同志在中科院、工程院两院院士大会上的讲话上强调:"能源安全、粮食安全、网络安全、生态安全、生物安全、国防安全等风险压力不断增加,需要依靠更多更好的科技创新保障国家安全。""只有把核心技术掌握在自己手中,才能真正掌握竞争和发展的主动权,才能从根本上保障国家经济安全、国防安全和其他安全。"

人类进入21世纪,随着各类突发事件频发,公共安全与应急管理正逐步实现由被动应付型向主动保障型、从传统经验型向现代科技管理型的战略转变,先进的科技手段、方法和理念在应急管理的各个环节都发挥着重要作用。美国在《灾害应对与灾害抗逆力2030:在"不确定"时代的战略行动》中,将未来公共安全综合保障聚焦于个体角色的变化、关键基础设施的保护、信息技术的及时应用、技术变革的依存度等方面,确定未来公共安全为更全面的准备、更准确的预测、更科学的响应和更迅速的恢复;欧盟的《地平线2020计划》针对国际前沿和竞争性科技难点提出了三大战略优先领域和四大资助计划,其中专门设立了"安全社会——保障欧洲及其公民的自由与安全"板块,将保护公民安全、打击犯罪和恐怖主义、保护民众不受自然和人为伤害等作为主要研究方向;日本在《科学技术基本计划(2016—2020)》中确定了13个科技创新重点方向,其中,国家安全保障等4个方向与应急管理直接相关。在我国,以《国家中长期科学技术发展规划纲要(2006—2020年)》为核心,对公共安全领域系统研究和部署,贯彻落实总体国家安全观,编织全方位、立体化的公共安全网,提升应急技术和装备核心竞争力,实现公共安全领域全流程和全链条式管理。可以看到,世界各国都越来越重视加强安全科学技术的研究和应用,加快构建应急管理科技创新体系,为应急管理工作提供强有力的科技保障。

党的十七大报告指出，要全面认识工业化、信息化、城镇化、市场化、国际化深入发展的新形势新任务。作为一个发展中的大国，我国将在未来相当长时期处于"五化"同时推进并深入发展的过程中，这是绝大多数发达国家和发展中国家都不曾遇到过的问题。中共中央办公厅、国务院办公厅印发的《关于推进城市安全发展的意见》也指出，随着我国城市化进程明显加快，城市人口、功能和规模不断扩大，发展方式、产业结构和区域布局发生了深刻变化，新材料、新能源、新工艺广泛应用，新产业、新业态、新领域大量涌现，城市运行系统日益复杂，安全风险不断增大。这都对应急管理水平和技术提出了更高要求。《中华人民共和国突发事件应对法》第二十五条指出："国家鼓励、扶持具备相应条件的教学科研机构培养应急管理专门人才，鼓励、扶持教学科研机构和有关企业研究开发用于突发事件预防、监测、预警、应急处置与救援的新技术、新设备和新工具。"《国家突发公共事件总体应急预案》中指出："科技部、教育部、中科院、社科院、工程院、中国科协等有关部门和科研教学单位，要积极开展公共安全领域的科学研究；加大公共安全监测、预测、预警、预防和应急处置技术研发的投入，不断改进技术装备，建立健全公共安全应急技术平台，提高中国公共安全科技水平；注意发挥企业在公共安全领域的研发作用。"《公共安全中长期科技发展规划战略研究报告》中指出：实施"科教兴国战略"是中国公共安全工作的必由之路，实现公共安全应急管理与技术的持续创新，是实现公共安全应急保障的重要支撑。因此，应急管理科技是实现公共安全的基础保障。应当依靠科技进步，大力提升应急能力建设，包括：加强以风险治理为核心的应急管理基础能力建设、监测预警能力建设、信息与指挥系统能力建设、应急救援队伍（装备）能力建设、物资保障能力建设、紧急运输能力建设、通信保障能力建设、恢复重建能力建设、科技与产业支撑能力建设和应急管理科普宣教能力建设等。

特别是2019年1月21日习近平同志在省部级主要领导干部坚持底线思维着力防范化解重大风险专题研讨班上强调，科技领域安全是国家安全的重要组成部分。要加强体系建设和能力建设，完善国家创新体系，解决资源配置重复、科研力量分散、创新主体功能定位不清晰等突出问题，提高创新体系整体效能。要加快补短板，建立自主创新的制度机制优势。要加强重大创新领域战略研判和前瞻部署，抓紧布局国家实验室，重组国家重点实验室体系，建设重大创新基地和创新平台，完善产学研协同创新机制。要强化事关国家安全和经济社会发展全局的重大科技任务的统筹组织，强化国家战略科技力量建设。

二、应急科技的特点

应急科技是支撑和强化公共安全应急管理的科学技术，是对突发事件客观规律的认识以及用于突发事件预防、监测、预警、应急处置与救援的先进技术、装备和工具。

应急科技具有以下特点：

（一）应急科技需要多学科交叉与融合

突发事件的应对蕴含着非常丰富的科学问题，这些科学问题的研究和突破，需要理工文管（管理科学、工程科学、信息科学、生命科学、基础自然科学、经济学、社会学、心理学、法学、历史学等）多学科各自的努力及其交叉与融合①。面对不同事故和环境条件下的突发事件时，开展事故机理研究，运用建模仿真技术、监测探测技术等，对突发事件的孕育、发生、发展、扩散、衰减、消亡、重建等整个周期进行分析和预测；运用信息科学和技术，解决突发事件中多参数实时动态信息获取、多元信息融合、海量数据挖掘、不完备数据处理、异常数据和灾害关系等问题；运用管理、决策、行为、心理等科学和技术，实现多目标、多阶段、多因素复杂条件下应急方案、资源调配、疏散救援等方面的科学决策和综合协调处置。

（二）应急科技紧密围绕民生现实需求

应急科技是应急管理构成的重要因素，要围绕国家重大需求，紧贴新时代社会民生现实需求和军民融合需求。根据不同的行业领域和事件情景，从突发事件的特点、发生发展机理和动态过程管理的实际需求出发，研发适用、实用的应急平台、技术、装备和服务，并加快自主创新成果转化应用，切实解决应急技术和手段应用中的关键科学问题。应急科技成果推广工作既要突出技术、工艺、装备、材料的先进性、安全性和可靠性，又要重视其适用性和实用性。

（三）应急科技创新需与时俱进

突发事件类型多样、发生发展过程愈加复杂，并且存在次生、衍生、耦合、相互影响等现象，从事故危害的物理形态上，呈现出多灾种、多尺度交织的趋势。例如：由自然灾害、公共卫生事件或恐怖袭击事件等引发的事故灾难；由生产经营导致事故灾难，进而导致环境突发灾难事故，造成公共卫生事件，最后还引发群体性上访事件；还有很多人类未知的新灾种或巨灾不断涌现。随着社会发展和科技进步，新的科技包括新工艺、新材料、新技术也带来了新的灾害风险；世界格局和形势的不断变化，给"大安全"带来新的挑战。这都要求应急管理科技必须保持先进性，与时俱进，并不断总结和完善，开发新技术，开展对未知灾害的预测性研究和探索。

三、中国应急科技创新发展现状

从 2003 年抗击"非典"疫情开始，中国应急管理的科技研究与应用进入快速发展时期。党和政府高度重视应急科技能力提升，《国家中长期科技发展规划纲要（2006—2020 年）》首次将"公共安全"列入了重点领域，要求加强对突发事件快速反应和应急处置的技术支持，提高早期发现与防范能力，增强应急救护综合能力，加快公共安全装备现代化。2006 年 3 月发布的《中华人民共和国国民经济和社会发展第十一个五年规划纲要》第四十一章"加强公共安全建设"，首次将"强化应急体系建设"纳入规划内容，要求：建立健全应急管理体系，加强指挥信息系统、应急物资保障、专业救灾抢险队伍、应急标准体系以及运输、现场通信保障等重点领域和重点项目的建设，健

---

① 范维澄. 国家突发公共事件应急管理中科学问题的思考和建议. 中国科学基金，2007（2）.

全重特大自然灾害发生后的社会动员机制，提高处置突发公共事件能力。2006年12月31日，国务院办公厅印发《"十一五"期间国家突发公共事件应急体系建设规划》（国办发〔2006〕106号），这是我国第一个国家层面的应急体系建设专项规划。

国家在突发事件应急的技术攻关、应用研究和体系建设方面已设置了相应的规划项目进行支持，研究重点经历了"单项灾害管理—综合灾害管理—大安全管理"的发展过程。以重点项目的落实来抓关键领域和治理薄弱环节，有利于补短板、强弱项，解决当今我国综合应急这个庞大系统工程的"卡脖子"问题。"十一五"期间，科技部"十一五"科技支撑计划设立了重大项目"国家应急平台体系关键技术研究与应用示范"，重点支持应急管理的关键技术攻关和应用研究；《国家自然科学基金"十一五"发展规划》将"社会系统与重大工程系统的危机灾害控制"作为优先发展领域，2008年启动实施"非常规突发事件应急管理研究"国家自然科学基金重大研究计划。以非常规突发事件应急管理为研究对象，充分发挥管理科学、信息科学、心理科学等多学科合作研究的优势，着重研究非常规突发事件的信息处理与演化规律建模、非常规突发事件的应急决策理论、紧急状态下个体和群体的心理反应与行为规律，并利用三个集成升华平台整合相关研究成果。"十二五"期间，科技部制定的《国家公共安全科技发展"十二五"专项规划》确定了四个重点方向：公共安全应急管理支撑技术与决策支持系统研发，公共安全脆弱性分析与保障技术，公共安全突发事件应急处置、救援技术与装备研发，公共安全标准体系建设。《国家自然科学基金"十二五"发展规划》部署以学科交叉研究为主要特征的优先发展领域，包括科学部优先发展领域和跨科学部优先发展领域。其中，跨科学部优先发展领域包含了"重大灾害事件的机理与减灾"，核心科学问题包括：灾害发生的机理与预测理论，灾害孕育和发生的环境因素，减轻自然灾害的对策与工程措施，对自然灾害的有效监测、数据处理和模拟机制，建立和完善对各类灾害的评估、预警和应急能力。"十三五"期间，科技部制定了《"十三五"公共安全科技创新专项规划》，涵盖社会安全、生产安全、综合保障与应急等公共安全科技领域，并设立了国家重点研发计划"公共安全风险防控与应急技术装备"重点专项；《国家自然科学基金"十三五"发展规划》面对经济社会发展和国家安全各领域对源头创新的巨大需求，基于"大安全"理念，设定了"国家安全的基础管理规律"优先发展领域，研究方向包括：国家综合应急管理体系建设基础规律、超大都市安全运行与安全规划基础理论等。

自《国家中长期科技发展规划纲要（2006—2020年）》实施以来，公共安全领域形成了以国家重点实验室、国家级工程技术研究中心、教育部重点实验室为核心的科技创新平台研究体系。在国家重点实验室方面，已有的三个国家重点实验室得到了快速的发展，特别是火灾科学国家重点实验室，目前已经成为国际火灾科学领域位居领先地位的著名火灾研究基地。新建成验收和立项建设的公共安全领域国家重点实验室数量也大幅增加，依托企业建设国家重点实验室呈现了快速发展的势头。在国家级研究中心方面，建立了国家救灾应急供油水电及抢修装备工程技术研究中心（2010）、国家大坝安全工程技术研究中心（2010）、国家应急防控药物工程技术研究中心（2011）、国家应急交通运输装备工程技术研究中心（2011）等。在教育部重点实验室方面，教育部先后建成了金属矿山高效开采与安全（2007）、海岸灾害及防护（2008）、西部灾害与环境力学（2008）、承压系统与安全（2009）、建筑安全与节能（2011）、煤矿瓦斯与火灾防治（2011）等教育部重点实验室，以及防火安全材料与技术、矿山生产安全检测技术设备、道路灾变防治及交通安全、应对核化生恐怖医学防护工程中心、西部土木工程五个防灾减灾工程中心。①

经过多年的发展，全国已拥有大量的应急管理科研开发人员，为各行业的应急管理工作提供了有力的科技支撑。除了高校科研院所的研究人员之外，在防御自然灾害方面的气象、水利、地质、地震、农业、海洋和民政等都建立了相应的科研机构；在应对工矿、交通、建设、市政、信息等事故灾难方面，各大企业都拥有专业队伍从事安全领域的研究；公共卫生方面，已有大量医生及专业科研人员从事流行病、卫生防疫、化学中毒、辐射危害、食品安全等方面的研究；社会安全方面，公安专业科研人才结合大数据、云计算、人工智能等技术创新成果不断提升治安、反恐能力，经济安全和金融安全也拥有了大批科研人员。在多灾种风险、新兴风险的趋势下，注重跨行业跨部门的综合应急实践。2011年3月8日，国务院学位委员会和教育部联合发布了《关于印发〈学位授予和人才培养学科目录（2011年）〉的通知》，将公共安全与技术学科列为一级学科，这对于推动复合型人才建设有着重要作用。因此，加快应急管理科技人才的培养，推进科技成果在应急实践中的转化与应用，对于提升应急管理能力有着重要的基础作用。

四、中国应急科技的发展趋势

目前，国家应急平台体系基本建成，应急能力建设大幅提升，增强了对突发事件应对和管理的能力；自然灾害监测预测预警时效性和准确性明显提升，社会安全风险防控网络基本形成，快速反应和现场处置能力显著增强，公共安全综合保障一体化和社会化趋势日渐明显；成套化技术装备体系向国外输出，国际技术竞争力明显提升，如ECU911技术系统在厄瓜多尔7.8级地震救援和震后重建中发挥了巨大作用。面向未来公共安全复杂巨系统"风险—预测—处置—保障"智慧联动和韧性管理的重大发展需求，构建全方位立体化的公共安全网，实现跨领域、跨层级、跨时间、跨地域全方位的公共安全保障。应急科技的发展将更加重视预防、应对和韧性理念，推动公共安全保障向风险可控化、预测智能化、应对高效化、技术装备标准化和保障一体化发展，具体如下②③：

（一）常规风险评估的定量化、规范化、综合化以及未知风险的识别与预测

风险识别和评估是实现预防为主、关口前移的主动管理型公共安全保障的重要前提和基础。针对已知和可预测的风险，从突发事件、承灾载体、应对能力三方面进行

---

① 林驭寒，陈安. 我国公共安全领域安全生产、食品安全与检验检疫、自然灾害科技创新取得阶段性成果. 科技促进发展，2014（1）.
② 刘奕，倪顺江，翁文国，范维澄. 公共安全体系发展与安全保障型社会. 中国工程科学，2017（1）.
③ 国家自然科学基金重大研究计划"非常规突发事件应急管理"战略发展报告. 2017.

综合分析，推动风险评估的定量化和规范化，探索多灾种多尺度综合化和系统化风险评估技术、多灾害耦合致灾过程模拟和情景构建技术；针对未来新材料、新工艺、新技术的跨越性和革命性发展，考虑其与人类、环境、社会进行融合、碰撞所产生的未知、模糊风险，探索潜在、未知、模糊风险预评估等技术，发展未知风险的识别和预测能力。

（二）监测预测预警向主动感知、智能预测和预警应急联动发展

信息化、网络化、智能化成为国际上公共安全监测预测预警技术发展的主要特征。监测预测预警的重心从突发事件孕育和发生阶段向事件演化直至事后恢复的全过程延伸，开展多行业领域协同的系统化监测预警成为常态；数据分析和计算技术的提升推动公共安全监测预测预警向主动感知、智能预测、预警应急联动方向发展，基于大数据分析和大规模快速计算的预警应急联动体系成为国际趋势。

（三）突发事件应对由单一指挥模式向多元协同模式转变，新技术支持下的高效应对成为发展趋势

面向国家重点战略部署，特别是"一带一路"的提出和推进，安全的国际化、地区化趋势日益明显。随着人工智能等新技术的发展，万物互联、人机合一、信息泛在、无限带宽等技术前景为实现政府—社会—公众高度协同、社区—城市—国家—区域间的高度协同提供了有效的技术手段。突发事件应对技术和体系的发展将打破原有参与主体单线和垂直联系的传统模式，向多元协同模式发展，推动形成网络化的突发事件高效协同应对。

（四）应急技术和装备向标准化、体系化、成套化和智能化发展

针对多灾种综合及跨领域的预测预警，复杂多变现场环境下的应急处置与救援，提升多技术集成的应急装备研发，强化智能技术在公共安全技术装备的应用，推动智能巡检、现场处置、应急救援机器人等重大技术装备投入使用，缩小与国际领先水平的差距。重点针对风险监控、监测预警、预防防护、处置救援和综合保障领域，建立较为完备的公共安全装备技术体系，突破公共安全应急技术装备的核心关键技术，研制标准化、体系化、成套化和智能化应急装备。

（五）基于全生命周期理念的安全保障与韧性城市发展，全面提升公共安全一体化保障能力

基于复杂巨系统全局观，保障城市危化品、重要能源和关键设施的持续稳定安全运行，发展公共安全的关联诊断、自动反应、自主保护、主动服务和快速恢复等方面的科技，全面提升城市韧性。广泛采用物联网、大规模计算、人工智能、数据挖掘、虚拟现实等技术，整合多行业资源，实现多元化、智能化、一体化的信息获取与共享、运行监测和联防联控、智能决策与高效应对，以及准确的事后勘验与事故重构等，全面提升公共安全一体化保障能力。

五、应急科技体系

（一）总体框架

公共安全科技体系的框架可以用清华大学公共安全研究院范维澄院士提出的三角形模型来表征，如图15-1所示。三角形的三条边分别是：突发事件、承灾载体和应急管理，连接这三条边的是灾害要素，包括物质、能量和信息。灾害要素本质上是一种客观存在，灾害要素超临界或遇到一定的触发条件就可能导致突发事件。公共安全科技发展的主要任务是通过对突发事件、承灾载体和应急管理三方面的研究和有效控制，实现公共安全保障。

图 15-1 应急管理科技体系框架图

从应急管理的时间轴来看，突发事件、承灾载体和应急管理之间存在一一对应关系（见图15-2）。应急管理就是在预防与应急准备阶段，对突发事件和承灾载体进行

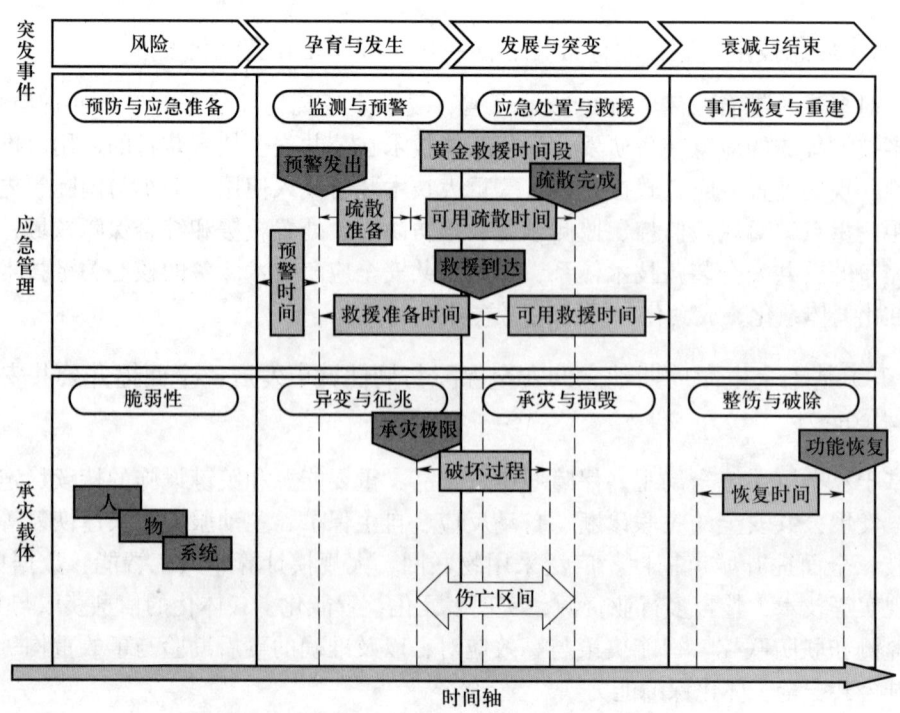

图 15-2 突发事件、应急管理和承灾载体关系图

风险评估；在监测和预警阶段，对灾害要素和承灾载体的异变征兆进行监测，判断突发事件的孕育和发生，并进行预警；随着事态进一步发展和突变，采取应急救援与处置措施，减少承灾载体（人、物、系统等）的损失；随着应急救援与处置的结束，对承灾载体进行恢复与重建。

（二）应急科技的内容

公共安全科技研究的主要内容是突发事件、承灾载体、应急管理三条主线。针对应急管理，研究在突发事件过程中施加人为干预，从而预防或减少突发事件的发生，弱化其危害；增强承灾载体的抵御能力，阻断次生事件的链生，减少损失；避免应急不当可能造成的突发事件的再生及承灾载体的破坏，以及代价过度。因此，应急科技的内容包括以下三方面：

1. 认识突发事件发生发展过程

突发事件通常表现为物质、能量、信息灾害三要素的灾害性作用，例如危险化学品泄漏和大规模传染病（物质作用）、地震（能量作用）、社会恐慌（信息作用）。对突发事件发生发展过程的研究重点在于了解其孕育、发生、发展和突变的演化规律，及其产生的物质、能量和信息等风险作用的类型、强度和时空分布特性。研究的结果将能为突发事件的监测监控和预测预警、应急处置的正确方法和恰当时机，提供科学依据。

2. 保护承灾载体

承灾载体是人类社会与自然环境和谐发展的功能载体，是突发事件应急管理的保护对象。通过对承灾载体的研究可以确定应急管理的关键目标，加强防护，从而实现有效预防和科技减灾。研究承灾载体的脆弱性和韧性、破坏模式和机理（本体破坏/功能破坏）及其可能的事件链（次生、衍生事件），从而在事前采取适当的防范措施，在事中采取适当的救援措施，在事后实施合理的恢复重建。

3. 优化应急管理

应急管理是个复杂的、开放的系统工程，具有多主体、多因素、多尺度、多变性的特征，包含着丰富而深刻的科学问题，从事件信息的收集反馈，到事件评估、决策制定、资源调度以及灾后恢复，时间跨度长，资源覆盖广，决策难度高。应针对上述特点，致力于优化管理工具，从而实现应急管理的目标。

从研究类型看，应急科技的研究工作可以分为四个方面：组织与政策类研究、基础理论与方法论研究、技术与工具类研究和集成应急平台研究，见表15-1。

表15-1 应急管理科技研究内容

类型	主要研究内容
组织与政策类研究	应急工作的组织保障；应急机构的合作交流、教育培训；各类应急条例和规章制度
基础理论与方法类研究	突发事件的灾害发生发展机理研究；应急监测、分析、预测、评估、仿真、优化、决策等理论与方法；防灾减灾工程的基础科学问题研究

类型	主要研究内容
技术与工具类研究	防灾工程中的材料、结构等技术工具研究；新型通信技术用于应急通信、监测、数据采集、数据传输等；先进的观测、试验和分析仪器；新型救援、医疗设备；用于数据处理、监测、预警的计算机系统；集成和构建基于地理信息系统、专家系统等应急决策辅助支持工具
集成应急平台研究	以计算机为中心，运用应急管理理论与方法，将各种技术和工具进行有机集成，构建综合应急管理平台

需要强调的是，为认真贯彻落实《国家中长期科学和技术发展规划纲要（2006—2020年）》精神，加快实施科技兴安战略，大力发挥科技进步重要支撑作用，有效防范各类突发事件，促进全国公共安全形势持续稳定好转，必须进一步加强应急科技支撑能力建设，坚持把预防作为应急科技工作主攻方向，着力提高预防、监测、预警、监控科技能力，加快应急科技成果转化和先进适用技术试点示范工程建设，推动应急产业化发展。积极推动和建立齐抓共管的应急科技工作新格局，进一步加快以企业为主体、市场为导向、政产学研用相结合的应急技术创新体系建设，切实做好已有应急科技支撑项目成果的转化工作。

第二节　风险评估技术

风险评估是由风险识别、风险分析及风险评价构成的一个完整过程（见图15-3）。该过程的开展方式不仅取决于风险管理过程的背景，还取决于开展风险评估工作所使用的方法与技术。通过风险评估可以确定应急管理的重点目标，是突发事件预防与应急准备的重要依据。

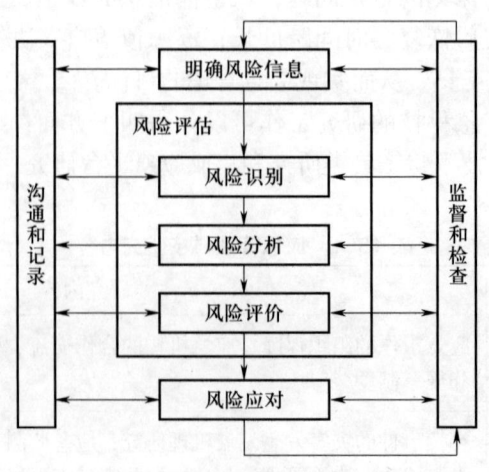

图15-3　风险评估对风险管理过程的推动作用

风险评估技术起源于20世纪30年代，美国的保险公司收取保险费需由所承担的风险大小决定，因此就产生了一个衡量风险程度的问题，美国保险协会衡量风险程度的过程中便产生了风险评价，并推广到企业界。风险评估这个术语正式面世是在1976年美国国家环保局首次颁布"致癌物风险评估准则"。1983年美国国家科学院发布了题为《联邦政府的风险评估管理：对过程的管理》（Risk Assessment in the Federal Government: Managing the Process）的报告。80年代以后，美国国家环保局（EPA）、美国食品及药品监督管理局（FDA）、世界卫生组织（WHO）及联合国环境规划署（UNEP）等一系列机构与国际组织颁布了与风险评价有关的规范、准则，使风险评估技术迅速发展并在世界范围内得到广泛的应用。

澳大利亚－新西兰风险管理标准AS/NZS 4360是世界上第一个国家风险管理标准，它于1995年首次发布，参考了1993年的《澳洲新南威尔士州风险管理指南》，分别于1999年和2004年进行了修订。当时制定此标准的目的是为了制定一个统一的标准，以期对若干澳大利亚和新西兰上市或私有企业在风险管理应用问题上有所帮助。到目前为止，AS/NZS 4360标准已经被澳大利亚政府和世界上许多上市公司采用，许多澳大利亚和新西兰的行业协会根据AS/NZS 4360和自己的行业特性编制了供本行业使用的风险管理标准。AS/NZS 4360的主要内容是它给出了一套风险管理的标准的语言定义和风险管理的标准过程定义。2009年，日内瓦的国际标准化组织发布了ISO31000标准：风险管理——原则与实施指南，提供了风险管理的原则和一般性指导方针，可适用于任何类型组织的风险管理。ISO31010 Risk Management-Risk Assessment Techniques（对应的国标GB/T 27921-2011 风险管理－风险评估技术）介绍了31种风险评估技术的特点、用途、适用性等。

一、风险评估的基本方法

风险通过规范的、结构化的流程进行识别；对每一种风险的可能性和后果进行分析；按重要性对风险进行排序，划分出风险管理的优先次序，进而做出比较合理的处置风险决策。风险可以用风险度来表达，它是一个归一化的函数，可以表示为事件的危险度和承灾体的易损度的乘积。

风险矩阵（Risk Matrix）方法是风险评估的基本方法，风险度由不利事件可能性和后果严重性两个要素确定。

风险的表达式为：

$$R = P \times C$$

式中：R是风险，P是不利事件的可能性，C是不利事件的后果损失。

（一）可能性评议

"可能性"是指不利事件发生的可能性。可能性评议采取专家打分的方法进行，也可以通过风险评估技术量化计算而得。其表达式为：

$$P = \{P_1, P_2, P_3, \cdots, P_n\}$$

(二)后果严重性评议

"后果"是指发生不利事件所导致的后果及其严重程度。后果严重性评议同样可以采取专家打分的方法进行,也可以通过相应模型计算而得。其表达式为:

$$C = \{C_1, C_2, C_3, \cdots, C_n\}$$

(三)风险值计算

考虑风险的承受能力和控制能力,在事故可能性分析和事故后果分析的基础上,可以通过表15-2确定风险等级。

表15-2 风险分级矩阵

风险 R		后果分级 C				
		C_1	C_2	C_3	...	C_m
可能性分析 P	P_1	R_{11}	R_{21}	R_{31}	...	R_{m1}
	P_2	R_{12}	R_{22}	R_{32}	...	R_{m2}
	P_3	R_{13}	R_{23}	R_{33}	...	R_{m3}
	...	...	...	...	...	...
	P_n	R_{1n}	R_{2n}	R_{3n}	...	R_{mn}

风险矩阵为半定量风险评估方法,结果依赖于风险的可能性评议和后果严重性评议,通过构造两两要素计算矩阵,可以清晰罗列要素的变化趋势,具备良好灵活性。风险的可能性和后果评议一方面依赖于现有的数据、信息资料,另一方面依赖于评估者的专业、经验或数学模型。在数据资料不够充分、分析的数据可靠性太弱或数据采集成本大于收益时,采用定性的评估技术;在数据资料比较充分或有相应的计算模型时,采用定量的评估技术。定性方法虽然所需的评估时间、费用和人力较少,但评估结果不够精确。定量方法的评估结果虽然较精确,但比较复杂,成本比较高,评估时间也较长。因此,在风险评估中经常使用定性与定量相结合的综合评估技术。

二、风险评估各阶段的典型技术与手段

一些传统的评价技术已经在工业企业上得到了广泛的应用,包括:安全检查表、德尔菲法、预先危险性分析法、层次分析法、事件树评价、事故树评价等。如今,一些新兴的科学方法包括模糊数学、人工神经网络、灰色系统理论、蒙特卡洛法等都被引入到综合风险评价的研究中。这些定量或定性评估技术的引入使得风险评估更加科学化、精细化。

风险评估是包括了风险识别、风险分析(后果分析、可能性分析、等级分析)、风险评价的全流程的活动。有些评估技术可以应用于风险评估周期的所有阶段,而且通常以不同的详细程度应用多次,以便帮助在每个阶段做出所需要的决策。评估周期各阶段对风险评估有不同的需求,可以应用不同的评估技术(见表15-3)。

表 15-3 技术在风险评估各阶段的适用性 [①]

工具及技术	风险评估过程				
	风险识别	风险分析			风险评价
		后果	可能性	风险等级	
头脑风暴法	SA	A	A	A	A
结构化或半结构化访谈	SA	A	A	A	A
德尔菲法	SA	A	A	A	A
情景分析	SA	SA	A	A	A
检查表	SA	NA	NA	NA	NA
预先危险分析	SA	NA	NA	NA	NA
失效模式和效应分析（FMEA）	SA	NA	NA	NA	NA
危险与可操作性分析（HAZOP）	SA	SA	NA	NA	SA
危险分析与关键控制点（HACCP）	SA	SA	NA	NA	SA
保护层分析法	SA	NA	NA	NA	NA
结构化假设分析（SWIFT）	SA	SA	SA	SA	SA
风险矩阵	SA	SA	SA	SA	A
人因可靠性分析	SA	SA	SA	SA	A
以可靠性为中心的维修	SA	SA	SA	SA	SA
业务影响分析	A	SA	A	A	A
根原因分析	A	NA	SA	SA	NA
潜在通路分析	A	NA	NA	NA	NA
因果分析	A	SA	NA	A	A
风险指数	A	SA	SA	A	SA
故障树分析	NA	A	A	A	A
事件树分析	NA	SA	SA	A	NA
决策树分析	NA	SA	SA	A	A
Bow-tie 法	NA	A	SA	SA	A
层次分析法（AHP）	NA	SA	SA	SA	SA
在险值（VaR）法	NA	SA	SA	SA	SA
均值—方差模型	NA	A	A	A	SA
资本资产定价模型	NA	NA	NA	NA	SA
FN 曲线	A	SA	SA	A	SA
马尔可夫分析法	A	NA	SA	NA	NA

① 本表中，SA 表示非常适用；A 表示适用；NA 表示不适用。

续表

工具及技术	风险评估过程				
	风险识别	风险分析			风险评价
		后果	可能性	风险等级	
蒙特卡罗模拟法	NA	SA	SA	SA	SA
贝叶斯分析	NA	NA	SA	NA	SA

资料来源：《风险管理——风险评估技术》，中华人民共和国国家标准，中华人民共和国国家质量监督检验检疫总局与中国国家标准化管理委员会联合发布。

三、风险评估技术的发展趋势

如何有效利用风险评估，将其与政府应急决策有机结合，为应急决策提供强有力的支持，是摆在各级政府面前的重要问题。随着公共安全风险评估应用技术研究的深入，以及对风险评估作用认识的提高，风险评估必将成为应急管理的必要前置需求。风险评估技术的发展也要适应风险社会发展的需求，包括以下几个方面：

（一）从定性风险评价到定量风险分析

目前的风险评价技术大多仍处于经验管理的评价，主要原因是风险评估技术发展滞后，导致风险评估结果不可靠，经不住实践检验。只有迅速从定性风险评价上升到量化风险分析，才能有效提高风险评估的科学性。

（二）从单一风险评价到综合风险体系

社会的进步、科技的发展，使得现有的突发事件往往不是单灾种灾害，更多的是自然灾害、事故灾难、公共卫生事件和社会安全事件相互关联、相互影响、相互耦合造成的次生、衍生事件，以及还有很多人们未能预料到的突发事件。传统的单灾种风险评估技术已经不能准确地显示多灾种突发事件的综合风险水平。多灾种、多环节突发事件的相互转换、蔓延、衍生、耦合的相互作用，使得对综合风险评估技术提出更大的科学需求。

（三）从局部风险评价到系统风险管理

加强对风险系统复杂性和不确定性的认识，从综合风险管理的角度建设系统风险管理体系。由于风险信息公开度太小，以前的风险只关注局部风险问题，对于大区域、大事件的系统风险很少进行实质性的研究。现代风险理论和方法的优越性正体现于研究和处理复杂性大系统的风险问题。因此，建立系统风险管理的技术体系已势在必行。当前，特别要深刻认识和准确把握外部环境的深刻变化和我国改革发展稳定面临的新情况、新问题、新挑战，坚持底线思维，增强忧患意识，提高防控能力，着力防范化解重大风险。

实例应用

燃气管网风险评估技术

一、风险源调查和风险识别

识别方式：下发调查表、实地走访、会议座谈。

识别内容：运用事故致因理论、事件树、系统安全理论等方法识别燃气管网风险的影响因素。建立燃气管网风险分类表，根据分类表结合实际情况完成燃气管网风险识别。

二、事故可能性分析

燃气管网失效通常是指由于某种原因（外界影响或固有风险）导致燃气管网破裂，引发燃气物质泄漏。燃气管网的失效概率 φ 定义为每年每单位长度管线的失效次数。影响因素包括外界环境因素，如地质活动、气候气象条件等，也包括燃气管网自身属性因素，如管道内部压力、管径、设备使用年限寿命等。燃气管网失效率与燃气管道的环境参数、运行参数等物理条件有关，因此可以通过经验修正公式对不同燃气管网的失效率进行修正，从而计算燃气管网事故可能性。

三、事故后果分析

燃气管网事故后果分为管网外和管网内。管网外后果分析主要包括泄漏率计算、物理效应计算、致死概率单位数计算和伤亡百分数计算等。燃气管网内的事故后果分析，针对燃气管网在计算流量的工况下（由管段及节点计算流量子模型计算得到），结合流体泄漏子模型和燃气管网压力分布计算子模型，模拟计算管网在某一节点或管段发生破裂泄漏情况下整个管网的压力分布，根据用户的需求压力，判断破裂泄漏对整个燃气管网上用户的影响。

四、风险评估

1. 个人风险

对于燃气管网而言，其影响范围内任意一点将受到管网上一定范围内的风险影响，因此每一点的个人风险包含了周围一段管网的风险。因此，城市燃气管网失效的个人风险可按下式计算：

$$IR = \sum_i \int_{l_-}^{l_+} \varphi_i P_i DL$$

式中，IR——个人风险；

i——第 i 种失效假定；

φ_i——第 i 种失效事故假定的单位长度下的失效率；

P_i——第 i 种失效事故假定的致死率；

DL——燃气管网长度，单位为米（m）；

l_+、l_-——该位置能受到影响的燃气管网范围，单位为米（m）。

2. 社会风险

社会风险可以简化表示为：∑个人风险 × 该个人风险所占面积 × 单位面积

的人口密度，即：

$$N_I = \int_{A_i} \rho_p P_i DA_i$$

式中，A_i——第 i 种失效事故假定下受影响面积，单位为平方米（m^2）；
DA_i 与致死率 P_i 相关；
ρ_p——该区域人口密度。

第三节　监测预警技术

一、监测预警理论基础

（一）系统论

系统论的基本思想方法，就是把所研究和处理的对象作为一个系统，分析系统的结构和功能，研究系统、要素、环境三者的相互关系和变动的规律，并优化系统观点看问题。预警管理是一个复杂的系统工程，必须从系统整体出发，某些预警指标的变化和波动，其原因往往不是单方面的，而对某一类事件的警报，也需要从多方面考虑应对措施。预警机制的建立健全必须以系统的全面性为基础，预警体系各组成部分、各要素之间，互相联系、互相促进，综合发挥作用。离开其他要素的联系和支持，预警机制就难以发挥应有的作用。

（二）信息论

监测预警的有效运行必须建立在大量的信息取得、传输、整理、分析、处理之上。进行监测预警管理，必须掌握信息、处理信息、转化信息和发布信息。"足够"和"有效"的信息是进行预警系统的技术设计中应该首先考虑的原则。此外，不仅在预警系统的内部，而且在系统与外部环境之间，都存在着大量信息的交流。因此要把握信息的规律，滤除伪信息，使原始信息能够有效地转化为可用于决策的有用信息，才能有效发挥预警作用，实现监测预警的良好运转。

（三）预测分析方法

预测是运用各种知识和科学手段，分析研究历史资料和调研资料，对事物发展趋势或可能的结果进行事先的推测和估计。预测分析是预警的重要组成部分，是建立在调查研究或科学实验基础上的科学分析。没有预测分析，就不能揭示事物演变的规律及其发展趋势，也就不可能有监测预警。

预测分析方法有很多，包括定性分析、定量分析、定时分析、定比分析以及对预测结果的评价分析等。预测分析方法现代化、科学化的要求是：定性分析数量化、定量分析数量化、模型分析计算机化等。据统计至今已有150种以上预测分析方法，常用的也有二三十种。主要预测方法以及分类如图 15-4 所示。

```
                    ┌ 头脑风暴法                    ┌ 滑动平均法
                    │ 德尔菲法                      │ 周期变动分析法
          经验推断预测法 ┤ 主观概率法      时间序列预测法 ┤ 线性趋势法
                    │ 实验预测法                    │ 非线性趋势法
                    │ 相关树法                      └ ……
                    └ ……

          计算模型预测法 ┤ 回归分析法      因果分析法 ┤ 函数关系法
                    │ 宏观经济模型              │ 相关关系法
                    └ ……                       └ 因子推演法
```

图 15-4　主要预测方法以及分类

选择什么样的预测分析方法应依据预测目的、预测对象的特点、占有资料情况、预测费用以及预测方法的应用范围等条件来决定。有时还可以把几种预测分析方法结合起来，相互验证预测的结果，借以提高预警的质量。

（四）控制论

预警管理的一个重要目的就是对突发事件进行预控，因而控制是预警管理的落脚点。预警机制目标实现效果取决于整个预警系统能否有效地控制和管理。在预警管理中，负责控制和管理的主体，将来自其他方面的信息进行分析判断，传递到被控对象并发生作用后，通过预警评估技术将预警结果客观、全面、准确地反馈回来，为下一步实现预警控制提供科学依据，实现预警体系的稳定有序运行。

二、监测预警的基本技术

从监测范围的角度，监测预警技术可以划分为大尺度和小尺度技术，如遥感技术、全球定位技术等属于大尺度监测预警技术；而试纸法、吸气采样法等属于小尺度监测预警技术。从使用场所的角度，监测预警技术可以划分为室外和室内技术。从使用手段的角度，监测预警技术可以分为物理、化学、生物和信息等方法。在应急管理中常用的监测预警技术包括定位系统、遥感监测、视频监测、无线监测等，随着物联网时代的到来，势必构建公共安全监测物联网来感知风险以及解决突发事件发生后各部门之间如何互联互通等问题。

（一）3S 技术

3S 技术是将全球定位系统（Global Positioning System，GPS）、航空航天遥感（Temote Sensing，RS）和地理信息系统（Geographic Information System，GIS）紧密结合的一体化技术，是近些年来从计算机技术、无线电通信技术、空间技术和地球科学中迅猛发展起来的信息处理技术。3S 技术能够快速采集和更新突发事件的定位和态势信息，通过信息处理及时、客观地反映地面突发事件的发展过程及时空分布，并从不同空间和时间尺度上分析突发事件的形成机理及其之间的内在联系。3S 技术已经应用于自然灾害（如地质灾害、森林火灾、干旱洪涝）、交通运输事故、森林病虫害、环境污染事故等多种突发事件的监测预警。

(二)视频监控技术

视频监控技术广泛应用于安防领域,是协助打击犯罪、维持社会安定的重要手段。视频监控系统经历了从早期的模拟闭路电视监控系统到数模结合视频监控系统再到现在的数字视频监控系统的演变过程,而数字视频监控系统根据技术的发展又分为数字化本地视频监控系统和数字化远程视频监控系统。传统的视频监控仅提供视频的捕获、存储和回放等简单的功能,很难起到预警和报警的作用,若要保证实时监控异常行为并及时采取有效措施,就需要监控人员一刻不停地监看视频,因此,智能化是视频监控的必然趋势。智能视频监控技术包括在底层上对动态场景中的感兴趣目标进行检测、分类、跟踪和识别,在高层上对感兴趣目标的行为进行识别、分析和理解,可以广泛应用于公共安全监控、工业现场监控、居民小区监控、交通状态监控等各种监控场景中,实现犯罪预防、交通管制、意外防范和检测、老幼病残监护等功能[①]。

(三)无线传感技术

无线传感器网络由集成有感知单元(传感器模块)、数据处理单元(处理模块)和数据传输单元(无线通信模块)的节点组成。这些节点部署在要监测的区域中,采集指定的环境参数,如温度、振动、浓度等物理或化学信息,通过协议组成一个分布式网络,将采集来的数据优化后经传输给信息处理中心供分析使用。无线传感器网络的构想最初是由美国军方提出的,美国国防部高级研究所计划署于1978年开始资助卡耐基·梅隆大学进行分布式传感器网络的研究,这被看成是无线传感器网络的雏形。随着技术不断发展,其应用也从军用转向民用,在森林火灾、洪水等自然环境方面,人体生理数据监测、药品管理等医疗卫生方面,以及重大机械设备、危险化学品、消防等监测和预警方面都得到了应用。

(四)物联网技术

物联网是新一代信息技术的重要组成部分。物联网的英文名称叫"The Internet of things",是1999年美国麻省理工学院阿斯顿(Ashton)教授在研究射频识别技术(RFID)时最早提出来的,因此,物联网概念最初是随RFID技术发展起来的。随着传感网技术、互联网技术、移动通信技术、云计算技术和中间件技术的发展,物联网的定义和范围已经发生了变化,覆盖范围有了很大的拓展。公共安全监测物联网是针对公共安全监测领域覆盖范围广、监测指标多、连续性要求高、所处环境不适合人工监测、感知的信息内容与人民群众的生活密切相关等特点,应用物联网技术尤其是传感器网络技术,构建的一个由感知层、网络层、应用层共同构成的信息系统工程,如图15-5所示。对公共安全的监测主要包含保障各类生产场景安全的监测、对生产者安全的监测、对特定物品安全的监测、对人员密集场所监控、对重要设备设施监控以及事故应急处理时对场景、人员、物品的信息搜集等。

[①] 黄凯奇,陈晓棠,康运锋,谭铁牛. 智能视频监控技术综述. 计算机学报, 2015, 38(6).

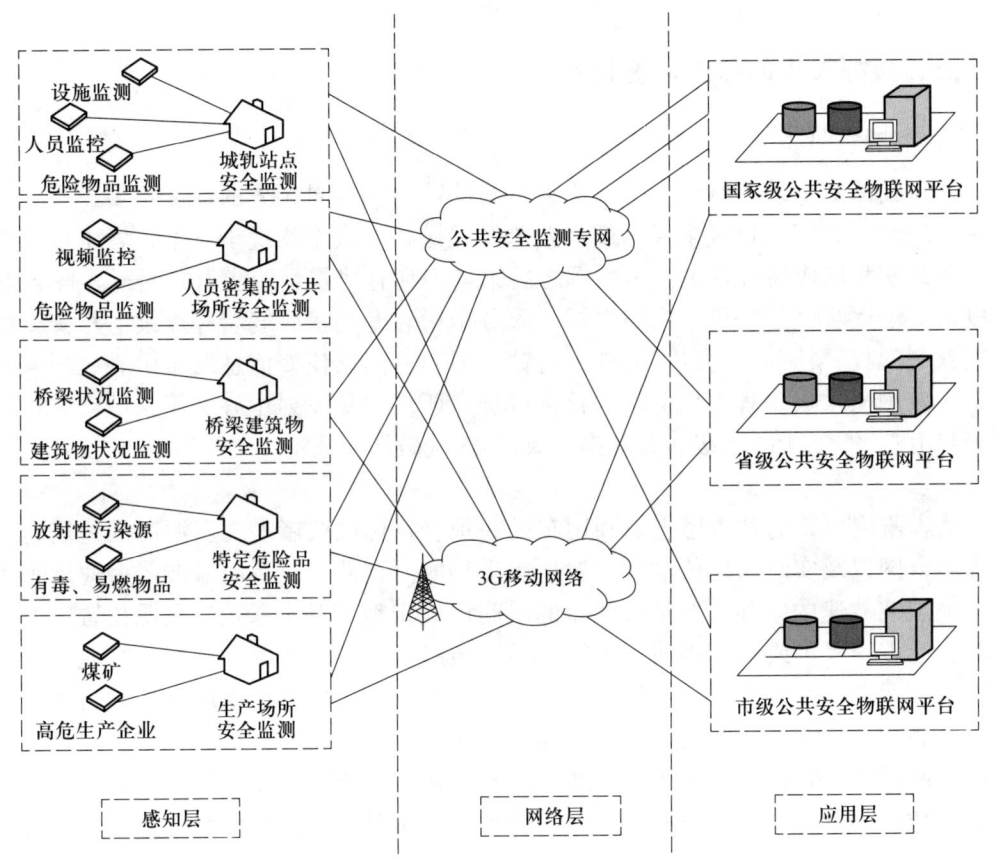

图 15-5 公共安全监测物联网架构

（五）人工智能技术

人工智能（Artificial Intelligence，AI）是研究、开发用于模拟、延伸和扩展人的智能的理论、方法、技术及应用系统的一门新的科学技术。国务院印发的《新一代人工智能发展规划》中明确提到："促进人工智能在公共安全领域的深度应用，推动构建公共安全智能化监测预警与控制体系。"人工智能技术应用于交通安全、生产安全、社会安全等领域的监测预警，主要体现在两个方面：视频结构化技术和大数据技术。视频结构化技术是融合了机器视觉、图像处理、模式识别、深度学习等，实现目标检测、目标跟踪、目标属性和行为特征提取；大数据技术为人工智能提供强大的分布式计算能力和知识库管理能力，是人工智能分析预测、自主完善的重要支撑，进行海量数据管理、大规模分布式计算和数据挖掘。

综上所述，监测预警在应对突发事件中发挥着重要作用。2019 年 1 月 21 日习近平同志在省部级主要领导干部坚持底线思维着力防范化解重大风险专题研讨班上强调，要加快科技安全预警监测体系建设，围绕人工智能、基因编辑、医疗诊断、自动驾驶、无人机、服务机器人等领域，加快推进相关立法工作。

三、典型灾害的监测预警技术

（一）地震监测预警技术

我国成都高新减灾研究所已形成独具中国特色的世界领先的地震预警成果，其系统平均响应时间、盲区半径、震级偏差等关键核心技术均优于日本，处于世界领先水平，使我国成为继日本、墨西哥之后第三个具有地震预警能力的国家。自2011年以来，已逐步通过手机、广播电视、政务微博、专用接收终端等连续七年安全服务民众、学校、社区、化工、地铁、高铁、国防、国家预警信息发布中心、国家减灾中心及国家重大工程（核电站、核反应堆、西昌卫星发射中心）等领域，并连续预警芦山7级、鲁甸6.5级、九寨沟7级等45次破坏性地震，无一误报，技术安全、可靠。

地震监测预警的基本思想是利用布设在预警目标区或者潜在震源区的地震台网或强震台网以及实时通信传输线路对地震进行实时监测，以及电磁波传播速度远远大于地震波波速的原理，在尽可能短的时间内确定地震基本参数（震源位置、发震时刻、地震震级）或者直接估计预警目标区地震可能破坏程度，进而抢在地震P波或强地面运动段S波到达预警目标区之前，对可能破坏区发出地震警报并启动地震应急控制系统，使人们及时撤离最危险的场所，以减少伤亡。目前，中国区域数字地震台网的仪器性能、台站密度、通信技术正在发生着巨大变化，部分地区的台网条件已初步具备建设地震预警系统的实验平台，实时地震监测预警为地震应急管理提供技术支撑。①

（二）火灾监测预警技术

火灾监测预警技术是通过将多媒体技术、网络技术、主动空气采样、空气颗粒识别、早期烟雾浓度鉴别和远程报警系统相结合，从而达到对现场的监控防火目的。烟雾探测系统由前端采集、数据传输和中心控制三部分组成。国内现有火灾自动报警系统主要包括火灾探测器和报警控制器两个基本部分，大型的探测器报警系统还与自动灭火、烟气控制系统等联动。火灾探测器的基本功能就是对火灾烟气的浓度、温度、火焰（光）和燃烧气体等参量做出有效反应，并通过敏感元件将表征火灾特征的物理量转化为电信号，送到火灾报警控制器进行处理。根据探测火灾参数的不同，火灾探测器可分为感烟、感温、感光、气体和复合等类型。②

（三）传染病监测预警技术

传染病监测预警技术是预防和控制传染病的有效措施之一。传染病监测预警是通过长期监测、收集资料、分析动态分布和影响因素，并将信息及时反馈，为做出传染病控制决策、制定防治方案、效果评价和调整有关政策提供技术支持。"非典"发生

---

① 袁志祥，单修政，徐世芳. 地震预警技术综述. 自然灾害学报，2007（6）.
② 许立甲，李杰，朱海鹰. 石油石化行业危害与事故监测预警技术探讨. 中国安全生产科学技术，2008（2）.

后，我国对法定报告传染病的报告体系进行了具有里程碑意义的改造，于2004年成功启用了一套基于互联网的国家疾病监测信息报告管理系统，该系统使得全国范围内所有的医疗卫生机构均可通过互联网，将诊断为法定传染病的患者个案信息实时地直接上报至国家传染病监测中心数据库，为各级疾病预防控制中心（CDC）及时分析与处理监测数据、早期探测发现传染病暴发奠定了基础。2008年启用了基于法定报告传染病的国家传染病自动预警系统，预警系统以法定报告传染病监测数据作为暴发探测的数据来源，采用数学算法，持续地对全国法定报告传染病监测数据进行自动分析计算，并借助现代通信手段将探测到的疾病异常增加或聚集信号，通过手机短信及时地发送给所在县（区）CDC疫情监测人员。①

（四）网络舆情监测预警技术

突发事件一旦被网络媒体或者网民报道，短时间内就会引起网民关注，相关报道被重复转载、迅速传播，形成突发事件网络舆情。突发事件网络舆情隐含在海量而且分散的数据中，包括新闻报道、相关评论、博客、论坛等。网络舆情研究具有鲜明的"网络性"，利用舆情的监测与预警技术获取大量的网络数据，研究舆情发生发展的规律，从而采取有效的应对策略。网络舆情监控预警模型如图15-6所示。舆情监测预警技术又分为网络舆情数据采集、网络舆情态势监测和网络舆情预警。网络舆情数据采集研究如何实时、自动、高效地获取和组织网络舆情数据，为后续分析与预警提供数据来源。网络舆情态势监测是从海量网络信息中发现突发事件舆情话题；量化突发事件网络舆情的状态信息，即舆情要素的属性以及要素之间的关系；并根据突发事件演化理论模型进行趋势预测，获取网络舆情的趋势信息。网络舆情预警是指根据网络舆情态势监测的结果，利用机器自动推理技术，对舆情的威胁程度进行定量估计，得到网络舆情预警等级②③。

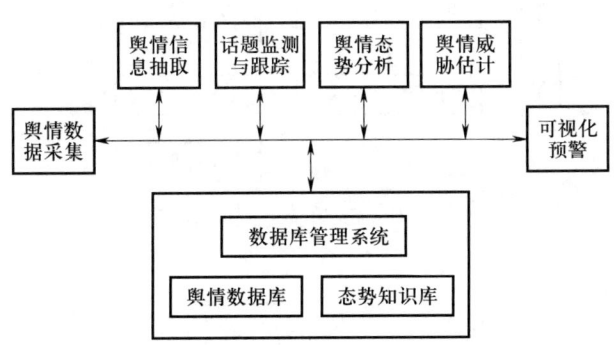

图15-6　网络舆情监控预警模型

---

① 杨维中，兰亚佳，李中杰，等．国家传染病自动预警系统的设计与应用．中华流行病学杂志，2010，31（11）．
② 李弼程，林琛，郭志刚．突发事件网络舆情研究探讨．情报杂志，2010（7）．
③ 章栋兵．互联网舆情分析关键技术的研究与实现．武汉：武汉理工大学，2010．

四、监测预警技术的发展趋势

监测预警技术应用系统论、控制论、信息论等的原理和方法,密切结合自动检测与传感器技术、计算机仿真、计算机通信等现代高新技术,对危险源对象的安全状况进行实时监控,严密监视那些可能使危险源对象的安全状况向事故临界状态转化的各种参数的变化趋势,及时给出预警信息或应急控制指令,把事故隐患消灭在萌芽状态。将来的监测预警技术中将更多引入控制技术、通信技术、卫星与遥感技术、专家系统、危险源泄漏扩散模拟计算等重要技术,使监测预警系统更加完善。"十二五"时期,我国灾害监测预警站网建设得到加强,高分卫星、北斗导航和无人机等高新技术装备广泛应用。《国家综合防灾减灾规划(2016—2020年)》进一步提出,加快灾害地面监测站网和国家民用空间基础设施建设,构建防灾减灾卫星星座,加强多灾种和灾害链综合监测,提高自然灾害早期识别能力;在重点区域开展"天空地"一体化综合应用示范,带动区域和省级卫星减灾应用能力发展。

> **专栏**
>
>
>
> **地铁车站客流监测预警**
>
>
>
> 地铁车站客流监测预警框架见图15-7:
>
>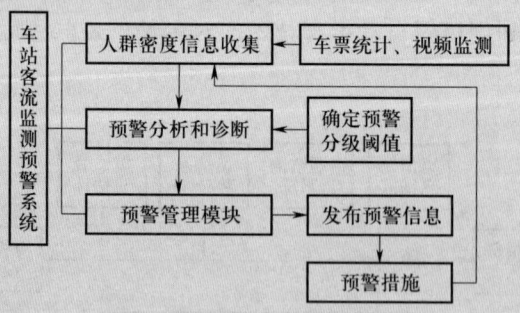
>
> 图15-7 车站客流监测预警框架
>
> 1. 人群密度信息收集
>
> 利用车票统计、基于模式识别和基于视频等技术记录得到车站日客流运行分布的基本情况,利用现场录像观测方法统计了客流运动的基本参数,如速度、通道流量等,分析得出客流运动密度与速度之间的关系。
>
> 2. 预警分析和诊断
>
> 利用行人动力学仿真软件对地铁大规模客流的运输过程进行模拟分析,根据客流的特点及规律,对车站的客流输运情况进行模拟,分析客流拥挤点以及产生拥挤的原因,寻找客流风险点,为客流的监测预警提供依据,确定预警分级阈值,如表15-4所示。

表 15-4 人群密度预警分级阈值

场景描述			人群密度预警等级（人/m²）			
运动方向	速度	地面	红色	橙色	黄色	蓝色
单向	等待	平地	≥5	4~5	3.3~4	2.5~3.3
单向	等待	台阶	≥4.7	3.7~4.7	2.7~3.7	1.6~2.7
单向	游览	平地	≥2.5	2.17~2.5	1.3~2.17	0.7~1.3
单向	游览	台阶	≥3.5	2.7~3.5	1.6~2.7	1.08~1.6
单向	快走	平地	≥2	1.3~2	0.83~1.3	0.5~0.83
单向	快走	台阶	≥3	2.5~3	2~2.5	1.08~2
无序	游览	平地	≥3.3	2.5~3.3	2.17~2.5	1.5~2.17
无序	游览	台阶	≥4	3.3~4	2.69~3.3	1.54~2.69
无序	快走	平地	≥3	2~3	1~2	0.3~1

3. 实施预警方案

根据车站设计规范及客流监测技术实施客流风险的监测预警方案。

第四节 应急决策技术

突发事件的决策与处置是应急管理的关键环节，也是应急管理"战时"工作的主要内容。突发事件的应急决策是一个多属性、动态的决策问题，而且还必须果断迅速。决策过程受到突发事件发展进程、技术、经济、环境等多因素的制约，应急决策能力和水平是公共安全科技水平的重要反映。

一、决策支持系统

决策支持系统（Decision Supporting System，DSS）是以管理科学、运筹学、控制论和行为科学为基础，以计算机技术、仿真技术和信息技术为手段，辅助决策者通过数据、模型、知识以人机交互方式进行决策的具有智能作用的人机系统。决策支持系统辅助决策者执行决策过程，而不是完全取代决策者，它是一个人机交互的计算机应用系统。

智能决策支持系统（Intelligent Decision Support Systems，IDSS）是人工智能（Artificial Intelligence，AI）和 DSS 有机结合的产物。由于决策本身的复杂性和动态性以及决策所需信息的不足，传统决策支持系统对非结构化决策支持的突破甚少。智能决策支持系统和传统决策支持系统的主要区别在于学习和推理,智能决策支持系统应用人工智能技术,使 DSS 能够更好地应用人类的知识,如关于决策问题的描述性知识,决策过程中的过程性知识,求解问题的推理性知识,通过逻辑推理来帮助解决复杂的决策问题,等等。

空间决策支持系统(SDSS)是 GIS 技术与智能决策技术相结合的产物。空间决策支持是应用各种空间分析手段对空间数据进行处理,以提取隐含于空间数据中的某些事实和关系,并以图形和文字的形式直观地加以表达,为现实世界中的各种应用提供科学、合理的支持。空间决策支持在应急管理中具有广泛的应用,如空间决策支持可用于避难场所优化配置、选址优化、应急救援路径分析等领域。智能空间决策支持(ISDSS)是在空间决策支持的基础上,增加了更多人工智能技术,提高了空间决策支持的智能化水平,能够更智能、更高效地解决更加复杂的空间决策问题。

二、应急决策重要工具

(一)专家系统

专家系统是一个具有智能特点的计算机程序,它的智能化主要表现为能够在特定的领域内模仿人类专家思维来求解复杂问题。因此,专家系统必须包含该领域专家的大量知识,拥有类似人类专家思维的推理能力,并能用这些知识来解决实际问题。

专家系统的基本结构如图 15-8 所示。专家系统通常由人机交互界面、知识库、推理机、解释器、综合数据库、知识获取六个部分构成。

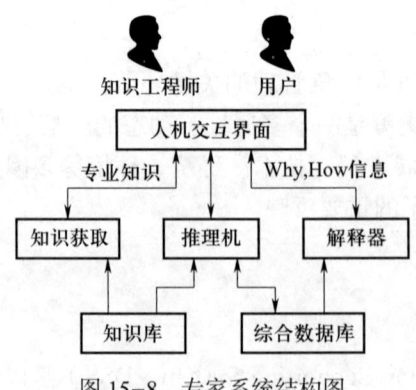

图 15-8 专家系统结构图

(二)数字预案

传统的文本预案要么是纸质形式,要么是非结构化的电子文档,难以满足领导和决策者快速调阅、计算机自动分析和处理以及应急智能决策的需要。通过分析这些文本预案及其体系,结合应急业务需求,总结归纳其公共要素,在此基础上对文本预案进行形式化表示、组织和存储,其结果即为结构化预案(见图 15-9)。结构化预案一定程度上解决了计算机对预案的"理解"问题，可以方便地实现自动化分析和处理。

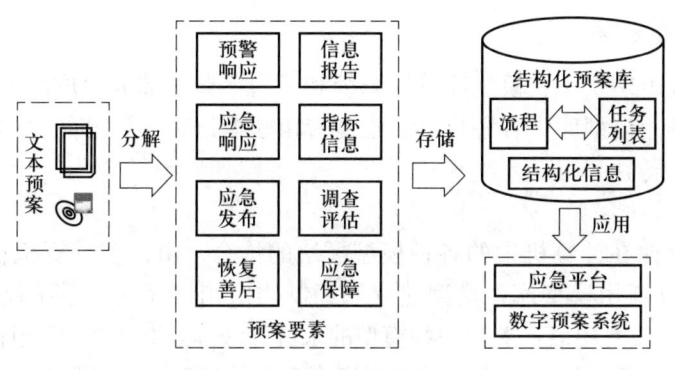

图 15-9　数字预案示意图

本质上讲，预案是一类特殊的知识，通过形式化的表示，在推理机的作用下，为突发事件的应急决策提供决策支持。结构化后的预案能够方便地与模型库、知识库、案例库、专家库等相结合，为应急决策提供综合分析手段。数字预案即是以结构化预案、基于模型的推理技术、基于知识的推理技术和基于案例的推理技术为支撑的综合预案管理与智能决策支持的一种技术和方法。数字预案系统的框架如图 15-10 所示。

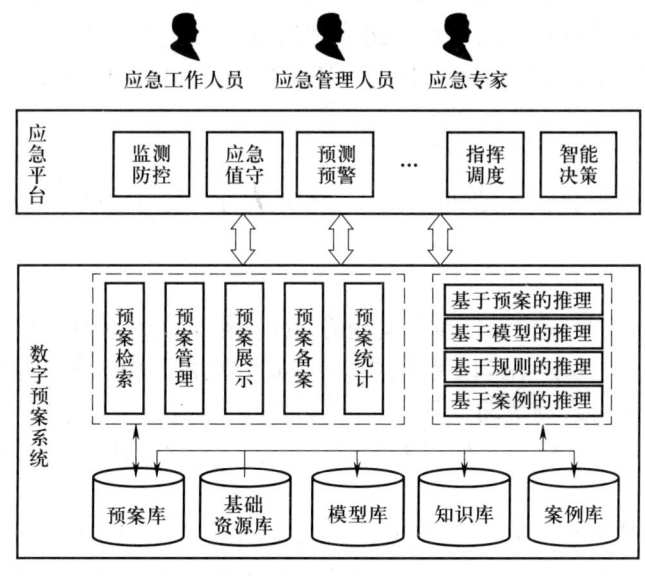

图 15-10　数字预案系统框架示意图

数字预案在应急管理中具有广泛的应用，如：基于结构化预案的分级指标信息，结合规则推理技术，实现应急事件严重程度的自动分析并提供定级参考；基于数字预案，研究同时处置多起不同类型突发事件，或主事件引发次生、衍生事件，需要同时启动多个预案时，实现预案的融合技术；研究基于数字预案的智能方案生成技术；数字预案可以指导各类突发事件监测防控和预测预警的实施；在应急处置时，也可以参考数字预案中关于应急保障的规定自动化或人机交互地进行资源保障计划的制定，等等。

（三）模型库系统

模型库系统由模型库、模型库管理系统和模型字典三部分组成。决策者通过人机对话能方便地利用模型库中各种模型，也能应用建模语言或自己熟悉的专业语言，建立、修改和运行模型。

1. 模型库

模型库是存储在计算机中的各种模型模块的集合，由许多计算机程序模块组成。主要类型有：① 通用模型库：模型建立和编制均由用户完成，系统仅提供宿主语言（如各种高级语言或专用语言）和一些模型的求解方法等。② 专用模型库：专为某些决策或决策者设计的模型库，用户只需引用库中已有的模型，不必创建模型。③ 智能模型库：由元模型、问题识别器和形式化模块等组成，用户只需陈述问题，系统即能自动按照问题特性，实现模型的形式化及模型的建立和分析。

模型在模型库中的存储方式有：子程序方式；仿真语言方式；数据方式；方程或公式方式等。

2. 模型库管理系统

它是对模型的建立、运行和维护进行集中控制的系统，通常包括模型存取管理、运行管理、建模管理和模型运算等部分。主要功能有：① 建立和维护模型模块。② 提供模型语言工具和执行模块的存取、组合和运行。③ 与数据库联结，实现模型的输入、输出和中间结果存取自动化。④ 与方法库联结，实现目标搜索、灵敏度分析和仿真运行自动化等。

3. 模型字典

这是模型及模型模块的详细说明，用户和系统分析员可用以查询模型库的内容。

（四）案例库

案例库是用来存储历史突发事件案例的空间。在这些案例中，不仅有成功的经验，也有失败的教训。每个案例都以特定的形式存储在案例库中。案例是提高应急管理能力的重要内容，因为案例生动、具体、鲜活，人们在处置突发事件时经常可以学习、参考、模仿、借鉴、比较。案例库的创建，是基于案例推理（Case Based Reasoning，CBR）的基础。

CBR 是一种基于案例进行推理的人工智能技术，它是用案例来表达知识并把问题求解和学习相融合的一种推理方法，它模仿了人在解决新问题时，常常回忆起过去积累下来的类似情况的处理，并通过适当修改过去类似情况处理的方法来解决新问题。

案例生命周期的起始从案例采集开始，通过正规的审核管理流程，再正式形成案例；案例形成后，开始进入应用维护阶段。其工作原理是：从众多的案例中查询出一个或多个和当前新问题相似的案例，对其解决方案进行修改，得到新问题的解决方案（见图 15-11）。

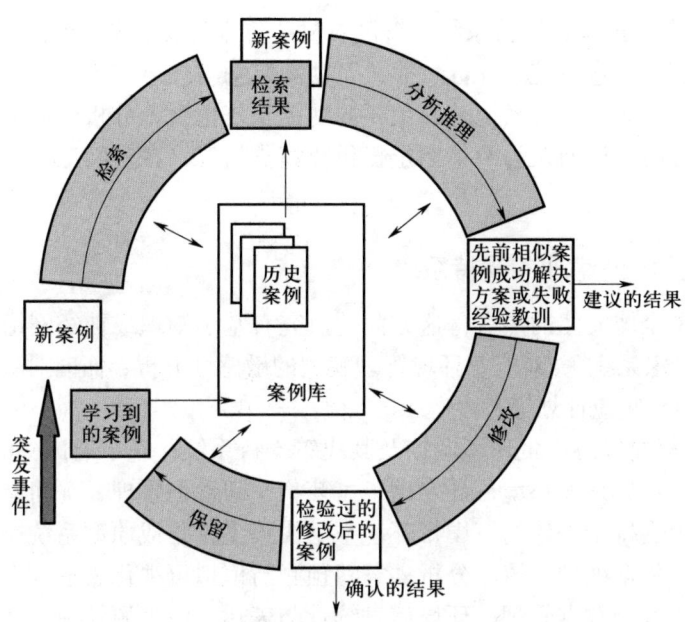

图 15-11　案例推导系统运作图

案例库的建设和应用是一个循环往复、不断丰富的过程，各级应急机构人员可以在现有资料基础上，将典型案例通过案例管理获取到系统中，作为指导以后应急工作的基础；同时，在后续应急工作过程中，可以通过案例匹配检索功能查找相似案例，指导当前的工作，并通过案例不断更新、优化案例库。

三、应急决策支持系统应用

应急决策支持系统作为应急决策的一个重要工具，在突发事件处置过程中发挥了巨大的作用。在各个领域中，应急决策支持系统都得到了广泛的推广和应用。①

（一）医疗应急决策支持系统

医疗应急决策支持系统的研究有基于知识系统的决策支持系统、基于数据库的紧急护理系统、用 Petri 网对急诊系统建模及运行分析以及先进急救系统装备的设计构成，等等。例如，东南大学系统工程研究所依据应急诊断治疗的医学知识和实践经验，综合运用案例推理、模糊推理和缺省推理等方法建立了能迅速生成重症监护治疗方案的推理模型，对重症监护病房中的多种危险病症采取病因和病症相结合的思路，实现了推理机的设计，建立案例推理、模糊推理和缺省推理相结合的 ICU 应急诊断方案生成原型系统。

在 2003 年，中国"非典"防治工作中各地相继推出了防治"非典"应急决策支持系统。其中有北京市非典型肺炎疫情监控决策支持系统、基于 Map Objects 的甘肃省

---

① 汪季玉. 应急决策与应急决策支持系统研究. 上海：上海交通大学，2004.

"非典"疾病控制辅助决策支持系统、安徽农村"防非"数字决策支持系统、合肥"非典"防治决策支持信息系统、江苏"非典"动态监测与应急决策支持系统、哈尔滨和内蒙古的"防非"地理信息系统等,主要的功能是疫情统计分析、疫情预警、疫情报送与发布病理分析与诊断及为政策制定提供决策支持等,在实际工作中发挥了一定的作用。

(二)环境污染应急决策支持系统

环境污染是全球关注的热点,这方面的研究有基于知识或神经网络的紧急清除污染决策支持(专家系统)、对应急环境管理模型的敏感性分析、面向对象模型建立的环境影响评价和应急响应计划等。

在国内,"福建省海岸带环境调控及其决策支持系统"基于通用 GIS 平台和组件,利用开放式面向对象开发环境,开发出了一套集空间数据管理、空间应用模型分析和可视化空间决策支持于一体的海岸带环境空间决策支持集成原型系统,实现各类信息的查询、检索、数据维护、统计分析、空间预测与模拟可视化表达,满足环境管理部门对基础和环境专题数据管理、环境信息统计与表达、污染源管理、环境监测站点信息维护、污染扩散模拟的要求。

张家口市环境信息中心开发的基于 GIS 技术的市区级环境事故应急处置系统,将 GIS 技术应用于环境事故应急处置系统,可使环境管理和环境事故应急处置水平上升到一个更高的层次。它使环境基础信息与环境管理信息以及模型分析结果以可视化的图形、图像方式呈现给决策管理人员,提高了工作效率。环境评价分析、模拟预测模型与 GIS 集成为一体不仅提高了模型的应用水平,也拓宽了 GIS 的应用范围。

南京市环境监测中心站开发的南京环境污染事故应急监测地理信息系统,利用南京电子地图的地理信息将环境污染事故、应急监测数据库与 GIS 相结合,并通过 GIS 技术综合分析环境污染事故中风险源要素。该系统采用支持面向对象技术的程序语言 Map Objects 控件,构成面向最终用户的可执行应用程序。系统由软件平台和硬件平台组成;系统在运行环境和系统网络结构上采用客户端和服务器架构,以满足应急监测与地理信息系统相结合的目的;系统分析对 GIS 在环境污染应急监测中的应用作了具体分析。

(三)防汛应急决策支持系统

欧盟几国和美国目前正在联合开发的集成的河流洪水管理空间决策支持系统(ANFAS)集数据库、数学模型、GIS 和遥感等技术结构于一体,包括空间数据库管理、模拟模型、灾情评估、决策规划以及系统用户界面等模块,试图建成一个空间分布式的长期洪水应急决策支持系统。

上海市防汛指挥辅助决策系统集计算机技术、网络技术、通信技术和多媒体技术于一体,能对各类防汛信息、计算机图像、视频图像、语音信号、数据文本和数据库系统进行智能管理,为防汛指挥决策提供先进的工作环境和技术保障。由中国科技大学计算机系、国家高性能计算中心等研究开发的基于曙光 1 000 的安徽省防灾减灾智能信息与决策支持系统,自 1998 年 5 月通过鉴定以来一直作为安徽省气象局的准业务天气预报和淮河水利委员会的水情预测与群库调度业务系统使用，在灾害频繁的安徽省防灾减灾决策中发挥了重大作用，产生了显著的社会效益和经济效益。

> **思考与探索**
>
> 　　　　　　如何科学协调突发事件的决策问题？
>
> 　　当前对突发事件应急处置往往不是单部门决策，而需要多部门协同，面对跨部门、跨领域的重大突发事件，如何解决统一指挥、协同指挥和专项指挥之间的关系？科技手段可以在其中发挥怎样的作用？
>
> 　　突发事件应急决策和处置如何利用科技手段和本地化方案、基层组织配合？

第五节　信息与通信技术

　　信息在突发事件预防准备、监测预警、响应处置、恢复重建等各个环节中发挥着巨大的作用。应对突发事件强调快速、准确和灵活，需要建立高效的应急管理信息系统，提供快速、准确和全面的信息，而建立这一系统的基础依赖于现代信息技术的发展。20世纪中叶以来，以微电子技术为基础、计算机技术和现代通信技术为主要代表的信息技术在信息获取、处理、传递、存储等方面取得了重大成就，深刻影响着社会的各个领域。在突发事件的应急处理中，现代信息技术已成为一些国家和地区应对突发事件处理的重要工具。

一、应急信息技术

（一）应急信息分类

　　应急信息的分类取决于分类的准则和方法。例如，以应急决策目标为准则，应急信息既有有用的，也有无用的，甚至是有害的；从形式角度看，应急信息包括文本、图像、影音等不同形式；从掌握程度的角度来看，应急信息可以分为确定性信息和不确定性信息等。这里根据应急工作的一般流程，将应急信息划分为以下四类[①]：

　　（1）预防与应急准备信息。例如：安全教育信息，包括自救、互救、公救的基本常识等；预案演练信息，包括各方准备情况、协调处置情况等；应急保障信息，包括应急物品、应急资金、避难场所、应急通信等；应急政策信息，包括应急规范、应急预案、应急法规等。

　　（2）监测与预警信息。如重大危险源的监测信息、危机的风险评估资料、应急信

[①] 袁维海. 多阶段应急信息处理与传播控制方法研究. 安徽：合肥工业大学，2015.

息报送规定、相关预警措施等。

（3）处置与救援信息。如新闻发布与媒体报道、公众舆情与网络信息、应急决策和协调联动中的人、财、物、技术等信息、应急处置与救援的各类措施、应急资源共享信息等。

（4）恢复与重建信息。如灾害损失评估与补偿信息、突发事件应急处置报告、受灾群众的心理疏导、灾区重建及社会发展规划等。

（二）信息技术分类

（1）信息采集技术。针对突发事件的表征和态势信息，包括事故物质的物理或化学信息、事故现象的影像和空间信息、事故关联因素的信息等，需要用到监测技术，包括传感器技术、视频监控系统、空间遥感和定位技术、红外和太赫兹探测技术等。涉及社会安全事件，特别是网络舆情事件，还需要网络信息采集技术。

（2）信息处理技术。信息采集的多渠道、形式的多种类、结构的复杂性以及数量的海量性，使得很多应急信息与应急需求不匹配，可能存在错误数据、重复数据、冲突数据、数据无效值和数据缺失值，无法直接用于应急管理与决策，因此需要对信息进行挖掘、过滤和处理。应用到数据挖掘技术、多元异构数据融合技术等。

（3）信息传递（通信）技术。通信就是传递信息，是指由一地向另一地进行信息的传输和交换，要求高效率和可靠性。按照电信号形式，分为模拟通信技术和数字通信技术；按照传输媒介，可以分为有线通信技术（双绞线及同轴电缆、光纤与光缆）和无线通信技术（微波中继通信、卫星通信、移动通信等）。

（4）信息组织和检索技术。在实际应急工作中，突发事件信息一般实行分级报告和主送分送制度，以满足不同部门的应急处置需求。因此，还需要将应急信息按一定的规则、方法和技术进行整序、组织、关联和匹配，并实现检索功能。相关技术包括：数据库技术、面向数据库的信息检索技术、面向 Internet 的信息检索技术等。

二、应急通信技术

应急通信技术与通信技术、计算机技术、微电子技术的发展密切相关，是现有的通信技术的集合。它利用各种通信的特点互相补充，构成有线无线通信相结合的多手段、多路由的通信网络，充分利用车载短波、微波、蜂窝移动电话、集群通信、卫星地球站等通信设施组成机动通信系统，各系统既能独立使用，又能互相联网，以便在遇有突发事件时，机动通信车迅速到达现场，提供话音、数据、图像等多种业务，真正做到快速反应、协调配合、统一作战。

（一）应急通信的需求

应急通信不是一种通信方式，而是一组支持不同应急需求的、具有不同属性的通信方式。应急通信功能结构如图 15-12 所示，根据使用要求不同可能分为 36 种应急通信系统，例如：① 支持国家重大突发事件监测和预测的通信系统；② 支持地方发现和处理突发事件的通信系统；③ 支持灾区最高指挥官实施现场指挥的通信系统；④ 支持现场抢救的通信系统；⑤ 现场电视转播系统；⑥ 灾区现场应急通信技术支持系统；⑦ 灾区群众自救和呼救应急通信系统；⑧ 灾区群众对外通信系统。

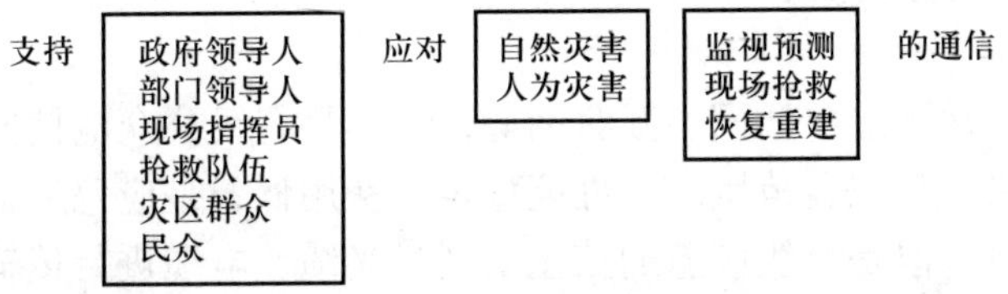

支持 [政府领导人 部门领导人 现场指挥员 抢救队伍 灾区群众 民众] 应对 [自然灾害 人为灾害] [监视预测 现场抢救 恢复重建] 的通信

图 15-12　应急通信功能结构

突发事件发生之前，国家各种固定通信网足以支持国家重大紧急事件监测和预测的通信应急需求，其中包括：民用公共通信网络、居民用公共通信网络、支持国家国土安全监控的专用通信网络、支持城市和地方安全联动系统的通信网络。突发事件发生之后，假定突发事件破坏了所有的固定通信设施，这时只能依靠机动应急通信系统来支持应对突发事件，其中包括：支持灾区最高指挥官实施现场指挥的通信系统、支持现场抢救的通信系统、现场电视转播系统、灾区现场应急通信技术支持系统、灾区群众自救和呼救应急通信系统和补充支持灾区群众对外通信的临时通信系统。突发事件恢复阶段，可以认为公用通信网络已经基本恢复正常工作，可以支持基本通信需要。但在恢复阶段初期，少量现场抢救可能尚未完成，仍然需要保留部分外来支持力量，因而仍然保留部分应急通信系统。[①]

《国家突发事件应急体系建设"十三五"规划》指出，要强化应急通信保障能力。要充分利用卫星通信、公众通信和相关专网现有资源及最新发展成果，建设公用应急卫星通信专业系统，整合和完善我国空间和地面应急通信网络资源，提升公众通信网络防灾抗毁能力和应急服务能力，形成天地一体、互通共享的公用应急通信保障能力；建设"互联网＋应急通信"指挥调度和服务管理云平台，为应急管理提供通信、预警、决策、调度支撑服务，满足突发事件处置中各部门、各行业的应急通信需求。具体如下：

（1）基于国家民用空间基础设施建设，构建公用应急卫星通信系统；加强各部门卫星应急专网的统筹规划，统筹使用应急体系所需卫星资源，提升卫星应急通信服务保障能力与集约化水平。

（2）加强公众通信网络多路由、多节点和关键基础设施的容灾备份体系建设，在灾害多发易发地区、重要城市及核设施周边区域建设一定数量的塔架坚固抗毁、供电双备份、光缆卫星双路由的超级基站，提升公众通信网络防灾抗毁能力。

（3）完善国家应急通信专业保障队伍装备配置，支持基层各类专业救援队伍和应急机构配备小型便携应急通信终端。

（4）制定不同类别通信系统的现场应急通信互联互通标准，研发基于 4G/5G 的应急通信手段，加快城市基于 1.4G 频段的宽带数字集群专网系统建设，加强无线电频率管理，满足应急状态下海量数据、高宽带视频传输和无线应急通信等业务需要。

---

① 孙玉. 应急通信技术总体框架讨论. 北京：人民邮电出版社，2017.

（二）应急通信的主要方式

应急通信的主要方式如下[1][2]：

1. 有线通信

有线通信包括常规的电话网、互联网等，特别是有线公众电信网是全国分布最广泛的信息交换网络。它覆盖范围广、性能稳定、费用低，是应急通信、信息传递和通信指挥的主要手段。但是有线应急通信主要通过光缆、电缆进行传输，受到地理条件的限制且抗毁能力差，一旦被摧毁，通信立刻被阻断且很难恢复。

2. 无线通信

无线通信以 $10^4 \sim 3 \times 10^{20}$ Hz 频率的电磁波传输信息，早期以中、短波为主，20世纪40、50年代后，超短波、微波通信业务得到迅猛发展，移动通信的出现使得人们"通信不受时空限制"的愿望成为现实。无线通信抗毁能力强，具有机动灵活、组网方便的优点，是应急通信的有效手段。主要包括：

（1）短波通信。短波频率范围为 3~30 MHz，它依靠电离层反射进行传播，抗毁能力强，投资少见效快，是任何其他无线通信无法比拟的，因而在应急通信中具有特别重要的使用价值。小型短波电台机动灵活，可以随时随地架设，车载单边带（Single Side Band）具有快速反应能力，一旦遇有突发事件，即可出动通信车，系统亦可接入公用网，提供电话、电传、人工电报及传真等业务。但是，短波通信存在传播媒质不稳定、干扰大、可靠性差、通信容量小等缺点，因而只能用于低层次的通信联络。

（2）超短波通信。超短波频率为 30~300 MHz（或扩展到 1 000 MHz），超短波基本上是视距直线传播，具有一定的绕射能力，不被高空电离层反射，因而可实现频率的地域复用。

（3）微波中继通信。微波频率从 1 GHz 到 30 GHz，采用直线传播，其绕射能力弱，反射能力强，但不被电离层反射，因而用作定点通信。微波中继可以通达各种距离，中继距离一般为 50 千米左右，具有通信容量大、受外界干扰小、抗毁能力强等优点。微波通信可与有线网直接相连，提供电话、电报、传真、数据、图像等多种业务，数字微波的保密性更适于应急通信。收发主机为便携式的微波系统可以在各种艰难的环境中快速开通，在应急通信中具有快速反应的能力。一点多址微波通信系统是利用无线电传输实现用户业务自动转接的区域性通信，其通信覆盖范围可达 300~500 千米，适于人口稀少、居民分散、远离市区的郊县、农村、山区使用。

（4）卫星通信。卫星通信是微波接力通信的一种特殊形式，它利用人造地球卫星的微波中继器进行地球上（包括地面、海洋和空中）无线电台、站之间的通信。卫星通信系统通信容量大、覆盖面广，通信距离远（其一跳的距离可达 18 000 千米，相当于 400 个微波站的中继距离），传输性能稳定可靠，具有多址连接能力。卫星通信不受一般紧急事件的影响，能够覆盖到大范围没有地面通信网络覆盖的地域，非常适合应急通信广度的需求，是保障应急通信的一支重要力量。VSAT（Very Small Aperture

---

[1] 李道华，王成渝，李勇. 应急通信技术的发展与应用. 电子技术应用，1997（11）.
[2] 王成. 应急通信技术综述. 科技信息，2009（27）.

Terminal）卫星通信系统对于连接大量分散点或边远地区的小容量通信更有吸引力，在应急通信中亦有广泛应用。卫星通信的缺点是使用成本高、传输时延大。

专栏

移动通信

移动通信工作在超短波或微波频段。常用的有 150 MHz、450 MHz、900 MHz、1.4 GHz、1.8 GHz 以及 2 GHz 频段，并还将向 4~6 GHz 发展。

蜂窝移动通信从模拟通信（1G）演进到目前已经普及的 LTE（4G），已经经历了 4 次更新换代。蜂窝移动通信系统将需要服务的区域分为半径 1.5~15 千米的若干基地站区，其频率可以在不同蜂房内多次复用，因而可在一定频率带宽范围内构成大容量系统，具有信道容量大、组网灵活等优点。目前政府部门通过向民众发送短消息来告警或者发布信息，且移动定位技术可以极大地增加受灾人员获救的可能性。一些移动接入技术，如 LMDS（本地多点分配业务）、WiMAX 等，可以通过快速调动设备来恢复或增强局部地区的通信，具有不可替代的作用。

5G 移动通信网络作为第五代移动通信网络，具有速率极高、容量极大和时延极低三个特征。其峰值理论传输速度可达每秒数十 Gb，比 4G 网络的传输速度快数百倍。工信部发布的《信息通信行业发展规划（2016—2020 年）》明确提出，2020 年启动 5G 商用服务。过去的 1G 到 4G，主要以满足人与人之间通信的人联网为主要场景，但 5G 网络将满足万物互联，开启新一轮信息网络革命。5G 技术可应用到应急通信专网、应急管理云平台、应急救援装备通信系统等，为应急管理提供通信、预警、决策、调度支撑服务。

集群通信系统一般指数字集群移动通信系统，是专用的移动调度通信系统，不会受到公众通信的干扰。该系统一般由终端设备、基站和中心控制站等组成，具有调度、群呼、优先呼、虚拟专用网、漫游等功能。由于它采用程控交换和频率集中管理，将多个信道动态地分配给众多的用户共享，因而与以往的一对一对讲、单信道一呼百应以及进一步的选呼和多信道的自动拨号等专用无线调度相比，具有信道利用率高、性能价格比优等突出优点。系统用户可以是固定台、车载台或手持机，特别适用于抢险救灾、应付突发事件等紧急情况。

我国目前传统的应急通信保障模式是由几家基础电信运营商的机动通信局或分队组成，以保障战备、抢险救灾和通信网络为主。除此之外，还有政府职能部门和公共服务事业单位的无线电通信网络。其中，既有模拟集群通信系统，也有数字集群通信系统，还有常规无线对讲通信系统。例如：① 公共安全网。由公安、安全、消防和交警部门组建，为公安、交警、急救等应急处置提供通信和信息保障。② 市政公用网。主要担负全市供水、供气、公交、出租、市政、排水和路灯等保供保运保障任务，采用的是 450 MHz 常规对讲通信系统。③ 抗洪防汛和水上安全救助网。包括由海事、港口、沿江管理部门组建的 150 MHz 和 800 MHz

水上应急网和集群系统。④医疗救护网。主要使用的是450 MHz常规对讲通信系统。⑤政府城市管理和调度指挥网。采用的是由市无线电管理机构、机关事务管理部门、城市综合管理等部门组建的常规对讲通信系统。⑥交通能源等指挥调度专网。主要有民航的800 MHz模拟集群系统和150 MHz甚高频通信系统,铁路的150 MHz和450 MHz列车调度系统,地铁的800 MHz TETRA数字集群系统,电力的800 MHz集群调度系统和400 MHz常规系统,高速公路的800 MHz模拟集群系统,石油化工的800 MHz集群指挥调度系统和150 MHz、450 MHz常规通信系统等。

3. 广播网络

广播网络是一种单向信息传播的网络,通过电磁波或导线向受众传播声音形态的信息。信息承载能力相对较弱,网络的鲁棒性也不算好,但作为信息发布最便捷、快速的方式,具有不可替代的作用。

4. IP多媒体网络

多媒体网络代表了电信网络发展的方向,出现了很多新电信技术、新业务,可以用于更有效、更便捷、更完善的应急通信。不仅VOIP(Voice Over Internet Protocol)业务应支持应急通信,而且各种宽带业务,像视频广播、视频会议及监控等多媒体业务也会为应急通信带来更多方便。

5. 超级基站

超级基站是一种在有针对性地提高基站通信设备、电源、传输、土建、安装工艺等建设标准的基础上,结合了光纤和卫星双保险传输链路的应用,具有抗灾害损毁能力的基站。超级基站可在地面链路中断的时候,自动切换到卫星链路,并支持本地交换、Abis传输拥塞触发HR、接入等级控制等功能,以满足自然灾害的需求。与普通基站相比较,超级基站具备了四大优势:一是超级基站采用"光纤+卫星"的双路由传输链路,在通信传输光缆因灾中断的情况下,可实现与卫星通信的自动切换。二是超级基站的土建标准满足工信部的抗震测试标准。三是抗震性基站的天馈线通过改进、加固,大大提高了抗风、抗震等能力。四是抗震型超级基站配大容量蓄电池和自启动油机,增强了蓄电池的供电能力,能够在断电、断传输的情况下保障通信。

无论是固定网络、移动网络、卫星网络,还是IP多媒体网络,都具有各自的特点和优势,作为应急通信考虑应当将各种网络联合起来使用,优势互补、相互协作,以便更好地完成更复杂的通信任务。

三、应急平台

党的十六届六中全会通过的《中共中央关于构建社会主义和谐社会若干重大问题的决定》明确提出,"要按照预防与应急并重、常态与非常态结合的原则,建立统一高效的应急信息平台";《国务院关于全面加强应急管理工作的意见》明确提出,要"加快国务院应急平台建设,完善有关专业应急平台功能,推进地方人民政府综合应急平台建设，形成连接各地区和各专业应急指挥机构、统一高效的应急平台体系"。《国家中长期科学和技术发展规划纲要（2006—2020年）》和《国家突发公共事件应急体系建设"十三五"规划》都对应急平台体系建设做出了相应部署。

应急平台是以公共安全科技和信息技术为支撑，利用多种通信手段，整合多种信息资源，以应急管理流程为主线，软硬件相结合的突发事件应急保障技术系统，具备风险分析、信息报告、监测监控、预测预警、综合研判、辅助决策、协调指挥与总结评估等功能。目前，我国已初步建成国家应急平台体系，按照编织全方位、立体化公共安全网络的要求，正不断推进应急管理工作信息化建设。

（一）国家应急平台体系

国家应急平台体系包括国务院、省级和部门应急平台、依托中心城市辐射覆盖到城乡基层的地市级应急平台，以及企事业单位的应急平台。国家应急平台体系结构如图15-13所示。

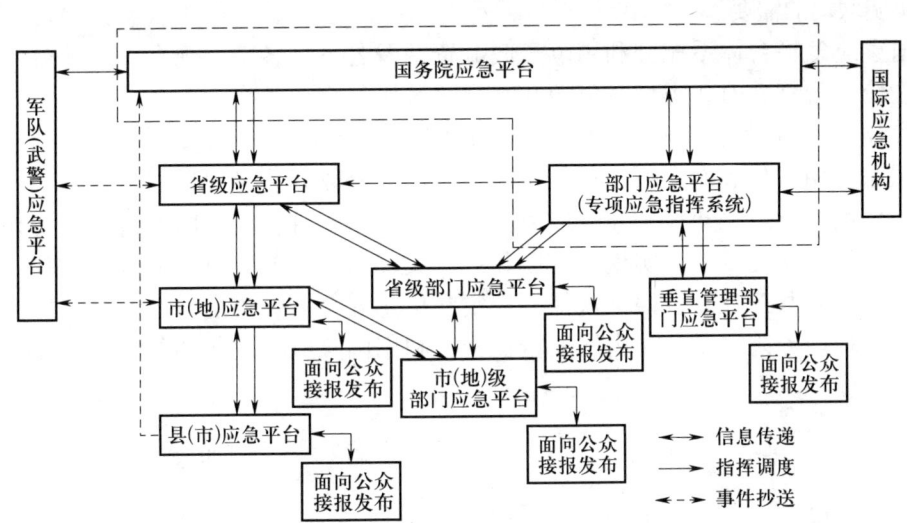

图15-13 国家应急平台体系结构图

1. 国务院应急平台

国务院应急平台平时满足国务院值守应急、信息汇总的需要，与各地区、各有关部门应急平台保持联络畅通，发挥运转枢纽作用；可实时接报特别重大、重大突发事件信息和现场图像，以及特别重大突发事件的预测预警信息。特别重大突发事件发生时，国务院领导同志可以在国务院应急指挥厅召开会议，察看事发现场情况，进行异地会商，调用地方和部门应急平台的数据和相关资料，对事态发展进行仿真模拟和分析，实施指挥调度等。

2. 省级应急平台

在满足本地区应急管理需要的基础上，省级应急平台可以实现与国务院应急平台、国务院有关部门应急平台以及省级有关部门应急平台、地市级和县级应急平台的互联互通，重点实现综合协调、监测监控、信息报告、综合研判、调度指挥、异地会商和现场图像采集等主要功能，并能够向国务院应急平台提供数据、图像、资料等。

3. 部门应急平台

部门应急平台针对本部门或本领域突发事件信息的接报处理、跟踪反馈和应急处置等应急管理需要，建设并完善本系统专业应急平台，与国务院应急平台及相关应急平台实现互联互通，重点完成预测预警、信息报告、指挥调度和异地会商等功能，并能够向国务院应急平台提供专业数据和实时图像等信息。

4. 地市级应急平台

根据需要，国务院、省级（含市地）和部门应急平台等可与同级军队（武警）应急平台互联，国务院和部门应急平台可与国际应急机构互联。

5. 企事业单位的应急平台

许多企事业单位根据自身发展和履行社会责任的需要纷纷建立了自救的应急平台。一是满足生产经营管理的需要，及时掌握有关信息，指挥调度；二是有效应对和处置本单位的事故和各类突发事件；三是与当地政府和有关部门保持联系，适应地方应急管理协调联动的需要。

国家应急平台体系充分利用电子政务资源及各省、各部门现有应急平台，从整体高度统筹规划，对各类信息资源和平台系统进行有效整合，保证应急平台所需网络、存储和运行设备等硬件条件；依托政府办公业务资源网和国家电子政务外网，利用国家公用通信和专业部门通信资源，以及应急体系建设规划扩建国家公用应急卫星通信网络项目，建设和完善应急平台通信网络条件，满足图像传输、视频会议和指挥调度等功能要求，实现各地区和各有关部门与国务院应急平台以及其他相关应急平台的互联互通；按照国家保密规定和信息安全有关规定，通过统一加密技术手段，实现国务院电子政务内网安全保密，利用国家电子政务外网实现非涉密应急信息的传输。

（二）应急平台总体框架

应急平台一般由应急指挥场所、基础支撑系统、综合应用系统和数据库以及安全保障系统等几个部分组成，如图15-14所示。

1. 应急指挥场所

国家应急平台体系中的国务院应急平台、部门应急平台、省级应急平台、市县级应急平台都应设置专用的应急指挥场所，满足日常应急管理和处置突发事件的需要，提供 7×24 小时值守应急和指挥会商的基本条件。

除根据需要设置应急值守、指挥、会商必需的有关场所外，还应该根据需要配置大屏幕等显示系统，保障供电系统安全可靠，做好综合布线、灯光照明、音响和智能控制系统，同时可根据情况设置物理安全防护。

2. 基础支撑系统

（1）应急通信系统。

应急平台体系通信系统应充分利用已建成和规划建设的公众与专用通信网络、有线与无线通信资源，实现各级应急平台间以及与特别重大突发事件现场间的信息传输，确保应急处置时通信联络的安全、可靠、畅通。

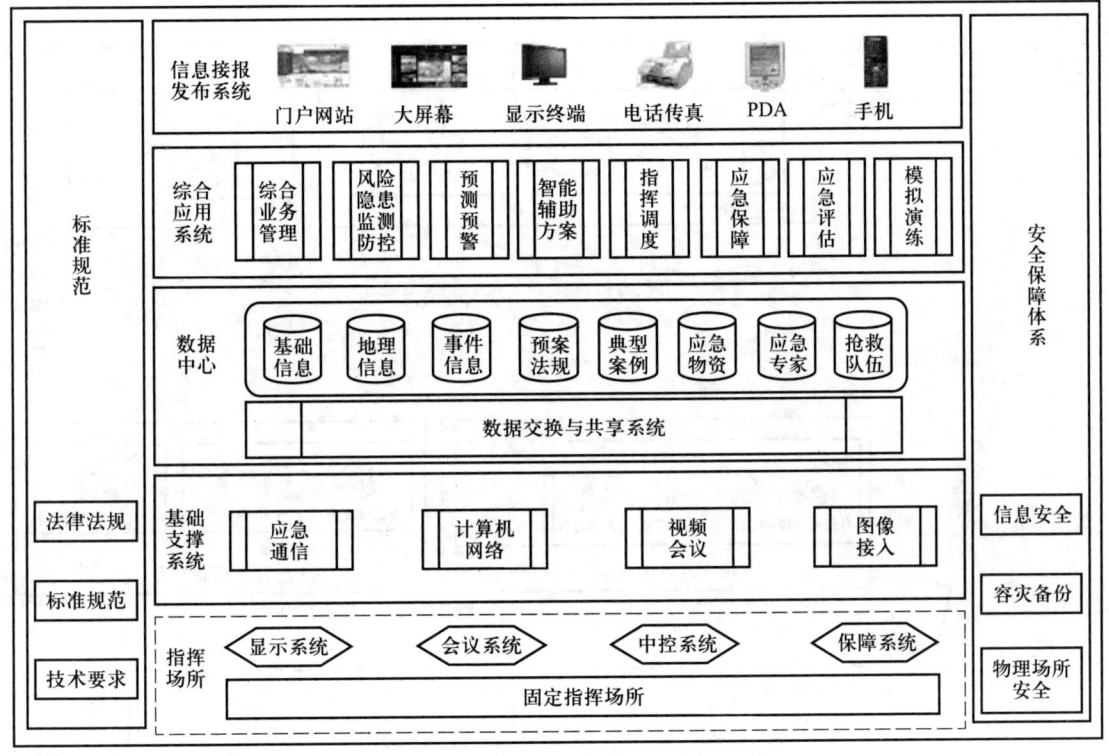

图 15-14 应急平台总体框架示意图

现有通信网络按照链路形式可分为有线通信网络、无线通信网络，按照承载业务类型可分为语音网络、数据网络和多业务传输网络，而按照逻辑层次可以分为骨干传输网、边缘接入网和业务终端。国家应急平台体系通信系统按照链路形式的分类如下：

① 有线通信系统：
- 保密语音通信系统——红机电话等。
- 普通语音通信系统——基于电信、网通等公网的普通电话。
- 部门专用语音通信系统——军网、公安网等部门通信方式。

② 无线通信系统：
- 公众移动通信系统——基于移动、联通的公众移动通信。
- 保密移动通信系统——军网手机、加密手机等通信方式。
- 卫星通信系统。
- 微波通信系统。
- 集群通信网络。
- 短波通信系统。

根据实际需要，利用上述通信手段的协同配合，可以实现各级应急平台之间以及与突发事件现场之间的语音、数据、视频等业务的实时传输，并实现语音调度、数字录音、多路传真等功能。

省级以下的应急平台通信系统如图 15-15 所示。

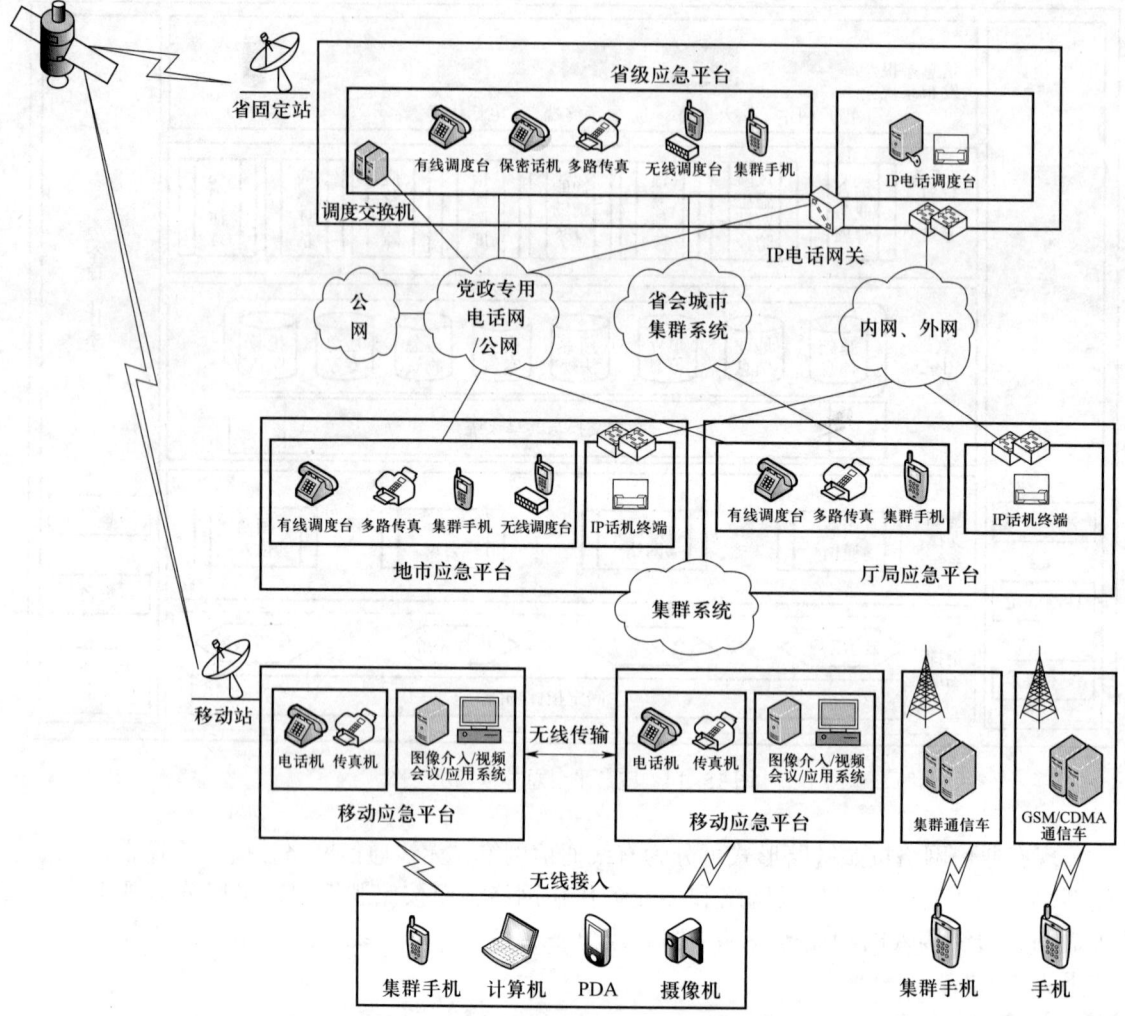

图 15-15　省级应急平台通信系统结构图

（2）计算机网络系统。

计算机网络系统主要包括网管系统、服务器与存储系统以及网络的局域网、广域网部分。

国家应急平台体系计算机网络涉及电子政务内网、外网、副省级以下办公专网、部门业务专网、互联网等物理隔离或逻辑隔离的网络。副省级以下政府各级部门通过各省建设的政府办公专网实现互联互通，联通情况各地有较大的差异。副省级以下办公专网与政务内网物理隔离。部门业务专网是国家各部门如公安、水利、卫生、地震局等为满足本部门内部组织管理指挥调度通信需求自行组建的本系统的专用网络，主要包括区域性专用网和行业性专用网，在部门内部纵向贯通。电子政务外网是政务网络对外的窗口和一般办公业务的主要传输通道，与互联网通过网络安全设备逻辑隔离，与电子政务内网物理隔离。外网主要满足各级政府部门社会管理、公共服务等面向社会服务的需要。

（3）视频会议系统。

视频会议系统应满足应急指挥调度工作要求，实现突发事件相关的事发地政府、相关部门、主管单位和主管领导、专家之间的异地会商和协同工作。该系统应具备多点会议、多组会议、字幕、双视频图像传送、计算机显示信号和视频信号同时传送、会议系统控制和管理、速率适配等功能。

视频会议系统按照规划统一建设，包括内网视频会议系统和外网视频会议系统。内外网视频会议覆盖的范围不同，承载内容密级有区别，在一定程度上也可以起到相互备份的作用。内网视频会议系统依托内网进行建设；外网视频会议系统依托外网、互联网、卫星宽带网等网络资源进行建设，满足移动应急平台以及外网其他应急平台视频会议的需要。

（4）图像接入系统。

图像接入系统应能对发生突发事件的下级应急平台传送上来的现场图像进行显示、存储和管理，并可以实现日后对图像的调阅、检索和回放。目前固定的图像接入系统主要依托公安、水利、气象等现有固定监控和监测系统，同时要负责将移动应急平台图像接入到应急平台中来，供应急处置时参考。

3. 综合应用系统

国家应急平台体系的综合应用系统应满足以下功能要求：

（1）实现突发事件信息的接报处理、跟踪反馈和情况综合等值守应急业务管理。各地区、各有关部门按照统一格式，通过应急平台向国务院报送特别重大、重大突发事件信息和现场音视频数据，以及特别重大突发事件预警信息，并向有关部门和地方通报。

（2）各地区和各有关部门要利用应急平台，加强对突发事件隐患的监测，并进行动态监控，特别是要掌握重大危险源、关键基础设施以及重要防护目标等空间分布和运行状况信息，分析风险隐患，根据工作分工和分级管理的原则，对可能发生的各类突发事件进行预测预警。要加强对重点目标、重大工程、重大次生灾害危险源、生命线工程等的评估。

（3）突发事件发生后，应及时掌握关键基础设施等的破坏和损失情况。通过汇总分析相关地区和部门的预测结果，结合事件进展情况，对事件影响范围、影响方式、持续时间和危害程度等进行综合研判。

（4）根据有关应急预案，利用对突发事件的研判结果，结合应急组织体系、工作流程和应急保障力量，通过对有关法规、政策、预案、安全技术要求以及处理类似事件的案例等进行智能检索和分析，并咨询专家意见，提供应对突发事件的指导流程和辅助决策方案。根据应急过程不同阶段处置效果的反馈，实现对辅助决策方案的动态调整和优化。

（5）实现对应急队伍、物资储备、救援装备、交通运输、通信保障和医疗救护等应急资源的动态管理，为应急指挥调度提供保障。自动记录事件的应对过程，根据有关评价指标，对应急过程和能力进行综合评估。同时，可进行应急处置模拟推演，对各类突发事件场景进行仿真模拟，分析事态、提出应对策略，对处置突发事件的各个环节、各方联动、具体措施等进行网络模拟演练。

（6）利用视频会议、异地会商和指挥调度等功能以及移动应急平台，为各级应急管理机构应对突发事件提供快捷指挥和对有关应急资源力量的紧急调度等方面的技术支持。

系统的应用以应急流程为主线，强调综合应用系统内各子系统之间的集成应用，采用国务院内网已有的统一安全保障体系。综合应用系统包含综合业务管理、风险隐患监测、综合预测预警、智能辅助方案、指挥调度、应急保障、应急评估和模拟演练等系统。子系统之间的关系如图15-16所示。

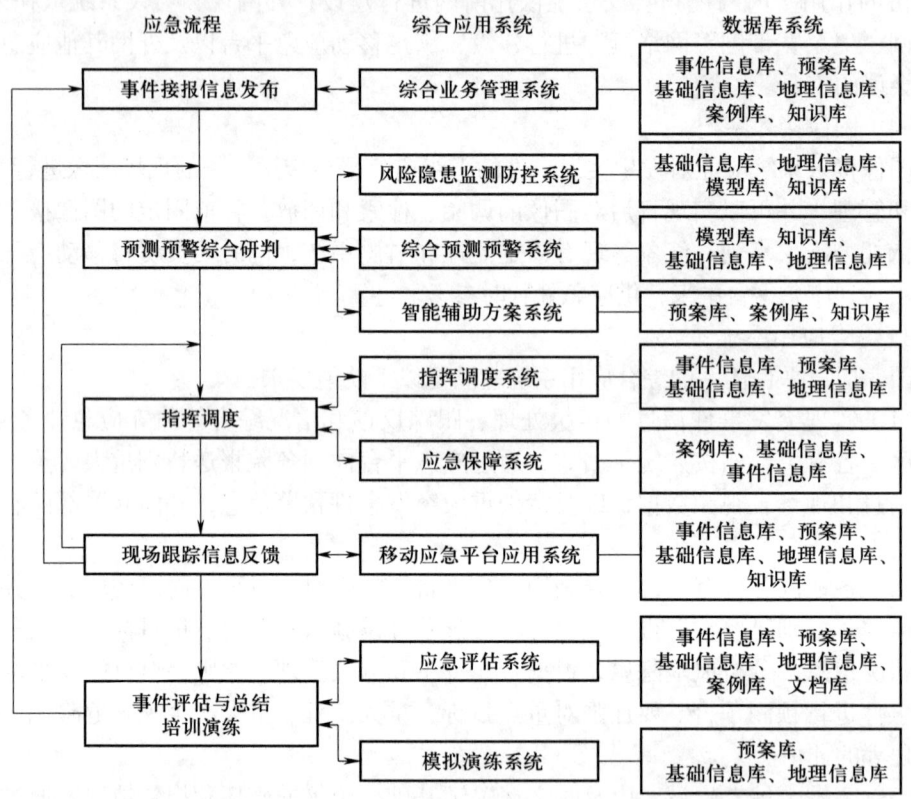

图15-16　综合应用系统相互关系图

4. 数据库系统

建设满足应急管理要求的数据库系统，包括突发事件信息、预测预警信息、监测监控信息以及应急指挥过程信息等内容的信息接报处置数据库；各类应急预案库；应急资源信息、突发事件隐患、人口、自然资源与社会经济状况等内容的基础信息数据库；数字线划地图、航空航天遥感影像、主要路网管网图、航标测绘、避难场所分布图和人员应急疏散路线图等方面的空间信息数据库；各类事件趋势预测与影响后果分析模型、衍生与次生灾害预警模型和人群疏散避难策略模型等内容的模型库；有关法律法规、应对各类突发事件的专业知识和技术规范、专家经验等内容的知识库；突发事件典型案例库。同时建立数据库动态管理系统，以及各地区和各有关部门应急平台间的数据共享机制和安全管理制度。

5. 安全保障系统

安全保障系统包括安全支撑系统和容灾备份系统。安全支撑系统包括通信保密系统、内网安全保障系统、外网安全保障系统，将根据国家有关保密规定，统一规划、统一配置加密设备、统一管理密钥，保证网络的安全保密和互联互通。容灾备份系统主要包括存储、备份和容灾三部分内容。

四、大数据与应急平台

（一）大数据技术与应急平台系统

在大数据时代，网格化管理已经兴起，一个基本要求就是管理信息整合和共享。政府应打破数据割据与封锁，公开信息。基于大数据技术的应急平台系统建设，可以提高政府各机构的应急协同办公效率。依靠大数据技术还能够及时、快速、准确收到决策实施情况汇报和民众的反馈信息。应当既鼓励面向群体、服务社会的大数据技术挖掘，又要防止侵犯个体隐私。

基于大数据技术的应急平台系统建设，主要包括有线通信、无线通信、移动指挥通信、移动互联技术和大数据应用软件等技术系统，具备有线通信调度、无线通信指挥、移动应急指挥、异地会商等功能。可以依托政府政务内网、政务外网、互联网，构建应急指挥800兆数字无线集群调度系统，分别搭建突发事件公共安全应急管理统一信息平台、政府内网门户和专项应急网。可以充分整合公安、交通、水务、地铁等单位及社会各方面的图像资源，搭建基于空间地理信息系统的图像平台；可以整合水、电、气、热等公用企事业单位的城市运行监测数据，开发值守应急、预案管理、空间决策（二维三维）、预警信息发布等综合应用软件，为开展科学应急决策支持发挥重要支撑作用。[①]

（二）云计算应急平台

在传统的应急指挥调度平台中，多使用模拟技术，且各个通信系统相互隔离，沟通不方便，无法实现资源的快速调配，容易造成系统的重复建设和投资浪费。云计算应急平台的主要优点包括：① 提供最可靠、最安全的数据存储中心，不用担心数据丢失、病毒入侵等麻烦。② 云计算对用户端的设备要求最低，使用起来也最方便。③ 云计算可以轻松实现不同设备间的数据与应用共享。

基于云计算技术的云应急系统，要求云应急平台对实时的突发事件情景感知数据、历史数据、决策支持模型、知识以及应急资源状态等网络化的异构信息通过标准化接口无缝集成，实现信息快速收集、抽取和挖掘；要求更快速准确地感知突发事件演化趋势，更有效地利用各种信息和模型对情景进行动态分析预测，进行更为智能化的动态决策；要求云应急服务平台对应急资源实现多渠道接入、统一管理、监控和调配，提供及时、最优、可无限扩展、高伸缩性的应急资源保障体系。云应急系统基于云应急平台实现了信息、知识的全面整合，通过异构环境、分布存放的各种专业数据库协

---

① 张小明. 应急科技：大数据时代的新进展. 光明日报，2013-10-14. 13版.

同工作，减少不同部门对同一目标重复进行数据采集、处理和建库，降低数据更新成本；通过对应急资源的按需调配，动态智能地生成、调整应急过程，根据不同的应急需求和应急流程调用不同的应急服务；通过对各个应急联动部门的救援队伍、设备物资、专家等应急资源的虚拟化汇聚管理，形成基于智能决策的云应急协同网络。

> **思考与探索**
>
> 物联网技术的广阔前景
>
>   物联网是利用射频识别、无线传感器网络和无线数据通信等技术，构造一个覆盖世界上万事万物的巨大信息网络。物联网的分类方式存在许多种，如按照接入方式可以分为简单接入和多跳接入；按照应用类型可以分为数据采集应用、自动化控制应用、日常便利性应用和定位类应用等；按照用户范围可以分为公共物联网和专用物联网两大类。
>   分别考虑四大类突发事件的特点，分析物联网技术在应急管理的应用前景，针对四大类突发事件各举一个案例，分析物联网技术能够发挥什么样的作用。

延伸阅读

[1] 习近平在中科院工程院两院院士大会上讲话, 2014 年、2016 年、2018 年.

[2] 国家中长期科学和技术发展规划纲要（2006—2020 年）。

[3] 范维澄. 国家突发公共事件应急管理中科学问题的思考和建议. 中国科学基金, 2007（2）.

[4] 刘奕, 倪顺江, 翁文国, 范维澄. 公共安全体系发展与安全保障型社会. 中国工程科学, 2017（1）.

[5] 范维澄, 翁文国. 有关应急管理科技支撑的若干思考. 首届粤港澳台应急管理论坛, 2010.

[6] 史培军, 刘婧, 徐亚骏. 区域综合公共安全管理模式及中国综合公共安全管理对策. 自然灾害学报, 2006（6）.

[7] 范维澄, 刘奕, 翁文国. 公共安全科技的"三角形"框架与"4+1"方法学. 科技导报, 2009（6）.

[8] 刘助仁. 灾害应急管理需科技保驾护航——以发达国家为例. 中国公共安全：学术版, 2010（2）.

[9] 曹杰, 杨晓光, 汪寿阳. 突发公共事件应急管理研究中的重要科学问题. 公共管理学报, 2007（2）.

第十六章
应急产业

学习目标

1. 掌握应急产业及其在应急管理中的作用。
2. 熟悉中国应急产业的主要内容。
3. 了解国内外应急产业发展状况。

学习重点

1. 应急产业发展对应急管理工作的意义。
2. 应急产业化及其发展模式。

案例

新兴际华集团应急救援装备助力山东寿光排涝

2018年8月，第18号台风"温比亚"于8月17日登陆中国沿海地区。受台风"温比亚"影响，在山东，8月18日6时至20日10时全潍坊市平均降雨量174.7毫米，其中寿光、青州、临朐、昌乐超过200毫米。山东寿光等地出现大面积严重洪涝灾害，上游县区水库受压开闸向寿光市弥河、丹河流域泄洪，造成寿光市镇街受灾。新兴际华集团勇担社会责任，紧急调配远程供水系统等应急救援装备前往受灾现场驰援，在排涝抢险中大显身手，为寿光灾区排涝立下汗马功劳，受到消防部队和当地政府的高度赞誉。

此次山东寿光抗洪抢险中，山东、河北、天津、江苏四省共出动近30套远程供水系统，在排涝中发挥了巨大作用。其中，有21套为新兴际华集团生产（山东11套、河北7套、天津2套、江苏1套）。截至8月27日，新兴际华集团远程供水系统在寿光灾区进行的排涝作业，累计排水超过百万立方米。同时，新兴际华集团还派遣出10

名技术和服务人员组成应急救援队前往寿光受灾现场进行保障。为确保这21套远程供水装备正常排涝，新兴际华救援队每天穿梭在相隔十几千米甚至几十千米的不同村庄排水点，为消防官兵全力做好技术服务。

此次抗洪救灾中，新兴际华集团生产的远程供水系统在排涝中发挥了巨大作用。该装备移动灵活，管线自动撤收，可在任何露天水源取水，可进行远距离、大口径、高扬程输水作业，能够实现在60米高差范围内的水源取水，并以每小时不低于720立方米的流量输送至20千米以外的地方，满足多台消防车连续30天供水，广泛应用于城市消防、森林火灾、排涝、抗旱、突发险情时供排水及其他工业领域。该装备已在"7·21"京港澳高速排涝、潍坊晨鸣纸业大火、海口威马逊台风内涝、漳州古雷PX项目爆炸、"12·23"成都汽配城火灾、"9·11"成都物流仓库火灾、"7·16"山东日照及天津港等突发大型火灾和洪涝灾害时发挥了重要作用。

重大自然灾害的应急救援行动是一项全社会的系统工程，仅靠政府的力量是不行的，仅靠临阵磨枪也是不够的。社会公众自身抗灾救灾意识的加强、企业自身业务持续管理能力的提升、专业应急救援资源与技术储备需求的增加、监测预警水平的提高等一系列需求为应急产业的发展奠定了坚实的市场基础，而应急产业也将在加强应急管理、促进科学技术发展和调整中国产业结构方面发挥其重要作用。

第一节　应急产业的基本概念与主要内容

一、应急产业的定义及特点

（一）应急产业的定义

> 应急产业是个新兴产业、朝阳产业。发展应急产业是国内外形势发展的必然趋势。应急产业的发展离不开工业化、信息化、城镇化、市场化和国际化的不断深化和发展。

突发事件的应对离不开各类应急资源与服务的保障，在应急管理各阶段所需的物资和服务都属于应急产品。人类不断发明创造、生产使用了各种各样的应急产品：从简单的灭火器具到现代化的消防装备，从简单的手套到一系列劳动防护用品，从普通的逃生器具到功能齐全的救援装备，从一般的检测用品到复杂先进的安防设备实施，等等。当社会对应急产品的需求持续增加，当应急产品可以一定程度上在市场作用下生产供给，当与应急产品或服务相关的经济活动日益频繁，就逐渐地形成了应急产业。迄今为止，国内外没有对应急产业的概念做过明确的界定，但存在比较相近的关键词，比如"安全生产产业""公共卫生应急产业""应急救援产业""紧急救援产业""防灾减灾产业""公共安全产业"等①。2014年，《国务院办公厅关于加快应急产业发展的意见》（国办发〔2014〕63号）对应急产业进行了界定：应急产业是为突发事件预防与应急准备、监测与预警、处置与救援提供专用产品和服务的产业。简单地讲，就是以应

---

① 郑胜利. 我国应急产业发展现状与展望. 经济研究参考，2010（28）.

用于突发事件处置为主线,把零散在相关行业的产品和服务归集起来进行规划部署①。具体而言:

(1) 根据产业的不同发展阶段来看,应急产业是因应急管理需求而产生的新兴产业。而应急产业的发展必须是以国家的应急能力建设需求为动力。

(2) 从服务对象来看,应急产业是为应对自然灾害、事故灾难、公共卫生事件和社会安全事件等突发事件的应对活动提供支撑的产业。

(3) 从服务流程来看,应急产业是在应急管理过程中提供应急资源供给能力的经济主体的集合。应急管理过程包括预防与应急准备、监测与预警、应急处置与救援等环节;由于事后恢复与重建阶段时已经进入正常经济活动,相关产业不再纳入应急产业。

(4) 从功能定位来看,应急产业是为满足某一方面社会需求(国家、社会和人民公共安全需求)而产生并得到快速发展。这个定位表明,应急产业是综合性产业,具有行业交叉特点,涉及装备、材料、医药、轻工、化工、电子信息、通信、物流、保险等,以专用产品和服务为主。应急产业虽使用"应急",但基本涵盖了消防产业、安防产业、安全产业、防灾减灾产业、信息安全产业、公共安全产业、紧急救援产业等。

(二)应急产业的特点

应急产业是新兴产业,覆盖面广、产业链长。它既有产业的一般属性,又有自身的特殊属性(见表 16-1)。其特殊属性主要包括[2][3]:

表 16-1　应急产业与普通产业的特性比较

比较内容	应急产业	普通产业
生产目的/起源	主要应对自然灾害、事故灾难、公共卫生事件、社会安全事件	主要满足一般性的生产、生活需要
提供者	由于具有公共物品或准公共品性质,一般政府是主要提供者,一些具体的生产环节可以交给市场	由于具有私人物品性质,市场是主要的提供者和生产者
产品物品形态	广义上包括有形的应急产品和无形的应急服务;狭义的通常指应急产品制造业;一些应急产业同时跨越几个门类	包括有形产品和无形服务,归类相对清晰,与国民经济行业分类体系一一对应
消费者群体	终端产品主要面向政府部门、应急队伍、大型国企、社会团体等;家庭、个人也是潜在消费者	终端产品主要是家庭、个人;政府部门、社会团体等是次要的终端消费者
产品消费形态	大多数产品是耐用(备用)消费品,购买一次可反复多次使用,或相当长一段时间内仅是备用	大多数是易耗消费品,消耗量较大或折损率较高
产品消费过程	有明显的阶段性特征,发生突发事件时,消费量急剧上升	消费过程相对稳定、连续

---

① 景晓波. 促进应急产业发展. 劳动保护,2016(12).
② 张纪海,杨婧,刘建昌. 中国应急产业发展的现状分析及对策建议. 北京理工大学学报:社会科学版. 2013(1).
③ 张洋. 我国应急产业的 SWOT 模型及发展对策研究. 长春:吉林大学,2012.

续表

比较内容	应急产业	普通产业
产品功能	具备应急功能，多数产品专用性较强，少数产品兼具通用性，甚至可以与普通商品相互转换，发挥"平时服务、急时应急、战时应战"功能	大多数产品不具备应急功能
产业技术	技术历久而弥新，多分散于战略性新兴产业领域，技术创新风险更高，不少技术具有军民两用性	产品技术不断进步，大多数产业应用成熟的、标准化的技术

资料来源：康光荣，郭叶波．公共安全与应急救援产业发展研究．宏观经济管理，2015（8）．

1. 需求的刚性与广泛性

应对突发事件时，人们对应急产品或服务具有极强的需求，要求在第一时间内保证充分供给和使用，具有典型的需求刚性特点。同时，突发事件种类的多样性决定了应急产业涉及领域的广泛性：从参与主体看，涉及提供相应产品和服务等多个部门、单位及企业；从需求主体看，涉及政府、企业、家庭或个人等多个主体；从应急过程看，涉及事前、事发、事中等多个环节。

2. 公共性与盈利性

发展应急产业的根本目的是满足公共安全管理需要，提高整个社会的应急能力，使人民群众和全社会受益。应急产品的使用具有非排他性，并且应急产品的供给也并不完全由市场支配，具有准公共产品的属性。因此，应急产业是社会公共性产业，它的产生、培育、发展和壮大具有强烈的政府导向性。另外，企业作为经济组织必然要以满足企业自身的利益为主。因此，政府需要出台不同的政策和措施，保护企业参与应急产业发展过程中的利益，激励企业主动进入新兴专业领域，促进应急产业发展。

3. 应急性与长期性

应急产品的需求主要是伴随着突发事件的发生而产生的，应急产品的早期订单大多产生于偶然，"不用不急、用则急需"，这决定了应急产业的时效性或应急性，同时伴随着需求的种类繁复、数量波动性大、周转不确定性强等特点。然而，在突发事件发生时，需要立即提供大量的应急救援物资与力量，这就需要企业保证足够的应急物资储备和应急生产能力，处理好"平战结合"的问题，合理安排应急储备、应急生产和应急采购的比例关系。因此应急产业具有备用性或长期性特征。

4. 实用性与专业性

应急产业是为满足应对突发事件的特定需求而从事的研究、制造、生产、销售活动和各种服务，相关产品需满足实用性要求。同时，应对突发事件需要前沿科技的指导、专业装备的支撑和管理工作的统筹与规划，这就要求应急产品与服务具有很强的专业性，这影响着社会对突发事件的承受力与控制力，以及应急管理的效率与效果。

5. 安全性与高风险性

应急产品与服务尤其需要特别注重其安全性能，避免在使用与操作过程中造成二次伤害，而且应急产业在自身的发展过程中要注重保障和提高产业本身的生存安全和发展安全。同时，应急产品自身的特殊性及使用时间、地点、方式的局限性，决定了应急产业具有较高的风险性。

6. 综合性与关联性

应急产业与国民经济各部门都有紧密的联系，产业的关联性很大，效应性强，涉及面广，渗透性强，是一个综合性的产业。同时，作为从事应急管理相关活动的部门、单位和社会组织的总集合体，应急产业的关联性主要表现在三个方面：内部关联、外部关联、全流程贯通。

内部关联，是指应急产业内部虽然存在一定的行业分工，但产业内部的各行各业之间都是相互关联、配套的。以应急处置与救援为例，在救援现场需要实现通信车、饮水车、医疗保障车、发电车、炊事车、移动宿舍、移动旅店等一条龙服务，这些内容又涉及了不同的行业，只有这些行业之间进行相互配套与协同，才能真正实现应急技术、产品、服务的综合集成应用。

外部关联，是指政府管理、科学技术研究、公共基础设施建设、金融业、医疗服务、教育培训等行业都对应急产业起着重要的支撑作用，应急产业以各行业的发展为基础。反过来，不断增长的应急管理需求也在推动和促进各个行业的持续发展。

全流程贯通，是指应急产业贯穿于应急管理的全流程，各阶段的应急管理工作相互关联不可分割。在整个应急管理过程中做到储备到位、服务全覆盖、各项设施设备正常运转，可以为有效应对突发事件奠定扎实的基础。经历一次重大突发事件的处置过程，有助于发现问题并解决问题，改善产品性能、优化设施设备、完善管理方式。

二、应急产业的分类

应急产业建设的一项基本工作，是在明确应急产业内涵的基础上，将应急活动过程中所运用的一切物资、技术、装备、服务等划分为专属的类别，以开展产业组织化。按照不同的标准，应急产业可以划分成不同的类别（见表16-2）。

表16-2　应急产业的分类

序号	划分依据	类别	具体内容
1	一般意义上划分，具体指应急产业定义本身"提供专用产品和服务"	应急设施建造业	主要包括应急所需基础设施的建造。不仅包括避难场所，还包括提供支持的应急车道或铁路、管线、公共设施、桥梁等基础设施
		应急设备与物资制造业	主要是指应急设备、器材、工具和应急消耗类物资的提供。例如铲雪车、应急电筒、应急箱、睡袋等应急装备和突发事件中需要的大量食品、药品、日常用品等消耗类物资
		应急服务业	应急物流服务业 应急救援服务业。以紧急救援为核心业务，在应急过程中所需的行政服务、法律事务等形成的业务链 应急信息服务业 应急金融服务业 应急培训与咨询服务业

续表

序号	划分依据	类别	具体内容
2	产品应用角度	专用（于应急活动）	针对应急事件使用，包括一些专业应急设备、应急技术等
		兼用（常态与非常态）	既可以在应急事件中使用，也可以在日常常态领域中使用，以药品类和预防用品类为主
		通用/关联（基础支撑服务）	为应急救援活动过程提供基础性服务，主要是软环境服务的关联性产品，包括一些技术服务和咨询服务等，如模拟仿真技术
3	应急产品应用的阶段	预防准备产业	包括教育培训体系、应急物资储备保障、应急通信保障体系、应急科技支撑与第三方咨询服务等
		监测预警产业	包括卫星遥感、航空航天技术等高新技术、安全防护类科技产品、高科技检测设备与试剂等
		处置救援产业	包括应急处置装备的生产和维护，涉及应急救援的人力资源、物资保障、专用装备、技术、物流体系、应急通信设施等
4	适用对象	面向各级政府部门	包括应急系统与应急指挥平台、面向政府部门的应急技术与服务等
		面向专业救援团队	包括感知和预警类、预防和防护类、救援和处置类的装备、设备、设施、技术、服务等
		面向公共场所与居民个人	包括应急照明工具、应急通信设备、应急医疗工具、应急食品、应急消防工具、应急救援工具、应急逃生工具、培训与演练等
5	应急产品的产业形态	应急服务业	具体又可分为应急综合服务企业、应急专业服务企业、一般服务企业中的应急服务业务
		应急制造业	具体又可分为专业应急装备设备制造企业、专业应急轻工产品制造企业、制造企业生产的应急产品
		应急软件业	具体又可分为专业开发应急软件企业和软件企业开发的应急软件产品
		应急产品经销产业	主要是对各类应急产品进行经营和销售的企业

资料来源：(1) 刘艺，李从东. 应急产业管理体系构建与完善：国际经验及启示. 改革，2012（6）；(2) 张洋. 我国应急产业的 SWOT 模型及发展对策研究. 长春：吉林大学，2012；(3) 佘廉，郭翔. 从汶川地震救援看我国应急救援产业化发展. 华中科技大学学报：社会科学版，2008（4）；(4) 邹积亮. 当前应急产业发展的突出问题与路径探讨. 经济研究参考，2012（31）；(5) 魏际刚. 加快发展应急产业的思路和建议. 重庆理工大学学报（社会科学），2012（1）.

此外，2011 年国家发展改革委员会修订的《产业结构调整指导目录》中在鼓励类条目下新增了第 39 项"公共安全与应急产品"这一类，包含了 43 个小类的应急产品与服务。2015 年，工业和信息化部、国家发展改革委起草了《应急产业重点产品和服务指导目录（2015年）》（以下简称《指导目录》）。《指导目录》确定了四个重点领域及其发展方向，再进一步细分产品和服务，形成了一个领域、发展方向、细分产品和服务三级结构。一级分别为监测预警产品、预防防护产品、处置救援产品和应急服务产品4个领域，二级分别为自然灾害监测预警产品、事故灾难监测预警产品等15个发展方向，三级分别为地震灾害监测预警产品、地质灾害监测预警产品等266个细分产品和服务，其中监测预警69项、预防防护49项、救援处置108项、应急服务40项。总体上看，《指导目录》明确了今后一段时间国家重点鼓励发展的应急产品和服务内容。

专栏

应急救援包

防灾意识培养非常重要，除了在公众中普及各种避灾知识、进行灾害演习，还需要在学校、家庭、企业普遍储备各种应急工具和食品水源等。事前充分的应急准备可以帮助我们增加生存下来的几率与机会，应急包就是必要的应急准备之一，是用来应对各种灾难的工具集合。应急包内常见的应急物资如表16-3所示。

表16-3 应急救援包的内容构成

名称	说明
防水背包	• 经过特殊耐热耐火加工的含铝非常持出袋（应急包），防水、阻燃；背包上附有应急卡，上面记录本人的名字、家庭地址、家庭其他成员、联络电话、年龄、血型、既往病史等信息
高频口哨	• 能发出3 000赫兹的声音，3 000赫兹是人类在嘈杂的环境中最容易听到的频率，在地震发生后可以吹哨来求助
多功能防灾报警灯	• 可用作照明、收音机、手摇发电器、报警器、手机充电器
多功能军刀	• 附有小刀、螺丝刀、锯、工具钢钳和开瓶盖器等多种工具
多功能军铲	• 带铲、镐、指南针功能
专业救援绳	• 防水、耐磨、抗老化
高强防滑手套	• 保护双手，透气吸汗，防滑耐磨
太空保温应急毯	• 轻便、防潮防风、保温、强烈反光警示、高韧度
防尘口罩	• 防尘、抗菌
防灾头巾	• 用于头部防护，可防火、防砸
轻便保温雨衣	• 轻便、保湿
急救药包	• 包含酒精片、纱布片、弹性绷带、无纺布胶带、创可贴、镊子、止血带等常见急救药品

续表

名称	说明
环保折叠水壶	• 大容量小体积，可折叠
防风防水火柴	• 防水、防风，户外应急火源
长明蜡烛	• 燃烧时间长、轻便
压缩毛巾	• 全棉压缩毛巾，便于携带，清洁卫生，可重复使用
发热贴	• 应急时为人体提供热能，御寒
食品	• 保质期较长的压缩饼干、水

资料来源：百度百科。

第二节 中国发展应急产业的概况与意义

一、中国应急产业发展现状分析

（一）中国应急产业发展概况

应急产业在我国是新兴产业，产业覆盖面广、涵盖领域多、行业多有交叉，是新老并存的复合型产业。2007年正式颁布实施的《中华人民共和国突发事件应对法》为我国应急产业的发展奠定了法律基础。"应急产业"一词在我国政府的正式文献中首次出现是在2007年1月13日，时任国务委员兼国务院秘书长华建敏《在全国贯彻实施突发事件应对法电视电话会议上的讲话》中明确提出，"要进一步加快发展应急产业"。自此，应急产业的提法得到了中央政府的认可，并受到高度重视。

1. 应急产业发展规模显著扩大

我国经济发展进入新常态为应急产业发展提供空间，而党中央、国务院高度重视应急管理工作是发展应急产业的坚强保证。伴随着我国应急管理事业的发展，经过各地、各部门和社会各界的共同努力，我国应急产业发展速度加快，应急保障能力增强，呈现出应急产业与应急能力相互促进、牵引的良性循环势头。从行业发展的角度来看，应急产业已经度过了初创期，正式进入加速成长期。在发达国家，这个产业已经是一个相对成熟的行业；在我国，应急产业在2009年开始进入快速建设阶段，2013年受宏观经济走势和政府在相关领域投资缩减的影响，应急产业市场规模出现了一定程度的下降，2014年又强势反弹。按工信部对63号文件的解读，我国应急产业每年的产值规模近万亿元，其中包括了：消防、安防、反恐装备、信息安全、环境监测、食品安全监测等成熟市场。近三年来我国应急产业产值规模年均增长速度在20%左右，高于同期工业经济平均增速。2017年我国应急产业市场规模约11 861.2亿元，同比2016年的

10 314.8亿元增长了14.99%[①]。以应急平台市场为例，2009—2014年行业年复合增长率达到68.68%，市场规模从1.43亿元增长到19.53亿元。总体而言，近几年应急行业保持了爆发式的增长态势。

应急工作实践也使地方各级政府和相关企业越来越认识到发展应急产业的重要性、紧迫性。北京、广东、安徽、重庆、浙江等地方政府，结合经济结构调整、产业升级和企业转型，将应急产业作为战略新兴产业予以重点支持，一批产业基地正在形成。

2. 应急产业政策环境不断优化

应急产业作为应急管理的重要物质和技术保障，始终受到党中央、国务院的高度重视。2008年以来，推动应急产业发展多次作为落实政府工作报告的重要内容。《中共中央关于制定国民经济和社会发展第十二个五年规划的建议》《国民经济和社会发展第十二五年规划纲要》以及"十三五"的相关文件中，都对加强公共安全体系建设、发展应急产业提出明确要求。2009年5月发布的《中国的减灾行动》白皮书明确提出了应急物资储备保障、应急产品研发和应急产业化的思路；工业和信息化部2009年发布的《关于加强工业应急管理工作的指导意见》，明确提出加快制定应急工业产品相关标准，促进应急工业产品推广；国家发展和改革委员会制定的《产业结构调整指导目录（2011年）》，将"公共安全与应急产品"作为单独产业类别鼓励发展；公安部将加强装备保障能力建设作为提高各级公安机关处置突发事件能力的关键；科技部近几年不断加强有关公共安全和防灾减灾的科技研发；工业和信息化部、应急管理部、财政部、科技部于2018年发布《关于加快安全产业发展的指导意见》，提出"面向生产安全和城市公共安全的保障需求，制定目录、清单、优化产品结构，引导产业发展，创新服务业态"。《国家综合防灾减灾规划（2016—2020年）》《国家突发事件应急体系建设"十三五"规划》《安全生产"十三五"规划》《"十三五"公共安全科技创新专项规划》等一批政策、规划的出台都为应急产业提供了良好的政策环境。

其中，最具有阶段性意义的文件是2014年年底由国务院办公厅颁发的《关于加快应急产业发展的意见》（国办发〔2014〕63号），正式明确了应急产业的概念、重点方向和主要任务，提出应急产业是为突发事件预防与应急准备、监测与预警、处置与救援提供专用产品和服务的产业；同时在加强防灾减灾、安全生产、环境保护等文件中也对应急产业相关内容进行了部署。随后工信部等部委也发布了《应急产业发展规划》《应急产业培育与发展行动计划（2017—2019年）》等相关文件，鼓励支持产业发展。

3. 应急产业发展力量不断壮大

在中央政府大力引导和支持下，在各类突发事件防范处置工作对应急产品需求的牵引下，许多地方政府、大型国有企业、民营企业发展应急产品的积极性不断提高，研发和生产投入力度加大。在应急产品、技术和服务方面，一批高水平地质灾害监测、煤矿安全避险、高层灭火救援、食品安全检测、应急通信和应急指挥等先进装备脱颖而出。航天技术、物联网技术、信息技术等高新技术在应用于应急管理中形成了一批创新成果。道路救援、航空救援、工程救援等应急服务业态发展迅速。

我国应急产业发展力量不断壮大，涌现出一批技术水平高、服务能力强、拥有自

[①]《2018—2024年中国应急产业深度调研研究报告》. 北京智研科研咨询公司，2018年.

主知识产权和品牌优势、具有国际竞争力的大型企业集团。新兴际华集团、中国航天科工集团、中国兵器工业集团公司、中国煤炭科工集团有限公司等一批实力雄厚的综合性中央企业集团，在全国处于行业领先地位，在产业发展中发挥了引领作用。部分大型龙头企业均有军工生产或后勤保障基础，具备应急产业技术和装备研发、生产的天然优势，这批企业在"军民融合"战略思想的指导下，将军工技术优势和后勤保障经验转化为应急装备技术资源等民用方向，成为全国应急产业发展的龙头。该批综合性企业运用自身资源优势，不断汇聚高端资源，在北京安全谷、军民融合产业园等一批应急救援科技创新和产业园区的建设中发挥重要作用。

我国在应急产业不同行业均有典型企业存在。特别是在预防准备、监测预警、救援处置等领域，涌现出了一批专项特色突出、市场占有率高的企业，如贵州詹阳动力、中国华云气象、普天信息、北京奇虎360、北京神州绿盟、北京碧水源净水、华彬通航、海德鑫等企业。此外，依托省级和国家级专业中心、重点实验室、工程技术研究中心、企业技术中心等，在监测预警、现场探测、防汛抗旱领域和航空航天、地震、电力、疾病防控、食品安全生产等行业有明显的技术和服务优势，形成了一批技术创新成果转化型专业应急企业，如北京辰安科技、中科九度、北京中安科创等。此类企业充分利用高校、科研机构等专业技术资源，发挥自身生产和销售优势，将技术成果进行有效转化，实现实验室与市场的有效对接，是产、学、研、用相结合机制下的优秀产物，有力促进了应急技术创新和成果转化，提高了应急科技成果产业化的效率。

4. 一批聚集区建设初具规模

应急产业园区作为产业集聚的重要载体，承担着实现产业集聚、产业规模化经营的重任，其凭借优惠的税收政策、集中的行政服务，不断吸引企业集聚；也承载着促进科技成果商品化、产业化的时代使命。截至2014年6月，全国已经涌现了东莞、乐清等多个应急产业聚集区，聚集了应急相关企事业单位数千家，年产值超4 000亿元；在地方政府的大力推动下，出现了北京应急救援科技园、安徽合肥公共安全产业园、重庆西部安全应急产业基地等十几个正在规划或建设的应急相关产业园区，其中北京、重庆等多个应急产业园区规划的年产值规模都在500亿元以上。

2015年10月，工信部、发改委、科技部公布了首批国家应急产业示范基地，中关村科技园区丰台园、河北怀安工业园区、烟台经济技术开发区、合肥高新技术产业开发区、随州市、贵阳国家经济技术开发区、中海信创新产业城7家成为首批基地；2017年11月，抚顺市沈抚新城、龙岩市龙州工业园区、长沙市高新区、德阳市、新疆生产建设兵团乌鲁木齐工业园区成为第二批示范基地，围绕落实中国制造2025和保障国家公共安全，成为国家应急技术装备研发、应急产品生产和应急服务发展的示范平台。

5. 应急产品和服务大众化趋势

应急产业是国家应急能力的重要组成部分，推动应急产业发展必须以市场为导向，当前社会对突发事件应急救援的需求不断增长，公众对公共安全的认知和感受不断增强，社会公众希望获得应急救援知识、技能和产品，社区、家庭层面成为应急产业发展的重要市场方向。

突发事件现场的"第一响应人"在第一时间进行科学有效的救助能有效降低灾害

损失。在欧美发达国家,志愿者是社会化救援体系的基础。国内一些地区也已开展了此方面的研究和探索。例如:2016年,陕西和四川成都在应急管理部门的大力支持下,先后开展示范试点社区应急响应队基础培训。这一培训最早开始于美国,社区应急响应队及其成员的首要任务是在突发事件发生后的较短时间内(专业救援队抵达灾区前的0.5~2小时)快速开展自救互救,在自救和保护自己的情况下先救家人、邻居,再共同组织完成各项先期应急响应与处置任务,实现对社区突发事件的有效应对,使社区更好地备灾、更安全、更具抗灾能力。与此同时,防灾应急包以及防灾应急科普图书等应急产品进家庭和社区活动也已经在各地区广泛开展。将"家庭、中学、城市社区"系列防灾减灾手册科普读物免费赠送给学校和社区,进一步增强居民和学生防灾减灾意识,普及推广防灾减灾知识和避灾自救技能,提高减灾应急救护能力,最大限度地减轻灾害造成的损失。

(二)应急产业发展中的主要问题

我国应急产业虽然发展势头良好,但也存在一些亟待解决的突出问题。

1. 应急产业概念界定不清

应急产品是应急管理的物质基础,贯穿于突发事件全过程。但从应急产品上升到"应急产业"在我国时间还不长,概念还比较生疏。目前,无论是政府部门还是学术界,对"应急产业"的定义不清晰、不统一、不规范,影响了政策导向的准确性和产业发展的稳定性。这具体表现在:① 在制定产业政策或规划产业园区建设时,对如何选定应急产品及企业等分歧较大,很难找到准确的依据和标准。② 对本地区应急产业范围无法界定,难以进行分类和统计,造成产能不明,家底不清,甚至出现"舍近求远"的现象。③ 对哪些产品列入产品储备目录、哪些列入产能储备目录不清,经常是张冠李戴,随意性很大。总体来看,大部分地区应急产业处于一种自发状态,不利于产业快速成长和发展。

2. 市场培育不足

政府对应急产品推广不足,对市场整体培育开发不够,主要表现为:① 供求脱节。应急产品需求主体不明确,找不到有效用户,无法进行有目的的生产;一些政府用户虽然有需求,但不知道按照什么样的产品目录和标准进行储备、配置,不知道企业能够提供什么样的应急产品。应急产品需求不稳定,应急产品订单要求时间短,导致企业生产计划性差,容易造成"常态吃不饱、应急吃不了"。② 机关企事业单位配备应急产品缺乏相应规范。例如,高层建筑配备的逃生绳索、缓降器等应急装备还没有纳入我国强制配置标准,地震救援、环境应急、卫生应急等救援队伍和应急避难场所还没有从国家层面制定装备配备规范。企事业单位配置应急产品随意性大,一些学校、医院等公共场所没有配备逃生设施,一些危险行业企业不按规定将安全自救用品列入职工劳保范畴。③ 产学研脱节。政府、企业、院校与科研机构间缺乏有效的沟通协调机制,应急科研新成果往往被束之高阁,没有及时转化为现实产品。④ 资源共享脱节。我国普遍开展了政府应急管理信息平台体系建设,但是应急产品生产企业、应急资源部门、受灾地区信息难以共享,数据库建设明显滞后于硬件发展,普遍存在"硬件硬,软件软"的问题。

3. 关键技术装备发展缓慢

我国与先进国家相比，应急技术装备和生产能力差距大：① 科技含量不高。近几年我国虽然注重提升应急装备水平，但由于我国工业基础薄弱，应急产业起步晚，大部分应急产品还没有摆脱低技术含量、低附加值的状况，特别是大型、关键性应急装备难以适应应急需要。② 自主创新能力不强。应急产品的科技研发不够，缺少核心竞争力，国产技术水平较国外仍有较大差距。③ 关键设备依赖进口。如高端消防救援装备、搜救仪器装备、应急监测检测仪器装备、防护装备等，进口比例在 70% 以上。普通应急产品国内技术比较成熟，国产化率较高，如工程救援装备、安置保障装备、后勤保障装备（主要是应急供电、供水和供油装备）等，国产化率可达 80%~100%，但是面临激烈竞争。

4. 应急产业政策滞后

应急产业政策滞后具体表现为：① 缺乏系统性。现行的应急产业政策分散于各个法规、各个部门文件中，整合度较低。尤其缺乏顶层设计、宏观谋划，全国性应急产业分散在各个领域，没有通过系统性政策引导进行有效整合。② 缺乏操作性。有些政策停留在一般化的要求提倡上，缺乏具体的实施细则和配套措施。在"5·12"汶川特大地震、甲型H1N1流感、南方低温雨雪冰冻灾害等重大突发事件处置中，都发生过因缺乏明确的采购、征用、补偿政策规定，导致企业承担不必要成本问题，影响了企业参与救灾的积极性和应急产业发展的可持续性。③ 缺乏激励性。现行的产业政策偏重约束，缺乏对应急产业企业的经济利益、行为保障等激励性的配套措施，部分企业对投身应急产业持观望、等待、迟疑的态度。

5. 应急产业标准亟待完善

产业标准作为某一产业发展的顶层设计，具有十分重要的意义。由于我国应急产业刚刚起步，应急产业标准对于规范企业行为、维护市场秩序、促进产业健康发展意义重大。当前应急产业标准制定缺失，使得相关应急产品与服务难以兼容，如全国应急平台建设缺乏标准，影响了部门之间、上下级之间的数据共享与互联互通；应急产业标准化宣贯、监督服务不到位，假冒伪劣、以次充好、存在安全隐患的各类应急产品经常充斥市场；应急产业标准化建设不到位，使得应急队伍装备配备、应急物资储备库建设、应急物质储备品种缺乏统一标准，影响了灾害应急保障体系建设。

6. 应急产业人才缺乏

应急产业发展需要高层次研究型人才，产业茁壮成长更需要大批技能型产业工人。近年来，中国已经开始加大对应急管理人才的培养，但远远无法满足市场巨大的人才需求，目前应急人才队伍面临着专业结构设置不合理、层次结构存在不足、人才队伍的培养相对落后等问题。由于中国对高校应急教育投入少，所以目前尚没有一所高校具有如此全面的救援人才培养能力，这也是中国缺少高层次应急人才的一个主要原因。而目前中国应急产业人才培养主要是通过高等院校和相关部委的研究院所，着力于研究型人才的培养，而应急产业茁壮成长更需要大批技能型产业工人和应急救援专业人员[1]。因此，加快应急产业专业人才的培养，加快建立应急产业职业教育机构、培养大

---

[1] 王慧彦. 立足应急产业发展培养应急复合人才. 中国减灾，2009（11）.

批技能型应急产业工人已成当务之急。

7. 社会资本支持不足

目前，中国应急产业的发展模式主要是政府财政拨款建造产业基地和一些小规模的民营企业自筹资金发展，缺少产业化的多种资本支持机制。由于应急产业的高风险性、时效性等特征，企业融资困难，融资渠道、融资方式相对较窄。在应急管理形势日渐紧迫的今天，应急产业将会成为新的经济增长点，但是资本市场能否有力地支撑其发展是影响应急产业的直接因素。

应急产业的培育和发展已经成为我国应急体系建设中的短板，大力发展我国应急产业势在必行。

专栏

全国应急产业联盟正式成立

为贯彻落实《国务院办公厅关于加快应急产业发展的意见》，促进应急产品、技术和服务交流合作，工业和信息化部和湖北省人民政府于2016年10月18日—20日在湖北随州召开2016年应急产业发展推进交流会。会上，由工业和信息化部为指导单位、中小企业发展促进中心等单位发起组建的全国应急产业联盟正式成立。

全国应急产业联盟是开展应急产业领域经济社会活动的全国性、社会性、行业性的非营利性组织，该联盟首批成员单位包括中国船舶工业集团、沈阳新松机器人、清华大学、国家行政学院、中国信息通信研究院、公安部上海消防所、天津消防所、解放军第三军医大学、普天物流等100多家单位，分别来自政府应急管理部门、科研院所、企业、国家应急产业示范基地和专业性、地方性社团组织。大会通过了联盟章程，选举产生第一届理事会，中国中小企业国际合作协会执行会长、原广东省委常委、深圳市委书记刘玉浦担任联盟理事长。

联盟将在工业和信息化部等有关部门指导下，研究应急产业重大问题并提出政策建议，协调应急产业重大技术攻关、示范和推广，研究制定应急产业技术、产品和服务标准，组织国内国际应急产业合作、交流和展览展示，开展应急产业学术交流和科普宣传，发布应急产业年鉴、报告和指南，配合做好重大突发事件工业产品保障工作。

二、发展应急产业的意义

（一）发展应急产业对扩大内需和调整产业结构具有重要意义

中国正处于工业化和城市化加速过程中，面临灾害频发、应急物资紧缺的现状。国家发改委、财政部等相关部委2006年曾预测，应急产业市场年容量500亿~1 000

亿元，包括带动的相关产业链，年容量近 4 000 亿元。照此推测，应急产业将提供数十万个岗位，形成巨大的就业市场；为建设完善现代服务业，需对专业人员进行培训，进而形成巨大的教育市场；加之医疗救助保障、保险赔付、通信网络等，从而形成一个庞大的产业链条。这对于促进中国扩大内需和调整产业结构具有重要的推动作用。应急产业是一个新的经济增长点。

（二）发展应急产业有助于提升全社会应急管理能力与水平

应急产业的发展伴随着应急产品种类与提供渠道的多元化，从而进一步提升产品和服务的品质与供应能力。在应急管理的全流程中，政府主要承担决策与组织动员的任务，救援设备和救援物资的生产主要是在企业中完成的，灾后恢复与重建主要是在当地党委政府统一领导下，各种社会团体、非营利组织以及志愿者的协助下实现的。引入更多企业、社会团体及非营利组织进入应急管理的全过程，使得提供更加全面与精细化的产品与服务成为可能，为在有限的财政预算和时间内提供更有效的应急管理提供支撑；发展应急产业，既适应了政府职能转变的要求，同时也提升了应急管理能力和水平，弥补了应急管理领域中的空白。

（三）发展应急产业是促进应急科学与技术革新的重要手段

科学技术是应急产业发展的重要支撑力量，而当前应急产业客观的、迫切的发展需要则是应急管理科学与技术发展的重要推动力。国内外应对突发事件的实践证明，监测预警设备的及时性和准确性往往决定了应急准备的科学性和合理性，应急救援装备的先进性和可靠性往往决定了应急救援的有效性。突发事件从监测到处置的各个环节，都需要具备有效的关键技术和装备，特别是要有一个高度智能化的应急处置平台系统。中国减灾领域的科技支撑、特别是综合减轻灾害风险科技工作还比较薄弱，灾害监测预警、防范处置关键技术和装备的研发应用尚待加强。企业和科研机构通过自主研发科技创新、构建应急技术核心支持体系，可以推动应急产业向市场化、规模化、标准化的方向发展；而应急产业的发展则又会对应急科学技术提出更高的要求，从而推进应急科学技术的高精端发展与革新。

第三节 应急产业化

一、应急产业化的定义

应急产业化是突发事件应急管理能力产业支撑体系的构建进程，即指形成应急产业的产品、服务或其活动以及支撑这些产品、服务、活动的科研培训等活动从不具有产业性质（或状态）逐渐转变到充分具有产业性质（状态）的全过程，或从较少具有产业性质（状态）变到较多具有产业性质（状态）的过程，是其现代化、资本化、规模化和体系化的过程。

应急产业化的实质就是要打破应急行业非产业化运行的传统模式,以产业的理念来经营其产品、服务等,将应急产业的各个环节、各个方面有机地联系起来,实现应急产业的专业化、规模化、市场化、标准化、集成化、一体化等,使应急产业真正成为一个现代意义上的产业。[①]

(一) 应急产业的专业化

打破现有的部门分割、地区分割、企业分割,围绕应急产品和服务,建立应急行业各个方面、各个环节之间的专业化社会分工体系。并通过各个环节的服务,建立相互之间的有机联系,组织社会化协作基础上的分工分业生产、经营,逐步摆脱过去"小而全"的经营格局,优化资源配置,提高经济效益。

(二) 应急产业的规模化

壮大应急产业和企业的规模,提高产业集中度和企业集中度,实现规模化生产与经营,完成从量的集合到质的激变。形成规模化应用和产业链,完善产业配套,推动应急产业链深层次整合,形成配套完整、紧密协作、核心竞争力明显的应急产业集群。最大限度地发挥规模效应,增强应急产业的整体竞争实力,提高产业运行效率。

(三) 应急产业的市场化

转变应急行业的资源配置方式,让市场机制在应急资源配置中发挥更加积极的作用,逐步实现应急资源从计划配置为主到市场配置为主的体制转型,构建与社会主义市场经济体制相适应的应急产业体系。一是形成市场化的应急产业投入—产出机制,从公共政策和经济政策这两个不同的角度来考虑应急行业的发展与运行,提高应急产业的经济效益;二是利用市场机制吸引更多的社会资源和力量,提高应急产品与服务的供给能力。

(四) 应急产业的标准化

按照市场拉动、产业促动、企业主动、政府推动的原则,围绕应急产业的各个环节与方面,建立健全与国家标准体系一致、与国际标准体系接轨的完整的应急产业标准体系。借助标准对应急产业进行有效的引导和规范、解决不同类型产品与服务间的互联互通问题,借助标准不断提高应急产业的质量与水平、为产业发展确立良好秩序,提高应急产业的质量与效能。

(五) 应急产业的集成化

建立应急产业内部各种资本、技术、资源以及其他相关要素之间、应急产业涉及的各个方面(横向)、各个环节(纵向)之间的有机联系,将产业运行的各个环节、全部活动整合为一个完整的产业系统。依托联盟等行业组织作用,建立跨领域的产学研用合作创新平台,支持行业平台整合各方科技资源,加强不同领域应急科技的交流和

[①] 闫胜利,李彤,张浩,等. 论我国社会公共安全产业化的模式. 科技管理研究,2009 (6).

合作，逐步实现不同领域应急技术的通用性和标准化，最终实现应急产品的系列化、成套化和标准化。

二、中国应急产业化的主要内容

（一）政府主导，改造传统产业

作为战略新兴产业的应急产业，其形成、发育、演化一般由政府主导、企业与政府共同合作完成。充分发挥政府在应急产业领域的资源配置与组织协调作用，借助政府资源来组织和推动应急产业化。特别是由政府直接组织实施具有战略意义的产业化项目，这种项目具有投入巨大、技术和知识密集、风险高等特点，一般的经济主体很难胜任，因此必须上升为政府行为，由政府组织相关部门和单位来共同完成。政府通过提供技术支持、市场保证、政策和制度供给等来推动和引导社会主体和资源进入应急产业化进程。

（二）社会组织引导，加快产业化发展进程

依托各种类型的专业协会、社会团体或非政府组织，把分散经营的经济实体组织起来，形成利益结合、互相依赖的社会化生产和服务体系，进而把应急产业的各个方面、各个环节联结起来，形成一体化生产服务网络的模式。由政府相关部门牵头，引导应急产业龙头企业建立行业协会，提高参与市场竞争的组织化程度。行业协会作为产业规模发展的重要标志，在应急行业产业化发展的过程中对产业的专业化、标准化起着重要的推动作用，可以有力地促进产业结构调整。以中国的应急产业为例，目前已先后成立了全国性的安防、消防、保安、防伪技术行业协会，承担起沟通政府与企业的桥梁和纽带的作用。[1]

（三）建立产业园区，实现产业集群化

产业园区是推进工业化的重要载体，是产业化加速、产业整体提升的关键和产业建设的中心。依托产业园区，壮大应急产业和企业的规模，提高产业集中度和企业集中度，实现规模化生产与经营，最大限度地发挥其规模效应，提高产业运行效率，实现产业规模化。以技术经济实力较强、有竞争优势、有辐射带动能力的公共安全企业为龙头，围绕某一项产业或产品，带动相关企业实行专业化分工和社会化生产与服务。建立应急产业内部各种资本、技术、资源以及其他相关要素之间、应急产业涉及的各个方面（横向）、各个环节（纵向）之间的有机联系，把分散的生产要素整合成为统一的生产体系；克服分散化的弊端，充分发挥优势互补、整体集成的积极效应，实现应急产业的集成化。

---

[1] 李彤，闫胜利，张浩，等. 社会公共安全产业及其产业化的科学界定. 中国公共安全：学术版，2008（3）.

> **专栏**
>
> **中国应急产业园区发展实例**[①]
>
> 工业和信息化部《关于加强工业应急管理工作的指导意见》(2009年9月27日)提出:加快发展应急产业。应急产业作为一个新兴产业,要以救援与运输装备、应急能源与动力装置、应急通信与信息设备、医药与防护用品、反恐装备与安防系统等为重点,编制当前鼓励和支持发展应急产品目录。加快制定应急工业产品相关标准。鼓励企业对现有产品开展适应性改进,满足应急需要。实施应急工业产品应用示范工程,促进应急工业产品推广。加快应急创新成果产业化,推动形成一批应急产业发展聚集园区。
>
> 公开信息显示,由国家层面主导建设的应急产业基地,目前有国家安全监管总局与重庆市政府签署了《支持重庆建设安全保障型城市示范区备忘录》,将安全保障型城市示范区建设作为今后五年乃至更长时期安全生产工作的主线。《重庆市国民经济和社会发展第十二个五年规划纲要》中也提出了"平安重庆"的发展战略,并决定建立中国西部安全(应急)产业基地,其战略定位是:国家安全科技研发基地、国家安全科技成果转化基地、国家安全产业化发展创新示范区、安全保障能力核心支持区。其发展目标是:力争通过三年时间努力,中国西部安全(应急)产业基地实现产值500亿元,年均增长60%以上;实现工业增加值150亿元,年均增长50%以上,在安全产业培育若干个年销售收入过20亿元的龙头企业,形成若干个产业集群,打造一批在国内外有影响的安全产业品牌,部分产品的技术性能、工艺装备和质量达到同期国内领先、国际先进水平。力争用五年时间,实现产值1 000亿元,在安全产业培育若干个年销售收入过100亿元的龙头企业,建成全国重要的安全产业示范基地。还有广东省政府与在东莞松山湖筹建的中国南方应急科技大厦;此基地已经于2011年3月开始动工,主要发展项目包括无线应急通信产品研发中心、应急产业科技孵化器、泛珠三角九省(区)应急产业总部基地、广东省应急产品认证中心、应急培训中心。与应急产业发展相关的地方专项发展规划,目前也只有安徽2009年9月23日出炉的《合肥公共安全产业发展规划(2009—2017年)》。
>
> 其他媒体的相关报道有:南宁软件园打造城市应急联动产业联盟、温州乐清力争成为全国应急产业发展的试验区、绵阳防灾科技产业园、重庆中国西部安全(应急)产业园等。

三、中国应急产业化重点方向

(一)监测预警领域

围绕提高各类突发事件监测预警的及时性和准确性,重点发展监测预警类应急产

[①] 郑胜利. 我国应急产业发展现状与展望. 经济研究参考, 2010 (28).

品。在自然灾害方面，发展地震、气象灾害、地质灾害、水旱灾害、病虫草鼠害、海洋灾害、森林草原火灾等监测预警设备；在事故灾难方面，发展矿山安全、危险化学品安全、特种设备安全、交通安全、海洋环境污染、重污染天气、有毒有害气体泄漏等监测预警装备；在公共卫生方面，发展农产品质量安全、食品药品安全、生产生活用水安全等应急检测装备，流行病监测、诊断试剂和装备；在社会安全方面，发展城市安全、网络和信息系统安全等监测预警产品。同时，发展突发事件预警发布系统、应急广播系统及设备等。

（二）预防防护领域

围绕提高个体和重要设施保护的安全性和可靠性，重点发展预防防护类应急产品。在个体防护方面，发展应急救援人员防护、矿山和危险化学品安全避险、特殊工种保护、家用应急防护等产品；在设备设施防护方面，发展社会公共安全防范、重要基础设施安全防护、重要生态环境安全保护等设备。

（三）处置救援领域

围绕提高突发事件处置的高效性和专业性，重点发展处置救援类应急产品。在现场保障方面，发展突发事件现场信息快速获取、应急通信、应急指挥、应急电源、应急后勤保障等产品；在生命救护方面，发展生命搜索与营救、医疗应急救治、卫生应急保障等产品；在抢险救援方面，发展消防、建（构）筑物废墟救援、矿难救援、危险化学品事故应急、工程抢险、海上溢油应急、道路应急抢通、航空应急救援、水上应急救援、核事故处置、特种设备事故救援、突发环境事件应急处置、疫情疫病检疫处理、反恐防爆处置等产品。

专栏

中国地震保险的发展阶段

中国重视对灾害保险业防灾减灾作用的政策研究和试点工作。不断总结并完善农业、林业自然灾害保险与财政补贴相结合的农业、林业风险防范与救助机制，统筹考虑农业、林业巨灾风险分散机制，逐步加大保险对灾害损失的经济补偿和转移分担功能。①

目前，中国对于灾害造成损失的补偿主要采取由国家财政支出的中央政府主导模式，辅之以民间捐赠、国际捐赠和救援等慈善活动方式。值得指出的是，政府补偿虽然体现了政府灾后补偿的职责与义务，但其存在如下三个方面的缺陷：一是灾害年度的不平衡发生与政府财政的年度预算平衡存在着难以调和的矛盾；二是国家财力的有限性决定了政府很难满足日益增长的灾害损失补偿需求；三是

---

① 国务院新闻办公室. 中国的减灾行动白皮书. 2009.

政府财政充当唯一的经费后盾,灾害损失补偿风险客观上无法分散。① 因此,中国的风险管理机制中需要引入灾害金融产品以减少政府的补偿负担并有力地增加风险补偿。

灾害金融产品对防灾减灾的作用是巨大的。首先是发展减震器作用,通过灾害链的传递与放大,地震灾害的发生将使资本流量大起大落,影响金融市场的稳定,灾害金融产品可以在一定程度上缓解地震等巨灾对国民经济发展(包括政府财政、生产性投资和金融系统)的突然、猛烈冲击。其次是心理稳定器作用,灾害金融产品是一项可为公众提供稳定预期(比如赔付金额)的事前制度安排,从而降低对事后的国家财政救济和社会捐助的依赖。再次是风险控制器作用,灾害金融产品不仅具有损失补偿的功能,如果设计得当,还具有风险控制的功能,可以增强个体灾前的自我保护意识和灾后的自我恢复能力。最后是管理减压阀和显微镜作用。在灾后国家财政救济和社会捐助等非市场方式下,如何保证救灾物资和资金的公开、公平、公正的分配使用,对社会管理水平的要求很高;而通过灾害金融产品这种市场机制来安排灾后重建资金,可以减少大量的社会管理成本和监管压力,透明高效,增进公平。

中国地震保险的发展从一个侧面反映了中国灾害金融产业的发展。②

第一阶段:发展初期(1951—1958年)。20世纪50年代初,按照中央人民政府政务院的决定,由中国人民保险公司负责具体推动,国家机关、国有企业、合作社的绝大多数财产都办理了财产强制保险。其中,地震属于基本责任范围。在这一时期,中国具有广泛的地震保险供给。但由于历史原因,1959年,中国全面停办保险业务,地震保险自然也就停滞发展了。

第二阶段:恢复时期(1980—1996年)。1979年,国务院决定逐步恢复国内保险业务。在政府的大力支持和保险公司的积极推动下,地震保险得到了较快的发展。在这个时期,面向中国企事业单位的财产保险、工程保险、车险、船舶保险、货运保险,面向居民的家庭财产保险,面向农民的农业保险,均包含了地震风险保障,地震保险实现了普遍和充分的供给。

第三阶段:限制与规范发展时期(1996—2008年)。1996年,中央人民银行考虑到中国的地震保险经营缺乏科学的精算基础,为了确保保险公司稳健经营,决定将地震造成的一切损失列入绝大多数财产保险的责任免除条款,地震保险的经营受到严格的限制。然而,考虑到地震保险的市场需求,2000年1月,原保监会下发通知,对于事关国计民生的重大项目,在风险有效控制的前提下,允许扩展地震保险责任。2001年10月,原保监会下发《企业财产保险扩展地震责任指导原则》,进一步放宽了承保限制,并在承保方式、分保安排、财务管理等方面提出了规范性要求。2003年,原保监会完成并提交了《建立我国家庭财产地震保险研究报告》,要求深入研究地震保险方案,加快推进震灾保险体系建设。

---

① 许飞琼. 中国的灾害损失与保险业的发展. 江西财经大学学报,2008(5).
② 龚震. 巨灾保险制度先从地震险突破——地震保险不能再拖了. 中国经济导报,2011-4-19.

> 第四阶段：试点推广时期（2008年至今）。市场潜在需求和地震保险研究工作的深化使地震保险迈入新时期。2008年汶川地震造成的巨额损失，使地震保险缺位的现实再次成为社会各界关注的焦点，基于地震风险损失巨大以及商业保险公司承保能力的限制，政府参与巨灾保险成为巨灾保险进一步发展的必然之选。党的十八大以后，中央明显加快了地震保险的发展。2013年十八届三中全会明确提出"完善保险经济补偿机制，建立巨灾保险制度"；2014年国务院出台《国务院关于加快发展现代保险服务业的若干意见》（国发〔2014〕29号），要求"加快巨灾保险制度建设，逐步形成财政支持下的多层次巨灾风险分散机制"；2015年在原保监会的支持下，45家财产保险公司根据"自愿参与、风险共担"的原则共同组建了"中国城乡居民住宅地震巨灾保险共同体"（简称"住宅地震共同体"），采用市场化的运作机制分担灾害损失，深圳、宁波、云南、四川等部分地区先后启动巨灾或地震保险试点，并取得了一定的进展和成果，广东等地也在积极筹划中；2016年，原保监会、财政部会同相关部门制定了《建立城乡居民住宅地震巨灾保险制度实施方案》，同年首款全国性巨灾保险产品"住宅地震保险"在全国正式全面销售，截至2017年8月，已为全国150万的居民以4 000万元的保额提供了690亿元的保障，范围覆盖全国，重点针对新疆、四川、山西、河北等地。我国地震保险正迎来一个蓬勃发展的春天。2018年5月，中再集团发布我国首个拥有自主知识产权的地震巨灾保险模型。今后，还将完善社会力量和市场参与机制，加快推进地震保险发展，为城乡居民住宅地震巨灾保险制度的实施提供保障。

（四）应急服务领域

围绕提高突发事件防范处置的社会化服务水平，创新应急服务业态。在事前预防方面，发展风险评估、隐患排查、消防安全、安防工程、应急管理市场咨询等应急服务；在社会化救援方面，发展紧急医疗救援、交通救援、应急物流、工程抢险、安全生产、航空救援、海洋生态损害应急处置、网络与信息安全等应急服务；在其他应急服务方面，发展灾害保险、北斗导航应急服务等。

> **专栏**
>
> 部分国家和地区应急救援产业发展概况
>
> 应急救援产业在发达国家已经发展成为支柱性产业，是服务业中的一支生力军。许多的国家已经形成了国家、地方、民间多层次完整的救援体系，许多发达国家很早就拥有了国际救援体系。某些发达国家按照商业规则运作设立的紧急救援机构，成为了政府救援的一种有效补充，这些机构甚至实现了跨国救助，美国有大概50家，法国拥有15家。

发达国家的应急救援产业是在相应的国家体制和成熟的市场经济条件下运行的，即使是国家所有或者政府控制的救援机构也是采取商业化或市场经济的运作方式，将政府提供的应急救援逐步转移成为商业化的救援。这些紧急救援机构不仅能够从保险、投资等商业化操作方面，还能够从社会公益等方面获得经济支持和补偿，是一种良好的产业循环。例如，1983年在法国成立的"亚洲国际紧急救援中心（AEA）"，其业务范围覆盖全球。AEA在1998年7月全面兼并国际SOS救助公司，创建了国际SOS救援中心（以下简称SOS），它是当时世界上第一家也是最大的国际医疗风险管理公司。SOS的服务对象有个人、旅行团体、自助旅行者以及旅居国外的移民者，服务范围主要是在紧急情况下抢救、撤离受难人士。除紧急救援服务外，还有一些与保险公司、信用卡公司、银行等配合的日常支援服务：医疗支援服务、旅游支援服务、法律支援服务、汽车支援服务、遗失信用卡支援服务等，并根据顾客的不同要求，灵活调整其服务范围。紧急救援的服务收费是SOS的收入来源，主要包括被救援人员的保险公司赔偿、企业雇主支付和客户本人支付。政府不承担其日常运营成本，而是运用商业化营利模式。

1. 信息系统建设

经历了"9·11"事件、卡特里娜飓风等一系列重大突发事件的沉重打击后，美国政府采取了以政府应急电信服务计划、商用网络抗毁性计划、商用卫星通信互联计划、通信优先服务计划为主的应急管理通信系统改革。目前美国基本形成了以美国联邦应急管理局（FEMA）为核心的应急管理信息系统，成为当今应急管理信息化建设最富有成效的国家之一。

作为自然灾害多发国家，日本在突发事件应急信息化发展方面有着丰富的经验与完备的基础设施。目前日本已建立起了覆盖全国、功能完善、技术先进的防灾通信网络体系，包括：以政府各职能部门为主，由固定通信线路（包括影像传输线路）、卫星通信线路和移动通信线路组成的"中央防灾无线网"；以全国消防机构为主的"消防防灾无线网"；以自治体防灾机构和当地居民为主的都道县府、市町村的"防灾行政无线网"；在应急过程中实现互联互通的"防灾相互通信网"。另外，日本还建立了各种专业类型的通信网，包括水防通信网、紧张联络通信网、防卫用通信网、海上保安用通信网以及气象用通信网等。

2. 巨灾保险

在美国，保险公司借助强大的资本市场分散了巨灾风险，1992年芝加哥期权交易所首次发行了巨灾期权。随后，市场上出现了许多保险衍生性商品。1997年以后，美国保险和再保险公司可以通过巨灾风险交易所直接进行风险交换的交易，使得承保不同地区、不同危险种类的保险公司与再保险公司得以相互交换风险。此外，保险公司还将个别公司的巨灾风险证券化，不仅转移了风险，同时也融通了资金，推动了资本市场的发展。

在新西兰，保险业在地震保险业务中积极发挥了社会管理功能。1993年，新西兰成立地震委员会，采取公办民营的方式，专门负责地震保险事务。其一般住宅地震保险以强制方式附加在住宅的火灾保险合同上，由民营保险业者代收保险费,扣除 2.5% 的代收佣金后,再将净保险费拨付给地震委员会。在政府不可能完全退出补偿机制的情况下,政府与商业保险的结合发挥了积极的作用。

2011 年 3 月 14 日,日本发生 9 级大地震并引发海啸,对日本造成了重创。在灾害发生的第二天,日本各大保险公司开始启动理赔工作,日本国内保险公司及国际再保险市场对损失起到了巨大的缓冲作用,并已拨出巨额赔款用于损失补偿。①日本的地震保险作为火灾保险的附加险进行投保,但是对企业财险和家庭财险分别采用不同的运作模式。其中,企业地震保险采用完全由商业保险公司承保的模式,商业保险公司通过再保险的方式向国外再保险公司分保以分散风险;政府不对其进行干预,但是政府会对承保地震保险的商业保险公司进行资格确认和偿付能力测定,以确定其是否具有承保地震保险的能力。而家庭地震保险则是采用商业保险公司与政府相结合的模式:首先由商业保险公司承保,向日本地震再保险公司转移风险;日本地震再保险公司再以超额损失再保方式,转分保给政府。家庭地震保险的费率并不是由商业保险公司自行决定,而是由专门的中立机会(损害保险费率算定会)来厘定标准费率,然后再根据不同地域面临的风险差异性以及建筑物的抗震能力的不同进行调整。

3. 应急人才队伍培养

新加坡、日本和我国台湾等是亚洲应急工作进行较好的国家和地区,其在应急人员的培养上,有很多的经验值得我们借鉴。① 以强化日常教育演练为重心,注重基层管理人员的培养。国外的经验表明,社区发生重大灾害后,有 80% 的生还者是在救援人员到达前的 20 分钟内被邻居救出的。也就是说,日常应急工作中的宣传、教育和演练等,能使社区居民具备更强的自救互救能力,远比救援中投入巨大的成本要更有效。如日本每年都在防灾日进行大型的演练,增强居民的防范意识和能力。又如在我国台湾地区的应急教育中,设有"保全管理"等专业,来专门培养社区应急管理人才,用来满足社会需求。而在中国,应急管理仅作为研究生的培养方向,用于较高层次人才的培养,尚未成为本科教育的正式专业门类,较难大批量地向社会基层应急部门输送人才。② 重视对应急人才培养的投入,培养高层次、高素质的应急技术人员。应急管理较发达的国家都对应急救援教育进行较多的投入,社会也给予更多的重视。如新加坡的民防学院,是国际知名的救援人才的培养基地,内部设有逃生、体能、室内外火灾等培训设施。②

---

① 日本地震保险制度建立过程:地震保险制度的法律化,是日本形成完善的地震保险模式的重要保障。1923 年关东大地震发生之后,日本开始建立以政府为主导的地震保险制度;1952 年设立地震风水灾害调查委员会,对地震灾害进行研究;1964 年,新潟地震重创日本,日本政府立即与日本国内的财产保险公司探讨巨灾损失补偿制度;1966 年,日本国会先后通过了《地震保险法》和《地震再保险特别会计法案》,以此作为政府执行地震保险政策的法律依据;随后,又相继颁布了《地震保险相关法律》和《有关地震保险法实施令》,对地震保险体系进行了进一步的修改与完善。资料来源:日本地震保险制度的启示.中国保险报,2011-3-28。

② 王慧彦. 立足应急产业发展培养应急复合人才. 中国减灾,2009(11).

四、促进中国应急产业发展的途径

应急产业具有全灾种、全过程、全方位、全社会的特征。为此,应急产业发展模式和总体目标应确定为:以政府为引导,以市场为导向,以企业为主体,社会积极参与,以改革创新和科技进步为动力,加强政策引导,激发各类创新主体活力,加快突破关键技术,建立专业化分工、规模化生产、市场化经营、标准化管理、集成化组织、社会化服务的产学研和服务紧密结合的应急产业体系,不断提升应急产业整体水平和核心竞争力,增强防范和处置突发事件的产业支撑能力,为稳增长、促改革、调结构、惠民生、防风险做出贡献。

(一)明确应急产业定位,确定政策导向

在充分利用好现有产业扶持政策的基础上,着眼于打通应急产业发展政策瓶颈问题,政策措施更多侧重指导性、方向性和可操作性。具体包括五个方面:

1. 完善应急产业标准体系

标准对应急产业发展具有规范和促进作用。我国应急产业标准体系的建立可以分别从四个维度来考虑,分别是:级别维度的国、行、地、团、企标,法律属性维度的强制性标准和推荐性标准,标准性质维度的产品、检测和认证标准,以及业务维度的监测预警、预防防护、处置救援和应急服务标准。加快应急装备互联互通、应急装备接口等通用标准研究,提升我国应急装备成套化、系列化水平;加快物联网、云技术等新兴技术在应急产业应用所产生的新产品标准的研制,提高我国应急产业技术标准水平。

2. 加大财政税收政策支持力度

对列入产业结构调整指导目录鼓励类的应急产品和服务,在有关投资、科研等计划中给予支持;探索建立政府引导应急产业发展投入机制,带动全社会加大对应急产业投入力度;落实和完善适用于应急产业的税收政策;建立健全应急救援补偿制度,对征用单位和个人的应急物资、装备等及时予以补偿。

3. 完善投融资政策

鼓励金融资本、民间资本及创业与私募股权投资投向应急产业,支持符合条件的应急产业企业采取发行股票、债券等多种方式,在海内外资本市场直接融资。按照风险可控、商业可持续的原则,引导融资性担保机构加大对符合产业政策、资质好、管理规范的应急产业企业的担保力度。鼓励和引导金融机构创新金融产品和服务方式,加大对技术先进、优势明显、带动和支撑作用强的应急产业重大项目的信贷支持力度。

4. 加强人才队伍建设

建立多层次多类型的应急产业人才培养和服务体系,着力培养高层次、创新型、复合型的核心技术研发人才和科研团队,培育具有国际视野的经营管理人才,造就一批领军人物。支持有条件的高等学校开设应急产业相关专业。依托有关培训机构、高等学校及科研机构,开展应急专业技术人才继续教育。利用各类引才引智计划,完善相关配套服务,鼓励海外专业人才回国或来华创业。

5. 优化发展环境

完善相关法律法规，支持应急产业发展。建立应急产业运行监测分析指标体系和统计制度。加强应急产品质量监管，依法查处生产和经销假冒伪劣应急产品的违法行为。依托现有的国家和社会检测资源，提升应急产品检测能力。完善事关人身生命安全的应急产品认证制度。鼓励发展应急产业协会等社团组织，加强行业自律和信用评价。对应急产业发展重大项目建设用地，在符合国家产业政策和土地利用总体规划的前提下予以支持。

（二）做好应急产业发展规划，解决薄弱环节

基于现有的《关于加快应急产业发展的意见》，在全面调查、摸清家底的基础上，制定并完善应急产业发展规划，立足解决当前应急产业发展面临的薄弱环节。具体包括：

1. 加快关键技术装备研发

制定应急产业技术路线图和应急产业技术发展规划，确定未来应急产业核心技术攻关方向和目标，提高应急技术研发的针对性和实用性。通过国家科技计划（专项、基金等）对应急产业相关科技工作进行支持，推动应急产业领域科研平台体系建设，集中力量突破一批支撑应急产业发展的关键共性核心技术。鼓励企业联合高校、科研机构建立产学研协同创新机制，推动应急产业领域企业技术中心、工程（技术）研究中心、工程实验室等科研平台体系建设，在应急产业重点方向成立产业技术创新战略联盟。鼓励充分利用军工技术优势发展应急产业，推进军民融合。创新商业模式，加强知识产权运用和保护，促进应急产业科技成果资本化、产业化。

2. 促进产业结构优化升级

在坚持需求牵引基础上，采用目录、清单等形式明确应急产品和服务发展方向，不断优化应急产品结构，提高应急产品质量，增加应急产品品种，加快应急产品升级换代，推进应急产品标准化、模块化、系列化、特色化发展，引导企业提供一体化综合解决方案。采取有效措施加快道路救援、工程救援、航空救援、环境应急救援以及应急物流、应急保险等与生产生活密切相关的应急服务业发展。

3. 推动产业集聚发展

集聚发展是现代产业发展的重要规律，加强规划布局、指导和服务，鼓励有条件地区发展各具特色的应急产业集聚区，打造区域性创新中心和成果转化中心。依托国家储备和优势企业现有能力和资源，形成一批应急物资和生产能力储备基地。根据区域突发事件特点和产业发展情况，建设一批国家应急产业示范基地，形成区域性应急产业链，引领国家应急技术装备研发、应急产品生产制造和应急服务发展。

4. 支持企业发展

充分发挥市场作用，引导企业通过兼并重组、品牌经营等方式进入应急产业领域，支持有实力的企业做大做强。发挥应急产业优势企业带头作用，培育形成一批技术水平高、服务能力强、拥有自主知识产权和品牌优势、具有国际竞争力的大型企业集团。利用中小企业发展专项资金等支持应急产业领域中小微企业，促进特色明显、创新能力强的中小微企业加速发展，形成大中小微企业协调发展的产业格局。

5. 加强应急产品和服务推广

培育需求是发展应急产业的重要牵引。加强全民公共安全和风险意识宣传教育，推动消费观念转变，激发单位、家庭、个人在逃生、避险、防护、自救互救等方面对应急产品和服务的消费需求。完善矿山、危险化学品生产经营场所、高层建筑、学校、公共场所、应急避难场所、交通基础设施等应急设施设备配置标准，完善各类应急救援基地和队伍的装备配备标准，推动应急设施设备装备与建设主体工程同时设计、同时施工、同时投入使用。健全应急产品实物储备、社会储备和生产能力储备管理制度，建设应急产品和生产能力储备综合信息平台，带动应急产品应用。加强应急仓储、中转、配送设施建设，提高应急产品物流效率。利用风险补偿机制，支持重大应急创新产品首次应用。推动应急服务业与现代保险服务业相结合，将保险纳入灾害事故防范救助体系，加快推行巨灾保险。

6. 加强国际交流合作

充分利用国际资源是发展应急产业的重要途径。多层次、多渠道、多方式推进国际科技合作与交流，鼓励企业引进、消化、吸收国外应急先进技术和先进服务理念，提升企业竞争力。鼓励跨国公司在我国设立研发中心，引进更多应急产业创新成果在我国实现产业化；支持企业参与全球市场竞争，鼓励企业以高端应急产品、技术和服务开拓国际市场；引导外资投向应急产业有关领域，国家支持应急产业发展的政策同等适用于符合条件的外商投资企业；组织开展展览、双边或国际论坛及贸易投资促进活动，充分利用相关平台交流推介应急产品和服务。

7. 建设应急产业资源数据库

由各级政府应急管理机构牵头，依托政府及有关部门应急管理信息平台，抓紧建立应急产品储备名录和资料库，包括企业应急产品及生产能力储备资料库、应急资源库等，实现资源、信息共享。同时，为保证政府对应急产业与应急资源管理的权威性和及时性，需配备建立应急装备、设施规划制度，以及定期更新机制和责任制。其中特别要建立企业生产能力储备、产品储备、国家法定储备相结合的应急储备体系；完善应急物流体系，实现政府、部门、企业以及军地间应急储备信息平台的互联互通机制，及时更新相关数据信息。

思考与探索

如何协调空域开放与航空应急产业发展之间的关系？

航空手段具有快速、高效、受地理空间限制较少等优势，是世界上许多国家普遍采用的最有效的应急救援手段。主要发达国家和部分发展中国家已形成了符合各自国情、较为完善的航空应急救援体系，具有很强的应急救援能力。美国在1956年颁布了《全国搜索救援计划》，确定紧急救援管理的最高行政机构是美国联邦紧急事务管理局，美国空军为本土范围的搜救执行机构，可用于执行救援任务的直升机近1万架，仅纽约市的民用直升机保有量就超过2 000架；加拿大拥

> 有可参与救援的各类飞机1 000多架，所需费用由政府拨款；俄罗斯在政府中专门设立俄罗斯联邦民防、应急和减灾部，管理4万余人的救援部队以应对各种灾害；日本归属警方、消防机构及民间企业所拥有的直升机1 000多架，在紧急时可随时应召投入救援行动；德国建立了覆盖全国的航空紧急救援体系，救援用直升机数量已超过300架，在整个德国国土内的任何一点，15分钟内都可以得到国家的航空救援服务；法国航空紧急救援队可实施覆盖法国全境的航空紧急救援行动；英国、瑞士等国均设立了国家航空救援中心；巴西、韩国等国也成立了专职的航空救援队。①
>
> 在中国，为配合国家航空应急救援体系建设，在国务院应急办、国家发展和改革委、工业和信息化部、公安部、中国民用航空局等国家部委支持下，近10年来，国产直升机在森林消防、警用航空、搜索救援等航空应急救援领域的应用越来越广。截至2019年10月，我国民用直升机机队已有1 000架左右，形成了从1吨级到13吨级较为完整的产品谱系，其中可用于应急救援的有300架左右。此外，与国外直升机产品相比，国产救援直升机拥有更好的现场保障、技术支持和后勤服务，能够保证良好的任务出勤率，可以更及时、有效地应对各种类型的重大突发事件。

延伸阅读

［1］华建敏. 在全国贯彻实施突发事件应对法电视电话会议上的讲话，2007-11-13.

［2］张群生. 树立和落实科学发展观，建立和完善中国社会化紧急救援服务体系. 在"紧急救援：政策与体制"研讨会上的讲话，2008-12-13.

［3］薛澜，王郅强，彭宗超，周玲. 我国应急管理人才培训体系的现状. 国家行政学院学报（已收录）.

［4］国务院办公厅.《关于加快应急产业发展的意见》（国办发〔2014〕63号）.

［5］《应急产业重点产品和服务指导目录（2015年）》正式发布. 中央政府门户网站，2018-8-12.

［6］刘小群，王东明. 我国地震保险发展浅析. 中国减灾，2019（17）.

---

① 刘大响，王湘穗. 大力发展我国航空应急救援能力的思考. 中国航空在线，2009-5-2.

资金资助

本研究得到 2006 年国家哲学社会科学基金重大项目"建立健全社会预警机制和应急管理体系：转型期中国风险治理框架建构与实证分析"（项目编号：06&ZD013）、2008 年国家自然科学基金项目"转型期中国政府应急管理体系中风险管理机制框架研究"（项目编号：70703019），2008 年国家社会科学基金重大项目"重大自然灾害和重大突发公共事件应对新框架研究——基于汶川大地震的实证研究"（08&ZD001），2009 年国家自然科学基金重点项目"城市综合风险评估与应急处置若干关键问题研究"（70833003），国务院应急管理办公室 2010 年研究课题"应急管理机制研究""加强全国政府系统值班能力建设""山西省襄汾县'9·8'特别重大尾矿库溃坝事故应急处置评估"，中华慈善总会"中国应急志愿者管理机制建设研究"，国家社会科学基金重大项目"中国社会应急救援服务体系建设研究"（16ZDA054），国家重点研发计划项目"安全韧性城市构建与防灾技术研究与示范"（2018YFC0809900），以及应急管理部 2019 年课题"城市（城市群）灾害事故风险分析与对策研究""'十四五'应急管理体制机制改革创新研究"等相关资金资助。

郑重声明

高等教育出版社依法对本书享有专有出版权。任何未经许可的复制、销售行为均违反《中华人民共和国著作权法》，其行为人将承担相应的民事责任和行政责任；构成犯罪的，将被依法追究刑事责任。为了维护市场秩序，保护读者的合法权益，避免读者误用盗版书造成不良后果，我社将配合行政执法部门和司法机关对违法犯罪的单位和个人进行严厉打击。社会各界人士如发现上述侵权行为，希望及时举报，我社将奖励举报有功人员。

反盗版举报电话　（010）58581999　58582371
反盗版举报邮箱　dd@hep.com.cn
通信地址　北京市西城区德外大街4号
　　　　　高等教育出版社知识产权与法律事务部
邮政编码　100120